Das jüdische Frankfurt – von der Emanzipation bis 1933

Kontexte zur jüdischen Geschichte Hessens

―

Schriften aus dem Projekt
Synagogen-Gedenkbuch Hessen

Das jüdische Frankfurt – von der Emanzipation bis 1933

Herausgegeben von
Christian Wiese, Stefan Vogt, Mirjam Wenzel,
Doron Kiesel und Gury Schneider-Ludorff

Gedruckt mit Mitteln des Hessischen Kultusministeriums.

ISBN 978-3-11-162724-3
e-ISBN (PDF) 978-3-11-079247-8
e-ISBN (EPUB) 978-3-11-079252-2

Library of Congress Control Number: 2023932799

Bibliografische Information der Deutschen Nationalbibliothek
Die Deutsche Nationalbibliothek verzeichnet diese Publikation in der
Deutschen Nationalbibliografie; detaillierte bibliografische Daten
sind im Internet über http://dnb.dnb.de abrufbar.

© 2024 Walter de Gruyter GmbH, Berlin/Boston
Dieser Band ist text- und seitenidentisch mit der 2023 erschienenen gebundenen Ausgabe.
Einbandabbildung: Wilhelm Freund (1860–1936), Synagoge an der Friedberger Anlage in Frankfurt
am Main, 1911, Öl auf Karton. Mit freundlicher Genehmigung des Jüdischen Museums Frankfurt.
Satz: bsix information exchange GmbH, Braunschweig

www.degruyter.com

Inhalt

Christian Wiese und Stefan Vogt
Einleitung
Perspektiven zur Erforschung der Geschichte des „jüdischen Frankfurt" vor 1933 —— **1**

Salomon Korn
Der lange, dunkle Schatten der Judengasse
Die Frankfurter Jüdische Gemeinde im Ringen um rechtliche Gleichstellung im 19. und frühen 20. Jahrhundert —— **15**

Teil I: Sozial- und Kulturgeschichte

Vera Kallenberg
Jüdische Emanzipation, Intersektionalität und Geschlecht
Der Strafprozess wegen eines groß angelegten Diebstahls aus dem Kontor des jüdischen Frankfurter Kaufmanns Ellissen (1812–1815) —— **33**

Sonja Thäder
„Man kann wegen die jüdische Angelegenheiten nicht genug fleissig sein."
Die Familie Rothschild und die Judenemanzipation —— **53**

Andrea Hopp
Jüdisches Bürgertum im 19. Jahrhundert
Das Beispiel Frankfurt am Main —— **63**

Heike Drummer
„Vertheidigung der bürgerlichen Gleichstellung der Juden"
Vormärz und Paulskirche. Hoffnungen. Enttäuschungen —— **79**

Eva-Maria Ulmer, Edgar Bönisch und Birgit Seemann
„Diakonissen" jüdischen Glaubens
Die Entstehung der jüdischen Krankenpflege in Frankfurt am Main —— **99**

Britta Konz
Ein weiblich-jüdisches Projekt der Moderne
Bertha Pappenheim und der Jüdische Frauenbund —— 117

Franziska Krah
„Es war ihr geliebtes Daham"
Die Franks, eine Familie aus Frankfurt —— 133

Teil II: Religions- und Geistesgeschichte

Christian Wiese
Der zwiespältige Traum von Frankfurt am Main als einem Zentrum der Wissenschaft des Judentums in der Weimarer Republik —— 155

Rachel Heuberger
Die Renaissance des Judentums
Nehemias Anton Nobel und das Freie Jüdische Lehrhaus —— 189

Kerstin von der Krone
Die Freimann-Sammlung der Universitätsbibliothek Frankfurt am Main
Eine „hebräische und jüdische Bücherei" Bücherei in Frankfurt am Main —— 207

Matthias Morgenstern
Isaac Breuer – ein Frankfurter Religionsphilosoph und die Strategie des Verzichts auf orthodox-jüdische Apologetik —— 223

Yael Kupferberg
Max Horkheimer – Zur Präsenz des Judentums —— 239

Philipp Lenhard
Friedrich Pollock und die jüdische Geschichte der Kritischen Theorie —— 251

Jörg Später
Der Nichtdazugehörige
Das jüdische Frankfurt, die Frankfurter Schule und Siegfried Kracauer —— 269

Micha Brumlik
Frankfurt und seine Juden – ein Fall von Zugehörigkeit —— 279

Teil III: Kunst- und Architekturgeschichte

Susan Nashman Fraiman
Moritz Daniel Oppenheim – Citizen of Frankfurt and *Artiste Engagé* —— 293

Eva Atlan
Von modebewussten Silberwaren und Zeremonialkunst
Die Frankfurter Firmen Lazarus Posen Witwe und Gebrüder Horovitz —— 313

Cornelia Berger-Dittscheid
Die Frankfurter Synagogen des 19. Jahrhunderts
Ringen um religiöse Identität und Integration in die großstädtische Gesellschaft —— 329

Anhang

Bibliographie —— 355

Herausgeberinnen und Herausgeber, Autorinnen und Autoren —— 377

Register —— 383

Christian Wiese und Stefan Vogt

Einleitung

Perspektiven zur Erforschung der Geschichte des „jüdischen Frankfurt" vor 1933

In vielerlei Hinsicht lässt sich die jüdische Geschichte der Stadt Frankfurt am Main vom Beginn der Emanzipation am Ende des 18. Jahrhunderts bis zum Zusammenbruch der Weimarer Republik als eine spektakuläre Erfolgsgeschichte erzählen. Innerhalb weniger Generationen gelang einem Großteil der jüdischen Einwohnerinnen und Einwohner der Stadt der Aufstieg ins Bürgertum, und zu Beginn des 20. Jahrhunderts waren sie nicht nur fester Bestandteil der bürgerlichen Stadtgesellschaft, sondern auch demographisch ein maßgeblicher Faktor: Die jüdische Gemeinde Frankfurts, nach Berlin die zweitgrößte in Deutschland, zählte nach dem Ersten Weltkrieg 30.000 Mitglieder oder sechs Prozent der Gesamtbevölkerung.[1] Die Entwicklung Frankfurts zur modernen Großstadt verdankt viel seinen jüdischen Bürgerinnen und Bürgern, die als Stifterinnen und Stifter, als Unternehmerinnen und Unternehmer, als Kommunalpolitiker und Vorreiterinnen städtischer Sozialpolitik oder durch vielfältiges zivilgesellschaftliches Engagement wesentlich zum Aufbau ihrer Institutionen beigetragen haben. Ein herausragendes Beispiel dafür ist die Frankfurter Universität, deren Gründung im Jahr 1914 maßgeblich auf Stiftungen Frankfurter Jüdinnen und Juden zurückgeht.[2] Auch im intellektuellen und kulturellen Leben der Stadt waren ihre jüdischen Einwohnerinnen und Einwohner in hohem Maße präsent. So war die wichtigste Tageszeitung der Stadt, die *Frankfurter Zeitung*, die auch überregional große Bedeutung erlangte, von dem Politiker, Verleger und Mäzen Leopold Sonnemann und dem Bankier Heinrich Bernhard Rosenthal gegründet worden, und die Brüder Martin und Ernst Flersheim unterhielten zwei der bedeutendsten privaten Galerien

---

1 Zur Entstehung und Struktur des jüdischen Bürgertums in Frankfurt, vgl. Andrea Hopp, Jüdisches Bürgertum in Frankfurt am Main im 19. Jahrhundert, Stuttgart 1997. Zur jüdischen Emanzipation in Deutschland allgemein vgl. u. a. Jacob Katz, Aus dem Ghetto in die bürgerliche Gesellschaft. Jüdische Emanzipation 1770–1870, Frankfurt am Main 1986; David Sorkin, The Transformation of German Jewry, 1780–1840, New York 1987. Die grundlegende Darstellung der Geschichte der Frankfurter Juden in der Moderne ist weiterhin Paul Arnsberg, Die Geschichte der Frankfurter Juden seit der Französischen Revolution, 3 Bde., Darmstadt 1983.
2 Zur Bedeutung jüdischer Stifter und Mäzene vgl. Hans-Otto Schembs, Jüdische Mäzene und Stifter in Frankfurt am Main, Frankfurt 2007. Zur Gründung der Goethe-Universität vgl. Ludwig Heilbrunn, Die Gründung der Universität Frankfurt a. M., Frankfurt am Main 1915.

Frankfurts.³ Die Frankfurter Universität bot jüdischen Wissenschaftlerinnen und Wissenschaftlern gleichberechtigte Wirkungs- und Karrieremöglichkeiten, die ihnen im deutschen akademischen Kontext ansonsten verwehrt waren und Frankfurt damit zu einem Zentrum des wissenschaftlichen Fortschritts machten. Gleichzeitig entwickelte sich Frankfurt zu einem Brennpunkt für die Kultur- und Geistesgeschichte des deutschen Judentums insgesamt. Hier blühte die jüdische Reformbewegung und entstand zugleich die Bewegung der Neo-Orthodoxie, beides jüdische Antworten auf die Herausforderungen der Moderne. Hier wurden wegweisende jüdische Bildungsinstitutionen wie das Philanthropin und das Freie Jüdische Lehrhaus geschaffen, und hier wirkten bedeutende jüdische Gelehrte, von Abraham Geiger und Samson Raphael Hirsch bis Martin Buber und Franz Rosenzweig. Bis 1933, so lässt sich zusammenfassen, war Frankfurt eines der wichtigsten Zentren jüdischen Lebens in Europa, und umgekehrt prägte dieses jüdische Leben Frankfurt wie kaum eine andere Stadt in Deutschland.

Doch mit einem solchen Narrativ wäre die Geschichte des jüdischen Frankfurt vor 1933 nur unvollständig erzählt. Zu ihr gehören – selbst vor der Zäsur der Etablierung des nationalsozialistischen Regimes – vielfältige Erfahrungen der Exklusion und der Entrechtung. Im Mittelalter und in der Frühen Neuzeit, in der sich die Frankfurter jüdische Gemeinschaft endgültig zu einem Zentrum jüdischen Lebens im deutschsprachigen Raum entwickelt hatte,⁴ waren Jüdinnen und Juden immer wieder Opfer von Diskriminierung, Verfolgung und versuchten Vertreibungen geworden. Seit 1462 waren sie gezwungen, in einem Ghetto am damaligen Stadtrand, in der Judengasse, zu leben.⁵ Dieser Zwang entfiel erst mit den Auswirkungen der Französischen Revolution. Wie überall waren die Frankfurter Jüdinnen und Juden aus der christlichen Stadtgesellschaft ausgeschlossen, auch wenn es in wirtschaftlicher, sozialer und kultureller Hinsicht viele Berührungspunkte und eine intensive Interaktion zwischen der jüdischen Minderheit und

---

3 Zu Sonnemann vgl. Anna Schnädelbach/Michael Lennarz/Jürgen Steen (Hrsg.), Frankfurts demokratische Moderne und Leopold Sonnemann. Jude – Verleger – Politiker – Mäzen, Frankfurt am Main 2009. Zur Frankfurter Zeitung vgl. Kurt Paupié, Die Frankfurter Zeitung, in: Heinz-Dietrich Fischer (Hrsg.), Deutsche Zeitungen des 17. bis 20. Jahrhunderts, Pullach 1972, S. 241–256. Zu den Galeristen Martin und Ernst Flersheim vgl. Hopp, Jüdisches Bürgertum in Frankfurt am Main, S. 278.
4 Vgl. dazu u. a. Cilli Kasper-Holtkotte, Die jüdische Gemeinde von Frankfurt/Main in der Frühen Neuzeit. Familien, Netzwerke und Konflikte eines jüdischen Zentrums, Berlin 2010.
5 Zur Geschichte der Frankfurter Judengasse vgl. Fritz Backhaus/Raphael Gross/Sabine Kößling/Mirjam Wenzel (Hrsg.), Die Frankfurter Judengasse. Geschichte, Politik, Kultur. Katalog zur Dauerausstellung des Jüdischen Museum Frankfurt, München 2016; Thorsten Burger, Frankfurt am Main als jüdisches Migrationsziel zu Beginn der Frühen Neuzeit. Rechtliche, wirtschaftliche und soziale Bedingungen für das Leben in der Judengasse, Wiesbaden 2013.

der christlichen Mehrheitsgesellschaft gab. Die Aufhebung der durch Jahrhunderte der Diskriminierung verfestigten Grenzen und die rechtliche Gleichstellung im Laufe des 19. Jahrhunderts verliefen in Frankfurt noch stockender als an vielen anderen Orten. Symbolisch für die dadurch verursachte Desillusionierung steht die Konversion des Feuilletonisten und Literaturkritikers Ludwig Börne zum Protestantismus im Jahr 1818. Die mit der Revolution von 1848 und der Nationalversammlung verbundenen Hoffnungen zerschlugen sich rasch, und 1852 versagte der Frankfurter Rat der jüdischen Bevölkerung die Gleichberechtigung und hob die erkämpften Rechte wieder auf. Erst mit dem „Organischen Gesetz" vom 7. Oktober 1864 wurden die Beschränkungen der staatsbürgerlichen Rechte der Jüdinnen und Juden dauerhaft aufgehoben.[6] Doch auch danach bestanden in Frankfurt antijüdische Haltungen und Praktiken weiter fort, und mit der Entstehung des politischen Antisemitismus seit den 1870er Jahren kamen neue Formen hinzu.[7] Die Angriffe auf die Position der Jüdinnen und Juden in der deutschen Gesellschaft, die im Laufe der Weimarer Republik immer heftiger geführt wurden und schließlich zu ihrem erneuten Ausschluss sowie daran anschließend zu ihrer Verfolgung und Ermordung führten, kamen also auch in Frankfurt keineswegs aus dem Nichts.[8]

Dass Frankfurt dennoch im Gefolge jüdischer Emanzipationsbestrebungen, einer dynamischen religiös-kulturellen Pluralisierung, der zunehmenden Öffnung gegenüber der nichtjüdischen Kultur und der sich allmählich verbessernden Chancen zur Partizipation im 19. Jahrhundert zu einem „Laboratorium für die Entwicklung des modernen Judentums" wurde,[9] lässt sich insbesondere an den kontroversen Debatten über eine Reform des Judentums im frühen 19. Jahrhundert ablesen. Jüdische Institutionen und Intellektuelle in Frankfurt spielten in diesem Zusammenhang eine wichtige Rolle. Mit Recht bemerkt Robert Liberles: „Kei-

---

[6] Vgl. Rachel Heuberger, Hinaus aus dem Ghetto… Juden in Frankfurt am Main 1800–1950, Frankfurt am Main 1986, S. 66. Zum langwierigen Prozess der jüdischen Emanzipation in Frankfurt vgl. Arnsberg, Die Geschichte der Frankfurter Juden, Bd. 1: Der Gang der Ereignisse, S. 17–628.
[7] Aus der reichhaltigen Literatur zum politischen Antisemitismus in Deutschland vgl. u. a. Peter Pulzer, The Rise of Political Antisemitism in Germany and Austria. Überarb. Ausg, London 1987; George L. Mosse, The Crisis of German Ideology, New York 1964.
[8] Zur Geschichte des jüdischen Frankfurt nach 1933 vgl. demnächst Christian Wiese/Stefan Vogt/Mirjam Wenzel/Doron Kiesel/Gury Schneider Ludorff (Hrsg.), Das jüdische Frankfurt. Zerstörung und fragiler Neuanfang, 1933–1990, Berlin 2024. Zur nationalsozialistischen Judenverfolgung in Frankfurt vgl. Wolfgang Wippermann, Das Leben in Frankfurt zur NS-Zeit. Darstellungen, Dokumente, didaktische Hinweise. Bd. 1: Die nationalsozialistische Judenverfolgung, Frankfurt am Main 1986.
[9] Mirjam Wenzel/Sabine Kößling/Fritz Backhaus (Hrsg.), Jüdisches Frankfurt. Von der Aufklärung bis zur Gegenwart. Katalog zur Dauerausstellung des Jüdischen Museums Frankfurt, München 2020, S. 30.

ne jüdische Gemeinde spiegelte die im Wandel begriffenen Strömungen religiösen Lebens in Deutschland besser wider als Frankfurt, und wenige Gemeinden waren so aktiv daran beteiligt, diese Veränderungen herbeizuführen."[10]

Am Anfang der Entwicklung stand 1804 – noch in der Judengasse – die auf Anregung von Mayer Amschel Rothschild erfolgte Gründung des von den Ideen der *Haskala* beeinflussten Philanthropin, das als jüdische Schule bis zu seiner Schließung durch die Nationalsozialisten 1942 ein weithin sichtbares Element der Frankfurter jüdischen Kultur blieb.[11] Die Bildungsziele des Philanthropin in seiner Frühphase hingen mit dem Bestreben vieler seiner Mitglieder, darunter des ersten Direktors, Michael Hess, zusammen, mittels einer modernen Bildung die Integration der jüdischen Gemeinschaft in die allgemeine Gesellschaft zu fördern und somit ihre Emanzipationswürdigkeit nachzuweisen.[12] Demselben Ziel diente auch die Schaffung der reformorientierten „Loge zur aufgehenden Morgenröthe" im Kontext Frankfurter Freimaurerkreise.[13] Noch bevor sich in Berlin 1845 die „Genossenschaft für Reform im Judenthume" konstituierte, aus der fünf Jahre später unter der Führung von Samuel Holdheim mit der „Jüdischen Reformgemeinde zu Berlin" eine Gemeinde entstehen sollte, die sich radikal von tradierten Riten und Formen distanzierte,[14] sorgte in Frankfurt eine radikale, von Laien geprägte Strömung der Reform für erbitterte Auseinandersetzungen. Ausgelöst wurden sie durch das Programm des „Vereins der Reformfreunde", das Frankfurt vorübergehend ins Zentrum der Aufmerksamkeit der gesamten Reformbewegung rückte.[15]

Maßgeblich bestimmt wurden die Ideen des Vereins von dem Literaturhistoriker Theodor Creizenach, der als Erzieher im Hause Anselm Salomon von Rothschilds und als Lehrer am Philanthropin wirkte. 1843 veröffentlichte die kleine, kurzlebige Bewegung intellektueller Laien eine Grundsatzerklärung, die, abgese-

---

10 Robert Liberles, Religious Trends and Tensions – Orthodoxy and Reform in Frankfurt in the 19th and 20th Centuries, in: Karl E. Grözinger (Hrsg.), Jüdische Kultur in Frankfurt am Main von den Anfängen bis zur Gegenwart. Ein internationales Symposium der Johann-Wolfgang-Goethe-Universität Frankfurt am Main und des Franz Rosenzweig Research Center for German Jewish Literature and Cultural History, Wiesbaden 1997, S. 207–216 hier S. 216.
11 Zur Geschichte des Philanthropin vgl. Inge Schlotzhauer, Das Philanthropin 1804–1942. Die Schule der Israelitischen Gemeinde in Frankfurt am Main, Frankfurt am Main 1990.
12 Zur Rolle des Philanthropin in seiner Frühphase vgl. André Griemert, Bürgerliche Bildung für Frankfurter Juden? Das frühe Philanthropin in der Kontroverse um die jüdische Emanzipation, Marburg 2010.
13 Vgl. dazu Jacob Katz, Jews and Freemasons in Europe 1723–1939, Cambridge, MA 1970, S. 54–73.
14 Vgl. Immanuel Heinrich Ritter, Die jüdische Reformgemeinde zu Berlin und die Verwirklichung der jüdischen Reformideen innerhalb derselben, Berlin 1902.
15 Vgl. dazu Robert Liberles, Religious Conflict in Social Context: The Resurgence of Orthodox Judaism in Frankfurt am Main, 1838–1877, Westport 1985, insbesondere S. 43–60.

hen von der Ablehnung einer auf Palästina ausgerichteten persönlichen Messiaserwartung, jegliche dogmatische wie praktische Autorität des Talmud bestritt und die Möglichkeit einer „unbeschränkten Fortbildung" der „mosaischen Religion" postulierte, damit aber implizit zugleich auch den Offenbarungscharakter wie die autoritative Gültigkeit der Bibel infrage stellte.[16] Hinter dem Begriff des „Mosaismus", der unter dem Einfluss der in der protestantischen Bibelwissenschaft der Zeit gängigen Unterscheidung zwischen einer früheren prophetischen mosaisch-israelitischen und einer späteren, priesterlich-rabbinischen Religion aufkam, verbargen sich eine bewusste oder unbewusste Verinnerlichung der negativen nichtjüdischen Wahrnehmung der rabbinischen Tradition und das Anliegen nachzuweisen, dass das Judentum zu einer Rückkehr zum tief in seiner Geschichte verwurzelten Universalismus fähig sei. Zeitgleich fand eine heftige Debatte über die judenfeindlichen Thesen des Junghegelianers Bruno Bauer statt, der die Emanzipation ablehnte, weil das Judentum aus seiner Sicht keine vernunftgemäßen universalen Gesetze besaß, sondern zwangsläufig, auf Grund seiner „orientalischen Natur", in seinem System partikularer, geistloser und exklusiver religiöser Zeremonien befangen sei. Selbst eine radikale Neudefinition, wie sie die „Reformfreunde" vorschlugen, vermochte, so Bauer, die Grenze zwischen den Juden und der nichtjüdischen Gesellschaft nicht aufzuheben – das einzige Heilmittel sei die Aufgabe aller nationalen Züge und die Hinwendung zu Freiheit und Humanität.[17]

Die politische Brisanz der radikalen Ansichten Bauers verschärfte innerhalb der Reformbewegung die Notwendigkeit, angesichts der Herausforderung durch die „Reformfreunde" zu einer Klärung der Frage zu gelangen, welchen Preis man zu zahlen bereit war, um den Universalismus des Judentums und die Distanz zur rabbinischen Überlieferung nachzuweisen. Mehrheitlich lehnten es die deutschen Reformrabbiner ab, mit der rabbinischen Literatur das Gros der jüdischen Tradition einfach grundsätzlich über Bord zu werfen, weil sie befürchteten, der Grundsatz der „unbegrenzten Fortentwicklung" lasse ein Judentum ohne jegliche Offenbarungsgrundlage zurück, in dem überhaupt keine positive jüdische Religion mehr erkennbar sei. Die ersten radikalen praktischen Forderungen der Frankfurter „Reformfreunde", die Speisegebote und die Beschneidung preiszugeben, weil

---

[16] Zitiert nach Michael A. Meyer, Antwort auf die Moderne. Geschichte der Reformbewegung im Judentum, Wien/Köln/Weimar 2000, S. 183; zu dem Gesamtphänomen der radikalen Laiengruppen, die sich auch in Städten wie Breslau und Berlin organisierten, siehe Meyer, Antwort auf die Moderne, S. 179–196; zum Frankfurter Reformverein vgl. Michael A. Meyer, Alienated Intellectuals in the Camp of Religious Reform. The Frankfurt Reformfreunde, 1842–1845, in: AJS Review 6 (1984), S. 61–86; David Philipson, The Reform Movement, New York 1931, S. 107–139.
[17] Bruno Bauer, Die Judenfrage, Braunschweig 1853. Als jüdische Reaktionen vgl. u. a. Abraham Geiger, Bruno Bauer und die Juden. Mit Bezug auf dessen Aufsatz: Die Judenfrage, in: Wissenschaftliche Zeitschrift für jüdische Theologie 5 (1844), Heft 2, S. 199–234 und S. 325–371.

sie vormosaische, ausgrenzende und die Integration in die nichtjüdische Gesellschaft hemmende Elemente eines überholten jüdischen Partikularismus seien, wurden innerhalb der Reformbewegung zumeist als sektiererischer Radikalismus betrachtet, den es zu begrenzen galt, weil er letztlich überhaupt keinen sakrosankten Kern religiöser Überlieferung unangetastet ließ.[18]

Für die religiöse Diversifzierung des deutschen Judentums bedeutsamer als diese Episode war das Gegenüber der beiden mit Frankfurt verbundenen Antipoden Abraham Geiger und Samson Raphael Hirsch. Geiger, der aus einer Frankfurter Familie stammte, den sein Denkweg jedoch – abgesehen von einer Zeit des Wirkens als liberaler Rabbiner an der Frankfurter jüdischen Gemeinde zwischen 1863 und 1870 – u. a. nach Wiesbaden, Breslau und Berlin führte, stand seit den 1840er Jahren im Mittelpunkt der unterschiedlichen religiösen, kulturellen und politischen Debatten innerhalb der Reformbewegung.[19] Deren Bestrebungen resultierten aus einem komplexen Zusammenspiel politisch-sozialer Bedingungen und geistig-kultureller Herausforderungen im Gefolge von *Haskala* und Emanzipation. Kontrovers diskutiert wurden insbesondere Formen und Grenzen der Umgestaltung des Synagogengottesdienstes in Auseinandersetzung mit den religiösen, sittlichen und ästhetischen Werten der Aufklärung. Die zweite und wichtigste der drei Rabbinerversammlungen der 1840er Jahre, auf denen die theoretische wie praktische Ausrichtung der Reformbewegung zur Debatte gestellt wurde, fand 1845 in Frankfurt statt. Hier vollzog sich auch die Spaltung der Bewegung in einen liberalen Flügel und das durch Zacharias Frankel geprägte konservative Judentum.[20]

Abraham Geiger blieb es vorbehalten, über die praktischen Reformen hinaus ein neues, umfassendes theoretisches Konzept zu formulieren, das die Fortexistenz eines modernen, philosophisch orientierten Judentums legitimieren und auf diese Weise jüdisches Selbstbewusstsein festigen sollte. Seine Forderung nach einer ungehinderten wissenschaftlichen Erforschung der jüdischen Geschichte, einschließlich der Anwendung der historisch-kritischen Methode auf die rabbinischen Texte und die hebräische Bibel, schloss auch eine relativierende Historisierung der normativ-religionsgesetzlichen Tradition ein, mit dem Ziel, der Reform

---

18 Vgl. etwa die Kritik von Samuel Hirsch, Die Reform im Judenthum und dessen Beruf in der gegenwärtigen Welt, Leipzig 1844; zu den Hintergründen der von Frankfurt ausgehenden Beschneidungskontroverse siehe Liberles, Religious Conflict in Social Context, S. 23–65; Andreas Gotzmann, Jüdisches Recht im kulturellen Prozeß. Die Wahrnehmung der Halacha im Deutschland des 19. Jahrhunderts, Tübingen 1997, S. 251–302.
19 Vgl. Christian Wiese/Walter Homolka/Thomas Brechenmacher (Hrsg.), Jüdische Existenz in der Moderne. Abraham Geiger und die Wissenschaft des Judentums, Berlin 2012.
20 Vgl. Max Wiener, Jüdische Religion im Zeitalter der Emanzipation, Berlin 1933, S. 99–113 und Meyer, Antwort auf die Moderne, S. 198–211.

eine geschichtlich fundierte Grundlage zu geben. Dabei setzte Geiger einen dynamischen Offenbarungs- und Traditionsbegriff voraus, der in den unterschiedlichen Epochen jüdischer Geschichte eine beständige lebendige Fortentwicklung erblickte, so dass auch eine Neudefinition des Judentums in der Moderne nicht als Traditionsbruch erscheinen musste. Die Prophetie mit ihrer universalen Religion und Ethik, die aus seiner Sicht auch den eigentlichen Gehalt der pharisäischen und rabbinischen Lehre ausmachte, sollte die notwendige Orientierung bieten, während es die einst als schützende Hülle notwendige religionsgesetzliche Tradition abzustreifen galt, um das wahre Wesen des Judentums als der universalen prophetischen Menschheitsreligion zur Entfaltung zu bringen. Mit dieser Interpretation der Erwählung Israels und des traditionellen Messianismus prägte Geiger zudem ein Denkmodell, mit dessen Hilfe sich auch der Anspruch des Judentums auf eine legitime und gleichberechtigte Fortexistenz neben dem Christentum begründen ließ.[21] In seiner Frankfurt Periode präsentierte Geiger die Essenz dieser historisch fundierten Reformtheologie in öffentlichen Vorträgen, die unter dem Titel *Das Judenthum und seine Geschichte* eine breite und nachhaltige Wirkung auf das Selbstverständnis des liberalen Judentums in Deutschland entfalteten.[22]

Ausgerechnet Frankfurt wurde jedoch auch zum Zentrum einer diesen Ideen strikt entgegengesetzten Strömung. Die jüdische „Orthodoxie" in Deutschland, die sich im 19. Jahrhundert in Abgrenzung gegen die Reformbewegung herausbildete, verstand sich primär als „Trägerin und Wächterin des alten jüdischen Glaubens und der alten jüdischen Tradition".[23] Entscheidendes Merkmal ihres Selbstverständnisses war das Konzept *Tora Min Ha-Schamajim*, die fundamentale Treue zum Prinzip der im göttlichen Offenbarungsakt am Sinai gültig ausgesprochenen und Israel für all Zeit verpflichtenden normativen halachischen Tradition. Auch die orthodoxe Strömung ist jedoch als Modernisierungsphänomen zu verstehen, insofern sie ein bei aller Traditionstreue neues Konzept jüdischer Identität entwickelte. Ihren herausragenden Repräsentanten fand die als „Neo-Orthodoxie" bezeichnete Strömung in Samson Raphael Hirsch, dem Verfasser der grundlegenden Schriften *Horeb* (1836) und *Neunzehn Briefe über Judenthum* (1837), der 1851 zum Rabbiner der Israelitischen Religionsgesellschaft in Frankfurt berufen und als Prediger, Lehrer, Organisator und Herausgeber der Zeitschrift *Jeschurun* (1854– 1870) zum Vordenker und Gestalter einer weit über Frankfurt hinaus ausstrahlen-

---
21 Vgl. Susannah Heschel, Der jüdische Jesus und das Christentum. Abraham Geigers Herausforderung an die christliche Theologie, Berlin 2001.
22 Abraham Geiger, Das Judenthum und seine Geschichte, 3 Bde., Breslau 1865–1871.
23 Mordechai Breuer, Jüdische Orthodoxie im Deutschen Reich 1871–1918. Sozialgeschichte einer religiösen Minderheit, Frankfurt am Main 1986, S. 3.

den Separatorthodoxie wurde.²⁴ Als revolutionierend erwies sich insbesondere die von Hirsch entwickelte Bildungskonzeption, die sich der säkularen Bildung und Kultur öffnete und auf eine entschiedene Bejahung der Emanzipation und Akkulturation bei gleichzeitigem konsequenten Festhalten an der „Heteronomie des an dem Menschen und nicht in ihm geoffenbarten Gottesgesetzes" setzte.²⁵

Das jüdische Frankfurt des 19. Jahrhunderts war jedoch nicht allein Ausgangspunkt und Ort der Debatten und Kontroversen über die „Reformfreunde", der konflikthaften Etablierung einer neo-orthodoxen Separatorthodoxie oder des Balanceakts, den die Frankfurter Gemeindeorthodoxie in ihrer Beziehung zu einer relativ gemäßigten Reformbewegung unter dem Dach der Einheitsgemeinde vollzog. Insgesamt ließen sich im Spiegel einer systematischeren Geschichte der vielfältigen Wirksamkeit jüdischer Gelehrter, Intellektueller und Kulturschaffender in Frankfurt vor 1933, wie sie Paul Arnsberg in seinem Werk in Einzelportraits dokumentiert, wesentliche Aspekte der deutsch-jüdischen Geistes- und Kulturgeschichte dieser Zeit näher beleuchten.²⁶ Das gilt, mit Blick auf den religiösen Kontext, und um nur drei Beispiele zu nennen, etwa für Isaak Markus Jost, der von 1835 bis 1860 am Philantropin lehrte, zwischen 1839 und 1841 mit den *Israelitischen Annalen* eine jüdische Kulturzeitschrift herausgab, aber auch seit 1837 als verantwortlicher Redakteur der „Israelitischen Abtheilung" der *Unpartheiischen Universal-Kirchenzeitung für die Geistlichkeit und die gebildete Weltklasse des protestantischen, katholischen, und israelitischen Deutschland's* fungierte,²⁷ für den Pädagogen und Schriftsteller Sigismund Stern, der 1855 Direktor des Philantropin wurde und – neben reformpädagogischen Schriften – 1857 auch eine *Geschichte des Judenthums von Mendelssohn bis auf die Gegenwart* publizierte,²⁸ oder für den gemäßigten Reformer Leopold Stein, der 1848 als engagierter Vertre-

---

24 Zu Hirsch vgl. u. a. Noah H. Rosenbloom, Tradition in an Age of Reform. The Religious Philosophy of Samson Raphael Hirsch, Philadelphia 1976; Roland Tasch, Samson Raphael Hirsch. Jüdische Erfahrungswelten im historischen Kontext, Berlin 2011. Zur Herausbildung und Entwicklung der Frankfurter Separatorthodoxie vgl. Liberles, Religious Conflict in Social Context, S. 137–226; dazu sowie zur Nachgeschichte vgl. Matthias Morgenstern, Von Frankfurt nach Jerusalem. Isaac Breuer und die Geschichte des „Austrittsstreits" in der deutschjüdischen Orthodoxie, Tübingen 1995.
25 Breuer, Jüdische Orthodoxie, S. 66.
26 Arnsberg, Die Geschichte der Frankfurter Juden, Bd. 3: Biographisches Lexikon der Juden in den Bereichen: Wissenschaft, Kultur, Bildung, Öffentlichkeitsarbeit in Frankfurt am Main.
27 Vgl. Reuven Michael, I. M. Jost und sein Werk, in: Bulletin des Leo Baeck Instituts 3 (1960), S. 239–258.
28 Sigismund Stern, Geschichte des Judenthums von Mendelssohn bis auf die Gegenwart, nebst einer einleitenden Überschau der Religions- und Kulturgeschichte, Frankfurt am Main 1857; zum Wirken des radikalen Reformers Stern vgl. Arthur Galliner, Sigismund Stern, der Reformator und der Pädagoge, Frankfurt am Main 1930.

ter der Revolution in Erscheinung trat und in den 1850er und 1860er Jahren zahlreiche Werke zur jüdischen Philosophie und Ethik, Predigtsammlungen sowie mehrere Dramen veröffentlichte.[29]

Die Bedeutung des jüdischen Frankfurt geht jedoch weit über den im engeren Sinn religiösen Kontext hinaus. Die Zeit zwischen dem Ausbruch des Ersten Weltkriegs und dem Ende der Weimarer Republik, die in der Historiographie zum deutschen Judentum als Epoche einer „Renaissance jüdischer Kultur" gekennzeichnet wird, brachte auch in Frankfurt Neuaufbrüche mit sich, welche die Stadt deutlicher als je zuvor zu einem lebendigen Zentrum jüdischen Lebens in Deutschland machten.[30] Eine Vielzahl von Faktoren spielten dabei eine Rolle, darunter eine religiöse Neuorientierung des liberalen Judentums, die zunehmende Bedeutung zionistischer Bestrebungen, die sich etwa in der von Martin Buber seit 1916 herausgegebenen Zeitschrift *Der Jude* widerspiegelten, die Präsenz von Jüdinnen und Juden aus Osteuropa, insbesondere im Frankfurter Ostend,[31] die Aktivitäten jüdischer Frauen im Kontext des 1904 von Bertha Pappenheim gegründeten Jüdischen Frauenbundes.[32]

Zwei Entwicklungen, die in ihrem Zusammenspiel symbolisch für die jüdische Renaissance in Frankfurt stehen und die Forschung besonders beschäftigt haben, gehören in den Bereich der Bildungsgeschichte. Kaum überzubewerten ist die Rolle jüdischer Stifterinnen und Stifter vor 1933, die durch ihre substantiellen finanziellen Beiträge die Gründung der Frankfurter Universität im Jahr 1914 überhaupt erst möglich gemacht haben und einen großen Anteil daran hatten, dass erstmals in der deutschen Universitätsgeschichte die Besetzung von Professuren ungeachtet konfessioneller Bindungen erfolgen konnte. Welche Bedeutung die jüdischen Bürgerinnen und Bürger dieser Errungenschaft beimaßen, wird darin sichtbar, dass das *Frankfurter Israelitische Gemeindeblatt* in seinem Heft vom Juli 1933 unter dem Titel „Zur Geschichte der Frankfurter Universität" angesichts der „neuesten Entwicklung auf dem Gebiet des Hochschulwesens, von denen auch die Johann Wolfgang Goethe-Universität zu Frankfurt a. M. nicht unberührt geblieben

---

29 Vgl. Robert Liberles, Leopold Stein and the Paradox of Reform Clericalism, 1844–1862, in: Leo Baeck Institute Yearbook 27 (1982), S. 261–279.
30 Vgl. Michael Brenner, The Renaissance of Jewish Culture in Weimar Germany, New Haven 1996.
31 Ca. 15 Prozent der jüdischen Bevölkerung Frankfurts Ende der 1920er Jahre stammten aus Osteuropa, waren vor der Armut und den Pogromen im zaristischen Russland geflüchtet und hatten erkennbar andere religiöse und politische Traditionen mitgebracht als die des liberalen jüdischen Bürgertums in Frankfurt. Vgl. Jüdisches Museum Frankfurt (Hrsg.), Ostend. Blick in ein jüdisches Viertel, Frankfurt am Main 2004.
32 Vgl. Marion A. Kaplan, Die jüdische Frauenbewegung in Deutschland. Organisation und Ziele des Jüdischen Frauenbundes 1904–1938, Hamburg 1981.

ist", Passagen aus dem Stiftungsvertrag vom 28. September 1912 mit den Namen der beteiligten Stiftungen und individuellen Mäzenen abdruckte – eine mahnende Erinnerung an ein nunmehr zerstörtes Kapitel des Miteinanders der jüdischen und nichtjüdischen Bevölkerung der Stadt Frankfurt.[33] Die nahezu 20 Jahre des Wirkens jüdischer Wissenschaftler und Gelehrter jüdischer Herkunft vor dieser Zäsur stellen ein reiches, faszinierendes und in der deutsch-jüdischen Geistesgeschichte einmaliges Kapitel mit einem bleibenden Erbe dar, das – obgleich gut erforscht – noch immer spannende neue Einblicke in die Zeit bereithält: die soziologischen Einsichten Franz Oppenheimers und Karl Mannheims, die Frankfurter orientalistische Forschung eines Josef Horowitz oder Gotthold Weil, die jüdischen religionswissenschaftlichen Forschungen Martin Bubers und Nahum Norbert Glatzers, die facettenreiche Tradition der Frankfurter Schule, die zahllosen namhaften Forscher der naturwissenschaftlichen Disziplinen, insgesamt das liberale aufklärerische Erbe eines kritischen, humanitär orientierten Denkens, das die Universität damals auszeichnete und aus der Sicht der antisemitischen Bewegung zur Verkörperung dessen machte, was sie mit tiefem Hass als „jüdischen Geist" bekämpfte.[34]

Ein weiterer *lieu de memoire* der jüdischen Renaissance in Frankfurt ist das im Umfeld Nehemias Anton Nobels, des gefeierten Predigers an der Synagoge am Börneplatz, entstandene „Freie Jüdische Lehrhaus", das auch als „andere Frankfurter Schule" bezeichnet worden ist.[35] Mehr noch als mit den jungen jüdischen Intellektuellen im Umfeld Nobels – Siegfried Kracauer, Leo Löwenthal, Ernst Simon oder Erich Fromm – ist das 1920 gegründete Lehrhaus mit dem Wirken Franz Rosenzweigs in Frankfurt und mit dessen Bildungskonzeption verbunden, die auf die Vermittlung jüdischen Wissens mittels einer nicht-universitären, mit dem Leben verbundenen Wissenschaft und auf die Stärkung der Identität der jüdischen Gemeinschaft angesichts der religiösen und kulturellen Krisen nach dem Ersten Weltkrieg zielte. Es bedarf lediglich eines oberflächlichen Blicks auf einige der Namen jener Intellektueller, die während der Weimarer Zeit zeitweise am Lehrhaus lehrten – von Leo Baeck über Martin Buber, Leo Strauss, Gershom Scholem oder Samuel Joseph Agnon bis hin zu Margarete Susman und Bertha Pappenheim, um eine Vorstellung von dem Reichtum dessen zu bekommen, was hin-

---

33 Zur Geschichte der Frankfurter Universität, in: Frankfurter Israelitisches Gemeindeblatt 11 (1932/33), S. 276–277.
34 Vgl. dazu u. a. Moritz Epple/Johannes Fried/Raphael Gross/Janus Gudian (Hrsg.), „Politisierung der Wissenschaft". Jüdische Wissenschaftler und ihre Gegner an der Universität Frankfurt am Main vor und nach 1933, Göttingen 2016.
35 Raimund Sesterhenn (Hrsg.), Das Freie Jüdische Lehrhaus – eine andere Frankfurter Schule, München 1987.

sichtlich jüdischer Tradition, Philosophie oder Literatur am Lehrhaus thematisiert wurde.[36]

***

Der vorliegende Band blickt auf die Geschichte des jüdischen Frankfurt in der Zeit von der Emanzipation bis 1933 und legt den Fokus auf die sozialen, politischen, kulturellen und geistigen Errungenschaften der Frankfurter Jüdinnen und Juden in und für Frankfurt, ohne dabei die Brüchigkeit und auch die letztendliche Zerstörung des Projekts der Emanzipation und der Integration zu vergessen. Die Beiträge untersuchen dafür in erster Linie die Aktivitäten der Jüdinnen und Juden selbst, begreifen dies jedoch nicht als eine rein innerjüdische Geschichte, sondern als eine Geschichte der Ko-Konstitution der städtischen Kultur und Gesellschaft. Sie zielen darauf, das spezifisch jüdische Element dieser gemeinsamen Konstitution herauszuarbeiten und dessen volle Bedeutung zu ermessen. Der Band untersucht zugleich die inneren Dynamiken des jüdischen Segments der Stadtgesellschaft Frankfurts und leistet somit einen Beitrag sowohl zur Frankfurter Stadtgeschichte als auch zur jüdischen Geschichte. Er will nicht zuletzt sichtbar machen, was alles durch die Zerstörung des jüdischen Frankfurts durch Judenhass und Antisemitismus vernichtet worden und dadurch unwiederbringlich verloren gegangen ist, und zwar sowohl für die Stadt Frankfurt als auch, und vor allem, für deren jüdische Bürgerinnen und Bürger.

Der Band setzt ein mit einer Bestandsaufnahme der jüdischen Geschichte Frankfurts im 19. und frühen 20. Jahrhundert durch *Salomon Korn*, die noch einmal in aller Deutlichkeit zeigt, wie tief vor diesem Hintergrund die Enttäuschung und Verzweiflung der Frankfurter Jüdinnen und Juden war, als sie 1933 feststellen mussten, dass ein Großteil ihrer bisherigen Nachbarinnen und Nachbarn dem Antisemitismus und der antijüdischen Gewalt der Nationalsozialisten nicht nur nicht entgegentraten, sondern sie willig akzeptierten und unterstützten. Nur vor diesem Hintergrund sind die nachfolgenden Beiträge angemessen zu verstehen, welche die soziale, kulturelle, intellektuelle und künstlerische Kreativität, die Jüdinnen und Juden zuvor in Frankfurt hatten entfalten können, und deren Identifikation mit der Stadt und ihrer Gesellschaft betonen. Die Beiträge der folgenden drei Abschnitte widmen sich zunächst Aspekten der Sozial- und Kulturgeschichte, behandeln dann Themen der Religions- und Geistesgeschichte und nehmen schließlich Momente der Kunst- und Architekturgeschichte des jüdischen Frankfurt in den Blick.

Die Sektion zur Sozial- und Kulturgeschichte spannt den Bogen von der Entstehungs- und Frühgeschichte des jüdischen Bürgertums in Frankfurt zu Beginn

---

36 Vgl. Paul Mendes-Flohr: The „Freies Jüdisches Lehrhaus" of Frankfurt, in: Grözinger, Jüdische Kultur in Frankfurt am Main, S. 217–229.

des 19. bis zur Ausdifferenzierung der jüdisch-bürgerlichen Institutionen im 20. Jahrhundert sowie von gesellschaftlichen bis zu familiengeschichtlichen Perspektiven. *Vera Kallenberg* untersucht anhand eines Strafprozesses gegen jüdische Angeklagte in den Jahren 1812 bis 1815 die Widersprüche der frühen Emanzipationsgeschichte. *Sonja Thäder* widmet sich in ihrem Beitrag der Familie des Bankiers Mayer Amschel Rothschild als Beispiel für den Erfolg und den prekären Charakter des sozialen Aufstiegs von Jüdinnen und Juden im 19. Jahrhundert. *Andrea Hopp* diskutiert in ihrem Beitrag die Entstehung eines jüdischen Bürgertums in Frankfurt aus einer strukturgeschichtlichen Perspektive. Einen ebenso entscheidenden wie zwiespältigen Wendepunkt in diesem Zusammenhang und im Prozess der bürgerlichen Gleichstellung der Juden beleuchtet der Aufsatz von *Heike Drummer*: die Entwicklungen im Umfeld der Revolution von 1848, die für Jüdinnen und Juden die Hoffnung auf ein rasches Ende der Diskriminierungen und die Enttäuschung dieser Hoffnung brachte. *Eva Maria Ulmer, Edgar Bönisch und Birgit Seemann* betrachten sodann die Entstehung von professionellen jüdischen Krankenpflegestrukturen in Frankfurt, insbesondere den 1893 gegründeten „Verein für jüdische Krankenpflegerinnen zu Frankfurt am Main". Mit Bertha Pappenheim steht eine der bedeutendsten Akteurinnen der jüdischen Sozialpolitik, die zugleich eine Vorkämpferin der Jüdischen Frauenbewegung war, im Zentrum der folgenden Überlegungen von *Britta Konz*. *Franziska Krah* schließt diese Sektion ab, indem sie einen intimen Blick in den Alltag einer bürgerlichen Frankfurter Familie bietet, deren Schicksal zugleich für die Zerstörung des jüdischen Frankfurt steht – die Familie von Anne Frank.

Die zweite Sektion zur Religions- und Geistesgeschichte konzentriert sich einerseits auf Institutionen und Akteure, die sich dem Feld der „jüdischen Renaissance" in der Weimarer Republik zuordnen lassen, andererseits auf jüdische Intellektuelle im Umfeld des Frankfurter Instituts für Sozialforschung. *Christian Wiese* analysiert die am Ende gescheiterten Versuche, die Frankfurter Universität durch die Gründung einer jüdisch-theologischen Fakultät zu einem Zentrum der Wissenschaft des Judentums zu machen. *Rachel Heuberger* befasst sich in ihrem Beitrag mit der Gründung des Freien Jüdischen Lehrhauses auf Initiative des modern- orthodoxen Rabbiners Nehemias Anton Nobel. Die Geschichte der von Aron Freimann begründete Sammlung von Hebraica und Judaica und der Frankfurter Stadtbibliothek, der späteren Universitätsbibliothek der Goethe-Universität, ist Gegenstand des anschließenden Aufsatzes von *Kerstin von der Krone*. *Matthias Morgenstern* widmet sich der Bedeutung von Isaac Breuer innerhalb der von dessen Großvater Samson Raphael Hirsch begründeten Frankfurter Neo-Orthodoxie. Mit dem Beitrag von *Yael Kupferberg* richtet sich der Blick auf die Vertreter der Kritischen Theorie. Sie untersucht darin die zumeist übersehenen oder ignorierten jüdischen Aspekte dieser Theorie am Beispiel Max Horkheimers. *Philipp Lenhard* diskutiert dies anhand von Friedrich Pollock, einer weiteren zentralen Figur der Kritischen Theorie, die aber stets im Schatten Horkheimers und Adornos stand. *Jörg Später* schließlich wendet sich mit Siegfried Kracauer einem Nicht-Mitglied der Frankfurter Schule und dessen facettenreicher, wenn auch schwierigen Beziehung zum Kreis um die Hauptprotagonisten des Instituts für Sozialforschung zu. Im abschließenden Beitrag dieser Sektion blickt *Micha Brumlik* auf die Thematisierung von Juden und Jüdischem in den Gedichten von Friedrich Stoltze, in der sich die Zugehörigkeit der Frankfurter Jüdinnen und Juden zu Frankfurt auf eigentümliche Weise spiegelt.

Die dritte Sektion des Bandes untersucht die Präsenz von Juden und Jüdischem in der Kunst und Architekturgeschichte der Stadt Frankfurt. *Susan Nashman Fraiman* präsentiert mit Moritz Oppenheim den ersten deutsch-jüdischen Maler, der Weltruhm erlangte, und fragt nach der Thematisierung jüdischer Identität in seinem künstlerischen Werk. *Eva Atlan* beschäftigt sich mit den Arbeiten der Silberwarenfabriken Lazarus Posen Witwe und Gebrüder Horowitz und deren Bedeutung innerhalb der jüdischen Renaissance. Im abschließenden Beitrag des Bandes verfolgt *Cornelia Berger-Dittscheid* die Entwicklungen innerhalb der Frankfurter Jüdischen Gemeinde und in ihrem Verhältnis zur nichtjüdischen Umgebungsgesellschaft im Spiegel der Bau- und Architekturgeschichte der verschiedenen Frankfurter Synagogen. Sie zeigt darin, wie sehr sich in der Architektur die Debatten um das Selbstverständnis der Frankfurter Jüdinnen und Juden und um ihren Platz in der Frankfurter Stadtgesellschaft niederschlägt.

Dieser Sammelband geht auf eine Konferenz zurück, die im Oktober 2021 im Jüdischen Museum Frankfurt stattgefunden hat. Die Konferenz wurde gemeinsam vom Buber-Rosenzweig-Institut für jüdische Geistes- und Kulturgeschichte der Moderne und Gegenwart an der Goethe-Universität Frankfurt am Main, von der Bildungsabteilung des Zentralrats der Juden in Deutschland, dem Institut für christlich-jüdische Studien und Beziehungen an der Augustana-Hochschule Neuendettelsau und dem Jüdischen Museum Frankfurt organisiert. Der Band und die ihm zugrundeliegende Konferenz stehen im Kontext des Projekts „Synagogengedenkbuch Hessen", das die Geschichte der jüdischen Gemeinden und ihrer Synagogen auf dem Gebiet des heutigen Bundeslandes Hessen erforscht und dokumentiert. Der herzliche Dank der Herausgeberinnen und Herausgeber gilt dem Hessischen Kultusministerium für die finanzielle Förderung des Bandes sowie der Stiftung Polytechnische Gesellschaft, dem Zentralrat der Juden in Deutschland und dem Jüdischen Museum Frankfurt für die finanzielle Förderung der ihm zugrundeliegenden Konferenz. Dem Verlag de Gruyter und namentlich Julia Brauch ist für die wie immer engagierte und professionelle Betreuung des Bandes zu danken.

Salomon Korn
Der lange, dunkle Schatten der Judengasse

Die Frankfurter Jüdische Gemeinde im Ringen um rechtliche Gleichstellung im 19. und frühen 20. Jahrhundert

An kaum einem anderen Ort lassen sich die Mühen, Erfolge und Rückschläge des jüdischen Emanzipationsprozesses im 19. Jahrhundert so anschaulich studieren wie am Beispiel der Stadt Frankfurt am Main und ihrer jüdischen Bevölkerungsminderheit. Nirgendwo sonst in Europa lebten die Juden unter so verheerenden und demütigenden Lebensverhältnissen wie in der Judengasse, dem seinerzeit größten jüdischen Ghetto. Nirgendwo sonst in Deutschland war der Weg zur rechtlichen Gleichstellung so lang und steinig wie in der Freien Reichsstadt Frankfurt am Main.

Wie gelingt Selbstermächtigung? Wie gelingt es einer jahrhundertelang unterdrückten religiösen Minderheit, die Schmach der Knechtschaft und Demütigung zu überwinden? Auf beide Fragen gibt das Frankfurter Beispiel Antworten. Es erzählt von dem Heraustreten aus dem Ghetto, von dem langen, zähen Kampf um Bürgerrechte und führt zugleich das jähe Ende der erkämpften Errungenschaften und das Scheitern des Integrationsprozesses vor Augen.

1933 formulierte der frisch ernannte nationalsozialistische Frankfurter Oberbürgermeister in einem seiner ersten offiziellen Schreiben seine Kampfansage in Richtung der jüdischen Bevölkerung. Hinsichtlich seiner kommunalpolitischen Visionen führte das neue Stadtoberhaupt aus, dass „... aus der Stadt der Frankfurter Zeitung und Mayer Amschel Rothschilds wieder eine deutsche Stadt und die Stadt Goethes ..." werden soll.[1] Damit war der von den Antisemiten erdachte Gegensatz zwischen allem angeblich Deutschen und dem Judentum staatlich sanktioniert. Der vermeintlich undeutsche jüdische Geist, der mit dem Ende der Judengasse 1796 aus der Flasche entwichen war, hatte lange genug in Frankfurt sein angebliches Unwesen getrieben. Er sollte von nun an zurückgedrängt werden in seinen gläsernen Kerker.

Ja, die seit dem Mittelalter in Frankfurt existierende Judengasse, dieser städtische Mikrokosmos innerhalb Frankfurts war ein Kerker. Eine abgeschirmte Welt, die Jahrhunderte überlebt und sich aller Eingeschlossenheit zum Trotz weit über

---

1 Zit. nach Monica Kingreen, Systematische Politik der Ausplünderung. Die Aneignung „jüdischen Eigentums" durch die Stadt Frankfurt, in: Katharina Stengel (Hrsg.), Vor der Vernichtung. Die staatliche Enteignung der Juden im Nationalsozialismus, Frankfurt am Main 2007, S. 226–241, hier S. 227.

Frankfurt hinaus den Ruf eines anerkannten Zentrums des aschkenasischen Judentums und jüdischer Gelehrtheit erworben hatte. Angezogen von der hervorragenden geografischen Lage Frankfurts, hatte sich zudem eine dem wohlhabenden christlichen Patriziat vergleichbare Unternehmerschicht herausgebildet. Familien wie die Oppenheimers, Erlangers, Königswarters und später die Rothschilds schufen die Grundlage für den Aufstieg des jüdischen Wirtschaftsbürgertums im 19. Jahrhundert.

Die Judenstättigkeit, die endlose Liste der gesetzlichen Drangsalierungen und Gängelungen, regelte seit dem Mittelalter das Leben und Arbeiten in der Judengasse. Die Stättigkeit machte die Juden zu rechtlosen Untertanen der Christen. Die Demütigung war allumfassend: So war jeder Jude gezwungen, auch minderjährigen christlichen Jungen gegenüber den Hut zu ziehen, wenn der ihm zurief: „Judd' mach Mores!". Von Vorgaben zum Verhalten an Marktständen bis hin zu Vorschriften hinsichtlich der Kleidung blieb in der Stättigkeit kein Lebensbereich unberücksichtigt.

Die Existenz der Gemeinde, der Schutz vor Gewalt und Vertreibung, hing von der strikten Befolgung der kaiserlichen Dekrete ab. Vor allem aber auch von der Zahlungsfähigkeit der Juden. Schließlich war das zentrale Motiv der Frankfurter Judenstättigkeit wie aller anderen irgendwann irgendwo ersonnenen judenfeindlichen Gesetze immer auch, staatliche oder private Geldschatullen der christlichen Mehrheitsgesellschaft zu füllen. Wie die Gemeinden in anderen Städten mussten die Frankfurter Juden für ihr Wohnrecht eine Vielzahl von Steuern und Gebühren entrichten. Im Falle Frankfurts waren dies bis weit ins 19. Jahrhundert hinein 34 verschiedene Abgaben. Keine andere Bevölkerungsgruppe wurde so hoch besteuert.

Die jüdischen Gemeindevorsteher versuchten in zähen Verhandlungen mit den Reichsbehörden oder der judenfeindlichen, unnachgiebigen Frankfurter Stadtregierung, dem sogenannten Rat, wenigstens kleine, ja kleinste Verbesserungen zu erwirken, um das Leben in dem seit Ende des 16. Jahrhunderts völlig überfüllten Ghetto zu erleichtern. Nicht alle diese Versuche waren erfolglos. Die Beharrungskräfte der christlichen Obrigkeit und die in der Bevölkerung vorherrschende Überzeugung, die sklavenartige Behandlung der Juden sei richtig, zementierten jedoch die Zustände.

Auch der kräftig von Frankreich aus herüberwehende Wind der Französischen Revolution änderte daran zunächst nichts. Wie in zahlreichen Kleinstaaten und Fürstentümern im zergliederten Alten Reich hofften auch die Frankfurter Ratsmitglieder, den als zersetzend empfundenen Geist der Freiheit durch das Festhalten an den bestehenden Zuständen abwehren zu können. Der Status der Judengasse, so die Haltung von Rat und christlicher Bevölkerung, sollte unangetastet bleiben.

Ablehnung, Konkurrenzneid und blanker Hass prägen den Blick auf die rechtlose, im Ghetto eingepferchte jüdische Minderheit. Eine Haltung, die zur damaligen Zeit als untadelig und völlig selbstverständlich galt. Die christliche Stadtgesellschaft war abgestoßen von den Zuständen im Ghetto und übertrug dieses Empfinden auf die dort lebenden Menschen. Zwangsläufig waren die Bewohner der Judengasse schwer gezeichnet von den unmenschlichen, den Restriktionen geschuldeten Lebensbedingungen.

Der schlechte bauliche Zustand des Ghettos, die furchtbaren hygienischen Gegebenheiten und das verwahrloste Aussehen der ärmeren Bevölkerung machten die Sonderstellung der Juden schon rein äußerlich sichtbar. Auch die trotz aller Einschränkungen bestehenden wirtschaftlichen Beziehungen zwischen der Judengasse und dem Rest der Stadt änderten nichts an der Abgrenzung gegenüber den Juden.

Die Hoffnungslosigkeit in der Judengasse hatte Ende des 18. Jahrhunderts einen Punkt erreicht, an dem nach Meinung des Historikers Paul Arnsberg nur eine äußere Einwirkung eine Verbesserung herbeiführen konnte. „Ohne die Zerstörung der Judengasse im Jahre 1796 durch die Franzosen", so Arnsberg in seiner *Darstellung der Geschichte der Frankfurter Juden*, „hätte sich in den kommenden zehn Jahren bis 1806 an dem Status der Judengasse und der darin lebenden Juden nichts geändert."[2] Der große Brand, den der Beschuss durch die französischen Truppen auslöste, sorgte zunächst allerdings nur räumlich für eine Befreiung. Frankfurt war beileibe nicht Frankreich, wo durch die Zäsur der Revolution die Gleichstellung der Juden erreicht worden war. Allein die Vorstellung, dass die befreite Bevölkerung der Judengasse nunmehr zu Bürgerinnen und Bürgern Frankfurts aufsteigen könne, war abwegig. Im Gegenteil: Die Reglementierungen der Stättigkeit dauerten bis 1806 fort und wurden alljährlich in der Synagoge verlesen. Und doch war jetzt immer stärker spürbar, dass die gesetzlichen Diskriminierungen unzeitgemäß wirkten. Die Wirklichkeit entfernte sich von den überkommenen Strukturen.

So sehr die Frankfurter Juden über Generationen hinweg unter den unmenschlichen Zuständen des Ghettos gelitten hatten, so schwierig war es, mit dem Umbruch umzugehen. Das hartnäckige Ringen führender Gemeindemitglieder mit den kaiserlichen Behörden und dem Rat der Stadt um Erleichterungen hatte die Gegensätze innerhalb der Gemeinde überdeckt. Der Fall der Ghettomauern offenbarte die tiefen Gräben, welche durch die Denkanstöße aus Frankreich aufgeworfen worden waren. Aus Sicht der Strenggläubigen hatte die Abgeschlossenheit der Judengasse die traditionelle, altreligiöse Religionsausübung vor den

---
2 Paul Arnsberg, Die Geschichte der Frankfurter Juden seit der Französischen Revolution, Bd. 1, Darmstadt 1983, S. 101.

schädlichen Einflüssen der Aufklärung geschützt. Viel Unterstützung erhielten jetzt die sogenannten „Neuen", die Reformer. Sie ließen keinen Zweifel an ihrer religiösen Gesetzestreue, traten aber dafür ein, sich den Werten der europäischen Kultur gegenüber zu öffnen und endlich säkularem Wissen mehr Wertschätzung entgegenzubringen.

Dieser Funke, die Orientierung an der aufgeklärten Haltung eines Moses Mendelssohn, die Einsicht in die Bedeutung weltlicher Bildung für das Erringen der staatsbürgerlichen Gleichstellung, markiert den Durchbruch. Unter den Frankfurter Juden setzte um die Jahrhundertwende ein Stimmungswandel ein, der überaus treffend im Namen einer von Juden gegründeten Freimaurerloge aufgegriffen wurde: „Loge zur aufgehenden Morgenröthe". Schon die Gründung einiger solcher Gesprächszirkel versinnbildlichte das energische Heraustreten der Frankfurter Juden aus den als überkommen erachteten Strukturen.

Einen weithin sichtbaren, besonders schönen Ausdruck hatte das neue Denken kurz zuvor in einer Institution gefunden, die bis heute an die Väter und Mütter der jüdischen Emanzipation erinnert: das Philanthropin. Finanziell unterstützt von Mayer Amschel Rothschild war es vor allem Siegmund Geisenheimer, der die Schulgründung aus tiefer Überzeugung von der Bedeutung einer breiten weltlichen Bildung vorantrieb. Dem als Prokurist im Bankhaus Rothschild tätigen Geisenheimer war die Unterstützung bedürftiger jüdischer Kinder ein Herzensanliegen. Der Nachwuchs wohlhabender jüdischer Familien wurde vielfach von Hauslehrern erzogen. Die neuen liberalen Erziehungsideale sollten jedoch gerade auch begabten Kindern aus armen Familien helfen, ein selbstbestimmtes Leben zu führen und sich die Anerkennung der christlichen Mehrheitsgesellschaft zu sichern.

Was folgte, war eine Erfolgsgeschichte, an der neben Siegmund Geisenheimer als Gründer und erstem Leiter des Philanthropins auch berühmte Reformer und legendäre Lehrer wie Michael Hess und der Katholik Joseph Franz Molitor großen Anteil hatten. Erziehung zur Humanität und die Vermittlung weltlichen Wissens waren die erklärten Bildungsziele der neuen Schule, die in herausragender Weise umgesetzt wurden. Der hervorragende Unterricht trug maßgeblich zum Wandel des von den Christen in Stein gemeißelten Bildes vom rückständigen, in seiner Religionsausübung gefangenen Ghetto-Juden bei. Das Philanthropin entwickelte sich zu einer Art Vorbild-Schule in Frankfurt. Die Schülerzahl stieg stetig, ab 1810 waren auch Mädchen zugelassen und nur ein Jahr später besuchten erstmals christliche Kinder die Schule.

Mit der Entwicklung des Philanthropins zu einem Lehrinstitut mit europaweitem Ansehen vollzogen sich innerhalb der jüdischen Gemeinde tiefgreifende Veränderungen. Die Reformideen und die schleichende Abwendung vom traditionellen Judentum, wie es bis zum Untergang der Judengasse gelebt worden war, setzten im frühen 19. Jahrhundert innerhalb der jüdischen Gemeinde Frankfurts eine

Aufbruchstimmung in Gang. Die neuen Bildungsideale, das Streben nach Integration in die Mehrheitsgesellschaft und die politischen Signale aus Frankreich weckten Hoffnung auf eine greifbar nahe bürgerliche Gleichstellung.

Mit Enttäuschung und Zorn reagierten die Frankfurter Juden deshalb auf die zögerliche und letztlich erneut judenfeindliche Politik unter Fürst-Primas Carl von Dalberg. Frankfurt war nunmehr Residenzstadt von Frankreichs Gnaden, doch der napoleonische Einfluss brachte der Gemeinde kaum Verbesserungen. Die Juden sollten sich einer Gleichstellung erst würdig erweisen, so der Tenor der Stadtregierung, der von den judenfeindlichen Stadtbehörden und der anti-jüdisch gesonnenen christlichen Bevölkerung nachdrücklich unterstützt wurde. Dass 1807 sogar eine neue Stättigkeit erlassen und erneut Schutzgelder erhoben wurden, erschien als niederschmetternde Demütigung. Der desillusionierte Ludwig Börne sprach seinen Glaubensgenossen denn auch aus dem Herzen, indem er die neue Verordnung als einen „Roman der Bosheit" bezeichnete.[3]

Erst mit der Erhebung Frankfurts zum Großherzogtum durch Napoleon im Jahr 1810 waren echte Verbesserungen in der Judenpolitik absehbar. Wie so oft in der jüdischen Geschichte war es aufseiten der Regierenden nicht die Überzeugung, dass die Juden ein Anrecht auf Menschenrechte und Menschenwürde hätten, sondern große Summen Geldes, die Zugeständnisse bewirkten. Um den geforderten Betrag von 440.000 Gulden aufbringen zu können, musste die Gemeinde Anleihen aufnehmen, für die sie noch bis 1863 Zinsen abzahlte. 645 Juden gelang damals der Eintrag in das sogenannte Bürgerbuch für Juden. Darunter auch die Familie von Ludwig Börne. Der 18jährige trat 1811 seine Stelle als Frankfurter Stadtbeamter an, damals noch unter seinem jüdischen Namen Juda Löw Baruch.

Das stattliche Vermögen war für eine Vereinbarung gezahlt worden, die schon 1815 nach dem Abzug der Franzosen wieder aufgekündigt wurde. Zu tief saß der Judenhass. Auch die teilweise durchaus liberal eingestellten Verhandlungsteilnehmer auf dem Wiener Kongress traten letztlich nicht für die Juden ein. Frankfurt erhielt den Status einer Freien Reichstadt und die christlichen Konfessionen bekamen Rechtsgleichheit zuerkannt. Für die rund 3.000 in Frankfurt lebenden Juden hingegen waren die Beschlüsse in Sachen Gleichstellung eine Herabwürdigung, die nach dem kurzen Freiheits-Lichtstrahl als besonders schmerzlich empfunden wurde. Auch Ludwig Börne sah sich gezwungen, sein Dienstverhältnis bei der Stadt zu quittieren.

Die nach den siegreichen Befreiungskriegen anschwellende nationale Begeisterung in den deutschen Territorien und der quer durch alle politischen Richtungen und sozialen Schichten erschallende Ruf nach nationaler Einigung erschwer-

---

3 Zit. nach Rachel Heuberger/Helga Krohn, Hinaus aus dem Ghetto... Juden in Frankfurt am Main 1800–1950, Frankfurt am Main 1988, S. 23.

ten die Situation für das Anliegen der jüdischen Gemeinschaft. Bis hinein in das liberale Lager fanden sich in Gedichten, Flugblättern und Artikeln judenfeindliche Äußerungen schlimmster Art. Die Folge waren Tumulte und Pogrome in mehreren deutschen Städten, auch in Frankfurt.

Es war vor allem das Wohnrecht der Juden, das die christliche Bevölkerung immer wieder auf die Barrikaden trieb. Auch Jahrzehnte nach dem Ende der Judengasse erregten die ersten Umzüge von Juden in die christlichen Viertel Frankfurts Argwohn und Ablehnung. 1824 fiel die Hürde des restriktiven Wohnrechts. Die Dauer der Auseinandersetzung hatte jedoch zur Folge, dass rund um die ehemalige Judengasse erneut ein Judenviertel entstanden war. Es kam zu weiteren privatrechtlichen Zugeständnissen und auch die Anerkennung als „israelitische Bürger" war ein Fortschritt, aber die Beschränkungen blieben gleichwohl einschneidend. Eine freie wirtschaftliche Betätigung war untersagt und der Zugang zu Handwerksberufen blieb stark eingeschränkt.

In den Jahrzehnten bis zur vollen bürgerlichen Gleichstellung 1864 gewährte der Frankfurter Senat widerwillig einzelne Teilrechte. Vorherrschend blieben eine judenfeindliche Grundhaltung und die Überzeugung, die Juden seien eine Gefahr für die Frankfurter Wirtschaft. Der aus jüdischer Sicht enttäuschende Verlauf der bürgerlichen Revolution 1848/49 und die Rücknahme erst wenige Monate zuvor gewährter Rechte verstärkten die Resignation in den Reihen politisch engagierter jüdischer Reformer. Die Bastion der restaurativen Kräfte innerhalb der Frankfurter Stadtregierung schien uneinnehmbar.

Parallel zu dem harten Ringen um die vollständige rechtliche Gleichstellung entwickelte sich Frankfurt von der ehrwürdigen Reichsstadt zu einer modernen Großstadt und erlebte bis zum Beginn des Ersten Weltkriegs eine im Deutschen Reich beispiellose Blütezeit. Die einstige freie Stadtrepublik meisterte die Herabstufung zur preußischen Provinzstadt nach dem Deutschen Krieg 1866 erstaunlich gut. Frankfurt war Messestadt, europäischer Verkehrsknotenpunkt, die Stadt der Königswahl und der Kaiserkrönung. Vor allem aber war sie eine bürgerlich geprägte Stadt.

Der rasante Aufstieg Frankfurts wirkte sich nachhaltig auf die Situation der in Frankfurt lebenden Juden aus. Trotz fortdauernder Beschränkungen wurden Juden Teil des Frankfurter Wirtschaftslebens. Der Wandel der Stadt vom Warenumschlagsplatz zum Großhandels- und Bankenzentrum schritt in der zweiten Hälfte des 19. Jahrhunderts unaufhaltsam voran und beförderte die Betätigungsmöglichkeiten für Juden. Ein Fortschritt, der zu Lasten der Religionsausübung ging. Christliche Gebräuche und Alltagsstrukturen beeinflussten zunehmend die überlieferten jüdischen Traditionen, was weitreichende Auswirkungen auf den inneren Zusammenhalt der Gemeinde hatte. Die Kluft zwischen den Anhängern der Orthodoxie und der wachsenden Mehrheit der aufgeklärten, reformerischen

Kräfte vergrößerte sich. Die Auseinandersetzungen über liturgische Fragen, die Gestaltung der Synagogen oder schulische Angelegenheiten nahmen an Schärfe zu.

Die Auseinandersetzungen innerhalb der Gemeindeführung führten fast zwangsläufig zu einer Abspaltung. 1850 gründete eine Gruppe Orthodoxer die „Israelitische Religionsgesellschaft" (IRG), die sich der Unterstützung des konservativen Frankfurter Senats sicher sein konnte. Den Frankfurter Stadtvätern waren die Allianzen und personellen Überschneidungen zwischen den jüdischen Reformkräften und dem politischen Liberalismus schon länger ein Dorn im Auge. Auch zahlreiche konservativ eingestellte jüdische Bankiersfamilien unterstützten die neue Vereinigung, was ihr zusätzliche Reputation verlieh. Den Status als Gemeinde hatte die IRG dennoch nicht. Juristisch galt sie als privatrechtliche Gesellschaft.

Die IRG profitierte vom wirtschaftlichen Aufschwung der Stadt und der Wohlhabenheit der Mehrheit ihrer Mitglieder. Schon drei Jahre nach der Gründung konnten die Synagoge in der Schützenstraße, Ecke Reichneigraben und eine neue Schule eröffnet werden, Schritte, die den Drang der IRG zur eigenen Gemeindegründung deutlich machten. Dies gelang 1876 auf der Grundlage des staatlichen „Austrittsgesetzes". Auch Juden konnten nun die Gemeinde verlassen, ohne ihre Religionszugehörigkeit zu verlieren.

Die IRG wuchs, sie blieb jedoch eine kleine Gemeinde, der in den 1870er Jahren nur rund 355 Familien angehörten. Gleichwohl bildeten die Mitglieder ein einflussreiches Netzwerk innerhalb der tonangebenden jüdischen Kreise Frankfurts. Nur etwa 80 Familien wechselten ganz über in die IRG, zu stark war die Bindung an die traditionelle Jüdische Gemeinde. Die Möglichkeit einer Doppelmitgliedschaft verhinderte eine stärkere Abwanderung der orthodox eingestellten Gläubigen. Weitreichende Zugeständnisse seitens des Gemeindevorstands halfen zusätzlich, die Existenz der Einheitsgemeinde zu bewahren.

Zu den Stärken der Frankfurter Einheitsgemeinde wie der jüdischen Gemeinschaft Frankfurts insgesamt zählte der große Zusammenhalt bei der Unterstützung der Armen und Bedürftigen. Die Restriktionen und die von Enge und Armut geprägten Lebensumstände zu Zeiten der Judengasse erzwangen damals den Aufbau eigener Strukturen der Fürsorge. Not und religiöse Pflicht griffen ineinander: Die Notwendigkeit, die Bedürftigen, Alten und Kranken zu versorgen, erhielt durch die im Judentum verankerte Pflicht zur Wohltätigkeit, der *Zedaka*, einen besonders hohen Stellenwert.

Das gut funktionierende soziale Netz der jüdischen Gemeinde stieß jedoch in Krisenzeiten an seine Grenzen. Ohne kontinuierliches finanzielles Engagement aus privater Hand wäre die soziale und medizinische Fürsorge innerhalb des Ghettos nicht aufrecht zu erhalten gewesen. Private Stiftungen, Schenkungen und

Vermächtnisse entlasteten seit dem 18. Jahrhundert die Gemeindekasse. Innerhalb Frankfurts existierte dadurch eine Parallelstruktur im Sozialwesen. Neben die seit dem Mittelalter bestehenden christlichen Armenstiftungen traten erste Stiftungen von jüdischen Bürgern, wie die der Familie Rothschild. Auf lange Sicht verdankte die Frankfurter Universität ihre Entstehung der Überwindung dieser Parallelstruktur und dem starken Ausbau der städtischen Wohlfahrtspflege. Denn nach dem Fall der Ghettomauern und der schrittweisen bürgerlichen Emanzipation der Frankfurter Juden setzte ein regelrechter Gründungsboom in Sachen Stiftungen ein.

Zunächst profitierten die schon bestehenden jüdischen Wohlfahrtseinrichtungen vom Aufstieg eines beachtlichen Teils der jüdischen Bürger in die wirtschaftliche Oberschicht Frankfurts. Ob Kliniken, Schulen oder Institutionen der Armenfürsorge – schon bald waren viele von ihnen den entsprechenden christlichen Einrichtungen in Umfang und Ausstattung überlegen. Die hohe Spendenbereitschaft der Gemeindemitglieder war dafür nur ein Grund. Die einstige Enge des Ghettos hatte hohe Anforderungen an Organisation und Effizienz der Einrichtungen gestellt. Die damaligen Anstrengungen schufen die Basis, um für künftige Herausforderungen gewappnet zu sein.

Letztere traten mit der rechtlichen Gleichstellung bald zu Tage. Die jüdische Wohltätigkeit hatte in erster Linie bedürftige Glaubensbrüder und -schwestern im Blick. Die Gläubigen waren jedoch verpflichtet, unabhängig vom eigenen religiösen Bekenntnis Hilfe zu leisten. Anders als die öffentlichen Stiftungen, die nur Christen offen gestanden hatten, nahmen sich die jüdischen Fürsorgeeinrichtungen allen Bedürftigen an. Entsprechend groß war der Andrang, den es zu bewältigen galt.

Ein für die Wohlfahrtspflege der Stadt entscheidender Schritt, der dem Stiftungswesen eine neue Ausrichtung gab und unter den Frankfurter Juden die Hoffnung auf Gleichstellung nährte, vollzog sich in der Amtszeit des Frankfurter Oberbürgermeisters Johannes Miquel. Miquel setzte in den Jahren zwischen 1880 und 1890 die Zentralisierung der Wohlfahrtseinrichtungen durch und beendete deren konfessionelle Trennung. Erstmals war eine Zusammenarbeit von christlichem Bürgermeister und Vertretern der jüdischen Gemeinde möglich – ein Modernisierungsschub war die Folge. Die traditionelle, mildtätige Armen- und Krankenfürsorge wandelte sich zu einer leistungsfähigen kommunalen Sozialpolitik.

Für viele der längst assimilierten jüdischen Bürger bedeutete diese Entwicklung eine weitere Befreiung von den Fesseln der antisemitischen Restriktionen. Mehrheitlich liberal, von rational-praktischer Geisteshaltung, hatten zahlreiche Mitglieder dieser Familien schon über Generationen hinweg alles Religiöse hinter sich gelassen. Viele konvertierten zum Christentum, einige heirateten in christliche Familien hinein. Sie alle begrüßten die neuen, kommunalpolitischen Einflussmöglichkeiten und drangen darauf, Verantwortung zu übernehmen. Endlich war es möglich, sich in der eigenen Heimatstadt sozialreformerisch zu engagieren.

Es war eine vergleichsweise kleine Gruppe sehr vermögender Bürgerinnen und Bürger aus zumeist alteingesessenen jüdischen Frankfurter Familien, die mit großzügigen Zuwendungen das Stiftungswesen ausbauten. Darunter Persönlichkeiten wie der Bankier Georg Speyer und seine Frau Franziska, der deutsch-amerikanische Bankier Charles Hallgarten, der sämtliche interkonfessionellen Wohltätigkeitseinrichtungen unterstützte, die Chemieindustriellen Carl und Arthur von Weinberg, das Vorstandsmitglied der Polytechnischen Gesellschaft und Mitglied des Physikalischen Vereins Moritz Nathan Oppenheim und seine Frau Katharina, die bedeutende Frankfurter Mäzenin Freifrau Mathilde von Rothschild, der Industrielle und Frankfurter Ehrenbürger Leo Gans, der Bankier Julius Wertheimer oder der Soziologe Walter Sulzbach, um nur einige wenige Namen zu nennen.

Diese Philanthropen und Humanisten werden in weiten Teilen der wissenschaftlichen Literatur wie im allgemeinen Sprachgebrauch als „jüdische Stifter" bezeichnet, wahlweise als jüdische Mäzene oder Gönner. Die Mehrheit dieser Persönlichkeiten hätte diese Bezeichnung wahrscheinlich abgelehnt. Erst recht, wenn sie damals geahnt hätten, dass das Adjektiv „jüdisch" wenige Jahrzehnte später von den Nationalsozialisten missbraucht werden würde, um sie selbst und ihre Nachkommen auf Grundlage der Nürnberger Gesetze einer menschenverachtenden Klassifikation zu unterziehen. In vielen Fällen ist diese Einordnung aber auch schon lange vor 1933 schlicht falsch, weil die so Benannten teils getauft, teils nicht religiös oder auch aus jüdischer Sicht gar nicht jüdischer Abstammung waren. Nicht die jüdischen Wurzeln waren die herausragende Gemeinsamkeit der Stifterpersönlichkeiten und Unterstützer der Frankfurter Universität, sondern ihr tief empfundenes Heimatgefühl. Sie empfanden sich als Deutsche, noch stärker jedoch als stolze, loyale Bürgerinnen und Bürger der Stadt Frankfurt am Main.

Gleichwohl blieb eine Karriere in der Politik, der Verwaltung oder einer Hochschule für die vermögenden wie auch alle übrigen Juden auch bei noch so großer Einsatzbereitschaft und nachgewiesener Eignung die absolute Ausnahme. Schonungslos beschrieb der Frankfurter Fabrikant Jacob Epstein, wie er die Situation empfand: „Deutschland ist groß und mächtig geworden – und erbärmlich. ... Der russische Antisemitismus, der sich in Pogromen kundtut, ist nicht so verächtlich als der, der sich bei uns bei Regierung und Verwaltung, in der Gelehrtenwelt und in Direktorien der großen Unternehmen äußert. Es kriecht, es winselt, es stinkt überall."[4] Das Engagement im Bereich des Stiftungswesens half, die schritt-

---

4 Zit. nach Andrea Hopp, Jüdisches Bürgertum in Frankfurt am Main im 19. Jahrhundert, Stuttgart 1997, S. 289.

weise Integration in die städtische Oberschicht und die verschiedenen Kommunikationsnetzwerke trotz dieser demütigenden Situation voranzubringen.

Mäzenatentum und soziales Engagement boten die Möglichkeit, sich zwei zentralen Glaubensinhalten des Judentums zu widmen, ohne auf das Wohlwollen der Behörden angewiesen zu sein: der Bildung und der sozialen Fürsorge. Je nach Vorliebe, Interesse oder beruflichem Hintergrund ließ sich an einem gesellschaftlichen Ideal mitwirken und konnten die dafür notwendigen sozialen und bildungspolitischen Strukturen mit aufgebaut werden, Strukturen, die langfristig, so die Hoffnung, zu einem Bewusstseinswandel in der Bevölkerung beitragen würden – gerade auch im Hinblick auf Toleranz. Für religiöse wie nichtreligiöse Juden war dies ein wichtiges Motiv ihrer Spendentätigkeit. Auch war es nicht verpönt, öffentlich als Mäzen wahrgenommen zu werden. Die Geste des Spendens und der erreichte Status waren Spiegelbild des inzwischen erreichten Grades der Emanzipation.

Die Außenwirkung der Stiftungstätigkeit war ebenso wichtig wie die Wirkung in Richtung jüdischer Gemeinde. Wer vermögend war, wollte – religiös oder nicht – zum Wohlergehen bedürftiger Glaubensbrüder und -schwestern beitragen und die Situation der jüdischen Gemeinschaft insgesamt weiter verbessern. Mochte der Grad der Assimilation auch noch so ausgeprägt sein, im Hinblick auf die Grundbedürfnisse der Gemeinde existierte eine grundsätzliche Solidarität. Ob Synagogenbauten, Kultgegenstände oder ein neues Waisenhaus, immer fanden sich Unterstützer, die Sach- oder Finanzmittel zur Realisierung beisteuerten.

Sie alle wirkten auf unterschiedliche Weise, aber mit hohem finanziellem Aufwand an dem dichten Stiftungsnetz mit, von dem Teile vor nunmehr 100 Jahren zu einer Universität zusammengeführt wurden. Einer dieser Mäzene verdient mit Blick auf die Gründung der Universität besondere Erwähnung. Gemeint ist der in Frankfurt geborene, väterlicherseits in England verwurzelte Konzernlenker Wilhelm Merton, Gründer der weltweit vernetzten Metallgesellschaft. Strategische Brillanz, menschenfreundliche Gesinnung und große politische Sensibilität ließen ihn als Ausnahmepersönlichkeit erscheinen. Der 1899 zum Protestantismus übergetretene Merton hatte bereits 1890 das schon legendäre „Institut für Gemeinwohl", die Keimzelle der späteren Universität, gegründet.

Merton war durch und durch Geschäftsmann, trieb sein Unternehmen von Erfolg zu Erfolg und baute Frankfurt zu einem Zentrum des weltweiten Metallhandels aus. Zugleich verfolgte er mit Sorge die gesellschaftlichen Folgen der mit Macht voranschreitenden Industrialisierung. Anstatt jedoch noch größere Summen seines enormen Vermögens in noch mehr wohltätige Einrichtungen zu investieren, suchte Merton nach Antworten auf die sich immer drängender stellende soziale Frage. Seine Überzeugungen gewann er aus direkten Kontakten zu Arbeitern, seinen Besuchen in Wohltätigkeitseinrichtungen und dem intensiven Austausch mit Fachleuten. Einige von ihnen wurden im Laufe der Jahre zu Vertrauten und Mitstreitern. Darunter Franz Adickes, seit 1890 Frankfurter Oberbürgermeister. Dieser Kreis philanthropisch gesonnener, politisch liberaler Persönlichkeiten bildete eine Kerngruppe, die sich daranmachte, die soziale Versorgung Frankfurts grundlegend zu reformieren. Krönung dieses Engagements war die Gründung der Universität.

Es ist dieser sozialreformerische Aspekt, der die Entstehungsgeschichte der Frankfurter Hochschule so einzigartig in der deutschen Universitätsgeschichte macht. Adickes und Merton stimmten darin überein, dass eine nachhaltige Optimierung des Sozialwesens nur durch die Schaffung von Ausbildungsmöglichkeiten für akademisch geschultes Fachpersonal zu erreichen sein würde. Unter ihrer Federführung erfolgte zunächst ein generalstabsmäßiger Umbau des sozialen Versorgungssystems. Merton investierte Millionen seines Vermögens in die Verwirklichung seiner sozialreformerischen Vision. Dank ihrer Kompetenz, Seriosität und Überzeugungskraft gelang es den über weite Strecken kongenial zusammenarbeitenden Männern, eine unerwartet große Zahl weiterer Förderer aus dem Kreise des vermögenden Frankfurter Bürgertums zu gewinnen. Diese bildeten dann auch den Kern der Stifter der Universität.

Frankfurt sollte eine moderne, liberale Universität mit einem unverwechselbaren Profil erhalten – dank privater Stiftungsgelder unabhängig von staatlichen Zuschüssen und damit verbundener Einmischung; durch den Verzicht auf eine theologische Fakultät Studierenden und Dozenten aller Religionen offenstehend und ausdrücklich jüdischen Bewerbern die Chance auf einen Lehrstuhl ermöglichend – der Entwurf einer freien, dem gesellschaftlichen Fortschritt verpflichteten Universität für die Stadt Frankfurt. Mit der Universitätsgründung im Jahr 1914 wurde die ohnehin vielgestaltige Mainmetropole um ein weiteres Identitätsmerkmal bereichert.

Ganz sicher hatte die Stiftungstätigkeit positiven Einfluss auf die Integration der jüdischen Bürger Frankfurts in die nichtjüdische Stadtgesellschaft. Und doch kann dies nicht darüber hinwegtäuschen, dass der Gründungsprozess der schon bald als „Judenuniversität" verschrienen Hochschule auch von der Vergeblichkeit des Ringens um volle Anerkennung erzählt. Die Hoffnung, durch die großzügigen Dotationen wohlhabender jüdischer Bürger oder Stifter mit jüdischen Wurzeln dem grassierenden Antisemitismus begegnen zu können, war vergebens. Im Gegenteil heizte der Umfang der Spenden die hasserfüllte Polemik noch an.

Die mit der Gründung des Kaiserreichs 1871 erreichte bürgerliche Gleichstellung war im Grunde unvollständig, da zahlreiche berufliche Beschränkungen fortdauerten. Die Ausschließung vom öffentlichen Dienst und die verbreitete, antisemitisch motivierte Ausgrenzung von Juden in akademischen Kreisen förderten ein Ungleichgewicht in der Verteilung von Juden auf verschiedene Berufe. In einzelnen Branchen und freien Berufen waren überproportional viele Juden vertreten. Juristen oder auch jüdische Lehrkräfte hatten hingegen kaum eine Chance auf Aufnahme in den Staatsdienst. Entsprechend hoch war die Anzahl niedergelassener jüdischer Anwälte. Eine Entwicklung, die von der Mehrheitsgesellschaft nicht als Ergebnis der jahrhundertelangen, teilweise in die Gegenwart fortdauernden Restriktionen anerkannt wurde, sondern die angebliche Sonderrolle der Juden unterstrich.

Hervorzuheben ist die rund 20 Jahre währende Offenheit der neugegründeten Frankfurter Universität gegenüber Juden auf Professorenstellen. Durch die Einrichtung eines speziellen Kuratoriums, das den Stiftern ein gewisses Mitspracherecht sicherte, gelang es mehreren jüdischen Wissenschaftlern, ein Ordinariat zu erhalten. Ein großer Erfolg, der den Ruf der Frankfurter Universität als liberaler Leuchtturm von hoher Produktivität begründete.

Das notgedrungene Ausweichen in offenstehende Berufszweige entwickelte sich für die Juden langfristig zum Verhängnis. Auch jenseits der sehr vermögenden jüdischstämmigen Frankfurter Kaufmanns- und Bankiersfamilien erarbeiteten sich überdurchschnittlich viele Frankfurter Juden einen zumindest gehobenen bürgerlichen Lebensstandard und hatten ein gutes bis sehr gutes Auskommen. Die im Judentum traditionell hohe Wertschätzung des Lernens und der Bildung sowie die unter Juden verbreitete internationale Berufserfahrung aufgrund verwandtschaftlicher Beziehungen ins Ausland schufen die Grundlage für den gesellschaftlichen Aufstieg. Dieser Erfolg war sichtbar und verstärkte die Zahl der hasserfüllten Neider.

Alle Frankfurter mit jüdischen Wurzeln, ob nun getauft oder orthodox, assimiliert oder der Tradition verhaftet, hofften, die seit der Gründerkrise Mitte der 1870er Jahre wieder heftig aufflammenden antisemitischen Hasstiraden würden rasch verglühen. Eine Hoffnung, die sich nicht erfüllte. Spätestens seit den 1890er Jahren waren im privaten und beruflichen Alltag judenfeindliche Bemerkungen oder Vorurteile wieder an der Tagesordnung. Kaum jemand in Frankfurt nahm Anstoß daran, wenn Geschäftsinhaber sich weigerten, Juden einzustellen, wenn Postkarten mit grob antisemitischen Motiven verschickt wurden oder manche Vereine Juden den Beitritt verwehrten. Die Mehrheit der christlichen Frankfurter hielt sich zwar fern von den radikalen Antisemiten, doch die Verachtung gegenüber den Juden war im Grunde nie überwunden worden.

Das enorme sozialpolitische Engagement und die hohe Spendenbereitschaft jüdischer Frankfurter für wohltätige Zwecke hatte keinerlei eindämmende Wirkung auf die antijüdische Hetze. Dieser Einsatz befeuerte vielmehr langfristig die aus Neid und Konkurrenzdenken gespeisten Vorurteile gegenüber den Juden. Auch die Bereitschaft zur Assimilation wurde verächtlich gemacht. Sie erschien den immer unverblümter öffentlich auftretenden rechtskonservativen Stimmen als vorgeschoben, um die christliche Gesellschaft zu unterwandern und zusätzlich an Reichtum und Macht zu gewinnen.

Eine verhängnisvolle Spirale setzte sich in Gang, die von der Mehrheit der Juden in Frankfurt wie in Deutschland insgesamt völlig unterschätzt wurde. In die überlieferte Judenfeindlichkeit schlich sich immer öfter ein neuer, noch giftigerer Ton. Die Anfeindungen zielten jetzt nicht mehr nur ab auf die Konfession an sich und die unter Juden feststellbare Häufung einzelner Berufsgruppen oder die den Juden schon seit dem frühesten Mittelalter zugeschriebenen Charaktermängel. Der neue, völkisch motivierte Antisemitismus gegen Ende des 19. Jahrhunderts erklärte die Juden zu einer minderwertigen semitischen „Rasse". Von Abstammung war jetzt die Rede und dem unüberwindlichen Gegensatz zwischen „deutschem" und „jüdischem" Wesen. Ein Jude, so die Botschaft, sei außerstande, deutsch zu empfinden und stelle eine Gefahr dar. Eine Botschaft, die noch nicht mehrheitsfähig war, aber seit der Jahrhundertwende immer stärker einsickerte und schrittweise Spuren der Ausgrenzung hinterließ.

Noch lösten die antisemitischen Parolen unter den Adressaten nur Besorgnis, aber keine Angst aus. Die Frankfurter Ortsgruppe des in Berlin gegründeten „Centralvereins deutscher Staatsbürger jüdischen Glaubens" (CV) ging seit 1907 entschlossen auf juristischem Wege gegen antisemitische Verleumdungen, Hetzschriften und Diskriminierungen vor. Die Arbeit des CV stärkte das jüdische Selbstbewusstsein. Ernüchternd war jedoch der stete Anstieg antisemitischer Publikationen, es waren zu viele, um umfassend gegen alle juristisch vorzugehen.

Die breite Unterstützung, die der CV unter den Frankfurter Juden erhielt, spiegelte das Vertrauen in die rechtliche Gleichstellung wider. Vorherrschend war die Überzeugung, dass die geltenden Gesetze ungeachtet fortbestehender Diskriminierungen den Juden den gleichen Schutz gewähren würden wie den Angehörigen der christlichen Mehrheitsgesellschaft. Umso mehr, als ihnen mit der Gründung des Deutschen Reichs und der Integration Frankfurts in den preußischen Staatsverband auch das passive Wahlrecht zuerkannt worden war.

Kommunalpolitisch mitarbeiten zu können, war ein lang ersehntes Recht gewesen. Entsprechend zahlreich engagierten sich Juden in der Frankfurter Stadtverordnetenversammlung. Spätestens die Mitarbeit in der Stadtverwaltung und die Erlangung einiger leitender Positionen schien letztgültiger Ausweis einer nunmehr vollzogenen Gleichstellung und geglückten Integration in die Frankfurter Stadtgesellschaft zu sein. Viel zu langsam setzte sich die Erkenntnis durch, welche verheerende Dynamik der völkische Antisemitismus würde entfalten können, der durch den starken Zuzug verfolgter Juden aus Osteuropa zusätzlichen Aufwind erhielt. So umfassend die Unterstützung der Frankfurter Gemeindemitglieder für die Zuwanderer und Durchreisenden auch gewesen sein mag, so schwer tat sich die Mehrheit von ihnen mit den Flüchtlingen. Die Ostjuden, wie sie genannt wurden, gefährdeten in den Augen vieler die Integration und bedienten mit ihrem fremden Habitus überwunden geglaubte, antijüdische Stereotype.

Wesentlichen Anteil an der Fehleinschätzung, der Antisemitismus sei auf lange Sicht beherrschbar, hatte der Erste Weltkrieg. Der aufopferungsvolle Dienst für das Vaterland auf den französischen Schlachtfeldern und an der Heimatfront schien die bestmögliche Gelegenheit, um den glühenden Patriotismus der jüdischen Minderheit unter Beweis zu stellen. Belohnt wurde der Einsatz der jüdischen Deutschen mit der diskriminierenden sogenannten „Judenzählung": Laut Kriegsministerium sollte Denunziationen nachgegangen werden, denen zufolge sich mehr Juden als Deutsche dem Kriegsdienst entziehen. Die Folge war eine zusätzliche Verstärkung des Antisemitismus. Anstrengungen des Centralvereins sowie von engagierten Redakteuren und Abgeordneten, mit publizistischen Mitteln gegenzusteuern, waren vergeblich. Gleichwohl hielt sich auch unter den Frankfurter Juden die Hoffnung, ihr mutiges Eintreten für das Vaterland werde auf lange Sicht die verdiente Würdigung erfahren.

Ursprung dieser irrigen Annahme war tiefe, ja fast unerschütterliche Heimatliebe. Eine zu tiefe Liebe, wie der Schriftsteller Arnold Zweig Jahre später rückblickend befand. Die deutschen Juden hätten, so analysierte Zweig, eine

> Begeisterung für deutsche Kultur, eine Liebe zum deutschen Wesen, die bis zur Ungerechtigkeit gegen alles andere ging, einschließlich des Jüdischen. Die meisten ihrer Laster stammen aus dieser nahezu verblendeten Einschätzung des Deutschtums und des ihrigen im Besonderen. Auf der ganzen Erde haben Juden das Deutschtum verbreitet, überschätzt, ja angebetet.[5]

Was Zweig ausblendet ist der tragische Umstand, dass auch die in Frankfurt lebenden Juden längst nicht mehr über eine Gruppenidentität verfügten. Genau die hatten viele von ihnen ja ganz bewusst durch Taufe, Assimilation oder Austritt aus der Gemeinde hinter sich gelassen.

Umso bitterer und beängstigender war es, in den Jahren bis zum Machtantritt der Nationalsozialisten miterleben zu müssen, dass der lange Kampf um Selbstermächtigung und Gleichstellung nur für sehr kurze Zeit und vor allem nur auf dem Papier gewonnen worden war. Zu groß waren die gesellschaftlichen Ungleichgewichte in der Weimarer Republik, zu krisengeschüttelt die Wirtschaft und zu illoyal die alten Eliten und das aufstrebende Bürgertum, als dass die junge Demokratie dem Druck auf Dauer hätte widerstehen können. Was lag näher, als auf

---

5 Zit nach Moshe Zimmermann, Strukturmerkmale der deutschen Geschichte – Deutsche Juden: Transterritoriale Kohärenzen, in: Anselm Doering-Manteuffel (Hrsg.), Strukturmerkmale der deutschen Geschichte des 20. Jahrhunderts, München 2006, S. 253–269, hier S. 267.

der Suche nach Schuldigen für die Krise diejenigen als Sündenböcke heranzuziehen, denen diese Rolle seit Menschengedenken zugeteilt wurde: den Juden.

Als Ludwig Landmann am 2. Oktober 1924 mit den Stimmen der Deutschen Demokratischen Partei zum Frankfurter Oberbürgermeister gewählt wurde, war dies rückblickend ein letztes, trügerisches Zeichen der Hoffnung: Die demokratischen Errungenschaften der Nachkriegszeit inklusive der bürgerlichen Gleichstellung der Juden schienen allen Krisen, aller antisemitischen Hetze zum Trotz unumkehrbar. Landmann war assimilierter Jude, hatte als besoldeter Stadtrat gearbeitet und war leidenschaftlicher Vertreter der städtischen Selbstverwaltung. Frankfurt hatte in den 1920er Jahren wirtschaftlich schwer zu kämpfen, die Inflation verschärfte die soziale Situation und Landmann ging daran, eine zeitgemäße Kommunalpolitik zu entwickeln. Der neue Oberbürgermeister bemühte sich darum, die schwierige Lage der Arbeiterschaft zu verbessern, Handel und Industrie zu fördern sowie die Lebenssituation der Menschen durch eine Reform der Bildungs-, Kultur- und Wohnungsbaupolitik voran zu bringen. In enger Zusammenarbeit mit seinem Stadtkämmerer Bruno Asch setzte Ludwig Landmann mit dem Konzept des „Neuen Frankfurt" eine städtebauliche und verkehrspolitische Erneuerung um, die bis heute das Stadtbild prägt. Der breite Zuspruch für diese Politik begann schnell zu bröckeln. Je mehr sich die Machtverhältnisse in der Stadtverordnetenversammlung zu verschieben begannen, desto häufiger und lauter wurde das hochgelobte Kommunalprogramm als das „jüdische System Landmann" von der rechten Opposition in Misskredit gebracht.

Ludwig Landmann zerbrach an der Mischung aus politischer Brutalität und Entwürdigung, die ihn 1933 zwang, sein Amt als Oberbürgermeister für einen Nationalsozialisten zu räumen. Der erst spät für seine Verdienste um die Erneuerung der Stadt gewürdigte Landmann starb kurz vor dem Ende der nationalsozialistischen Gewaltherrschaft krank und verarmt in seinem niederländischen Exil.

Nach 140 Jahren der Selbstermächtigung der Frankfurter Juden und ihres Versuchs, Unterdrückung, Ausgrenzung und Judenhass zu überwinden, waren es wieder lodernde Flammen, die eine Zäsur ankündigten. Anders als bei dem Brand, der Ende des 18. Jahrhunderts die Judengasse zerstörte, waren die Feuer im Mai 1933 jedoch keine Vorboten einer Aufbruchstimmung. Die Bücherverbrennungen, die außer in Frankfurt an 21 weiteren Hochschulorten stattfanden und sich über das Jahr hinweg an 70 Orten hundertfach wiederholten, signalisierten das Ende des jahrhundertealten Traums einer geglückten Integration. Beflügelt von der breiten Unterstützung der Bevölkerung feierten die Feinde der Demokratie mit dem Machtantritt des nationalsozialistischen Unrechtsregimes ihren Sieg über alle liberalen Tendenzen.

Auch in Frankfurt waren die Bücherverbrennungen rückblickend Vorboten des späteren Infernos. Was die Jahrhunderte hindurch auch in Frankfurt immer nur punktuell gelungen war – die Ausplünderung, Verfolgung und Ermordung von Juden – ließ sich nun systematisch und mit staatlicher Förderung in großem Stil umsetzen. Niemals zuvor erschien Heinrich Heines düsteres Gedankenspiel von 1821 so real wie in diesen Maitagen 1933, als Studenten und Dozenten gemeinsam mit SA- und SS-Männern auf dem Römerberg zwischen Gerechtigkeitsbrunnen und Alter Nikolaikirche Pferdewagenladungen von Büchern in Flammen aufgehen ließen. Dort wo 1933 der Scheiterhaufen zum Verbrennen der Bücher errichtet war, wird seit 2001 mit dem berühmten Heine-Zitat an das Unfassbare erinnert: „Das war ein Vorspiel nur, dort wo man Bücher verbrennt, verbrennt man am Ende auch Menschen". Die zuständigen städtischen Behörden benötigten 18 Jahre, um über die aus Bronze gefertigte Gedenkplakette zu entscheiden. Kritiker empfanden sie als „störend"[6].

Ja, die Bücherverbrennungen waren tatsächlich nur ein Vorspiel zu den Krematorien der Todeslager. Für demütigend kurze 14 Jahre, für die Zeit der Weimarer Republik, genossen die in Frankfurt lebenden Juden die volle verfassungsrechtliche Gleichstellung als deutsche Bürger. Nach 1933 war der alte Traum von der Selbstermächtigung, der nie ganz Wirklichkeit geworden war, endgültig gescheitert. Die Frankfurter Bürgerinnen und Bürger mit jüdischen Wurzeln wurden nicht entrechtet und in eine neue Judengasse gepfercht. Sie wurden entrechtet, um dann verfolgt und deportiert zu werden. Über 13.000 von ihnen wurden in den Todeslagern ermordet. Keine Gedenkplakette bringt sie uns zurück.

---

6 Zit. nach Erinnerung an Bücherverbrennung, in: Frankfurter Allgemeine Zeitung, 11. Mai 2003, https://www.faz.net/aktuell/rhein-main/frankfurt/erinnerung-an-buecherverbrennung-1104523.html, letzter Zugriff 22. April 2022.

Teil I: **Sozial- und Kulturgeschichte**

Vera Kallenberg
Jüdische Emanzipation, Intersektionalität und Geschlecht

Der Strafprozess wegen eines groß angelegten Diebstahls aus dem Kontor des jüdischen Frankfurter Kaufmanns Ellissen (1812–1815)

„Jüdische Emanzipation" wird in Wissenschaft und Gesellschaft als Begriff unterschiedlich gefüllt. Er dient als Epochenbezeichnung im engeren Sinne – aus der Perspektive deutsch-jüdischer Geschichte zumeist für die Zeit zwischen 1780 (*Haskala*, „bürgerliche Verbesserung") und der staatsbürgerlichen Gleichstellung der Juden im Zusammenhang mit der Reichsgründung 1870/71.[1] Andere setzen diese Phase als einen mehrere Jahrhunderte umfassenden Prozess der europäischen Geschichte an[2] oder verstehen Emanzipation als zentrales, unabgeschlossenes Konstituens jüdischer Geschichte von Anbeginn bis heute.[3] Verkompliziert wird diese begriffliche Mehrdeutigkeit dadurch, dass mit der Frage der jüdischen Emanzipation theoretische Grundannahmen und Praktiken von Akkulturation (Aneignung der kulturellen und sozialen Praktiken der dominierenden nichtjüdischen Gruppe) und Assimilation (Angleichung an diese Gruppe) sowie Integration (Eintritt von Juden in nichtjüdische soziale Milieus und Tätigkeitsbereiche) einhergehen, die mit der rechtlichen, politischen und staatsbürgerrechtlichen Gleichstellung der Juden in Beziehung stehen können, jedoch nicht deckungsgleich sind.[4] So war der Alltag von Juden in Frankfurt am Main im 18. Jahrhundert eng mit dem der Nicht-Juden verwoben, und die Frankfurter Juden verstanden sich als quasi-Frankfurter Untertanen, ohne emanzipiert zu sein (also über die Rechte und Privilegien nichtjüdischer Bürger/Untertanen mit vergleichbarem Status ver-

---

1 Exemplarisch: Jacob Katz, Aus dem Ghetto in die bürgerliche Gesellschaft: Jüdische Emanzipation 1770–1870, Frankfurt am Main 1986; Michael Brenner/Stefi Jersch-Wenzel/Michael A. Meyer, Deutsch-jüdische Geschichte in der Neuzeit. Bd. 2: Emanzipation und Akkulturation 1780–1871, München 1996; Andreas Gotzmann: Eigenheit und Einheit. Modernisierungsdiskurse des deutschen Judentums der Emanzipationszeit, Leiden 2002.
2 Friedrich Battenberg, Das Europäische Zeitalter der Juden. Zur Entwicklung einer Minderheit in der nichtjüdischen Umwelt Europas. Bd. 2: Von 1650 bis 1945, Darmstadt 2000.
3 David Sorkin, Jewish Emancipation. A History Across Five Centuries, Princeton 2019.
4 Todd M. Endelman, Assimilation, in: YIVO Encyclopedia of Jews in Eastern Europe, https://yivoencyclopedia.org/article.aspx/Assimilation, letzter Zugriff 14. Juli 2022.

fügt zu haben).⁵ Eines der Interaktionsfelder von Juden und Nichtjuden war die Frankfurter Strafjustiz, in dem Juden handeln konnten und mussten, und das als Sonde für gesellschaftliche Verhältnisse und Wandel dienen kann.⁶

Auf Basis einer Analyse Frankfurter Kriminalakten, das heißt handschriftlich abgefasster Strafprozessakten der christlich-obrigkeitlichen Strafjustiz, lassen sich der Gerichtsalltag im 18. und frühen 19. Jahrhundert beleuchten und Informationen über jüdische Alltags- und Geschlechterverhältnisse sowie über Begegnungen und Beziehungen zwischen Juden und Nichtjuden jenseits des Gerichts generieren.⁷ Im Sinne einer „dezentrierten Geschichtsschreibung"⁸, die historisch wie geschichtswissenschaftlich marginalisierte jüdische Akteure sichtbar zu machen versucht, fokussiere ich statt hegemonialen (hegemonial-männlichen, hausherrschaftlichen, christlichen) Perspektiven Gesinde und Schutzverwandte. Dazu gehört ein multiperspektivischer Ansatz, der die Perspektive der „Vielen" in Beziehung setzt zur Situation derjenigen, die in der jeweiligen historischen Konstellation die Verfügungsgewalt besaßen, also die Frankfurter Obrigkeit und ihr Justizsystem oder auch die eigene Hausherrschaft.⁹ Dies geschieht mit einem mikrohistorischen Zugriff, der es ermöglicht, die Konflikthaftigkeit der jüdischen Gemeinde und ihrer Mitglieder zu zeigen, aber auch den massiven Unterschieden nachzugehen, die in der jüdischen Gemeinde, ähnlich wie bei Nichtjuden, bezogen auf ihre Handlungsfähigkeit bestanden.¹⁰ Denn ich nehme eine Präzisierung die-

---

5 Dies ist ein Ergebnis meiner Studie, auf der auch dieser Artikel beruht: Vera Kallenberg, Jüdinnen und Juden in der Frankfurter Strafjustiz 1780–1814. Die Nicht-Einheit der jüdischen Geschichte, Göttingen 2018. Vgl. auch Andreas Gotzmann, Im Zentrum der Selbstverortung? Das Ghetto als jüdischer Raum, in: Fritz Backhaus (Hrsg.), Frühneuzeitliche Ghettos in Europa im Vergleich, Berlin 2012, S. 333–367, hier S. 342.
6 Weiterhin vorwiegend die Repression von Juden betont: Maria Boes, Crime and Punishment in Early Modern Germany. Courts and Adjudicatory Practices in Frankfurt am Main, 1562–1696, Farnham 2013.
7 Juden (Auszüge 1508–1856), Institut für Stadtgeschichte Frankfurt am Main (künftig: ISG), Rep. Nr. 253. Vgl. dazu Edward Fram/Verena Kasper-Marienberg, Jewish Martyrdom without Persecution. The Murder of Gumpert May, Frankfurt am Main, 1781, in: AJS Review 39 (2015), S. 267–301; Antje Freyh, Verdacht auf Kindsmord. Frauen aus der Frankfurter Judengasse vor Gericht, in: Ursula Kern (Hrsg.), Blickwechsel. Frankfurter Frauenzimmer um 1800, Frankfurt am Main 2007, S. 85–97.
8 Natalie Zemon Davis, Decentering History. Local Stories and Cultural Crossing in a Global World, in: History and Theory 50 (2011), S. 188–202.
9 Dorothee Wierling, Alltagsgeschichte und Geschichte der Geschlechterbeziehungen, in: Alf Lüdtke (Hrsg.), Alltagsgeschichte. Zur Rekonstruktion historischer Erfahrungen und Lebensweisen, Frankfurt am Main 1989, S. 160–190, hier S. 170.
10 Claudia Ulbrich, Shulamit und Margarete. Macht, Geschlecht, und Religion in einer ländlichen Gesellschaft des 18. Jahrhunderts, Wien 1999, S. 303.

ser Perspektive vor, indem ich gezielt Differenzen zwischen Juden fokussiere, das heißt eine intersektionale Analyse vornehme, die einem vereinfachten Oben-Unten-Schema entgegenarbeitet: Wie „die Juden" zwar als rechtlich-normatives Etikett, aber in der Praxis nicht als homogene soziale Gruppe existierten, erweisen sich auch die jüdischen Dienstboten als rechtliche Label. Dahinter verbarg sich ein breites Spektrum von Akteuren, deren sozio-ökonomischer Status, Ehrvermögen und Integration innerhalb der Gemeinde und damit auch ihre Handlungsoptionen sehr unterschiedlich ausfallen konnten.

Jüdischsein und Geschlecht gehören zu den zentralen Analysekategorien meiner Forschung. Auf der Ebene der personalen jüdischen Akteure markiert die Kategorie jüdisch ebenso wie Geschlecht erstens eine bestimmte historische, gesellschaftlich-kulturelle Existenzweise.[11] Als solche kann Jüdischsein als Ensemble aus verschiedenen Elementen vorgestellt werden, die historisch wie gesellschaftlich-kulturell variabel sind und sich, je nach Kontext, kaleidoskopartig zusammensetzen. Jüdischsein denke ich dabei, analog zu Geschlecht, nicht als feste, stabile, sondern durchlässige und „mehrfachrelationale" interagierende Einheit.[12] Zweitens stellen beide juristische und policeyliche (ordnungspolitische) Wissenskategorien sowie Wissensressourcen der jüdischen Akteure vor Gericht dar. Da mein Untersuchungsfokus stets auf das Zusammenwirken von Jüdischsein und Geschlecht mit anderen ebenfalls interagierenden Kategorien sozialer Teilung abzielt, bezeichne ich ihn behelfsweise als intersektional.

Intersektionalität, im politisch-aktivistischen wie im wissenschaftlichen Einsatz so erfolgreich wie umstritten,[13] wird von Vertreter*innen aus Jüdischen Studien und Antisemitismuskritik sowie dezidiert sich als jüdisch artikulierende Stimmen zurecht kritisiert: Jüd*innen würden entweder überhaupt nicht berücksichtigt[14] oder nicht nur grob vereinfachend und umstandslos als weiß verstanden.[15] Vielmehr betrachte man sie als „super-weiß", das heißt als außerordentlich

---

[11] Andrea Maihofer, Geschlecht als Existenzweise. Macht, Moral, Recht und Geschlechterdifferenz, Frankfurt am Main 1995, S. 85.
[12] Andrea Griesebner, Geschlecht als mehrfach relationale Kategorie. Methodologische Anmerkungen aus der Perspektive der Frühen Neuzeit, in: Veronika Aegerter (Hrsg.), Geschlecht hat Methode. Ansätze und Perspektiven in der Frauen- und Geschlechtergeschichte, Zürich 1999, S. 129–137.
[13] Ange-Marie Hancock, Intersectionality. An Intellectual history, New York 2016; Jennifer Nash, Black Feminism Reimagined. After Intersectionality, Durham 2019.
[14] David Baddiel, Jews Don't Count, London 2021.
[15] Balázs Berkovits, What Color Are the Jews? Part I, 16. Juni 2021, https://k-larevue.com/en/what-color-are-the-jews-part-i/..., letzter Zugriff 14. März 2022; Balázs Berkovits, What Color Are the Jews? Part II, 23. Juni 2021, https://k-larevue.com/en/what-color-are-the-jews-part-ii/..., letzter Zugriff 14. März 2022.

mächtige Unterdrücker*innen, was an antisemitische Denkfiguren anschließe.[16] Mit der Konstruktion als „super-weiß" werde Intersektionalität ferner von sich als Aktivist*innen verstehenden Wissenschaftler*innen und politischen Akteur*innen dazu benutzt, Israel bezogenen Antisemitismus zu legitimieren.[17] Andere Forscher*innen adaptieren Intersektionalität für jüdische Studien und Antisemitismuskritik und versuchen, Jüd*innen und Jüdischsein sowie Antisemitismismus adäquat zu adressieren.[18] Obwohl mir die Fallstricke und Nachteile von Intersektionalität als Konzeptmetapher bewusst sind, halte ich es für sinnvoll, durch ein Intervenieren in die Intersektionalitätsforschung der Aus- und Überblendung von Antisemitismus und jüdischen Existenzweisen entgegenzuarbeiten.

Wie das folgende Beispiel zeigt, lässt sich Intersektionalität auch auf jüdische Geschichte anwenden, wenn man Intersektionalität als Konstellation[19] denkt und die Auswahl der Analysekategorien, wie in der historischen Forschung sonst auch üblich, jeweils historisch ermittelt.[20] Bezogen auf Juden vor Gericht um 1800 wa-

---

[16] David Schraub, White Jews. An Intersectional Approach, in: AJS Review 43 (2019), S. 379–407.

[17] Karin Stögner, Wie inklusiv ist Intersektionalität? Neue Soziale Bewegungen, Identitätspolitik und Antisemitismus, in: Samuel Salzborn (Hrsg.), Antisemitismus seit 9/11. Ereignisse, Debatten, Kontroversen, Baden-Baden 2019, S. 385–402; Karin Stögner, New Challenges in Feminism. Intersectionality, Critical Theory, and anti-Zionism, in: Alan Rosenfeld (Hrsg.), Anti-Zionism and Antisemitism. The Dynamics of Delegitimization, Bloomington 2019, S. 84–111; Cary Nelson, The Devil's Intersectionality. Contemporary Cloaked Academic Antisemitism, in: Journal of Contemporary Antisemitism 2 (2019), Nr. 2, S. 1–10.

[18] Jessica Greenebaum, Placing Jewish Women into the Intersectionality of Race, Class, and Gender, in: Race, Gender and Class 6 (1999), Nr. 4, S. 41–80; Marla Brettschneider, Jewish Feminism and Intersectionality, New York 2016; Judith M. Gerson, Gender Theory, Intersectionality, and New Understandings of Jewishness, in: Journal of Jewish Identities 11 (2018), S. 5–16; Karin Stögner, Intersectionality and Antisemitism – A New Approach, in: Fathom, May 2020, https://fathomjournal.org/intersectionality-and-antisemitism-a-new-approach/#_ftn1, letzter Zugriff 14. März 2022; Monty Ott, Übersetzungsfehler oder Ausdruck deutscher Erinnerungsabwehr? (Queere) Jüd:innen als lebende Widersprüche zu intersektionaler Analyse in Deutschland, in: Jahrbuch Sexualitäten 2021, Göttingen 2021, S. 108–128.

[19] Kallenberg, Jüdinnen und Juden, S. 50–51. Zur Konstellation als begriffliche Alternative zuletzt: Christine Achinger, Bilder von Geschlecht, Judentum und Nation als Konstellation. Intersektionalität und Kritische Theorie, in: Karin Stögner/Alexandra Colligs (Hrsg.), Kritische Theorie und Feminismus, Frankfurt am Main 2022, S. 75–96, hier S. 94.

[20] Vera Kallenberg, Intersektionalität als „Histoire croisée". Zum Verhältnis von Intersektionalität, Geschlechterforschung und Geschichtswissenschaften, in: Marita Günther-Saeed (Hrsg.), Zwischenbestimmungen. Identität und Geschlecht jenseits der Fixierbarkeit? Würzburg 2012, S. 75–120; Vera Kallenberg, „… den historischen Boden zu begreifen, auf dem man sich bewegt". Verflechtung, Struktur, Geschichte, in: Erwägen, Wissen, Ethik (EWE), 3 (2013), Sp. 407–409; Vera Kallenberg/Johanna M. Müller, Introduction. Intersectionality as a Critical perspective for the Humanities, in: Vera Kallenberg (Hrsg.), Intersectionality und Kritik. Neue Persepektiven für alte Fragen, Wiesbaden 2013, S. 15–38.

ren dies Aufenthalts- und Schutzstatus, Ehrvermögen und Leumund, Geschlecht und Personenstand, Stand und sozio-ökonomische Ressourcen, Ungleichheit zwischen Juden und Nichtjuden und antijüdische Ressentiments. Festgehalten wird außerdem am Imperativ der Intersektionalitätsforschung, die „andere Frage zu stellen"[21] und jeden „Fall" auf solche Momente zu befragen, die noch nicht berücksichtigt wurden wie etwa soziale Netzwerke, Wissensressourcen und Lebensalter. Intersektionalität auf die aschkenasische jüdische Geschichte um 1800 zu übertragen bedeutet also, sie als Chiffre für die Frage nach der Kokonstitution und Verwobenheit historisch spezifischer Macht- und Herrschaftsverhältnisse sowie Ungleichheit, Subjektivität und Handlungsfähigkeit generierender Verhältnisse und „Kategorien" zu verstehen und pragmatisch als Heuristik anzuwenden.[22]

Als Fallbeispiel soll im Folgenden einer der wenigen Strafprozesse, die aus den 700 Tagen der sogenannten ersten Vollbürgerschaft der Frankfurter Juden (Dezember 1811 bis November 1813) überliefert sind, diskutiert werden.[23] Im Zentrum des Strafprozesses stand ein Gelddiebstahl aus dem Kontor des wohlhabenden bürgerlichen Frankfurter jüdischen Kaufmanns Ellissen, gemeinschaftlich begangen von zwei jüdischen Dienstbotinnen mit Fremdenstatus und einem auswärtigen ehemaligen christlichen Bedienten.[24] Aus der strukturellen historischen Ausgangskonstellation, der Akteurs- und Personenkonstellation sowie der Deliktkonstruktion stellt sich die Frage: Welche Rolle spielte die Gesindeexistenz? Welche Relevanz besaß die Kategorie Geschlecht? Und wie wirkte sich die christliche-jüdische Konstellation bzw. das Jüdischsein der Delinquentinnen aus?

Die politische und rechtliche Ausgangskonstellation ist komplex: Der Prozess setzte in einem Moment ein, in dem Frankfurt zum Großherzogtum erhoben, die Reformen im Bereich Strafrecht, Gerichtsverfassung und Prozessordnung jedoch noch nicht umgesetzt worden waren. Er endete zu einem Zeitpunkt, an dem das Großherzogtum nicht mehr bestand, die Verfassung der freien Stadt Frankfurt je-

---

21 Mari Matsuda, Beside my Sister. Facing the Enemy. Legal Theory out of Coalition, in: Standford Law Review 43 (1991), S. 1183–1192.
22 Vera Kallenberg, Sexualisierte Gewalt, Judenfeindschaft und marginalisierte jüdische Männlichkeit – eine intersektionale Analyse des Kriminalprozesses gegen den ‚Schutzjudensohn' Heyum Windmühl (Frankfurt a. M. 1808), in: Matthias Bähr/Florian Kühnel (Hrsg.), Verschränkte Ungleichheit. Praktiken der Intersektionalität in der Frühen Neuzeit (Beiheft Zeitschrift für historische Forschung 56), Berlin 2018, S. 205–241; Vera Kallenberg, Jewishness, Gender, and Sexual Violence Before the Penal Court in the City Frankfurt am Main at the Turn of the 19th Century, in: Jewish Social Studies 26 (2020), S. 93–125.
23 Während für die Zeit des Alten Reiches ein annähernd lückenloser Bestand vorhanden ist – das Gros der Kriminalakten entstammt dem 18. Jahrhundert –, dünnt die Überlieferung in der Zeit Dalbergs und des Großherzogtums Frankfurt (1806–1831) immer mehr aus.
24 ISG, Bestand Kriminalia, Crim. 11209 (1812), 619 Folio-Seiten.

doch noch nicht verabschiedet war. Der christliche Delinquent stammte ferner aus dem Großherzogtum Hessen-Darmstadt, das, im Unterschied zum Frankfurter Großherzogtum, keine Einführung des *Code Pénal*, des kodifizierten Napoleonischen Strafrechts von 1810 vornahm. Insgesamt waren an dem Vorgang daher 13 Organe beider Großherzogtümer beteiligt

Strukturelle Ausgangsbedingungen

Seit 1810 war Frankfurt am Main Hauptstadt des Carl Theodor von Dalberg unterstellten Großherzogtums Frankfurt.[25] Das neue Staatsgebilde besaß eine am französischen Vorbild und dem Königtum Westphalen orientierte Verfassung, die Herrschaftsorganisation und Verwaltung neu regelte.[26] Mit der Einführung eines neuen materiellen Strafrechts 1811/12 wurden Elemente des nationalisierten „revolutionären" französischen Strafrechts übernommen, die mit Dalbergs aufgeklärt-etatistischen Reformideen kompatibel waren.[27] Eine „Humanisierung" der Strafjustiz, staatliche Garantien für die Angeklagten und eine Bürgerbeteiligung durch Mündlichkeit und Öffentlichkeit des Verfahrens sowie Geschworenengerichte blieb aus Gründen der Revolutionsabwehr hingegen aus.[28] Es blieb bei einem, wenn auch rationalisierten und hinsichtlich der Funktionstrennung von Strafgerichtsbarkeit und Polizei ausdifferenzierten, dualen Inquisitionsverfahren.[29]

---

[25] Reichsherr Carl Theodor von Dalberg (1744–1817) war unter anderem Erzbischof von Mainz und als solcher von 1802 bis 1803 Kurfürst und Reichserzkanzler. Nach dem Ende des Alten Reiches wurde er von Napoleon zum Fürstprimas des Rheinbundes ernannt; mit dem fürstprimatischen Staat als Staatsgebiet (Primatialstaat), in das die ehemalige Reichsstadt Frankfurt eingegliedert wurde. 1810 ging der Primatialstaat im Großherzogtum Frankfurt auf, dem Dalberg bis 1813 als Großherzog vorstand. Vgl. Nils Hein, Der Staat Karl Theodor von Dalberg's (sic). Theoretischer Führungsanspruch und politische Ohnmacht im Alten Reich und im Rheinbund (1802 bis 1813), Dissertation, Frankfurt am Main 1995.
[26] Hein, Der Staat, S. 195; Rainer Koch, Grundlagen bürgerlicher Herrschaft. Verfassungs- und sozialgeschichtliche Studien zur bürgerlichen Gesellschaft in Frankfurt am Main (1612–1866), Wiesbaden 1983, hier S. 43.
[27] Karl Härter, Kontinuität und Reform der Strafjustiz zwischen Reichsverfassung und Rheinbund, in: Heinz Duchardt (Hrsg.), Reich oder Nation? Mainz 1998, S. 219–278, hier S. 220.
[28] Härter, Kontinuität und Reform, S. 277–278.
[29] Dieses war ein geheimes, ausschließlich schriftliches Verfahren, dass sich durch die Objektstellung des Inquisiten und den Geständniszwang auszeichnete. Seine Dualität ergab sich aus dem Prinzip der Aktenversendung, weshalb lokales Untersuchungsverfahren und zentrales Entscheidungsverfahren auseinanderfielen. Vgl. Karl Härter, Praxis, Formen, Zwecke und Intentionen des Strafens zwischen Aufklärung und Rheinbundreformen (1770–1815). Das Beispiel Kurmainz /

Lässt sich Dalbergs Reformpolitik den Juden gegenüber im Primatialstaat (1806–1810) als zögerlich und ambivalent charakterisieren, führte er im Großherzogtum Reformvorhaben durch, die, mit Blick auf die französische Verfassung, eine Rechtsgleichheit aller Untertanen und damit die Gleichstellung der Juden zur Voraussetzung hatten. Zeitgleich mit der Verabschiedung einer modifizierten Fassung des *Code Pénal* im Jahr 1812 konnten sich die Frankfurter Juden – verbunden mit einer ungeheuren Ablösesumme – das Bürgerrecht erkaufen, das 700 Tage Bestand hatte. Die „Höchste Verordnung" verfügte die Gleichstellung der „israelitischen Einwohner der Stadt Frankfurt" mit den christlichen Bürgern, hob alle Sonderabgaben und -rechte mit sofortiger Wirkung auf und ordnete ihre Gleichbehandlung bei allen gerichtlichen und administrativen Behörden an.[30] Darauf leisteten 645 jüdische Frankfurter, unter ihnen die Familie des Kaufmanns Ellissen[31] aus dem vorliegenden Fall den Bürgereid ab.[32] Aus der Gleichstellung der Frankfurter Juden resultierte ferner die Behandlung des Judentums als Konfession. Nach dem Modell der christlichen Konfessionen wurde daher eine „israelitische" Verwaltungsbehörde zur Regelung ihrer religiösen und innerjüdischen Angelegenheiten festgeschrieben.[33] Mit dem Ende der französischen Herrschaft wurden die reichsstädtischen Rechtsverhältnisse wieder hergestellt und Dalbergs Reformen, allen voran die Vollbürgerschaft der Juden sowie das reformierte Strafrecht, wieder zurückgenommen.

Insgesamt zeigt sich auch bei den 700 Tagen Gleichstellung der konstitutive Zusammenhang von Jüdischsein und Aufenthaltsstatus, denn Dalbergs Gleichstellung galt lediglich für die einheimischen Frankfurter Juden. Während die Fuldaer Juden ebenfalls das Bürgerrecht erkaufen konnten, besaß die jüdische Bevölkerung in den anderen Teilen des Großherzogtums kein Bürgerrecht. Die einheimischen Frankfurter Juden, die sich ins Bürgerrecht einschreiben konnten, waren

---

Großherzogtum Frankfurt, in: Reiner Schulze (Hrsg.), Strafzweck und Strafform zwischen religiöser und weltlicher Wertevermittlung, Münster 2008, S. 213–231; Reiner Schulze, Policey und Strafjustiz in Kurmainz. Gesetzgebung, Normdurchsetzung und Sozialkontrolle im frühneuzeitlichen Territorialstaat, Bd. 1, Frankfurt am Main 2005; bes. S. 422–424; Joachim Eibach, Frankfurter Verhöre. Städtische Lebenswelten und Kriminalität im 18. Jahrhundert, Paderborn 2003, S. 63, 65.
30 Höchste Verordnung, die bürgerlichen Rechte der Judengemeinde zu Frankfurt betreffend, 28. Dezember 1811, und Dekret vom 30. Januar 1812, zit. bei Hein, Der Staat, S. 223.
31 Paul Arnsberg, Die Geschichte der Frankfurter Juden seit der Französischen Revolution, Bd. 2: Struktur und Aktivitäten der Frankfurter Juden von 1789 bis zu deren Vernichtung in der nationalsozialistischen Ära, Darmstadt 1983, S. 191.
32 Rachel Heuberger/Helga Krohn, Siebenhundert Tage Gleichstellung, in: Rachel Heuberger/Helga Krohn, Hinaus aus dem Ghetto... Juden in Frankfurt am Main, Frankfurt am Main 1988, S. 24.
33 Paul Arnsberg, Die Geschichte der Frankfurter Juden seit der Französischen Revolution, Bd. 1: Der Gang der Ereignisse, Darmstadt 1983, S. 272–273.

im Kern die vorherigen Stättigkeitsfamilien und ihre Schutzverwandten, die, von weiterhin etwa 3.000 in Frankfurt ansässigen Juden ausgehend, lediglich einen Teil der in Frankfurt lebenden Juden umfassten. Alle, die einen Fremdenstatus besaßen, wie Gesinde und Handlungsgehilfen, waren vom Bürgerrecht ausgeschlossen, zumal an den bestehenden Zuzugs- und Heiratsbeschränkungen, mit denen vor allem fremde und migrierende Juden ferngehalten werden sollten, festgehalten wurde.

Der Strafprozess

Zentraler Bestandteil des Etiketts vom „kriminellen Juden" wie auch ihrer Strafverfolgung war der Vorwurf der „Bereicherungskriminalität".[34] Zwei Drittel aller in Frankfurt im Zeitraum von 1779–1814 überlieferten Strafprozesse mit jüdischen Beteiligten beinhalten Fälle von Eigentumsdelinquenz, womit sie den im Zeitraum ohnehin hohen Anteil von Eigentumsdelinquenz allgemein am Verfolgungsaufkommen insgesamt überschreiten.[35] Innerhalb dieses Samples dominieren Diebstahlsfälle mit fast 60 Prozent, wobei fast alle vor dem Frankfurter Strafjustiz verhandelten Eigentumsdelikte Juden mit Fremdenstatus betrafen.[36] Unter den Frankfurter Kriminalakten befinden sich im Untersuchungszeitraum über 70 Fälle, die Diebstahl und Veruntreuungen des Gesindes beinhalten.[37] Innerjüdische Fälle von Hausdiebstahl und Untreue, die vor die obrigkeitliche Strafjustiz kamen, sind im vorliegenden Sample insgesamt acht Mal belegt, wobei gegen sieben Dienstmägde und gegen sechs Knechte bzw. Handelsgehilfen ermittelt wurde.

Der folgende Fall zeigt, erstens, die unterschiedlichen Handlungsspielräume von Jüdinnen und Juden verschiedener rechtlicher Statusgruppen und sozialer Stratifikation sowie Beziehungen und Kontakte zwischen Juden und Nichtjuden –

---

34 Karl Härter, Zur Stellung der Juden im frühneuzeitlichen Strafrecht: Gesetzgebung, Rechtswissenschaft und Justizpraxis, in: Andreas Gotzmann (Hrsg.), Juden im Recht, Berlin 2007, S. 347–379; Otto Ulbricht, Criminality and Punishment of the Jews in Early Modern Period, in: R. Po-Chia Hsia (Hrsg.), In and out of the Ghetto, New York 1995, S. 49–70, hier S. 54–56. Für Frankfurt grundlegend: Joachim Eibach, Stigma Betrug. Delinquenz und Ökonomie im jüdischen Ghetto, in: Helmut Berding (Hrsg.), Kriminalität und abweichendes Verhalten, Göttingen 1999, S. 15–38; Eibach, Frankfurter Verhöre, S. 354–370; Kallenberg, Jüdinnen und Juden, S. 133–134, 160–161.
35 Kallenberg, Jüdinnen und Juden, S. 133–134, 160–161.
36 Damit überschreiten sie die von für Frankfurt im 18. Jahrhundert insgesamt erhobenen Zahlen. Eibach, Frankfurter Verhöre, S. 101, 320, 323, 325.
37 In über 50 Fällen handelt es sich um Diebstahlsanschuldigungen gegen christliche Mägde. In acht Kriminalprozessen wegen ‚Untreue' und ‚Hausdiebstahl' stellten christliche Knechte die Delinquenten.

vor Gericht und jenseits des Gerichts. Zweitens steht der Fall exemplarisch für die Lebensverhältnisse jüdischen Gesindes in einem bürgerlichen jüdischen Frankfurter Haushalt zu Beginn des 19. Jahrhunderts.[38] Drittens zeigt er Kontinuitäten und Wandlungsmomente in der strafrechtlichen Etikettierungspraxis und Behandlung von Jüdinnen und Juden in der Strafjustiz, die ihre widersprüchliche Lage im Großherzogtum hervortreten lassen.

Aus dem Aktenmaterial lassen sich Diebstahl und Prozess wie folgt rekonstruieren: Nach Aussage der geständigen Mägde holte die Köchin Helena ihren Geliebten, den ehemaligen Bedienten Eimer, am Abend des 25. Februar 1812 im Gasthaus zum „Goldenen Löwen" ab, um ihn im Hause der Ellissens mit Kaffee und Gugelhupf zu bewirten.[39] Den Gugelhupf musste Helena noch in der Stadt besorgen, weshalb Eimer angetrunken mit der Hausmagd Sophie in der Wohnung blieb. Mit Sophies Hilfe brach er in Ellissens Kontor ein, stahl Geld und Wertgegenstände und versteckte die Beute in der Bedientenkammer.[40] Nachdem Eimer das Haus verlassen hatte, versuchten die Mägde, die Spuren der Tat zu verwischen, wobei sie vom Sohn des Hauses ertappt wurden. Dieser rief sofort die Polizei und ließ die Mägde arretieren, die den Darmstädter Eimer als Mittäter nannten.[41] Daran schloss sich eine zweimonatige polizeiliche Untersuchung an, in deren Verlauf ein Amtshilfeersuchen nach Darmstadt gesandt wurde, um Eimer verhaften zu lassen, was auch geschah.[42] Nachdem Eimer bei der dortigen Polizei ein umfassendes Geständnis abgelegt hatte, wurde er an die zuständige Kriminalbehörde überstellt.[43] Unterdessen wurden die Polizeiakten in Frankfurt an das „Peinliche Verhöramt" übergeben, das in den folgenden zwei Monaten weiter ermittelte, die

---

38 Frühere Fälle bei: Monika Richarz, Eine weibliche Unterschicht aus der „Hefe des Pöbels"? Nachrichten über jüdische Mägde, in: Institut für die Geschichte der Juden Österreichs (Hrsg.), Juden in Mitteleuropa, gestern, heute, St. Pölten 2002, S. 56–63; Monika Richarz, Mägde, Migration und Mutterschaft. Jüdische Frauen der Unterschicht im 18. Jahrhundert, in: Aschkenas 28 (2018), S. 39–69; Vera Kallenberg, „und würde auch sonst gesehen haben, wie sie sich durchbrächte." – Migration und „Intersektionalität" in Frankfurter Kriminalakten über jüdische Dienstmägde um 1800, in: Edeltraud Aubele (Hrsg.), Femina migrans: Frauen in Migrationsprozessen, Sulzbach im Taunus 2011, S. 39–67.
39 Peinliches Verhöramt, Gehorsamster Bericht des Kriminalrats Siegler, 26. Juni 1812, ISG, Crim. 11209 (1812).
40 Vortrag und Gutachten des Referenten Schmidt vom Apppellationsgericht, 1. September 1812, ISG, Crim. 11209 (1812).
41 Vortrag und Gutachten des Referenten Schmidt vom Apppellationsgericht, 1. September 1812, ISG, Crim. 11209 (1812).
42 Gehorsamster Bericht des Kriminalrats Siegler, 31. März 1812, ISG, Crim. 11209 (1812).
43 Schreiben des Peinlichen Verhöramts an das Criminalgericht Darmstadt, 1. April 1812; Schreiben der hessischen Polizeydeputation Darmstadt an die Oberpolizeydirection Frankfurt, 5. April 1812, beide ISG, Crim. 11209 (1812).

Auslieferung Eimers nach Frankfurt erwirkte und die Vernehmungen des Geschädigten, der Beschuldigten und Zeugen durchführte.[44] Ellissen setzte die ihm insgesamt entwendeten Geldbeträge auf 6.000 Gulden an.[45] Während die Mägde alle gegen sie erhobenen Delikte gestanden, zog Eimer sein Geständnis zurück und erklärte seine Mitwirkung aus Verführung durch die Mägde und Trunkenheit. Das Verhöramt, das sich bei früheren Herrschaften über die Mägde erkundigte und überall ein „gutes Lob" zu Tage förderte, übergab Ende Juni die Akten zur Entscheidung ans Appellationsgericht.[46] Dieses begutachtete den Fall und erarbeitete einen Urteilsvorschlag, dem die hinzugezogenen Gutachter zustimmten.[47] Das Urteil vom 16. September, das dem Peinlichen Verhöramt zur Vollstreckung übergeben wurde, verurteilte beide Mägde zur Bezahlung der Untersuchungskosten, zur Erstattung des Gestohlenen und, unter Anrechnung der Untersuchungshaft, zu drei Jahren Zuchthaus bei „angemessener Arbeit" sowie „einer Tracht Prügel zu Willkommen und Abschied" und anschließender Ausweisung aus den großherzoglichen Landen. Das anschließende Kassationsgesuch der Mägde wurde im Oktober 1812 abgelehnt.[48] Parallel dazu hatte das Verhöramt Ende April bestätigen lassen, dass Helena im 4. Monat schwanger war.[49] Am 21. September wurde Helena im Kräzehospital von einem „gesunden Mädchen" entbunden, das sogleich in Kost

---

44 Actum des Peinlichen Verhöramts vom 18. April 1812, ISG, Crim. 11209 (1812); Actum des Peinlichen Verhöramts vom 1. Mai 1812, ISG, Crim. 11209 (1812); Schreiben des großherzoglichen Criminalgerichts Darmstadt ans Peinliche Verhöramt vom 4. April 1812; Schreiben der hessischen Polizeydeputation Darmstadt an die OberPolizeydirection Frankfurt vom 5. April 1812; Extractus Protocol des Appellationsgerichts vom 24.April 1812; Schreiben des Frankfurter Appellationsgerichts an das großherzoglich hessische Hofgericht Darmstadt vom 24.April 1812; Schreiben des Peinlichen Verhöramts an die großherzoglich hessische Polzeydeputation vom 24. April 1812; Actum des Peinlichen Verhöramts vom 1. Mai, 5. Mai, 11. Mai, 13. Mai, 15. Mai, 21. Mai, 22. Mai, 25. Mai, 26. Mai, 3. Juni, 4. Juni, 5. Juni, 8. Juni, 17. Juni, 18. Juni und 19. Juni 1812, alle ISG, Crim. 11209 (1812).

45 Continuatum, 4. Juni 1812; Vortrag und Gutachten des Referenten Schmidt vom Appellationsgericht vom 1. September 1812, beide ISG, Crim. 11209 (1812).

46 Actum des Peinlichen Verhöramts vom 19.6.1812; Gehorsamster Bericht des Kriminalrats Siegler vom 26. Juni 1812, beide ISG, Crim. 11209 (1812).

47 Gutachten des Referenten Schmidt vom 1. September 1812; Gutachterliche Stellungnamen vom 8. September, 9. September, 10. September, 13. September, 14. September und 16. September 1812, alle ISG, Crim. 11209 (1812).

48 Actum des Peinlichen Verhöramts vom 28. September 1812; Urteil des Appellationsgerichts vom 16. September 1812; Actum des Peinlichen Verhöramts vom 12. November 1812; Begleitschreiben zur Übersendung der Untersuchungsakten ans Darmstädter Hofgericht vom 16. November 1812, alle ISG, Crim. 11209 (1812).

49 Gutachterliches Schreiben des Stadtaccoucheurs Dr. Melber, 26. April 1812, ISG, Crim. 11209 (1812).

gegeben wurde und fünf Monate später starb.[50] Zwischen August 1813 und Juni 1814 wurde die Strafe zwischen den Supplikanten (Fürsprechern) der Delinquenten weiter ausgehandelt und Sophies Zuchthausstrafe auf zweieinhalb Jahre reduziert.[51] Am 19. Dezember 1814 wurde Eimer in Darmstadt zu vier Jahren Zuchthaus unter Anrechnung der Untersuchungshaft und zur Erstattung der Untersuchungskosten und des Gestohlenen verurteilt.[52] Sophie wurde am 30. Dezember 1814, Helena am 10. Februar 1815 – ebenfalls 6 Monate früher – aus der Haft entlassen und der Stadt verwiesen, womit die Überlieferung endet.[53]

Praktiken von Eheanbahnung und gescheiterte Heiratspläne jüdischer Mägde

Die hinter dem Diebstahl stehende rechtlich-normative Ausgangskonfiguration bestand einmal in den Problemlagen, die sich aus den geltenden Heiratsbeschränkungen ergaben, von denen Dienstboten in besonderen Maßen betroffen waren.[54] Zum anderen wurden diese Problemlagen durch die Personenkonstellation einer Mitte 30jährigen jüdischen Köchin und eines noch nicht 18jährigen christlichen Burschen noch verschärft, da eine Eheschließung nur mit Helenas Konversion zum Christentum möglich gewesen wäre.[55] Im Eherecht waren Heirats- und Niederlassungsrecht gekoppelt.[56] Am Herkunftsort Eimers im evangelisch-lutherischen Hessen-Darmstadt galt auch nach Reichsende eine restriktive Ehegesetzgebung, die auf dem Prinzip des Ehekonsenses, das heißt der elterlichen Zustim-

---

50 Peinliches Verhöramt, Gehorsamster Bericht des Kriminalrats Siegler, 28. September 1812; Senatsbeschluss, 30. September 1812; Schreiben der Mairie der Stadt Frankfurt an das Peinliche Verhöramt vom 2. Oktober 1812, 11. Februar und 25. März 1813. alle ISG, Crim. 11209 (1812).
51 Bericht des Appellationsgerichts vom 21. Februar 1814; Gehorsamster Bericht Direktor und Räte des provisorisch angeordneten Appellationsgerichts, 15. April 1814, beide ISG, Crim. 11209 (1812).
52 Urteil des Großherzoglich hessischen Criminalgerichts Darmstadt gegen Johann Justus Eimer, 19. Dezember 1814 (Kopie), ISG, Crim. 11209 (1812).
53 Actum des Peinlichen Verhöramts vom 30. Dezember 1812; Actum des Peinlichen Verhöramts vom 10. Februar 1815, beide ISG, Crim. 11209 (1812).
54 Josef Ehmer, Heiratsverhalten, Sozialstruktur, ökonomischer Wandel: England und Mitteleuropa in der Formationsperiode des Kapitalismus, Göttingen 1991, S. 189–196. Anette Baumann, Eheanbahnung und Partnerwahl, in: Siegrid Westphal/Imken Schmidt-Voges/Anette Baumann (Hrsg.), Venus und Vulcanus. Ehen und ihre Konflikte in der Frühen Neuzeit, München 2011, S. 25–86, hier S. 43.
55 Kerstin Meiring, Die christlich-jüdische Mischehe in Deutschland: 1840–1933, Hamburg 1998.
56 Alfred Niebergall, Die Geschichte der evangelischen Trauung in Hessen, Göttingen 1972, S. 236.

mung und der Heiratserlaubnis der lokalen Obrigkeiten beruhte.[57] Da Helena jüdisch und „Ausländerin" war, unterlag die Ehe der Genehmigungspflicht durch das zuständige Konsistorium oder/und den Landesherrn. Dienstboten, die sich die nötige Summe für die Heirats- und Niederlassungserlaubnis über viele Jahre ansparen mussten, waren von der repressiven Praxis bei Eheschließungen besonders betroffen, da sie ein ausreichendes Vermögen und Einkommen, eine Niederlassungserlaubnis und/oder Aufenthaltsrecht, einen guten Leumund, ggf. einen abgeleisteten Militärdienst und das elterliche Einverständnis nachweisen mussten.[58] In Eimers und Helenas Fall kam noch die christlich-jüdische Konstellation hinzu. Auch wenn im Untersuchungszeitraum Unzuchtsdelikte zwischen Juden und Christen nicht mehr sanktioniert wurden, galt eine sexuelle Beziehung ohne vorherige Konversion und Eheschließung als deviant.[59]

Tatort des Diebstahls war die Wohnung des jüdischen Frankfurter Bankiers im herrschaftlichen Haus „zum Türkenschuss" auf der Zeil.[60] Die Familie von Leopold Ellissen (1752–1824), geboren und aufgewachsen als Löb Isaac Elias im Haus „zum Fleischirn" in der Judengasse, dokumentiert den Aufstieg vom wohlhabenden und angesehenen jüdischen Schutzjuden zum Frankfurter Bürger.[61] Sein Bruder gehörte dem Ausschuss an, der von jüdischer Seite 1811 die Verhandlungen mit der von Dalberg eingesetzten Kommission über die enorme Ablösesumme führte, von der der Verkauf des Bürgerrechts an die Frankfurter Juden abhängig gemacht worden war.[62]

Ellissens fünf Bedienstete wohnten mit im Haus: die Hausmagd Sophie, die Köchin Helena und der Handlungsdiener waren jüdisch, die Kindsmagd und der

---

57 Gesetzgebung des Großherzogtums Hessen-Darmstadt 1469–1959, Bd. 7, VO vom 2. August 1810, Hessisches Staatsarchiv Darmstadt, R1 Sammlung Höpfner. Vgl. dazu Daniel Kaiser, Die elterliche Eheeinwilligung. Rechtsgeschichte der familialen Heiratskontrolle in Mitteleuropa, Münster 2007, S. 294–296; Niebergall, Die Geschichte, S. 205–225.
58 Härter, Policey und Strafjustiz, S. 833–835; Imken Schmidt-Voges, „Weil der Ehe-Stand ein ungestümmes Meer ist ..." – Bestands- und Krisenphasen in ehelichen Beziehungen in der Frühen Neuzeit, in: Westphal/Schmidt-Voges/Baumann (Hrsg.), Venus und Vulcanus, S. 89–160, hier S. 129. Eine besonders restriktive Praxis ist im Vormärz belegt.
59 Härter, Policey und Strafjustiz, S. 200; Bernhard Post, Judentoleranz und Judenemanzipation in Kurmainz: 1774–1813, Wiesbaden 1985; Kallenberg, Jewishness, Gender, and Sexual Violence, S. 93–125.
60 Brief von Vater Eimer an seinen Sohn Justus, 6. Januar 1812, ISG, Crim. 11209 (1812).
61 Alexander Dietz, Stammbuch der Frankfurter Juden. Geschichtliche Mitteilungen über die Frankfurter jüdischen Familien von 1349–1849, nebst einem Plane der Judengasse, Frankfurt am Main 1907, S. 66–67.
62 Isidor Kracauer, Die Geschichte der Judengasse in Frankfurt am Main, in: Festschrift zur Jahrhundertfeier der Realschule der israelitischen Gemeinde (Philanthropin) zu Frankfurt am Main 1804–1904, Frankfurt am Main 1904, S. 307–464, hier S. 414.

Hausdiener christlich. Bei der 21jährigen Hausmagd Sophie Esther aus Rödelheim handelte es sich um die nichteheliche Tochter einer Dienstmagd, die selbst ihr ganzes Leben im Gesindedienst verbracht hatte, weshalb Sophie bei einer Pflegemutter aufgewachsen und bereits als Zehnjährige in den Gesindedienst gekommen war.[63] Ihre Beteiligung an Eimers Diebstahl erklärte das Gericht dadurch, dass sie wie Helena in Eimer verliebt gewesen sei.[64]

Die 35jährige Helena aus der Gegend um Schweinfurt diente seit 16 Jahren in Frankfurt, hatte bereits drei Schwangerschaften hinter sich und war zum Zeitpunkt des Diebstahls im 3. Monat von Eimer schwanger.[65] Die einzige Möglichkeit zur Heirat mit Eimer führte über die Konversion und Heiratserlaubnis am Heimatort Eimers in Hessen-Darmstadt, wofür das Einverständnis seiner Eltern nötig war. Diese hätten nach geltendem Recht seine Ehe mit einer älteren Jüdin ablehnen können. Daher setzte die als Köchin eines wohlhabenden bürgerlichen Haushalts außerordentlich gut gestellte Helena alle ihre zur Verfügung stehenden Ressourcen ein, um die Familie Eimer und den Bräutigam vom Nutzen einer Ehe zu überzeugen. Nach seiner Entlassung griff Eimer verstärkt auf Helenas Ressourcen zu.[66] Zwar waren Geschenke, mit denen Verwandtschaftsbeziehungen geschaffen wurden, während der Eheanbahnung üblich, hier fielen sie jedoch aufgrund von Helenas Alter und Jüdischsein besonders umfangreich aus.[67] Gemeinsame Ausflüge, Mahlzeiten und Besuche mit Übernachtung deuten darauf hin, dass Eimers Eltern mit der Verbindung einverstanden waren.[68] Zudem sprechen die überliefer-

---

63 Continuatum vom 22. Mai 1812; Vortrag und Gutachten des Referenten Schmidt vom Appellationsgericht, § 2, 1. September 1812; Supplik der Witwe Jüdchen aus Rödelheim an Dalberg, registriert am 7. August 1813, alles ISG, Crim. 11209 (1812).
64 Vortrag und Gutachten des Referenten Schmidt vom Appellationsgericht, § 5, 16, 1. September 1812; Untertänigster Vortrag des Appellationsgerichts Roth an Albini vom 24.7.1812, beides ISG, Crim. 11209 (1812).
65 Vortrag und Gutachten des Referenten Schmidt vom Appellationsgericht, § 2, 1. September 1812; Peinliches Verhöramt, Continuatum vom 19. Juni 1812; Bericht des Stadtaccoucheurs Dr. Melber, 26. April 1812, alles ISG, Crim. 11209 (1812).
66 Continuatum vom 5. Juni und 17. Juni 1812, ISG, Crim. 11209 (1812).
67 Marion Lischka, Liebe als Ritual. Eheanbahnung und Brautwerbung in der frühneuzeitlichen Grafschaft Lippe, Paderborn 2006, S. 325–333.
68 Continuatum des Peinlichen Verhöramts vom 5. Juni 1812; Brief von Justus an Helena, Darmstadt, 2. Februar 1812; Brief von Justus an Helena, Darmstadt, 9. Februar 1812; Brief von Vater Eimer an Helena, Rumrod, 28. Februar 1812; Brief von Justus an Helena, Darmstadt, 14. (ohne Monat) 1812; Brief von Kaspar Eimer an Justus, Rumrod, 28. Februar 1812; Continuatum des Peinlichen Verhöramts vom 5. Juni 1812, alles ISG, Crim. 11209 (1812).

ten Briefe von Eimer an Helena für eine Vertrautheit und ein gegenseitiges Vertrauen, die über eine rein materiell-pragmatische Beziehung hinausweisen.[69]

Zum Bruch zwischen Helena und Eimer kam es am Tag des Diebstahls. Voraus ging diesem die Vorbereitung eines Kaffeetrinkens im Hause Ellissen, das Helena initiiert hatte und sich als Praxis zur Festigung des Heiratsversprechens verorten lässt.[70] Helena, die als Köchin im Haushalt der Ellissens eine Kaffeegesellschaft auszurichten verstand, wollte zum Kaffee einen Gugelhupf, ein bürgerliches Statussymbol, reichen, der in der Stadt gekauft wurde. Das Kaffeetrinken belegt, dass sich die Dienerschaft die dienstherrliche Kaffeekultur und damit ein Distinktionsmerkmal der Eliten aneignete. Damit mobilisierte Helena Eimer gegenüber nochmals ihr gesamtes Ehrvermögen. Über die Aneignung bürgerlicher Alltagskultur versuchte sie die bürgerliche Ehe zu inszenieren, die jüdischen Bediensteten mit Fremdenstatus rechtlich verwehrt wurde. Mit dem gemeinsamen Essen und Trinken in der Verlobungszeit nahmen zukünftige Eheleute den späteren Haushalt vorweg.[71] Die Annahme einer solchen Essenseinladung durch den Bräutigam besaß einen starken Symbolgehalt.[72] Eimer entschied sich statt des Kaffeetrinkens für den Diebstahl und erteilte dem Heiratsversprechen damit eine Absage.

---

69 Brief von Vater Eimer an seinen Sohn Johann, Romrod, 6. Januar 1812; Brief von Johann an Helena, Darmstadt, den 15ten 1812 (ohne Monat); Brief von Johann an Helena, Darmstadt, 2. Februar 1812; Brief von Johann an Helena, Darmstadt, 9. Februar 1812; Brief von Johanns Schwägerin an Helena, Darmstadt, 9. Februar 1812; Brief von Johanns Schwägerin an Helena, Darmstadt, 10. Februar 1812; Brief von Johann an Helena, Darmstadt, den 14ten 1812 (ohne Monat); Brief von Johann an Helena, Darmstadt, 15. Februar 1812; Briefe von Johann und seinem Bruder Andreas Eimer an Helena, Darmstadt, den 22ten (ohne Monat); Brief von den Eltern Eimer an Helena, Romrod, 28. Februar 1812; Brief des Bruder Kaspars an Johann, Romrod, 28. Februar 1812; Brief von Johann Justus an Helena, Frankfurt, Gasthof zum Löwen (undatiert); Brief aus Darmstadt von Johanns Bruder Andreas Eimer an Helena; Brief von Johann an eine Jungfer Johan Natta, „bei Herrn Gullet auf der Zeiz im Turkenschuß" abzugeben, Frankfurt, 25. Juli (ohne Jahr), alles ISG, Crim. 11209 (1812).
70 Continuatum, 21. Mai 1812 und 8. Juni 1812, ISG, Crim. 11209 (1812).
71 Lischka, Liebe als Ritual, S. 329.
72 Lischka, Liebe als Ritual, S. 329.

Etikettierungspraxis und Behandlung von Jüdinnen und Juden in der Strafjustiz

Die strafjustizielle Bearbeitung des Falles weist starke Kontinuitäten zur Primartial- und reichsstädtischen Zeit auf, die mit neuen Begründungsmustern versehen wurden. Angezeigt wurde der Diebstahl von Ellissens Sohn, der die Diebinnen stellte und sofort die Polizei rief, die in seinem Sinne handelte. Wie in reichsstädtischer Zeit ließ das Verhöramt eine Begehung des Tatorts und der Wohnung durchführen,[73] befragte die Delinquenten und Zeugen und forderte Leumundszeugnisse der Mägde an, die bei der Urteilsfindung berücksichtigt wurden. Während polizeiliche Erstermittlung und Gerichtsverfahren, Untersuchung und Urteilsfindung nun institutionell getrennt waren, wurde am Prinzip der Schriftlichkeit und der Aktenversendung festgehalten, wie auch Rechtsmittel weiterhin nicht vorgesehen waren. Wie sonst auch lässt sich die Handlungsfähigkeit der jüdischen Delinquentinnen vor Gericht am Mobilisieren sozialer Netzwerke und der Praxis des Supplizierens ablesen, wie zahlreiche Bittschriften von Sophies ehemaliger Pflegemutter bezeugen.[74] Dies stieß jedoch an Grenzen, da ihr wiederholtes Supplizieren schließlich in antijüdischem Unterton als „Zudringlichkeit einer Jüdin" bewertet wurde.[75]

Das Gutachten zum Urteil des Appellationsgerichtes, das auf Strafrechtsnormen des Alten Reiches und neueren kriminalpsychologischen und kriminologischen Diskursen beruhte, enthält deutlichere Momente von Judenfeindschaft. Helenas und Sophies Taten wurden als Beihilfe und Hehlerei klassifiziert.[76] Mit der Klassifikation als Hehlerei wurde ein als typisch jüdisch konstruiertes Delikt mobilisiert, das Teil des judenfeindlichen Etiketts vom „betrügerischen und wucherischen Juden"[77] war und, wie auch sonst im Sample belegt, typischerweise als ge-

---

[73] Dazu: Rebekka Habermas, Diebe vor Gericht. Die Entstehung der modernen Rechtsordnung im 19. Jahrhundert, Frankfurt am Main 2008, S. 110–119.
[74] Suppliken der Witwe Jüdchen aus Rödelheim an Dalberg, registriert am 7. August 1813; vom 15. Oktober 1813; vom März 1814; vom 15. April 1814, alle ISG, Crim. 11209 (1812). Vgl. Karl Härter, Das Aushandeln von Sanktionen und Normen. Zu Funktion und Bedeutung von Supplikationen in der frühneuzeitlichen Strafjustiz, in: Cecilia Nubola/Andreas Würgler (Hrsg.), Bittschriften und Gravamina, Berlin 2005, S. 242–274; Andreas Würgler, Bitten und Begehren. Suppliken und Gravamina in der deutschsprachigen Frühneuzeitforschung, in: Nubola/Würgler, Bittschriften, S. 17–52.
[75] Gehorsamster Bericht ad venerand: conclusum, 17. Mai 1814, ISG, Crim. 11209 (1812).
[76] Ähnlich in einem früheren Fall von „Diebshehlerei": ISG, Crim. 10956 (1803); weitere Hehlereifälle im Sample: ISG, Crim. 9291 (1781); Crim. 10402 (1796); Crim. 10650 (1800), Crim. 11029 (1804–1805).
[77] Härter, Zur Stellung der Juden, S. 357–358, 364.

meinschaftlich mit einem Christen begangenes Delikt konstruiert wurde.[78] Im Unterschied zu früheren Gutachten in Diebstahlsfällen war die Erörterung der Beweg- und Milderungsgründe viel umfangreicher, wobei besonders Geschlecht, aber auch die Kategorie jüdisch mobilisiert wurden.[79] Das Gutachten arbeitete mit kriminalpsychologischen Erklärungsmustern, die auf Gemütszustände, Lebensalter, Erziehung, soziale Herkunft und Weiblichkeit Bezug nahmen.[80] Eingebunden wurden sie in eine geschlechtlich kodierte Semantik von Liebe, Angst und Eifersucht, die als juristische Interpretationsfolie diente (§ 16). Zusammen mit der Kategorie der Verführung kam ihnen als Motive für weibliche Delinquenz eine Schlüsselrolle zu (§ 14). Stereotyp wurde Helenas Mittäterschaft aus Torschlusspanik aufgrund ihres Alters in Verbindung mit Liebe und Schwangerschaft erklärt, was als Milderungsgrund gewertet wurde (§§ 14,16). Bei Sophie wurde ferner der Mangel an „guter Erziehung" als weiterer Milderungsgrund angeführt, die aus nichtehelicher Herkunft, Dienstbotenstatus und Jüdischsein resultiere (§ 16). Letztlich wurde Verliebtheit selbst, gekoppelt an Alter und sexuelle Motive, als Auslöser devianten Verhaltens apostrophiert (§ 7). Die weibliche Konkurrenz um den Geliebten mit einer „alten Jüdin" habe zum Verbrechen geführt:

> Nur, daß ohne es selbst zu wissen, ihre [Sophies–VK] Liebe zu Eymer jedes Mittel, diesem zu gefallen, heiligte, den Weg zum Verführen bahnte, und die Winke der alten Juedarin um so richtiger verstand […], als wohl auch Eifersucht mit ins Spiel gekommen, und die jüngere Sophie veranlasst haben mag, der alten Helena nicht alles Verdienst um den Geliebten zu überlassen § 16.

Sophies Verhalten erscheint als Folge von Helenas Handeln, die als „alte Juedarin" etikettiert wird. Eine antijüdische Kodierung der „Winke" („raffiniert", „durchtrieben", „verschlagen") wird plausibel, berücksichtigt man die weitere Argumentation, die Geschlecht und Jüdischsein selbst thematisiert: „Die Zurechnung" der Delinquentin zeige sich dadurch vermindert, dass „die Sophie ein Mädchen, und dem verführenden Christen gegenüber ein eitles juden maedchen ist. (§ 16)" Komplementär dazu fungierte das auf Helena gemünzte Kollektivlabel „alte Judenmagd" verflochten mit dem Bild der weiblichen Verführerin, die einen hübschen

---

[78] Konstellationen mit jüdischen und nichtjüdischen Beteiligten: ISG, Crim. 9770(1787), Crim. 9764 (1787–1788), Crim. 9772 (1787–1790), Crim. 10055 (1791), Crim. 10058 (1791), Crim. 10512 (1797–1798), Crim. 10534 (1798–1800), Crim. 10650 (1800), Crim. 11029 (1804–1805).

[79] Gutachten des Referenten Schmidt vom Appellationsgericht, 1. September 1812, ISG, Crim. 11209 (1812). Das Gutachten beinhaltet die Beurteilung der Tat nach Haupt- und Nebenpersonen (§§ 10–15), eine Diskussion der Milderungsgründe (§§ 16–17) und schließlich den Urteilsvorschlag (§ 18).

[80] Dazu: Ylva Greve, Verbrechen und Krankheit. Die Entdeckung der „Criminalpsychologie" im 19. Jahrhundert, Köln 2004.

„iungen Purschen" einfängt und mit Geld und Geschenken manipuliert.[81] Einerseits erscheint die Kategorie jüdisch der Kategorie Geschlecht nachgeordnet und der „Geschlechtscharakter" als eigentliche Ursache ihres Tuns.[82] Andererseits erscheint weibliche Empfänglichkeit für männliche Schmeicheleien gesteigert durch den Umstand, dass es um einen Christen ging. Sophies Teilnahme am Diebstahl resultierte damit aus dem Zusammenspiel von Geschlecht und Jüdischsein: Die Eitelkeit des „Judenmädchens" zeichnete sich durch ein Übermaß an Weiblichkeit aus. Im Ergebnis leiteten die Gutachter die Beteiligung der Mägde am Diebstahl aus dem „weiblichen Geschlechtscharakter" ab, der durch das Jüdische noch gesteigert wurde. Diese patriarchal-misogyn und antijüdisch konnotierten Erklärungsmuster hatten für die Delinquentinnen den paradoxen Effekt einer Strafmilderung, da sie als Begründung dafür fungierten, dass sie nicht vorsätzlich gehandelt haben konnten.

Strafmildernd für das Gesinde wirkte sich auch der Umstand aus, dass Ellissen eine regelrechte Einladung zum Verbrechen unterstellt wurde. Während sich Kriminalrat Siegler vom Peinlichen Verhöramt in den Hausherrn Ellissen hineinversetzte, der unwissentlich „Diebsgesinde" unter seinem Dach beherbergt hatte, sprach Hauptgutachter Schmidt vom Appellationsgericht dem „Juden" Ellissen die Qualitäten eines verantwortungsbewussten Hausvaters ab. Implizit die Ressentiments gegenüber dem „Geldjuden" und „Schacherjuden" aufrufend, wurde er als Negativfolie zum christlichen Hausvater entworfen, der als „vorsichtiger Hausvater nicht gehandelt" habe, indem er seine Wertsachen nicht adäquat verwahrt, unklare Angaben zu seinen Verlusten gemacht sowie kleinlich bei der Auflistung seiner Verluste gewesen sei (§ 10).[83]

Insgesamt ergibt die christlich-obrigkeitliche Etikettierungspraxis im vorliegenden Strafprozess ein ambivalentes Bild. Einerseits lässt sich ein deutlicher Rückgang des Etiketts jüdisch bzw. eine Entwicklung zu einer Konfessionsbezeichnung zeigen. Diese erscheint eher als Pluralisierung und Diversifizierung denn als Fortschrittsgeschichte, wobei Altes und Neues nebeneinander existierte. Die standardisierte sprachliche Kennzeichnung der jüdischen Akteure als jüdische, die für die obrigkeitliche Etikettierungspraxis bis in die Anfangsjahre der Dalbergzeit

---

81 Peinliches Verhöramt, Gehorsamster Bericht des Kriminalrats Siegler, 26. Juni 1812, ISG, Crim. 11209 (1812).
82 Karin Hausen, Die Polarisierung der „Geschlechtscharaktere". Eine Spiegelung der Dissoziation von Erwerbs- und Familienleben, in: Werner Conze (Hrsg.), Sozialgeschichte der Familie in der Neuzeit Europas. Neue Forschungen, Stuttgart 1976, S. 363–393.
83 Zur Identifikation von Juden mit Geld als einem der zentralen Elemente von Judenfeindschaft und Antisemitismus: Fritz Backhaus/Alfons Arns/Liliane Weissberg (Hrsg.), Juden. Geld. Eine Vorstellung. Eine Ausstellung des Jüdischen Museums Frankfurt am Main, 25. April bis 6. Oktober 2013, Frankfurt am Main 2013.

charakteristisch ist, tritt quantitativ deutlich zurück. Auf rund 620 Folioseiten Kriminalakten finden sich lediglich etwa 30 Labels aus dem Wortfeld jüdisch, Jude, Jüdin sowie Komposita („Judenkind", „Judenmagd"). Qualitativ zeigen sich eine patriarchal-ständische und punktuell antijüdische Bias der Obrigkeiten sowie die soziale und rechtliche Ungleichheit der Akteure. Bei Ellissen wurde in mehreren Fällen auf die Markierung seines Jüdischseins verzichtet; er wurde hauptsächlich als „jüdischer Handelsmann"[84], einmal gar als „jüdischer Bürger"[85] ausgewiesen. Das semantische Feld, in dem auf die Kollektivbezeichnung „der Jude" zurückgegriffen wurde, war der Verdacht auf Bereicherung. So bemerkte Gutachter Schmidt, falls Ellissen die Summe, die ihm gestohlen worden war, zu hoch bemessen habe, „handle *der Jude* schlecht".[86] Zum „Juden" wurde „der Handelsmann", wenn es ums Geld ging.

Vier Punkte zur Etikettierungspraxis lassen sich in diesem Fall festhalten: Erstens nehmen Kollektivbezeichnungen zu Gunsten stärker individualisierender Bezeichnungen ab: aus dem „Handelsjuden" wird ein „jüdischer Handelsmann".[87] Diese Labels treten wiederum, zweitens, als Komposita auf, in denen sich antijüdische mit misogynen Stereotypen verbinden konnten („eitles Judenmädchen").[88] Drittens schlug sich die „Religionisierung" des Judentums durch Dalberg nieder: Vereinzelt finden sich Labels wie „eine Magd jüdischer Religion", in denen Jüdischsein zur Religionszugehörigkeit wird.[89] Viertens bestanden ältere Labels und Kollektiva weiter, die sich, vom Konnex Juden und Geld abgesehen, im Bereich der Dienst- und Geschlechterverhältnisse niederschlugen („alte Judenmagd"). In dem Augenblick, als man den Ort der bevorstehenden Geburt und die Unterbringung des „Judenkindes" verhandelte, wurde die schwangere Helena zur „Jüdin".

---

84 Akteneintrag; Peinliches Verhöramt, Gehorsamster Bericht des Aktuar Sultz, 22. Juli 1812; Gutachten Appellationshof Frankfurt, 25. August 1813; Gutachten des Referenten Schmidt vom Appellationsgericht, § 5, 1. September 1812, alle ISG, Crim. 11209 (1812).
85 Frankfurter Appellationsgericht, Reversalien, 22. April 1812, ISG, Crim. 11209 (1812).
86 Gutachten des Referenten Schmidt vom Appellationsgericht, § 10, 1. September 1812, ISG, Crim. 11209 (1812). Hervorhebung V. K.
87 Untertänigster Vortrag, 2. August 1812; Peinliches Verhöramt, Gehorsamster Bericht, 24. Juli 1812; Schreiben des Frankfurter Appellationsgerichts an das grosherzoglich hessische Hofgericht Darmstadt, 10. Juli 1812, alle ISG, Crim. 11209 (1812).
88 Gutachten des Referenten Schmidt vom Appellationsgericht, § 16, 1. September 1812, ISG, Crim. 11209 (1812).
89 Gutachten des Referenten Schmidt vom Appellationsgericht, § 16, 1. September 1812, ISG, Crim. 11209 (1812). Dazu: Philipp Lenhard, Volk oder Religion? Die Entstehung moderner jüdischer Ethnizität in Frankreich und Deutschland 1782–1848, München 2014, bes. S. 154–157.

Fazit

Im vorliegenden Fall wirkten aufgrund der normativ-rechtlichen Ausgangsbedingungen, der Personenkonstellation und der Deliktkonstruktion Fremden- und Gesindestatus, sozio-ökonomischer Status, Geschlecht und Personenstand sowie Jüdischsein zusammen: bei Sophie verschärft durch Einbußen an Ehrvermögen durch nichteheliche Herkunft und bei Helena unter dem Druck nichtehelicher Schwangerschaft und fortgeschrittenem Heiratsalter. Nicht Armut, sondern ihr außergewöhnlich guter sozio-ökonomischer Status als Bedienstete der Ellissens, der für sie die Gründung eines eigenen Hausstands in greifbare Nähe zu rücken schien, bildeten den Hintergrund für die Delinquenz der Mägde. Helenas Einsatz um den Erhalt von Elternkonsens und Eimers Heiratsbereitschaft lässt sich vor diesem Hintergrund als Handlungsfähigkeit wie als ihr Mangel begreifen. Einerseits konnte Helena über ihre selbst erarbeiteten Ressourcen ihre „Defizite" auf dem Heiratsmarkt bis zu einem gewissen Grad ausgleichen, indem sie die Eimers bestach. Andererseits war sie so vom Bräutigam und seiner Familie abhängig, dass sie keine Möglichkeit sah, ihren Forderungen Grenzen zu setzen. Die obrigkeitlichen Heiratsrestriktionen erzeugten einen besonders großen Druck auf solche Konstellationen und trafen jüdische Mägde besonders hart. Während die misogyn-antijüdische Pathologisierung durch das Mobilisieren eines jüdisch-weiblichen „Geschlechtscharakters" im Rechtsgutachten einen strafmildernden Effekt hatte, dürften die Handlungsoptionen der nunmehr bettelarmen und ehrlosen Frauen nach ihrer Ausweisung äußerst prekär ausgefallen sein.

Die Geschichte jüdischer Emanzipation ist in der Regel mit Blick auf die jüdischen Eliten geschrieben worden.[90] Im Sinne einer Geschichte der Mehrheit[91] gilt es jedoch, das einschlägige Masternarrativ der Emanzipation unter Einbezug der migrierenden und mobilen jüdischen Unterschichten und Subalternen neu zu konzeptualisieren und zu periodisieren. Besonders im Zusammenhang mit einer dichten Analyse sozialer Praktiken und dem Fokus auf Handlungsfähigkeit gewinnt ein Blick auf Unterschiede zwischen jüdischen Akteuren eine Korrektivfunktion, da er lineare Fortschrittsnarrationen überprüfbar macht. Jüdinnen und Juden als heterogene, sozial stratifizierte Gruppe mit unterschiedlich positionierten Akteuren in den Blick zu nehmen, verunmöglicht sowohl ein Ausblenden als auch ein Überbetonen von Verfolgung, Repression und Judenfeindschaft. Es ver-

---

90 Exemplarisch: David Sorkin, The Transformation of German Jewry 1780–1840, New York 1987; Michael Brenner/Vicki Caron/Uri R. Kaufmann (Hrsg.), Jewish Emancipation Reconsidered. The French and German Models, Tübingen 2003.
91 Lutz Niethammer, Anmerkungen zur Alltagsgeschichte, in: Geschichtsdidaktik, 4 (1980), S. 231–242.

weist auf eine geteilte Geschichte von Konfliktregulierung, Justiznutzung und Aushandeln in der Strafjustiz. Modifizieren lassen sich damit lineare Modernisierungsvorstellungen, wonach sich nach 1806 die Situation für Juden in Frankfurt, wenn auch kleinschrittig, stets verbessert und schließlich in eine „vollständige Gleichstellung" gemündet habe. Jüdische Bedienstete blieben auch im Großherzogtum als Nicht-Frankfurter von den Bürgerrechten ausgeschlossen, so sehr sie auch bürgerliche Alltagskultur adaptierten. Für arrivierte wohlhabende jüdische Handelsleute verbesserten sich zwar Status und Handlungsspielräume in der Dalbergzeit, in antijüdisch kodierten Konfliktfeldern wie illegitime Bereicherung und Geldgeschäfte waren sie hingegen nicht vor judenfeindlichen Ressentiments oder Kriminalisierung gefeit. Bezogen auf die „alte" Frage, ob die Rheinbundära eher als Einschnitt oder als Kontinuität zum Alten Reich zu denken sei, stärkt eine detaillierte historische Detailanalyse der Strafjustiz bezogen auf Juden eher die Kontinuitätsthese. Denn Ausbau und Konsolidierung moderner Staatlichkeit gingen im Frankfurt der napoleonischen Ära, wie sich anhand der Strafjustiz zeigt, nicht mit dem Ausbau bürgerlich-egalitärer Partizipation und Rechtsstaatlichkeit einher, sondern zielten auf eine auf den Staat bezogene autoritär geprägte Untertanengesellschaft.[92] Dabei verschwanden zusehends jene Schlupflöcher, die zuvor in den teils dysfunktional geprägten obrigkeitlichen Strukturen existiert hatten, wodurch die Untertanen, besonders Unterschichten, Minderheiten und Randgruppen, Handlungsoptionen einbüßten, was anhand von jüdischen Bediensteten mit Fremdenstatus besonders greifbar wird.

---

92 Andreas Schulz, Herrschaft durch Verwaltung. Die Rheinbundreformen in Hessen-Darmstadt unter Napoleon (1803–1815), Stuttgart 1991, S. 260.

Sonja Thäder
„Man kann wegen die jüdische Angelegenheiten nicht genug fleissig sein."
Die Familie Rothschild und die Judenemanzipation

Betrachten wir die Familie Rothschild im Hinblick auf die Judenemanzipation im 19. Jahrhundert, so begegnen wir zahlreichen Widersprüchen. Ihr traumhafter Aufstieg an die Spitze der Gesellschaft, ihr Reichtum, ihr Mythos. Diesen Erfolg bauen sie sich Seite an Seite mit der europäischen Reaktion auf, während Jüdinnen und Juden in Demokratiebewegungen für gleiche Rechte kämpfen. Gibt es da einen kausalen Zusammenhang? Sind die Rothschilds des 19. Jahrhunderts ein Aushängeschild für die Emanzipation? Oder stehen sie vielleicht im Gegenteil viel eher für liberalen Opportunismus?

Im Jüdischen Museum Frankfurt ist der Familie Rothschild eine ganze Abteilung in der Etage zu Frankfurter Familiengeschichten gewidmet. In Weiß mit Textil umspannten Kuben werden Exponate und Medienstationen präsentiert, die die Realgeschichte der berühmten Familie nachzeichnen. Diese Präsentation legt bewusst Wert auf eine sachliche Atmosphäre, denn die Versuchungen, sich ganz vom Mythos einnehmen zu lassen, sind bis heute äußerst präsent. Dieser Aspekt wird jedoch nicht vollständig ausgeklammert, sondern wird in der Eingangsinszenierung spielerisch aufgegriffen. Auf einem großen Tisch werden dort vergoldete Papercraft-Objekte präsentiert, die sowohl bekannte als auch weitgehend unbekannte Themen der Familiengeschichte versinnbildlichen. Neben der Äskulap-Schlange finden sich dort auch die obligatorische Weinflasche sowie ein Schloss und ein Ölförderturm.

Das Narrativ der Ausstellung erzählt die außergewöhnliche Geschichte des finanziellen und gesellschaftlichen Aufstiegs dieser Familie: Die einzelnen Schritte Mayer Amschel Rothschilds (1743 oder 1744–1812) vom Hoffaktor zum Merchant Banker, vom Handel mit Staatsanleihen zu globalen Industriegeschäften der fünf Söhne, vom gesellschaftlichen Rand zu Anerkennung und Wohlstand.

Die Ausstellung spiegelt auf diese Weise das Selbstbewusstsein der Familie wider mit der sie ihre Errungenschaften als eine Selbstverständlichkeit verstanden wissen wollten. Sie wurden zur Verkörperung dessen, was sich viele von der Emanzipation versprachen: Durch erfolgreiche Arbeit zu Geld, Gesellschaftsfähigkeit und Würden kommen – ohne die Konversion in Anspruch zu nehmen. Ebnete die Familie aufgrund ihrer eigenen Erfolge auch den Weg zur gesellschaftlichen Gleichheit für die jüdische Gemeinschaft, oder war sie ein Ausnahmephänomen?

Von Münzhändlern in der Judengasse zur europäischen Adelsfamilie

Im letzten Drittel des 18. Jahrhunderts hatte Mayer Amschel Rothschild damit begonnen, sich als Münzhändler einen feudalen Kundenkreis aufzubauen. Diese Kundschaft belohnte seine Dienste mit Hoffaktortiteln – allen voran Wilhelm IX. von Hanau, der spätere Landgraf von Hessen-Kassel Wilhelm I. Von den Privilegien des Titels profitierten die Kunden und Rothschild gleichermaßen. Es war in dieser Zeit die einzige Möglichkeit, als Jude einen mit Sonderrechten ausgestattete Posten zu erhalten. Es verbesserte das geschäftliche Renommee, weckte Vertrauen bei neuer Kundschaft und erleichterte das Reisen durch die zollgespickten kleindeutschen Staaten. Je mehr Höfe einem Händler den Titel „Hoffaktor" verliehen, desto besser. So begann Mayer Amschel Rothschild, auch umgehend für seine geschäftsfähigen Söhne diese Titel zu beantragen. Im Jahr 1804 tat er es beispielsweise erfolgreich für seinen ältesten Sohn Amschel Mayer Rothschild (1773–1855) beim Fürsten Thurn und Taxis.

Sein zweitältester Sohn Salomon Mayer Rothschild (1774–1855) ging einen bedeutenden Schritt weiter und verhandelte von 1816 bis 1822 mit Friedrich von Gentz und Staatskanzler Clemens von Metternich die Verleihung des österreichischen erblichen Freiherrentitels für sich und seine vier Brüder. Dieser Titel öffnete den neuen jüdischen Baronen die Tür zum Parkett des Hochadels. Ein eigenes Wappen und Uniformen – die Brüder konnten nun mit den obligatorischen Statussymbolen in den elitären Kreisen auftreten. Diese Nobilitierung sollte jedoch keineswegs mit einem Zeugnis guten Willens und eines aufgeklärt emanzipatorischen Geistes Kaisers Franz I. verwechselt werden. Sie war Belohnung und Anreiz zugleich für vergangene und zukünftige Finanzierungen sowie zugkräftige Investitionen, die Österreich, genauso wie andere europäische Staaten, während und nach den napoleonischen Kriegen unbedingt brauchte. Mit den Staatsanleihen und Krediten wurden Schulden bezahlt und der wirtschaftliche Ausbau betrieben. Wie vom Vater gelernt, strebten auch die Rothschild-Söhne weiter danach, ihre Kontakte stetig weiter auszubauen und diese mit Orden und diplomatischen Ämtern öffentlich zu manifestieren. Die Familie Rothschild wurde zum Inbegriff der europäischen Elite. Jede Generation setzte es darauf an, die soziale Treppe immer noch eine Stufe weiter nach oben zu erklimmen und die gläsernen Decken zu durchbrechen, die bis dato für Juden bestanden.

Bemerkenswert ist das Selbstbewusstsein, mit dem sie auftraten, selbst wenn ihnen Ziele versperrt blieben: Sie setzten ihren Namen stolz als Marke dieser Unverhältnismäßigkeit entgegen. Der drittälteste Sohn Nathan Mayer Rothschild (1777–1836) durfte seinen österreichischen Freiherrentitel in England nicht tragen und sich folgerichtig auch nicht „Baron de Rothschild" nennen. Simone Mace formuliert Nathans Reaktion so: „Er machte aus der Not eine Tugend und wurde sogar dafür bekannt, dass er der schlichten Anrede ‚Mr. Rothschild' den Vorzug gab."[1]

Dieses Selbstbewusstsein in Verbindung mit seinem einzigartigen Erfolg zahlten sich aus: Nathan Mayers Sohn Lionel Nathan de Rothschild (1808–1879) zog 1858 in das House of Commons ein. Dessen Sohn Nathaniel Mayer de Rothschild (1840–1915), genannt „Natty", wiederum zog 1885 als Lord Rothschild in das House of Lords ein. In beiden Fällen hatte bis dato ein vordergründig formaler Hinderungsgrund Juden den Zugang verwehrt: die Eidesformel „In the true Faith of a Christian". In beiden Häusern war diese nun abgeändert worden. Nathaniel de Rothschild trat dabei mit dem gleichen Selbstbewusstsein wie sein Großvater auf, indem er seine Peerage nicht in seinem Zusatznamen aufnahm. Stattdessen bestand er auf der ganz schlichten Bezeichnung „Lord Rothschild".

Weitere Beispiele für das Erklimmen der höchsten gesellschaftlichen Kasten in der zweiten Hälfte des 19. Jahrhundert gibt es in der K. u.K-Monarchie Österreich: Salomon Mayers Sohn Anselm Salomon von Rothschild (1803–1874) wurde 1861 in das österreichische Herrenhaus berufen. Dessen Sohn Salomon Albert Anselm von Rothschild (1844–1911) erhielt mit seiner Frau Bettina Caroline de Rothschild (1858–1892) 1887 die Wiener Hoffähigkeit. Damit erreichte die Familie in zwei der klassenstrengsten Staaten Europas Zutritt zur höchsten gesellschaftliche Ebene.

Ein Beispiel aus Frankfurt für das eigene stolze Selbstverständnis liefert uns der Frankfurter Bankier Mayer Carl von Rothschild (1820–1886). Mayer Carl war der Sohn des vierten Bruders der berühmten Fünf, Carl Mayer Rothschild (1788–1855). Er wurde zum Erben seines kinderlosen Onkels Amschel Mayer in Frankfurt eingesetzt und übernahm nach dessen Tod die Bank. Er kaufte auch das Haus, dass heute als Rothschild-Palais das Jüdische Museum beherbergt. Als preußischer Hofbankier, Konsul von Parma und von Bayern und Großkonsul von Österreich war er einer der wichtigsten Kreditgeber für diese Staaten. 1867 ließ er sich als Frankfurter Abgeordneter für den Norddeutschen Reichstag aufstellen. Bei geringer Wahlbeteiligung wurde er fast einstimmig gewählt. Schon der Frankfurter Beobachter kommentierte am 27. Februar 1867: „Herr von Rothschild ist alles mögliche, bloß kein politisches Programm."[2] Er trat stattdessen als Finanzexperte auf, wodurch die Stadt Frankfurt ihre wirtschaftlichen Interessen im Norddeutschen Bund am besten verteidigt sah. 1871 verlor Mayer Carl allerdings gegen

---

1 Simone Mace, Vom Frankfurter Judentum zum Lord Rothschild, in: Georg Heuberger (Hrsg.), Die Rothschilds. Beiträge eine Europäische Familie, Sigmaringen 1994, S. 185–200, hier S. 190.
2 Heuberger, Die Rothschilds, S. 180.

den engagierten Verleger Leopold Sonnemann, aber der preußische König berief ihn dafür als ersten Juden zum lebenslangen Mitglied ins Preußische Herrenhaus.[3]

Um sich weitere Finanzierungen durch das Bankhaus zu sichern, schlug Otto von Bismarck Mayer Carl für den Roten Adlerorden dritter Klasse vor. Dem Juden Rothschild sollte die Version für Nichtchristen ausgehändigt werden, die nicht in Kreuzform sondern als Oval gestaltet war. Wie von Bismarck befürchtet, lehnte Mayer Carl diese Sonderform ab und forderte die „echte" Version für sich, da er es ebenso wie seine Cousins nicht akzeptierte, aufgrund seines jüdischen Bekenntnisses zweitklassig behandelt zu werden.[4]

Die Bedeutung, die die Rothschild-Familie innerhalb der jüdischen Gemeinschaft einnahm, und die Bedeutung, die ihr von der nichtjüdischen Gesellschaft zugesprochen wurde, manifestierte sich in zwei Ereignissen in der ersten Hälfte des 19. Jahrhunderts. In ihnen wird der Einsatz der Rothschilds für die Gleichstellung der Juden in Europa deutlich.

Bürgerrechte für Frankfurter Juden 1811

1811 verhandelte Bankgründer Mayer Amschel Rothschild mit dem von Napoleon eingesetzten Fürstprimas Carl Theodor von Dalberg ein Gesetz zur Gleichstellung der Juden in Frankfurt. Rothschilds Verdienst war dabei der, dass die geplante „Ablösesumme", die die jüdische Gemeinde für das Gesetz zahlen musste, erheblich gesenkt und von ihm vorfinanziert wurde. Die letztendlich festgesetzte Summe belief sich auf 440.000 Gulden. Am 28. Dezember 1811 wurde der Erlass unterzeichnet. Im Februar 1812 durften Mayer Amschel und seine Frau Gutle Rothschild (1753–1849) sich ins Bürgerbuch der Stadt eintragen. Mayer Amschel Rothschild wurde anschließend als erster Jude in ein Frankfurter Staatsamt berufen, indem er Mitglied des fünfköpfigen Wahlkollegiums des Departements Frankfurt wurde.

Dieses Engagement des Vaters blieb für seine Söhne vorbildhaft. 1818 schrieb Salomon an Nathan: „Wenn ja alles vom lieben Gott abhängt, wenn wir ja Glück haben wollen, lieber Nathan, muss Dir dieses das ganze jüdische Volk ebenso angelegen sein als wie einst das wichtigste Geschäft. Wie können wir dem seligen Vater mehr Ehre antun, als wenn wir unterstützen seine Arbeit wo er Jahren dar-

---

3 Siehe Heuberger, Die Rothschilds, S. 180.
4 Siehe dazu Fritz Stern, Gold und Eisen. Bismarck und sein Bankier Bleichröder, Reinbek 1980, S. 43.

an gearbeitet hat?"[5] Parallel zur selbst auferlegten Verantwortung häuften sich aber auch die Hilferufe von Juden aus allen Ländern. Wie Niall Ferguson es formuliert, befanden sich die Rothschilds „... in einer Zwangslage: Wegen Ihres Reichtums erwarteten andere Juden von ihnen die Übernahme einer Führungsposition beim Kampf um gleiche bürgerliche und politische Rechte."[6]

Die Damaskusaffäre 1840

Am 18. März 1840 wurde ein Brief an Konsul James Mayer de Rothschild (1792–1868) in Paris gesendet. Darin stand: „Die Juden werden niemals frei vor Verfolgung sein bis der Messias kommt ... Aber unser gütiger HERR hat uns stets Männer von herausragender Bedeutung mit ausreichendem Einfluß gegeben, um ihr Unglück zu lindern. Und in unserer Zeit hat er uns die berühmte Rothschild-Familie gegeben, die die Macht hat, ihre Brüder vor der Verfolgung zu retten."[7]

Der Absender des Briefes war Hirsch Lehren, ein Kaufmann aus Amsterdam. Er hatte drei Tage zuvor aus Beirut die dringende Bitte erhalten, die Rothschilds in London, Wien und Paris zu kontaktieren: „Laß sie zu den Königen und ihren Ministern sprechen, damit sie Muhammad Ali Pasha schreiben, damit das Verfahren von ihm und dem Generalkonsul verhandelt wird."[8] Welcher Vorfall war so dringend, um die prominenten Rothschilds zu bitten, ihren diplomatischen Einfluss in Europa für Juden geltend zu machen? Es handelte sich um brutale Ausschreitungen im Nahen Osten gegen jüdische Gemeinden, die von kirchlicher Seite initiiert und von der muslimischen Souveränität geduldet und unterstützt wurden. Nachdem die Rothschild-Brüder und Fürst von Metternich davon unterrichtet wurden, gelangten auch erste Berichte in die europäische Presse: In Damaskus wurden jüdische Gemeindemitglieder eines Ritualmordes an Christen beschuldigt und gefoltert. Erneut wurde somit die Akzeptanz und Sicherheit von Juden von althergebrachten judenfeindlichen Mythen bedroht.

---

5 Salomon Mayer Rothschild an Nathan Mayer Rothschild, Januar 1918, Rothschild Archive London (künftig: RAL), XI/109/9/1/80 4. Zit. n. Niall Ferguson, Die Geschichte der Rothschilds. Propheten des Geldes, Bd. 1, Stuttgart/München 2002, S. 102.
6 Ferguson, Die Geschichte der Rothschilds, Bd. 1, S. 39.
7 Correspondence books of Ha pekidim vehaarmarkalim, Amsterdam, Ben Zvi Institute, Jerusalem, Nr. 314. Vgl. Jonathan Frankel, The Damascus Affair. Ritual Murder, Politics, and the Jews in 1840, Cambridge 1997, S. 84.
8 Copie d'une lettre adressée de Beyrouth, par M. Raphaël Isaac Alphandari à M. Lehren, à Amsterdam, 15. März 1840, Archives Israélites de France, S. 21.2. Vgl. Frankel, The Damascus Affair, S. 81.

Diese Damaskus-Affäre mobilisierte jüdische wie nichtjüdische Vereine und Verbände sowie das europäische Pressewesen, die großen öffentlichen Druck auf ihre Regierungen ausübten und zum Handeln zwangen. Diese konnten sich aufgrund ihrer inner- und außereuropäischen Machtinteressen nicht gleichgültig dazu verhalten. James de Rothschilds Schwager Moses Montifiore übernahm von England aus die Leitung einer europäischen Delegation, die in Alexandrien mit Gouverneur Muhammad Ali Pasha in Verhandlungen trat. Zusammen mit Adolphe Crémieux erwirkte Montifiore im August 1840 endlich einen Erlass des Sultans Abdülmecid I., dass die Anschuldigungen falsch und die Jüdischen Gemeinden im Osmanischen Reich weiterhin zur geschützten Gruppe der Dhimmi gehörten. Die Rolle, die die Rothschild-Brüder hier einnahmen, ist beispielhaft für ihre übliche Vorgehensweise: Sie hielten sich selbst im Hintergrund, von wo aus sie ihre diplomatischen Verbindungen mobilisierten.

Der Wiener Kongress (1814–1815)

Zu ihrem eigenen Schmerz war aber nicht jede Intervention von Erfolg gekrönt. Ein markantes Beispiel sind ihre langjährigen Bemühungen während und im Anschluss des Wiener Kongresses. Als auf dem Wiener Kongress Tendenzen spruchreif wurden, die Rechte der Juden zurückzunehmen, erkannte Salomons Frau Caroline Rothschild (1782–1854) am 21. Juli 1814 als erste in der Familie:

> Mit unserem Bürgerrecht sieht es nicht zum Schönsten aus. ... Könntest Du nicht, meine teuerster Salomon, etwas durch den Gebrauch einer dortigen Bekanntschaft hierin was beitragen? ... Dass Dir vielleicht ein dortiger Minister eine Empfehlung an Österreich, Russen oder wer sonst in dieser Geschichte zu reden hat gibt? ... Es tut keiner was dazu. Die Zeit schleicht herum und dann bereuen wir es alle, uns nicht mehr angespannt zu haben.[9]

Die Brüder versuchten Einfluss auf Preußens Staatskanzler Karl August von Hardenberg, Wilhelm von Humboldt und Metternich auszuüben. Carl Mayer schrieb an seine Brüder „Man kann wegen die jüdische Angelegenheiten nicht genug fleissig sein."[10] Aber diesmal konnten sie sich nicht gegen die antijüdische Haltung durchsetzen. Eine Unterstützung demokratisch-revolutionärer Stimmen kam für die Familie auch nicht in Frage, da sie regelmäßig den antijüdischen bürgerlichen

---

9 Caroline Rothschild in Frankfurt an Salomon Mayer Rothschild in London, 21. Juli 1814, RAL, XI/109/0/4/28. Vgl. Ferguson, Die Geschichte der Rothschilds, Bd. 1, S. 213.
10 Carl Mayer Rothschild an Salomon Mayer Rothschild und James Mayer Rothschild, 5. Dezember 1815, RAL, XI/109/2/2/206. Vgl. Ferguson, Die Geschichte der Rothschilds, Bd. 1, S. 215.

und kleinbürgerlichen Volkszorn erlebt hatten. 1819 wurde dieses Misstrauen durch die Hep-Hep-Aufstände ein weiteres Mal bestätigt.

Man kann sagen, dass sich die Familie zwischen zwei Polen bewegte: Auf der einen Seite nahm sie schon sehr früh ihre erfolgreiche Position wahr, um sich zum Wohl der Juden einzusetzen. Auf der anderen Seite unterstützten sie überwiegend reaktionäre Staaten, die die Judenemanzipation von vornherein verhindern bzw. rückgängig machen wollten. So finanzierten sie unter anderem die Politik Metternichs, russische Staatsanleihen, den Vatikan, die französischen Könige aus den Häusern Bourbon und Bonaparte und die 1830 neuentstandene belgische Monarchie.

Waren die Rothschilds Wegbereiter der Judenemanzipation?

Wie es Fritz Backhaus in seinem Artikel *The Last of the Court Jews – Mayer Amschel Rothschild and His Sons* aufzeigte, führte die Familie in gewisser Weise den Habitus der jüdischen Hofagenten fort: Diese nahmen in Zeiten des Absolutismus eine herausragende Stellung ein, weswegen ihre Rechte aber nicht automatisch auf die gesamte jüdische Gemeinde übertragen wurden.[11] Ein Beispiel für diese These führt Robert Liberles ins Feld: „In den frühen Vierziger Jahren bewarb sich ein wohlhabender jüdischer Bankier um Aufnahme in den exklusiven Casino Club. Seine Bewerbung wurde ziemlich schroff mit der Erklärung zurückgewiesen, Juden – auch assimilierte – seien unerwünscht. In aller Stille war jedoch Baron Amschel von Rothschild längst eben in diesen Club als Mitglied aufgenommen worden."[12]

Die Familie formulierte kein politisches Programm, vielmehr sah sie ihren Beitrag zur Gleichstellung in ihrem eigenen Erfolg und sich selbst damit als Wegbereiter für alle Juden. Als Nathans Sohn Lionel sich für das Unterhaus aufstellen ließ, schrieben ihm seine Brüder: „Gebe Gott, daß Du gewinnst, und es wird für die Familie einer der größten Triumphe, aber auch von größten Nutzen für die

---

11 Fritz Backhaus, The Last of the Court Jews – Mayer Amschel Rothschild and His Sons, in: Vivian B. Mann/Richard I. Cohen (Hrsg.), From Court Jews to the Rothschilds. Art, Patronage, and Power, 1600–1800 München, New York, 1996, S. 79–95.
12 Robert Liberles, Der Aristokrat im Gebetsmantel – Die Rothschilds und das Judentum, in: Heuberger, Die Rothschilds, S. 201–210, Zitat S 209.

armen Juden in Deutschland und der ganzen Welt sein."[13] Als Lionel dann seine Wahl gewonnen hatte, schrieb sein Onkel Salomon aus Wien begeistert: „Keine Nachricht konnte mich im wahrsten Sinne des Wortes mehr beglücken, als deine Wahl zum Parlamentsmitglied ... möchte damit der Anfang für einen so lang ersehnten besseren Impuls für unsere Glaubensgenossen durch Dich gegeben sein, dann erst wird deine Wahl eine wahrhaft segensreiche werden ..."[14] Dieses Verständnis stieß außerhalb der Familie auf Widerhall: Die Rothschilds wurden von vielen Juden zu Fürsprechern und Schutzpatronen auserkoren. Auf sie wurde die Hoffnung zur Verbesserung der Rechte gesetzt. Moritz Abraham Stern, erster jüdischer Lehrstuhlinhaber an einer deutschen Universität, meinte 1834, dass Amschel „nach Ansicht aller Juden Deutschlands am meisten auf ihre Befreiung einwirken könne."[15]

Dieses Motiv des „Heilsbringers" für die Juden wurde von der nichtjüdischen Presse schnell aufgenommen, und bald erschienen Karikaturen zu Nathan Mayer Rothschild, dem wohl mächtigsten Bankier seiner Zeit, als „König der Juden". Dies war natürlich spöttisch auf den „Erlöser" – den „wahren" König der Juden, Jesus von Nazareth – gemünzt. Wenn auch der Spott verstanden wurde, so wurde der königliche Habitus der Familie durchaus ernst genommen, auch von Teilen der Familie selbst. Niall Ferguson formuliert es so: „Sie konnten die Strategie ihrer Familie, in die gesellschaftlichen und politischen Eliten ihrer jeweiligen Wohnsitze einzudringen, ohne dem Judentum abzuschwören, mit der Vollbringung guter Werke für ihre Religionsgenossen verbinden und in deren Augen gleichzeitig einen quasi-königlichen Status erlangen."[16]

Ihr Umgang mit aristokratischen Familien und ihre eigene Lebensführung sorgten schon bald dafür, dass mehr oder minder scherzhaft von den Rothschilds als königliche Familie gesprochen wurde. 1864 nennt Charlotte von Rothschild (1819–1884) selbst in einem Brief die eigene Familie „kaukasische Königsfamilie".[17] Die Parallelen waren offensichtlich: Niemand, weder Juden noch Nichtjuden, hatte aufgrund der strikten endogamen Heiratspolitik sowie aufgrund fehlender finanzieller Möglichkeiten bis zur Mitte des 19. Jahrhunderts die Möglichkeit, Zu-

---

13 Nathaniel Mayer de Rothschild an seinen Bruder Lionel Nathan de Rothschild, ohne Datum, RAL XI/109/63. Vgl. Mace, Vom Frankfurter Judentum zum Lord Rothschild, S. 193.
14 Salomon Mayer von Rothschild an Lionel Nathan de Rothschild, 4. August 1847, RAL, London, XI/109/63 file I.; Georg Heuberger (Hrsg.): Die Rothschilds. Eine europäische Familie, Sigmaringen 1994, S. 64.
15 Zit. n. Heuberger, Die Rothschilds, S. 119.
16 Ferguson, Die Geschichte der Rothschilds, Bd. 1, S. 40.
17 Charlotte von Rothschild, London, an Leopold de Rothschild, Cambridge, 29.Oktober 1864, RAL, RFamC/21. Vgl. Niall Ferguson, Die Geschichte der Rothschilds. Bd. 2: 1849–1999, München 2002, S. 305.

tritt zu diesem exklusiven Familienkreis zu bekommen. Selbst Theodor Herzl zog zu Anfang für seine Pläne des Judenstaates ein Wahlkönigtum mit Rothschilds an der Spitze in Betracht: „Wir machen Sie groß, denn wir nehmen unseren ersten Wahlfürsten aus Ihrem Hause."[18] Von deren Desinteresse enttäuscht, ließ er den Gedanken jedoch bald fallen.

Die Ambivalenz bleibt

Zahlreiche Episoden in der Familien- und Firmengeschichte belegen, dass die Familie Rothschild aus vollem Herzen die Ungerechtigkeit gegenüber Juden in der europäischen Gesellschaft bekämpfte und diese beenden wollte. Aber während Aktivisten wie Ludwig Börne oder Heinrich Heine dies mit der gesellschaftlichen Umwälzung hin zu demokratischen Republiken mit Freiheit und Gleichheit aller Menschen anstrebten, konnte die Familie kein Vertrauen in eine Selbstverwaltung der bürgerlichen Masse aufbringen. Weder politisch noch wirtschaftlich hatte sich diese Staatsform für die Firma als interessant erwiesen.

Für die Familie war das verlässlichste Mittel der Wahl eine Gesellschaftsform, die auf dem modernen Kapitalismus und einer liberalen Marktwirtschaft aufbaute. In dieser könne jeder zu seinem Recht kommen, der seine Chancen ergreife und den Konkurrenzkampf bestünde. Hier wären Herkunft und Religion ohne Bedeutung. Aus diesem Grund zeichnete sich die Familie auch nicht durch besondere Solidarität gegenüber anderen jüdischen Bankiers aus. Im Gegenteil, ob jüdisch oder nicht: Konkurrent blieb Konkurrent und Kooperationen wurden nur bei hohen Gewinnchancen eingegangen. Dieses Credo bekamen besonders die Gebrüder Fould in Paris und Gerson Bleichröder in Berlin zu spüren.

Ludwig Börne und Heinrich Heine erkannten beide ziemlich schnell, dass die Rothschilds dem Kapitalismus und der Kooperation mit konservativen Mächten sozialdemokratischen Bewegungen gegenüber den Vorzug gaben. In Börnes Augen machte sie das zu den „gefährlichsten Feinde[n] der Völker ... Sie haben am meisten dazu beigetragen, den Grundbau der Freiheit zu untergraben, und ohn[e] Zweifel wäre der größte Theil der europäischen Völker schon in vollem Besitze der Freiheit, wenn die Rothschilds mit ihrem Gelde nicht die absolute Gewalt unterstützt hätten."[19]

---

[18] Theodor Herzl, Briefe und Tagebücher, Bd. 1, hrsg. von Alex Bein, Berlin 1983, S. 188.
[19] Ludwig Börne, Mitteilungen aus dem Gebiete der Länder- und Völkerkunde, 2. Teil, Offenbach 1833, S. 101–102.

Zum Abschluss wird hier Heinrich Heine das Wort erteilt, der in einer Mischung aus Bewunderung und Spott erkennt, wie radikal die Rothschilds durch ihre Agenda tatsächlich den europäischen Finanzmarkt, damit aber die gesamte Wirtschaft und dadurch schließlich auch die Position von Juden in der europäischen Gesellschaft verändert hatten: „Es gibt keinen stärkeren Beförderer der Revolution als eben die Rothschilds: und, was noch befremdlicher klingen mag, diese Rothschilds, die Bankiers der Könige, diese fürstlichen Säckelmeister, deren Existenz durch einen Umsturz des europäischen Staatssystems in die ernsthaftesten Gefahren geraten dürfte, sie tragen dennoch im Gemüte das Bewusstsein ihrer revolutionären Sendung."[20]

---

[20] Heinrich Heine, Über Ludwig Börne, hrsg. von Rudolf Wolff, Bad Schwartau 2006, S. 36.

Andrea Hopp
Jüdisches Bürgertum im 19. Jahrhundert

Das Beispiel Frankfurt am Main

Gegenstand dieses Beitrags ist der Prozess der Konstituierung des Frankfurter jüdischen Bürgertums im 19. Jahrhundert sowie seine ko-konstitutive Rolle bei der Entstehung und Entwicklung der bürgerlichen Stadtgesellschaft jenes Jahrhunderts. Betrachtet wird dies in der genannten Reihenfolge aus der historischen Binnenperspektive des jüdischen Bürgertums. Zum Verständnis und zur Kontextualisierung sind einige Bemerkungen zu Bürgertum als Begriff und Vision im 19. Jahrhundert unerlässlich. Sie bilden deshalb den Auftakt der nachfolgenden Ausführungen.

Bürgerlichkeit als Zukunftsvision

Ein „Bürger" zu sein – das bezeichnete nach 1800 nicht mehr ausschließlich einen stadtbürgerlichen Rechtsstatus, mithin ein ständisches Recht, durch Geburt erworben oder an Bewerber verliehen, die bestimmte Auflagen erfüllten. Der Begriff schloss jetzt ebenfalls ein sich erst herausbildendes Bildungs- und Wirtschaftsbürgertum ein, dessen Mitglieder auch, aber nicht mehr ausschließlich aus dem alten Stadtbürgertum hervorgingen. Mit der Erweiterung der begrifflich einbezogenen Personenkreise ging eine inhaltliche Neudefinition einher. Sie handelte von einer bis dahin unvorstellbaren Zukunftsvision, die eine Bürgergesellschaft gleichgestellter, mittelständischer Existenzen vorsah sowie deren Etablierung als neue städtische Elite. Noch komplexer wurde die begriffliche Aufladung, weil – ganz in diesem zukunftszugewandten Sinne – auch der für die Werte der Französischen Revolution stehende, aufgeklärte Mensch – im Französischen: „Citoyen" – im Deutschen Staats-„Bürger" genannt wurde.[1] Zugangsvoraussetzung zu dieser

---

1 Über die Vision der „klassenlosen Bürgergesellschaft" Lothar Gall, Liberalismus und „bürgerliche Gesellschaft". Zu Charakter und Entwicklung der liberalen Bewegung in Deutschland, in: Historische Zeitschrift 220 (1975), S. 324–356. Zum Bürgertumsbegriff Jürgen Kocka, Bürgertum und Bürgerlichkeit als Probleme der deutschen Geschichte vom späten 18. zum frühen 19. Jahrhundert, in: Jürgen Kocka (Hrsg.), Bürger und Bürgerlichkeit im 19. Jahrhundert, Göttingen 1987, S. 21–62, hier S. 24–28. Zur Erweiterung des Begriffs „Bürger" außerdem Lothar Gall, „ ... ich wünschte ein Bürger zu sein". Zum Selbstverständnis des deutschen Bürgertums im 19. Jahrhundert, in: Historische Zeitschrift 245 (1987), S. 601–623. Dieser neuen Definition der Bürgergesell-

neuen Sozialformation sollten einerseits Kompetenz und andererseits Leistung als säkulare und universalistische Maßstäbe sein, Herkunft hingegen sollte kein Eintrittskriterium mehr sein. In der Folge entstanden in der alten Handelsmetropole Frankfurt am Main, die auf die Tradition einer Freien Reichsstadt zurückblickte, genau wie in anderen Städten auch Orte der Begegnung zuvor getrennter gesellschaftlicher Gruppierungen. Sie dienten sowohl dem „Aufsteigen" als auch dem „Obenbleiben".[2] „Obenbleiben" war das Anliegen der alten Eliten, und aufsteigen konnten prinzipiell all jene, die Bildung und unternehmerischen Geist, Innovations- und Risikobereitschaft bewiesen.

Für die jüdische Bevölkerung Frankfurts war – wie anderswo auch – die in Gang kommende soziale Dynamik ein mobilisierendes Versprechen. Die jüdische Gemeinde der Stadt konnte auf eine beinahe ungebrochene Existenz seit dem 12. Jahrhundert zurückblicken und galt als ein Zentrum jüdischen Lebens von weit gerühmter Gelehrsamkeit.[3] Seit 1462 mussten Jüdinnen und Juden in Frankfurt jedoch in einem Ghetto wohnen – dem literarisch, allen voran von Dichtern wie Heinrich Heine und Johann Wolfgang von Goethe, wohl am meisten in Deutschland beschriebenen. Die „Judengasse" – wie dieses Ghetto genannt wurde – befand sich am Rand der Stadt, und das Leben in ihr wurde von Jahrhundert zu Jahrhundert gedrängter. Eine Sondergesetzgebung regelte den Aufenthalt ihrer Bewohnerinnen und Bewohner in der sogenannten „Stättigkeit". Die Stadt durfte nur zu geschäftlichen Zwecken betreten, die Gasse an Sonn- und Feiertagen überhaupt nicht verlassen werden.[4] Bis zum Beginn des 19. Jahrhunderts dokumentierte und zementierte dies den niederen jüdischen Rechtsstatus im Unterschied zum vollberechtigten Stadtbürgertum – jenem Status, den Juden anders als andere

---

schaft stand der alte stadtbürgerliche Gedanke gegenüber, der noch 1838 lautete: „Wer Frankfurter Bürger zu werden sucht, hat ein Interesse dabei und zwar ein größeres als das hiesige Gemeinwesen." Richard Schwemer, Geschichte der Freien Stadt Frankfurt a. M. (1814–1866), Bd. 2., Frankfurt am Main 1912, S. 145.

2 Vgl. Karsten Holste/Dietlind Hüchtker/Michael G. Müller, Aufsteigen und Obenbleiben in europäischen Gesellschaften des 19. Jahrhunderts. Akteure – Arenen – Aushandlungsprozesse, in: Karsten Holste/Dietlind Hüchtker/Michael G. Müller (Hrsg.), Aufsteigen und Obenbleiben in europäischen Gesellschaften des 19. Jahrhunderts. Akteure – Arenen – Aushandlungsprozesse, Berlin 2009, S. 9–19, hier S. 14–15.

3 Frankfurt galt als „*ir wa-em be-Israel*", d. i. „Stadt und Muttergemeinde in Israel". In ihr entwickelte sich ein spezifischer „Frankfurter Ritus", die Formulierung „aber in Frankfurt sagt man" findet sich wiederholt. Zur Bedeutung der Frankfurter Gemeinde in der Vormoderne vgl. Mordechai Breuer, Frühe Neuzeit und Beginn der Moderne, in: Mordechai Breuer/Michael Graetz (Hrsg.), Deutsch-jüdische Geschichte in der Neuzeit, Bd. 1, München 1996, S. 85–247, hier S. 91, 125 sowie 206–207.

4 Zur Frankfurter „Stättigkeit" vgl. Isidor Kracauer, Geschichte der Juden in Frankfurt a. M. (1150–1824), Bd. 1. Frankfurt am Main 1925, S. 445–453.

minderprivilegierte gesellschaftliche Gruppen während vieler Jahrhunderte in der vormodernen korporativen Gesellschaft nicht erreichen konnten. Umso verlockender war ein Gesellschaftsmodell, das die Aussicht bot, den Terminus eines Bürgers auf sich beziehen zu können und Teil einer neu zusammengesetzten Elite zu werden – ein Gesellschaftsmodell, das es sogar erlaubte, manche hergebrachten Traditionen im gewandelten Kontext zu neuem Leben zu erwecken – kurzum: ein Modell, das Partizipation als Jude und Bürger zugleich ermöglichen würde.

Um ein solches neudefiniertes städtisches Bürgertum zur Lebensrealität zu machen, brachte sich die jüdische Einwohnerschaft in Frankfurt und anderen Städten hochmotiviert ein. Gelangen Aufstieg und Teilhabe wie verheißen, war die rückblickende Genugtuung darüber entsprechend groß. Der Frankfurter Lederfabrikant Jacob Epstein (1838–1919) formulierte sie bilanzierend in seinen zwischen 1908 und 1919 verfassten Erinnerungen. Den Weg, den sein Familienverband zurückgelegt hatte, bezeichnete er darin als einen „Ausschnitt aus dem wunderbaren Epos unseres Emporringens aus Niedrigkeit, Unwissenheit und Knechtschaft zu nationalem Bürgertum".[5] Selbst in Zeiten der Verunsicherung, bedingt durch einen auf dem politischen Massenmarkt des Kaiserreichs instrumentalisierten Antisemitismus, erachtete Epstein unbeirrt die bürgerliche Existenz als einen beruhigenden Rückhalt: einen rechtlichen Anker und eine moralisch beglaubigte Zuversicht. Im Jahr 1880 mündete dies in einem hinterlassenen Manuskript, *Judenfrage* betitelt, in folgendes Gelöbnis: „Eines gelobe ich: Eher lasse ich mich wieder in's Ghetto sperren, als daß ich meinem deutschen Bürgerrechte entsage."[6]

Die in sich widersprüchliche Deklaration veranschaulicht die Wirkmächtigkeit von Begriff und Vision als einer wesentlichen Komponente des gesellschaftlichen Neuentwurfs. Eine mit Vertrauen und Sicherheit konnotierte Semantik drang tief in den Alltag ein: als ein Grundwissen von der Freiheit, die zugleich die individuelle Unversehrtheit garantierte, bis zur Gleichheit vor dem Gesetz, auch hinsichtlich eines rechtlich geschützten Eigentums, das durch keinen Willkürakt

---

5 Jacob Hermann Epstein, Erinnerungen. 7 Teile. 1908–1919, 4. Teil, S. 73–74 (ehemals im Privatbesitz von Dr. Rudolf M. Heilbrunn, Kaiserslautern).

6 S. 5 in dem *Judenfrage* betitelten handschriftlichen Manuskript vom Dezember 1880 (ehemals im Privatbesitz von Prof. Dr. Fred Epstein, Zürich). Näheres zum Manuskript bei Andrea Hopp, Jüdisches Bürgertum in Frankfurt am Main im 19. Jahrhundert, Stuttgart 1997, S. 289. Zum Zeitpunkt seiner Entstehung hatte es in der sogenannten „Antisemitenpetition" an den Reichskanzler Otto von Bismarck und in den antisemitischen Wahlkampfreden des Hofpredigers Adolph Stoecker den ersten großen Angriff auf das 1871 in die Reichsverfassung übernommene Gleichstellungsgesetz von 1869 („Gesetz, betreffend die Gleichberechtigung der Konfessionen in bürgerlicher und staatsbürgerlicher Beziehung") gegeben. Dazu Walter Boehlich (Hrsg.), Der Berliner Antisemitismusstreit, Frankfurt am Main 1965.

mehr entrissen werden konnte.[7] In dieses Verständnis von Bürgertum und Bürgerlichkeit war der Konstituierungsprozess eines jüdischen Bürgertums im 19. Jahrhundert eingebettet – auch in Frankfurt.

Die Konstituierung des Frankfurter jüdischen Bürgertums im 19. Jahrhundert

Als sich im 19. Jahrhundert Bürgerlichkeit zur neuen gesellschaftlichen Klammer entwickelte, durchlief die traditionale jüdische Gemeinde – parallel zum Zerfall der alten ständisch-korporativen Strukturen – einen tiefgreifenden Transformationsprozess. Zu ihren religionsgebundenen Institutionen traten im Zuge dessen säkulare Gruppierungen. Aber vom Verbürgerlichungsprozess blieb auch die religiöse Praxis nicht unberührt. Weder Reform noch Orthodoxie oder Neo-Orthodoxie als die in Frankfurt beheimateten beziehungsweise dort wurzelnden religiösen Strömungen verschlossen sich ihm.[8] Die traditionelle Wertschätzung von Lernen und jüdischer Bildung beförderte vielmehr fraktionsübergreifend die Verinnerlichung eines bürgerlich überformten Bildungskanons, den das eingeführte, auf Zugangsberechtigungen ausgerichtete Schulsystem verbindlich und kanalisierend als „Bürgerpflicht" vorgab. Für den in der Mitte des 19. Jahrhunderts geborenen Louis Feist (1857–1913), langjähriges Vorstandsmitglied der Frankfurter neo-orthodoxen „Israelitischen Religionsgesellschaft" und Teilhaber der Metallfirma Beer, Sondheimer & Co., wird im Nachruf eigens hervorgehoben, er habe „im Hiob genau so Bescheid [gewusst] wie im Spinoza und im Goethe", habe „die mathematischen Regeln wie die talmudischen, die neueren Schriftsteller wie die alten Klassiker" gekannt.[9]

Zu den konstitutiven Elementen bürgerlichen Lebens im 19. Jahrhundert sind die politische und gesellschaftliche Teilhabe zu rechnen sowie die wirtschaftliche

---

7 Dazu Hopp, Jüdisches Bürgertum, S. 54.
8 Frankfurt war sowohl eines der Zentren der jüdischen Reformbewegung als auch Keimzelle der Neo-Orthodoxie. Desgleichen hatte auch die Gemeinde-Orthodoxie, „als Form der Orthodoxie, die im Rahmen einer von ihrem liberalen Flügel dominierten Gemeinde praktiziert werden" konnte, in Frankfurt einen ihrer Ursprünge. Vgl. dazu Jakob J. Petuchowski, Frankfurt Jewry. A Model of Transition to Modernity, in: Leo Baeck Institute Yearbook 29 (1984), S. 405–417, hier S. 405. Wenn der Leitsatz der Neo-Orthodoxie beispielsweise „Tora im derech erez" lautete, meinte „Tora" die jüdische Gesetzestreue, und „derech erez" kann mit den Einstellungen und Ideen gleichgesetzt werden, denen das neue Bürgertum nachzuleben versuchte.
9 Louis Feist. Was war er uns und was bleibt er uns? Zum Andenken und zum Ansporn, Frankfurt am Main 1914, S. 11.

Position. Für die Letztere war in der Bürgerfamilie der männliche Haushaltsvorstand maßgeblich. Aus diesem Grund ist in diesem Beitrag oftmals von Bürgern und nicht von Bürgerinnen die Rede, sofern nur die Männer gemeint sind. Aus der Perspektive von Rechtstiteln oder Professionen, vielfach auch von Politik und Verein aus betrachtet, wie diese Thematik es erfordert, ist die Bürgertumsgeschichte eine Geschichte von Männern, deren Dominanz, dem bürgerlichen Frauenbild geschuldet, sogar bis in Quellenüberlieferung hinein, im Unterschied zu Adelsquellen etwa, markant ins Auge fällt.

Vorbedingung praktizierter bürgerlicher Zugehörigkeit war eine Rechtslage, die sie gestattete. Wie die meisten deutschen Staaten schlug indessen die Stadt Frankfurt eine Politik der schrittweisen – von Rückschlägen keineswegs freien – rechtlichen Besserstellung seines jüdischen Bevölkerungsteils ein.[10] Nicht nur bei den Frankfurter Juden hatten die Aufklärung und die Französische Revolution die Hoffnung auf die allmähliche Beseitigung diskriminierender Sondergesetze geweckt. In Frankfurt schien ein neues Zeitalter für die Juden anzubrechen, als die Stadt 1806 Residenzstadt des napoleonischen Rheinbunds und 1810 Großherzogtum wurde. Die Einführung des Code Napoléon setzte das alte ständische Stadtrecht außer Kraft, was als formaler Akt mit einer hohen Symbolik einherging. Aufgrund dieser neuen Rechtsbasis erhielten alle Frankfurter Juden, die Stättigkeitsinhaber gewesen waren, kollektiv das Bürgerrecht. 645 Juden konnten sich – wenn auch gegen eine Ablösesumme von 440.000 Gulden – zu Beginn des Jahres 1812 in ein Bürgerbuch eintragen. Erstmals eröffnete dies den Zugang zu Ämtern Seite an Seite mit christlichen Bürgern: Mayer Amschel Rothschild etwa wurde Mitglied des nach französischem Vorbild geschaffenen Wahlkollegs für das Departement Frankfurt.

Weil jedoch diese kollektive Verleihung des Bürgerrechts von außen auf französischen Druck erfolgte und nicht Resultat eines inneren politischen Meinungswandels war, wurde es sofort nach dem Zusammenbruch der napoleonischen Hegemonialmacht wieder entzogen. Zwar deklarierte eine neue, im Jahr 1817 in Kraft getretene Verfassung erstmals die Rechtsgleichheit der verschiedenen christlichen Konfessionen in der Stadt. Dadurch wurde in Frankfurt wie an vielen anderen Orten die Grundlage für die Bildung einer neuen bürgerlichen Elite geschaffen, die sich zur tonangebenden gesellschaftlichen Formation entwickelte und in Logen, geselligen Vereinen und in den politischen Selbstverwaltungsgremien zusammentraf. Die jüdische Einwohnerschaft jedoch war weiterhin zur Vertretung ihrer partikularen Interessen, nämlich die Erlangung ihrer eigenen rechtlichen Gleichstellung, gezwungen – gegen das sich in seinen Interessen bedroht

---

10 Zum Rechtsstatus vgl. Hopp, Jüdisches Bürgertum, S. 99–111.

fühlende Stadtbürgertum. 1824 folgte zunächst die privatbürgerliche Gleichstellung. Erst 1864 sah die Stadt eine vollständige Rechtsgleichheit vor, wie sie in der Verfassung des Norddeutschen Bundes 1869 respektive des Deutschen Kaiserreichs 1871 dann bald unabhängig von den kommunalen Präferenzen der Bürgergesellschaft festgestellt wurde.

Aus diesem sich mehr als ein halbes Jahrhundert hinziehenden Verlauf ergaben sich Erfahrungsräume, die das jüdische Bürgertum von seiner nichtjüdischen Bezugsgruppe trennten. Seine Angehörigen wurden zuerst Wirtschaftsbürger und eingeschränkt Sozialbürger, erst dann Bürger in politischer und rechtlicher Hinsicht. Die damit einhergehende, fortdauernde Dialektik von Zugehörigkeit einerseits und durch antijüdische Ressentiments motivierte Zurückweisung andererseits verlieh dem jüdischen Bürgertum spezifische Entwicklungslinien innerhalb einer auch sonst, lokal wie überregional, fragmentierten Bürgergesellschaft.

Konkret bedeutete dies, dass die verzögerte Rechtsgleichheit auch in Frankfurt ein Fortwirken alter wirtschaftlicher Restriktionen und Barrieren nach sich zog: Einerseits machten sie sich als Bremsen bemerkbar, andererseits ergaben sich daraus spezifische Dynamiken. Zunächst zur Dynamik: In manchen Fällen beflügelte das Streben nach Statuszugewinn in einer Gesellschaft im Wandel Kreativität und Elan bei der Suche nach Erwerbsnischen, die nicht in den Bereich der „gerechten Nahrung" fielen, in Wirtschaftsressorts also, die zunächst dem alten Stadtbürgertum vorbehalten blieben.[11] Und manchmal wurde die verstärkt notwendige unternehmerische Anstrengung auch mit einer vergleichsweise raschen Aufwärtsmobilität belohnt.[12] Was die Bremsen betrifft, so führten die gegebenen Rahmenbedingungen zu einem überdurchschnittlichen Verbleib in den bisherigen Wirtschaftszweigen, vor allem Handel und Finanzen, sowie in den freien Berufen. Letzteres war deshalb der Fall, weil auch die bildungsbürgerlichen Positionen im Staatsdienst im Kaiserreich noch weitgehend verschlossen blieben. Allerdings boten auch diese Wirtschaftssektoren, die sich allesamt angepasst an die Bedürfnisse der bürgerlichen Gesellschaft modernisierten, in einer Stadt wie Frankfurt, dem Ort der Messen und Märkte und dem bis 1860 größten deutschen Bankplatz mit den meisten und finanzstärksten Banken, aussichtsreiche Aufstiegschancen.[13]

---

11 Zum Begriff, der das standesgemäße Auskommen bezeichnete, das die Zünfte allen Meistern sichern wollten und deshalb die Zulassung zu Zunft und Handwerk rigoros begrenzten, Christoph Buchheim, Einführung in die Wirtschaftsgeschichte, München 1997, S. 58–59.
12 In wirtschaftlicher Hinsicht ist bei Thomas Nipperdey, Deutsche Geschichte 1866–1918. Bd. 1: Arbeitswelt und Bürgergeist, München 1990, S. 407, von den jüdischen „späten Schnellstarter[n]" die Rede, die „die frühen [nichtjüdischen] Langsamgeher" bisweilen überholen.
13 Vgl. die Zahlen bei Arnold Kahn, Die berufliche, soziale und wirtschaftliche Entwicklung der Juden in Frankfurt a. M. während der Emanzipationszeit (1806–1866). Phil. Diss., Frankfurt am Main 1923.

Frankfurt als Knotenpunkt von europaweit vernetztem Handel und Bankgeschäften, in zentraler geografischer Lage, war zudem ein bevorzugtes Ziel der Binnenwanderung.[14] Wie unter der nichtjüdischen Bevölkerung setzte sich deshalb im Verlauf des Jahrhunderts auch unter den Frankfurter Jüdinnen und Juden die Gruppe derer, die an dem durch die bürgerlichen Leitideen inspirierten Aufstieg partizipierte, neu zusammen. Zu ihr zu rechnen waren bald langjährig ansässige jüdische Familien wie die als Bankiers erfolgreich gewordenen Rothschilds ebenso wie solche, die erst im Lauf des 19. Jahrhunderts in Frankfurt Fuß fassen konnten, aus dem Umland oder von weiter her kommend.[15] Ein Beispiel für die Letztgenannten ist die Familie des zitierten Jacob Epstein. Aus dem damals noch nicht eingemeindeten Bockenheim und in der Generation zuvor aus Böhmen zugewandert, erwarb sein Vater Hermann 1859 das Frankfurter Bürgerrecht. Wie die Epsteins hatten viele andere, schließlich im Großbürgertum angekommen Familien als Kaufleute begonnen und ihr erstes Kapital dann in die industrielle Produktion investiert, nachdem Gewerbefreiheit und Freizügigkeit eine solche Mobilität ermöglichten und sie in der zweiten Jahrhunderthälfte beschleunigten.[16] Ein bekannteres Beispiel für einen solchen Trend ist die Farbenfabrik Cassella, hervorgegangen aus dem Handelsunternehmen „Spezerei- und Farbwarenhandlung" des aus dem nahe gelegenen Friedberg zugewanderten David Löb Cassel. Zu Beginn des Kaiserreichs von dessen Enkel Leo Gans (1843–1935) gegründet, war sie 1914 einer der größten chemischen Hersteller organischer Farben. Familien wie diese schafften es nach zwei, drei Generationen aus einem Dasein am Rand des Existenzminimums als Hausierer, Trödler und Geldwechsler auf den Höhepunkt ihres Erfolgs als Großkaufleute, Industrielle, Ärzte und Rechtsanwälte. „Wahrlich, sie haben sich in glänzendster Weise aus der Sache gezogen. Wir alle haben es getan. Und wir brauchen uns der Säcke, die unseren Voreltern auf die Schultern gezwungen wurden, in keiner Weise zu schämen", konstatierte Jacob Epstein diese Entwicklung mit tiefer Befriedigung.[17]

Das erwähnte Gefühl potenzieller Scham über die eigene Vergangenheit als gegenwärtig zugeschriebener oder womöglich deshalb empfundener Makel ist insofern ein wichtiges Stichwort, als die diskriminierende Rechtslage nicht nur die wirtschaftliche Entwicklung beeinflusste. Zur erneuernden Restrukturierung der

---

14 Hopp, Jüdisches Bürgertum, S. 32–33. In der ersten Hälfte des 19. Jahrhunderts wuchs so der jüdische Bevölkerungsanteil um 44 Prozent.
15 Mit Beispielen Hopp, Jüdisches Bürgertum, S. 37–38.
16 Zu den Epsteins vgl. Hopp, Jüdisches Bürgertum, S. 60–77. Jacob Epstein beispielsweise gründete und betrieb seit dem letzten Jahrhundertdrittel in Ginnheim/Niederrad eine Fabrik mit einem Schwerpunkt auf der Herstellung von Ecrasé-Leder.
17 Zit. nach Hopp, Jüdisches Bürgertum, S. 29; zu Cassella vgl. Hopp, Jüdisches Bürgertum, S. 73.

jüdischen Gemeinde trug in gesellschaftlicher Hinsicht nämlich bei, dass auch die vom bürgerlichen Vereinswesen ausgehenden Impulse widersprüchlich waren. Wie die private Geselligkeit wurde es deshalb zum Prüfstein der gesellschaftlichen Akzeptanz. Einerseits trugen die bürgerlichen Assoziationen durch einen neuen Rahmen der Soziabilität zum Abbau von Trennungslinien bei, beschworen andererseits jedoch auch neue Ausgrenzungssituationen herauf. Denn wie im Wirtschaftssektor war der Zugang zum neuen bürgerlichen Vereinswesen an den Besitz von Bürgerrechten gebunden. Die Frankfurter jüdische Loge „Zur aufgehenden Morgenröte", der auch Jacob Epstein angehörte, beispielsweise war als Freimaurerloge einer jener neuen Zusammenschlüsse, die explizit unter dem Postulat von Toleranz und Gleichheit ins Leben gerufen worden waren. Gegründet wurde sie 1807, weil ihr nichtjüdisches Pendant zuvor die genannten, sich selbst auf die Fahnen geschriebenen Prinzipien nicht eingelöst hatte.[18] Hundert Jahre später, 1911, verzeichnete Raphael Kirchheims „Verzeichnis der Frankfurter jüdischen Vereine, Stiftungen und Wohltätigkeitsanstalten" 137 solcher Institutionen im bürgerlichen Gewand. Das Verzeichnis spiegelt vieles wider – etwa die erwähnte Verbürgerlichung in einer segmentierten jüdischen Gesellschaft. Im Erscheinungsbild als Parallelassoziationen bietet es aber auch Anhaltspunkte für Exklusion und einen gefühlten Bedarf an eigener Aufwertung. Dies ist nicht zuletzt an den Statuten von am Ende des Jahrhunderts entstandener Vereine ablesbar, die (apologetisch) unter Beweis stellen wollten, wie verdient die vollwertige Anerkennung des jüdischen Bürgertums in der Stadtgesellschaft war.[19] Ein Beispiel

---

18 Hopp, Jüdisches Bürgertum, S. 128–131.
19 Vgl. Raphael M. Kirchheim, Verzeichnis der Frankfurter jüdischen Vereine, Stiftungen und Wohltätigkeitsanstalten, Frankfurt am Main 1911. Allgemeiner, ebenfalls mit Zahlen, David Sorkin, The Transformation of German Jewry, 1780–1840, New York 1987, S. 116: Um 1900 gab es circa 5.000 jüdische Vereine in Deutschland, sechs Prozent wurden vor 1800 gegründet, 18 Prozent zwischen 1800 und 1850, 70 Prozent nach 1850. Diese Zunahme mit einem unverkennbaren Höhepunkt im letzten Jahrhundertdrittel deutet Sorkin als Reaktion auf die keineswegs selbstverständlicher werdende Aufnahme von jüdischen Mitgliedern in die Vereine. In den Kontext des Aufschwungs des konfessionellen Vereinswesens stellt dies hingegen Klaus Tenfelde, Die Entfaltung des Vereinswesens während der Industriellen Revolution in Deutschland (1850–1873), in: Otto Dann (Hrsg.), Vereinswesen und bürgerliche Gesellschaft in Deutschland, München 1984, S. 55–114, hier S. 62. Zum Einfluss der Rekonfessionalisierung auf das sich entfaltende Vereinswesen, ohne differenzierter auf einzelne Konfessionen einzugehen, vgl. Dieter Hein, Soziale Konstituierungsfaktoren des Bürgertums, in: Lothar Gall (Hrsg.), Stadt und Bürgertum im Übergang von der traditionalen zur modernen Gesellschaft, München 1993, S. 151–182, hier S. 175–176; zur Liberalisierung des Vereinswesens vgl. Christoph Nonn, 12 Tage und ein halbes Jahrhundert. Eine Geschichte des deutschen Kaiserreichs 1871–1918, München 2020, S. 128. Grundlegend hierzu Thomas Nipperdey, Verein als soziale Struktur in Deutschland im späten 18. und frühen 19. Jahrhundert, in: Hartmut Boockmann/Arnold Esch/Hermann Heimpel/Thomas Nipperdey/Heinrich Schmidt,

hierfür bietet die 1897 gegründete „Gesellschaft zur Erforschung jüdischer Kunstdenkmäler". Eine ihrer Zielsetzungen war es, „der Allgemeinheit ein vollständigeres und in mancher Beziehung reizvolleres Bild der jüdischen Vergangenheit [zu] geben". In ihr waren sowohl der orthodoxe Gemeinderabbiner Markus Horovitz als auch der liberale Rabbiner Rudolf Plaut Mitglied.[20]

Dass im Vergleich zur Vision die Realität holprig war, schmälerte indessen zu keinem Zeitpunkt den Elan, sich nach bürgerlichem Habitus für kommunale Belange zu engagieren. Ein kommunales Engagement war sogar von umso größerer Bedeutung, als dadurch am sichtbarsten jene Teilhabe realisiert werden konnte, die die bürgerliche Semantik als Gestaltungsziel und -anspruch beschwor.

Die ko-konstitutive Rolle bei der Entstehung und Entwicklung der bürgerlichen Stadtgesellschaft

Die Stadt war die Existenzbasis und zugleich die Bühne, auf der sich der gesellschaftliche Wandlungsprozess des 19. Jahrhunderts vollzog und deshalb der Handlungsraum, auf den sich auch das jüdische Bürgertum Frankfurts bezog. Den Glauben an die Aufwärtsmobilität verstärkte in Frankfurt überdies der Umstand, dass die Stadt zum Schauplatz von Ereignissen wurde und stets gewesen war, denen eine strukturelle Bedeutung weit über den kommunalen Rahmen hinaus zukam. Als sich 1848 in der Paulskirche Juden und Nichtjuden für eine gemeinsame nationale politische Zukunftsgestaltung versammelten, sah der damals erst zehnjährige Jacob Epstein die „Eröffnung des deutschen Vorparlaments" und das „festlich geschmückte und abends glänzend erleuchtete Frankfurt" mit seinen eigenen Augen. Noch im Alter schwärmte er von diesem Ereignis als einem ersten Lebenshöhepunkt. Seine liberal-demokratische politische Einstellung, die er mit vielen Angehörigen des jüdischen Bürgertums teilte, wurde dadurch wesentlich stimuliert. Auch die im Haushaltsbuch seiner Frankfurter Verwandten gleichen Namens für 1848/49 vermerkten Ausgaben für „Fahne und Illumination", „vier Bände stenographische Berichte der Parlamentssitzungen" sowie ein gerahmtes Kunstblatt „Die Grundrechte des Deutschen Volkes" zeugen von praktizierter Anteilnahme und dem Wunsch, sie als inkorporierten Familienbesitz fortan zu doku-

---

Geschichtswissenschaft und Vereinswesen im 19. Jahrhundert. Beiträge zur Geschichte historischer Forschung in Deutschland, Göttingen 1972, S. 1–44.
20 Dazu Erich Toeplitz, 30 Jahre jüdischer Kulturforschung, in: Notizblatt der Gesellschaft zur Erforschung jüdischer Kunstdenkmäler e.V., Nr. 17, 1927, S. 2–14.

mentieren.[21] Für das, was als „Weggemeinschaft" zwischen der jüdischen Minderheit und dem Liberalismus als die Moderne symbolisierende politische Strömung bezeichnet wird, war „die Paulskirche" ein Markstein der Erinnerung, und für diejenigen, die als Politiker ebenso wie als Zuschauer und Zuschauerinnen „dabei" waren, blieb sie ein nachhallender inspirierender Inklusionsbeweis – ein Funken der neuen Zeit.

Auch darum ließ das jüdische Bürgertum auf der lokalen Ebene in seinen Anstrengungen nicht nach, in den politischen und gesellschaftlichen Vereinen Frankfurts Mitglied zu werden, zu vergebende ehrenamtliche Posten zu übernehmen und in diesem Rahmen Reden und Vorträge zu halten. Der Verein war Kristallisationspunkt der erstrebten bürgerlichen Teilhabe und deswegen Zentrum des Informationsaustauschs über städtische Belange. Besagter Jacob Epstein empfand folglich, abgesehen vom Hausbau im hellen Nordend[22], die Betätigung im Verein als einen „der großen Preise des geschäftlichen Erfolgs", einen Zutritt zu einer „anderen, höheren Welt".[23] Sobald dies möglich war, war die Beteiligung jüdischer Bürger und – wo zugelassen – Bürgerinnen nicht selten überproportional. Zeitlich zu verankern ist eine bunte Vereinslandschaft generell sowie eine (zeitweilige) Öffnung auch für das jüdische Bürgertum in Frankfurt ungefähr seit den 1860er Jahren, mit einigen wenigen – ambivalenten – Ausnahmen auch früher. Nicht nur Jacob Epsteins Engagement verweist dabei auf die Verbundenheit sowohl mit der jüdischen Minderheit in Frankfurt als auch mit der Stadt insgesamt: Epstein war Mitglied zahlreicher bürgerlicher Vereinigungen, darunter neben der jüdischen Freimaurerloge „Zur aufgehenden Morgenröte" auch im Bürgerverein, der Museumsgesellschaft sowie – über den eingegliederten Volkswirtschaftlichen Verein – im Freien Deutschen Hochstift.[24] An der Gründung des Freien Deutschen Hoch-

---

21 Hopp, Jüdisches Bürgertum, S. 110, Jacob Epsteins Onkel Jacob Löb Epstein betreffend. Jacob Epstein erlebte nun auch, dass sein Vater Hermann neue Ämter übernehmen durfte. Als erster Jude wurde er Mitglied des Bockenheimer Gemeinderats, und als nach der Revolution von 1848 in Kurhessen Schwurgerichte eingeführt wurden, gehörte er dem ersten Schwurgericht an, das in Hanau zusammentrat. Sein Sohn begleitete ihn hin und wieder zu den Sitzungen.
22 In räumlicher Hinsicht manifestierte sich die Verbürgerlichung in Frankfurt in einem Auszug aus der engen Judengasse in die hellen und luftigen neu errichteten Stadtviertel und Straßenzüge im Frankfurter Nord- und später Westend. Dort bauten jüdische Bürgerfamilien moderne Häuser und legten Gärten an – was ihnen zu Zeiten des Ghettos verboten gewesen war. Die Eltern des Arztes Richard Koch (1882–1949), ein Neffe Jacob Epsteins, der sich in der Weimarer Republik am „Jüdischen Lehrhaus" Franz Rosenzweigs engagierte, hatten zwar keinen eigenen Garten, richteten aber im späteren Kinderzimmer ein „Palmengärtchen" ein. Dazu und zu Gärten vgl. Hopp, Jüdisches Bürgertum, S. 233.
23 Epstein, Erinnerungen, 3. Teil, S. 10.
24 Dazu Hopp, Jüdisches Bürgertum, S. 123–148 sowie Epstein, Erinnerungen, 5. Teil, S. 9 und 54–55, 6. Teil, S. 13 und 52 sowie 7. Teil, S. 23.

stifts, das 1859 anlässlich des 100. Geburtstags Friedrich Schillers als – wie es hieß – „Sammelstätte für alle Geisteskräfte des deutschen Volkes" ins Leben gerufen wurde, war die Beteiligung des jüdischen Bürgertums sogar überproportional gewesen.[25]

Mittels aktiv praktizierten Bürgersinns Selbstverantwortlichkeit zu demonstrieren und in dieser oder anderer Form zum Wohle Frankfurts beitragen zu können – mitunter anstoßgebend, auch in beispielgebende Vorleistung tretend –, bestärkte das Vertrauen in die Gleichheit und Sicherheit, die auf Leistung beruhte. Durch Mitwirkung bedingter Ansehenserwerb in der Stadt diente als ein wiederkehrendes Signal, für sich selbst ebenso wie die nichtjüdische Bezugsgruppe. Überdies zeugte das Stadtbild bald sichtbar von der Teilhabe an kommunalen Errungenschaften: mittels aktiver Förderung von Gebäuden wie der Alten Oper, Anlagen wie dem Palmengarten oder dem Ankauf von Gemälden im Städel.

Vornehmlich spielte in Frankfurt der Bürgersinn eine Rolle in einem Feld jenes Handelns für das Gemeinwohl, das an die innerjüdische Tradition der *Zedaka* anknüpfte, der traditionellen jüdischen Wohltätigkeit im Sinne einer Solidarpflicht, die existentiell im Leben einer verfolgten und diskriminierten Randgruppe gewesen war. Entsprechend sensibilisiert für Problematiken sozialer Gerechtigkeit waren Unternehmer wie Jacob Epstein, der sich abgesehen von seinem Vereinsengagement in seiner Publikation „Die Autonome Fabrik" sozialreformerisch mit Fragen der Gewinnbeteiligung der Arbeiterschaft auseinandersetzte. Epstein beteiligte sich auch an der Organisation der Frankfurter Heimarbeit-Ausstellung, die im Jahr 1908 im alten Gebäude der Senckenbergischen Naturforschenden Gesellschaft stattfand und auf die Initiative Karl Fleschs (1853–1915) zurückging.[26]

Zu den bekannteren Persönlichkeiten, die für die Schaffung eines modernen Sozialwesens und das „Gemeinwohl" stehen, gehörten in Frankfurt nicht zuletzt Charles Hallgarten (1838–1908), der im selben Alter wie Jacob Epstein war, und

---

25 Unter den 56 Erstmitgliedern waren sieben Juden, und unter den 1.337 Mitgliedern im Jahr 1908 waren 210 Angehörige der jüdischen Gemeinde, also 16 Prozent. Vgl. Paul Arnsberg, Geschichte der Frankfurter Juden, Bd. 2: Struktur und Aktivitäten der Frankfurter Juden von 1789 bis zu deren Vernichtung in der nationalsozialistischen Ära, Darmstadt 1983, S. 278 sowie S. 284–287.
26 Vgl. Hopp, Jüdisches Bürgertum, S. 143; außerdem Jacob H. Epstein, Die Autonome Fabrik. Ein Versuch zur Lösung des Problems der Gewinnbeteiligung industrieller Arbeiter, Dresden 1907, erschienen im Verlag von O. V. Böhmert. Auf dem Titelblatt ist Hillel in der folgenden Übersetzung zitiert: „Wenn ich nicht selber für mich bin, wer denn? Und wenn ich nur für mich bin, wer bin ich?"

Wilhelm Merton (1848–1916).[27] Letzterer, in der Jahrhundertmitte geboren, ist – wie viele sich breit engagierende jüdische Bürger und Bürgerinnen – mit dem größten der Frankfurter mäzenatischen Projekte des 19. und beginnenden 20. Jahrhunderts verknüpft: die Gründung einer Universität innerhalb von zwei Jahrzehnten durch den Zusammenschluss zahlreicher Stiftungen und Vereine – einer Universität, bei der eine Besetzung von Professuren ausdrücklich unabhängig vom Bekenntnis garantiert sein sollte.[28] Für die Universitätsgründung rührte Merton die Werbetrommel auch gegen Bedenken der Frankfurter Stadtverordneten und brachte sowohl Kapital als auch die von ihm ins Leben gerufene „Akademie für Sozial- und Handelswissenschaften" ein. Wie er hatte sich auch ein Neffe Jacob Epsteins, der liberale Politiker Ludwig Heilbrunn (1870–1951), eine Generation jünger als Merton, über Jahre hinweg als Berichterstatter eines Sonderausschusses der Stadtverordnetenversammlung für diese Universität eingesetzt; später verfasste Heilbrunn eine Überblicksdarstellung zur Entstehungsgeschichte, wurde zu ihrem Ehrenbürger ernannt und gehörte ihrem großen Rat und dem Kuratorium bis 1933 an.[29]

---

[27] Wilhelm Merton trat 1899 zum protestantischen Glauben über. Zur Konversion im 19. Jahrhundert, ihren Motiven in verschiedenen historischen Stadien sowie ihren unterschiedlichen Resultaten, Selbstverortungen und Fremdzuschreibungen, vgl. Hopp, Jüdisches Bürgertum, allgemein S. 107, einzelne Beispiele S. 90, 211–214, S. 295–296 u. a. m.; am Beispiel der Praxis in seiner eigenen Familie in Breslau hierzu Fritz Stern, Fünf Deutschland und ein Leben. Erinnerungen, München 2015, S. 31–34 sowie S. 141–142. Merton hatte sich intensiv mit der „Lage der Juden im kaiserlichen Deutschland" auseinandergesetzt und sich nicht „über die Gefahren getäuscht, die auch im günstigsten Fall dem Assimilierungsprozeß entgegenstanden", schreibt Hans Achinger, Wilhelm Merton in seiner Zeit, Frankfurt am Main 1965, S. 324. Die Taufe, für die er und seine Ehefrau sich mit ihren Kindern im Jahr 1899 entschieden, war eine der möglichen Reaktionen auf einen verspürten Konformitätsdruck, aber bei weitem nicht die einzige. Eine gut situierte, alteingesessene Schicht mit schwächer werdenden Beziehungen zum Judentum, die im letzten Jahrhundertdrittel Übertritte zum Christentum lediglich als einen „äußeren Schritt" der Anpassung erachtete, war eher geneigt, sie zu wählen.
[28] Dazu Ralf Roth, „Der Toten Nachruhm". Aspekte des Mäzenatentums in Frankfurt am Main (1750–1914), in: Jürgen Kocka/Manuel Frey (Hrsg.), Bürgerkultur und Mäzenatentum im 19. Jahrhundert, Berlin 1998, S. 99–127, hier S. 104–105, wonach „[i]nsgesamt ... vor dem Ersten Weltkrieg 73 Personen 20 Millionen Mark" stifteten. „Die Frankfurter Universität, deren Gründungsvertrag am 24. April 1912 unterzeichnet wurde, war das Resultat erfolgreichen Zusammenwirkens vieler Privatpersonen" deren unterschiedliche „Motive und Interessen" hier unter einem gemeinsamen, dem Gemeinwohl dienenden Nenner gebündelt wurden.
[29] Zu Merton vgl. Achinger, Wilhelm Merton, S. 208–209, zu Heilbrunn vgl. Hopp, Jüdisches Bürgertum, S. 146. Der Arzt Ludwig Edinger, einer der Unterzeichner des Stiftungsvertrags, stiftete für ein Neurologisches Institut, die Witwe des Bankiers Theodor Stern allgemein für medizinische Forschungen. Zu einem ganzen Komplex von Stiftungen entschlossen sich der Bankier Georg Speyer und seine Ehefrau Franziska mit Lehrstühlen, wissenschaftlichen Arbeitsstätten und ei-

Wie untrennbar aktiver lokaler Bürgersinn überdies in einem Konnex von bürgerlicher Reputation und sozialer Vernetzung gedacht wurde, würden sämtliche der genannten Beispiele und etliche mehr belegen. Veranschaulichen lässt sich dies aber gut anhand von Hannah Mathilde von Rothschilds (1832–1924) Reaktion, die – 1911 um eine Spende für medizinische Stiftungszwecke gebeten – „weniger von den Zwecken des Instituts, als von den Leuten hören [wollte], die dazu beitragen sollten", wie besagter Ludwig Heilbrunn festhielt. Da ihr die Informationen zusagten, stellte sie einen beachtlichen Betrag zur Verfügung.[30]

Das in Frankfurt in beträchtlicher Bandbreite praktizierte urbane Bürger- und in diesem Fall auch Bürgerinnen-Handeln veränderte nicht nur die Binnenstruktur einer prosperierenden jüdischen Gesellschaft. Die Mitwirkung der jüdischen Bevölkerung bei der Ausgestaltung der Bürgergesellschaft Frankfurts entfaltete vielmehr Einfluss auf ein soziales Engagement ihrer Wirtschafts- und Bildungseliten, das der Stadt ein spezifisches Gepräge verlieh. In Form von „Volksbildungsprogrammen" und anderen sozialreformerischen Angeboten erhielt Frankfurt einen Zuschnitt, der dazu beitragen sollte, die sozialen Konsequenzen einer bürgerlichen Klassengesellschaft zu mildern, die sich anstelle der ursprünglich anvisierten „klassenlosen Bürgergesellschaft" herausgebildet hatte.[31]

---

nem chemotherapeutischen Forschungsinstitut. Louise von Rothschild und ihre Tochter Hannah Louise stifteten zum Andenken an Mayer Carl von Rothschild eine öffentliche Bibliothek und begründeten die Stiftung „Carolinum", eine auch Forschungszwecken dienende Zahnklinik. Vgl. hierzu Roth, „Der Toten Nachruhm", S. 102.

30 Ludwig Heilbrunn, Eine Lebensskizze 1870–1936. Kronberg/Ts. 1936, S. 99–101 (ehemals Privatbesitz Dr. Rudolf M. Heilbrunn, Kaiserslautern). Es handelte sich um die Robert-Kochsche Stiftung zur Erweiterung der klinischen Einrichtungen der Frankfurter Krankenhäuser.

31 Als allgemeiner Befund – trotz dezidiert genannter Namen aus dem jüdischen Bürgertum – bei Roth, „Der Toten Nachruhm", S. 109. Als „auffallend" konstatiert er (S. 112) vielmehr den späten „Beginn des jüdischen Mäzenatentums, das erst in den letzten Jahrzehnten des 19. Jahrhunderts größere, dann aber auch sehr große Dimensionen annahm". Dass dies eine unmittelbare Folge der oben dargestellten verschobenen Konstituierungsphasen war, erwähnt er nicht. Über den Frankfurter Bürgersinn, der dazu beigetragen habe, die kommunale Sozialreform in der mit knapp 300.000 Einwohnern um 1900 zu den zehn größten Städten des Deutschen Reiches zählenden Kommune zu einem „bürgerliche[n] Projekt *par excellence*" zu machen, Iris Schröder, Grenzgängerinnen. Jüdische Sozialreformerinnen in der Frankfurter Frauenbewegung um 1900, in: Andreas Gotzmann/Rainer Liedtke/Till van Rahden (Hrsg.), Juden, Bürger, Deutsche. Zur Geschichte von Vielfalt und Differenz 1800–1933, Tübingen 2001, S. 340–368, hier S. 341 sowie 345–346: Ein „ausgesprochen reformfreudiges Klima" habe zu den Aspekten gehört, die die Stadt, deren Bevölkerungszuwachs sowohl aus der hohen Zuwanderung als auch der Eingemeindung von Vororten resultierte, von „anderen Großstädten ähnlichen Zuschnitts" unterschied, einschließlich der „städtische[n] Maßnahmen der Armutsbekämpfung" ebenso wie die „private[n] Initiativen", nicht zuletzt Mertons „Institut für Gemeinwohl".

Die hohe Zahl jüdischer Stiftungen und Zustiftungen sowie die auch sonst deutlich auszumachende Mitwirkung des jüdischen Bürgertums am Gedeihen seiner Heimatstadt bis ins 20. Jahrhundert hinein hingen auch mit statistischen Größenordnungen zusammen. Frankfurt verzeichnete einen höheren jüdischen Bevölkerungsanteil als andere Städte: Elf Prozent waren es zu Beginn der 1870er Jahre, unter ihnen in der Folgezeit sehr wohlhabende Bürger und Bürgerinnen, während um 1900 der prozentuale jüdische Anteil an der Gesamtbevölkerung Deutschlands lediglich bei etwas mehr als einem Prozent lag.[32] Nur Berlin hatte in absoluten Zahlen eine größere jüdische Einwohnerschaft; prozentual übertraf Frankfurt aber selbst diese Stadt.

So spezifisch diesbezüglich die Frankfurter Situation war: Die Stadt am Main ist gleichwohl geeignet, ein über den lokalen Rahmen hinausweisendes konkretes Beispiel zu liefern, wie im Titel dieses Beitrags formuliert, und dies womöglich in besonderer Verdichtung. Denn weil Frankfurt über lange Zeit eines der „natürlichen Zentren" Deutschlands war, spiegelt sich in der Stadt die „Geschichte Deutschlands", macht Frankfurt im „Besonderen" zugleich „das Allgemeine deutlich".[33]

Dies gilt auch für die seit dem Ersten Weltkrieg bröckelnde Fassade des bürgerlichen Zeitalters und das, was hinter ihr zum Vorschein kam. Den Untergang des jüdischen Bürgertums in Frankfurt am Main und andernorts sollte es letztlich besiegeln. Das tief eingegrabene Gefühl bürgerlicher Sicherheit wurde gleichwohl vergleichsweise langsam aufgezehrt. Zu tun hatte dies mit Biografien und Wahrnehmungen wie den eben Umrissenen. Weil sie den Erwartungshorizont – jenen des Traums von der Einheit in der Vielheit – bestimmten, wurden die Jahre vor Vertreibung und Holocaust vielfach als kurze Krisenzeit gedeutet, in der sich Ausharren bewähren würde – genau wie in dem seit der Aufklärung andauernden,

---

32 Zu den Zahlen vgl. Hopp, Jüdisches Bürgertum, S. 33–34. 1870 zählten circa 40 Prozent der 133 größten Steuerzahler Frankfurts zum jüdischen Bürgertum. Um 1910 waren nicht wenige darunter den über 550 Millionären zuzurechnen, die es zu dieser Zeit in Frankfurt gab. Vgl. Rudolf Martin, Frankfurter Millionäre um 1910. Repr. des Jahrbuchs des Vermögens und Einkommens der Millionäre in Hessen-Nassau, Berlin 1913. Der sozioökonomische Aufstieg vieler Angehöriger der Minderheit kann am Ende des Jahrhunderts an zwei Tatsachen abgelesen werden: Zum einen an der durchschnittlichen Steuerleistung nach Konfessionen: Im Jahr 1900 zahlten 25.000 Protestanten 121 Mark, 10.000 Katholiken 60 Mark und 6.000 Juden 428 Mark Steuern pro Kopf, vgl. Zeitschrift für Demographie und Statistik der Juden 1 (1905), Nr. 4, S. 12–13; zum anderen an der Liste der Gewerbesteuerleistenden des Jahres 1871: Von den 886 aufgeführten Firmen hatten 300 jüdische Besitzer. Vgl. Paul Arnsberg, Die Geschichte der Frankfurter Juden seit der Französischen Revolution, Bd. 1, Darmstadt 1983, S. 722–723.
33 So formuliert bei Lothar Gall, Vorwort, in: Frankfurt am Main. Die Geschichte der Stadt in neun Beiträgen, Sigmaringen 1991, S. 7–8, hier S. 8.

letztlich Sicherheit garantierenden zurückliegenden Zeitraum, in dem Leistungsbeweise mit bürgerlichem Erfolg nachhaltig belohnt wurden, wiederholter antisemitisch motivierter Rückschläge zum Trotz. Gerade das jedoch verdeutlicht das Ausmaß der Tragödie im 20. Jahrhundert. An deren Beginn stand ein gebrochenes Versprechen, am Ende ein grausames Verbrechen.[34]

---

34 „We must understand the triumphs in order to understand the tragedy", hat Fritz Stern einmal den Aufstieg und die Katastrophe des jüdischen Bürgertums kommentiert. Fritz Stern, The Integration of Jews in Nineteenth-Century Germany. Comments on the Papers of Lamar Cecil, Reinhard Rürup und Monika Richarz, in: Leo Baeck Institute Yearbook 20 (1975), S. 79–83, hier S. 79.

Heike Drummer

„Vertheidigung der bürgerlichen Gleichstellung der Juden"

Vormärz und Paulskirche. Hoffnungen. Enttäuschungen

Zum 150. Jubiläum der Nationalversammlung 1998, das in Frankfurt am Main offiziell von der Ausstellung *1848 – Aufbruch zur Freiheit* in der Kunsthalle Schirn begleitet wurde, gab der Szene-Künstler Henner Drescher das Bilder- und Lesebuch *Es muss anders werden* heraus, welches sich dem „runden" Geburtstag mit kritischem Humor, satirisch und ohne Pathos, aber auch historisch-nachdenklich annähern wollte; „... schräg von der Seite" heißt es im Klappentext.[1] Zu den Autorinnen und Autoren gehörte Detlev Claussen; in seinem Essay *Frankfurt – die eingebildete Metropole* untersuchte der Soziologe und Publizist den „narzisstischen Lokalpatriotismus" ab dem Vormärz unter dem Aspekt der lange ignorierten jüdischen Stadtgeschichte und der Judenfeindschaft:

> Es ist auch die Zeit [Zeit vor dem Ersten Weltkrieg, Anm. d. Verf.], in der man sich zum ersten Mal liebevoll der großen jüdischen Tradition der Stadt zu erinnern beginnt. Schon damals hatte die Lobpreisung dieses marginalisierten, aber wichtigen Bevölkerungsteils einen bitteren Beigeschmack für den, der sich erinnern wollte und konnte. Solange Frankfurt als Stadt ‚Frei' sich nennen ließ, versuchten Bürger und Magistrat [Senat, Anm. d. Verf.] mit allen Mitteln zu verhindern, daß Juden freie Bürger der Stadt mit allen Rechten werden durften. Erst mit den vielgescholtenen Preußen kam 1866 die vollständige Judenemanzipation. Erst nachträglich begann man stolz zu sein – auf Börne und auf Rothschild. ... Ludwig Börne, der lange Vergessene, hat selbst nicht vergessen, daß er in der – nach eigenen Worten – ‚judenfeindlichsten Stadt Deutschlands' das Licht der Welt erblickt hat.[2]

Der vorliegende Beitrag behandelt die Phase der Emanzipation der Juden von etwa 1830 bis 1849 und gibt einen Ausblick bis zur Gründung des Deutschen Kaiserreichs 1871. Damit ist in etwa die Zeitspanne berührt, die der Sozialhistoriker Jacob Toury als „Formationsperiode" des deutschen Judentums bezeichnet hat.[3] In

---

[1] Henner Drescher (Hrsg.), Es muss anders werden. Frankfurter Bilder- und Lesebuch zu 1848, Frankfurt am Main 1998.
[2] Detlev Claussen, Frankfurt – die eingebildete Metropole, in: Drescher, Es muss anders werden, S. 35–41, hier S. 37–38.
[3] Jacob Toury, Soziale und politische Geschichte der Juden in Deutschland 1847–1871, Düsseldorf 1977, S. 7. Vgl. auch Till van Rahden/Michael Stolleis (Hrsg.), Emanzipation und Recht. Zur Geschichte der Rechtswissenschaft und der jüdischen Gleichberechtigung, Frankfurt am Main 2021.

dieser Periode erhielten Jüdinnen und Juden schrittweise – in Frankfurt jedoch durchaus mühevoll – die staatsbürgerliche Gleichstellung.

Als Freie Stadt war Frankfurt nicht nur Mitglied des Deutschen Bundes, sondern ab 1816 Sitz der Bundesversammlung und damit für revolutionäre Kräfte wenigstens auf symbolischer Ebene ein Zentrum der Restauration. Gleichzeitig pflegte Frankfurt schon damals das – hier im Sinne Claussens kritisch zu hinterfragende – Image der liberalen Bürgerstadt und übte ab dem Vormärz eine Anziehung aus auf neue politische Bewegungen, auf die junge Generation, auf Studenten, Literaten, Liberale und Republikaner, die für die Einheit Deutschlands, die Verabschiedung repräsentativer Verfassungen sowie für mehr Mitsprache eintraten und sich gegen die alte Ordnung positionierten. Dazu zählten auch Frankfurter Persönlichkeiten jüdischer Herkunft, die als Angehörige einer nicht gleichgestellten Minderheit häufig notgedrungen ihren Namen gewechselt hatten und/oder konvertiert waren für den möglichen „sozialen Gewinn"[4], um das hiesige Bürgerrecht zu erhalten und damit überhaupt eine Chance auf berufliche und politische Teilhabe.

Mit dem Deutschen Bund respektive dem Bundestag, dem Frankfurter Senat sowie Juden im Vormärz und als Abgeordnete der Nationalversammlung sind für das komplexe Thema gleich mehrere politisch relevante Institutionen und Akteure mit ihren Beziehungen zueinander in den Blick zu nehmen. Das Ringen um die staatsbürgerliche Gleichstellung aus Sicht der jüdischen Gemeinschaft blieb jedoch das zentrale Thema, begleitet von ganz unterschiedlichen Hoffnungen, aber stets auch von antidemokratischen wie antijüdischen Anfeindungen und bitteren Enttäuschungen. Vor allem in der Anfangsphase der Revolution von 1848/49 gab es häufig judenfeindliche Ausschreitungen bis hin zu Pogromen – mit Schwerpunkten in deutschen wie südosteuropäischen Regionen. Nach einer Untersuchung von Reinhard Rürup betraf dies 180 Orte etwa in Süd- und Mitteldeutschland, im Elsass und im östlichen Preußen, in Böhmen, Mähren, Ungarn und Italien.[5]

---

4 Regina Laudage-Kleeberg/Hannes Sulzenbacher, Einleitung, in: Regina Laudage-Kleeberg/Hannes Sulzenbacher (Hrsg.), Treten Sie ein! Treten Sie aus! Warum Menschen ihre Religion wechseln, Berlin 2012, S. 13.
5 Vgl. Reinhard Rürup, Der Fortschritt und seine Grenzen. Die Revolution von 1848 und die europäischen Juden, in: Dieter Dowe/Heinz-Gerhard Haupt/Dieter Langewiesche (Hrsg.), Europa 1848. Revolution und Reform, Bonn 1998, S. 985–1005, hier S. 987.

Vormärz

Der Überlieferung nach weilte Ludwig Börne (1786–1837) im Sommer 1830 wegen seines chronischen Lungenleidens zur Kur im heutigen Bad Soden, damals Soden, als ihn die hoffnungsvolle Nachricht von der Juli-Revolution in Frankreich erreicht haben soll. Sein Biograf Ludwig Marcuse deutete diese Hoffnung später als „Medizin, die alle Krankheiten sänftigt: weil sie Gesundheit der Seele ist".[6] Umgehend reiste Börne zurück nach Frankfurt, um das Exil in Paris vorzubereiten.

In der französischen Hauptstadt war es zu gewalttätigen Auseinandersetzungen zwischen Bürgerinnen und Bürgern sowie der Krone gekommen. Innerhalb von drei Tagen, den *„trois glorieuses"*, endete vorerst die Herrschaft der Bourbonen. Nach dem Erlass seiner Juli-Ordonnanzen, die unter anderen das Wahlrecht beschränkten und die Pressezensur wieder einführten, hatte König Karl X. zurücktreten müssen. Zu seinem Nachfolger wurde Louis-Philippe als „Bürgerkönig" bestimmt. Eine Verfassungsrevision folgte.[7] Die Juli-Revolution und die 18 Jahre während Juli-Monarchie gaben der Verfassungsbewegung in Europa und vor allem in Deutschland neue Impulse, stärkten aber auch konservative Kräfte.

Georg Büchner gründete die „Gesellschaft für Menschenrechte" und entwarf 1834 zusammen mit Friedrich Ludwig Weidig die Flugschrift *Der Hessische Landbote*, eines der bedeutendsten Werke jener Zeit. Überhaupt entwickelte sich die Rhein-Main-Region zu einem Zentrum des Vormärz, der liberalen und republikanischen Bewegung, der „Polen-Begeisterung" und der späteren Revolution von 1848/49. Zum ersten Mal arbeiteten jetzt Juden und Nichtjuden für gleiche politische Ziele zusammen.

Im Mai 1832 feierten etwa 25.000 Frauen und Männer unter der verbotenen schwarz-rot-goldenen Fahne das Hambacher Fest bei Neustadt an der Haardt; es war die erste Massendemonstration für Freiheit und Einheit in Europa auf deutschem Boden. Auch Ludwig Börne und andere Autoren des Jungen Deutschland waren dort anwesend. Die literarische Bewegung trat mehrheitlich ein für das freie Wort, für Versammlungsfreiheit, religiöse Toleranz sowie für die Emanzipation der Frauen und der Juden. Nicht nur Börne, auch Heinrich Heine und Carl Gutzkow, der spätere Börne-Biograf, sowie der in Frankfurt geborene Journalist, Dichter und Übersetzer Ludwig Braunfels zählten sich dazu. Unmittelbar nach dem Hambacher Fest untersagte der Bundestag die Gründung politischer Vereine, Versammlungen und Volksfeste, politische Agitation und das Tragen politischer Abzeichen und Fahnen.

---

6 Ludwig Marcuse, Revolutionär und Patriot. Das Leben Ludwig Börnes, Leipzig 1929, S. 206.
7 Vgl. Karin Schambach, Wetterleuchten der Revolution, in: Lothar Gall (Hrsg.), 1848. Aufbruch zur Freiheit, Berlin 1998, S. 39–83, hier S. 41.

Ein revolutionäres Echo fand das Hambacher Fest knapp ein Jahr später im Frankfurter Wachensturm, der sich gegen die Politik des Deutschen Bundes richtete. Der Aufstand an der Haupt- und Konstablerwache am Abend des 3. April 1833 endete für mehrere Dutzend Angreifer, darunter Burschenschafter aus Heidelberg und Würzburg, in einem Desaster: Zwei Rebellen, sechs Soldaten und ein unbeteiligter Zivilist verloren ihr Leben. Die meisten Beteiligten am Wachensturm kamen in Haft. Als Reaktion auf die Ereignisse setzte der Bundestag die Bundeszentralbehörde ein, die eine mehrjährige „Demagogenverfolgung" und Verfahren gegen Hunderte des Aufruhrs Verdächtige einleitete. Das von dieser Behörde erstellte „Schwarze Buch" listete annähernd 2.000 Personen auf, die wegen politischer Vergehen gerichtlich belangt worden waren, unter ihnen Georg Büchner und der Frankfurter Jurist Friedrich Siegmund Jucho.[8]

Als im Februar 1848 neuerlich ausgehend von den Ereignissen in Frankreich[9] ganz Europa und vor allem süddeutsche Regionen von revolutionären Bewegungen erfasst wurden, war indes die Macht des Deutschen Bundes vorübergehend gebrochen. Und allerspätestens nach dem Zusammentreten des Frankfurter Paulskirchen-Parlaments am 18. Mai 1848 und der Einsetzung einer provisorischen Reichsregierung galt es als offenkundig, dass der Bundestag, Symbol der alten Ordnung und der Restauration, keine politisch mitgestaltende Kraft mehr sein konnte. Das mächtige Gremium beendete kurz darauf seine Tätigkeit und trat erst nach dem Scheitern der Revolution im September 1850 wieder zusammen.

Am 3. März 1848 kam es in Frankfurt mit der „Reitbahnversammlung" zu einer weiteren Großdemonstration. Unter den 2.000 Anwesenden war Maximilian Reinganum (1789–1878), ein enger Freund des 1837 in Paris verstorbenen Ludwig Börne. Politisch gehörte der „populäre Volkstribun", so kennzeichnete ihn später der Frankfurter Historiker Paul Arnsberg, dem linken Flügel der Republikaner an.[10]

---

8 Vgl. Agnete von Specht, Die Freie Stadt, in: Lothar Gall (Hrsg.), FFM 1200. Traditionen und Perspektiven einer Stadt, Sigmaringen 1994, S. 183–238, hier S. 215.
9 Dies waren u. a. das Ende der Juli-Monarchie, die Abdankung und Flucht von Louis-Philippe, die Ausrufung der Zweiten Französischen Republik und die Wahl von Louis Napoleon Bonaparte zum Staatspräsidenten.
10 Paul Arnsberg, Die Geschichte der Frankfurter Juden seit der Französischen Revolution, Bd. 3, Darmstadt 1983, S. 363.

Abb. 1: F. Neubauer, Maximilian Reinganum, Historisches Museum Frankfurt, C14266, Foto: Horst Ziegenfusz

Maximilian Reinganum war gebürtiger Jude; seine Familie hatte ab etwa 1700 in der Frankfurter Judengasse, im Ghetto, gelebt. Dem später promovierten Juristen blieben sowohl das Frankfurter Bürgerrecht als auch die Ausübung seines Berufes als Advokat in Frankfurt versagt; erst mit dem Übertritt zum Protestantismus hatte der Senat 1821 seine Anträge bewilligt. Ab 1830 fungierte Reinganum in der Bürgerrepräsentation und in der Gesetzgebenden Versammlung Frankfurts. Seine Zeitschrift *Frankfurter Jahrbücher* war das Printmedium für städtische Angelegenheiten, quasi das erste lokale Amtsblatt. Reinganums „diplomatische" Charakterisierung der Stadt Frankfurt fiel Ende der 1830er Jahre so aus:

> Es ist eine Demokratie, diese aber wird gar wesentlich temperirt durch Zunftprivilegien und Aengstlichkeit. Die Demokratie ist aber auch insofern wiederum nicht vorhanden, als hier die Vorrechte der politisch privilegirten Bürger dem Mangel aller politischen Rechte bei den anderen Staatseinwohnern entgegenstehen, folglich nicht dem Volke im eigentlichen Sinne die Staatshoheit gehört.[11]

Um diese Zeit hatte Frankfurt rund 55.000 Einwohnerinnen und Einwohner; weniger als die Hälfte waren Bürger und damit Träger politischer Rechte. Beisassen,

---

11 Zitiert nach Matthias Weber, Die Revolution im Stadtstaat: die Freie Stadt Frankfurt am Main 1848–1850, in: Archiv für Frankfurts Geschichte und Kunst 64 (1998), S. 247–265, hier S. 247.

Fremde, Juden oder Israeliten und Bewohner der zu Frankfurt gehörigen Dörfer blieben davon ausgeschlossen.

Als Hauptredner auf der Reitbahnversammlung trat Maximilian Reinganum für die „Märzforderungen" ein, wie sie zuvor schon etwa in Mannheim und Wiesbaden gestellt worden waren; dazu zählten unter anderen die Aufhebung aller Ausnahmegesetze, die staatsbürgerliche Gleichstellung, die Abschaffung der Zensur, Versammlungsrecht und Amnestie der politischen Gefangenen. Diese Forderungen – insgesamt waren es in Frankfurt acht – gingen in eine Resolution ein, adressiert an den Senat. Der Senat machte weitgehende Zugeständnisse; allein die staatsbürgerliche Gleichstellung lehnte er ab und entsprach damit der christlich-protestantischen Mehrheit in der Stadt, die keine Veränderungen zuließ. Der junge Jude David Adolph Zunz notierte in sein Tagebuch:

> Außer der bereits vor acht Tagen zuerkannten Pressefreiheit und Amnestie, ist auch gar nichts Weiteres gewährt, sondern alle Gesuche mit diplomatisch süßen Worten abgewiesen. Der Senat, so heißt es in Hinsicht unserer Gemeinde, habe stets alles Mögliche für die Juden getan, diese aber jetzt so plötzlich zu emanzipieren, wäre ein zu großer, übereilter Schritt, es könne nur nach und nach mit der Zeit geschehen, und der Senat würde nicht ermangeln, immer sein Mögliches dafür zu tun.[12]

In jenen Tagen wurden Juden beschuldigt, durch Bestechung Unruhen in der Stadt provoziert zu haben.[13] Da halfen auch nicht das von Rabbiner Leopold Stein verfasste und auf Mäßigung appellierende Flugblatt *Zuruf eines israelitischen Bürgers an seine christlichen Mitbürger, gehässigen Insinuationen gegenüber* und der Aufruf von Mitgliedern der Israelitischen Gemeinde *An die Einwohner der freien Stadt Frankfurt*.[14]

„Volksmänner" – Juden im Vorparlament

Im März 1848 wurde Maximilian Reinganum als Mitglied für das Vorparlament berufen; bei der Wahl in die Nationalversammlung unterlag er als potenzieller Vertreter Frankfurts dem nichtjüdischen Kandidaten Friedrich Siegmund Jucho, der wenig später für die Stadt in die Paulskirche einzog. Die 574 Männer, die vom 31. März bis zum 3. April 1848 im Vorparlament arbeiteten, wurden nicht gewählt.

---

12 David Adolph Zunz, Tagebuch 11. März 1848, in: Revolution! Das Jahr 1848. Das Tagebuch des David Adolph Zunz, Frankfurt am Main 2016, S. 53–54.
13 Vgl. Rachel Heuberger/Helga Krohn, Hinaus aus dem Ghetto... Juden in Frankfurt am Main 1800–1950, Frankfurt am Main 1988, S. 62.
14 Mit Datum vom 27. März 1848, vgl. Arnsberg, Geschichte der Frankfurter Juden, Bd. 1, S. 530.

Vielmehr waren sie geladene Mitglieder der Ständeversammlungen und Persönlichkeiten, die das „Vertrauen des deutschen Volkes" genossen. Diese „Volksmänner" beschlossen die Durchführung allgemeiner und gleicher Wahlen.[15] Mit dem Schriftsteller Berthold Auerbach (für Heidelberg), dem Orientalisten Julius Fürst (für Leipzig), dem Arzt Johann Jacoby (für Königsberg), dem Publizisten Ignaz Kuranda (für Böhmen/Leitmeritz), dem Juristen Gabriel Riesser (für Lauenburg) sowie dem Autor, Verleger und Politiker Moritz Veit (für Brandenburg/Berlin) waren sechs Juden im Vorparlament vertreten.[16] „So hätte denn die Freiheitsstunde geschlagen. ... Wir sind Wähler und wahlfähig zur deutschen Nationalversammlung", war in der Zeitschrift *Der Israelit* zu lesen.[17]

Einer, der als radikaler Demokrat gegen das Herrschaftssystem des Deutschen Bundes kämpfte, war der Königsberger Arzt Johann Jacoby (1805–1877).[18] Ein wichtiges Motiv seiner Auflehnung gegen die Vertreter der Restauration war deren Judenhass. An den Vetter und Arzt Jakob Jacobson hatte er unmittelbar nach dem Hambacher Fest geschrieben:

> Der Gedanke: Du bist ein Jude! ist eben der Quälgeist, der jede wahre Freude lähmt, jedes sorglose Sichgehenlassen gewaltsam niederdrückt! ... Durch Rede und Tat gegen Unterdrückung anzukämpfen, ist uns eine heilige Pflicht, damit endlich der bejammernswerte Zustand einer lange verachteten und zum Teil dadurch verächtlich gewordenen Klasse verbessert und das einzige Mittel hierzu – bürgerliche Gleichstellung – errungen werde.[19]

Der linke Politiker wurde als einziger Jude in den „50er Ausschuss" des Vorparlamentes berufen; dieses Gremium bereitete die Wahlen zur Nationalversammlung vor. Aus Stolz und Lokalpatriotismus bot der Vorstand der Israelitischen Gemeinde dem Präsidenten jenes Ausschusses für die öffentlichen Sitzungen den repräsentativen Andachtssaal im Kompostellhof an, der 500 Personen gefasst hätte: „Sollten Sie diese Räumlichkeiten einsehen wollen, so belieben Sie uns, durch Ue-

---

15 Vgl. Ulrike Ruttmann, Die Nationalversammlung in der Paulskirche, in: Gall, 1848, S. 185–231, hier S. 185–186.
16 Namen und Zahlen sind in der Literatur nicht einheitlich, vgl. hier Rürup, Der Fortschritt und seine Grenzen, S. 998.
17 Monatbericht aus Bayern, in: Der Israelit des neunzehnten Jahrhunderts. Eine Wochenschrift für Fortschritt und Reform im Judenthum, 9. Jg., H. 20, 14. Mai 1848, S. 157–159, hier S. 157.
18 Vgl. Walter Grab, Zwei Seiten einer Medaille. Demokratische Revolution und Judenemanzipation, Köln 2000, S. 260–283.
19 Johann Jacoby an Jakob Jacobson, Königsberg, 10. Juli 1832, in: Edmund Silberner (Hrsg.), Johann Jacoby. Briefwechsel 1816–1849, Hannover 1974, S. 37–42, hier S. 38–39.

berbringer die Stunde zu bestimmen." Die Antwort kam prompt und war brüsk ablehnend, das „offerierte Local (scheint) dem Zwecke nicht zu entsprechen".[20]

Als im Mai 1848 die Wahlen zum Paulskirchen-Parlament anstanden, erhielt für Königsberg nicht Johann Jacoby, sondern der konservative Kandidat Eduard Simson (1810–1899) die Mehrheit der Stimmen. Simson, Sohn eines jüdischen Kaufmannes, war mit zwölf Jahren zum Protestantismus konvertiert; Taufen im Kindheitsalter waren keinesfalls ungewöhnlich gewesen. Ab 1836 hatte der promovierte Jurist eine Rechtsprofessur in Königsberg inne. Nun wirkte er als Abgeordneter des rechten Zentrums für Königsberg. Er war in den Adelsstand erhoben worden und folgte später Heinrich von Gagern in der Position des Präsidenten der Frankfurter Nationalversammlung. Als Vorsitzender der „Kaiserdeputation" sollte Simson 1849 dem preußischen König die Krone anbieten.[21]

Johann Jacoby betätigte sich nach seiner Wahlniederlage als Abgeordneter in Berlin. Im Mai 1849 – kurz vor Ende des Sitzungskalenders – erhielt er dann doch noch für sechs Tage ein Mandat; der für Berlin bestellte Abgeordnete Friedrich von Raumer war aus der Nationalversammlung ausgeschieden. Zu diesem Zeitpunkt erwartete der „Nachrücker" Jacoby politisch jedoch nichts mehr. In einem Brief äußerte er pessimistisch: „Eine revolutionäre Versammlung, die sich defensiv verhält, ist verloren."[22]

Im „Pangermanikon"[23]

Die Nationalversammlung tagte vom 18. Mai 1848 bis zum 30. Mai 1849. Von den schließlich 587 gewählten Abgeordneten traten am 18. Mai zunächst nur etwas mehr als die Hälfte feierlich in der Paulskirche zusammen; die Gesamtzahl der Delegierten bis zur Auflösung des Stuttgarter „Rumpfparlamentes" betrug 809 Persönlichkeiten.[24] Etwa 75 Prozent der Abgeordneten waren Akademiker, unter ihnen dominierten die Juristen. Es gab Vertreter der sogenannten „freiberuflichen Intelligenz", Geistliche, Kaufleute und Fabrikanten, Großgrundbesitzer und Adli-

---

20 Schreiben vom 17. April, 1848, Bundesarchiv Außenstelle Frankfurt, DB 50/31, zitiert nach Heuberger/Krohn, Hinaus aus dem Ghetto, S. 62.
21 Simson fungierte ab 1867 als Reichstagspräsident des Norddeutschen Bundes und ab 1871 des Deutschen Reichstags; von 1879–1891 war er zudem Präsident des Reichsgerichts; vgl. Arnsberg, Geschichte der Frankfurter Juden, Bd. 3, S. 429–430.
22 Johann Jacoby an Unbekannt, Frankfurt am Main 12. Mai 1849, in: Silberner, Jacoby, S. 569.
23 Allgemeine Zeitung des Judenthums, 12. Jg., H. 22, 22. Mai 1848, S. 314.
24 Vgl. https://www.bundestag.de/parlament/geschichte/parlamentarismus/1848, letzter Zugriff 9. Oktober 2021.

ge; vier Handwerker und drei Bauern waren ebenfalls mit dabei. Politisch interessierte Frauen durften auf der 2.000 Personen fassenden Galerie Platz nehmen. Das mangelnde Abbild gesellschaftlicher Realität brachte der Paulskirche rasch die Titel „Akademikerparlament" oder „Honoratiorenversammlung" ein.[25] Dazu formulierte der jüdische Autor, Redakteur und Revolutionär Ludwig Kalisch mit ironischer Skepsis:

> Wahrlich, es gibt keine unverbesserliche[re] Klasse als die der deutschen Professoren. Sie besteigen den Vulkan der Revolution mit demselben systematischen Schritt, wie sie ihre hölzernen Katheder besteigen; und wenn sie am Krater sind, wissen sie nichts anderes zu tun, als an dessen wilder Glut ihren doktrinären Tee abzukochen. ... Nichts hat uns Deutschen so sehr geschadet, als unserer Gelehrsamkeit, als unser tiefes Denken, das uns zu keinem Handeln kommen ließ.[26]

Fünf Juden waren in die Nationalversammlung gewählt worden: Johann Jacoby, Ignaz Kuranda, Gabriel Riesser (1806–1863) und Moritz Veit, die schon im Vorparlament gewirkt hatten; außerdem der Buchhändler Friedrich Wilhelm Levysohn (Provinz Schlesien/Grünberg). Weitere Abgeordnete, insgesamt 14, waren jüdischer Herkunft und konvertiert, wie zum Beispiel Eduard von Simson (Provinz Preußen/Königsberg), dessen Bruder, der Jurist Georg Bernhard Simson (Provinz Preußisch/Stargard), der Publizist und Politiker Moritz Hartmann (Böhmen/Leitmeritz), der Jurist Johann Gustav Wilhelm Moritz Heckscher (Hamburg) und der Jurist und Schriftsteller Johann Hermann Detmold (Hannover).[27] Anlässlich der Eröffnung des Parlamentes hielt der liberale Rabbiner Leopold Stein in der Homburger Synagoge eine Predigt und erbat darin den Segen „für die Vertreter unseres Volkes, die in der benachbarten Schwesterstadt versammelt sind zu einem erhabenen Reichstage, wie ihn unser Vaterland seit Jahrhunderten nicht gesehen, um Deutschland die Verfassung zu geben, welche es groß und stark machen soll unter den Völkern der Erde ...".[28]

---

25 Vgl. Ruttmann, Nationalversammlung, S. 186–187.
26 Der Demokrat, Nr. 6, 21. Mai 1848, zitiert nach Julius H. Schoeps, An der Seite der Unterdrückten. Ludwig Kalisch (1814–1882) im Vormärz, in der Revolution von 1848 und im französischen Exil, in: Walter Grab/Julius H. Schoeps (Hrsg.), Juden im Vormärz und in der Revolution von 1848, Stuttgart/Bonn 1983, S. 331–351, hier S. 340. Vgl. auch Julius H. Schoeps, Im Kampf um die Freiheit. Preußens Juden im Vormärz und in der Revolution von 1848, Hamburg 2022.
27 Die Angaben variieren, vgl. hier Heinrich Best/Wilhelm Weege, Biographisches Handbuch der Abgeordneten der Frankfurter Nationalversammlung 1848/49, Düsseldorf 1998, S. 480.
28 Die Predigt wurde am 21. Mai 1848 zelebriert, vgl. Arnsberg, Geschichte der Frankfurter Juden, Bd. 1, S. 540–541.

„...eine wahre Inkarnation der Emanzipation"[29] – Gabriel Riesser

Am 3. Juli 1848 begannen die Beratungen des vom Verfassungsausschuss vorbereiteten Entwurfs über die „Grundrechte des deutschen Volkes" nach Vorbildern der amerikanischen Unabhängigkeitserklärung von 1776 und der Erklärung der Menschen- und Bürgerrechte von 1789. Mitglied im Verfassungsausschuss war der Hamburger Jurist Gabriel Riesser.[30] Wegen seines selbstbewussten, überzeugenden und Mut machenden Auftretens gilt er bis heute als der prominenteste und wohl auch bedeutendste Vertreter des Judentums in der Nationalversammlung. Auf seine Person projizierten sich die Ziele der bürgerlich-liberalen Bewegung und die Emanzipationsbestrebungen der jüdischen Bevölkerung. Die Begrifflichkeit des „deutschen Staatsbürgers jüdischen Glaubens" begann sich jetzt zu etablieren, und gleichzeitig trat die Bezeichnung „Jüdin" und „Jude" als primär religiöse Definition in den Hintergrund.[31] Lange war Riesser von seiner Geburtsstadt Hamburg ausgegrenzt worden. Nach dem Jurastudium wurde er promoviert; eine Universitätslaufbahn blieb ihm als Jude indes verwehrt. 1829 und 1830 waren Bewerbungen um eine Privatdozentur in Heidelberg und Jena fehlgeschlagen. Weder in Hamburg noch in Bockenheim, wo er von 1835 bis 1840 lebte, erhielt er eine Zulassung zur Advokatur. Bockenheim gehörte seinerzeit zu Kurhessen und hatte – anders als das benachbarte Frankfurt – die rechtliche Gleichstellung der Juden 1833 eingeführt. Das Bürgerrecht wurde Riesser dort dennoch verweigert. Die Taufe und damit die Konversion in die christliche Dominanzgesellschaft, das in Heinrich Heinescher Diktion „Entréebillet zur europäischen Kultur", lehnte der Jurist als unwürdigen Schritt und als Verrat ab. Die US-amerikanische Historikerin Deborah Hertz reihte Riesser wegen seiner Haltung in die Strömung der „Trotzjuden" ein – postreligiös, aber prinzipientreu.[32]

---

29 Allgemeine Zeitung des Judenthums, 12. Jg., H. 43, 16. Oktober 1848, S. 618.
30 Vgl. Helga Krohn, „Dem Streiter für Recht und Freiheit". Gabriel Riesser zum 200. Geburtstag, hrsg. v. Jüdischen Museum Frankfurt, Frankfurt am Main 2006; Julius H. Schoeps, Gabriel Riesser. Demokrat – Freiheitskämpfer – Vordenker, Leipzig 2020.
31 Vgl. Julius H. Schoeps, Deutsch-jüdische Symbiose oder Die mißglückte Emanzipation, Darmstadt 1996, S. 107, sowie Toury, Soziale und politische Geschichte, S. 299.
32 Vgl. Deborah Hertz, Familienliebe und öffentliches Judentum. Die Konversionsproblematik im Deutschland des 19. Jahrhunderts, in: Laudage-Kleeberg/Sulzenbacher, Treten Sie ein, S. 176–183, hier S. 179.

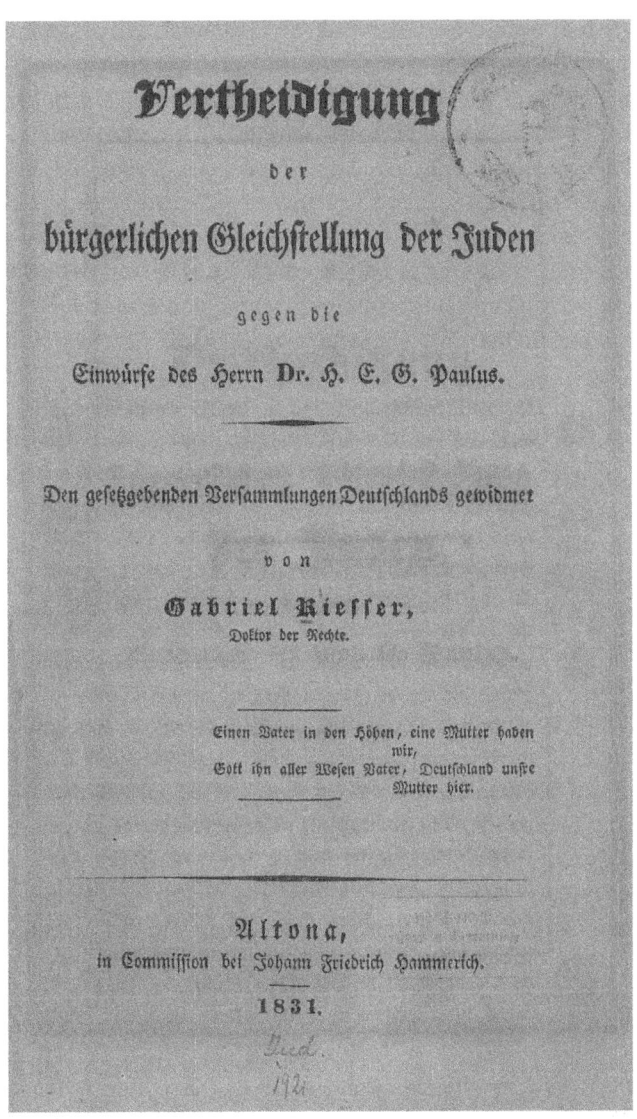

Abb. 2: Universitätsbibliothek Johann Christian Senckenberg Frankfurt am Main

Aus den Jahren des Vormärz ist eine öffentliche und bezeichnende Kontroverse zur „Judenfrage" als dem Schlagwort zur Rechtsstellung der Juden überliefert, die Riesser mit dem evangelischen Kirchenrat Heinrich Eberhard Gottlob Paulus aus Heidelberg austrug. Auf Riessers emanzipatorische Schrift *Über die Stellung der Bekenner des mosaischen Glaubens in Deutschland. An die Deutschen aller Confes-*

sionen antwortete jener reaktionäre Paulus mit einem Gegentext, der Juden die staatsbürgerliche Gleichstellung wegen vermeintlicher „Nationalabsonderung" absprach; als Bedingung forderte Paulus die Taufe und stand damit ganz in der antijüdischen Tradition Martin Luthers.[33] Riesser reagierte 1831 mit der Publikation *Vertheidigung der bürgerlichen Gleichstellung der Juden gegen die Einwürfe des Herrn Dr. H. E. G. Paulus. Den gesetzgebenden Versammlungen Deutschlands gewidmet.* „Uns vorzuhalten", so empörte sich Riesser gegen Paulus, „daß unsere Väter vor Jahrhunderten eingewandert sind, ist so unmenschlich als es unsinnig ist. Wir sind nicht eingewandert, wir sind eingeboren und weil wir es sind, haben wir keinen Anspruch anderswo auf Heimat. Wir sind entweder Deutsche oder wir sind heimatlos."[34]

Nach Riessers Wahl in die Nationalversammlung schrieb die reformorientierte *Allgemeine Zeitung des Judenthums*: „Welch eine Zauberwelt! In dem ganzen Lauenburgischen Gebiete darf Rießer ... nicht wohnen; in seiner Vaterstadt, die er bewohnt, steht ihm nicht die geringste seiner Stellung entsprechende Karriere offen und da geht er hin als Repräsentant eines der ältesten und echtesten deutschen Volksstämme in das konstituirende Pangermanikon!"[35] Und als Riesser wenige Monate später mit großer Mehrheit zum zweiten Vizepräsidenten gewählt wurde, reagierte das Blatt abermals mit Genugtuung: „Er, der ... nicht Nachtwächter in seiner Vaterstadt werden konnte, ist jetzt zweiter Vizepräsident der Deutschland die Verfassung gebenden Versammlung. Es ist das eine wahre Inkarnation der Emanzipation ... ."[36]

Am 28. August 1848, an Goethes Geburtstag, berieten die Delegierten der Nationalversammlung in der 67. Sitzung die „Grundrechte des deutschen Volkes", genauer Art. III, § 13: das Grundrecht auf Religionsfreiheit; und zwar in der Formulierung: „Die Ausübung staatsbürgerlicher Rechte dürfen nicht an ein religiöses Bekenntnis geknüpft sein." In der Debatte kam es zum „Höhepunkt des Paulskirchen-Antisemitismus", so sah es der Soziologe Lars Lambrecht, ausgelöst durch dezidiert antijüdische Positionen von Moriz Mohl.[37] Der Stuttgarter Abgeordnete

---

33 Heinrich Eberhard Gottlob Paulus, Die Jüdische Nationalabsonderung nach Ursprung, Folgen und Besserungsmitteln. Oder über Pflichten Rechte und Verordnungen zur Verbesserung der jüdischen Schutzbürgerschaft in Teutschland, Heidelberg 1831.
34 Gabriel Riesser, Vertheidigung der bürgerlichen Gleichstellung der Juden gegen die Einwürfe des Herrn Dr. H. E. G. Paulus. Den gesetzgebenden Versammlungen Deutschlands gewidmet, Altona 1831, S. 39.
35 Monatbericht aus Bayern, S. 314.
36 Allgemeine Zeitung des Judenthums, 12. Jg., H. 43, 16. Oktober 1848, S. 618.
37 Lars Lambrecht, „Antisemitismus" und „Demokratie" im Frankfurter Parlament, in: Lars Lamprecht (Hrsg.), Osteuropa in den Revolutionen von 1848, Frankfurt am Main 2006, S. 133–153, hier S. 144.

insistierte in seinem Redebeitrag auf die Beibehaltung des rechtlichen Status quo und auf die weit verbreiteten sogenannten Besserungskonzepte. Gabriel Riesser parierte mit seiner Rede zur Gleichstellung der Juden und damit für die universellen Menschenrechte mit dem fast schon berühmt gewordenen Passus:

> Die Juden werden immer begeistertere und patriotischere Anhänger Deutschland's unter einem gerechten Gesetze werden. Sie werden mit, und unter den Deutschen Deutsche werden. … Glauben Sie nicht, daß sich Ausnahmsgesetze machen lassen, ohne daß das ganze System der Freiheit einen verderblichen Riß erhalten, ohne daß der Keim des Verderbens in dasselbe gelegt würde.[38]

Abb. 3: Moritz Daniel Oppenheim, Gabriel Riesser, 1848. „Er wird mir gemüthlich schwer_dieser Antrag." Foto: Wien Museum, 89437

---

38 Stenographischer Bericht über die Verhandlungen der deutschen constituirenden Nationalversammlung zu Frankfurt am Main, Nr. 68, 29. August 1848 (über die 67. Sitzung in der Paulskirche, 28. August 1848), S. 1746–1772, hier S. 1757.

Es war Riessers erster Beitrag und dieser sollte eine „unwiderstehliche Wirkung" auf das Parlament ausüben. Gemäß Jacob Toury vertraute Riesser darin ganz auf das Bürgertum, auf das „gute Volk", das den Juden die Hand reichen würde. Dem Wunsch wurde in der Paulskirche vorerst auch entsprochen, ganz anders verhielt es sich aber mit der Stadt Frankfurt.[39] Der schließlich am 27. März 1849 verabschiedeten Paulskirchen-Verfassung waren die Grundrechte nicht – wie zunächst geplant – vorangestellt, sondern als Abschnitt VI in einer erweiterten Fassung eingefügt worden; damit war ihre Bedeutung für die neue Staats- und Gesellschaftsordnung marginalisiert. Bezogen auf das Thema Gleichstellung relevant war §146: „Durch das religiöse Bekenntnis wird der Genuß der bürgerlichen und staatsbürgerlichen Rechte weder bedingt noch beschränkt. Den staatsbürgerlichen Pflichten darf dasselbe keinen Abbruch tun."[40] Für die jüdischen Gemeinden bestand danach tatsächlich Hoffnung auf völlige Gleichstellung.

Einen weiteren großen Auftritt hatte der versierte Jurist Riesser mit seiner „Kaiserrede" am 21. März 1849. Der Frankfurter Historiker Veit Valentin ließ sich zu einem Lapsus hinreißen und sah in Riesser gar den „priesterlichen Redner". Valentin bewertete die „Kaiserrede" als stärkste rhetorische Leistung der Paulskirche überhaupt. Kompromisslos hatte Riesser die kleindeutsche Lösung, die Annahme der Verfassung, die Übertragung der Kaiserkrone auf König Friedrich Wilhelm IV. von Preußen, die konstitutionelle Monarchie, das preußische Erbkaisertum und natürlich die Einheit gefordert.

Ende März 1849 wählte die Mehrheit der Paulskirchen-Abgeordneten den preußischen König zum deutschen Erbkaiser. Angeführt durch Eduard Simson und Gabriel Riesser reiste eine Deputation nach Berlin, um Friedrich Wilhelm IV. die Kaiserkrone anzutragen. Der Monarch lehnte jedoch ab, die Paulskirche sei ein „von Souveränitätsschwindel besoffenes Tagelöhnerparlament" und an der „aus Dreck und Letten gebackenen Krone" hafte – so wird es regelmäßig überliefert – „der Ludergeruch der Revolution".[41] Damit war die Paulskirche gescheitert. Der Bundestag nahm schon bald seine Arbeit wieder auf und hob die „Grundrechte des deutschen Volkes" auf.[42] Lars Lambrecht qualifizierte alle bis zu diesem Zeitpunkt verabschiedeten Verfassungen nur als vorläufige Entwürfe, die leicht kassiert werden konnten; so eben auch die Paulskirchen-Verfassung von 1849. „Weitere Bestimmungen bleiben einem Reichsgesetz vorbehalten" hatte dort

---

39 Vgl. Toury, Soziale und politische Geschichte, S. 290.
40 Paulskirchenverfassung, Abschnitt VI, §146, http://www.verfassungen.de/de06-66/verfassung48-i.htm, letzter Zugriff 16. März 2022.
41 Zitiert nach Grab, Zwei Seiten einer Medaille, S. 174.
42 Christina Klausmann, Grund- und Bürgerrechte – Ausblick, in: Gall, 1848, S. 233–253, hier S. 239.

schwammig formuliert der vorletzte Satz gelautet. Und anschließend erstarkte die Judenfeindschaft.⁴³

Abb. 4: Rudolf Lehmann, Portrait Fanny Lewald, Hamburg 1849. Jüdisches Museum Berlin, GHZ 98/4/0, Foto: Jens Ziehe

Eine, die in ihrer Abneigung gegen die politische Rechte präzis analysierte war Fanny Lewald (1811–1889). Die getaufte Schriftstellerin und Vorkämpferin für die Frauenemanzipation hatte im Oktober 1848 in Frankfurt geweilt und einige Debatten in der Paulskirche verfolgt. Sie berichtete etwa über Gabriel Riesser, der „auf der Tribüne ganz so behaglich aussah als im Alltagsleben, ... Geist, Offenheit und die reinste Güte leuchten aus jedem Zuge seines Gesichts." Fanny Lewald führte ihre Beobachtung darauf zurück, „daß jetzt zwei Juden als Vizepräsidenten der deutschen Nationalversammlung vorstehen" – das war neben Riesser eben der konvertierte Eduard von Simson. In Ludwig Börne und Heinrich Heine hatte Lewald die „Aufrufer zur Auflehnung" gesehen, und jetzt adressiert an Riesser

---

43 Vgl. Lambrecht, „Antisemitismus" und „Demokratie", S. 133.

und ihren Freund Johann Jacoby bezeichnete sie es als „erhebend", dass „das jüdische Volk … nach so langer Unterdrückung nicht matt, nicht schwach, sondern stark genug geworden war, an die Spitze der Bewegung in Deutschland zu treten". Doch auch bei Fanny Lewald machte sich spätestens im Frühsommer 1849 tiefe Skepsis breit. In einem Brief an Jacoby schrieb sie in den Wirren der Gegenrevolution besorgt: „… noch hat das Volk die Idee der Freiheit, das Recht, im entscheidenden Augenblick immer seinem materiellen Vorteil geopfert, immer die Vertreter desselben im Stich gelassen. Wird es jetzt zu Ihnen halten?"[44]

Am 3. Mai 1849 schlugen preußische Truppen einen Aufstand in Dresden nieder. In der Folge erloschen – widerrechtlich – die Mandate der preußischen Abgeordneten der Paulskirche. Viele Delegierte verließen die Nationalversammlung. 104 Abgeordnete verlegten den Sitz nach Stuttgart und etablierten dort unter dem Revolutionär Friedrich Hecker das „Rumpfparlament", bestehend aus Linken und Liberalen; doch schon bald wurde das Gremium von württembergischen Truppen auseinandergetrieben. Gabriel Riesser war von dem Scheitern der Paulskirche tief enttäuscht und kehrte nach Hamburg zurück. Weil er nicht nur für die Emanzipation der Juden, sondern auch für die Anerkennung des Kleinbürgertums und des „Vierten Standes" gekämpft hatte, wurde er später zuweilen als „Rechtsanwalt der Deutschen" gewürdigt. Riesser trat 1859 wie viele ehemalige „48er" dem „Deutschen Nationalverein" bei, mit dem die Geschichte des Nationalliberalismus und schließlich der Fortschrittspartei ihren Anfang nahm. Im selben Jahr wurde er zum Vizepräsident der Hamburger Bürgerschaft bestellt und wenig später zum Mitglied des Hamburger Obergerichts – als erster Jude überhaupt.[45]

Von der „Judenfrage" zur „Rassenfrage"

Die rechtliche Gleichstellung der Juden und damit die Unabhängigkeit der staatsbürgerlichen Rechte vom religiösen Bekenntnis wurde in Deutschland 1848/49 als Grundrecht kodifiziert. Gemäß Gesetz des Norddeutschen Bundes von 1869 und der Reichsverfassung von 1871 sollte die Konfession kein Hindernis zur Bekleidung öffentlicher Ämter sein. Die Reichsverfassung verzichtete jedoch auf einen Grundrechtekatalog.[46] Stattdessen gab es politische Bürgerrechte, die jeweils

---

44 Vgl. Dietrich Schäfer (Hrsg.), Fanny Lewald, Erinnerungen aus dem Jahre 1848, Frankfurt am Main 1969, zitiert nach Margarita Pazi, Fanny Lewald – Das Echo der Revolution von 1848 in ihren Schriften, in: Grab/Schoeps, Juden im Vormärz, S. 233–271, hier S. 244–245. (Brief vom am 16. Juni 1849).
45 Vgl. Arnsberg, Geschichte der Frankfurter Juden, Bd. 1, S. 539.
46 Vgl. Grab, Zwei Seiten einer Medaille, S. 179–180.

durch einzelne Reichsgesetze geregelt wurden. Von einer „Flickwerklösung" sprach Jacob Toury aufgrund der mangelnden Eindeutigkeit und Rechtssicherheit. Es gab zwar gemäß Art. 3 der Reichsverfassung [Staatsangehörigkeit] für die Bürger Gleichheit vor dem Gesetz, aber für das Judentum konnte – wenn auch unausgesprochen – an Nichtzugehörigkeit festgehalten werden.[47] Die alte religiös begründete Ablehnung verband sich nun mit dem Rassenantisemitismus. Hoheitliche Rechte wurden Jüdinnen und Juden im preußischen Obrigkeitsstaat durch die Führungseliten häufig verwehrt. Dies bedeutete, dass Juden von der Staatsverwaltung, der Justiz, im Heer von der Offizierslaufbahn, von Universitäten und höheren Lehrämtern willkürlich ausgeschlossen bleiben konnten. Schon 1848/49 war die „Judenfrage" zuweilen als „Rassenfrage" diskutiert worden. Erst ab dem Kaiserreich indes wurde der moderne Antisemitismus, ausgeübt von selbsternannten Antisemiten und Antisemiten-Parteien, die im Kontext der „völkischen Bewegung" agierten, zu einem relevanten politischen Faktor.[48] Zwar repräsentierten die Antisemiten eine Minderheit, jedoch erhielten sie „Rückendeckung durch eine den Juden negativ bis indifferent gegenüberstehende Mehrheit".[49]

„Wenn Börne das wüßte!"[50] – Zwischenfazit für das „jüdische Frankfurt"

Ab den frühen 1860er Jahren bis 1933 hatte Frankfurt in Relation zur Gesamteinwohnerschaft prozentual stets den höchsten jüdischen Bevölkerungsanteil in deutschen Großstädten. Rigide rechtliche Beschränkungen verhinderten jedoch lange die Aufnahme von Juden in lokale Selbstverwaltungsgremien. Ein weitgehend „normales" Partizipieren an der nichtjüdischen protestantischen Stadt- und Mehrheitsgesellschaft war kaum möglich. Allein im Revolutionsjahr 1848/49 und

---

47 Vgl. Gesetz, betreffend die Verfassung des Deutschen Reichs, in: Deutsches Reichsgesetzblatt, Bd. 1871, Nr. 16, Abschnitt II Reichsgesetzgebung, Art. 3 RV; Begriff bei Toury, Soziale und politische Geschichte, hier zitiert nach Grab, Zwei Seiten einer Medaille, S. 184–185.
48 Vgl. Rürup, Der Fortschritt und seine Grenzen, S. 1004. Stellvertretend sei auf die „Antisemiten-Petition" an die Adresse Otto von Bismarcks aus den Jahren 1880/81 verwiesen, in der reichsweit etwa 250.000 Unterzeichnerinnen und Unterzeichner die neuerliche Einschränkung der staatsbürgerlichen Gleichstellung für Juden forderten, vgl. Micha Brumlik, Neues Reich und neuer Judenhass, in: Frankfurter Rundschau, 22. Januar 2021 (Serie: 1871: Reichsgründung. Ereignis, Erinnerung, Erbe).
49 Peter Longerich, Hinterbühnen des Gedenktheaters, in: Frankfurter Allgemeine Zeitung, 8. Mai 2021.
50 Personalchronik und Miszellen, in: Der Orient, 9. Jg., Heft 29, 15. Juli 1848, S. 232.

in einem schmalen Zeitfenster danach gestand der Senat das aktive und passive Wahlrecht zu, was zu einer Politisierung, einem Wandel im Selbstverständnis und einem größeren Selbstbewusstsein innerhalb der jüdischen Gemeinschaft führte. Der Hamburger Historiker Arno Herzig interpretierte das Revolutionsjahr dezidiert als eine „innerjüdische Wende", im Zuge derer Juden aktiv in das politische Geschehen eingriffen, so auch bei den revolutionären Kämpfen in Frankfurt am Main, Berlin, in Baden, Sachsen und in der Pfalz. Diese „innerjüdische Wende" ging, so Herzig, einher mit einer sukzessiven Auflösung alter Gruppenidentität.[51]

Etwa zeitlich parallel zur Nationalversammlung setzte der Senat eine „Konstituante" zur Erarbeitung einer Verfassung für die Stadt ein, welche die restaurative Konstitutionsergänzungsakte reformieren sollte, die 1816 nach dem Wiener Kongress die neuerliche Ausgrenzung der Juden gesetzlich fixiert hatte. 120 Mitglieder, unter ihnen auch Maximilian Reinganum, wurden am 30. Oktober 1848 in diese lokale Verfassungsgebende Versammlung gewählt – Juden und Arbeiter waren nicht vertreten. Enttäuscht berichtete die Zeitschrift *Der Orient*: „Der Senat behält seinen Zopf. An der Berathung einer neuen Verfassung dürfen die Juden nicht theilnehmen. Die Republik Frankfurt ist sehr groß. In der Paulskirche berathen Juden die Verfassung Deutschlands, und der Frankfurter Senat will die Juden nicht anerkennen. Wenn Börne das wüßte!"[52] Erst im dritten Anlauf konnte im September 1849 ein Entwurf mit 190 Artikeln verabschiedet werden. Der Grundrechtekatalog orientierte sich zwar an Formulierungen der Verfassung der Nationalversammlung; doch inzwischen war die Revolution gescheitert, hatte sich das Paulskirchen-Parlament aufgelöst. Der Senat verzichtete daher auf die Abstimmung über die neue Verfassung. Vielmehr schrieb er jetzt Wahlen für eine neue Gesetzgebende Versammlung aus, die am 21. Januar 1850 erstmals zusammentrat.[53] Jüdische Vertreter erhielten für dieses Gremium weder das aktive noch das passive Wahlrecht. Ab 1853 mussten Juden dann eine eigene Wählerklasse bilden, die nur vier Persönlichkeiten in die Gesetzgebende Versammlung entsenden konnte; von einer politischen Tätigkeit und in der städtischen Verwaltung blieben Juden weiterhin ausgeschlossen.[54]

---

51 Vgl. Arno Herzig, Politische Zielvorstellungen jüdischer Intellektueller aus dem Rheinland und aus Westfalen im Vormärz und in der Revolution 1848, in: Grab/Schoeps, Juden im Vormärz, S. 272–311, hier S. 272 u. 303.
52 Personalchronik und Miszellen, S. 232.
53 Vgl. u. a. Wolfgang Klötzer, Frankfurt am Main von der Französischen Revolution bis zur preußischen Okkupation 1789–1866, in: Frankfurter Historische Kommission (Hrsg.), Frankfurt am Main. Die Geschichte der Stadt in neuen Beiträgen, Sigmaringen 1991, S. 303–348, hier S. 336.
54 Vgl. Toury, Soziale und politische Geschichte, S. 304–305.

Laut Paul Arnsberg war es jetzt nicht mehr allein der Senat, der wie bisher eine dezidiert antijüdische Haltung einnahm, sondern auch das „51er Kolleg". Diese lokale Einrichtung, gegründet zur Kontrolle der städtischen Finanzpolitik, galt als ebenso reaktionär wie einflussreich und bekämpfte die rechtliche Gleichstellung und damit die politische Partizipation der Juden.[55]

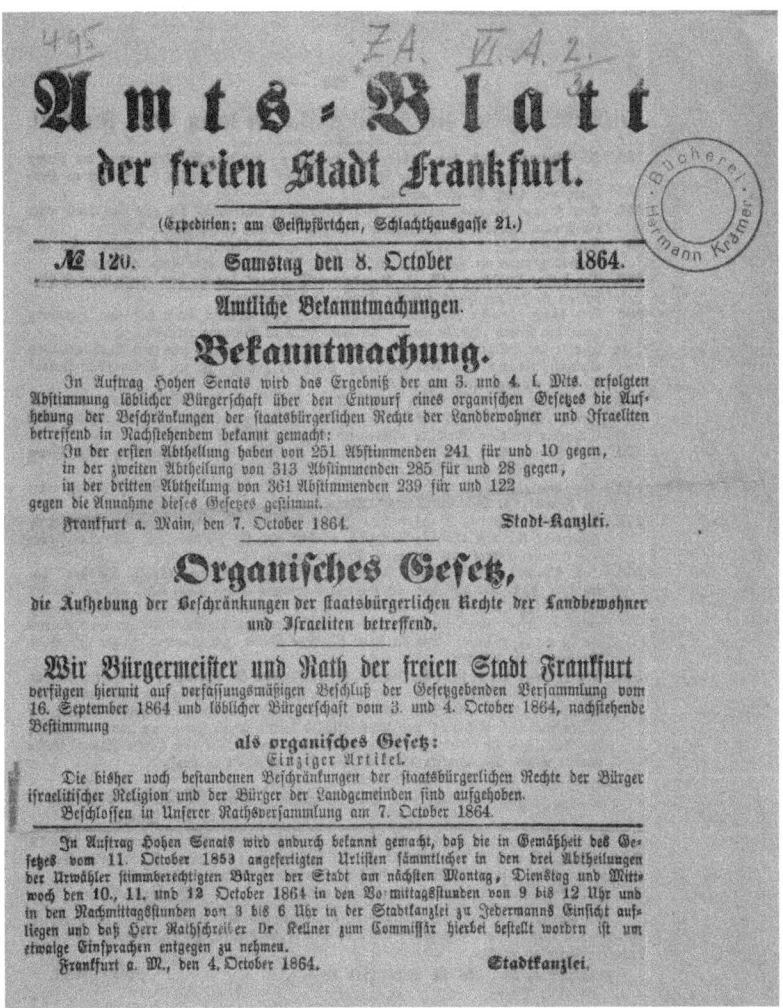

Abb. 5: Organisches Gesetz, in: Amts-Blatt der freien Stadt Frankfurt, 8. Oktober 1864, Nr. 120/1864, Foto: Jüdisches Museum Frankfurt, B 1986/0405

---

55 Vgl. Arnsberg, Geschichte der Frankfurter Juden, Bd. 1, S. 553.

Eine bittere Anklage erhob Arnsberg außerdem gegen die nichtjüdische Frankfurter Dominanzgesellschaft. Er wies ihr in seiner 1983 postum erschienenen dreibändigen Publikation *Die Geschichte der Frankfurter Juden seit der Französischen Revolution* die Verantwortung zu, durch rigorose Ausschlussmechanismen erst das Klima für die „Tauf- und Mimikry-Welle"[56] im 19. Jahrhundert, also die Assimilation, geschaffen zu haben:

> Ein Weg, der über die Barbarei der Judengasse in das System der bürokratischen Schikane bis zum Jahre 1865 (sic!) führte und von da ab – mit viel sozialer und gesellschaftlicher Diskriminierung – bis zum Erwachen des Jahres 1933. Es war ein aufgezwungener Weg, der kein Ruhmesblatt christlicher Ideale offenbart, der Weg einer oktroyierten Konsequenz. Viele Väter begingen ihn, um ihren Nachkommen einiges von dem zu ersparen, was sie erlitten. Oftmals ein Weg des Geheimnishaften den Nachkommen gegenüber – von diesen als Feigheit empfunden, ein Weg an der Katastrophe der Vergangenheit vorbei – in die Katastrophe der Hitler-Barbarei der Judenvernichtung.[57]

Im Oktober 1864 verabschiedeten Senat und Gesetzgebende Versammlung das „Organische Gesetz"; es bestand aus einem Artikel, der fortan für zwei Minderheiten Geltung besaß: „Die bisher noch bestehenden Beschränkungen der staatsbürgerlichen Rechte der Bürger israelitischen Glaubens und der Bürger der Landgemeinden sind aufgehoben."[58] Dieser Akt beendete offiziell das mehr als 50jährige Ringen um die Gleichstellung der Juden in Frankfurt und war wenige Tage zuvor in einer öffentlichen Abstimmung der Bürgerschaft bestätigt worden. Dass von circa 5.000 Stimmberechtigten in drei Klassen 924 Personen überhaupt ihr Votum abgaben, zeugte beredt vom Desinteresse an diesem Thema.[59]

---

[56] In dem Artikel „Jüdische Renaissance" bezeichnete Martin Buber die Phase der Assimilation als „die armselige Epoche". Martin Buber, Jüdische Renaissance, in: Ost und West. Illustrierte Monatsschrift für das gesamte Judentum, 1 (1901), Heft 1, Sp. 7–10, Zitat Sp. 9.
[57] Arnsberg, Geschichte der Frankfurter Juden, Bd. 1, S. 689.
[58] Amtsblatt der Freien Stadt Frankfurt, Nr. 120, 8. Oktober 1864, vgl. Arnsberg, Geschichte der Frankfurter Juden, Bd. 1, S. 619.
[59] Es gab 764 „Ja-" und 160 „Nein-Stimmen"; vgl. Toury, Soziale und politische Geschichte, S. 322.

Eva-Maria Ulmer, Edgar Bönisch und Birgit Seemann
„Diakonissen" jüdischen Glaubens

Die Entstehung der jüdischen Krankenpflege in Frankfurt am Main

Zur Entstehung der beruflich ausgeübten Krankenpflege im Deutschen Reich im 19. Jahrhundert

Mit der Forderung an den „Deutsch-Israelitischen Gemeindebund" (D.I.G.B.) nach der „Ausbildung von Diaconissinnen jüd. Conf." bringt Paul Jolowicz 1882 den Stein ins Rollen.[1] Ende des 19. Jahrhunderts werden in vielen Städten des Deutschen Reichs jüdische Krankenpflegevereine gegründet, die sowohl der Ausbildung jüdischer Krankenschwestern als auch der Sicherstellung der Pflege durch jüdische Krankenschwestern verpflichtet sind. In Frankfurt am Main wird am 23. Oktober 1893 der erste dieser Vereine gegründet. Wie in Frankfurt entstehen an vielen anderen Orten in Deutschland Schwesternvereine: 1894 in Berlin, 1899 in Breslau und Köln, 1900 in München und Nürnberg, 1902 folgt Hamburg. Für die Zeit bis 1921 zählt Hilde Steppe weitere 16 Vereinsgründungen auf.[2] Diese Entwicklung ist eingebettet in die Herausbildung der Krankenpflege als Beruf, die zu Beginn des 19. Jahrhunderts ihren Ausgang nimmt.

Beruf bedeutet in diesem Zusammenhang, dass eine geplante, organisierte Ausbildung existiert und ein dauerhaftes, geregeltes Einkommen mit dieser Tätigkeit erzielt wird. Bei der Berufskonstruktion Krankenpflege spricht Steppe vom maßgeblichen Einfluss externer Faktoren.[3] Sie führt aus, dass die vielen Kriege

---

[1] Archiv der Stiftung Neue Synagoge Berlin – Centrum Judaicum (künftig: CJA), 1 Ge 1, Nr. 967, # 10857, Bl. 62. Der D.I.G.B. wurde am 29. Juni 1869 gegründet. Es handelte sich um einen freiwilligen Zusammenschluss jüdischer Gemeinden, um unter anderem auch in Fragen der Wohltätigkeit die Interessen zu organisieren und nach außen zu vertreten. Vgl. Dan Diner (Hrsg.), Enzyklopädie jüdischer Geschichte und Kultur, Bd. 2, Stuttgart 2012, S. 107–109.
[2] Vgl. Hilde Steppe, „...Den Kranken zum Troste und dem Judenthum zur Ehre..." Zur Geschichte der jüdischen Krankenpflege in Deutschland, Frankfurt am Main 1997, S. 112–114. Zum Forschungsstand ist anzumerken, dass zur Geschichte der jüdischen Krankenpflege mit Ausnahme Frankfurt am Main wenig Forschungsergebnisse vorliegen. Hilde Steppe (1947–1999) war Pionierin der historischen Pflegeforschung. Wir verdanken ihr die grundlegenden Untersuchungen zur jüdischen Pflegegeschichte aus den 90er Jahren des letzten Jahrhunderts.
[3] Vgl. Steppe, Den Kranken zum Troste, S. 31–33. Vgl. auch Anna Sticker, Die Entstehung der neuzeitlichen Krankenpflege, Stuttgart 1960, S. 13–47.

des 19. Jahrhunderts die Entwicklung eines effektiven Sanitätswesens erfordern. Zwei Personen sind in diesem Zusammenhang zu nennen: Florence Nigthingale mit ihren Erfahrungen aus dem Krim-Krieg (1853–1856) und Henry Dunant, der die Schlacht von Solferino (1859) im Sardischen Krieg als Wendepunkt erlebte. Zu Friedenszeiten soll Personal ausgebildet werden, das im Kriegsfalle die Verwundetenpflege übernehmen kann. Durch die Industrialisierung kommt es unter anderem zu einer Trennung von Arbeit und Leben und – dies sei an dieser Stelle kurz umrissen – zu einer Trennung von öffentlichem und privatem Raum. Diese Trennung ist zugleich geschlechtsspezifisch organisiert.[4] Im Bürgertum ist die Frau für den häuslichen Bereich verantwortlich, der Mann arbeitet außer Haus. Die Entwicklung der Krankenpflege ist stark an diesem Modell orientiert. Eine Ausbildung in der Krankenpflege wird als eine mögliche Vorbereitung auf die Rolle der Gattin und Mutter als der eigentlichen Bestimmung der Frau gesehen.[5] Fast zeitgleich beginnen in den meisten europäischen Ländern die Frauen, sich mit dieser Rollenzuschreibung auseinanderzusetzen und sich öffentlich zu positionieren. Es gibt unterschiedliche Strömungen, auf die wir hier nicht näher eingehen können. Bei den bürgerlichen Frauen steht die Debatte um die Teilnahme am öffentlichen Leben, an Bildung und Berufstätigkeit in dem ihnen „natürlicherweise" vorgegebenen Rahmen im Mittelpunkt. Die ehemals häuslichen Funktionen Erziehung und Pflege können nun im öffentlichen Raum als Beruf ausgeübt werden; damit entstehen typisch weibliche Berufsbilder. Infolge des medizinischen Fortschritts entwickelt sich im ausgehenden 18. Jahrhundert das Hospital von einer Aufbewahrungsstätte für Mittellose, Alte, Kranke und Gebrechliche hin zu einem medizinischen Zentrum. Der Wandel des Hospitals zum Krankenhaus vollzieht sich auf unterschiedlichen Ebenen: Die Medizin zieht dort ein, damit werden die Krankenhäuser auch für begüterte Bürger attraktiv. Das Wartepersonal, meist unausgebildete, karg entlohnte Männer und Frauen, wird mit seinen geringen Qualifikationen den gestiegenen Ansprüchen nicht mehr gerecht.[6] Die Ärzte drängen auf eine Ausbildung mit definiertem Wissensfundus.[7] Hinzu kamen die Epidemien: Die Leitepidemie des 19. Jahrhunderts, die Cholera, aber auch die Typhusepidemien und die Tuberkulose erfordern mehr Pflegepersonal, das zumindest so

---

4 Vgl. Ute Frevert, Frauen-Geschichte. Zwischen bürgerlicher Verbesserung und neuer Weiblichkeit, Frankfurt am Main 1986.
5 Vgl. Marion A. Kaplan, Jüdisches Bürgertum. Frau, Familie und Identität im Kaiserreich, Hamburg 1997.
6 „Wartepersonal" war die im 18. und 19. Jahrhundert übliche Bezeichnung für Personen, die in der Pflege von Kranken tätig waren.
7 Vgl. Eduard Seidler, Geschichte der Medizin und Krankenpflege, Stuttgart 1993.

weit qualifiziert ist, dass es Hygienemaßnahmen einhalten kann.[8] Diese gesellschaftlichen Entwicklungen bilden den Kontext, in dem sich die berufliche Krankenpflege herausbildet.

Aufgrund dieser externen Faktoren entstehen, grob gesprochen, drei Gruppen: die katholische Ordenspflege als größte Gruppe, gefolgt von den Organisationen der evangelischen Diakonie und nicht-kirchlich gebundenen Gruppen, wie z. B. dem Roten Kreuz.[9] 1836 kommt es nach jahrelangen Diskussionen zur Gründung der Diakonissenanstalt in Kaiserswerth bei Düsseldorf mit der Organisationsform eines Mutterhauses, das Vorbild für viele Neugründungen wird. Ein Theologe und eine Oberin stehen an der Spitze, sorgen für ihre Kinder, die Diakonissen.[10] Auch die 1860 gegründeten Schwesternschaften vom Roten Kreuz übernehmen dieses Mutterhaus-Modell.

Die Entwicklung einer spezifisch jüdischen, beruflich ausgeübten Krankenpflege im Deutschen Reich

Orientiert an christlichen Organisationen einerseits und dem jüdischen Prinzip der *Zedaka* andererseits entwickeln sich an vielen Orten Vereine, die die Ausbildung und Sicherstellung der beruflichen jüdischen Krankenpflege organisieren. Dabei spielte sicherlich die Tradition des *Bikkur Cholim*, des Krankenbesuchs, als jahrhundertealte Tradition eine wesentliche Rolle.[11]

Die Diskussion eröffnet, wie eingangs erwähnt, Paul Jolowicz aus Posen mit einem Brief nebst achtseitiger Denkschrift vom 7. September 1882 an den „hochverehrten Herrn Geheimrath" – gemeint ist Professor Kristeller, damals Chefarzt der gynäkologischen Abteilung der Charité – als den Vorsitzenden des D.I.G.B.[12]

---

8 Vgl. Sticker, Entstehung, S. 13–47.
9 Zahlen bei Jutta Helmerichs, Krankenpflege im Wandel (1890–1933), Phil. Diss., Universität Göttingen 1992. 1876 gibt es in katholischen Mutterhäusern 5.763 Schwestern, in evangelischen Mutterhäusern 1.760 Schwestern, in Mutterhäusern des Roten Kreuzes 525 Schwestern sowie 655 freie Schwestern.
10 Vgl. Anna Sticker, Theodor und Friederike Fliedner, Wuppertal/Zürich 1989.
11 www.juedische-pflegegeschichte.de/der-juedische-krankenbesuch-bikkur-cholim/, letzter Zugriff 22. Februar 2022.
12 Archiwum Państwowe w Poznaniu, Schreiben vom 3. November 2021. Im Staatsarchiv Posen ist ein Paul Jolowicz nachweisbar, der am 6. Juni 1809 in Santomischel geboren wurde und am 11. Dezember 1884 in Posen gestorben ist. Für diese Daten spricht, dass ab 1885 letztmalig Quellen,

Jolowicz regt „die Ausbildung von Diaconissinnen jüd. Conf." an. Es soll ein „Asyl für unversorgte alleinstehende jüdische Frauen u. Mädchen jüdischer Confession, resp. deren Ausbildung zu tüchtigen Krankenpflegerinnen" gegründet werden.[13] Das zu errichtende „Institut" soll das „Judenthum" zieren. Hier wird deutlich, wie sich die Gründung jüdischer Krankenpflegevereine an der Organisation der Krankenpflege in der Diakonie orientiert und auf jüdische Verhältnisse übertragen wird.[14] In seinem Schreiben verweist er auf die guten Erfahrungen, die er mit einer „Aspirantin für Krankenpflege nach Absolvierung ihrer Lehrzeit im isr. Hospitale zu Frankfurt a/M" gemacht hat. Diese am Krankenhaus der Israelitischen Gemeinde Frankfurt ausgebildete Rosalie Jüttner, von der das Zeugnis erhalten ist, ist als Wegbereiterin der jüdischen Krankenpflegeausbildung zu betrachten.[15] Ihr Zeugnis vom 20. August 1882 ist von Dr. med. Simon Kirchheim (1843–1915) unterschrieben.[16] Er wird uns elf Jahre später, 1893, als Mitbegründer und Vorsitzender des „Vereins für jüdische Krankenpflegerinnen zu Frankfurt am Main" wieder begegnen. Fast postwendend, elf Tage später, antwortet der Vorsitzende des D.I.G.B. und vergibt mehrere Gutachtenaufträge. Unter anderem wird gefragt:

> 1) Ist die Ausbildung jüdischer Krankenpfleger ein Bedürfniß? Ist dieses Bedürfniß, wenn nicht allgemein, in gewissen Provinzen vorhanden? 2) Im Falle der Bejahung der ersten Fra-

---

deren Urheber er ist, nachweisbar sind. Mehr Informationen konnten auch in weiteren online einzusehenden polnischen Archiven nicht ermittelt werden.

13 CJA, 1 Ge 1, Nr. 967, #10857, Bl. 62–66.

14 Es ist gut denkbar, dass ihm das 1866 eingeweihte Diakonissenhaus in Posen als nachahmenswertes Beispiel dient. Vgl. Karl Fliedner, Gebt unserm Gott die Ehre! Denkschrift zum 50jähr. Jubiläum d. Ev. Diakonissen-Anstalt in Posen allen Schwestern u. Freunden unseres Hauses dargereicht, Posen 1916.

15 Ein früherer Hinweis auf jüdische Frauen, die zu Krankenwärterinnen ausgebildet wurden, findet sich bei Franz Anton May, Vermischte Schriften, Mannheim 1786, S. 308–309. Er berichtet, nachdem er über die Schwierigkeit, geeignete Bewerber zu finden, geschrieben hat, über den ersten Kurs [1782, d. Verf.]: „Die ansehnlichere Klasse der Lehrlinge besteht aus jungen Wundärzten, Witwen und Kindsfrauen, aus den Krankenwärtern der Hospitäler und Waisenhäuser. Die Judenkrankenwärter sind von der Lehre nicht ausgeschlossen. Ich muss es unserer Judenschaft zum Ruhme nachsagen, daß sie gegen ihre Kranken besonders wohlthätig und dienstwillig ist. Zwei Jüdinnen haben dem ersten Lehrgang der Krankenwärterlehre beigewohnt, worunter besonders die Jungfer Glüdge Hallin bei der öffentlichen Prüfung durch geschickte unerwartete Antworten sich auszeichnete."

16 Vgl. CJA, 1 Ge 1, Nr. 967, #10857, Bl. 67. Kirchheim war Chirurg, Geburtshelfer, leitender Arzt der Inneren Abteilung des Hospitals der Israelitischen Gemeinde Frankfurt am Main, Frankfurter Stadtverordneter sowie ehrenamtlicher Stadtrat. Vgl. dazu www.juedische-pflegegeschichte.de/personen/simon-kirchheim/, letzter Zugriff 20. Mai 2022.

ge, wie ist die Auffindung geeigneter Zöglinge bestens zu ermöglichen, und wie die Unterbringung in Lehranstalten? ... 4) Ist ein Mutterhaus von vornherein nothwendig ...?[17]

In rascher Folge werden Briefe und Stellungnahmen gewechselt, für uns ein Hinweis, dass das Thema einer eigenständigen jüdischen Krankenpflege im D. I. G. B. virulent ist. Beispielhaft für die fünf im Archiv des Centrum Judaicum erhaltenen Gutachten wird hier aus dem Gutachten von Dr. Stern zitiert.[18] Er schreibt, dass in großen Städten wie Breslau und Frankfurt am Main eine „Ausbildung, speziell jüdischer Krankenpfleger nicht notwendig" sei, wohingegen in den Provinzen „ohne Frage ein großer Mangel an geschultem Krankenwartepersonal" zu konstatieren sei. Die Orientierung an und Abgrenzung von den christlichen Organisationen spielt ebenfalls eine Rolle. Es wird auf die gut organisierten kirchlichen Institutionen verwiesen, die sich zunächst ihren Glaubensgenossen zuwenden würden. Dies bezieht sich auch auf die Möglichkeit einer Ausbildung jüdischer Frauen an christlichen Krankenpflegeschulen. So betont Gustav Feldmann in einem Artikel über die Anfänge jüdischer Krankenpflege im Jahr 1901:

> Bis vor wenigen Jahren standen den jüdischen Kranken nur christliche Pflegerinnen zur Verfügung und die Teilnahme am Pflegerinnenberuf war nur den Christinnen möglich; denn die religiösen Pflegegenossenschaften, mögen es katholische oder protestantische sein, bilden nur Angehörige der eigenen Konfession aus, und die weltlichen Krankenpflegerinnenvereine verlangen teilweise in ihren Aufnahmebedingungen das Taufzeugnis oder beschränken doch, wo sie das nicht thun, die Aufnahme thatsächlich auf christliche Bewerberinnen.[19]

Stern betont: Jüdische Krankenschwestern könnten gerade in den Provinzen „eine Kulturmission erfüllen", eine „Hauptveranlassung für den D. I. G. B., sich mit der Heranbildung von jüdischem Wartepersonal zu befassen".[20] Diese an jüdischen Krankenhäusern ausgebildeten Krankenschwestern sollen aber nicht bei einer zentralen Organisation, vergleichbar den Mutterhäusern der Diakonie, angestellt werden, wie der ursprüngliche Vorschlag war, vielmehr sollen sie an bestehende Strukturen, nämlich den bereits in vielen Gemeinden bestehenden Krankenpflegevereinen, angegliedert werden.

---

17 CJA, 1 Ge 1, Nr. 967, #10857, Bl. 73.
18 Gutachten Dr. Stern (weitere Angaben nicht bekannt), CJA, 1 Ge 1, Nr. 967, #10857, Bl. 74–77. Weitere Gutachter: Dr. Fürst (Leipzig), Dr. Honigmann (Breslau), Dr. Strauß (Barmen), Unterschrift eines weiteren Gutachtens unleserlich.
19 Gustav Feldmann, Jüdische Krankenpflegerinnen, in: Die Krankenpflege 1 (1901/1902), S. 955–960, hier S. 956.
20 CJA, 1 Ge 1, Nr. 967, #10857, Bl. 74.

In fast allen jüdischen Gemeinden existieren im 19. Jahrhundert Frauen-Vereine, die sich im Sinne der *Zedaka* in der Wohltätigkeit engagieren.[21] Sie kümmern sich vor allem um Arme, Kinder, alleinstehende Frauen, Witwen, Wöchnerinnen und Kranke. Ihre Benennung als „Krankenpflegevereine" sollte allerdings nicht zu der Annahme verführen, dass in ihnen ausgebildete, im Sinne eines Berufes tätige Frauen aktiv sind. Die Aufgaben beschreibt der Arzt und Sozialpolitiker Segall für den Bereich Krankenpflege wie folgt: „Die Krankenpflege wird in der Weise geleistet, daß freier Arzt, Apotheke, Medikamente, Stärkungsmittel gewährt werden, daß Nachtwachen entweder durch Mitglieder oder bestellte Wärterinnen geleistet und daß neuerdings Krankenpflegerinnen, die ärztlich ausgebildet sind, gestellt werden."[22]

Zurück zur Diskussion um die angemessene Organisation der beruflichen jüdischen Krankenpflege in den 1880er Jahren. Mit einem Wiederabdruck der Artikel von Jolowicz aus der *Israelitischen Wochenschrift* aus dem Jahr 1884 nun in der *Laubhütte* 1885 wird der Ball ins Feld der Logen gespielt.[23] Die Herausgeber der *Laubhütte* schreiben: „Die Sympathien des Deutsch=Isr. Gemeindebundes für eine Organisierung der Krankenpflege scheinen wieder erkaltet zu sein. ... Vielleicht nehmen sich die Logen des Ordens ‚Bne briss' derselben an."[24] Die Frage der Ausbildung von jüdischen Krankenpflegerinnen wird auch bei den Logen kontrovers diskutiert. Wie beim D. I. G. B. wird die Frage nach dem Bedarf gestellt und die Diskussion um die Zukunft der unversorgten Frauen und Mädchen entfacht. Des Weiteren werden folgende Fragen gestellt: Wie sieht die Sicherung ihres Lebensunterhalts aus, wie sind sie im Alter und bei Krankheit abgesichert? Die Diskussion konzentriert sich auf Arme, Unverheiratete und Witwen. Soll die berufliche Krankenpflege zentral oder dezentral organisiert werden? Ein Punkt jedoch scheint klar zu sein: Die Ausbildung soll an einem jüdischen Krankenhaus erfolgen und *„dem Judenthum zur Ehre gereichen"*.[25]

---

21 Vgl. Jacob Segall, Die jüdischen Frauenvereine in Deutschland, in: Zeitschrift für Demographie und Statistik der Juden 10 (1914), S. 2–7 und 17–23.
22 Segall, Die jüdischen Frauenvereine in Deutschland, S. 17.
23 Vgl. Paul Jolowicz, Die Krankenpflege im Judenthum, in: Israelitische Wochenschrift für die religiösen und sozialen Interessen des Judenthums 15 (1884), S. 1–2 und 10–11, Sonderabzug in CJA, 1 Ge 1, Nr. 967, # 10857 Bl. 114–117; Paul Jolowicz, Die Krankenpflege im Judenthum, in: Laubhütte 2 (1885), Nr. 1 und 2, CJA, 1 Ge 1, Nr. 967, # 10857 Bl. 11–14.
24 CJA, 1 Ge 1, Nr. 967, # 10857 Bl. 11. Die 1843 in den Vereinigten Staaten gegründete jüdische Hilfsorganisation *B'nai B'rith*, oder *Bne Briss*, zu Deutsch „Söhne des Bundes", war als Loge konzipiert. Vgl. Dan Diner (Hrsg.), Enzyklopädie jüdischer Geschichte und Kultur, Bd. 1, Stuttgart 2011, S. 365–369.
25 Gustav Feldmann, Jüdische Krankenpflegerinnen, Cassel 1901, S. 15. Hervorhebung im Original.

Die Entwicklung der Ausbildung jüdischer Krankenschwestern in Frankfurt am Main

Nach der Ausbildung der ersten Krankenpflegerin Rosalie Jüttner 1881/82 wird 1883 ein zweites „Mädchen" zur Ausbildung am Krankenhaus der Israelitischen Gemeinde Frankfurt am Main aufgenommen. Ab April 1889 absolvieren weitere jüdische Frauen diese Ausbildung und schließen sich 1893 zu einem „Verband jüdischer Krankenpflegerinnen" zusammen. Parallel fördert die „Frankfurt-Loge des Unabhängigen Ordens Bne Briss" die Vereinsentwicklung maßgeblich. Besonders Meier Schwarzschild (1830–1897), Bankier und Philanthrop, ist hier zu nennen. Am 23. Oktober 1893 wird gemeinsam mit dem „Verband jüdischer Krankenpflegerinnen" der „Verein für jüdische Krankenpflegerinnen zu Frankfurt am Main" gegründet. Der Vorstand besteht aus neun Vereinsmitgliedern, die „männlich und großjährig" sein müssen, zudem müssen ihm mindestens zwei Ärzte angehören.[26] In der ältesten noch vollständig erhaltenen Satzung von 1900 wird der Vereinszweck in § 2 wie folgt beschrieben:

1. Jüdische Mädchen zu Krankenpflegerinnen heranzubilden, die allen an tüchtige Krankenpflegerinnen zu stellenden Anforderungen Genüge leisten.
2. Unter Leitung des Vereins ausgebildete, bzw. geprüfte jüdische Krankenpflegerinnen (Schwestern) gegen vom Vorstand festzustellende Vergütung, auf Erfordern auch unentgeltlich als Armenkrankenpflegerinnen, dem Publikum ohne Unterschied der Konfession zur Verfügung zu stellen.
3. Im Kriegsfalle die Schwestern thunlichst dem Sanitätsdienst zur Verfügung zu stellen.[27]

Diese Festlegung wird bei Beginn des Ersten Weltkriegs weitreichende Folgen haben.

Wer sind nun die Pionierinnen der beruflich ausgeübten Pflege? Frieda Brüll, geboren 1866 in Erlangen, beendet 1892 die Ausbildung am Krankenhaus der Israelitischen Gemeinde Frankfurt am Main und wird bereits 1894 Oberin am Israelitischen Krankenhaus in Köln.[28] Dieses Amt bekleidet sie bis zu ihrer Heirat mit dem Kölner Kaufmann Moses Wollmann, es ist klar, dass sie nach der Heirat aus dem Berufsleben ausscheidet. Sie lebt nach dem Tod des Ehemannes in Köln,

---

26 Verein für jüdische Krankenpflegerinnen, CJA, 1, 75 C Ge1, Nr. 973, #10865, Bl. 116–120.
27 Verein für jüdische Krankenpflegerinnen, CJA, 1, 75 C Ge1, Nr. 973, #10865, Bl. 118.
28 Weitere Angaben: www.juedische-pflegegeschichte.de/frieda-bruell-wollmann-1866-1942-aus-erlangen-mitbegruenderin-des-juedischen-schwesternvereins-in-frankfurt-oberin-in-koeln/, letzter Zugriff 5. Februar 2022.

wird 1942 deportiert und nimmt sich am 13. Juni 1942 das Leben. Klara Gordon, geboren 1866 im ehemaligen Ostpreußen, absolviert ebenfalls am Krankenhaus der Israelitischen Gemeinde Frankfurt am Main ihre Ausbildung.[29] Sie arbeitet u. a. als Armenschwester, bevor sie 1898 vom Hamburger Israelitischen Krankenhaus als Oberin angefordert wird. Lisette Hess, geboren 1867 im Wetteraukreis, macht um 1890 ihre Pflegeausbildung ebenfalls am Krankenhaus der Israelitischen Gemeinde Frankfurt am Main.[30] Zeitweise ist sie stellvertretende Oberin des Krankenhauses und Oberin des von ihr mit gegründeten Vereins. Sie arbeitet in der Armen- und Privatpflege, bis sie 1901 nach Hamburg wechselt. Sie stirbt 1913 und ist auf dem Alten jüdischen Friedhof in Frankfurt am Main in der Rat-Beil-Straße begraben. Minna Hirsch, geboren am 1. Dezember 1860 in Halberstadt, ist die Älteste der Gründerinnen.[31] Sie beginnt ihre Ausbildung am 1. April 1889 am Krankenhaus der Israelitischen Gemeinde Frankfurt am Main, dort ist sie ab 1893 als Oberin tätig. Parallel dazu ist sie auch Oberin der Schwesternschaft des Vereins, später (ab ca. 1902) Vorsitzende der Säuglingskommission des Frankfurter sozialen Frauenvereins „Weibliche Fürsorge e. V.". Ab 1904 ist sie Delegierte im Deutschen Verband jüdischer Krankenpflegevereine (s. u.). Sie stirbt 1938 in Frankfurt. Thekla Mandel, geboren 1867 in Lippstadt, kommt um 1890 zur Ausbildung nach Frankfurt.[32] Von 1894 bis zu ihrer Heirat 1907 ist sie Oberin im Gumpertz'schen Siechenhaus, einer im Jahr 1888 gegründeten großen sozialpflegerischen Institution für Kranke und Menschen mit unterschiedlichen Behinderungen.[33]

Die Biographien der fünf Pionierinnen zeigen zwei Charakteristika, die sie mit den Bewerberinnen der späteren Jahre teilen: Zum einen stammen sie nicht aus Frankfurt, sondern aus verschiedenen Orten Deutschlands, zum anderen bekleiden sie Leitungspositionen, wie viele andere Kolleginnen, die Oberinnen in jüdischen Krankenhäusern in Frankfurt, Köln, Hamburg, Basel, Straßburg und anderen Städten sind.

---

29 Weitere Angaben: www.juedische-pflegegeschichte.de/personen/klara-gordon/, letzter Zugriff 20. Mai 2022.
30 Weitere Angaben: www.juedische-pflegegeschichte.de/personen/lisette-hess/, letzter Zugriff 20. Mai 2022.
31 Weitere Angaben: www.juedische-pflegegeschichte.de/personen/minna-hirsch/, letzter Zugriff 20. Mai 2022.
32 Weitere Angaben: www.juedische-pflegegeschichte.de/personen/thekla-isaacsohn/, letzter Zugriff 20. Mai 2022, und www.juedische-pflegegeschichte.de/thekla-mandel-isaacsohn-1867-1941-erste-oberin-des-gumpertzschen-siechenhauses-zu-frankfurt-am-main-letzte-oberin-des-frankfurter-stiftungsprojekts-erholungsheim-fuer-israel, letzter Zugriff 22. Februar 2022.
33 Vgl. Birgit Seemann/Edgar Bönisch, Das Gumpertz'sche Siechenhaus – ein „Jewish Place" in Frankfurt am Main, Frankfurt am Main 2019.

In welcher Weise sich der Verein für jüdische Krankenpflegerinnen zu Frankfurt am Main weiterentwickelt, zeigt ein Blick auf die Jahresberichte des Vereins von 1897 bis 1911 und den Rechenschaftsbericht von 1920, der sich auf die Jahre 1913 bis 1919 bezieht. Sie geben einen profunden Einblick in die Aktivitäten des Vereins, seine Leistungen, sein Wachstum und seine zugrundeliegende Einstellung, die hier nur in Schwerpunktthemen beschrieben werden kann.[34] Wiederholt wird die überkonfessionelle Einstellung thematisiert, vor allem hinsichtlich der Leistungen in der Privat- und Armenpflege, was wir heute im Übrigen als ambulante Pflege bezeichnen würden. Die „Kulturmission", die Kulturaufgabe der jüdischen Frauen, die seit den Anfängen eine bedeutende Rolle spielt, wird immer wieder betont.

Die Aktivitäten des Vereins für jüdische Krankenpflegerinnen zu Frankfurt am Main

In der Vereinssatzung ist die Ausbildung und das Zurverfügungstellen der ausgebildeten Krankenschwestern als Vereinsziel festgelegt. Zunächst zur Ausbildung: Es liegen dem Verein immer weitaus mehr Anmeldungen vor, als Ausbildungsplätze vorhanden sind. Die Zahl der Schülerinnen steigt von anfangs vier (1897) auf maximal 15 (1909), es müssen aber immer viele Bewerberinnen abgewiesen werden. Z. B. gibt es 1897 24 Anmeldungen, in späteren Berichten wird die Zahl der Anmeldungen nicht mehr genannt. Von Anfang an werden die Kriterien zur Aufnahme in die Ausbildung intensiv diskutiert. In Frankfurt wird 1893 festgelegt: Sie müssen „zwischen dem 21. und 36. Lebensjahre stehen ... sich eines tadellosen Rufes erfreuen ... vollständig gesund [sein und] mindestens tüchtige Elementarkenntnisse besitzen ... Ein von der Bewerberin selbst verfasster Lebenslauf mit genauer Angabe der Gründe, welche dieselbe zur Krankenpflege führen ... ein

---

34 Vgl. Jahresbericht 1897, CJA, 1, 75 C Ge 1, Nr. 972, #1086; Jahresberichte 1898, 1899, 1900, 1901, 1902 und 1907, CJA, 1, 75 C Ge, Nr. 973, # 10865; Jahresberichte 1905, 1908, 1909, 1910 und 1911, CJA, 1, 75A Fr 4, Nr. 8, #2729; Verein für jüdische Krankenpflegerinnen zu Frankfurt am Main, Rechenschaftsbericht 1913 bis 1919, 1920 Druck von M. Lemberger & Co., Frankfurt a. M. Historische Sondersammlung der Frankfurt University of Applied Sciences ZS R 25 1913–1919. Weitere ausführliche Darstellungen zur Geschichte des Vereins sind auf der Internetseite www.juedische-pflege geschichte.de zu finden: www.juedische-pflegegeschichte.de/die-geschichte-des-vereins-fuer-juedi sche-krankenpflegerinnen-zu-frankfurt-am-main/, letzter Zugriff 5. Februar 2022, www.juedische-pflegegeschichte.de/das-schwesternhaus-des-vereins-fuer-juedische-krankenpflegerinnen-zu-frankfurt-am-main-in-der-bornheimer-landwehr-85/, letzter Zugriff 5. Februar 2022.

Leumundszeugnis und genügende Referenzen".³⁵ Trotz dieser sorgfältigen Auswahl brechen jedes Jahr einige Schülerinnen die anspruchsvolle Ausbildung vorzeitig ab.

Wie findet man die geeigneten Frauen und wie bildet man sie aus? Dies ist auch auf der Gründungsversammlung des Dachverbands „Deutscher Verband jüdischer Krankenpflegerinnenvereine" (D. V. J. K.) ein wichtiges Thema und wird kontrovers diskutiert.³⁶ Die Ausbildungszeit wird sukzessive verlängert, von anfangs einem Jahr auf eineinhalb Jahre 1905 und auf zwei Jahre ab 1920. 1907 wird die staatliche Prüfung eingeführt, und sofort beschließt der Verein, seine Schülerinnen zu dieser Prüfung anzumelden.³⁷ Die bereits voll ausgebildeten Schwestern werden auf Antrag bei der Behörde, der „Königlichen Regierung in Wiesbaden", von der staatlichen Prüfung befreit, allen Schwestern des Vereins wird die staatliche Approbation erteilt. Im Jahresbericht 1908 heißt es: „Das Jahr 1908 wird in der Geschichte der beruflichen Krankenpflege in Deutschland ein Merkstein sein und einen Wendepunkt bilden."³⁸

Die Zahl der fertig ausgebildeten Schwestern steigt kontinuierlich, von anfangs (1893) fünf auf 26 im Jahr 1909 und maximal 70 während des Ersten Weltkriegs. Immer wieder wird als Grund für den Austritt aus dem Verein „Heirat" genannt.³⁹ Dies entspricht den damaligen Vorstellungen, dass eine verheiratete Frau nicht berufstätig sein könne. Feldmann schreibt: „In der Regel soll die Bewerberin ledig sein; doch finden kinderlose Witwen oder von ihren Ehegatten getrennt lebende Frauen je nach Lage des Falles bei einzelnen Vereinen Aufnahme."⁴⁰ Bis zum Ersten Weltkrieg sind die Schwestern überwiegend in der Privatpflege eingesetzt. Weitere Schwestern sind im Krankenhaus der Israelitischen Gemeinde Frankfurt und als Oberinnen auswärts tätig. In jedem Bericht wird bedauert, dass die vielen Anfragen an den Frankfurter Verein von auswärtigen Ge-

---

35 Verein für jüdische Krankenpflegerinnen zu Frankfurt am Main, Bedingungen für die Aufnahme von Schülerinnen, 1893, CJA, 1, 75 A Fr 4, Nr. 8, #2729 Bl. 14.
36 Vgl. Delegierten-Versammlung der Vereinigungen zur Ausbildung jüdischer Krankenpflegerinnen in Deutschland am 4. September 1904 zu Frankfurt am Main, Frankfurt am Main o. J., Bibliothek der Jüdischen Gemeinde zu Berlin. Die Gründung eines Dachverbands regt der Berliner Verein an. Er wird am 31. Oktober 1905 als „Deutscher Verband jüdischer Krankenpflegerinnenvereine (D. V. J. K.)" gegründet.
37 Diese Einführung wurde durchaus kontrovers gesehen. Vgl. Christoph Schweikardt, Die Auseinandersetzung um die Einführung des Preußischen Krankenpflegeexamens von 1907 bei den katholischen Orden und der evangelischen Mutterhausdiakonie, in: Pflege 20 (2007), S. 372–380.
38 Jahresbericht 1908, CJA, 1, 75A Fr 4, Nr. 8, #2729, Bl. 30. Die längere Ausbildungszeit wird beibehalten, obwohl eine Prüfung schon nach einem Jahr möglich wäre.
39 Vgl. Jahresberichte 1897 bis 1911.
40 Feldmann, Jüdische Krankenpflegerinnen, S. 8.

meinden nach Unterstützung in der Krankenpflege mit wenigen Ausnahmen abgelehnt werden müssen. Auch nach beendeter Ausbildung wird großer Wert auf die fachliche Weiterbildung gelegt. Stellvertretend wird hier aus dem Jahresbericht 1901 zitiert: „Durch diesen steten Wechsel zwischen Hospital= und Privatpflege werden die Schwestern vor Einseitigkeit bewahrt und erhalten durch den Hospitaldienst Gelegenheit zu weiterer Ausbildung."[41] Im Jahresbericht 1905 wird auf die neu angebotenen Weiterbildungen Kochkurs und Desinfektionskurs hingewiesen.[42]

Gemäß den Prinzipien der *Zedaka* ist von Anfang an in der Satzung festgelegt, dass es eine Armenschwester geben soll, die ohne Ansehen der Konfession bedürftige Menschen pflegt. Jedes Jahr nimmt eine andere Schwester dieses Amt wahr. Laut den Jahresberichten von 1897 bis 1911 steigt die Zahl der von ihr gepflegten Personen von anfangs (1897) ca. 100 pro Jahr auf knapp 400 pro Jahr (1910). Die Schwestern müssen unterschiedlichen Ärzten zuarbeiten, sich auf circa 40 Ärzte einstellen und bei Operationen assistieren, im Durchschnitt sind dies 20 pro Jahr. Diese Tätigkeit ist natürlich auch mit der jeweiligen Nachsorge, z. B. Verbandswechsel, verbunden. Das zugrundeliegende Prinzip der Pflege ohne Ansehen der Konfession spiegelt sich auch in ihren Einsätzen wider: Zwar überwiegen die jüdischen Pflegebedürftigen, doch werden christliche Pflegebedürftige mit einem beträchtlichen Anteil von circa ein Viertel bis ein Drittel aufgeführt. Mit der Krankenpflege allein sind die Leistungen der Armenschwester allerdings noch nicht vollständig beschrieben, sie unterstützt die Familien auch in Bereichen, die wir heute als haushaltsnahe Dienstleistungen beschreiben würden. So heißt es im Jahresbericht 1897: „[Es] wurden neben der Körperpflege der Kranken, der Reinerhaltung der Wohnung und Bereitung der Kost, Bäder, Massage, Einwickelungen etc. verabfolgt." Außerdem gibt es „Unterstützung durch Lebensmittel, Wäsche und Geld ... soweit als möglich".[43]

1899 wird die Unterstützung durch den Armenverein, den Israelitischen Almosenkasten und den Israelitischen Hülfsverein beschrieben. Diese Kooperationen werden fortgeführt, und im Jahresbericht 1900 erscheint bei den Aufgaben der Armenschwester zusätzlich „Wartung der Kinder". Bei Krankenhausaufenthalten der Mutter werden die Kinder, die bei fremden Familien untergebracht sind, beaufsichtigt. 1902 wird die Kooperation genauer beschrieben: „Der Israelitische Almosenkasten sowie der Isr. Hilfsverein und dessen Zweigverein ‚Weibliche Fürsorge' übergaben 41 Unterstützungsfälle der Armenschwester zur Prüfung, Behandlung, Beaufsichtigung und Verwaltung von Unterstützungen, deren Erledi-

---

41 Jahresbericht 1901, CJA, 1, 75 C Ge, Nr. 973, # 10865, Bl. 123.
42 Jahresbericht 1905, CJA, 1, 75A Fr 4, Nr. 8, #2729, Bl. 16.
43 Jahresbericht 1897 CJA, 75C Ge 1, Nr. 972, #10864 S. 5.

gung verlangte 473 Besuche durch die Armenschwester."[44] Zu diesem Zeitpunkt sind die finanziellen Mittel für die Armenschwester von anfangs cirka 450 Mark (1897, freiwillige Gaben) auf cirka 3.300 Mark gestiegen. „Die Unterstützungskasse der Armenschwester wies an Einnahmen in Baar von mildthätigen Gebern die Summe von 3687.50 auf, von welchen Mark 3333.96 ausgegeben wurde, so daß für das nächste Jahr noch Mark 353.54 zur Verfügung stehen."[45] In den folgenden Jahren nehmen die Aufgaben der Armenschwester kontinuierlich zu, seit 1905 gehört auch die Kooperation mit der „Centrale für private Fürsorge" mit dazu.[46]

Die Leistungen des Frankfurter Vereins werden auch bei der ersten Delegierten-Versammlung für die Gründung eines Dachverbands der jüdischen Krankenpflegevereine am 4. September 1904 in Frankfurt hervorgehoben. Oberin Minna Hirsch stellt die Kooperation mit dem Almosenkasten und dem Hilfsverein dahingehend dar, dass die Armenpflegerin nicht nur Krankenbesuche mache, sondern sich auch um die Lebensverhältnisse, die Kinder, die Wohnung sorge, also auch Armenpflege ausübe.[47] Der Vorsitzende der Versammlung, Louis Sachs (1872–1942) vom Berliner Verein für jüdische Krankenpflegerinnen, führt aus: „Ich bin sonst gar nicht neidisch angelegt, aber ich sehe immer mit einem gewissen Neid, wie schön die Armenpflege hier in Frankfurt geregelt ist."[48]

1903 wird ein Schwesternrat eingerichtet. Offen bleibt, welche Gründe zu seiner Einrichtung geführt haben. War es die erstarkende Frauenbewegung oder das Zusammenleben im 1902 neu gebauten Schwesternhaus mit mehr Raum für Begegnungen und sozialem Beisammensein? Bei dessen Eröffnung am 28. September 1902 wird jedenfalls betont, dass im alten Haus ein „gemüthliches Zusammenleben der Schwestern durch die Enge des Hauses unmöglich" gewesen sei.[49] 1905 wird im Jahresbericht die Funktion des Schwesternrats wie folgt beschrieben:

> Die Einrichtung des von den Schwestern erwählten *Schwesternrats* hat sich auch in diesem Jahre in jeder Richtung bewährt ... Der Schwesternrat ist nicht nur berechtigt, dem Vorstand Vorschläge zu machen, sondern auch selbständige Anträge und Wünsche dem Vorstand zu unterbreiten, so daß die Schwestern an der Führung der Geschäfte Anteil zu nehmen in der Lage sind.[50]

---

44 Jahresbericht 1902, CJA, 1, 75 C Ge 1, Nr. 973, #10865, Bl. 124.
45 Jahresbericht 1902, CJA, 1, 75 C Ge 1, Nr. 973, #10865, Bl. 203.
46 Diese Institution, das heutige Bürgerinstitut, wurde 1899 von Wilhelm Merton ins Leben gerufen. Vgl. www.buergerinstitut.de/geschichte/, letzter Zugriff 3. Februar 2022.
47 Vgl. Delegierten-Versammlung, S. 53.
48 Delegierten-Versammlung, S. 57.
49 Verein für jüdische Krankenpflegerinnen, CJA, 1, 75 C Ge 1, Nr. 973, #10865, Bl. 204 sowie www.juedische-pflegegeschichte.de/schwesternschuelerinnen-1903-1914/, letzter Zugriff 24. Februar 2022.
50 Jahresbericht 1905, CJA, 1, 75 A Fr 4, Nr. 8, #2729, Bl. 18. Hervorhebung im Original.

Im Rechenschaftsbericht 1913 bis 1919 findet sich der Beschluss, „*die Schwesternschaft in weitgehendem Maße an der Vereinsverwaltung zu beteiligen*". Dieser „grundsätzliche Beschluß" wird beim Gedenktag anlässlich des 25jährigen Bestehens des Vereins verkündet. Zur Struktur erfahren wir, dass zur Vertretung der Interessen der Schwestern jedes Jahr in geheimer Abstimmung sieben Schwestern gewählt werden, deren Zuständigkeiten in einer Geschäftsordnung, die leider nicht überliefert ist, festgelegt sind. Jährliche Schwesternversammlungen sollen die Interessenvertretung der Schwestern unterstützen.[51] Auch überregional vertreten die Frankfurter Schwestern die Idee des Schwesternrats: Sie bringen sie bei der Delegiertenversammlung von zehn Vereinigungen für Krankenpflege am 4. September 1904 als Tagesordnungspunkt ein. Dr. Kirchheim führt aus:

> Es ist die Hauptabsicht dieses Schwesternrates, die Schwestern nicht blos als unsere ausführenden Handlanger zu benutzen, sondern sie dazu zu bringen, daß sie mit uns denken und mit uns arbeiten, ... wir wollen sogar so weit gehen, daß wir keine neue Schwester aufnehmen, ohne den Schwesternrat gehört zu haben. Ich sehe es besonders den Damen an, daß sie darüber sehr erstaunt sind; aber wenn Sie sich die Sache genau klar machen, werden Sie sich auch mit diesem Ihnen jetzt so sonderbar und abnorm erscheinenden Schwesternrat einverstanden erklären.[52]

Nach kontroverser Diskussion wird der Antrag gestellt: „Den Vereinen soll empfohlen werden, die Frage der Einrichtung eines Schwesternrats in Erwägung zu ziehen."[53] Zwei später zu datierende Dokumente, eine „Hausordnung" und „Ausführungsbestimmungen zur Hausordnung", sind mit „Der Schwesternrat" (links unten), „Die Verwaltung" (rechts unten) unterzeichnet.[54] In einem nicht zu datierenden Dokument (sicher nach 1905, Gründung des D. V. J. K.), den „Bestimmungen für die Schwestern" des Frankfurter Verbands, steht, neben anderen Voraussetzungen, dass der Schwesternrat einer Aufnahme in den Verein zustimmen muss.[55]

Die Krankenschwestern sind sowohl während der Ausbildung als auch während der Berufstätigkeit immer gemeinsam in räumlicher Nähe zum Krankenhaus untergebracht. Da das Krankenhaus der Israelitischen Gemeinde Frankfurt

---
51 Rechenschaftsbericht, S. 68–69. Hervorhebung im Original.
52 Delegierten-Versammlung, S. 59.
53 Delegierten-Versammlung, S. 60.
54 Faksimiles in Steppe, Den Kranken zum Troste, S. 388–392.
55 CJA, 1, 75 A Fr 4, Nr. 8, #2729, Bl. 8.

seinen Standort mehrmals wechselt, gibt es auch jeweils neue Räumlichkeiten.[56] Nach vielen Jahren der Planung und des Spendensammelns wird am 10. Mai 1914 das neue Schwesternhaus in der Bornheimer Landwehr 85 eingeweiht. Zum Zusammenleben in den jeweiligen Schwesternhäusern wird in den ergänzenden „Bestimmungen für Schwestern" – wahrscheinlich 1910 – festgelegt, dass alle Schwestern einer Oberin unterstehen, die vom Vorstand ernannt wird.[57] Sie legt auch die Einsatzorte fest. Die Schwestern erhalten vom Verein „völlig freie Station (Kost, Wohnung, Heizung, Beleuchtung und Reinigung der Wäsche) sowie im Erkrankungsfall eine ihrer Stellung entsprechende Verpflegung, ferner freie Dienstkleidung und ein jährliches Gehalt". Dienstunfähig gewordene Schwestern erhalten „standesgemäße Versorgung auf Lebenszeit".[58] Ein separates Pensionsreglement legt die Höhe dieser Bezüge fest. Für nicht dienstunfähig gewordene Schwestern gilt: „Schwestern, welche dem Verein 25 Jahre ohne Unterbrechung angehört haben, sind ... pensionsberechtigt."[59] Obwohl in der Vorbereitungsphase der beruflichen Pflege im Judentum die Organisationsform Mutterhaus kritisch gesehen wird, werden Ausbildung und Berufstätigkeit in ähnlicher Weise wie bei den Diakonissen aufgebaut. Es kommt zu einer recht ähnlichen Lebensgemeinschaft.[60]

Das Haus in der Bornheimer Landwehr dient sofort nach Kriegsbeginn als Lazarett.[61] Die Schwestern ziehen sich in die oberen Stockwerke zurück, sodass für das „Vereinslazarett 27, ‚Verein für jüdische Krankenpflegerinnen'" bereits ab dem 16. August 1914 Betten zur Verfügung stehen. Nur wenige Wochen nach Kriegsbeginn – im September 1914 – treffen die ersten Verwundeten ein. Es gilt als selbstverständlich, dass ohne Ansehen der Konfession behandelt wird. Die Küche wird weiterhin rituell geführt. Der Verein beschließt darüber hinaus am Tag

---

56 Vgl. www.juedische-pflegegeschichte.de/das-schwesternhaus-des-vereins-fuer-juedische-kran kenpflegerinnen-zu-frankfurt-am-main-in-der-bornheimer-landwehr-85/, letzter Zugriff 3. Februar 2022.
57 Vgl. CJA 1, 75 A Fr 4, Nr. 8; #2729, Bl. 8–11. Da diese Quelle in der fortlaufenden Nummerierung der Satzung von 1910 (Bl. 1 bis 5) und der Sparkassenordnung (Bl. 6, 7) liegt, ist von einem Datum 1910 auszugehen.
58 Vgl. CJA 1, 75 A Fr 4, Nr. 8; #2729, Bl. 8–9.
59 Vgl. CJA 1, 75 A Fr 4, Nr. 8; #2729, Bl. 12–13.
60 Das Mutterhaus ist eine typisch deutsche Organisationsform der Krankenpflege. Entwickelt im 19. Jahrhundert in Anlehnung an katholische Orden, wurde es von Theodor Fliedner übernommen. Es ist charakterisiert durch folgende Struktur: Die Schwestern haben eine soziale Absicherung bei Krankheit und im Alter, und sie erhalten einen bestimmten Betrag pro Monat. Sie können ihren Arbeitsplatz nicht selbständig wählen. Das Mutterhaus schließt sog. Gestellungsverträge mit Krankenhäusern ab, in denen auch die Bezahlung, die ans Mutterhaus geht, geregelt wird.
61 www.juedische-pflegegeschichte.de/ausdauer-energie-und-opferbereitschaft-frankfurter-juedi sche-krankenschwestern-im-ersten-weltkrieg/, letzter Zugriff 22. Februar 2022.

der deutschen Kriegserklärung (1. August 1914) in einer Vorstandssitzung: „Der Verein stellt *dem Kriegssanitätsdienst alle verfügbaren Schwestern* zur Verfügung, *für den Dienst im Feld* sofort sechs Schwestern ..."[62] Die Schwestern verzichten auf einen Teil ihres Gehalts zugunsten des Kriegsfonds. Deren weitere Tätigkeiten in anderen Lazaretten, in der Etappe, an der Front und im Lazarettzug ist im Rechenschaftsbericht ausführlich beschrieben.[63]

Netzwerke und Kooperationen der jüdischen Krankenschwestern mit anderen jüdischen Einrichtungen und mit der Frauenbewegung

Der Verein der Frankfurter Schwestern ist einerseits ein Magnet – deutschlandweit kommen junge Frauen zur Ausbildung – andererseits Impulsgeber.[64] Wie bereits erwähnt, entstehen wie in Frankfurt an vielen anderen Orten in Deutschland Schwesternvereine. In Hamburg und Köln werden diese Vereinsgründungen vom Frankfurter Verein durch Überlassung von Oberinnen und Schwestern unterstützt.[65] Obwohl in allen Berichten betont wird, dass Anfragen nach Überlassung von Krankenschwestern von Gemeinden außerhalb Frankfurts abschlägig beschieden worden seien, weil man sich nicht zersplittern wolle[66], gibt es doch einige Kooperationen:

> 1904 die Gemeindepflege in *Heilbronn*, 1907 die Krankenhäuser in *Hannover* und *Basel* und die *Säuglingsmilchküche*, 1910 das *Kann'sche Genesungsheim* in Oberstedten. Seit 1911 beteiligen wir uns am Dienste des *Frankfurter Verbands für Säuglingsfürsorge*. Im gleichen Jahre entsandten wir eine Oberin an das *Krankenhaus in Straßburg*, an dem wir jetzt die ganze Krankenpflege übernommen haben. 1912 wird uns der Oberinnenposten am *Friedrich-Luisen-Hospiz in Dürrheim* übertragen, 1913 am hiesigen *Kinderhaus der weiblichen Fürsorge*

---

62 Rechenschaftsbericht, S. 26.
63 Vgl. Rechenschaftsbericht, S. 26–55 sowie www.juedische-pflegegeschichte.de/ausdauer-energie-und-opferbereitschaft-frankfurter-juedische-krankenschwestern-im-ersten-weltkrieg/, letzter Zugriff 22. Februar 2022.
64 Vgl. www.juedische-pflegegeschichte.de/frankfurter-juedische-krankenpflege-und-ihre-netzwerke sowie www.juedische-pflegegeschichte.de/juedische-pflege-in-basel-und-davos, letzter Zugriff 22. Februar 2022.
65 Vgl. Rechenschaftsbericht, S. 21.
66 Z. B. Jahresbericht 1901.

und am *Altersheim in Aachen*. Außer in der Privatpflege arbeiten unsere Schwestern jetzt in Frankfurt in sieben, auswärts in vier Anstalten. Neun Oberinnenposten sind durch sie bekleidet.[67]

Bemerkenswert ist, welche überregionale Rolle Frankfurt in der Entwicklung der jüdischen Krankenpflege spielt. Zwar wird die Gründung eines Dachverbands der jüdischen Krankenpflegevereine vom Berliner Verein angeregt, die Gründungsversammlung am 4. September 1904 findet jedoch in Frankfurt am Main statt. Dieser Dachverband sorgt u. a. für Qualitätssicherung durch vergleichbare Standards in Ausbildung und Ausübung der Krankenpflege.[68]

Auch der Bezug zur bürgerlichen Frauenbewegung ist auf unterschiedlichen Ebenen sichtbar. So wird im Rechenschaftsbericht von 1920 im Rückblick auf die Entstehung der beruflichen jüdischen Krankenpflege betont: „Dazu kam noch eine weitere Umwälzung, eine Umwälzung im Gebiet unserer Gesellschaftsordnung, *die moderne Frauenbewegung*. Die Frau hörte auf, ihren Blick ausschließlich auf den Kreis der Familie zu lenken; sie suchte Interessen, die über den Haushalt … hinausgingen. … Neue Berufe boten diese Möglichkeit."[69] In Frankfurt gibt es Kooperationen der beruflichen Krankenpflege mit jüdischen Wohlfahrtseinrichtungen und der jüdischen Frauenbewegung, so unter anderem mit dem Verein der „Weiblichen Fürsorge e. V."[70], gegründet 1901 von Bertha Pappenheim (1859–1936).[71] In den Einrichtungen, die der Verein ins Leben ruft, sind jüdische Krankenschwestern in verschiedener Weise aktiv. Minna Hirsch, Mitbegründerin des „Vereins für jüdische Krankenpflegerinnen", ist zugleich Vorsitzende der Säuglingskommission und Mitglied im Vorstand des Vereins „Weibliche Fürsorge e. V.". Die von der Kommission betriebene Milchküche organisieren ebenfalls Krankenschwestern.[72] Im Kriegsjahr 1917 ist Bertha Pappenheim Schatzmeisterin

---

67 Rechenschaftsbericht, S. 21. Hervorhebungen im Original.
68 Vgl. Delegierten-Versammlung.
69 Rechenschaftsbericht, S. 17.
70 Über die Kooperation der jüdischen Krankenschwestern mit dem Verein „Weibliche Fürsorge e. V." liegen kaum Forschungen vor. Eine der Wenigen, die auf diese Verbindung hingewiesen hat, ist Birgit Seemann. www.juedische-pflegegeschichte.de/deine-dir-gute-obeli-frankfurter-juedische-krankenschwestern-in-der-kinder-und-saeuglingspflege/, letzter Zugriff 5. Februar 2022.
71 Informationen zum Verein „Weibliche Fürsorge e. V." u. a. bei Gudrun Maierhof, Die „vielen Leben" der Bertha Pappenheim – von der „Anna O." zur Schriftstellerin, Frauenrechtlerin und Sozialreformerin, in: Evelyn Brockhoff/Ursula Kern (Hrsg.), Frankfurter Frauengeschichten, Frankfurt am Main 2017, S. 148–161, hier S. 155–156; Marianne Brentzel, Sigmund Freuds Anna O. Das Leben der Bertha Pappenheim, Leipzig 2004. S. 100–101.
72 Vgl. Christina Klausmann, Politik und Kultur der Frauenbewegung im Kaiserreich. Das Beispiel Frankfurt am Main, Frankfurt am Main 1997, S. 160, Anm. 26 sowie Der Gemeindebote: Beilage zur Allgemeinen Zeitung des Judenthums, 3. Februar 1905, S. 3–4.

dieser Milchküche. Die Kostkinderkommission, die sich um vernachlässigte ältere Kinder (über zwei Jahre) kümmert, wird von Rosa Goldstein (1874–1942), verheiratete Fleischer, geleitet.[73] Das Kinderhaus der Weiblichen Fürsorge in der Hans-Thoma-Straße leitet 30 Jahre lang bis zu seiner Zwangsräumung am 15. September 1942 durch die Gestapo Frieda Amram (1885–1942).[74] Sie hat ihre Ausbildung 1905 im Frankfurter Schwesternverein absolviert.

Die Jahre ab 1920

Ab dem Jahr 1920 werden die Quellen spärlich.[75] In den zwanziger Jahren bildet der Verein pro Jahr circa zehn Schülerinnen aus. Es gibt die übliche Fluktuation, d. h. Schwestern scheiden wegen Heirat aus oder verlassen den Verein aus anderen Gründen, sodass die Gesamtzahl bis 1941 ungefähr gleich bleibt.[76] Im Gemeindeblatt wird 1931 von 67 Krankenschwestern und Lehrschwestern sowie zehn Pensionärinnen berichtet.

Sorgen bereitet dem Vorstand das Schmelzen des Pensionsfonds, unter anderem bedingt durch die Weltwirtschaftskrise. Die angespannte finanzielle Lage lässt sich auch aus der Tatsache schlussfolgern, dass der Verein in seinem Haus Räume zur Vermietung anbietet. „[Es kann] eine beschränkte Anzahl *Damen ... vorzügliche* Unterkunft finden", zu niedrigem Mietpreis.[77] 1934 werden nochmals Zahlen genannt: Dem Verein gehören 47 Schwestern an, davon arbeiten 21 im Krankenhaus bzw. Schwesternhaus, zwölf in der Privatpflege, eine ist Armenschwester, 13 sind in anderen Einrichtungen in und außerhalb von Frankfurt tätig.[78]

1940 wird das Schwesternhaus beschlagnahmt, die Schwestern müssen in das Krankenhaus der Israelitischen Gemeinde in der Gagernstraße 36 umziehen. Das Gebäude wird der Universitätskinderklinik zugewiesen und bei einem Bombenangriff im Oktober 1943 vollständig zerstört. Die Auflösung des Vereins datiert Step-

---

73 Der Gemeindebote: Beilage zur Allgemeinen Zeitung des Judenthums, S. 3–4.
74 Vgl. Volker Mahnkopp, Dokumentation zu vom NS-Staat verfolgten Personen im Frankfurter Kinderhaus der Weiblichen Fürsorge e. V., Hans-Thoma-Straße 24, Frankfurt am Main 2011, erweiterte Fassung 2018, Version 1. September 2020, abrufbar unter www.platz-der-vergessenen-kinder.de, letzter Zugriff 5. Februar 2022.
75 Vgl. Steppe, Den Kranken zum Troste, S. 232–236.
76 Vgl. Steppe, Den Kranken zum Troste, S. 236–243.
77 Frankfurter Israelitisches Gemeindeblatt, 9. Jg., Nr. 12, August 1931, S. 376–377.
78 Frankfurter Israelitisches Gemeindeblatt, 12. Jg., Nr. 11, Juli 1934, S. 431–432. Hervorhebung im Original.

pe auf das erste Vierteljahr 1940.[79] Bei der Auswertung der Hausstandsbücher ist ab 1939 eine deutliche Zunahme der Emigration vor allem nach England zu verzeichnen.[80] Der Handlungsspielraum der Schwestern wird zunehmend eingeengt. Im Oktober 1942 werden die letzten Patientinnen, Patienten und Schwestern deportiert und ermordet. 60 Jahre nach Jolowicz' Forderung, jüdische Frauen zu Krankenschwestern auszubilden, ist die organisierte jüdische Krankenpflege von den Nationalsozialisten zerstört.

---

79 Vgl. Steppe, Den Kranken zum Troste, S. 243.
80 Hausstandsbücher 655 (Bornheimer Landwehr 85 bis November 1940), 686 (Gagernstraße 36 bis Ende 1939) und 687 (Gagernstraße 36 ab 1940), Institut für Stadtgeschichte Frankfurt am Main.

Britta Konz
Ein weiblich-jüdisches Projekt der Moderne
Bertha Pappenheim und der Jüdische Frauenbund

Bertha Pappenheim war eine der bekanntesten jüdischen Frauenrechtlerinnen. Sie setzte sich für die Emanzipation von Jüdinnen ein und leistete Pionierarbeit auf dem Gebiet der sozialen Arbeit. Ihr Schaffen war mit der Geschichte der Frankfurter jüdischen Gemeinschaft verwoben, die sie (wenn auch durchaus streitbar) mitgestaltete und prägte. Durch ihr landesweites Wirken und ihre internationale Tätigkeit leistete sie aber auch weit darüber hinaus einen Beitrag für die Geschichte der Juden in Deutschland und die Entstehung des modernen Wohlfahrtsstaates in Deutschland.

Im Folgenden werde ich zunächst knapp die sozialen Herausforderungen ihrer Zeit skizzieren. Anschließend soll ihr Wirken gewürdigt werden, das als weiblich-jüdisches Projekt der Moderne bezeichnet werden kann.

Soziale Frage und Frauenbewegung

Bertha Pappenheims Leben fällt in eine Zeit, in der die soziale Frage mit dem größten Eifer verhandelt wurde. Vor allem die langanhaltende Wirtschaftsdepression seit 1873 hatte eine neue Phase der sozialen Not eingeleitet, die mit einem enormen Anstieg der Erwerbslosigkeit, Massenarmut und Wohnungslosigkeit zu einem hohen sozialen Konfliktpotenzial in den Städten führte. Städte und Gemeinden konnten und wollten die steigenden Armenpflegekosten nicht mehr tragen und drängten auf eine Reform der Armenpflege.[1] Dies war die Initialzündung für die Etablierung des modernen sozialen Sicherungssystems, das in seinen Grundzügen bis heute Bestand hat.[2] Auch in Frankfurt wurde die städtische Fürsorge rationalisiert und verwissenschaftlicht.[3]

---

[1] Vgl. Rüdiger Baron, Die Entwicklung der Armenpflege in Deutschland vom Beginn des 19. Jahrhunderts bis zum Ersten Weltkrieg, in: Rolf Landwehr/Rüdiger Baron (Hrsg.), Geschichte der Sozialarbeit. Hauptlinien ihrer Entwicklung im 19. und 20. Jahrhundert, Weinheim 1991, S. 11–71, hier S. 30–32.
[2] Vgl. Christoph Sachße/Florian Tennstedt, Geschichte der Armenfürsorge in Deutschland. Bd. 2: Fürsorge und Wohlfahrtspflege 1871 bis 1929, Stuttgart 1988, S. 9.
[3] Vgl. Christoph Sachße, Mütterlichkeit als Beruf. Sozialarbeit, Sozialreform und Frauenbewegung 1871–1929, Frankfurt am Main 1986, S. 79.

Die jüdische Gemeinschaft blickte zu dieser Zeit auf eine lange Tradition der Wohltätigkeit zurück, von der sich in Frankfurt bereits im 15. Jahrhundert Spuren finden lassen.[4] Im Zuge der Öffnung des Ghettos waren zahlreiche und gut ausgestattete Wohlfahrtseinrichtungen entstanden, die aufgrund ihrer Organisation, modernen Ausstattung und wissenschaftlichen Reife oft zum tatsächlichen Träger des städtischen Gesundheits- und Sozialsystems wurden.[5] Besonders Frauen wirkten aktiv mit, den Wohlfahrtsverband des Ghettos zu ersetzen und ein modernes, professionelles Wohlfahrtswesen zu entwickeln. Verantwortliche Führungspositionen in jüdischen Wohltätigkeitsvereinen blieben ihnen zunächst jedoch verschlossen.[6]

Der Umbau des Wohlfahrtssystems und die Einsicht, dass die sozialen Folgen der Industrialisierung nur mithilfe qualifizierter Fürsorge bewältigt werden können, traf jedoch mit dem Ausbau der Frauenbewegung zusammen und wurde von dieser in hohem Maße mitgetragen.[7] Nach und nach eroberten sich Frauen, unterstützt vom preußischen Städtetag und dem „Verein für Armenpflege", das als politisches Amt geltende bürgerliche Ehrenamt des Armenpflegers[8], der Waisenpflegerin und Ziehkindpflegerin. Zu Hilfe kam ihnen dabei der Ausbau der öffentlichen Fürsorge, durch den ein Mangel an qualifizierten Helfern herrschte.[9] Innerhalb der Frauenbewegung waren es vor allem jüdische Frauen, die sich im Feld der sozialen Arbeit engagierten und Frauen Mitspracherechte und berufliche Perspektiven erschlossen.[10]

Im städtischen Bereich engagierten sich neben Sozialreformerinnen wie Jeanette Schwerin und Minna Cauer seit 1880 viele Frankfurter jüdische Frauen, wie

---

4 Vgl. Patricia Stahl, Die Tradition jüdischer Wohlfahrtspflege in Frankfurt am Main vom 15. bis zum 19. Jahrhundert, in: Georg Heuberger (Hrsg.), Zedaka. Jüdische Sozialarbeit im Wandel der Zeit. 75 Jahre Zentralwohlfahrtsstelle der Juden in Deutschland 1917–1992. Katalog zur gleichnamigen Ausstellung des Jüdischen Museums Frankfurt, Frankfurt am Main 1992, S. 58–70.
5 Vgl. Stahl, Tradition, S. 64.
6 Vgl. Marion Kaplan, Die jüdische Frauenbewegung in Deutschland. Organisation und Ziele des Jüdischen Frauenbundes 1904–1938, Hamburg 1981, S. 67.
7 Vgl. Maike Eggemann/Sabine Hering, Einleitung, in: Maike Eggemann/Sabine Hering (Hrsg.), Wegbereiterinnen der modernen Sozialarbeit. Texte und Biographien zur Entwicklung der Wohlfahrtspflege, Weinheim 1999, S. 7–20, hier S. 7.
8 Vgl. Eggemann/Hering, Einleitung, S. 8.
9 Vgl. Eggemann/Hering, Einleitung, S. 8.
10 Für Jüdinnen war es selten möglich, eine öffentliche Anstellung als Lehrerin zu erhalten, vgl. Irmgard Maya Fassmann, Jüdinnen in der deutschen Frauenbewegung 1865–1919, Hildesheim 1996, S. 289–290. Christliche Frauen aus der sozialen Arbeit engagierten sich seltener in der allgemeinen Frauenbewegung, weil ihnen Berufsfelder in der konfessionellen Armen- und Krankenfürsorge zur Verfügung standen. Vgl. Fassmann, Jüdinnen in der deutschen Frauenbewegung 1865–1919, S. 157.

Hella Flesch, Henriette Fürth, Anna Edinger und Bertha Pappenheim. Sie gründeten Wohlfahrtseinrichtungen und Vereine, die sich speziell der Notlage von Frauen zuwandten und Frauen ein außerhäusliches Betätigungsfeld eröffneten.[11] An Bertha Pappenheims Biographie lässt sich aufzeigen, wie steinig der Weg war, den Frauen hierfür bestreiten mussten, sodass der Kampf um Emanzipation und Anerkennung auch ein sehr persönlicher war.

Bertha Pappenheims Jugend und der Beginn ihrer Wohlfahrtsarbeit in Frankfurt

Bertha Pappenheim wurde am 27. Februar 1859 als Tochter von Sigmund Pappenheim (1824–1881) und Recha Pappenheim, geb. Goldschmidt, (1830–1905) in Wien geboren. Die Mutter kam aus einer bekannten und reichen Frankfurter Familie, während der Vater aus Preßburg, dem heutigen Bratislava, stammte. In ihrer Jugend führte Bertha Pappenheim nach eigenen Aussagen das typische Leben einer „höheren Tochter" aus „streng jüdischer, orthodox bürgerlicher Familie"[12], deren Erziehung sich auf die Bereiche „Kinder, Küche und Kleider" beschränkte.[13] Bertha Pappenheim kritisierte später auf das schärfste die Zurücksetzung von Mädchen, zu deren Geburt es keine *Mizwot* gebe und keine Gebräuche für die Aufnahme in den Bund[14], sodass auch erwachsene Frauen im Gegensatz zu 13jährigen Jungen nicht religionsmündig waren und bei Gebetsversammlungen nicht mitzählten.[15]

Um ihrer geistigen Enge zu entkommen, flüchtete sich Bertha Pappenheim immer öfter in eine Traumwelt.[16] Als 1880 ihr Vater erkrankte, half Bertha Pappenheim bei der Pflege, entwickelte dabei aber Krankheitssymptome, die sich nach dem Tod des Vaters verschärften und als „Hysterie" diagnostiziert wurden.

---

11 Vgl. u. a. Iris Schröder, Arbeiten für eine bessere Welt. Frauenbewegung und Sozialreform 1890–1914, Frankfurt am Main 2001, S. 38.
12 Bertha Pappenheim, Gedanken über Sozialarbeit, in: Blätter des Jüdischen Frauenbundes für Frauenarbeit und Frauenbewegung, Gedenknummer, 12. Jahrgang, Nr. 7/8 (Juli/August 1936), S. 10–12, hier S. 11.
13 Bertha Pappenheim, Das jüdische Mädchen (Isenburg, 31.12.1934), in: Dora Edinger (Hrsg.), Bertha Pappenheim. Leben und Schriften, Frankfurt am Main 1963, S. 118–128, hier S. 119–120.
14 Pappenheim, Das jüdische Mädchen, S. 118. Eine Ausnahme sei die Sitte des Hole Krasch-Festes in Süddeutschland.
15 Vgl. Bertha Pappenheim, Die Frau im kirchlichen und religiösen Leben, in: Gertrud Bäumer (Hrsg.), Der Deutsche Frauenkongreß 27. Februar bis 2. März, Berlin 1912, S. 237–245.
16 Siegmund Freud/Joseph Breuer, Studien über Hysterie, Frankfurt am Main 1979, S. 16.

Sie hatte Angstzustände und Halluzinationen, war suizidgefährdet, hatte Wutanfälle und Lähmungserscheinungen, verweigerte die Nahrung, sprach nur noch Englisch und schrieb mit links Antiqua-Druckbuchstaben.[17]

Von 1880 bis 1882 wurde Bertha Pappenheim von dem sehr bekannten jüdischen Arzt Dr. Josef Breuer behandelt, der schon länger Hausarzt der Familie war.[18] Gemeinsam mit ihm entwickelte Bertha Pappenheim eine *„talking cure"* (Redekur), bei der die Symptome auf ihre auslösenden Ursachen zurückgeführt wurden, und legte damit den Grundstein für die Psychoanalyse. Es scheint, dass Bertha Pappenheim mit ihrer Krankheit gegen ihre gesellschaftliche und religiöse Benachteiligung rebellierte. Dr. Breuer wiederholte oftmals den Satz „and there was a boy", bis Bertha Pappenheim sich gedanklich in die Rolle eines Jungen imaginierte und zu erzählen begann.[19] Während der Behandlung durch Breuer und danach absolvierte sie mehrere Aufenthalte in der damals modernsten und besten Einrichtung für „Nerven- und Gemütskranke", dem Sanatorium Bellevue von Ludwig Binswanger, wo man Wert auf Bildung und ein familiäres Zusammenleben mit den Patienten legte, aber auch kalte Begießungen und Strombehandlungen anwendete.[20] Eine vollständige Heilung trat jedoch erst ein, als sich Bertha Pappenheims Lebensumstände änderten: 1888 siedelte sie mit ihrer Mutter nach Frankfurt um und erschloss sich eine ihrem wachen Geist entsprechende, erfüllende Tätigkeit jenseits von Ehe und Mutterschaft.

Als Bertha Pappenheim mit ihrer Mutter in Frankfurt ankam, fand sie eine liberale und kulturreiche jüdische Gemeinschaft vor.[21] Die Familie pflegte Beziehungen zu Zweigen der Familie im Ausland, es wurde viel musiziert, man las gemeinsam Shakespeare, und das Haus des Cousins Bertha Pappenheims, Moritz N. Oppenheim und seiner Frau Katharina war ein Treffpunkt bedeutender Künstler und Gelehrter.[22] Katharina Oppenheim erhielt z. B. Klavierunterricht von Clara

---

17 Vgl. Joseph Breuer, Krankengeschichte Bertha Pappenheim (Anna O), (ohne Datum), in: Albrecht Hirschmüller (Hrsg.), Physiologie und Psychoanalyse in Leben und Werk Josef Breuers, Jahrbuch der Psychoanalyse, Beiheft 4, Tübingen 1987, S. 348–362, hier S. 358; Freud/Breuer, Studien über Hysterie, S. 24.
18 Vgl. Hirschmüller, Physiologie, S. 45–46, 139.
19 Breuer, Krankengeschichte, S. 359.
20 Vgl. Hirschmüller, Physiologie, S. 152. Zur Krankheitsgeschichte siehe: Britta Konz, Bertha Pappenheim (1859–1936): Ein Leben für weibliche Emanzipation und jüdische Tradition, Frankfurt am Main 2005, S. 49–64.
21 Vgl. Rachel Heuberger/Helga Krohn, Hinaus aus dem Ghetto. Juden in Frankfurt am Main 1800–1950, Frankfurt am Main 1988, S. 96.
22 Vgl. Dora Edinger, Einleitung, in: Edinger, Bertha Pappenheim, S. 9–27, hier S. 13; Paul Arnsberg, Die Geschichte der Frankfurter Juden seit der Französischen Revolution, Bd. 3, Darmstadt 1983, S. 336.

Schumann.²³ Politisch waren die Goldschmidts liberal und humanistisch eingestellt, man interessierte sich für Naturwissenschaften und Nationalökonomie, beteiligte sich an philanthropischen Stiftungen und förderte kulturelle und (natur-) wissenschaftliche Projekte sowie den Aufbau der Frankfurter Universität.²⁴ Auch in religiöser Hinsicht waren die Goldschmidts engagiert. So hatte Bertha Pappenheims Urgroßvater Salomon Benedict Goldschmidt eine leitende Funktion innerhalb der Frankfurter Israelitischen Gemeinde inne.²⁵ Moses Benedikt Goldschmidt, der mit Hannah Oppenheim verheiratete Großonkel Bertha Pappenheims, war in den politisch turbulenten Jahren von 1845 bis 1850 als Mitglied des überwiegend mit Reformanhängern besetzten Vorstands der Israelitischen Gemeinde in Frankfurt aktiv.²⁶ Bertha Pappenheims Onkel, Seligmann Goldschmidt, war Verwaltungsmitglied der „Israelitischen Religionsgesellschaft" (IRG), der neoorthodoxen Austrittsgemeinde in Frankfurt, und saß im Schulrat der von der IRG betriebenen Realschule.²⁷ Die Frauen der Familie betätigten sich in verschiedenen Wohltätigkeitsvereinen: Einige waren konservativen Fürsorgevereinen mit traditioneller Wohltätigkeit verbunden, während sich Bertha Pappenheims Cousinen Anna Edinger und Louise Goldschmidt der deutschen Frauenbewegung zugewandt hatten.²⁸ Hatte Bertha Pappenheim gegen den Rat der Ärzte bereits einen Krankenpflegekurs in Karlsruhe absolviert, übernahm sie nun, unterstützt durch ihre Cousinen, einzelne kleinere praktische Aufgaben und arbeitete sich schrittweise in die soziale Arbeit und die Themen der Frauenbewegung ein²⁹.

Im Jahr 1895 trat Bertha Pappenheim von der Peripherie ins Zentrum der Frauenbewegung. Auf Initiative des „Frauenbildungs-Vereins", dem auch Bertha Pappenheim angehörte, fand die Gesamttagung des „Allgemeinen Deutschen Frauenvereins" (ADF) in Frankfurt statt.³⁰ Die Hauptthemen der Veranstaltung, Wohltätigkeitsarbeit, Frauenfrage und Sittlichkeitsfrage, bildeten von nun an Bertha Pappenheims Arbeitsschwerpunkte. Sie beteiligte sich am Aufbau einer Frankfurter Ortsgruppe des ADF, die ihr in den folgenden Jahren ein Diskussionsforum

23 Vgl. Edinger, Einleitung, S. 13.
24 Vgl. Edinger, Einleitung, S. 13; Arnsberg, Geschichte der Frankfurter Juden, Bd. 3, S. 336.
25 Vgl. Paul Arnsberg, Die Geschichte der Frankfurter Juden seit der Französischen Revolution, Bd. 2, Darmstadt 1983, S. 19.
26 Vgl. Arnsberg, Die Geschichte der Frankfurter Juden seit der Französischen Revolution, Bd. 2, S. 341.
27 Vgl. Arnsberg, Die Geschichte der Frankfurter Juden seit der Französischen Revolution, Bd. 2, S. 458, 461.
28 Vgl. Edinger, Einleitung, S. 13.
29 Vgl. Hirschmüller, Physiologie, S. 155; Edinger, Einleitung, S. 14–15.
30 Vgl. Christina Klausmann, Politik und Kultur der Frauenbewegung im Kaiserreich. Das Beispiel Frankfurt am Main, Frankfurt am Main 1997, S. 23–42, 52.

mit Frauen wie ihrer Cousine Anna Edinger, Henriette Fürth, Meta Hammerschlag, Helene Levinson, Marie Pfungst, Hella Flesch und Friederike Broll und auch frauenpolitische Anregungen bot.[31] So unterstützte die Ortsgruppe des ADF mit der Frankfurter Rechtsschutzstelle einen Arbeitskampf der Wäscherinnen in Neu-Isenburg.[32]

Es birgt eine gewisse Ironie, dass 1895 die *Studien über Hysterie* veröffentlicht wurden, durch die Bertha Pappenheim als „Anna O." in die Geschichte der Psychoanalyse einging. Das im Buch gezeichnete Bild entsprach immer weniger der Frau, die sich in Frankfurt zu einer Pionierin der jüdisch-sozialen Frauenarbeit entwickelte.

1896 wurde Bertha Pappenheim zur Leiterin des Mädchenwaisenhauses des „Israelitischen Frauenvereins" gewählt, nachdem sie die erkrankte Heimmutter vertreten hatte. In den zwölf Jahren ihrer Amtstätigkeit etablierte sie eine vorausschauende Erziehungsarbeit, die den Mädchen ein eigenständiges Leben ermöglichen sollte.[33] Unter dem Pseudonym P. Berthold publizierte sie ab 1897 kleinere Artikel zu Frauenbewegung und sozialer Arbeit, vor allem aber mit ihrer Übersetzung der *Verteidigung der Rechte der Frauen II* von Mary Wollstonecraft trat sie 1899 ins Zentrum der Frauenbewegung. Weitere wichtige Arbeiten waren die Übersetzungen der Glückel von Hameln, der Frauenbibel *Zennah u-reenah* und des *Maasse-Buch*, mit Sagen und Legenden aus Talmud und Midrasch.

Die Gründung der Weiblichen Fürsorge und des Jüdischen Frauenbundes

Ab 1901 spezialisierte sich Bertha Pappenheim auf die jüdische Wohlfahrtspflege und die Organisation der jüdisch-sozialen Frauenarbeit in Frankfurt. Infolge der russischen Pogrome von 1881, 1903 und 1905, der Vertreibung der Jüdinnen und Juden aus Moskau 1891 sowie der Verschlechterung ihrer wirtschaftlichen Lage im Habsburgerreich waren zwischen 1868 und 1914 ca. drei Millionen osteuropäische Jüdinnen und Juden nach Deutschland gekommen.[34] Obschon sich die meisten auf der Durchreise in die USA befanden, stellten sie die jüdischen Gemeinden vor eine enorme Aufgabe.[35] Nicht nur aus Nächstenliebe nahm man sich der soge-

---

31 Zur Tätigkeit des ADF siehe: Klausmann, Politik und Kultur, S. 54–69, hier S. 55–56.
32 Vgl. Klausmann, Politik und Kultur, S. 75–77.
33 Vgl. Klausmann, Politik und Kultur, S. 170.
34 Vgl. Heuberger/Krohn, Hinaus aus dem Ghetto, S. 133.
35 Vgl. Heuberger/Krohn, Hinaus aus dem Ghetto, S. 133–134.

nannten „Ostjuden" an. Die akkulturierten Frankfurter Jüdinnen und Juden fürchteten einen Statusverlust und steigenden Antisemitismus durch den Zuwachs eines jüdischen Proletariats.[36] Auch Bertha Pappenheim pflegte einen gewissen Standesdünkel gegenüber „Ostjuden", weil sie die deutsche Kultur als überlegen erachtete, machte die Linderung der sozialen Not aber zu ihrem Hauptanliegen.

Um die Einzelinitiativen jüdischer Frauen in der sozialen Arbeit zusammenzubinden, gründete sie gemeinsam mit Henriette Fürth die „Weibliche Fürsorge", einen jüdischen Frauenverein, der durch vorbildhaftes, vorausschauendes und ein durch Kommissionen weit vernetztes Wirken dazu beitrug, die jüdische Wohlfahrtspflege zu reformieren und zu professionalisieren. Der Verein unterhielt schon 1902 Kommissionen für Säuglingspflege, Pflegestellenwechsel, Wohnungspflege und Fürsorge für Durchreisende. Bald gab es auch eine Kommission für Familienfürsorge, die von Bertha Pappenheim geleitet wurde, und seit 1906 eine Stiftung für Unentgeltlichen Arbeitsnachweis, Stellenvermittlung und Berufsberatung.[37] Auf die spezifischen Probleme berufstätiger alleinstehender Mädchen und junger Frauen reagierte die Weibliche Fürsorge mit der Gründung eines Mädchenclubs.

Insbesondere der Zusammenhang zwischen sozialer Not und Prostitution beschäftigte die Weibliche Fürsorge, und man wollte jüdische Immigrantinnen vor dem Abstieg in die Armutsprostitution bewahren.[38] Auslöser der Vereinsgründung war eine Rede Bertha Pappenheims gewesen, zu der sie 1901 vom „Israelitischen Hilfsverein" gebeten wurde. Hier brachte sie Prostitution mit der sozialen Frage in Verbindung, indem sie auf mangelnde Bildung, schlechte Frauenlöhne und desolate Wohnungsverhältnisse als Ursache hinwies. Unverblümt rief sie den anwesenden Männern ins Gedächtnis, dass es ohne das Zutun der Männer keine Prostitution gäbe.[39] Bertha Pappenheim war die erste Frau, die innerhalb der jüdischen Gemeinschaft öffentlich Themen wie Prostitution, Mädchenhandel, uneheliche Kinder und die fatale rechtliche Lage der *Agunot* zur Sprache brachte.[40] Sie reklamierte eine grundsätzliche Aufwertung des Status der jüdischen Frau und versuchte die Rabbiner zu einer frauenfreundlichen Auslegung der *Halacha* oder sogar zu einer Änderung der religionsgesetzlichen Bestimmungen zu bewegen.

---

36 Vgl. Klausmann, Politik und Kultur, S. 157–158.
37 Vgl. Paul Arnsberg, Die Geschichte der Frankfurter Juden seit der Französischen Revolution, Bd. 1, Darmstadt 1983, S. 107.
38 Klausmann, Politik und Kultur, S. 157.
39 Bertha Pappenheim, Die Immoralität der Galizianerinnen (1901), in: Helga Heubach (Hrsg.), Bertha Pappenheim. Sisyphus: Gegen den Mädchenhandel – Galizien, Freiburg im Breisgau 1992, S. 19–23, hier S. 22.
40 Als *Aguna* (Pl. *Agunot*) wird eine Frau bezeichnet, deren Ehemann als verschollen gilt und ihr nicht den für eine Trennung notwendigen Scheidebrief gegeben hat.

Frauen sollten zum jüdischen Quellenstudium zugelassen werden, damit sie aus Frauenperspektive eine kritische Arbeit an den Urtexten leisten könnten.[41]

Weil der Blick auf den Mädchenhandel durch Antisemitismus und auch durch Vertuschungen innerhalb der jüdischen Gemeinschaft mehrfach verstellt war, wollte sie sich ein eigenes Bild der Verhältnisse verschaffen. Immer wieder bereiste sie Galizien, Russland und die Balkanländer[42], besichtigte höchstpersönlich Bordelle, um mit Prostituierten zu sprechen[43], gründete Hilfsvereine, Kindergärten und ein kleines Krankenhaus[44], rief eine Spitzenindustrie ins Leben[45] und traf 1909 sogar die Königin von Rumänien, um sie für den Mädchenhandel zu sensibilisieren und ihr eine Petition des Jüdischen Frauenbundes zu überreichen.[46]

Angesichts des Ausmaßes der Probleme und ermutigt durch den Erfolg der Weiblichen Fürsorge strebte Bertha Pappenheim nach einer noch breiteren Vernetzung jüdischer Fraueninteressen.[47] Seit der Gründung des Deutsch-Evangelischen Frauenbundes 1899 und des Katholischen Deutschen Frauenbundes 1903 vermisste sie einen Zusammenschluss für die spezifischen Belange jüdischer Frauen.[48] 1904 wurde der „Jüdische Frauenbund" (JFB) auf der Tagung des „International Council of Women" in Berlin ins Leben gerufen, der 1907 als erster religiöser Frauenverein dem „Bund Deutscher Frauenvereine" beitrat und schon bald dessen größte Tochterorganisation bildete – 20 bis 25 Prozent aller über 30jährigen jüdischen Frauen gehörten ihm an.[49] 1914 mündeten Bertha Pappenheims Ideen zur internationalen Vernetzung jüdischer Fraueninteressen in der Gründung des „Weltbundes Jüdischer Frauen" in Rom, der seine Arbeit aufgrund des Ersten Weltkriegs unterbrechen musste und erst in den zwanziger Jahren wieder aufnahm.[50]

---

41 Pappenheim, Die Frau im kirchlichen und religiösen Leben, S. 239.
42 Vgl. Bertha Pappenheim, Sisyphus-Arbeit. Reisebriefe aus den Jahren 1911 und 1912, Leipzig 1924.
43 Bertha Pappenheim, An Frau N. (Alexandrien-Ramleh, 23.5.1911), in: Pappenheim, Sisyphus-Arbeit, S. 130–133, hier S. 132.
44 Vgl. Pappenheim, An Frau Nassauer (13.6.1912), in: Pappenheim, Sisyphus-Arbeit, S. 212.
45 Vgl. Paula Naßauer-Niedermayer, Aufbau der Jüdischen Frauenarbeit in Frankfurt am Main, in: Blätter des Jüdischen Frauenbundes für Frauenarbeit und Frauenbewegung, Gedenknummer, 12. Jahrgang, Nr. 7/8 (1936), S. 7–8. hier S. 7.
46 Bertha Pappenheim, Der jüdische Frauenbund und die Königin von Rumänien (enthält eine Petition Bertha Pappenheims), in: Allgemeine Zeitung des Judentums 73 (1909), S. 223–225.
47 Vgl. Klausmann, Politik und Kultur, S. 156.
48 Bertha Pappenheim, Der Jüdische Frauenbund, in: Allgemeine Zeitung des Judentums 69 (1905), S. 100–101, hier S. 100.
49 Vgl. Kaplan, Die jüdische Frauenbewegung, S. 24–25; Fassmann, Jüdinnen, S. 52.
50 Vgl. Klausmann, Politik und Kultur, S. 174–176.

Die Richtung des JFBs wurde entscheidend durch Bertha Pappenheims religiöse und emanzipatorische Konzeption von sozialer Arbeit geprägt. In der Weiblichen Fürsorge war Bertha Pappenheim mit Henriette Fürth in einen Machtkampf geraten, infolgedessen Fürth aus dem Mädchenclub gedrängt wurde und sich Bertha Pappenheims Vision einer unpolitischeren Verbindung von Judentum und Frauenrechten durchsetzte.[51] Auch innerhalb des Jüdischen Frauenbundes kam es zu Auseinandersetzungen, und Bertha Pappenheim drohte mehrfach mit ihrem Rücktritt, wenn der JFB ihrer Linie nicht folgen wollte. Ihr religiöses und emanzipatorisches Konzept sozialer Arbeit zielte auf die Lösung der sozialen Frage, der Frauenfrage und religiösen Frage, sollte das Judentum stärken und Antisemitismus abwehren. Damit begründete sie mit dem JFB ein weiblich jüdisches Projekt der Moderne.

Ein weiblich-jüdisches Projekt der Moderne

Als eine der bedeutendsten Metropolen Deutschlands war Frankfurt in entscheidendem Maße an der allgemeingesellschaftlichen und innerjüdischen Erneuerungsbewegung beteiligt, die Shulamit Volkov als „jüdisches Projekt der Moderne" bezeichnet.[52] Die Mehrheit der Frankfurter Juden war in der Israelitischen Gemeinde organisiert. Nicht zuletzt mit der Gründung des Philanthropins wurde Frankfurt zum Zentrum der religiösen jüdischen Reformbewegung.[53] Mit Samson Raphael Hirsch (1808–1888) wirkte hier gleichzeitig ein Rabbiner, der sich weit über Frankfurt hinaus als radikalster Vertreter der Neo-Orthodoxie profilierte und später die orthodoxe Austrittsgemeinde begründete.[54] In den Prozessen der Standort- und Selbstbestimmung des Judentums ging es um die Verhältnisbestimmung von jüdischer Tradition und Moderne. Bestimmte als authentisch gekennzeichnete Formen jüdischer Tradition wurden hervorgehoben und mit moderner europäischer Kultur verwoben, wobei auch die europäische Kultur von Jüdinnen und Juden geprägt wurde.[55] Dies war laut Volkov eine mehr oder weniger bewusste gemeinsame Bemühung und wurde nur selten als Projekt der Moderne erkannt, weil es als authentisch jüdisch präsentiert wurde.[56] Vor allem eine Verwis-

---

51 Vgl. Klausmann, Politik und Kultur, S. 178–179.
52 Shulamit Volkov, Das jüdische Projekt der Moderne. Zehn Essays, München 2001, S. 120.
53 Jüdische Gemeinde Frankfurt am Main, Die Geschichte der Jüdischen Gemeinde Frankfurt, https://jg-ffm.de/de/gemeinde/geschichte, letzter Zugriff 11. April 2022.
54 Vgl. Heuberger/Krohn, Hinaus aus dem Ghetto, S. 77.
55 Michael Brenner, Jüdische Kultur in der Weimarer Republik, München 2000, S. 14–15.
56 Volkov, Das jüdische Projekt der Moderne, S. 604–606.

senschaftlichung der Religion bestimmte das „kulturelle Projekt der Moderne" von Anfang an.[57] Michael Brenner verortet die Hochphase des Prozesses in der Weimarer Republik. Nachdem viele das Jüdischsein im Kaiserreich aufgegeben hätten, so Brenner, strebte die jüdische Gemeinschaft nach dem Ersten Weltkrieg nach einer „Renaissance des Judentums".[58]

Weil er hauptsächlich die männliche deutsche jüdische Bildungselite in den Blick nimmt, überschätzt Brenner allerdings das Ausmaß des Traditionsabbruchs. Marion Kaplan betont, dass sich Juden und Jüdinnen nicht assimilierten, sondern akkulturierten: Nach außen zeigten sie ihr Deutschtum und pflegten bürgerliche Normen, während sie ihr Judentum privatisierten.[59] Im Besonderen wurde es an die jüdische Frau delegiert, die Akkulturation der Familie zu unterstützen, gleichzeitig aber auch jüdische Traditionen zu bewahren.[60] Die Widersprüchlichkeiten der Doppelfunktion als „Agentinnen der Akkulturation" und „Hüterinnen von Tradition" glichen jüdische Frauen aus, indem sie die Tradition teilweise transformierten und neu gestalteten.[61] Hierfür nutzte Bertha Pappenheim das im Kontext der bürgerlichen Frauenbewegung entwickelte Konzept der „geistigen Mütterlichkeit", gab ihm aber eine eigene Färbung, indem sie es mit der jüdischen Tradition der Frau als „Priesterin des Hauses" verknüpfte.

Das Konzept der „geistigen Mütterlichkeit" und einer besonderen „weiblichen Kulturaufgabe" als Legitimationsmuster für weibliche Emanzipation war in der Zeit um die Jahrhundertwende ausdifferenziert worden.[62] Die gemäßigten bürgerlichen Frauen argumentierten, dass erst durch die Ergänzung des männlichen Prinzips durch das weibliche eine „wahrhaft sittliche, die humane Welt" entstehen könne und sich Frauen durch diesen Kulturbeitrag Rechte verdienten.[63] Alice Salomon, eine der wichtigsten Vorreiterinnen der weiblich-sozialen Arbeit, sah im sozialen Dienst eine erzieherische und emanzipatorische Funktion: Die bürgerliche Frau sollte sich durch die Erfüllung sozialer Verpflichtungen ihrer selbst be-

---

57 Volkov, Das jüdische Projekt der Moderne, S. 611.
58 Diesen Begriff prägte Martin Buber, vgl. Brenner, Jüdische Kultur, S. 14.
59 Vgl. Marion Kaplan, Jüdisches Bürgertum. Frau, Familie und Identität im Kaiserreich, Hamburg 1997, S. 49.
60 Kaplan, Jüdisches Bürgertum, S. 25.
61 Vgl. Kaplan, Jüdisches Bürgertum, S. 35.
62 Barbara Greven-Aschoff, Die bürgerliche Frauenbewegung in Deutschland 1894–1933, Göttingen 1981, S. 40. „Geistige Mütterlichkeit" war eine „Argumentationslinie", aber kein Leitbegriff der bürgerlichen Frauenbewegung. Siehe hierzu: Schröder, Arbeiten für eine bessere Welt, S. 107, 229 Anm. 66.
63 Greven-Aschoff, Die bürgerliche Frauenbewegung, S. 42.

wusst werden und die sozialen Mängel der männlich-materialistischen Welt ausgleichen.[64]

Auch Bertha Pappenheim und der JFB trugen maßgeblich zur konzeptionellen Ausformung weiblicher Sozialarbeit als Emanzipation bei. Bedeutsam war, dass Bertha Pappenheim auf dem Boden jüdischer Tradition Legitimationsgrundlagen für eine alternative Frauenrolle entdeckte. Sie verband die Vorstellung einer spezifischen „weiblichen Kulturaufgabe" der Frau als „Hüterin der Familie"[65] mit dem Idealbild der Jüdin als „Priesterin des Hauses" und „Retterin des Judentums".[66] Als kinderloser Frau ging es ihr auch darum, kinderlosen Frauen Perspektiven zu erschließen. Für sie war die Sorge um die „soziale Frage" eine „weiblich-jüdische Kulturaufgabe", da Fürsorge sowohl ein traditionell jüdischer Wert als auch eine weibliche Geschlechtseigenschaft sei.[67] Bertha Pappenheim vertrat einen erweiterten Familienbegriff, der nicht auf die biologische Familie reduziert war und darauf zielte, dass die moderne jüdische Frau sich fürsorglich um das Gemeinwohl kümmern sollte, wie eine Mutter um ihre Familie, und sich für die gesamte jüdische Gemeinschaft und für den Staat einsetzen müsse. Sie sollte damit sowohl in ihrer Familie als auch auf politischem und gemeindlichem Sektor Verantwortung für das Judentum übernehmen.[68] Der JFB war der einzige konfessionelle Frauenverband, der mit dem Gemeindewahlrecht auch das allgemeine Wahlrecht für Frauen reklamierte.[69]

Soziale Arbeit verstand Bertha Pappenheim traditionell jüdisch nicht nur als karitatives Engagement, sondern als *zedaka* und *mizwa* und als Form weiblichen Gottesdienstes.[70] In Alternative zu den von Männern besetzten Gemeindeämtern und dem synagogalen Gottesdienst gestaltete sie die soziale Arbeit und Erziehungstätigkeit als religiöse Frauenämter. Das Amt der Erzieherin sei ein „heiliges

---

64 Vgl. Sachße, Mütterlichkeit als Beruf, S. 306, 125–148.
65 Bertha Pappenheim, Über die Verantwortung der jüdischen Frau (1910), in: Heubach, Bertha Pappenheim, S. 37–144, hier S. 143.
66 Rachel Monika Herweg, Die jüdische Mutter. Das verborgene Matriarchat, Darmstadt 1994, S. 88–89.
67 Bertha Pappenheim, Der Jüdische Frauenbund (o. D.), Landesarchiv Berlin, Helene Lange Archiv Berlin, B Rep. 235–20, Zeitungsartikel Bertha Pappenheims, MF-Nr. 1199, S. 3.
68 Vgl. Pappenheim, Über die Verantwortung der jüdischen Frau, S. 143.
69 Vgl. Ursula Baumann, Religion und Emanzipation. Konfessionelle Frauenbewegung in Deutschland 1900–1933, in: Tel Aviver Jahrbuch für deutsche Geschichte, Sondernummer: Neuere Frauengeschichte (1992), S. 171–206, hier S. 181–181.
70 Ottilie Schönewald, Der Jüdische Frauenbund, in: Blätter des Jüdischen Frauenbundes für Frauenarbeit und Frauenbewegung, Gedenknummer, 12. Jahrgang, Nr. 7/8 (1936), S. 8–9, hier S. 9.

Amt"[71], wie das Priesteramt „eine Berufung, kein Beruf".[72] Erziehung war für sie „Gottesdienst"[73], das Kind ein „Heiligtum", dem die leibliche oder geistige Mutter helfen sollte, den Weg der „Gottebenbildlichkeit" zu gehen.[74] Durch Kindererziehung würden Frauen „Messiashoffnung" in die Welt tragen.[75] Bertha Pappenheim ging sogar so weit, Frauen in ihrer Funktion als Erzieherinnen der Mitmenschen als „Schöpferinnen", also direkte Partnerinnen Gottes zu bezeichnen.[76] Selbstbewusst erhob sie die wesentlichen Merkmale traditioneller weiblicher Religiosität, wie die Einhaltung häuslicher Rituale, die Konzentration auf sittliche und moralische und nicht kultische Forderungen sowie häusliche religiöse Unterweisung und soziale Arbeit, zum Zentrum moderner jüdischer Identität. Sie kritisierte Martin Buber für dessen intellektualistischen Zugang zum Judentum und propagierte stattdessen die praktische Sozialethik als authentisch jüdisch.[77]

Auch wenn Bertha Pappenheim vorgab, mit dem Umgestaltungsprozess jüdischer sozialer Arbeit zur jüdischen Tradition zurückzuführen, begründete sie tatsächlich eine neue Tradition weiblich-jüdischer Sozialarbeit. Sie baute ein breites Netzwerk jüdischer Frauenvereine auf, das auch über nationale Grenzen hinaus wirkte und legte die Arbeit vollständig in die Hände von Frauen, womit sie eine Reform des Judentums bewirkte. Der Versuch einer Synthese von jüdischem Erbe und frauenemanzipatorischen Ideen war auch insofern eine Herausforderung, als Bertha Pappenheim Frauen integrierte, die sowohl dem bürgerlichen als auch dem jüdischen Idealbild widersprachen, wie Unverheiratete, Kinderlose, ledige Mütter, Prostituierte oder schwer Erziehbare. Bei Rabbinern und anderen jüdischen Wortführern traf sie mit ihren als „radikal" empfundenen Forderungen meist auf Ablehnung oder Gleichgültigkeit.[78] Bertha Pappenheim fühlte sich in ih-

---

71 Archiv des Jüdischen Museums in Frankfurt am Main (im Folgenden: AJM), B 86/735, Korrespondenz Dora Edinger betr. Bertha Pappenheim u. Sammlung Bertha Pappenheim, zitiert nach: Sophie Mamelok, An Dora Edinger (1.5.1957).
72 Bertha Pappenheim, Denkzettel (15.6.1928), in: Blätter des Jüdischen Frauenbundes für Frauenarbeit und Frauenbewegung Gedenknummer, 12. Jahrgang, Nr. 7/8 (1936), S. 12.
73 Denkzettel Lucy Jourdan, AJM, B 86/738.
74 Pappenheim, Denkzettel (o. D.), AJM B 86/738; Bertha Pappenheim, Aus der Arbeit des Heims des JFB in Isenburg (1914–1924), in: Helga Heubach (Hrsg.), Das unsichtbare Isenburg. Über das Heim des Jüdischen Frauenbundes in Neu-Isenburg 1907–1942, Frankfurt am Main 1994, S. 58–77, hier S. 74.
75 Pappenheim, Aus der Arbeit des Heims des JFB in Isenburg (1914–1924), S. 58–77, hier S. 74
76 Brief Bertha Pappenheim an Martin Buber, 12. Juni 1935, National Library of Israel Jerusalem (im Folgenden: NLI), Martin Buber Archive, Arc.Ms.Var. 350/568, Briefwechsel Bertha Pappenheim/Martin Buber aus den Jahren 1916–1936.
77 Brief Bertha Pappenheim an Martin Buber, 21. März 1936, NLI, Martin Buber Archive, Arc.Ms.Var. 350/568, Briefwechsel Bertha Pappenheim/Martin Buber aus den Jahren 1916–1936.
78 Zu ihren Konflikten siehe ausführlich: Klausmann, Politik und Kultur, S. 181–188.

rem Rechtsgefühl gekränkt, wenn Rabbiner in geschäftlichen Fragen Konzessionen bei der Auslegung der Religionsgesetze machten, nicht aber in Bezug auf die Stellung der Frau.[79] Besonders auch an der Arbeit des Heimes des Jüdischen Frauenbundes wird sichtbar, wie innovativ Bertha Pappenheims Verbindung der Ideen der Frauenbewegung mit sozialer Arbeit und jüdischer Tradition war.

Das Heim des JFB in Neu-Isenburg wurde nach dem Vorbild des Londoner Charcrofft House in Zusammenarbeit mit mehreren Frankfurter Vereinen gegründet.[80] Hier konnte Bertha Pappenheim ihr Konzept weiblich-jüdischer Emanzipation und kultureller Erneuerung des Judentums beispielhaft und konkret pädagogisch umsetzen. Das Heim war die erste jüdische Einrichtung für sogenannte „gefährdete" oder „moralisch kranke" Frauen mit Kindern, d. h. ehemalige Prostituierte, ledige Mütter, straffällig gewordene, schwer erziehbare Kinder und Jugendliche, Mädchen mit geistiger Beeinträchtigung, uneheliche Kinder und Pogromwaisen.[81] Es gab eine Adoptionsvermittlungsstelle und Neu-Isenburg fungierte, verstärkt ab 1933, als Ausbildungsstätte für Hauswirtschaft, Kinder- und Säuglingspflege.[82]

Dass Bertha Pappenheim mit ihrer Konzeption eines Heimes für „Gefährdete" zunächst auf Widerstand in der jüdischen Gemeinschaft stieß, zeigt, wie innovativ ihre Idee war.[83] Nicht anders als in bürgerlichen Kreisen insgesamt wurde in der jüdischen Gemeinschaft nicht offen über Sexualität und uneheliche Mutterschaft gesprochen. Auch aus Angst vor Antisemitismus wollten sich viele nicht öffentlich mit dem Thema befassen, und ein Heim für Gefährdete machte die Angelegenheit sichtbar.

Die pädagogische Leitlinie orientierte sich an den Idealen bürgerlicher Häuslichkeit, gleichzeitig aber auch an jüdischer Familientradition und sollte den Zöglingen das Judentum vertraut machen.[84] Bertha Pappenheim wollte einen freien und lebensfrohen Zugang zum Glauben vermitteln, lehnte schwarze Pädagogik und Prügelstrafe ab ebenso wie Anstaltsformen, die Mädchen moralisch verurteilten.[85] Obschon Bertha Pappenheim und der JFB die bürgerliche Kernfamilie idealisierten, wurde das herkömmliche Familienmodell in Neu-Isenburg in einen neuen Rahmen gestellt. Bertha Pappenheim begründete eine alternative Lebensge-

---

79 Edinger, Einleitung, S. 19.
80 Vgl. Klausmann, Politik und Kultur, S. 189.
81 Vgl. Kaplan, Die jüdische Frauenbewegung, S. 240–241, 261.
82 Vgl. Naßauer-Niedermayer, Aufbau der Jüdischen Frauenarbeit, S. 7.
83 Vgl. Frieda Posner, Isenburg als Lehrmittel, in: Blätter des Jüdischen Frauenbundes für Frauenarbeit und Frauenbewegung, 8. Jahrgang, Nr. 3 (März 1932), S. 9.
84 Zur zeitgenössischen Kritik an Pappenheims Leitlinie siehe: Konz, Bertha Pappenheim, S. 297–299.
85 Vgl. Konz, Bertha Pappenheim, S. 294–298.

meinschaft und eine neue „Familientradition", indem sie gemeinsam mit ehemaligen Prostituierten, ledigen Müttern und anderen „sozial Randständigen" jüdische Alltags- und Festtagskultur gestaltete. Die traditionelle Rolle des Hausvaters, der den Vorsitz bei der Sabbatfeier und anderen religiösen Ritualen innehatte, übernahm die Hausmutter. Wie auf der Fotografie des Heimes zu sehen ist, übernahm im Neu-Isenburger Heim die Hausmutter die traditionelle Rolle des Hausvaters, d. h. z. B. auch den Vorsitz bei der Sabbatfeier und anderen religiösen Ritualen.[86] Bertha Pappenheim lehrte die Hausbewohnerinnen ihre Interpretation von jüdischem Glauben und Tradition. Tamar Grizim, die ihre ersten zwölf Lebensjahre im Heim verbrachte, betonte, dass sie die Feiertage „alle vom Ausblick von Frauen" kenne – außer an Pessach leiteten Frauen die Feste, und da im Heim nur kleine Jungen waren, war es selbstverständlich, dass Mädchen Aufgaben übernahmen, die sonst den Söhnen vorbehalten waren.[87] An wöchentlichen Frageabenden wurden, möglicherweise in Alternative zu den Lehrgesprächen beim Studium der Tora, gelesene Geschichten besprochen und sowohl allgemeine Lebens- und Bildungsfragen als auch religiöse Themen erörtert. Trotz aller Strenge ermutigte Bertha Pappenheim die Kinder, eigene Gedanken zu äußern und legte Wert darauf, dass sie sich zu selbständigen Menschen mit eigener Meinung entwickelten.[88] Auch Mädchen bekamen Unterricht in Hebräisch, und die Erzieherinnen vermittelten ihnen traditionelle jüdische Gebete.[89] Allerdings kam es auch in Neu-Isenburg nicht zu einer religiösen Gleichstellung. Entsprechend der bürgerlichen Frauenbewegung, die die Gleichberechtigung der Frau bei Anerkennung ihrer Differenz forderte, sollten die Mädchen in Neu-Isenburg ebenbürtig behandelt werden, aber andere Aufgaben erfüllen. Nur die Jungen entzündeten die Channukkakerzen und trugen eine *Kippa*[90], nur die Mädchen lernten das „Licht*benschen*", das Entzünden und Segnen der Lichter zu Sabbat. Außerdem wurden die Mädchen zwar religiös geschult, die Jungen hatten aber mehr Religionsunterricht.[91]

---

86 Siehe Konz, Bertha Pappenheim, S. 314.
87 Interview der Autorin mit Tamar Grizim, 16. Juni 2004.
88 Vgl. Gertrud Ehrenwerth, Im Heim, in: Blätter des Jüdischen Frauenbundes für Frauenarbeit und Frauenbewegung, Gedenknummer, 12. Jahrgang, Nr. 7/8 (1936), S. 13–14, hier S. 14; Marion Guttmann, Die Schulkinder, in: Blätter des Jüdischen Frauenbundes für Frauenarbeit und Frauenbewegung, 13. Jahrgang, Nr. 6 (Juni 1937), S. 6–7, hier S. 7.
89 Vgl. Bertha Pappenheim, Aus einem Arbeitsbericht, in: Blätter des Jüdischen Frauenbundes für Frauenarbeit und Frauenbewegung, Gedenknummer, 12. Jahrgang, Nr. 7/8 (1936), S. 12–13, hier S. 13.
90 Vgl. hierzu Johannes Barta, Jüdische Familienerziehung. Das jüdische Erziehungswesen im 19. und 20. Jahrhundert, Zürich 1974, S. 98.
91 Vgl. Elsa Rothschild, Erinnerungen, Institut für Stadtgeschichte Frankfurt am Main, S1/324, Teil I: Materialsammlung Willy Goldmann, S. 3.

Am Ende ihres Lebens bildeten die realen politischen, gesellschaftlichen und wirtschaftlichen Verhältnisse einen immer größeren Gegensatz zu ihrem weiblich-jüdischen „Projekt der Moderne". Der in der Weimarer Republik einsetzende Prozess der Bürokratisierung und Zentralisierung der Wohltätigkeitsarbeit entzog dem Projekt seine ideelle Grundlage. Während sie in den ersten Jahren ihres Wirkens auf Ausbau und Zentralisierung jüdischer Wohltätigkeit gedrängt hatte, befürchtete Bertha Pappenheim nun, dass die erzieherische und religiöse Dimension der Wohltätigkeitsarbeit wegfallen würde.[92] Die Delegierung der sozialen Arbeit in die Verantwortung von Berufsfachkräften stand ihrer Auffassung von sozialer Arbeit als weiblich-jüdischer Emanzipation, als *tikkun ha olam*, diametral entgegen: Wenn Frauen für ihre Dienste finanziell entlohnt würden, könnten sie keine ideelle Entlohnung mehr erwarten. Dies löste einen Konflikt mit der jüngeren Generation von Sozialarbeiterinnen aus, die sich beruflich qualifizieren und ihren Lebensunterhalt bestreiten wollten.[93]

Die größte Bedrohung ihres Projektes ging jedoch von dem sich ab 1918 zunehmend verschärfenden Antisemitismus aus, den Bertha Pappenheim wie viele andere deutsche Jüdinnen und Juden unterschätzte, weil sie an die deutsche Kultur und die deutsche Verfassung glaubte. Sie war eine vehemente Gegnerin des Zionismus und seiner politischen Lösung der „Judenfrage", weil der Zionismus ihrer Ansicht nach nicht auf die Forderungen der Frauenbewegung einging bzw. die Forderung nach Gleichberechtigung nationalpolitischen Themen unterordne.[94] Nach 1933 wandte sich Bertha Pappenheim gegen die Kindertransporte nach Großbritannien, weil sie Familien nicht auseinanderreißen wollte. Der JFB folgte ihrer Linie und bereitete erst in den letzten Jahren seines Bestehens Frauen auf die Emigration vor. Nach einem Verhör durch die Gestapo kurz vor ihrem Tod erkannte Bertha Pappenheim ihren Irrtum und warnte Ottilie Schönewald, ihre Nachfolgerin in der Leitung des JFB vor der Gefahr. Es gelang ihr noch, einige Waisenkinder nach Glasgow in Sicherheit zu bringen.[95] Bertha Pappenheim starb 1936. Sie erlebte die Zwangsauflösung des JFB 1938 und die Verfolgung und Ermordung vieler Mitarbeiterinnen und Zöglinge nicht mehr.

---

92 Vgl. Bertha Pappenheim, Die jüdische Frau (Isenburg, 25.8.1934), in: Edinger, Bertha Pappenheim, S. 105–117, hier S. 110.
93 Vgl. Sachße, Mütterlichkeit als Beruf, S. 305.
94 Vgl. Konz, Bertha Pappenheim, S. 360.
95 Vgl. Konz, Bertha Pappenheim, S. 373.

Fazit

Bertha Pappenheim und der JFB begründeten ein weiblich-jüdisches „Projekt der Moderne", das auf eine konzeptionelle Verbindung von jüdischer Theologie und Tradition mit modernen frauenemanzipatorischen und sozialen Ansätzen zielte und eine Renaissance des Judentums hervorbringen sollte. Hierbei erreichten sie sehr viele jüdische Frauen in Deutschland, weshalb auch ihr Einfluss auf die Bestrebungen jüdischer Männer zur Erneuerung des Judentums nicht zu unterschätzen ist. Mit ihrer breit vernetzten sozialen Arbeit und der Verknüpfung von sozialer Arbeit und jüdischer Identität waren Bertha Pappenheim und der JFB maßgeblich an der Umgestaltung des jüdischen Wohlfahrtswesens beteiligt und trugen dazu bei, dass das post-emanzipative Judentum seine moderne Identität ganz entscheidend über Wohltätigkeit formte.[96]

---

96 Vgl. Kaplan, Jüdisches Bürgertum, S. 254.

Franziska Krah
„Es war ihr geliebtes Daham"
Die Franks, eine Familie aus Frankfurt

Am 12. Mai 1969 trug Leni Elias-Frank (1893–1986) auf der Geburtstagsfeier ihres älteren Bruders Otto Frank (1889–1980) einen selbst gedichteten Geburtstagsgruß vor, wie es in ihrer Familie seit langem üblich war. Der Mehrzeiler begann wie folgt: „Es war ein gross Häusche am Maa / Drin wohnten die Franks ganz alla / Der Robert, der Otto der Herb und die Leni / Es war ihr geliebtes Daham / Es war ihr geliebtes Daham".[1] Als Leni Elias-Frank diese Zeilen reimte, hatte sie beinahe 40 Jahre nicht mehr in Frankfurt gelebt. Bereits um 1930 war sie mit ihrer Familie nach Basel emigriert und schließlich sogar schweizerische Staatsbürgerin geworden. Und dennoch dichtete sie für ihren Bruder Otto, den Vater von Anne Frank (1929–1945), ein Gedicht im Dialekt ihres Geburtsorts und erinnert ihn auch inhaltlich an die einstige Heimat – an ihr „geliebtes Daham" in Frankfurt am „Maa".

Gemeinsam mit ihren Brüdern Robert (1886–1953) und Herbert (1891–1987) sowie ihren Eltern Alice (1865–1953) und Michael (1851–1909) verbrachte Leni ihre Kindheit um 1900 im Frankfurter Westend, einem damals wie heute typischen Wohnviertel des Bürgertums, nicht zuletzt des jüdischen.[2] In ihrem stattlichen Haus lebten die Franks seit 1901 als Eigentümer.[3] Bereits im 17. Jahrhundert waren einige ihrer Vorfahren in Frankfurt ansässig. Die Stadt war also für viele Generationen der Familie eine Heimat. Als Lenis Mutter Alice 18jährig nach England verheiratet werden sollte, wehrte sie sich unter anderem deshalb vehement, da sie – wie sie selbst erklärt – „mit allen Fasern an die Heimat gebunden war."[4]

Zwischen 1929 und 1933 verließen sämtliche Familienmitglieder die Stadt. 1933 verkaufte Alice Frank das Familienhaus, als sie als letzte ihrer Familie nach Basel emigrierte. Später erinnert sie sich, dass sie „durch den Ernst der Zeit ge-

---
[1] Geburtstagsgedicht von Leni Elias-Frank an Otto Frank, 12. Mai 1969, Familie Frank Zentrum (künftig: FFZ), Familienarchiv Frank-Elias, Bestand Otto Frank, Inv. Nr. AFF_OtF_pdoc_0003, Dauerleihgabe des Anne Frank Fonds und der Familie Elias.
[2] Vgl. Andrea Hopp, Jüdisches Bürgertum in Frankfurt am Main im 19. Jahrhundert, Stuttgart 1997, S. 218–221.
[3] Zuvor wohnten sie ebenfalls im Westend, im Gärtnerweg nördlich der (heute: Alten) Oper. Siehe Brief(umschlag) von Robert Frank an Michael Frank, o. D. [um 1890], FFZ, Familienarchiv Frank-Elias, Bestand Alice Frank, Inv. Nr. AFF_AlF_corr_0004, Dauerleihgabe des Anne Frank Fonds und der Familie Elias. Das Haus der Franks wurde im Zweiten Weltkrieg zerstört.
[4] Alice Frank: Zum 20ten Dezember 1935, FFZ, Familienarchiv Frank-Elias, Bestand Leni Frank, Inv. Nr. AFF_LeF_pdoc_0002, S. 8, Dauerleihgabe des Anne Frank Fonds und der Familie Elias.

trennt wurden" und sie nun „Länder und Meere trennen".[5] Der familiäre Frankfurt-Bezug ging damit unwiederbringlich verloren. Was blieb, ist – wie anhand des Gedichts und weiterer Gedichten zu erahnen ist, die Leni und ihre Geschwister viele Jahre nach der Emigration verfassten – eine Verbundenheit zur Stadt. Die Verbundenheit zu Frankfurt geht so weit, dass die Familie gemeinsam mit dem von Otto Frank gegründeten Anne Frank Fonds 2012 beschloss, die Hinterlassenschaften ans Jüdische Museum in Frankfurt zu geben, um dort an die Familiengeschichte zu erinnern. Damit kehrten zahlreiche Alltagsgegenstände, Erinnerungsstücke, Briefe, der Geburtstagsgruß an Otto Frank und vieles mehr zurück nach Frankfurt, nicht aber die Eigentümerinnen und Eigentümer all dieser Dinge.

Auf Grundlage jener schriftlichen Zeugnisse und der materiellen Überlieferung der Familie, die heute in Form eines Familienarchivs und einer umfasser Objektsammlung im Museum zugänglich sind, widmet sich der Beitrag dem Lebensalltag der Familie Frank.[6] Der zeitliche Fokus liegt dabei auf der Jahrhundertwende sowie den drei Jahrzehnten vor und nach 1900.[7] Dabei steht die Frage im Vordergrund, inwiefern die Franks eine typische Familie des jüdischen Bürgertums waren. Der Beitrag behandelt die Eigenarten ihres Lebensalltags, ihrer Familienstruktur und ihrer Verbundenheit.

Die Frage danach, inwiefern die Franks eine typische jüdisch-bürgerliche Familie waren, ist auch deshalb von Interesse, da es sich bei ihnen um die Familie von Anne Frank handelt. Damit wird der familiäre Hintergrund der berühmten Tagebuch-Autorin beleuchtet; die Lebensrealität, die sie und ihre Schwester Margot (1926–1945) prägte, bevor sie sich verstecken mussten – eine Frage, die Antworten darauf geben kann, wie Anne Frank zum Schreiben kam und wieso sie davon träumte, Schriftstellerin zu werden.

Eine wohlhabende Familie

In ihrem Tagebuch charakterisiert Anne Frank ihre Familie bzw. deren Herkunft folgendermaßen:

---

5 Alice Frank: Zum 20ten Dezember 1935, S. 11.
6 Ich danke Karola Nick für Ihre wertvolle Unterstützung bei der Transkription der Familienkorrespondenz.
7 Die Perspektive richtet sich damit auf drei Generationen: Alice und Michael Frank sowie ihre Kinder Robert, Otto, Herbert und Leni; sowie deren Kinder Stephan und Buddy Elias bzw. Margot und Anne Frank.

> Liebe Kitty! Habe ich dir eigentlich schon mal was von unserer Familie erzählt? Ich glaube nicht, und deshalb werde ich sofort damit anfangen. Vater wurde in Frankfurt geboren, als Sohn steinreicher Eltern. Michael Frank hatte eine Bank und war Millionär geworden, und Alice Stern, Vaters Mutter, war von sehr vornehmen und reichen Eltern. Michael Frank war in seiner Jugend nicht reich gewesen, hat sich aber ordentlich hochgearbeitet. Vater führte in seiner Jugend ein richtiges Reicher-Eltern-Sohn-Leben, jede Woche Partys, Bälle, Feste, schöne Mädchen, Tanzen, Diners, viele Zimmer und so weiter. All das Geld ging nach Opas Tod verloren, nach dem Weltkrieg und der Inflation war nichts mehr davon übrig. Aber es gab noch genug reiche Verwandte. Vater ist folglich prima-prima erzogen worden und musste gestern schrecklich lachen, weil er das erste Mal in seinem 55-jährigen Leben bei Tisch die Bratpfanne ausgekratzt hat.[8]

Mirjam Pressler, die Übersetzerin der heute gültigen Fassung von Anne Franks Tagebuch, bestätigt die Einschätzung des vornehmen Elternhauses und bezeichnet Otto Frank als „Sohn einer großbürgerlichen jüdischen Familie aus Frankfurt am Main".[9] Verglichen mit der berühmten Frankfurter Familie Rothschild muss diese Einordnung zwar relativiert werden, doch ist ein gewisser Wohlstand anhand der Hinterlassenschaften der Familie deutlich zu erkennen. Dieser resultiert einerseits aus der Tradition beruflichen Erfolgs der Familie Stern – Alice Franks Vorfahren – seit dem frühneuzeitlichen Leben in der Judengasse.[10] Andererseits aus dem eigenständigen beruflichen Aufstieg des Landauer Kaufmanns Michael Frank, auf den Anne Frank im Tagebuch rekurriert. Neben Bildung und sozialem Engagement gehörte der berufliche Erfolg zu den zentralen Idealen des deutschen Bürgertums.[11]

Ein zentrales Erbstück der Franks, welches den Wohlstand ebenso wie die Kultur- und Kunstaffinität und die Verbundenheit zu Frankfurt veranschaulicht, ist ein Ölgemälde des Frankfurter impressionistischen Malers Jakob Nussbaum aus dem Jahr 1905. Abgebildet ist „Der Frankfurter Opernplatz".[12] Dieser war ein beliebtes Motiv der Stadt, nicht zuletzt, weil sich hier das öffentliche Leben des

---

8 Tagebucheintrag vom 8. Mai 1944, in: Anne Frank, Gesamtausgabe. Tagebücher – Geschichten und Ereignisse aus dem Hinterhaus – Erzählungen – Briefe – Fotos und Dokumente, hrsg. v. Anne Frank Fonds, Frankfurt am Main 2013, S. 226.
9 Mirjam Pressler, Anne Franks Leben, in: Anne Frank, Gesamtausgabe, S. 505–515, Zitat S. 505.
10 Siehe Hopp, Jüdisches Bürgertum, S. 14–15.
11 Lothar Gall (Hrsg.), Stadt und Bürgertum im Übergang von der traditionellen zur modernen Gesellschaft, München 1993, S. 8.
12 Jakob Nussbaum, Der Frankfurter Opernplatz, FFZ-Sammlung, Inv.-Nr. FFZ-0445, Leihgabe der Familie Elias / Anne Frank Fonds Basel. Siehe auch den Eintrag in der Online-Sammlung des Jüdischen Museum Frankfurt: https://sammlung.juedischesmuseum.de/objekt/frankfurter-opernplatz/, letzter Zugriff 19. Januar 2022.

lokalen Bürgertums abspielte. Entsprechendes geselliges Treiben des Bürgertums auf einem sommerlichen Platz verewigte Nussbaum im Gemälde.

Für die Familie Frank war der Platz ein vielbesuchter, da sie gern in die Oper ging. Außerdem befand sich das Bankgeschäft des Kaufmanns und Familienernährers Michael Frank in unmittelbarer Nähe.[13] Deshalb ist es nicht verwunderlich, dass die Familie das Gemälde inklusive vergoldeten Holzrahmen damals kaufte. 1933 nahm es Alice Frank nach Basel mit – und damit auch ein Stück Frankfurt. Bis 2017 war es in Familienbesitz und hing stets an einem repräsentativen Ort im Wohnzimmer des Familienhauses. Seit 2020 wird es im Jüdischen Museum Frankfurt ausgestellt und dient als Auftakt zum Ausstellungsraum über die Geschichte der Frankfurter Familie Frank.[14]

Auch ein weiteres Ölgemälde aus der Frank-Sammlung veranschaulicht den familiären Wohlstand.[15] Das Gemälde aus dem Jahr 1868, auf dem Alice Frank, damals noch Alice Stern, als dreijähriges Mädchen porträtiert ist, bezeugt, dass Alice in bürgerlichen Verhältnissen aufwuchs. Denn ein Großteil der Bevölkerung konnte es sich nicht leisten, ihre Tochter aufwendig porträtieren zu lassen. Selbst im Bürgertum war die seinerzeit aufkommende, günstigere Atelierfotografie verbreiteter und häufiger frequentiert als die kostspielige Porträtmalerei.[16]

---

[13] Die Bank hatte ihren Sitz in der Hochstraße 31. Siehe Adreßbuch für Frankfurt am Main und Umgebung (1909), Frankfurt am Main 1909, Dritter Teil, S. 10 (Bankgeschäfte). 1917 lag die Michael Frank-Bank am Opern-Platz 14. Siehe Adreßbuch für Frankfurt am Main und Umgebung (1917), Frankfurt am Main 1917, Dritter Teil, S. 10 (Bankgeschäfte).

[14] Siehe Franziska Krah/Ann-Kathrin Rahlwes, Die Familie Frank, in: Mirjam Wenzel/Sabine Kößling/Fritz Backhaus (Hrsg.), Jüdisches Frankfurt. Von der Aufklärung bis zur Gegenwart (Katalog zur Dauerausstellung des Jüdischen Museums Frankfurt), München 2020, S. 236–251, hier S. 237. In der Dauerausstellung sind die Franks eine von drei ausgewählten Frankfurter Familien, deren Geschichte Generationen übergreifend erzählt wird. Stehen die Rothschilds für außergewöhnliche berufliche Erfolge und Stifterwesen, die Familie Senger für Migration und Kommunismus, so sind die Franks ein Beispiel des Frankfurter Bürgertums.

[15] Unbekannter Maler, Porträt Alice Frank, Ölgemälde aus dem Jahr 1868, FFZ-Sammlung, Inv.-Nr. FFZ-0442, Leihgabe der Familie Elias / Anne Frank Fonds Basel. Siehe auch den Eintrag in der Online-Sammlung des Jüdischen Museum Frankfurt: https://sammlung.juedischesmuseum.de/objekt/portrat-alice-frank/, letzter Zugriff 19. Januar 2022. Erwähnt wird das Gemälde auch von Mirjam Pressler, Die Geschichte der Familie von Anne Frank, in: Anne Frank, Gesamtausgabe, S. 516–526, hier S. 517.

[16] Erika Billeter, Malerei und Photographie im Dialog. Von 1840 bis heute, Bern 1979, S. 170.

Abb. 1: Atelierfotografie der Familie Frank: Michael, Herbert, Alice, Otto und Robert Frank (v. l. n. r.), um 1892. © Anne Frank Fonds Basel / Jüdisches Museum Frankfurt

Vor dem Hintergrund des symbolisch recht aufgeladenen Genres der Porträtmalerei fällt auf dem Kinderporträt von Alice neben der vornehmen Kleidung – Alice trägt ein Rüschenkleid mit Reifrock und edle Lederstiefeletten – vor allem das Buch auf, das auf den Stellenwert verweist, den die Bildung in der Familie eingenommen haben mag. Ein genaueres Hinschauen verrät jedoch, dass es sich um ein Bilderbuch mit einer Tierabbildung handelt.

Eine wohlerzogene Familie

Kinderliteratur gehörte in jedes bürgerliche Kinderzimmer.[17] Das junge Bürgertum sollte damit moralisch wie gesellschaftlich geschult werden und sich spielerisch und altersgerecht bilden. Gleichzeitig entdeckte es damit auch die Freude an

---

17 Gunilla Budde, Auf dem Weg ins Bürgerleben. Kindheit und Erziehung in deutschen und englischen Bürgerfamilien 1840–1914, Göttingen 1994, S. 127–128; Hopp, Jüdisches Bürgertum, S. 172.

Büchern und am Lesen.[18] Zur umfangreichen Sammlung von Alltagsgegenständen der Franks gehören entsprechend viele Kinderbücher. Ein besonders schönes Beispiel daraus ist *L'Ami des Enfants*, ein französischsprachiges Buch mit einer Sammlung an Kindergeschichten aus dem 18. Jahrhundert. Die Ausgabe der Franks, ein edel gestaltetes Exemplar mit Goldschnitt und Farblithografien, stammt aus den 1890er Jahren.[19] Wie anhand des Besitzvermerks ersichtlich ist, gehörte das Buch in Lenis Kinderzimmer, jedoch war es einst auch Teil der Büchersammlung ihrer älteren Brüder Robert und Otto. Die Besonderheit des Buches ist, dass es offensichtlich für den französischen Sprachunterricht verwendet wurde. An einigen Stellen haben die Kinder über dem Text mit Bleistift die Übersetzungen französischer Vokabeln notiert.[20] Besonders schön ist auch ein handgeschriebener Besitzvermerk, anhand dessen zu erfahren ist, von wem die Familie Frank das Buch erhielt und wer es zuvor gelesen hatte: Zu lesen ist hier nämlich der Name „Jean Frank". Das Buch hatte also dem französischen Cousin der Kinder gehört. Im Buch hinterließ er nicht nur seinen Namen, sondern er kolorierte auch einige der Illustrationen. Jean-Michel Frank (1895–1941) lebte mit seinen Eltern und den beiden älteren Brüdern in Paris. Die Reisefotografien und Korrespondenz im Familienarchiv verraten bereits, dass die Franks aus Paris und Frankfurt in engem Kontakt standen; das Buch bekräftigt diese Verbundenheit.

Neben Kinderbüchern gehört auch Spielzeug zum Bestand der Familiensammlung. Dieses diente, wie in der Bürgertumsforschung herausgearbeitet wurde, vornehmlich der Einübung ihrer Rollen in der Gesellschaft und in der Kleinfamilie.[21] Infolge der im Bürgertum auseinander entwickelten Bereiche des Erwerbs- und Familienlebens (letzteres inklusive der Hausarbeit), der – zumindest theoretischen – Aufteilung jener Bereiche in die Zuständigkeit von Männern und Frauen sowie der Manifestation der modernen gesellschaftlichen Geschlechterordnung gab es unterschiedliches Spielzeug für Mädchen und Jungen.[22] Zwei Beispiele der Franks, die aktuell in der Dauerausstellung des Frankfurter Jüdischen Museums zu sehen sind, zeigen dies recht deutlich. Beim ersten Beispiel handelt es sich um einen kleinen, auf einem braunen Pferd sitzenden Zinnsoldat in hell-

---

18 Pia Schmid, Bürgerlicher Kindheitsentwurf und Kinderliteratur der Aufklärung, in: Bettina Bannasch/Eva Matthes (Hrsg.), Kinder- und Jugendliteratur. Historische, erzähl- und medientheoretische, pädagogische und therapeutische Perspektiven, Münster 2018, S. 17–32, hier S. 26–27.
19 Arnaud Berquin, L'Ami des Enfants. Illustrations de Henry Gerbault, Paris o. J. [um 1890], FFZ-Sammlung, Inv.-Nr. FFZ-1219, Leihgabe der Familie Elias / Anne Frank Fonds Basel.
20 Siehe beispielsweise Berquin, L'Ami des Enfants, S. 1.
21 Hopp, Jüdisches Bürgertum, S. 172.
22 Schmid, Bürgerlicher Kindheitsentwurf, S. 24. Siehe auch Lisa Pine (Hrsg.), The Family in Modern Germany, London 2020, S. 28–29; Budde, Auf dem Weg ins Bürgertum, S. 150.

blauer Uniform mit schwarzer Pickelhaube.²³ Der Zinnsoldat war ein beliebtes Spielzeug für Jungen, die an ihre Rolle als Soldat gewöhnt werden sollten.²⁴ Und tatsächlich dienten alle drei Söhne der Franks später als Soldaten im Ersten Weltkrieg.

Abb. 2: Miniatur-Teeservice aus dem Besitz von Leni Elias-Frank. © Anne Frank Fonds Basel / Jüdisches Museum Frankfurt, Fotograf: Herbert Fischer

Das zweite Beispiel ist ein kleines Teeservice mit Verzierung und Goldrand aus den Kindheitsjahren von Leni Elias-Frank.²⁵ Bürgerliche Mädchen konnten mit einem solchen Service, das aus Tässchen, Untertellerchen, Kaffee- und Milchkännchen, Zuckerdöschen sowie Tablett bestand, kleine Teegesellschaften mit ihren Freundinnen, Kuscheltieren oder Puppen veranstalten und so den Umgang mit feinem Geschirr lernen sowie die spätere Rolle als Gastgeberin üben.²⁶ Im Bürgertum gehörte diese zu den zentralen Aufgaben der verheirateten Frau. Sie war für

---

23 Zinnsoldat, FFZ-Sammlung, Inv.-Nr. FFZ-0432, Leihgabe der Familie Elias / Anne Frank Fonds Basel. Siehe auch den Eintrag in der Online-Sammlung des Jüdischen Museum Frankfurt: https://sammlung.juedischesmuseum.de/objekt/zinnsoldat-der-familie-elias/, letzter Zugriff 19. Januar 2022.
24 Budde, Auf dem Weg ins Bürgertum, S. 200–201.
25 Miniatur-Teeservice von Leni Frank, FFZ-Sammlung, Inv.-Nr. FFZ-0751, Leihgabe der Familie Elias / Anne Frank Fonds Basel. Siehe auch den Eintrag in der Online-Sammlung des Jüdischen Museum Frankfurt: https://sammlung.juedischesmuseum.de/objekt/miniatur-teeservice-von-helene-elias/, letzter Zugriff 19. Januar 2022.
26 Budde nennt als Spielzeug für diesen Zweck das Puppenhaus, das ebenfalls mit Miniaturgeschirr und vielem mehr ausgestattet war. Budde, Auf dem Weg ins Bürgertum, S. 224. Siehe auch Hopp, Jüdisches Bürgertum, S. 216–217.

das gesamte innerhäusliche Management inklusive Personalführung zuständig; angefangen vom Koordinieren und Überwachen des Einkaufens, Putzens, Waschens, Bügelns und Kochens, über die Planung der bürgerlichen Erziehung ihrer Kinder bis hin zum Organisieren der Teenachmittage, Dinners und Feiern im Hause der Familie.[27] Bei der Erziehung hatten Mütter dafür zu sorgen, dass nicht nur das Lernen, sondern auch der Spaß nicht zu kurz kam. So standen Kinder bei den meisten Festen im Mittelpunkt.[28] Feste, die bei den Franks gefeiert und von Alice Frank vorbereitet wurden, waren Geburtstage, Weihnachten, Silvester sowie Karneval. Die überlieferten Familienfotografien und einige Einladungsschreiben dokumentieren dabei die Vorliebe der Franks fürs Verkleiden.[29] Unterstützt wurde Alice Frank in ihrer Rolle als Gastgeberin und Hausmanagerin von der Köchin Trauta sowie einem englischsprachigen und einem französischsprachigen Kindermädchen.[30] Michael Frank ist bei Themen des Haushalts und der Erziehung weitgehend absent. Das entsprach der Realität vieler bürgerlicher Familien, bei denen der Vater wenig Bedeutung innerhalb des Familienhauses hatte, sondern vielmehr im Erwerbsbereich wirkte.[31]

Für bürgerliche Frauen ziemte es sich dagegen nicht, einer Erwerbsarbeit nachzugehen. Freilich waren sie aufgrund der bürgerlichen Verpflichtungen im Heim hinreichend beschäftigt.[32] Darüber hinaus sollten sie aber auch der Handarbeit nachgehen, unter anderem um zu zeigen, dass sie Zeit für solche Dinge hatten.[33] Alice Frank hinterließ viele gestickte Decken, Bilder, Stickbilder, einen Nähtisch, und hielt schriftlich fest, wie häufig sie seit ihrer Kindheit stickte.[34] Als Alices Mann Michael Frank im September 1909 plötzlich verstarb, musste sie sich

---

27 Pine, The Family in Modern Germany, S. 33; Hopp, Jüdisches Bürgertum, S. 126–127, 163.
28 Beispielsweise das christlich konnotierte Weihnachtsfest, das auch von jüdischen Familien gefeiert wurde: Monika Richarz, Weihnukka. Das Weihnachtsfest im jüdischen Bürgertum, in: Weihnukka. Geschichten von Weihnachten und Chanukka, Jüdisches Museum Berlin, (Katalog zur Ausstellung vom 28. Oktober 2005 – 29. Januar 2006), Berlin 2005, S. 86–99, hier S. 88.
29 Siehe auch Mirjam Pressler (unter Mitarbeit von Gerti Elias), „Grüße und Küsse an alle". Die Geschichte der Familie von Anne Frank, Frankfurt am Main 2009, S. 84.
30 Pressler, Die Geschichte der Familie von Anne Frank, S. 519; Robert Frank an Michael Frank, 07.05.1902, in: FFZ, Familienarchiv Frank-Elias, Bestand Alice Frank, Inv. Nr. AFF_AlF_corr_0005, Dauerleihgabe des Anne Frank Fonds und der Familie Elias.
31 Budde, Auf dem Weg ins Bürgertum, S. 158–159. Das mangelnde Wissen von Michael Franks Rolle in der Familie resultiert aus einem Quellenproblem. So sind beispielsweise keine persönlichen Briefe aus seiner Feder überliefert, was überrascht vor dem Hintergrund, dass Alice Frank 1933 zahlreiche Briefe in die Emigration mitnahm.
32 So resümiert Budde: „Der bürgerliche Haushalt des 19. Jahrhunderts war alles andere als ein Puppenheim." Budde, Auf dem Weg ins Bürgertum, S. 178.
33 Budde, Auf dem Weg ins Bürgertum, S. 221–222.
34 Alice Frank: Zum 20ten Dezember 1935, S. 5.

allerdings – unterstützt von ihren Söhnen und Neffen sowie einem Prokuristen – um sein Bankgeschäft kümmern.[35] Da waren die Kinder schon jugendlich bzw. erwachsen und bedurften weniger Aufmerksamkeit. Auch ihre Tochter Leni arbeitete schließlich aus der Not heraus, als ihr Mann in der Schweiz entlassen worden war, und wurde zur Ernährerin der Familie. In Briefen an ihren Bruder Otto kommt dieser Umstand zur Sprache, und aus ihnen geht hervor, dass niemand sich vorstellen konnte, dass sie der Berufstätigkeit fähig war, inklusive ihr selbst. Dies überrascht jedoch vor dem Hintergrund, dass sie bereits während des Ersten Weltkriegs erwerbstätig war und verwundete Soldaten gepflegt hatte. Ein solches Eindringen der Frauen in den eigentlich Männern zugeordneten Erwerbsbereich war indes auch über die Zeit des Ersten Weltkriegs hinaus keine Seltenheit im Bürgertum.[36]

Zurück zum Spielzeug: Unklar ist, ob das Geschirr wirklich nur von Leni und der Zinnsoldat nur von ihren Brüdern Robert, Otto und Herbert genutzt wurde oder sie alle damit spielten. Da in den schriftlichen Quellen das Spielzeug nicht erwähnt wird und es auch in der Familie nicht überliefert ist, kann nur vermutet werden, dass beim gemeinsamen Spiel der Geschwister – insbesondere Herbert und Leni verbrachten viel Zeit miteinander – sicherlich einige Grenzen überschritten wurden und beispielsweise auch Herbert Teenachmittage veranstaltet haben mag.

Eine müßiggängerische Familie

Seitdem sich das Privatleben auf die Kleinfamilie konzentrierte, fand die zur Verfügung stehende Freizeit des Bürgertums weitgehend in deren Privatraum statt. Spielen und Lesen waren dabei seit dem späten 18. Jahrhundert elementare Freizeitbeschäftigungen der gesamten Familie.[37]

Daneben ist anhand der schriftlichen Hinterlassenschaften ein weiteres Hobby der Franks bekannt: nämlich das Radfahren. Vor allem die beiden älteren Brüder Robert und Otto unternahmen gern Radtouren ins Frankfurter Umland und fuhren beispielsweise nach Heim, Ginnheim, Eschersheim, Eckenheim und zum

---

35 Carol Ann Lee, Otto Franks Geheimnis. Der Vater von Otto Frank und sein verborgenes Leben, München/Zürich 2005, S. 25.
36 Budde, Auf dem Weg ins Bürgertum, S. 184.
37 Budde, Auf dem Weg ins Bürgertum, S. 126; Gunda Mairbäurl, Die Familie als Werkstatt der Erziehung. Rollenbilder des Kindertheaters und soziale Realität im späten 18. Jahrhundert, München 1983, S. 30.

Frühstücken oder Biertrinken nach Neu-Isenburg.[38] Anhand einer Fotografie aus dem Familienarchiv wird ersichtlich, dass auch die beiden jüngeren Geschwister Herbert und Leni ein Fahrrad besaßen. Das Bild wurde 1905 aufgenommen und zeigt alle vier Frank-Kinder mit ihren Rädern.[39] Die älteren Brüder tragen Anzug und damit die Kleidung erwachsener Männer, Otto einen Sonnenhut, der eine sommerliche Jahreszeit vermuten lässt. Die beiden jüngeren Geschwister tragen Matrosenanzüge, die zeigen, dass sie noch Kinder sind und zum Bürgertum gehören.[40] Matrosenanzüge trugen sowohl die Frank-Kinder Ende des 19. Jahrhunderts als auch die Kinder der nächsten Generation in den 1920er Jahren. Eine von vielen Fotografien im Familienarchiv zeigt die Familie zu Anfang der 1890er Jahre.[41] Zu sehen sind Alice und Michael Frank mit ihren Kindern Robert, Otto und Herbert. Leni war zu dem Zeitpunkt noch nicht auf der Welt. Die beiden älteren Söhne tragen hier schon Matrosenanzüge, der jüngste Sohn ist, ein Kinderkleid tragend, noch deutlich als Baby bzw. Kleinkind markiert. Das Foto ist eine typische Atelierfotografie einer bürgerlichen Familie. Auffällig ist der kleine weiße Pudel im Vordergrund, bei dem zunächst unklar scheint, ob er zur Familie oder zur Einrichtung gehört. Da Robert Frank in seinen Briefen an die Eltern häufig vom Hund Ami berichtet, der ihn unter anderem bei den Radtouren begleitete, ist zu vermuten, dass die Franks bereits damals ein Haustier besaßen, das augenscheinlich als festes Familienmitglied galt.[42]

---

38 Robert Frank an seine Eltern, 19. Juli 1900, 22. März 1903 und 15. November 1903, FFZ, Familienarchiv Frank-Elias, Bestand Alice Frank, Inv. Nr. AFF_AlF_corr_0005, Dauerleihgabe des Anne Frank Fonds und der Familie Elias.
39 Fotografie von Robert, Otto, Herbert und Leni mit ihren Rädern in Frankfurt 1905, FFZ, Familienarchiv Frank-Elias, Bestand Herbert Frank, Inv. Nr. AFF_HeF_phot_0076_012, Dauerleihgabe des Anne Frank Fonds und der Familie Elias. In einem Brief vom April 1904 erwähnt Robert Frank, dass der 12jährige Herbert Fahrrad fahren kann. Leni Frank nutzte während der Ersten Weltkriegs ihr Fahrrad für ihren Arbeitsweg. Siehe Radfahrkarte von Leni Frank, FFZ, Familienarchiv Frank-Elias, Bestand Leni Elias-Frank, Inv. Nr. AFF_LeF_odoc_0001, Dauerleihgabe des Anne Frank Fonds und der Familie Elias.
40 Im jüdischen Bürgertum war der Matrosenanzug so sehr verbreitet, dass er sogar in orthodoxen Familien wie jener des Schriftstellers Lion Feuchtwanger bei festlich religiösen Anlässen wie der Bar-Mitzwa getragen wurde. Hans-Albert Walter, Deutsche Exilliteratur 1933–1950, Bd. 1.1: Die Mentalität der Weimardeutschen, Die „Politisierung" der Intellektuellen, Stuttgart/Weimar 2003, S. 81. Siehe auch Hopp, Jüdisches Bürgertum, S. 173.
41 Atelierfotografie der Familie Frank in Frankfurt um 1890, FFZ, Familienarchiv Frank-Elias, vorl. Inv. Nr. FFZ-HMF-0020, Dauerleihgabe des Anne Frank Fonds und der Familie Elias.
42 Robert Frank an seine Eltern, 17.03.1903, FFZ, Familienarchiv Frank-Elias, Bestand Alice Frank, Inv. Nr. AFF_AlF_corr_0005, Dauerleihgabe des Anne Frank Fonds und der Familie Elias.

Abb. 3: Porträt von Alice Frank (geb. Stern) von Bamberger & Bauer, 1868. © Anne Frank Fonds Basel / Jüdisches Museum Frankfurt, Fotograf: Herbert Fischer

Radfahren war als Hobby des Bürgertums weniger obligatorisch als das Erlernen eines Musikinstruments[43], das Singen im Chor[44], das Reiten[45] oder der Opern- und

---

[43] Robert spielte Klavier, Otto das Cello und Herbert die Geige. Siehe Pressler, Grüße und Küsse, S. 79.
[44] Otto und Robert sangen im Chor. Siehe Robert Frank an seine Eltern, 6. Mai 1900, FFZ, Familienarchiv Frank-Elias, Bestand Alice Frank, Inv. Nr. AFF_AlF_corr_0005, Dauerleihgabe des Anne Frank Fonds und der Familie Elias.
[45] Robert Frank in Briefen an die Eltern 1905, FFZ, Familienarchiv Frank-Elias, Bestand Alice Frank, Inv. Nr. AFF_AlF_corr_0005, Dauerleihgabe des Anne Frank Fonds und der Familie Elias.

Theaterbesuch.⁴⁶ All diesen Hobbys gingen die Frank-Kinder nach. Für die Oper hatte die Familie eine Abonnement-Karte, mit der für sie alle 14 Tage ein Platz in einer Vorstellung reserviert war.⁴⁷

Auch das Dichten gehörte zu den Freizeitaktivitäten der Kinder, und zwar über mehrere Generationen hinweg – angefangen bei Anne Franks Uroma bis zu Anne Frank selbst. Das geschah nicht immer freiwillig, sondern auch auf Wunsch der Eltern, wie Robert Frank rückblickend bei der Tischrede der Hochzeit seiner Schwester Leni erwähnt:

> Als wir noch kleine Kinder waren / So zwischen 3 und 13 Jahren / Da wussten fein wir zu parieren / Und uns're Verschen zu recitieren.⁴⁸

Diese Zeilen belegen ebenso wie das zu Beginn erwähnte Geburtstagsgedicht von Leni an Otto Frank, dass es nicht nur eine Beschäftigung der Kinder, sondern auch der Erwachsenen war. Das Verfassen eigener gereimter Zeilen gehörte allgemein zum gutbürgerlichen Ton in der Zeit um 1900 ebenso wie kleine Theatereinlagen im Kreise der Familie.⁴⁹

Bereits zu Goethes Lebzeiten war es im städtischen Bürgertum üblich, einen Teil ihrer Freizeit in der Natur zu verbringen. Eine typische Freizeitbeschäftigung des Frankfurter Bürgertums seit dem ausgehenden 19. Jahrhundert war der Spaziergang im Palmengarten, einem 22 Hektar großen botanischen Garten im Westend.⁵⁰ Fotografien und Briefe belegen, dass auch die Franks ihn gern besuchten. Robert Frank traf sich dort beispielsweise als Jugendlicher regelmäßig mit Freunden zum Rudern oder Spazierengehen.⁵¹ Eine Seite im Kinderalbum von Ste-

---

46 Budde, Auf dem Weg ins Bürgertum, S. 141.
47 Robert Frank an seine Eltern, 20. August 1902, FFZ, Familienarchiv Frank-Elias, Bestand Alice Frank, Inv. Nr. AFF_AlF_corr_0005, Dauerleihgabe des Anne Frank Fonds und der Familie Elias.
48 Tischrede von Robert Frank auf der Hochzeit von Leni und Erich Elias 1921, FFZ, Familienarchiv Frank-Elias, Bestand Leni Elias-Frank, Inv. Nr. AFF_LeF_pdoc_0002_031, Dauerleihgabe des Anne Frank Fonds und der Familie Elias.
49 Budde, Auf dem Weg ins Bürgertum, S. 134–135; Hopp, Jüdisches Bürgertum, S. 182.
50 Hopp, Jüdisches Bürgertum, S. 234. Andernorts besuchte das Bürgertum die Parks, botanischen oder Zoologischen Gärten ihrer jeweiligen Umgebung. Überhaupt waren diese Orte sowie der Spaziergang als solcher eine genuin bürgerliche Erfindung. Budde, Auf dem Weg ins Bürgerleben, S. 90.
51 Robert Frank an seine Eltern, 21. Mai 1899 und 25. Mai 1899, FFZ, Familienarchiv Frank-Elias, Bestand Alice Frank, Inv. Nr. AFF_AlF_corr_0005, Dauerleihgabe des Anne Frank Fonds und der Familie Elias. In einem weiteren Brief berichtet er vom Rudern mit Freund Emil Heinsheimer im Palmengarten. Robert Frank an seine Eltern, 21. August 1903, Robert Frank an seine Eltern, 21. Mai 1899 und 25. Mai 1899, FFZ, Familienarchiv Frank-Elias, Bestand Alice Frank, Inv. Nr. AFF_AlF_corr_0005, Dauerleihgabe des Anne Frank Fonds und der Familie Elias.

phan Elias (1921–1980) zeigt ihn und seine Eltern Leni und Erich Elias im Sommer 1924 im Palmengarten.[52] Auf einem weiteren Foto sehen wir Annes Schwester Margot Frank (1926–1945) mit ihrer Tante Leni im Palmengarten.[53] Bis heute ist er bei der Frankfurter Bevölkerung und insbesondere bei Familien beliebt.

Die „Natur" wurde jedoch nicht nur in grünen Oasen der Stadt aufgesucht, sondern war auch ein beliebtes Urlaubsreiseziel des Bürgertums.[54] Aufgrund des Kostenfaktors war Reisen als Freizeitbeschäftigung der Oberschicht vorbehalten. Vor der Auswanderung waren die Schweizer Berge jahrzehntelang ein beliebtes Urlaubsdomizil der Familie Frank im Sinne der „Sommerfrische", einem Begriff, der in der zweiten Hälfte des 19. Jahrhundert aufkam und die neue Form des bürgerlichen Reisens beschrieb, die im Gegensatz zur Bildungsreise allein der Erholung diente.[55] So zeigt ein Foto aus Stephan Elias' Kinderalbum bei seinem Besuch in den Schweizer Alpen, in Kandersteg bei Bern.[56] Besonders beliebt war indes Sils Maria, ein Ferienort, den sogar Anne Frank im Sommer 1941 – also einer Zeit, in der Reisen in die Schweiz für die niederländische Bevölkerung unmöglich war – in einem Brief erwähnt, da sie ihn aufgrund ihrer Kindheitsbesuche in schöner Erinnerung behielt.[57] Da ihre französische Verwandte Olga Spitzer dort ein großes Feriendomizil besaß, bot der idyllische Ort in den Alpen für die gesamte Verwandtschaft die Gelegenheit, sich regelmäßig zu sehen und miteinander Zeit zu verbringen. Überhaupt diente den Franks – ebenso wie zahlreichen bürgerlichen Familien der Zeit – das Reisen häufig als Gelegenheit, mit der Verwandtschaft zusammenzukommen und sich gemeinsam in der Natur zu erholen.[58] So zeigt ein Foto vom Sommer 1905 den Familienvater Michael Frank aus Frankfurt

---

52 Fotoalbum aus dem Besitz von Stephan Elias, FFZ, Familienarchiv Frank-Elias, Bestand Leni Elias, Inv. Nr. AFF_LeF_phot_doss_0477, Dauerleihgabe des Anne Frank Fonds und der Familie Elias.
53 Fotoalbum aus dem Besitz von Stephan Elias, FFZ, Familienarchiv Frank-Elias, Bestand Leni Elias, Inv. Nr. AFF_LeF_phot_doss_0477, Dauerleihgabe des Anne Frank Fonds und der Familie Elias.
54 Budde, Auf dem Weg ins Bürgertum, S. 94. Natur galt im Bürgertum als Hort der Erholung. Voraussetzung war jedoch, dass sie durch Beschilderung, Wegeführung, Einrichten von Sitzbänken, Aussichtspunkten und anderen Elementen der Naturaneignung erschlossen sein musste. Silke Göttsch, „Sommerfrische". Zur Etablierung einer Gegenwelt am Ende des 19. Jahrhunderts, in: Schweizerisches Archiv für Volkskunde 98 (2002), S. 9–15, hier S. 11.
55 Göttsch, „Sommerfrische", S. 9.
56 Fotoalbum aus dem Besitz von Stephan Elias.
57 Anne Frank an Alice Frank, 30. Juli 1941, in: Anne Frank: Gesamtausgabe, S. 411. Ein Foto von 1935 zeigt Anne Frank fröhlich in der Natur von Sils. Siehe Anne Frank: Gesamtausgabe, S. 474. Siehe auch Pressler, Grüße und Küsse, S. 7–12.
58 Budde, Auf dem Weg ins Bürgerleben, S. 92–93.

mit seinem Bruder und dessen Familie aus Paris am Strand von Den Haag.[59] Auf dem Strandkorb sitzt Jean-Michel Frank, der ursprüngliche Eigentümer des erwähnten französischen Kinderbuches. Selbst an diesem Erholungsort hielt die bürgerliche Familie an ihrer Kleiderordnung fest und ließ sich in Anzug und vornehmem Kleid abbilden. Neben der unvollständig überlieferten Korrespondenz bezeugen vor allem Fotos wie diese, wie nah die Familie und Verwandtschaft sich standen. Erleichtert wurde der Kontakt sicherlich durch das ausgebaute Schienennetz und die Möglichkeiten einer zügigen Korrespondenz.[60]

Neben den Erholungsreisen – meist als Sommerfrische für mehrere Wochen im Jahr – diente das Reisen auch der Bildung und dem Eintauchen in fremde Gebräuche.[61] Alice Frank träumte als Jugendliche von der Fahrt in andere Länder und realisierte diese später mit ihrem Mann Michael – das waren die Reisen, die sie ohne ihre Kinder unternahm. Ihre erste große Reise trat sie als 16jährige an: ein Besuch ihrer Cousine Clara Stern in Bern.[62]

Eine verbundene Familie

Die Frage, welche Bedeutung der Familie im Bürgertum zukam und warum die Familienbande entsprechend gepflegt wurden, wird in der Bürgertumsforschung bereits ausführlich behandelt. Eine Antwort darauf ist, dass die Familie als Stützanker in schwierigen Lebensphasen und Krisen diente. Während vor der Emanzipation die Gemeinde hierbei elementar war, fiel diese beim weitgehend säkularen jüdischen Bürgertum weg.[63] So trösteten und kümmerten sich Familie und Verwandte beim Tod des Ehepartners um die Verbliebenen und halfen in finanziellen Notlagen aus. Dies lässt sich auch bei den Franks beobachten.[64]

Grundsätzlich war das Verantwortungsbewusstsein füreinander bei den Franks stark ausgeprägt. Dabei spielten die Kinder und deren Erziehung eine be-

---

59 Urlaubsfotografie aus dem Jahr 1905, FFZ, Familienarchiv Frank-Elias, Bestand Leni Elias, Inv. Nr. AFF_LeF_phot_0032_029, Dauerleihgabe des Anne Frank Fonds und der Familie Elias.
60 Hopp, Jüdisches Bürgertum, S. 191.
61 Birgit Wörner, Reisen bildet. Bürgerliche Werte und individuelle Reisepraxis Ende des 19. und Anfang des 20. Jahrhunderts, in: Werner Plumpe/Jörg Lesczenski (Hrsg.), Bürgertum und Bürgerlichkeit zwischen Kaiserreich und Nationalsozialismus, Mainz 2009, S. 107–119.
62 Alice Frank: Zum 20ten Dezember 1935, S. 6–7.
63 Budde, Auf dem Weg ins Bürgertum, S. 93; Hopp, Jüdisches Bürgertum, S. 187.
64 Ein Beispiel für die Hilfe vonseiten der Verwandtschaft ist die finanzielle Unterstützung Jean-Michel Franks, als die Michael Frank-Bank infolge der Weltwirtschaftskrise kurz vor ihrem Aus stand. Lee, Otto Franks Geheimnis, S. 52.

sondere Rolle. Wie viele Eltern des Bürgertums beobachteten sie dabei unter anderem ihre Entwicklung, was beispielsweise an den Babybüchern erkennbar ist, in denen die bedeutendsten Meilensteine dokumentiert wurden.[65] Und es war in der Kindererziehung zentral, dieses Gefühl der Fürsorge füreinander weiterzuvermitteln. So betonte Alice Frank in ihrer Rede auf der Hochzeit ihrer Tochter:

> Ich hatte es mir zur Aufgabe gestellt in meinen Kindern den Sinn für die Familie und die gegenseitige Anhänglichkeit zu pflegen und ich glaube sagen zu dürfen das (sic!) mir dies gelungen ist. Wir haben nicht nebeneinander sondern miteinander und füreinander gelebt. Traurige Ereignisse und die letzten schweren Jahre haben uns nur noch fester zusammengeschmiedet.[66]

Alice Frank gab in ihrer Erziehung weiter, was sie in ihrer Kindheit erlebt hatte. Anhand ihrer Erinnerungen an ihre Erziehung wird jedoch ersichtlich, dass dieses Verantwortungsbewusstsein auch eine Belastung für ein junges Mädchen, das sie war, darstellte:

> Die Verantwortung die mir von der Familie aufgebürdet wurde, meiner Mutter eine Stütze zu sein, war eine schwere für mich. Ich habe dieses Verantwortungsgefühl ihr gegenüber mein ganzes Leben getragen und gern getragen. Mit grosser Liebe und Verehrung gepaart mit grossem Respekt trug meine Mutter an dem alten Vater, der ihr stets eine grosse Stütze war. Dieser etwas strenge Mann, der seine Jugendzeit noch im Ghetto verlebte, jedoch keineswegs fromm war, verwöhnte mich auf seine Weise und ich gedenke seiner mit stets grosser Anhänglichkeit.[67]

Dennoch überwiegen für sie schließlich die positiven Aspekte dieses Aufwachsens und sie stellt die Generationen übergreifende Fürsorge und Liebe ihrer Familie heraus. So hatte nicht nur sie Verantwortung für ihre Mutter zu übernehmen, sondern ihre Mutter hing mit großer Verehrung an ihrem Vater, der wiederum Verantwortung für seine Tochter übernahm und auch seiner Enkeltochter viel Liebe entgegenbrachte, die seiner zum Dank jahrzehntelang gedenkt. Berücksichtigt werden muss hierbei jedoch, dass es sich um Aufzeichnungen der 69jährigen Alice Frank handelt, die sie als Geburtstagsrede vorsah, deren Adressaten also in erster Linie die Familie und Verwandtschaft darstellte. Es handelt sich also um

---

65 Das handgeschriebene Babybuch, das Alice Frank über ihre vier Kinder führte, wird in der Dauerausstellung und der Onlinesammlung vom Frankfurter Jüdischen Museums ausgestellt. Babybuch 1887–1895, FFZ, Familienarchiv Frank-Elias, Bestand Alice Frank, vorl. Inv. Nr. FFZ-1093, Dauerleihgabe des Anne Frank Fonds und der Familie Elias. Online unter: https://sammlung.juedischesmuseum.de/objekt/babybuch-von-alice-frank/, letzter Zugriff 19. Januar 2022. Siehe auch Budde, Auf dem Weg ins Bürgertum, S. 174.
66 Tischrede von Alice Frank auf der Hochzeit von Leni und Erich Elias 1921.
67 Alice Frank: Zum 20ten Dezember 1935, S. 3–4.

ein klassisches Erinnerungsdokument einer älteren bürgerlichen Frau für die jüngeren Generationen, in dem gewöhnlich formuliert wird, wie man erinnert werden möchte, und das als Rechtfertigung des eigenen Lebensentwurfs dient.[68] Auch könnte sie damit im Sinn gehabt haben, die Tradition der gegenseitigen Fürsorge in der Familiengeschichte zu erhalten.[69] Diese war allerdings keine Besonderheit der Franks oder des jüdischen Bürgertums, sondern ein typisches Merkmal einer bürgerlichen Familie, in welcher der liebevolle sorgende Umgang miteinander als hohes Gut galt. Lisa Pine zufolge machte das spezifische Ideal einer Familie, die auf Zuneigung beruht und von Liebe zusammengehalten wird, sogar den Kern der Bürgertumskultur aus.[70]

Neben der Kleinfamilie spielte dabei auch die Verwandtschaft eine Rolle. Die Bande waren hier weniger eng, doch war sie für das soziale Miteinander, für berufliche und weitere Netzwerke auch jenseits des bereits angesprochenen Notfalls ein elementarer Bestandteil des Alltags. Insbesondere die Kinderbriefe von Robert und Otto an ihre Eltern zeigen, dass gegenseitige Verwandtschaftsbesuche den Großteil des sozialen Miteinanders ausmachten. Zum nichtjüdischen Bürgertum pflegten die Franks übrigens ebenso wie zahlreiche jüdische Familien kaum Beziehungen.[71] Das war sicherlich unter anderem auf den gesellschaftlich verbreiteten Antisemitismus zurückzuführen. Gleichzeitig sorgten innerjüdische Beziehungen dafür, dass ein Zugehörigkeitsgefühl zum Judentum, auch ohne besonders religiös zu sein, stärker bestehen blieb und dass zum Beispiel Ehen eher zwischen jüdischen Partnern geschlossen wurden.[72] Auch bei den Franks gab es nur eine interkonfessionelle Heirat – nämlich zwischen Robert Frank und seiner Sekretärin Charlotte Witt (1900–?).[73]

Trotz der innerjüdischen Heiratspraxis spielte die jüdische Konfession für die Franks keine große Rolle. Zwar war die Familie Mitglied der Israelitischen Gemeinde, doch bedeutete dies nicht, dass sie regelmäßig die Synagoge besuchte.[74] Otto Frank nahm zwar vermutlich ebenso wie sein Bruder Robert am jüdischen

---

68 Miriam Gebhardt, Das Familiengedächtnis. Erinnerung im deutsch-jüdischen Bürgertum 1890 bis 1932, Stuttgart 1999, S. 58–60.
69 Gebhardt, Das Familiengedächtnis, S. 61.
70 Pine, The Family in Modern Germany, S. 28; Rebekka Habermas, Frauen und Männer des Bürgertums. Eine Familiengeschichte (1750–1850), Göttingen 2000.
71 Hopp, Jüdisches Bürgertum, S. 152–153, 155.
72 Steven M. Lowenstein/Paul Mendes-Flohr/Peter Pulzer/Monika Richarz, Deutsch-jüdische Geschichte in der Neuzeit, Bd. 3 1871–1918, München 2000, S. 69–70.
73 Pressler, Die Geschichte der Familie von Anne Frank, S. 520.
74 Siehe Wählerverzeichnis Israelitische Gemeinde 1910; IRG Mitgl. Liste 1910 sowie Mitglieder-Verzeichniß der israelitischen Gemeinde in Frankfurt a. M., um 1880, ergänzt Jan. 1887. Paul Arnsberg: Die Geschichte der Frankfurter Juden seit der Französischen Revolution Band 2: Struktur

Religionsunterricht am Goethegymnasium teil, feierte jedoch keine Bar-Mitzwa.[75] Später heiratete er zwar in einer Synagoge, jedoch handelte es sich um die Haussynagoge seiner Braut Edith (1900–1945), die nach ihrem Umzug fortan die Synagoge im Frankfurter Westend besuchte, allerdings nicht in seiner Begleitung.[76] Immerhin erwähnt Otto Frank in einer Karte an seine Großmutter Cornelia Stern einmal das jüdische Neujahr Rosh HaShana, doch zelebrierte er es als Soldat am Ende des Ersten Weltkriegs nicht.[77] Ähnliches lässt sich für die anderen Familienmitglieder feststellen. Die Franks waren demnach wie viele jüdische Familien um 1900 kein Teil der „alten jüdischen Welt", aber sie waren auch nicht ganz mit ihrer nichtjüdischen – in diesem Fall bürgerlichen – Umgebung verschmolzen.[78] Vielmehr lebten sie in einer „dritten Sphäre", wie Shulamit Volkov für das moderne Judentum in Deutschland argumentiert.[79] Diese unterschied sich kaum vom nichtjüdischen Bürgertum, insbesondere da Religion kaum im Alltag zelebriert wurde. Dennoch waren sie ein eigenes Milieu – mit einer gemeinsamen Geschichte –, das weitgehend unter sich blieb, zumal das nichtjüdische Bürgertum spätestens ab 1900 zunehmend antiliberal wurde und Judenfeindlichkeit stets verbreitet war.[80]

Waren die Verbundenheit und der „Familiensinn" der Franks in ihrer Ausprägung außergewöhnlich und hingen womöglich mit der besonderen Stellung zusammen, welche die Familie im Judentum einnimmt? Im Vergleich zum nichtjüdischen bürgerlichen Ideal ist hier keine Besonderheit festzustellen, vielmehr erscheinen sie als ein wunderbares Beispiel. Rebekka Habermas zufolge muss dieses

---

und Aktivitäten der Frankfurter Juden von 1789 bis zu deren Vernichtung in der nationalsozialistischen Ära, Darmstadt 1983.
75 Robert Frank besuchte den Religionsunterricht bei Süsskind Grombacher (geb. 1871), der seit 1897 an der Israelitischen Religionsschule unter Leitung von Markus Horovitz (1844–1910) als Religionslehrer arbeitete und darüber hinaus auch Religionsunterricht im Lessing- und Goethegymnasium gab. Grombacher wechselte 1901 als Direktor an die Israelitische Religionsschule Strasbourg. Siehe Robert Frank an seine Mutter, 3. Mai 1900, FFZ, Familienarchiv Frank-Elias, Bestand Alice Frank, Inv. Nr. AFF_AlF_corr_0005; Thomas Siegmann, ...er heftete seine Seele an den lebendigen Gott. Spuren und Zeugnisse jüdischen Lebens in der Landgemeinde Hüffenhardt zwischen Odenwald, Kraichgau und Neckartal, Norderstedt 2018, S. 292–293; Lee, Otto Franks Geheimnis, S. 22.
76 Lee, Otto Franks Geheimnis, S. 47.
77 Otto Frank an Cornelia Stern am 11. November 1918, FFZ, Familienarchiv Frank-Elias, Bestand Cornelia Stern, Inv. Nr. AFF_CoK_corr_0003, Dauerleihgabe des Anne Frank Fonds und der Familie Elias.
78 Shulamit Volkov, Die Erfindung einer Tradition. Zur Entstehung des modernen Judentums in Deutschland, München 1992, S. 12.
79 Volkov, Die Erfindung einer Tradition, S. 12.
80 Volkov, Die Erfindung einer Tradition, S. 26.

Ideal jedoch angesichts der weniger liebevollen Realität bürgerlicher Familien relativiert werden.[81] Demnach könnten die Franks als Beispiel par excellance gelten. Ein Grund für den möglicherweise besonders starken Zusammenhalt mag in der Diskriminierung gelegen haben, die das jüdische Bürgertum allzeit – und nicht erst seit 1933 – erfahren musste. Damit lebten die Franks ebenso wie andere jüdische Familien in einem gewissermaßen dauernden Krisenzustand, der bekanntlich im bürgerlichen Alltag zu stärkerem Zusammenhalt und zunehmender Unterstützung führte.[82] Verstärkt wurde dieser ab 1933, als sie sich staatlicher Verfolgung ausgesetzt sahen.

Eine besondere Familie?

Anhand der schriftlichen Quellen und der Alltagsgegenstände, welche die Familie Frank hinterlassen hat und die vor allem eine Untersuchung der Familie seit Mitte des 19. Jahrhunderts erlauben, wird deutlich, dass die Franks tatsächlich das Leben einer typischen jüdisch-bürgerlichen Familie in Frankfurt führten. Ziehen wir die Studie von Andrea Hopp heran, stellen wir fest, dass beinahe alles, was sie über das jüdische Bürgertum der Stadt feststellt, auf die Franks zutrifft.

Eine gewisse Abwendung vom bürgerlichen Lebensstil können wir bei Otto und Edith Franks Kleinfamilie erkennen – und das bereits vor ihrer erzwungenen Auswanderung. Im Gegensatz zu Leni und ihrer Kleinfamilie mit Erich Elias verließen Otto und Edith das bürgerliche Westend und zogen ins kleinbürgerliche Viertel Dornbusch. So entzogen sie sich der Kontrolle ihrer Familie.[83] Sie und ihre beiden Töchter verkehrten dort mit ihrer nichtjüdischen und nichtbürgerlichen Nachbarschaft, sie hatten kaum eigenes Personal und eine für bürgerliche Verhältnisse recht kleine Wohnung. Die Kinder Margot und Anne wurden liberal erzogen. Im niederländischen Exil besuchte Anne Frank sogar ein Montessori Kinderhaus, das sich durch eine progressive Erziehungsmethode auszeichnet, bei dem die Individualität der Kinder und deren Förderung der Selbständigkeit im Mittelpunkt steht und auf Zwang weitgehend verzichtet wird.[84] Vor diesem Hintergrund überrascht es kaum, dass Anne Frank plante, später einmal Kunstgeschichte zu studieren und ein Jahr in Paris sowie ein Jahr in London zu verbringen; ein Vorhaben, das eher dem eines bürgerlichen Mannes entsprach und zu

---

81 Habermas, Frauen und Männer des Bürgertums.
82 Budde, Auf dem Weg ins Bürgertum, S. 110.
83 Pressler, Die Geschichte der Familie von Anne Frank, S. 521–522.
84 Pressler, Anne Franks Leben, S. 507, 511.

dem sie vermutlich unter anderem durch den Lebensweg ihres Onkels Robert sowie ihres Vaters Otto Frank inspiriert wurde.[85]

Das eigentlich Besondere an der Familie Frank lässt sich in der späteren Zeit beobachten und ist in einem unauffälligen, rotkarierten Notizbuch versteckt, das Anne Frank am 12. Juni 1942 zum Geburtstag geschenkt bekam. Hierin schrieb die 13jährige Anne ihre ersten Tagebucheinträge und formulierte ihre Gedanken, Gefühle, Wünsche – zum Beispiel jenen, einmal Schriftstellerin zu werden und ihr Tagebuch zu einem Roman auszuarbeiten. Anhand ihrer Überarbeitungen der Einträge wird ihr schriftstellerisches Talent erkennbar. Dass sie dieses für sich entdeckte, lag sicher nicht zuletzt an ihrem familiären Hintergrund, bei dem das Lesen und Schreiben geschätzt und geübt wurde.[86] Die literarische Affinität war jedoch bei den Franks nicht stärker ausgeprägt als in anderen bürgerlichen Familien.

Das Tagebuch der Anne Frank, das Überleben und die Erfahrung von Auschwitz waren es schließlich, welche die Entwicklung der Familie Frank fortan prägten. Im Lebensalltag der Überlebenden der Familie Frank spielte es fortan eine zentrale Rolle, insbesondere beim Vater und Herausgeber des Tagebuchs, Otto Frank. Am Geburtstagsgedicht, das Lenis Sohn Stephan für Otto Frank – ebenfalls zum 70. Geburtstag 1969 – dichtete, wird dies recht deutlich:

> Hier sitzt er, unser lieber Ottel, / Er hat Kontakt mit aller Welt, / Erwachsene, Kinder, Gescheite und Trottel, / Erzählen, was ihm – und auch nicht – so gefällt.
> Am Telefon und Schreibmaschine / Ist er mit Rat und Tat bereit, / Macht gute und auch böse Miene, / Verbreitet Liebe, schlichtet Streit.
> Doch braucht halt vieles lange Zeit. / Und was bereits als Ziel erwählt / Liegt leider heute noch sehr weit. / Drum üb Geduld, so schwer es fällt.[87]

Seit der niederländischen Erstausgabe des Tagebuchs von 1947 widmete sich Otto Frank der Aufgabe, die Aufzeichnungen seiner Tochter weiter zu verbreiten und

---

85 Robert Frank studierte Kunstgeschichte und zog 1933 nach London. Otto Frank brach sein Kunstgeschichte-Studium ab und lebte für einige Monate in den USA. Anne Franks Onkel Herbert Frank lebte einige Zeit in London und Paris. Das Vorhaben äußert Anne Frank im Tagebucheintrag vom 8. Mai 1944, in: Anne Frank, Gesamtausgabe, S. 681. Vgl. Lee, Otto Franks Geheimnis, S. 23, 25.
86 Dabei war die Familie in ihren Schreib- und Überarbeitungsprozess jedoch nicht aktiv eingebunden. So kannte Otto Frank wenige Texte seiner Tochter und Anne Frank selbst betont im Tagebuch, dass nicht ihre Familie Schreibtipps gab, sondern sie selbständig arbeitete: „Ich selbst bin meine schärfste und beste Beurteilerin hier, ich weiß selbst was gut und nicht gut geschrieben ist." Tagebucheintrag vom 5. April 1944, in: Anne Frank, Gesamtausgabe, S. 657.
87 Stephan Elias, Für Ottel zum 70sten, FFZ, Familienarchiv Frank-Elias, Bestand Otto Frank, Inv. Nr. AFF_OtF_pdoc_0003, Dauerleihgabe des Anne Frank Fonds und der Familie Elias.

machte sie so zu einem weltweiten Erfolg. Er verband das Tagebuch mit dem humanistischen Auftrag, sich für eine friedliche und gerechte Gesellschaft einzusetzen, und wandte sich dabei insbesondere an die jüngeren Generationen, die er als Hoffnungsträger für eine bessere Gesellschaft empfand. Auf die ältere Generation, die während seines Lebens in Deutschland seine Nachbarinnen und Nachbarn waren, setzte er aufgrund seiner Erfahrungen ab 1933 keine Hoffnung mehr: „Als die meisten Menschen meines Landes, Deutschland, sich in Horden von nationalistischen, grausamen, antisemitischen Verbrechern verwandelten, mußte ich die Konsequenzen ziehen, und obwohl es mich zutiefst schmerzte, merkte ich, daß Deutschland nicht die Welt war, und ich verließ es für immer."[88]

Als Zeitzeuge kehrte er jedoch regelmäßig nach Deutschland zurück und besuchte weltweit Schulen, um die Fragen der jungen Generation über das Schicksal seiner Familie zu beantworten. Unterstützt von seiner zweiten Ehefrau Fritzi beantwortete er darüber hinaus bis zu seinem Lebensende die zahlreichen an ihn als Vater und Überlebenden gerichteten Briefe von jungen Leserinnen und Lesern.[89] Ganz im Sinn einer Familientradition übernahm nach Otto Franks Tod sein Neffe Buddy Elias diese Aufgabe.

---

88 Zitiert nach Lee, Otto Franks Geheimnis, S. 56.
89 Siehe Krah/Rahlwes, Die Familie Frank, S. 249–250.

Teil II: **Religions- und Geistesgeschichte**

Christian Wiese
Der zwiespältige Traum von Frankfurt am Main als einem Zentrum der Wissenschaft des Judentums in der Weimarer Republik

1

Von Frankfurt am Main bereits im 19. Jahrhundert als einem Zentrum der Wissenschaft des Judentums in Deutschland oder Europa zu sprechen, wäre – schaut man auf andere Orte wie Breslau, Berlin, Budapest, Wien, Padua oder Oxford und Cambridge mit ihren jeweiligen Ausbildungs- und Forschungsstätten[1] – wohl etwas vermessen. Gleichwohl weist die Stadt eine ebenso reiche wie vielfältige Tradition jüdischer Gelehrsamkeit auf, und namhafte Gestalten der Frankfurter jüdischen Geistes- und Kulturgeschichte gehören unbedingt in die Geschichte der Disziplin, die zur Vorläuferin der modernen Judaistik wurde, mit hinein.[2] Eine Spurensuche würde etwa auf die Wirksamkeit und die Werke des Historikers Isaak Markus Jost stoßen, der von 1835 bis 1860 am Philanthropin lehrte und in dieser Zeit bedeutsame Werke zur jüdischen Geschichte vorlegte.[3] In seiner Geburtsstadt Frankfurt hielt der Rabbiner und Historiker Abraham Geiger zwischen 1863 und 1870, vor seiner Berufung an die Berliner Lehranstalt für die Wissenschaft des Judentums, seine berühmten Vorlesungen über *Das Judenthum und seine Geschichte*, mit denen er eine umfassenden Deutung der jüdischen Geschichte vorlegte, einschließlich der Ursprünge des Christentums im antiken Judentum.[4] Ebenfalls mit dem Namen der Stadt Frankfurt verbunden sind die wissenschaftlichen Arbeiten des orthodoxen Denkers Samson Raphael Hirsch (und in seinem Gefolge der Frankfurter Neo-Orthodoxie) sowie seine Skepsis gegenüber der histo-

---

[1] Zu den jüdischen Wissenschaftsinstitutionen in Europa vgl. u. a. die Beiträge in Julius Carlebach (Hrsg.), Chochmat Jisrael – Wissenschaft des Judentums. Anfänge der Judaistik in Europa, Darmstadt 1992.
[2] Zur jüdischen Geistes- und Kulturgeschichte in Frankfurt, einschließlich der Traditionen der Gelehrsamkeit, vgl. Karl Erich Grözinger (Hrsg.), Jüdische Kultur in Frankfurt am Main von den Anfängen bis zur Gegenwart. Ein internationales Symposium der Johann-Wolfgang-Goethe-Universität Frankfurt am Main und des Franz Rosenzweig Research Center for German Jewish Literature and Cultural History, Wiesbaden 1997.
[3] Vgl. Isaak M. Jost, Neuere Geschichte der Israeliten von 1815 bis 1845, 3 Bde., Leipzig 1846–1847; Isaak M. Jost, Geschichte des Judenthums und seiner Secten, Leipzig 1857–1859. Zu Jost vgl. Reuven Michael, I. M. Jost und sein Werk, in: Bulletin des Leo Baeck Instituts 3 (1960), S. 239–258.
[4] Abraham Geiger, Das Judenthum und seine Geschichte – in zwölf Vorlesungen, Breslau 1864.

risch-philologisch orientierten liberalen Gestalt der Wissenschaft des Judentums, die sich aus seiner Sicht viel zu weit von der traditionellen jüdischen Gelehrsamkeit entfernt hatte.[5] Das sind nur einige Beispiele für die mannigfaltigen Facetten der Geschichte der Wissenschaft des Judentums in Frankfurt vor dem Ersten Weltkrieg, zu der vor allem auch die Wirksamkeit des am orthodoxen Rabbinerseminar in Berlin ausgebildeten Orientalisten, Historikers und Philologen Aron Freimann als Bibliothekar der bedeutenden Hebraica- und Judaicabteilung der Frankfurter Stadtbibliothek seit 1898 und deren zahlreiche bedeutende Sammlungen gehören.[6]

Der vorliegende Essay konzentriert sich vor diesem historischen Hintergrund vollständig auf eine einzigartige Konstellation, die sich im Zusammenhang mit der Gründung der Frankfurter Universität im Jahre 1914 ergab. Der kurze Zeitraum zwischen den ersten Überlegungen über diese für die Geschichte Frankfurts wie der jüdischen Gemeinschaft in der Stadt entscheidend wichtige wissenschaftspolitische Entwicklung vor dem Ersten Weltkrieg und dem Jahr 1933 markiert die Geschichte einer für die jüdische Kultur in Deutschland insgesamt bedeutsamen Hoffnung: einen historischen Augenblick, in dem sich der seit Mitte des 19. Jahrhunderts langgehegte Traum der Beheimatung der Wissenschaft des Judentums an den Universitäten zu erfüllen schien, verbunden mit der Aussicht, Frankfurt könnte ein ebenbürtiges Zentrum einer eigenständigen, im deutschen Universitätssystem anerkannten und gleichberechtigten jüdischen Forschungstradition werden. Die Desillusionierungen, welche der Versuch der Integration der Wissenschaft des Judentums an der Frankfurter Universität während der Weimarer Zeit letztlich mit sich brachte, und zu Beginn der Zeit des Nationalsozialismus die Zerstörung dessen, was immerhin gelungen war, begründen die Zwiespältigkeit dieses verwegenen, kurzlebigen Traums.

---

5 Vgl. Samson Raphael Hirsch, Wie gewinnen wir das Leben für unsere Wissenschaft [1861], in: Samson Raphael Hirsch, Gesammelte Schriften, Bd. 2, hrsg. von Naphtali Herz, Frankfurt am Main 1904, S. 416–432; zu Hirsch vgl. Noah H. Rosenbloom, Tradition in an Age of Reform. The Religious Philosophy of Samson Raphael Hirsch, Philadelphia 1976.
6 Vgl. Rachel Heuberger, Aron Freimann und die Wissenschaft des Judentums, Tübingen 2004; Rachel Heuberger, Bibliothek des Judentums. Die Hebraica- und Judaica-Sammlung der Stadt und Universitätsbibliothek Frankfurt am Main – Entstehung, Geschichte und heutige Aufgaben, Frankfurt am Main 1996.

2

Zu Beginn des 20. Jahrhunderts kam es in Deutschland zu scharfen Kontroversen zwischen den – insbesondere jüdisch-liberalen – Gelehrten der Wissenschaft des Judentums und den Vertretern anderer Disziplinen an den Universitäten, namentlich der protestantischen Theologie mit ihren vielfach verzerrten Judentumsbildern, über das „Wesen des Judentums".[7] In ihren Reaktionen auf die antijüdischen Klänge in den Vorlesungen des Berliner Kirchenhistorikers Adolf von Harnack über „Das Wesen des Christentums" im Wintersemester 1899/1900, auf die Thesen der historisch-kritischen Exegese und der Religionsgeschichtlichen Schule über die angeblichen Verfallserscheinungen des sogenannten „Spätjudentums" sowie auf Abwertungen des religiösen und ethischen Wertes des „Alten Testaments" durch zeitgenössische protestantische Exegeten legten zahlreiche namhafte jüdische Gelehrte, darunter Leo Baeck, Ismar Elbogen, Joseph Eschelbacher, Moritz Güdemann, Julius Guttmann, Benno Jacob oder Hermann Cohen, ihren christlichen Kollegen nahe, um ihrer eigenen Reputation willen die jüdische Forschung zur Kenntnis zu nehmen und sich zu einer angemessenen religionsgeschichtlichen Würdigung der Quellen des Judentums durchzuringen, namentlich der rabbinischen Literatur, aber auch einer eigenständigen jüdischen exegetischen Tradition. Die Wissenschaft des Judentums forderte die protestantische Theologie in der Folge nicht nur im Bereich der Bibelforschung und der Konstruktion der israelitischen Religionsgeschichte heraus,[8] sondern insbesondere auch in ihrer ureigenen Domäne, d.h. mit Blick auf die Auslegung des Neuen Testaments, die historische Interpretation Jesu und die Darstellung der neutestamentlichen Zeitgeschichte, und zwar mit dem prononcierten Anspruch, jüdische Gelehrte müssten aufgrund ihrer überlegenen philologischen und historischen Kompetenz in diesen Forschungsbereichen als ernstzunehmende Partner bei der Darstellung des Früh-

---

[7] Vgl. Uriel Tal, Theologische Debatte um das „Wesen" des Judentums, in: Werner E. Mosse/Arnold Paucker (Hrsg.), Juden im Wilhelminischen Deutschland 1890–1914, Tübingen 1976, S. 599–632; Christian Wiese, Wissenschaft des Judentums und protestantische Theologie im wilhelminischen Deutschland. Ein „Schrei ins Leere"? Tübingen 1999, insbes. S. 130–293. Zu ähnlichen Debatten bereits im früheren 19. Jahrhundert vgl. Susannah Heschel, Der jüdische Jesus und das Christentum. Abraham Geigers Herausforderung an die christliche Theologie, Berlin 2001.
[8] Vgl. dazu Christian Wiese, „The Best Antidote against Anti-Semitism"? Judaism, Biblical Criticism, and Anti-Semitism prior to the Holocaust, in: Andreas Gotzmann/Christian Wiese (Hrsg.), Modern Judaism and Historical Consciousness: Identities – Encounters – Perspectives, Leiden/Boston 2007, S. 145–192; zu antisemitischen Neigungen der nichtjüdischen Bibelforschung vgl. Anders Gerdmar, Roots of Theological Anti-Semitism. German Biblical Interpretation and the Jews, from Herder and Semler to Kittel and Bultmann, Leiden/Boston 2009.

judentums Gehör finden.⁹ Ein Dialog darüber kam jedoch schon allein deshalb nicht zustande, weil die protestantischen Theologen den Einspruch gegen ihr Bild des pharisäischen und rabbinischen Judentums – nicht selten mit drohendem Verweis auf die politischen Herrschaftsverhältnisse – als Zumutung zurückwiesen, eine jüdische Jesusdeutung als anmaßenden Übergriff empfanden und der Wissenschaft des Judentums in der Regel jegliche Kompetenz als objektive, universitätswürdige akademische Disziplin absprachen. Die an den Kontroversen beteiligten jüdischen Gelehrten reagierten auf diese grundsätzliche Diskursverweigerung, indem sie eine zugleich polemische und dialogische Gegengeschichte zur hegemonialen protestantischen Geschichtsdeutung entwickelten und forderten, Jesus und das Frühchristentum konsequent im Zusammenhang der jüdischen Glaubensgeschichte zu interpretieren.¹⁰

Ein Aspekt, der im Kontext der ‚Wesensdebatte' eine zentrale Rolle spielte, war nicht zufällig der unübersehbare Zusammenhang zwischen der fortdauernden gesellschaftlich-kulturellen Diskriminierung der jüdischen Minderheit, dem zeitgenössischen politischen Antisemitismus und der Ausgrenzung jüdischer Gelehrsamkeit aus dem Kanon der Universitätsfächer. Jüdische Gelehrte forderten daher bereits seit den 1830er Jahren,¹¹ mit besonderer Vehemenz jedoch in den Jahren vor dem Ersten Weltkrieg, die Integration der Wissenschaft des Judentums als von der Vorherrschaft der christlichen Theologie und nichtjüdischer Gelehrter anderer Disziplinen befreite Wissenschaftsdisziplin an mindestens einer deutschen Universität. Eine solche Gleichberechtigung erschien ihnen als unabdingbare Voraussetzung nicht allein für ein wissenschaftliches Gespräch mit der protestantischen Universitätstheologie, sondern überhaupt für die gesellschaftlich-kulturelle Integration der jüdischen Minderheit in Deutschland. „Das Ghetto des Judentums", schrieb der Bibelwissenschaftler und Rabbiner Benno Jacob 1907 auf

---

9 Dazu und zu den daraus folgenden Kontroversen mit dem Kulturprotestantismus vgl. Christian Wiese, Ein unerhörtes Gesprächsangebot. Leo Baeck, die Wissenschaft des Judentums und das Judentumsbild des liberalen Protestantismus, in: Georg Heuberger/Fritz Backhaus (Hrsg.), Leo Baeck 1873–1956. „Mi gesa rabbanim" – Aus dem Stamme von Rabbinern, Frankfurt am Main 2001, S. 147–171.
10 Vgl. Susannah Heschel, Revolt of the Colonized. Abraham Geiger's Wissenschaft des Judentums as a Challenge to Christian Hegemony in the Academy, in: New German Critique 77 (1999), S. 61–85; Christian Wiese, Struggling for Normality. The Apologetics of Wissenschaft des Judentums in Wilhelmine Germany as an Anti-Colonial Intellectual Revolt against the Protestant Construction of Judaism, in: Rainer Liedtke/David Rechter (Hrsg.), Towards Normality. Patterns of Assimilation and Acculturation in German Speaking Jewry, Tübingen 2003, S. 77–101.
11 Abraham Geiger, Die Gründung einer jüdisch-theologischen Fakultät – ein dringendes Bedürfnis unserer Zeit, in: Wissenschaftliche Zeitschrift für jüdische Theologie 2 (1836), S. 1–21; Abraham Geiger, Über die Errichtung einer jüdisch-theologischen Fakultät, Wiesbaden 1838.

dem Höhepunkt der Debatte, „wird nicht eher gänzlich fallen, als bis das Ghetto seiner Wissenschaft fällt",[12] und der eng mit der Berliner Lehranstalt für die Wissenschaft des Judentums verbundene bedeutende Marburger Neukantianer Hermann Cohen forderte als Zeichen der kulturellen Anerkennung des Judentums in Deutschland im selben Jahr die Errichtung eines Lehrstuhls für die Wissenschaft des Judentums an einer philosophischen Fakultät, der mit einem jüdischen Gelehrten besetzt werden müsse:

> Das Judentum ist unsere lebendige Religion; nicht ein Gebiet lediglich der Altertumswissenschaft schlechthin, noch auch der christlichen Theologie, noch auch nur der Religionsgeschichte oder der Religionsphilosophie, sofern beide, wie sogar in den Orientalistenversammlungen und Religionskongressen, das Judentum als Vorstufe des Christentums betrachten. Ein Andersgläubiger kann nicht die Wissenschaft einer lebendigen Religion, unserer Religion vortragen. Eine lebendige Religion kann nur von demjenigen wissenschaftlich vertreten werden, der ihr mit seiner innerlichen Religiosität angehört. Diese wird von konfessioneller Befangenheit durch die wissenschaftliche Gesinnung und ihre Kontrolle unterschieden. Aber mit einer anderen Religion im Herzen kann man das Wesen einer lebendigen Religion nicht wissenschaftlich vertreten. Es wird die Zeit kommen, in der der Staat sich gezwungen sehen wird, die wissenschaftliche Vertretung unserer Religion als seine eigene Aufgabe zu erkennen, erstlich im Interesse seiner jüdischen Bürger, sodann aber auch aus der Pflicht gegen die wissenschaftliche Wahrheit. Aber wie nahe oder fern diese Zeit sein mag, können wir jetzt nicht ermessen. Wir haben vielmehr gerade hierbei mit der Absicht der Ausrottung zu rechnen.[13]

---

12 Benno Jacob, Die Wissenschaft des Judentums, ihr Einfluß auf die Emanzipation der Juden. Vortrag gehalten auf der Generalversammlung des Rabbiner-Verbandes in Deutschland, Berlin am 2. Januar 1907, Berlin 1907, S. 16; vgl. auch David Kaufmann, Die Vertretung der jüdischen Wissenschaft an den Universitäten [1895], in: David Kaufmann, Gesammelte Schriften, hrsg. von Markus Brann, Bd. 1, Frankfurt am Main 1908, S. 14–38, Felix Perles, Die Wissenschaft vom Judentum an den deutschen Universitäten [1908], in: Felix Perles, Jüdische Skizzen, Leipzig 1912, S. 78–82; Ignaz Ziegler, Universitätsprofessuren für jüdische Theologie, in: Allgemeine Zeitung des Judentums 71 (1907), Nr. 9, S. 102–105; Nr. 10, S. 114–116. Zu den wenigen nichtjüdischen Initiativen zur Etablierung von Lehrstühlen für die Wissenschaft des Judentums an einer preußischen Universität vgl. Wiese, Wissenschaft des Judentums, S. 327–335.
13 Hermann Cohen, Zwei Vorschläge zur Sicherung unseres Fortbestandes, in: Hermann Cohen, Jüdische Schriften, hrsg. von Bruno Strauß, Bd. 2, Berlin 1924, S. 133–141, Zitat S. 140. Jüdische Kollegen wie Ismar Elbogen hielten die Forderung nach einem konfessionellen Lehrstuhl im Rahmen einer Philosophischen Fakultät hingegen für problematisch, weil sie das wichtigste Argument des jüdischen Gleichberechtigungskampfes, die Berufung an die Universität dürfe nicht vom Bekenntnis abhängen, untergraben könnte. „Tatsächlich", schrieb Elbogen in einem am 11. April 1911 für den Vorstand der jüdischen Gemeinde in Berlin verfassten Gutachten, müsse eine jüdisch-theologische Fakultät „das Ziel des Strebens bilden, denn die Krönung der Emanzipation der Juden wird erst dann erfolgt sein, wenn der Staat die jüdische Religion als eine völlig gleichberechtigte anerkennt und ihrer wissenschaftlichen Erforschung an den Universitäten eine Stätte einräumt". Er hielt eine solche Gründung unter den gegebenen politischen Voraussetzungen aller-

1912 argumentierte Cohen in einem anlässlich der Hundertjahrfeier des preußischen Emanzipationsedikts von 1812 publizierten Essay, mit der Durchsetzung der bürgerlichen Gleichberechtigung der Juden seien der Begriff des „christlichen Staates" und der privilegierte Status der christlichen Theologie grundsätzlich entwurzelt, das Judentum sei von einer Schutzreligion zu einem den christlichen Konfessionen rechtlich gleichgestellten Bekenntnis geworden. Der Staat habe damit die Pflicht übernommen, die jüdische Religion aktiv zu fördern und etwaige negative Begleiterscheinungen der jüdischen Akkulturation, dem Verlust von jüdischer Bildung und Identität, entgegenzuwirken. Es liege daher in der Konsequenz des Emanzipationsgedankens, dass die „volle wissenschaftliche Pflege und Fortentwicklung" der jüdischen Religion „in ihrer politisch anerkannten Lebendigkeit als Kulturaufgabe des Staates zugestanden" sei. Entsprechend müsse der Staat endlich dafür Sorge tragen, dass an den Universitäten jüdische Religion und Kultur nicht als „historisches Petrefakt", sondern „auf Grund der wissenschaftlich freien Überzeugung von dem Wahrheitsgehalt des Judentums" von jüdischen Forschern gelehrt werde.[14]

Der Philosoph stieß jedoch mit dieser Interpretation der Emanzipation im Sinne einer Anerkennung und Gleichstellung der jüdischen Religion weitgehend auf taube Ohren, denn Initiativen zur Etablierung von Lehrstühlen für die Wissenschaft des Judentums an deutschen Universitäten scheiterten seit Mitte des 19. Jahrhunderts grundsätzlich an dem Widerwillen von Kultusbehörden, Universitäten und nichtjüdischen Gelehrten, die sich in ihrer großen Mehrheit die Deutungshoheit über das Judentum nicht nehmen lassen wollten. Vor allem protestantische Universitätstheologen favorisierten gewöhnlich eine christlich dominierte Judentumskunde als Forschungsrichtung innerhalb theologischer Fakultäten, zu der jüdische Forscher allenfalls als Hilfskräfte in inferiorer Stellung herangezogen werden sollten. Dieses Konzept nahm wissenschaftspolitisch bereits im späten 19. Jahrhundert durch die Gründung von mit der Judenmission verbundenen „Instituta Judaica" in Leipzig und Berlin,[15] kurz vor dem Ersten Weltkrieg und später in der Weimarer Republik sodann in der Einrichtung von vielfach unbedeutenden

---

dings für vollkommen unrealistisch. Das Gutachten befindet sich im Nachlass Ismar Elbogens im Leo Baeck Institut New York, Leo Baeck Institute Archive, Nachlass Ismar Elbogen, AR 7209, Box 3/8.

14 Hermann Cohen, Emanzipation. Zur Hundertjahrfeier des Staatsbürgertums der preußischen Juden (11. März 1912), in: Cohen, Jüdische Schriften, Bd. 2, S. 220–228, Zitat S. 227.

15 Vgl. Karl Heinrich Rengstorf, Das Institutum Judaicum Delitzschianum 1886–1961, Münster 1963; Wolfgang Wiefel, Von Strack zu Jeremias. Der Anteil der neutestamentlichen Wissenschaft an der Vorgeschichte der evangelischen Judaistik, in: Kurt Nowak/Gerhard Raulet (Hrsg.), Protestantismus und Antisemitismus in der Weimarer Republik, Frankfurt am Main/New York 1994, S. 95–125.

Lektoraten für rabbinische Literatur im Rahmen philosophischer oder theologischer Fakultäten (u. a. in Leipzig und Gießen) Gestalt an – zur großen Enttäuschung der jüdischen Gelehrten, die sich eine echte Repräsentation erhofft hatten. Stattdessen blieb die Wissenschaft des Judentums bis zum Zweiten Weltkrieg weitgehend auf ihre eigenen Institutionen beschränkt: das 1854 gegründete konservative Jüdisch-theologische Seminar in Breslau, die Lehranstalt (zeitweise Hochschule) für die Wissenschaft des Judentums und das orthodoxe Rabbiner-Seminar zu Berlin.[16]

3

Ein neues Kapitel der Wissenschaftsgeschichte, das für einen kurzen Augenblick einen Durchbruch in der Frage der Gleichberechtigung der Wissenschaft des Judentums anzubahnen schien, ist eng mit der Geschichte des jüdischen Frankfurt und der 1914 gegründeten Frankfurter Stiftungsuniversität verbunden. Dabei handelte es sich um eine Konstellation, die eine in Deutschland damals einzigartige Offenheit für die gleichberechtigte Rolle jüdischer Gelehrter im Hochschulbereich ermöglichte, und zwar zu einer Zeit, die ansonsten durch einen ausgeprägten akademischen Antisemitismus bestimmt war und in der Diskussionen über die angeblich übermäßige Präsenz und intellektuelle Dominanz von Juden an den Universitäten an der Tagesordnung waren. Ein wesentliches Element, das dazu beitrug, dass eine so einzigartig enge Verbindung zwischen dem jüdischen Bürgertum der Stadt und der Universität entstand, hängt mit der überragenden Rolle jüdischer Stiftungen und Mäzene zusammen, ohne die die Gründung und der Aufbau der Universität in den Jahren vor und nach dem Ersten Weltkrieg schlicht undenkbar gewesen wären. 1911 erschien in der Zeitschrift *Im Deutschen Reich*, dem Organ des „Centralvereins der deutschen Staatsbürger jüdischen Glaubens", ein Bericht mit dem Titel *Die Frankfurter „Stiftungs-Universität" und die Gleichberechtigung der deutschen Juden*. Der anonyme Verfasser trat darin der künstlichen Aufregung antisemitischer Kreise entgegen, die Frankfurt angesichts der großen Bedeutung seiner wohlhabenden jüdischen Gemeinschaft als „Neu-Jerusalem" bezeichneten und die Besorgnis hegten, das unter der Ägide des Ober-

---

[16] Zum Breslauer Seminar vgl. Guido Kisch, Das Breslauer Seminar (Jüdisch-Theologisches Seminar (Fraenckel'scher Stiftung) in Breslau 1854–1938. Gedächtnisschrift, Tübingen 1963; zur Lehranstalt (Hochschule) für die Wissenschaft des Judentums vgl. Christian Wiese, Hochschule für die Wissenschaft des Judentums, in: Dan Diner (Hrsg.), Enzyklopädie jüdischer Geschichte und Kultur, Bd. 1, Stuttgart/Weimar 2012, S. 75–81; zum orthodoxen Rabbinerseminar zu Berlin vgl. Chana C. Schütz (Hrsg.), Das Berliner Rabbinerseminar 1873–1938, Berlin 2008.

bürgermeisters Franz Adickes mit tatkräftiger finanzieller Unterstützung jüdischer Stifter geplante Projekt werde zu einer Überrepräsentation jüdischer Professoren führen. Demgegenüber verwies der Artikel auf die Beharrungskraft der traditionellen Gepflogenheiten der preußischen Wissenschaftspolitik, die auch in Zukunft durch den überwiegenden Ausschluss ungetaufter Juden von den Ordinariaten gekennzeichnet sein werde, und äußerte Skepsis gegenüber dem Sinn jüdischer Stiftungen, solange die antisemitisch motivierte Zurückdrängung jüdischer Wissenschaftler gängige Praxis sei.[17]

Die Motivation der Stifter richtete sich jedoch nicht in erster Linie auf die Förderung der Gleichberechtigung jüdischer Forscher, sondern war Teil einer umfassenderen sozialen, philanthropischen und kulturfördernden Wirksamkeit der wohlhabenden jüdischen Bürgerschaft in Frankfurt und Ausdruck ihrer tiefen Verbundenheit mit ihrer Stadt, die ihr durch ihren urbanen liberalen Geist seit Jahrzehnten weitreichende wirtschaftliche und kulturelle Entfaltungsmöglichkeiten gegeben hatte. Dass die Universität in der Weimarer Republik in den Ruf geriet, eine „liberal-jüdische" Hochschule zu sein, ist jedoch tatsächlich mit darauf zurückzuführen, dass den Stiftungen im Rahmen des Gründungsvertrags ein partielles Mitspracherecht bei der Besetzung von Professuren eingeräumt und zugesichert wurde, Berufungen würden unter strikter Absehung von religiösen und politischen Bindungen vorgenommen. In der Folge standen die Chancen ungetaufter jüdischer Wissenschaftler, auf ein Ordinariat zu gelangen, in Frankfurt deutlich besser als an jeder anderen deutschen Universität, und Freiräume für eine fortschrittliche, demokratische Entwicklung waren in hohem Maße vorhanden. Dies und die überproportionale Zahl jüdischer Studierender von knapp unter zehn Prozent sollten das Bild der Hochschule nachhaltig prägen.

Dass es im Zuge der Vorbereitungen zur Gründung der Universität zu präzedenzlosen Überlegungen über die akademische Repräsentation jüdischer Forschung in Gestalt einer eigenständigen jüdisch-theologischen Fakultät kam, hängt tatsächlich mit der Tatsache zusammen, dass jüdische Steuerzahler einen nicht unwesentlichen Teil der für die Stiftung der Universität erforderlichen Gelder aufgebracht hatten.[18] Dazu kam als weiterer Faktor, dass erstmals protestantische

---

17 Spectator, Die Frankfurter „Stiftungs-Universität" und die Gleichberechtigung der deutschen Juden, in: Im deutschen Reich 17 (1911), S. 473–485, Zitat S. 476.
18 Vgl. Paul Kluke, Die Stiftungsuniversität Frankfurt/M 1914–1932, Frankfurt am Main 1972, S. 53–54. Vgl. Arno Lustiger (Hrsg.), Jüdische Stiftungen in Frankfurt am Main, Frankfurt am Main 1988, S. 73–94; Notker Hammerstein, Die Johann Wolfgang Goethe Universität Frankfurt a. M. Von der Stiftungsuniversität zur staatlichen Hochschule, Bd. 1: 1914–1950, Frankfurt am Main 1989; zur Frage der jüdischen Repräsentation vgl. Willy Schottroff, Nur ein Lehrauftrag. Zur Geschichte der jüdischen Religionswissenschaft an der deutschen Universität, in: Willy

Theologen ernsthaft eine institutionell sichtbare Partizipation der Wissenschaft des Judentums an der universitären Forschung und Lehre über jüdische Geschichte, Tradition und Kultur befürworteten. Es war der liberale systematische Theologe Martin Rade, Kollege Hermann Cohens in Marburg, der am 14. März 1912 in der Zeitschrift *Die Christliche Welt* die Errichtung einer vollgültigen jüdisch-theologischen Fakultät in Frankfurt anregte, mit der Begründung, dies sei „die würdigste, gesündeste und nützlichste Anerkennung für die starke finanzielle Beteiligung der Frankfurter Juden an der Universitätsgründung".[19] 1913 präzisierte er seine Vorstellungen in zwei Essays in den *Süddeutschen Monatsheften*.[20] Kontext seines Votums war die Diskussion über die Funktion theologischer Fakultäten, die angesichts des ausdrücklichen Verzichts auf die Theologie bei den Universitätsneugründungen in Frankfurt und Hamburg entstanden war. Die neuen Klänge in Rades kulturpolitischen Reflexionen lassen sich als Konsequenz seines zunehmenden persönlichen Interesses an der vergleichenden Religionsgeschichte verstehen, deren Integration in die theologische Ausbildung ihm als logische Folge der Rezeption historischen Denkens für eine gegenwartsnahe Theologie erschien.[21] In Frankfurt erblickte Rade die Chance zur Verwirklichung seiner Ideen und forderte, um der Relevanz der Religion für die gegenwärtige Kultur willen, eine „theologische" oder „religionswissenschaftliche" Fakultät. Dabei machte er zugleich deutlich, dass er sich einen Abschied von der konfessionellen Trennung der Universitätstheologie vorstellen konnte.[22]

Zugleich sprach sich Rade dafür aus, an der neuen Universität erstmals auch einer jüdisch-theologischen Fakultät einen ebenbürtigen Platz einzuräumen. Er begründete diese Empfehlung nicht allein mit der wissenschaftlichen Notwendigkeit der Erforschung der authentischen jüdischen Quellen, sondern führte auch politische Gründe an. Das Judentum müsse als „eine lebendige Religion ... von 600.000 Reichsdeutschen" begriffen werden, „hinter denen in der Welt eine Gemeinde von über elf Millionen steht". Diese „lebendige Religion", nicht die Rasse oder Nationalität, wie Antisemiten und Zionisten meinten, sei das eigentliche Proprium der jüdischen Gemeinschaft, sodass die „Judenfrage" einzig durch religiöse

---

Schottroff, Das Reich Gottes und der Menschen. Studien über das Verhältnis der christlichen Theologie zum Judentum, München 1991, S. 9–30.
19 Martin Rade, Eine Jüdisch-theologische Fakultät in Frankfurt? In: Die Christliche Welt 26 (1912), Nr. 11, S. 266, Nr. 20, S. 483–485, Zitat S. 266.
20 Martin Rade, Die Notwendigkeit theologischer Fakultäten – auch für Frankfurt a. M. und Hamburg, in: Süddeutsche Monatshefte 10 (1913), Heft 7, S. 63–68; Martin Rade, Eine jüdische, theologische Fakultät in Frankfurt, in: Süddeutsche Monatshefte 10 (1913), Heft 9, S. 332–336.
21 Vgl. Christoph Schwöbel, Martin Rade. Das Verhältnis von Geschichte, Religion und Moral als Grundproblem seiner Theologie, Gütersloh 1980.
22 Rade, Die Notwendigkeit theologischer Fakultäten, S. 68.

Erkenntnis und nicht dadurch zu lösen sei, „daß man die Juden als Fremdvolk ansieht und behandelt". Man solle das Judentum „weder verachten noch durch leidenschaftliches Für und Wider sein Selbstbewußtsein ins Ungesunde steigern, sondern ... seine Bedürfnisse erforschen und im Rahmen des vaterländischen Gemeinwesens" auf deren rechte Befriedigung bedacht sein. In Abkehr von der traditionellen liberalen Vorstellung, das Judentum werde „sich in absehbarer Zeit in der deutsch-christlichen Masse auflösen", müsse sich die deutsche Nation dieses einflussreichen kulturellen Faktors „bemächtigen". Sie könne ihm allerdings „nur beikommen von seiten seiner Religion als seines reinsten Eigenbesitzes. Das müssen beide Teile wünschen, Juden und Christen". Als wirksamstes Mittel dieser „Bemächtigung" erschien Rade die Integration der Wissenschaft des Judentums, deren Winkelstellung in der Beschränkung auf die Rabbinerseminare und deren Missachtung durch die christliche Theologie andauern müsse, „solange sie nicht an den Universitäten frei und öffentlich gelehrt wird, jedermann zugänglich". Um die ihr angemessene Öffentlichkeit zu schaffen, bedürfe es allerdings nicht nur eines vereinzelten Lehrstuhls für Talmud an einer philosophischen Fakultät, sondern einer vollgültigen, mit Lehrstühlen für Bibelexegese, rabbinische Literatur, Geschichte des Judentums, Religionsphilosophie und praktische Theologie ausgestatteten Fakultät.[23]

Spannend zu sehen ist, dass sich der Marburger Theologe sogar konkrete Gedanken über die Besetzung einer solchen Fakultät machte. Offenbar hatte er sich bereits 1912 an den mit der Leipziger Judenmission verbundenen Neutestamentler Paul Fiebig gewandt.[24] Fiebig machte ihm entsprechende Vorschläge, und die Namen der internationalen Vertreter der Wissenschaft des Judentums, die er sich in Frankfurt vorstellen konnte, waren durchaus hochkarätig. „Ich glaube", schrieb Fiebig an Rade in einem Brief vom 4. April 1912, „daß das heutige Judentum eine jüd. theolog. Fakultät stellen könnte, die sich durchaus sehen lassen kann. ... Ich habe, als ich ihre Bemerkungen ... las, mir gedacht: ja, das wäre schön, wenn das zustande käme. Und habe dann gedacht: könnte ich dann bei all diesen Gelehrten hören!" Das Judentum könne für eine hochrangig und international besetzte Fakultät „tüchtige Gelehrte zur Auswahl stellen".[25] Für das Fach „Altes Testament" empfahl Fiebig zwei Dozenten der Landesrabbinerschule in Budapest, Ludwig Blau und Wilhelm Bacher, und Rade fügte der Liste noch den Namen des Königs-

---

23 Rade, Eine jüdische, theologische Fakultät in Frankfurt, Zitate S. 334–336.
24 Zu Paul Fiebigs Rolle in den Debatten über das „Wesen des Judentums" und seiner verhältnismäßig positiven Haltung gegenüber der Wissenschaft des Judentums vgl. Wiese, Wissenschaft des Judentums, S. 305–317.
25 Brief von Paul Fiebig an Martin Rade vom 4. April 1912, Universitätsbibliothek (im Folgenden UB) Marburg, Nachlass M. Rade, Ms. 839.

berger Bibelwissenschaftlers Felix Perles hinzu. Für die hellenistische Literatur brachte Fiebig den Breslauer klassischen Philologen und Philo-Experten Leopold Cohn ins Spiel, für die rabbinische Literatur u. a. Eduard Baneth, den Dozenten für Talmud an der Lehranstalt für die Wissenschaft des Judentums in Berlin, den Rabbiner der Israelitischen Brüdergemeinde in Posen, Philipp Bloch, Adolf Schwarz, den orthodoxen Rektor der Israelitisch-Theologischen Lehranstalt in Wien, oder den Midraschforscher Julius Theodor, der als Rabbiner in Bojanowo/Posen wirkte. Die jüdische Geschichte sollten Markus Brann, der Herausgeber der namhaften *Monatsschrift für die Wissenschaft des Judentums*, oder Martin Philippson, der Sohn des Reformers Ludwig Philippson, vertreten, und die „Systematische Theologie", so Fiebig, könne am besten mit Kaufmann Kohler besetzt werden, dem Präsidenten des Hebrew Union College in Cincinnati und Verfasser eines Buches mit dem Titel *Grundriss einer systematischen Theologie des Judentums auf geschichtlicher Grundlage* (1910), alternativ mit dem Wiener Oberrabbiner Moritz Güdemann, durch Julius Guttmann von der Lehranstalt in Berlin, dem späteren Verfasser einer Philosophie des Judentums, oder aber mit Rabbiner Leo Baeck, „Verfasser eines m. E. sehr wertvollen Buches" über das „Wesen des Judentums". Für die praktische Theologie schien Fiebig namentlich Ismar Elbogen geeignet, der als Dozent für jüdische Geschichte und Liturgie an der Lehranstalt in Berlin wirkte und als Verfasser des anerkannten Werkes *Der jüdische Gottesdienst in seiner geschichtlichen Entwicklung* (1913) breites Ansehen genoss.[26]

Dass sich hier zwei protestantische Theologen in privaten Korrespondenzen über die Schaffung einer bis in die Begrifflichkeiten hinein dem protestantischen Vorbild nachempfundenen jüdisch-theologischen Fakultät austauschten, erscheint rückblickend sicher als einigermaßen eigentümlich. Gleichwohl wäre das, was Rade – unter ausdrücklicher Berufung auf Hermann Cohens Forderungen anlässlich der Hundertjahrfeier der Emanzipation – im Sinne hatte, für die damalige Zeit tatsächlich auf eine bedeutsame kultur- und wissenschaftspolitische Neuorientierung hinausgelaufen, insbesondere deshalb, weil er dadurch die übliche Identifikation von deutscher Kultur und Christentum auf bemerkenswerte Weise infrage und eine Anerkennung des Judentums und einer eigenständigen jüdischen Wissenschaftstradition als Teil dieser Kultur in Aussicht stellte. Während des Ersten Weltkriegs präzisierte er, an Cohens Reflexionen über *Deutschtum und Judentum* (1915) anknüpfend, seine Überlegungen speziell zur Rolle der protestantischen Theologie für eine vorurteilslosere Wahrnehmung der sogenannten „Judenfrage". Da zwischen Christen und Juden ein „besonderes, auf Verständnis angelegtes positives Verhältnis" vorauszusetzen sei, zumal „Jesus ein Jude war" und

---

26 Brief von Paul Fiebig an Martin Rade vom 4. April 1912, UB Marburg, Nachlass M. Rade, Ms. 839.

Christen wesentlich aus jüdischen Gedanken und jüdischer Frömmigkeit schöpften, musste aus seiner Sicht gerade die christliche Theologie als „Brücke zwischen Deutschtum und Judentum" fungieren und den Gefühlen der Fremdheit und dem Antisemitismus entgegenwirken.[27] Vor allem gelte es den üblichen christlichen dilettantischen Umgang mit jüdischen Quellen und jüdischer Tradition zu überwinden und ins Gespräch mit einer universitär verankerten jüdischen Forschung zu treten. Malen wir uns für einen Augenblick eine jüdisch-theologische Fakultät in Frankfurt mit zumindest einigen der genannten jüdischen Gelehrter aus, unabhängig davon, ob die Universität sie tatsächlich hätte gewinnen können: Frankfurt wäre, hätte sich Rades Vision verwirklichen lassen, in der Tat auf einen Schlag zu einem Zentrum der Wissenschaft des Judentums in Europa geworden, und der alte Traum aus der Zeit der Anfänge der Disziplin hätte sich auf völlig unerwartete Weise erfüllt.

Rades Initiative stieß jedoch nicht überall auf Gegenliebe, nicht einmal im Kontext der jüdischen Gelehrsamkeit. Insbesondere jüdische Gelehrte, die sich eher für Lehrstühle für die Wissenschaft des Judentums an philosophischen Fakultäten eingesetzt hatten, weil sie diese dort besser aufgehoben sahen als in einer von theologischen Perspektiven dominierten Konstellation, äußerten sich – zumindest privat – eher skeptisch. Heftigen Widerspruch erfuhr Rade allerdings insbesondere von einigen protestantischen Kollegen, die die Wissenschaft des Judentums als vorurteilsvolle, unwissenschaftliche Disziplin und ihre Integration in die Universitäten als verhängnisvollen Fehler betrachteten. Stellvertretend sprach der namhafte Gießener Alttestamentler Hermann Gunkel am 26. März 1912 – ebenfalls in einem privaten Brief – seine Überzeugung aus, die Wissenschaft des Judentums sei eine rein apologetische und daher der Universität unwürdige Form der Auseinandersetzung mit jüdischer Geschichte und Kultur:

> Kennen Sie wirklich die gegenwärtige jüdische Wissenschaft und wissen Sie, ob diese so weit ist, daß sie in einer preußischen Universität eine würdige Stelle einnehmen kann? Sonst ist das Verfahren doch stets und mit Recht dies gewesen, daß neu entstehende Disziplinen erst ihre Daseinsberechtigung beweisen mußten, u. daß erst, wenn die Wissenschaften vorhanden waren, Stellen für sie gegründet wurden, nicht umgekehrt! Sie aber schlagen vor, gar eine ganze neue Fakultät zu errichten, ohne daß die betreffende Wissenschaft wirklich so weit wäre! Was ich persönlich von jüdischer ‚Wissenschaft' kennen gelernt habe, hat mir nie einen besonderen Respekt eingeflößt. Unsere jüdischen Gelehrten haben zumeist noch nicht einmal die Renaissance erlebt! Vielmehr steht die Sache noch immer so, daß die einzige Konfession, in der wirklich wissenschaftlicher Geist möglich ist, noch immer die evangelische ist. Demnach sollten wir alle, die wir für wissenschaftlichen Betrieb der Religion

---

27 Martin Rade, Deutschtum und Judentum, in: Die Christliche Welt 29 (1915), Nr. 43, S. 866–868, Zitate S. 868.

sind, darin einig sein, daß auch nach Frankfurt eine evgl.-theol. Fak. gehört. Wie mannigfacher Schade aber könnte aus einer jüd.-theol. Fak. in Frankfurt entstehen. Ich führe das nicht aus, da ich denke, daß die ganze Sache völlig aussichtslos ist.[28]

Aus Gunkels Worten spricht die Arroganz einer privilegierten protestantischen Universitätstheologie, die auch mit Blick auf das Judentum das wissenschaftliche Erklärungsmonopol ganz für sich beanspruchte. In der Andeutung, eine jüdisch-theologische Fakultät könne „mannigfachen Schaden" anrichten, klingen zudem weltanschaulich-politische Aspekte an, die nur auf dem Hintergrund von Gunkels expliziten Vorbehalten gegenüber dem zeitgenössischen Judentum verständlich werden. Ihnen hatte er bereits 1907 im Kontext seines Beitrages zu einer Umfrage zur „Lösung der Judenfrage" Ausdruck verliehen, in dem er begründete, weshalb den Juden „die volle Gleichberechtigung im Staatsleben ..., solange sie nicht ganz Deutsche geworden sind, nicht gegeben werden" könne. Gleichberechtigung sei nur durch Assimilation im Sinne einer Preisgabe des Judentums im Integrationsprozess zu erlangen, und die deutsche Gesellschaft habe das Recht, sich gegen kulturelle Überfremdung zur Wehr zu setzen.[29] In einem weiteren Brief an Rade bekräftigte er am 3. Juni 1913, er werde niemals einsehen, dass „deutsche Regierungen gut tun würden, durch Schaffung einer jüdischen Fakultät den jüdischen Geist zu pflegen". Zudem könne jeder, der sich vor Augen führe, „mit welcher

---

28 Brief von Hermann Gunkel an Martin Rade vom 26. März 1912, UB Marburg, Nachlass M. Rade, Ms. 839.
29 Vgl. Hermann Gunkel, in: Julius Moses (Hrsg.), Die Lösung der Judenfrage. Eine Rundfrage, Berlin/Leipzig 1907, S. 231–232. Das „Wesen der Judenfrage" bestand für Gunkel darin, dass in Deutschland „Splitter eines durch Rasseneigentümlichkeit, Religion und Vergangenheit durchaus verschiedenen Volkes" wohnten, das sich dem Deutschtum zwar genähert, die wirkliche Assimilation aber verweigert habe. Das „gesund empfindende Volk" spüre die ethnischen Unterschiede und werde „eifersüchtig", „wenn fremde Elemente einen starken Einfluß auf sein geistiges, soziales und politisches Leben" gewännen. Vielen Juden – nicht allen, denn er selbst habe „viele jüdische oder von Juden abstammende und ... hochverehrte Freunde" – hafteten „gewisse Eigenschaften" an, die aus ihrer Geschichte resultierten und die „der Deutsche allen Grund" habe, „im eigenen Volke nicht aufkommen zu lassen". Gunkel klagte das „Recht des deutschen Volkes auf eine von fremdem Einfluß freie Gestaltung seiner Verhältnisse" ein und forderte den Grenzschluss gegen die ostjüdische Immigration einerseits und die vollständige Assimilation der Juden andererseits – bis hin zur Aufgabe ihrer „religiöse(n) Sonderstellung." Wünschenswert sei insbesondere, „daß der Jude eine Mischehe eingeht, seine Kinder in der christlichen Religion unterweisen und nicht Kaufleute werden läßt"; die „Judenfrage" werde in Deutschland letztlich „nur mit den Juden verschwinden".

Frechheit man aus solchen Kreisen gegen uns auftritt", den protestantischen Theologen nachfühlen, „daß wir den Verkehr mit jüdischen Gelehrten nicht suchen".[30]

Der Gerechtigkeit halber sei angemerkt, dass es aus dem Kreise der protestantischen Theologie auch gegenläufige, positivere Stimmen gab. 1914 meldete sich der Jenaer Alttestamentler Willy Staerk, dessen Interesse an der rabbinischen Literatur aus seinem Studium bei dem protestantischen Gelehrten Hermann L. Strack herrührte, in der Zeitschrift *Die Geisteswissenschaften* mit einem Beitrag zur Frage der Institutionalisierung der Wissenschaft des Judentums an der Universität Frankfurt zu Wort. Er verlieh darin seinem Verständnis für Bedenken der jüdischen Gemeinde Ausdruck, als Stifter bedeutende Summen für die Errichtung einer christlich-theologischen Fakultät zur Verfügung zu stellen, die einen „Machtfaktor in der Pflege evangelisch-christlicher Kultur" darstellen würde. Ganz unabhängig von dieser Frage sei es jedoch eine „Ehrenpflicht" des Judentums, für die Errichtung und finanzielle Ausstattung eines Lehrstuhls für „jüdische Religionswissenschaft" zu sorgen, und zwar an der philosophischen Fakultät, an der allein die „ideale, in das Gesamtgebiet der Geistesgeschichte eingegliederte und streng methodisch betriebene Erforschung des Judentums" möglich sei.[31] Ausdrücklich orientierte sich Staerk an den Anregungen, die Felix Perles 1913 in seinem im *Archiv für Religionswissenschaft* publizierten Essay *Die religionsgeschichtliche Erforschung der talmudischen Literatur* entwickelt hatte. Der Königsberger Rabbiner hatte darin die Mängel der christlichen Forschung kritisiert, die wesentlich auf die fehlende selbständige Kenntnis der rabbinischen Quellen zurückzuführen seien. Letztere stellten „nicht nur für die jüdische, sondern auch für die vergleichende Religionsgeschichte eine geradezu unerschöpfliche Fundgrube" dar; vor allem aber sei ein wissenschaftliches Verständnis des neutestamentlichen Schrifttums ohne sie unmöglich. Allerdings schienen Perles Lehrstühle an den philosophischen Fakultäten, „wo völlig unabhängige Forscher den Gegenstand dem Streit der Theologen entziehen" könnten, eine bessere Lösung zu sein als die etwaige Schaffung einer jüdisch-theologischen Fakultät. Bisher hätten sich nahezu ausschließlich jüdische oder christliche *Theologen* mit der Erforschung der nachbiblischen Literatur des Judentums befasst, und obgleich viele unter ihnen auch „frei von dogmatischen Vorurteilen" seien, zeige sich immer neu die Schwierigkeit, „sich nicht nur im Denken, sondern auch im Fühlen von jeder Tradition freizuma-

---

30 Brief von Hermann Gunkel an Martin Rade vom 3. Juni 1913, UB Marburg, Nachlass M. Rade, Ms. 839.
31 Willy Staerk, Zur Frage der theologischen Fakultät in Frankfurt, in: Die Geisteswissenschaften 1 (1914), S. 429–430.

chen und zur höchsten Objektivität zu erheben".[32] Nachdem Staerk Rabbiner Perles seinen Aufsatz zugesandt hatte, schrieb ihm dieser am 3. Februar 1914:

> Empfangen Sie meinen herzlichsten Dank für die Übersendung Ihres Artikels. Sie können sich vorstellen, mit welchem Interesse ich ihn las und was für eine freudige Überraschung mir sein Inhalt bereitete. Es ist das erste Echo, das meine seit mehr als einem Jahrzehnt fortgesetzten Bemühungen um die Anerkennung der Wissenschaft vom Judentum als eine selbständige Disziplin auf Seiten der christlichen Theologie gefunden hat.

Staerk erwiderte am 6. Februar 1914:

> Ich habe Ihre Ausführungen im Archiv für Religions-Wissenschaft über das Ideal eines wissenschaftlichen Studiums des Judentums mit Absicht in meinem Artikel erwähnt u. es soll mich herzlich freuen, wenn Ihre großzügigen Gedanken endlich einer ersten Realisierung entgegengehen. Wird erstmal in Frankfurt der Bann gebrochen, so ist zu hoffen, daß wenigstens einige große deutsche Universitäten der neuen Wissenschaft einen Platz gönnen.[33]

In einem Oktober 1914 im *Neuen Merkur* publizierten Essay *Das Judentum als wissenschaftliches Problem* verband Staerk seine Ausführungen zu einem möglichen Frankfurter Lehrstuhl mit wichtigen wissenschaftlichen und kulturpolitischen Überlegungen. Die Bekämpfung antisemitischer Hetze schien ihm ohne ein „tieferes Verständnis des Judentums und seiner Geschichte" kaum erreichbar. Sie sei nicht bloß „Sache der politischen Moral, sondern ebenso des Intellekts, und nicht nur augenblickliches, praktisches politisches Bedürfnis, sondern im höheren Sinne eine bedeutende wissenschaftliche Aufgabe". Die Wissenschaft des Judentums könne durch objektive Aufklärung die inneren Spannungen mildern, die auch in Zukunft zu erwarten seien, und auf diese Weise einen erheblichen Beitrag zur He-

---

32 Felix Perles, Die religionsgeschichtliche Erforschung der talmudischen Literatur, in: Archiv für Religionswissenschaft 16 (1913), S. 580–597, Zitate S. 582–584.
33 Staerk fügte hinzu: „Ich hörte gestern, daß für den Frankfurter Lehrstuhl für semitische Philologie der Arabist [Josef] Horovitz gewonnen ist: sehr erfreulich! Nun möchte ich, daß bald die Ernennung eines jüdischen Professors für Judaica bekannt wird. Wäre denn nicht [Ismar] Elbogen ganz geeignet? Oder würden Sie selbst Ihr geistliches Amt ev. aufgeben?" Perles bestätigte in seinem Brief vom 7. Februar 1914 sein grundsätzliches Interesse an einer akademischen Lehrtätigkeit, die es ihm erlauben würde, sich ganz der Wissenschaft zu widmen. Er stand der Realisierung des Projekts jedoch skeptisch gegenüber: „Wie mir scheint, überschätzen Sie jedoch das Verständnis der gebildeten Juden für die Geschichte ihrer Religion. Soweit sie überhaupt Interesse an der Wissenschaft des Judentums nehmen, ist es nicht auf geschichtliche Erkenntnis, sondern auf apologetische Zwecke gerichtet. Das ist zwar aus der starken Anfeindung des Judentums in Deutschland verständlich, aber ein Verhängnis für die Wissenschaft. Ich fürchte daher, daß auch in Frankfurt kein Lehrstuhl für Judaica gegründet wird." Die Korrespondenz zwischen Perles und Staerk befindet sich im Privatbesitz von Fritz und Hans Perles (Tel Aviv) – ihnen gebührt herzlicher Dank für den Einblick in die Briefe.

bung der politischen Kultur leisten. Er verlieh zudem seiner Hoffnung Ausdruck, die Ausbildung einer Generation von in der Kultur Europas verwurzelten „Vertretern des jüdischen ethisch-sittlichen Monotheismus" werde der jüdischen Integration förderlich sein. Nicht zuletzt hob er, indem er die Relevanz der Forschungsergebnisse der Wissenschaft des Judentums auch für die christliche Theologie anerkannte, auf bisher wenig übliche Weise die Bedeutung eines wissenschaftlichen „Dialogs" zwischen jüdischen und christlichen Forschern hervor. Voraussetzung dafür sei, so Staerk, dass die Arbeit auf beiden Seiten „nicht politischen oder religiösen Parteien dienen oder polemische und apologetische Dienste leisten, sondern objektive Erkenntnisse" förderten. Die diskriminierte, auf „das Interesse, die Fähigkeiten und den guten Willen von Vertretern der Theologie und Orientalia" angewiesene jüdische Forschung werde die ihr gebührende Gleichberechtigung allerdings nur durch Lehrstühle an den Universitäten gewinnen. Staerk unterstrich diese Forderung, indem er die bisherige Entwicklung der Wissenschaft des Judentums als die eines „lebenskräftig aufwärtsstrebenden Zweiges am großen Baume der deutschen geisteswissenschaftlichen Arbeit" kennzeichnete, die mit methodisch klaren, auch für die nichtjüdische Forschung aufgeschlossenen historisch-kritischen Werken zur Kultur und Geschichte des Judentums hervorgetreten sei.[34]

Als wichtigster gemeinsamer Forschungsgegenstand erschien Staerk das Judentum nach 70 u. Z. „mit der Fülle seiner literarischen Schöpfungen und seiner originellen geistlichen Gesamthaltung und seinen tausend Beziehungen zur Weltkultur" bis hin zur Geschichte der sozialen und geistigen Entwicklung des modernen Judentums der Kulturnationen. Für die präzise philologische sowie kultur- und religionsgeschichtliche Erfassung der talmudischen Literatur, der Quellen der mittelalterlichen Religionsphilosophie, der Kabbala und nicht zuletzt der Beziehungen zwischen Judentum, Christentum und Islam sei man dringend auf die Kenntnisse jüdischer Forscher angewiesen. Einen weiteren Schwerpunkt, zu dem jüdische Beiträge erwünscht seien, obgleich er schon lange von christlichen Gelehrten bearbeitet werde und eigentlich in den Bereich der neutestamentlichen Zeitgeschichte gehöre, sollten mit hellenistischem Judentum, Apokalyptik und den verschiedenen palästinischen Strömungen diejenigen religionsgeschichtlichen Phänomene bilden, die sich jenseits der Grenze des alttestamentlichen Kanons entwickelt hätten. Insbesondere das Profil des Pharisäismus bedürfe zu seiner „gerechten Beurteilung" der wissenschaftlichen Darstellung aus jüdischer Perspektive.[35] Die kritische Bibelwissenschaft, die sich „völlig selbständig und fast

---

34 Willy Staerk, Das Judentum als wissenschaftliches Problem, in: Der Neue Merkur 2 (1914), S. 407–420, Zitate S. 407–410 und 420.
35 Staerk, Das Judentum als wissenschaftliches Problem, S. 414. Staerk bezog sich explizit auf die Kontroversen um das „Wesen des Judentums", wenn er bei nichtjüdischen Forschern die Objek-

ganz außerhalb der jüdischen Gelehrtenwelt ..., ja zum Teil in lebhafter Bekämpfung durch diese" vollzogen habe, wollte Staerk dagegen von der Wissenschaft des Judentums abtrennen.[36] Trotz solcher Missklänge wurden die Essays des protestantischen Theologen jedoch von jüdischen Gelehrten vielfach als Hoffnungszeichen für eine zukünftige Kooperation begrüßt. Da er als maßgeblicher Sachkenner galt, erwartete etwa Markus Brann, die „unerschrockenen, beredten und begeisterten Worte, mit denen er [Staerk] für die völlige Gleichberechtigung unserer Sonderwissenschaft eintritt", könnten Beachtung finden und bewirken, was Juden mit allen bisherigen Forderungen nicht hätten erreichen können. Sollte dies eintreten, so werde es in der theologischen Wissenschaft in Zukunft „einen Reichtum an ‚christian rabbis'" geben, die dem Judentum Gerechtigkeit widerfahren ließen.[37] Zionistische Stimmen klangen wesentlich skeptischer, so etwa jene Schneur Salman Rubaschoffs, der mit Blick auf Staerks Initiative fragte, ob nun, da „die Blütezeit der Wissenschaft des Judentums in Europa vorüber" und der jüdischen Jugend die jüdische Geisteswelt und Literatur weitgehend fremd geworden sei, die Pläne noch Sinn ergäben: „wird jetzt die Gewährung eines jüdischen

---

tivität an ihre natürlichen Grenzen kommen sah („denn nicht jeder ist imstande, von der talmudischen Überlieferung aus Licht auf diese Dinge fallen zu lassen, und wir anderen sehen die Dinge natürlich unwillkürlich vom Standpunkt des Evangeliums und des Apostaten Paulus aus"). Die Erkenntnis, das das pharisäische Judentum den Boden des Urchristentums gebildet habe – „in seiner Luft hat es Generationen hindurch geatmet, mit ihm hat es Geistesschlachten von weltgeschichtlicher Bedeutung geschlagen, von ihm hat es in vielen Beziehungen fleißig gelernt!" – erfordere eine möglichst vorurteilslose Erforschung des rabbinischen Judentums; s. Staerk, Zur Frage der jüdischen Fakultät in Frankfurt, S. 430.
36 Staerk, Das Judentum als wissenschaftliches Problem, S. 411. Georg Herlitz, Mitarbeiter am Gesamtarchiv der deutschen Juden, hielt ihm darauf entgegen, nur auf der Basis einer gleichberechtigten Zusammenarbeit auf allen Gebieten, einschließlich der Bibelforschung, könne „ein objektives und einwandfreies Bild des Gesamtjudentums entstehen und die Wissenschaft und nach ihr die Gesamtheit zu einer vorurteilsloseren und, wie wir das hoffen, anerkennenderen Beurteilung des Judentums kommen". Georg Herlitz, Lehrstühle für die Wissenschaft des Judentums an deutschen Universitäten, in: Die Jüdische Presse 47 (1916), Nr. 10, S. 111–113.
37 Markus Brann, in: Monatsschrift für die Geschichte und Wissenschaft des Judentums 60 (1916), S. 77–78; zu Brann vgl. Christian Wiese/Daniel Ristau (Hrsg.), Markus Mordechai Brann. Ein Breslauer jüdischer Historiker in den wissenschaftlichen Netzwerken und Debatten seiner Zeit, Göttingen 2023. Vgl. auch Ludwig Geiger, Literarische Mitteilungen, in: Allgemeine Zeitung des Judentums 80 (1916), Nr. 26, S. 310: „In so wohltuender, schlichter Sachlichkeit ist die Notwendigkeit einer Pflege der Wissenschaft des Judentums und der staatlichen Förderung dieser Pflege wohl noch niemals von einem christlichen Lehrer ausgesprochen worden." Zu Staerks ambivalenter Haltung gegenüber dem zeitgenössischen Judentum während der Weimarer Republik vgl. Willy Staerk, Das religiöse Leben der westeuropäischen Judenheit, vornehmlich Deutschlands und seine Wertung vom christlichen Gottesgedanken aus, Berlin 1926.

Lehrstuhles an einer Universität viel zu ändern imstande sein? Wird die Erfüllung dieses alten Traums jetzt nicht etwas verspätet kommen?"[38]

Während der Zeit des Ersten Weltkriegs ließen die Integrationshoffnungen, die sich im Zeichen des von Kaiser Wilhelm II. ausgerufenen „Burgfriedens" entwickelten, für kurze Zeit das Projekt einer jüdisch-theologischen Fakultät in Frankfurt als realistische Perspektive erscheinen. Der Philosoph Franz Rosenzweig, der sich zu dieser Zeit intensiv mit der Zukunft der Wissenschaft des Judentums und mit jüdischen Bildungsfragen befasste, drängte darauf, die Durchsetzung der Fakultät, wie er 1916 aus dem Felde schrieb, sofort als die bedeutendste Aufgabe anzugehen, „die überhaupt vom antizionistischen deutschen Judentum jetzt und *nur* jetzt am Kriegsausgang zu lösen" sei. Womöglich werde der Staat nun – „wenn man ihm den nötigen Fond von zwei Millionen auf den Tisch" lege – tatsächlich eine solche „Belohnung für Wohlverhalten" aussetzen.[39] Ergreife man diese einmalige Gelegenheit nicht, so könne die wissenschaftliche Stimmung dazu führen, dass die Initiative wieder auf die christliche Theologie übergehe und „überall in den evangelischen Fakultäten Lektorate oder Extraordinariate für ‚Rabbinica' errichtet" würden.[40] Dadurch drohe die Wissenschaft des Judentums „selbst von diesem ihrem eigensten Gebiet durch nichtjüdischen Wettbewerb verdrängt" zu werden. Überlasse man aber den protestantischen Theologen, „denen bei allem Scharf- und Feinsinn dennoch die Eigentümlichkeiten jüdischen religiösen Denkens nie ins Gefühl übergehen" könnten, auch das nachbiblische Judentum von der *Halacha* bis zur *Kabbala*, so würde man mit ihnen die gleichen negativen Erfahrungen machen wie bei der vielfach antijüdisch konnotierten Bibelexegese. Die jüdisch-theologische Fakultät hingegen, als die Möglichkeit, für die

---

38 Schneur Salman Rubaschoff, Der Lehrstuhl, in: Der Jude 1 (1916), S. 130–132, Zitat S. 132.
39 Franz Rosenzweig, Brief an die Eltern vom 18. September 1916, in: Franz Rosenzweig, Der Mensch und sein Werk. Gesammelte Schriften Bd. I/1: Briefe und Tagebücher 1900–1918 (im Folgenden: GS I/1), hrsg. von Rafael N. Rosenzweig und Edith Rosenzweig-Scheinmann, Nijmwegen 1979, S. 226–227, Zitat S. 227.
40 Franz Rosenzweig, Brief an die Eltern vom 18. September 1916, S. 228; vgl. auch den Brief Rosenzweigs an seine Eltern vom 30. September 1916, in dem er enttäuscht auf die Nachricht reagierte, die Frankfurter Universität werde womöglich eine evangelische Fakultät gestiftet bekommen „mit einem hebräischen Lektorat in der orientalistischen Abteilung (also abgesehn von allem andern: in der philosophischen Fakultät!), worin allerdings die Absicht liegt, es mit einem Belohnungsjuden für das Frankfurter jüdische Stiftergeld zu besetzen, wahrscheinlich noch dazu mit einem ‚bescheidenen jüdischen Gelehrten', der dann sogar in articulo mortis ein ‚wahrer Israelit an dem kein Falsch ist' … heißen mag: Brr!"; Franz Rosenzweig, Brief an die Eltern vom 18. September 1916, S. 237–238, Zitat S. 237.

Verbreitung der „heimischen, innerfamiliären Ansicht dieser Dinge" zu sorgen, werde auch die protestantische Forschung befruchten.[41]

In der Frankfurter jüdischen Gemeinde wurde die Idee einer jüdisch-theologischen Fakultät allerdings keineswegs einhellig befürwortet, da vor allem die Orthodoxie befürchtete, liberale Forscher könnten an der Universität die Oberhand gewinnen. So verwarf etwa Jacob Rosenheim als Sprecher der Frankfurter Separatorthodoxie die Forderung nach akademischer Repräsentation als rein politische Emanzipationsbestrebung, die der Wissenschaft in keiner Weise zugutekäme. Die von Willy Staerk über die Juden „wegen ihrer angeblich allzugroßen Frömmigkeit verhängte Aussperrung von dem Tummelplatz der Bibelkritik" werde sich, fürchtete er, nur kurz aufrechterhalten lassen. Dann müsse die Anerkennung der Wissenschaft des Judentums zwangsläufig zu einer „Zurückdrängung des Positiv-Religiösen, des Traditionalismus gegenüber der von dem Ehrgeiz der wissenschaftlichen Gleichberechtigung gestachelten geistreichen Kritik der Tradition um jeden Preis" führen. Das Ertragen „wissenschaftlicher Excommunication" müsse daher als Preis des Festhaltens am Glauben verstanden werden.[42] Rosenheim hielt es für naiv, dass etwa Georg Herlitz, immerhin ein Repräsentant der Tradition des orthodoxen Berliner Rabbinerseminars, annahm, auf den in Frankfurt zu errichtenden Lehrstühlen würden neben christlichen und jüdisch-liberalen auch solche Gelehrte sitzen, die „vorurteilslosestes wissenschaftliches Forschen ... mit dem Bekenntnis zur orthodox-jüdischen Religionsanschauung und ihrer Betätigung vereinen".[43] Statt dessen, so Rosenheim, würden liberale Juden die Dozenturen besetzen und womöglich vom Staat zu Gutachtern in Fragen jüdisch-religiöser Angelegenheiten bestellt werden.[44] Auf der anderen Seite äußerte Ludwig Geiger als liberaler Repräsentant der Berliner Jüdischen Gemeinde die Befürchtung, „bei der eigenartigen Berücksichtigung", der sich die Orthodoxie beim Staat erfreue, könnte der Vertreter des Lehrstuhls eher „aus den Reihen der Altgläubigen genommen" werde. Er verlangte deshalb - „bei der tiefen Spaltung, die nun einmal das Judentum durchzieht, eine Spaltung, die auf wissenschaftlichem Gebiete unendlich viel größer ist als auf dem des Kultus" - von vornherein zwei Lehrstühle.[45]

---

41 Franz Rosenzweig, Zeit ists ... (Ps. 119,126). Gedanken über das jüdische Bildungsproblem des Augenblicks, in: Franz Rosenzweig, Der Mensch und sein Werk. Gesammelte Schriften Bd. III: Zweistromland. Kleinere Schriften zu Glauben und Denken (im Folgenden: GS III), Dordrecht/Boston/Lancaster 1984, S. 461–481, Zitate S. 473–474.
42 Jacob Rosenheim, Judentum als Universitätswissenschaft [1916], in: Jacob Rosenheim, Ausgewählte Aufsätze und Ansprachen, Bd. 2, Frankfurt am Main 1930, S. 44–48, Zitat S. 46.
43 Herlitz, Lehrstühle für die Wissenschaft des Judentums, S. 112.
44 Rosenheim, Judentum als Universitätswissenschaft, S. 47.
45 Geiger, Literarische Mitteilungen, S. 310.

Die orthodox-liberalen Gegensätze machen verständlich, weshalb Martin Rade die „Unmöglichkeit, beide theologische Richtungen in einer Fakultät zu vereinigen", als das einzige reale Hindernis gegen seine Initiative erschien.[46] Dass sich die Hoffnung auf eine Beheimatung der Wissenschaft des Judentums an der Frankfurter Universität nicht erfüllte, hatte in der komplexen Gemengelange der Neugründung der Universität jedoch auch noch andere Gründe. Ein weiterer Faktor war die – ebenfalls mit der Haltung jüdischer Stifter zusammenhängende – Tatsache, dass die Universität von ihrer ganzen Konzeption her als eine dezidiert säkulare Bildungseinrichtung mit Schwerpunkten in den Naturwissenschaften und der Medizin sowie der Rechts- und Wirtschaftswissenschaften gedacht war, in der für eine theologische Fakultät, selbst eine evangelische oder katholische, kein Raum sein sollte. Entgegen der Einschätzung Rosenzweigs, an internen Schwierigkeiten und der Unmöglichkeit, die Mittel aufzubringen, werde die Angelegenheit nicht scheitern,[47] fand sich kein jüdischer Stifter, sodass die Frankfurter Universität am 26. Oktober 1914 ohne jüdisch-theologische Fakultät und ohne einen Lehrstuhl für die Wissenschaft des Judentums eröffnet wurde.[48] Rosenzweig urteilte später polemisch, das Vorhaben sei vor allem „daran [gescheitert] (was natürlich die christlichen Anreger am wenigstens geahnt hätten), daß die jüdischen Stifter der Universität den Gedanken sabotierten aus dem bekannten Angstgefühl, ‚nur nicht zu jüdisch'",[49] d. h. an unüberwindbaren Hemmungen, jüdische Anliegen zur Geltung zu bringen und den von Intellektuellen wie Martin Rade angebotenen gleichberechtigten Platz in der deutschen akademischen Kultur selbstverständlich zu beanspruchen.

Rosenzweig setzte vor dem Hintergrund dieser Erfahrungen in den folgenden Jahren verstärkt auf die Förderung eigenständiger jüdischer Bildungsinstitutionen außerhalb der Universität – etwa des „Freien Jüdischen Lehrhauses" in Frankfurt – und zog damit Konsequenzen aus bildungstheoretischen Überlegungen, die ihn während des Krieges in kritische Distanz zur Wissenschaft des Juden-

---

46 Rade, Deutschtum und Judentum, S. 867.
47 Rosenzweig, Zeit ists, S. 475–476. Den religiösen Differenzen glaubte er durch eine Doppelbesetzung der Lehrstühle für biblisches, rabbinisches und philosophisches Schrifttum entgegenwirken zu können.
48 Zur Diskussion über die Stellung der Theologie an der Frankfurter Universität und deren Ausgang vgl. Kluke, Stiftungsuniversität, S. 110–137.
49 Franz Rosenzweig, Brief an Martin Buber vom 12. Januar 1923, in: Martin Buber, Briefwechsel aus sieben Jahrzehnten, Bd. II: 1918–1938, hrsg. von Grete Schaeder, Heidelberg 1973, S. 146–149, Zitat S. 147; vgl. Salomon Samuel, Eine jüdische Universität in Jerusalem und ihr Widerspiel, in: K. C.-Blätter 4 (1913/14), Nr. 4, S. 79–83, insbesondere S. 82: Die Schwierigkeit liege „in dem zaghaften Bedenken: können wir etwas so Großes überhaupt verlangen? Diese Bangigkeit ist das Erbe des Ghetto".

tums brachten. Im Zentrum standen dabei die Forderung nach einer Selbstemanzipation jüdischer Gelehrsamkeit aus den Fängen des Historismus und eine Besinnung auf ihre Funktion zur Erneuerung des gesamten jüdischen Lebens. Die bewusste Neuaneignung seines Judentums, die sein Leben radikal veränderte, nachdem ihn die Vertiefung in die europäische und deutsche Kultur und die religiöse Anziehungskraft des Christentums 1913 beinahe zur Konversion geführt hatten, prädestinierte ihn dazu, Leitlinien einer Bildungskonzeption zu entwickeln, die der Entfremdung von der eigenen Tradition und der einseitigen Fixierung auf die Fragen der äußeren Gleichberechtigung entgegenwirken sollten. Sein 1917 in einem offenen Brief an Hermann Cohen entfaltetes ambitioniertes Bildungsprogramm *Zeit ist's. Gedanken über das jüdische Bildungsproblem des Augenblicks* (1917) warf die Frage nach der „Schaffung eines eigenen theologisch gebildeten Lehrerstandes" auf, der die Vermittlung jüdischen Wissens und jüdischer Forschung unabhängig von den dogmatischen Bindungen der Rabbiner zu leisten vermochte. Rosenzweig wünschte nach wie vor eine jüdische Fakultät – es wäre für die ganze deutsche Judenheit „ein kaum zu überschätzender Gewinn", wenn sie an einer Universität „eine sichtbar erhöhte geistige Vertretung besäße". Zugleich befürwortete er aber nun die Gründung einer auf Stiftungskapital beruhenden eigenständigen „Akademie für die Wissenschaft des Judentums". Sie sollte zur besseren Organisation unabhängiger wissenschaftlicher Arbeit und zur Heranbildung eines Stammes von gleichzeitig in der Forschung und als Lehrer in Gemeinden und Religionsschulen tätigen Gelehrten beitragen. Dieses Unternehmen gelte es „rein auf dem Wege der Selbsthilfe zu verwirklichen, ohne ein Nachsuchen um staatliche Mitwirkung".[50] Die Anziehungskraft der Gedanken Rosenzweigs lag einmal in der Konzeption einer dissimilatorisch wirksamen, „lebensverbundenen und lebensbestimmenden jüdischen Wissenschaft"[51] begründet, nicht zuletzt aber in der stolzen Geste, mit der er die jüdische Gemeinschaft aufforderte, die Förderung der Wissenschaft des Judentums in die eigenen Hände zu nehmen, anstatt ihr Schicksal dem Wohlwollen oder der Abneigung der Nichtjuden zu überlassen. 1918 formulierte Rosenzweig seine Haltung in seinem Essay *Die Wissenschaft und das Leben* wie folgt:

> Recht eigentlich handelt es sich hier um eine Frage der inneren gesellschaftlichen Gleichberechtigung. Solange der Staat für unsre Wissenschaft nichts, was seinen Leistungen für die

---

50 Rosenzweig, Zeit ists, S. 475–476.
51 So Julius Guttmann, Jüdische Wissenschaft. Die Akademie für die Wissenschaft des Judentums, in: Festgabe zum Zehnjährigen Bestehen der Akademie für die Wissenschaft des Judentums (1919–1929), Berlin 1929, S. 3–17, Zitat S. 4; vgl. etwa Ismar Elbogen, Neuorientierung unserer Wissenschaft, in: Monatsschrift für die Geschichte und Wissenschaft des Judentums 62 (1918), S. 81–96.

christliche Theologie beider Konfessionen entspricht, zu tun geneigt ist, müssen wir selbst Hand ans Werk legen. Wir kommen nicht darum herum. Die Wiedergewinnung eines gemeinsamen Inhalts für unser jüdisches Selbstbewußtsein und dadurch die Erziehung der kommenden Geschlechter zu selbstbewußten Juden – nichts Geringeres ist die Leistung, die wir von der Wissenschaft des Judentums, wenn wir sie ausreichend unterstützen, zu erwarten berechtigt sind.[52]

Rosenzweigs Aufruf, der eine „deutliche Abkehr von dem assimilatorischen Selbstverständnis der Wissenschaft des Judentums" dokumentierte, die nun völlig auf die Wiedergewinnung *jüdischer* Identität ausgerichtet werden sollte,[53] wurde von anderen jüdischen Gelehrten mit Begeisterung aufgegriffen[54] und führte – unter der maßgeblichen Leitung des Historikers Eugen Täubler – im Mai 1919 zur Gründung der „Akademie für die Wissenschaft des Judentums" mit Sitz in Berlin, die in der Zeit ihrer Wirksamkeit bis 1934 – allerdings in einer Rosenzweigs ursprünglicher Konzeption ganz entgegengesetzten Ausrichtung – entscheidend zur Entwicklung einer eigenständigen, professionellen jüdischen Historiographie beigetragen und die Leistungen wie das Selbstbewusstsein der Wissenschaft des Judentums in der Weimarer Zeit entscheidend geprägt hat.[55]

---

[52] Franz Rosenzweig, Die Wissenschaft und das Leben, in: Rosenzweig, GS III, S. 483–489, Zitat S. 488.

[53] Christhard Hoffmann, Jüdisches Lernen oder judaistische Spezialwissenschaft? Die Konzeptionen Franz Rosenzweigs und Eugen Täublers zur Gründung der „Akademie füt die Wissenschaft des Judentums" (mit drei unveröffentlichten Briefen Rosenzweigs), in: Zeitschrift für Religions- und Geistesgeschichte 45 (1993), S. 18–32, Zitat S. 19–20. Interessanterweise orientierte sich Rosenzweig angesichts der Frage, was eine jüdische Wissenschaft für das Selbstbewusstsein jener nur noch aus äußerer Pietät an ihrem Judentum festhaltenden Intellektuellen leisten könne, an der liberalen protestantischen Theologie und ihrer Vermittlung von Religion und moderner säkularer Kultur. Er hob hervor, dass aufgrund dieser Art von Theologie dem christlichen Bekenntnis „unabsehbare Kräfte, die ihm verloren zu gehen drohten, erhalten worden sind", und forderte „eine ebenso moderne, freie wissenschaftliche Theologie des Judentums, „die unseren Gebildeten wieder das lebendige Gefühl ihres Zusammenhangs mit den alten Wahrheiten unserer Gemeinschaft erweckt", vgl. Rosenzweig, Die Wissenschaft und das Leben, S. 487–488.

[54] Vgl. Hermann Cohen, Zur Begründung einer Akademie für die Wissenschaft des Judentums [1917], in: Cohen, Jüdische Schriften, Bd. 2, S. 210–217.

[55] Zur Bedeutung und Entwicklung der Akademie vgl. David N. Myers, The Fall and Rise of Jewish Historicism: The Evolution of the Akademie für die Wissenschaft des Judentums (1919–1934), in: Hebrew Union College Annual 63 (1992), S. 107–144. Täublers Augenmerk lag vor allem auf der Verwissenschaftlichung der jüdischen Forschung, sodass die Akademie einen anderen als den von Rosenzweig konzipierten Weg der Verbindung von Wissenschaft und Leben einschlug. Zur jüdischen Historiographie in der Weimarer Zeit vgl. Christhard Hoffmann, Jüdische Geschichtswissenschaft in Deutschland 1918–1938, in: Carlebach, Chochmat Israel, S. 132–152; Michael Brenner, The Renaissance of Jewish Culture in Weimar Germany, New Haven/London 1996,

3

Obwohl also die Vision der Wissenschaft des Judentums von ihrer vollen Anerkennung in Gestalt einer jüdisch-theologischen Fakultät auch in Frankfurt nicht in Erfüllung ging, gab es mit Blick auf die Integration jüdischer Gelehrsamkeit zumindest zwei Teilerfolge. Der eine war die Stiftung eines „Lehrstuhls für Semitische Philologie mit Berücksichtigung der targumischen und talmudischen Literatur" durch den aus Frankfurt stammenden New Yorker Bankier und Philanthropen Jacob H. Schiff.[56] Den Lehrstuhl hatte von 1914 bis 1931 der jüdische Orientalist Josef Horovitz inne,[57] dessen Schüler Shlomo Dov Goitein 1928 Dozent am Institut für Orientalische Studien an der Hebräischen Universität in Jerusalem wurde.[58] Der andere Teilerfolg war die Etablierung eines konfessionell gebundenen Lehrauftrags für „Jüdische Religionswissenschaft und Ethik" im Jahre 1923. Dass es zu letzterem überhaupt kam, hing damit zusammen, dass der Bischof von Limburg nach dem Krieg die Mittel für einen Lehrauftrag in „katholischer Ethik" zur Verfügung stellte. Der Vorstand der Israelitischen Gemeinde Frankfurt a. M. sah sich dadurch dazu herausgefordert, am 24. Mai 1921 mit dem Vorschlag an das Kuratorium heranzutreten, anstelle von Theologischen Fakultäten innerhalb der Philosophischen Fakultät eine Abteilung für Religionswissenschaft mit locker angegliederten evangelischen, katholischen und jüdischen Lehraufträgen zu bilden.[59] Begründet wurde der Antrag vor allem mit Blick auf die Bedeutung des Studiums des Judentums für jüdische wie christliche Studierende und unter Hinweis darauf, dass die Stadtbibliothek „die beste hebräisch-jüdische Bibliothek des Kontinents" besitze.[60] Kon-

---

S. 69–126; und Michael Brenner, Jüdische Geschichte an deutschen Universitäten – Bilanz und Perspektiven, in: Historische Zeitschrift 266 (1998), S. 1–21.
56 Vgl. Paul Arnsberg, Jakob H. Schiff. Von der Frankfurter Judengasse zur Wallstreet, Frankfurt am Main 1969; Naomi W. Cohen, Jacob H. Schiff. A Study in American Jewish Leadership, Hanover, NH 1999.
57 Vgl. Gudrun Jäger, Der jüdische Islamwissenschaftler Josef Horovitz und der Lehrstuhl für semitische Philologie an der Universität Frankfurt am Main 1915–1949, in: Jörn Kobes/Jan-Ottmar Hesse (Hrsg.), Frankfurter Wissenschaftler zwischen 1933 und 1945, Göttingen 2008, S. 61–79; Sabine Mangold-Will, Der Islamwissenschaftler Josef Horovitz und seine islamische Welt in der Zwischenkriegszeit, in: Münchner Beiträge zur Jüdischen Geschichte und Kultur 2 (2020), S. 27–37.
58 Vgl. Gideon Libson, Hidden Worlds and Open Shutters. S. D. Goitein Between Judaism and Islam, in: David N. Myers/David Ruderman (Hrsg.), The Jewish Past Revisited. Reflections on Modern Jewish Historians, New Haven 1998, S. 163–198.
59 Vgl. den Brief von Franz Rosenzweig an Martin Buber vom 12. Januar 1923, in: Buber, Briefwechsel aus sieben Jahrzehnten, Bd. II, S. 147.
60 Das Schreiben des Vorstands der Israelitischen Gemeinde Frankfurts befindet sich in Kopie im Nachlass Martin Bubers in Jerusalem, The National Library of Israel, Martin Buber Archive, Ms. Var. 350/8b.

kret schlug der Gemeindevorstand die Errichtung eines Lehrauftrags für Judaica vor, für den der orthodoxe Rabbiner Nehemias Anton Nobel vorgesehen war. Für diesen, so schrieb Rosenzweig an Martin Buber, sei dies „eine ungeheure Sache" gewesen, „weil er noch an die Universität glaubte".[61] Am 14. Juni 1921 stimmte das Kuratorium dem Antrag zu. Als Nobel 1922 kurz vor der Erteilung des Lehrauftrags starb, trat die Gemeinde an Franz Rosenzweig heran und empfahl letzteren dem Kuratorium als Schüler Hermann Cohens und Verfasser der Bücher *Hegel und der Staat* sowie des 1921 erschienenen Werks *Der Stern der Erlösung*. Die Gemeinde habe ihn allerdings aufgefordert, sich zunächst zu habilitieren, um für Universität und staatliche Behörden akzeptabler zu sein, er habe dies jedoch mit der Bemerkung, „wenn man mich nicht haben wolle, wie ich sei", „hohnlachend abgelehnt"[62] – immerhin hatte er 1920 seinem Doktorvater Friedrich Meinecke in einem grundsätzlichen Brief erklärt, er sei „aus einem (durchaus habilitierbaren) Historiker zu einem (durchaus nichthabilitierbaren) Philosophen" geworden, der seine Berufung zur Lehre außerhalb der Universität sehe.[63] Dennoch – und trotz seiner fortschreitenden schweren Erkrankung – nahm Rosenzweig den Lehrauftrag an, offenbar weil er hoffte, vielleicht noch ein Semester lesen und der Position „die richtige Richtung und das richtige Niveau" geben, vor allem aber, um, wie er freimütig an Buber schrieb, „mindestens noch Einfluß auf die Wahl meines Nachfolgers nehmen zu können". Der Name des Lehrauftrags – „Jüdische Religionswissenschaft und Ethik" – habe ihn „nicht weiter geschreckt: ich konnte ja gegen den Namen lesen".[64] Im Vorlesungsverzeichnis des Sommersemesters 1923 ist Rosenzweig noch mit Lehrveranstaltungen zur allgemeinen Methodologie der Religionswissenschaft und über den mittelalterlichen Philosophen und Dichter Jehuda Halevi aufgeführt, im Wintersemester 1923/24 dann ohne konkrete Veranstaltung.[65]

---

61 Brief von Franz Rosenzweig an Martin Buber vom 12. Januar 1923, S. 147. Zu Nobel vgl. Rachel Heuberger, Rabbiner Nehemias Anton Nobel. Die jüdische Renaissance in Frankfurt am Main, Frankfurt am Main 2005.
62 Brief von Franz Rosenzweig an Martin Buber vom 12. Januar 1923, S. 148.
63 Brief von Franz Rosenzweig an Friedrich Meinecke vom 30. August 1920, in: Franz Rosenzweig, Der Mensch und sein Werk. Gesammelte Schriften I/2: 1918–1929 (im Folgenden: GS I/2), hrsg. von Rachel Rosenzweig und Edith Rosenzweig-Scheinmann unter Mitwirkung von Bernhard Casper, Den Haag 1979, S. 678–682, Zitat S. 680. In einem undatierten Brief vom Februar 1916 an Rudolf Ehrenberg hatte er noch von der Intention gesprochen, sich entweder an der Lehranstalt für die Wissenschaft des Judentums zu habilitieren, „oder wenn die jüdisch-theologische Fakultät in Frankfurt zustandekommen sollte (wofür allerlei spricht) dort". Rosenzweig, GS I/1, S. 184–186, Zitat S. 186.
64 Brief von Franz Rosenzweig an Martin Buber vom 12. Januar 1923, S. 148.
65 Vgl. Willy Schottroff, Martin Buber an der Universität Frankfurt am Main, in: Dieter Stoodt (Hrsg.), Martin Buber – Erich Foerster – Paul Tillich. Evangelische Theologie und Religionsphilo-

Aus der Korrespondenz Rosenzweigs mit Martin Buber lässt sich auch rekonstruieren, wie es dazu kam, dass der Autor des 1923 erschienenen *Ich und Du*, der zu dieser Zeit bereits im Zenit seiner Schaffenskraft stand und längst unter Juden wie Nichtjuden große Anerkennung genoss, schließlich im Sommersemester 1924 mit der Aufgabe betraut wurde, an der Philosophischen Fakultät das Gebiet der „jüdischen Religionswissenschaft und der jüdischen Ethik" zu vertreten. Geradezu beschwörend hatte Rosenzweig seinerzeit versucht, seinem eher zögerlichen Freund den Lehrauftrag als bisher einmalige, verheißungsvolle Möglichkeit schmackhaft zu machen und dessen Skepsis mit dem Argument zu überwinden, die genaue inhaltliche Gestaltung des Lehrauftrags sei noch völlig offen und biete die Chance, die Forschungsfelder jüdischer Gelehrsamkeit im Kontext der Universität wirksam zu vermitteln. Ganz offenbar ging Rosenzweig auch jetzt noch davon aus, dass aus den kleinen Anfängen einmal eine Fakultät werden könne, und er wollte, wie er etwas süffisant formulierte, verhindern, „daß es nun irgendein Rabbiner macht" und das Projekt auf eine „Rabbinerbildungsanstalt" neben jenen in Berlin und Breslau reduziert würde. Der Lehrauftrag, so sein Überzeugungsversuch, sei „eine kleine Klinke, die ein großes Tor aufmacht. Das große Tor aber trägt zwar die Aufschrift: Theologische Fakultät; aber dahinter kann die theologische Universalität liegen, an der wir alle arbeiten sowohl um der zu enttheologisierenden Theologie wie um der zu universalisierenden Universität willen". Es ging Rosenzweig also darum, die Wissenschaft des Judentums aus ihrer Selbstbezogenheit zu befreien und in den Kanon der akademischen Fächer zu integrieren. In praktischer Hinsicht schlug Rosenzweig vor, Buber solle jeweils eine Veranstaltung über ein „unjüdisches Thema" und eine über ein „jüdisches Thema" (von den Apokryphen über die Gnostiker bis zum Chassidismus) anbieten, biblische Themen allerdings für das Jüdische Lehrhaus vorbehalten. Er müsse auch nicht jedes Semester lehren, sondern könne gelegentlich auch in Palästina weilen oder Bücher schreiben – „Sie sollen ja nicht die künftige Fakultät selber *sein*, sondern durch Ihre Anwesenheit und garantiert apikorsische Persönlichkeit ihrem Bildungsprozeß die richtige Richtung geben. Das kann niemand, der nicht ganz frei von jedem Respekt vor der bestehenden Universität ist und der nicht auch soviel eigenes Renommee mitbringt, daß die Universität sich nicht recht an ihn herantraut".[66] Indem Rosenzweig hier den Begriff „apikores" verwendete, der als hebräischer und jiddischer Begriff für „Epikuräer" steht, für das Ketzerische, Freigeistige, Nonkonformistische eines jüdischen Intellektuellen, machte er deutlich,

---

sophie an der Universität Frankfurt a. M. 1914 bis 1933, Frankfurt am Main usw. 1990, S. 69–131, bes. S. 92.
66 Brief von Franz Rosenzweig an Martin Buber vom 12. Januar 1923, S. 148–149.

dass er sich einen Gelehrten auf der Stelle wünschte, der über die Grenzen des Traditionellen hinauszugehen vermochte.

Buber war kein klassischer Vertreter der Wissenschaft des Judentums, sondern war seit der Jahrhundertwende mit einer zionistisch begründeten Kritik an deren traditioneller liberaler Form und philologisch-historischer Ausrichtung in Erscheinung getreten und hatte stattdessen eine interdisziplinäre, am jüdischen Leben der Gegenwart und den Bedürfnissen des jüdischen Volkes orientierte „jüdische Wissenschaft" gefordert – idealerweise an einer jüdischen Universität in Jerusalem.[67] Gleichwohl gefiel Buber grundsätzlich die Idee, mit dem ganzen Gewicht seiner Reputation zur akademischen Anerkennung jüdischer Gelehrsamkeit beizutragen. Rosenzweigs Aufforderung, den Lehrauftrag zu übernehmen, habe in ihm die Erinnerung an den Eindruck geweckt, „den mir damals die Staercksche Anregung gemacht hat". Er hegte allerdings auch schwerwiegende Bedenken, vor allem mit Blick auf seine eigene intellektuelle Unabhängigkeit. Wenn er an einer Universität, selbst „in dieser erfreulich losen Verbindung", zu lehren beginne, könne er sich nicht bloß auf belanglose Übungen beschränken, sondern müsse dem Anspruch gerecht werden, in Vorlesungen öffentlich zu erklären, „wie ‚Religionswissenschaft' und wie ‚Ethik' möglich" und dazu noch, „wie das ‚Jüdische' wirklich" sei. Rosenzweig müsse daher zunächst seine Zweifel darüber zerstreuen, ob er wirklich unabhängig, „nur der legitimen Instanz" – dem Göttlichen gegenüber – verantwortlich sein oder ob die Jüdische Gemeinde nicht doch – gerade wegen seines Nonkonformismus – „Aufsichtsrecht, Fragerecht, Hinweisrecht" beanspruchen werde. Auch ob er überhaupt eine Zuhörerschaft – Juden, vor allem aber auch Christen („die sind nötig!") – finden werde, war ihm fraglich.[68] Rosenzweig beruhigte ihn: Lehrfreiheit sei garantiert, die „diesbezüglichen Dummheiten" würden sich in den Gemeindegremien abspielen, danach werde sich kein Mensch mehr um ihn kümmern; auch habe die Gemeinde nur Vorschlagsrecht – „damit ist ihre Kirchenfürstlichkeit zu Ende". Studierende werde er sicher mit der Zeit anlocken, er möge auf den Ruhm seiner Mystikforschung und seiner Dialogphilosophie vertrauen sowie darauf, dass sein Name definitiv „magnetisch" wirken werde.[69] Wenig später sagte Buber zu: „So ist die Sache zwischen mir und Ihnen im reinen. Nun werden sich die andern damit zu befassen haben; und bitte

---

67 Martin Buber, Jüdische Wissenschaft [1901], in: Martin Buber, Die jüdische Bewegung (I). Gesammelte Aufsätze und Ansprachen 1900–1915, Berlin 1916, S. 45–57.
68 Brief von Martin Buber an Franz Rosenzweig (undatiert, zwischen dem 12. Januar und 18. Januar 1923), in: Buber, Briefwechsel aus sieben Jahrzehnten, Bd. II, S. 150–151.
69 Brief von Franz Rosenzweig an Martin Buber vom 16. Januar 1923, in: Rosenzweig, GS I/2, S. 881–882, Zitate S. 881.

ärgern Sie sich nicht, wenn sie mich nicht haben wollen, ich habe von vornherein ein weitgehendes, ein sehr weitgehendes Verständnis dafür".[70]

Buber hatte offenbar ein Gespür dafür, dass der ganze Vorgang nicht so problemlos sein würde. Rosenzweig deutete im März 1923 an, es habe einiger Kämpfe bedurft, um Buber durchzusetzen. „Ich könnte mich schämen, wie verhältnismäßig glatt es bei mir voriges Jahr gegangen ist; mich hatte eben niemand gehört und fast niemand gelesen", bei Buber habe es deutlich mehr Widerstände gegeben. Es sei letztlich vor allem deshalb gelungen, weil die jüdischen Entscheidungsträger sich rasch auf eine Erweiterung der judaistischen Lehre über Buber hinaus verständigt hätten: Der „Schreck" über Buber sei „Konservativen und Liberalen (und sogar den, hier meist konservativen, Zionisten) dermaßen in die Glieder gefahren, daß sie Sie sicher nicht lange alleine lassen werden".[71] Die Kontroversen selbst spiegeln sich in einem Brief Rosenzweigs an Eugen Mayer wider, den langjährigen Syndikus der Israelitischen Gemeinde, der offenbar stärkste Bedenken gegen Bubers Beschäftigung mit der Mystik hegte. Rosenzweig gestand Mayer zwar zu, dass auch er selbst früher misstrauisch gewesen sei, die neueren Arbeiten und politischen Äußerungen ließen jedoch „einen ganz anderen Buber als den Verfasser des geschwollenen Baalschem ahnen". Seit er ihn persönlich kennengelernt habe, schätze er ihn in seiner „absoluten Echtheit, genauer: Echtgewordenheit", als redlichen, verlässlichen Menschen und als Wissenschaftler von imposanter Gelehrsamkeit, auch im Bereich judaistischen und hebräischen Wissens, gegen die er sich selbst „als einen Zwerg" empfinde. Wohl werde er kaum jüdische Ethik „im üblichen apologetischen Rabbinerstil" lesen, aber ansonsten die jüdische Religionswissenschaft vom Talmud bis in die Moderne abdecken. Den Gegenvorschlag der Gemeinde, Julius Guttmann, Professor für jüdische Religionsphilosophie an der Lehranstalt für die Wissenschaft des Judentums in Berlin, nach Frankfurt zu holen, hielt Rosenzweig für bedenkenswert, betonte aber unmissverständlich, dass er ihn nicht für ebenbürtig hielt: „Er ist Infantrist, für die Universität brauchen wir zu Beginn eine große Kanone, und das Lehrhaus braucht einen kavalleristischen Führer".[72]

Die Israelitische Gemeinde ließ sich schließlich überzeugen und schlug Buber dem Universitätskuratorium am 13. August 1923 als Mann „von europäischem Ruf", dessen Persönlichkeit keiner Empfehlung bedürfe, für die Besetzung des

---

[70] Brief von Martin Buber an Franz Rosenzweig vom 18. Januar 1923, in: Buber, Briefwechsel aus sieben Jahrzehnten, Bd. II, S. 153–154, Zitat S. 154.
[71] Brief von Franz Rosenzweig an Martin Buber vom 26. März, in: Buber, Briefwechsel aus sieben Jahrzehnten, Bd. II, S. 163–164, Zitate S. 164.
[72] Brief von Franz Rosenzweig an Eugen Mayer vom 23. Januar 1923, in: Rosenzweig, GS I/2, S. 882–885, Zitate S. 882–884.

Lehrauftrags vor.[73] Auf Antrag des Dekanats der Philosophischen Fakultät bestätigte das Preußische Kultusministerium am 8. Dezember 1923 die Übertragung des Lehrauftrags.[74] Buber lehrte von 1924 an, mit Unterbrechungen, vor etwa zehn bis zwanzig (zumeist christlichen) Zuhörern und befasste sich in seinen Veranstaltungen mit Messianismus, Schöpfungsmythen, dem Verhältnis von Religion und Ethik, vor allem aber – und ganz gegen Rosenzweigs Rat – mit bibelwissenschaftlichen Themen, einschließlich der Theorie der Übersetzung biblischer Texte.[75] Er dachte in dieser Zeit über die – erst seit den 1930er Jahren verwirklichte – Idee der Abfassung eines jüdischen Kommentarwerks zur Hebräischen Bibel nach,[76] nahm aber dann vor allem 1925 gemeinsam mit Franz Rosenzweig das große Werk der „Verdeutschung der Schrift" in Angriff, dessen Bedeutung sich nun auch in seiner Lehre bemerkbar machte. Inhaltlich neue Schwerpunkte setzte Buber erst, als er am 11.8.1930 mit der Empfehlung des Kurators der Universität, Kurt Riezler, er sei als „ausgezeichneter Kenner der orientalischen Religionen und insbesondere der Mystik ein Mann von großem Format und hohem Ruf", zum Honorarprofessor an der Philosophischen Fakultät für Religionswissenschaft ernannt wurde. Darüber, wie es genau zu diesem Antrag kam, gibt es leider keine Unterlagen. Der Dekan der Philosophischen Fakultät, der Altphilologe Walter F. Otto, hatte am 7. Juli 1930 in einem Brief an das Ministerium für Wissenschaft, Kunst und Volksbildung geschrieben, niemand sei „geeigneter als Martin Buber", die wünschenswerte Vertretung religionswissenschaftlicher Lehre an der Frankfurter Universität zu gestalten. Er begründete die Absicht, Buber „fester und lebendiger als bisher" an die Universität zu binden, mit Blick auf dessen ausgezeichneten Ruf als Denker auf dem „umstrittenen Gebiete der religionswissenschaftlichen Problematik", und zwar mit dem Zusatz, er verdiene Vertrauen vor allem, weil „seine Forschung nicht bloß ins Allgemeine geht, sondern ihren festen Grund

---

73 Vgl. die Kopie der Akten des Universitäts-Kuratoriums Frankfurt am Main im Nachlass Martin Bubers in Jerusalem, The National Library of Israel, Martin Buber Archive, Ms. Var. 350/8b.
74 Erlass des Preußischen Ministeriums für Wissenschaft, Kunst und Volksbildung IU Nr. 22046 vom 8.12.1923, Original im Nachlass Martin Bubers in Jerusalem, The National Library of Israel, Martin Buber Archive, Ms. Var. 350/8.
75 Vgl. Schottroff, Nur ein Lehrauftrag, S. 26. Zu Bubers Wirksamkeit an der Frankfurter Universität und seinen religions- und bibelwissenschaftlichen Ansätzen vgl. Michael Zank, Martin Buber an der Universität Frankfurt (1923–1933). Universitätsgeschichtliche Erinnerung und wissenschaftsgeschichtliche Annäherung, in: Moritz Epple/Johannes Fried/Raphael Gross/Janus Gudian (Hrsg.), „Politisierung der Wissenschaft". Jüdische Wissenschaftler und ihre Gegner an der Universität Frankfurt am Main vor und nach 1933, Göttingen 2016, S. 193–208.
76 Vgl. Christian Wiese, Biblischer Humanismus in dunkler Zeit: Martin Bubers Kommentare im Kontext jüdischer Auseinandersetzungen mit Bibelkritik und Antisemitismus, in: Martin Buber, Schriften zur biblischen Religion (Martin Buber-Werkausgabe Bd. 13), hrsg. von Christian Wiese unter Mitarbeit von Heike Breitenbach, Teilband 2, Gütersloh 2019, S. 1207–1260.

hat in der genauesten Kenntnis eines bestimmten Volkstums, seiner Religion und Kultur".[77]

Interessant ist, dass Buber seine Rolle nach Übernahme der Honorarprofessur anders als gemäß dieser Zuschreibung interpretierte und sich eben nicht auf die Lehre im Bereich des jüdischen Denkens konzentrieren wollte. Im Gegenteil, er verstand seine neue Funktion gerade als Auftrag, die engen konfessionellen Grenzen und auch jene der konventionellen Wissenschaft des Judentums zu überschreiten. Es war ihm sehr wichtig, dass er offiziell zum Professor für Religionswissenschaft ernannt worden war, und von nun an lehrte er konsequent keine jüdischen Themen mehr, sondern begrenzte diese Dimension seines Wirkens auf seine außeruniversitäre Bildungstätigkeit. Die regelmäßigen Vorlesungen, manche nun säuberlich handschriftlich ausgearbeitet, widmeten sich Themen wie der Idee der Wiedergeburt, gnostischen Texten, Grundbegriffen der Religionswissenschaft, religionswissenschaftlichen Theorien der Gegenwart, dem Manichäismus, der Mystik als geschichtlicher Erscheinung oder Problemen der Religionssoziologie. Ganz offenbar lag Buber daran, jenseits seiner Arbeiten zum Judentum als führende Forscherpersönlichkeit in der Religionswissenschaft anerkannt zu werden. An seinen Freund Shmuel J. Agnon schrieb Buber später, er sei der Frankfurter Universität zu größtem Dank verpflichtet, habe doch erstmals eine deutsche Universität einem Juden eine religionsgeschichtliche Professur anvertraut, derer er sich würdig erweisen wolle.[78] Das bedeutet nicht, dass er die *jüdische* Religionswissenschaft überhaupt von der Frankfurter Universität verbannen wollte – er unterstützte vielmehr die Initiative der Israelitischen Gemeinde im Jahre 1932, den frei gewordenen Lehrauftrag mit seinem einzigen Frankfurter Doktoranden, Nahum Norbert Glatzer, neu zu besetzen. Archivfragmente aus dem Jahr 1930, die sich in Bubers Nachlass in der National Library of Israel in Jerusalem befinden, verraten sogar, dass er sich Gedanken über ein „Institut für Judentumskunde" in Frankfurt machte, das der systematischen Erforschung der sozialen, kulturellen und religiösen Gehalte des Judentums dienen sollte.[79] Eine Rolle spielte wohl auch, dass Buber zu dieser Zeit bereits über Frankfurt hinausblickte. Bei Gesprächen mit der 1925 neu gegründeten Hebräischen Universität ging es unter anderem auch darum, ob er die Qualifikation für die Leitung eines Instituts für Religionswissenschaft nachweisen könne, und Ende 1930 erschien am Horizont die Möglichkeit eines von Salman Schocken gestifteten Instituts für Religionswissen-

---

77 Zitiert nach Schottroff, Martin Buber an der Universität Frankfurt am Main, S. 98.
78 Brief von Martin Buber an Shmuel J. Agnon vom 12. April 1932, in: Buber, Briefwechsel aus sieben Jahrzehnten, Bd. II, S. 424–425, Zitat S. 424.
79 Handschriftliche Notizen „Institut für Judentumskunde an der Universität Frankfurt/M.", ca. 1930, The National Archive of Israel, Martin Buber Archive, ARC. Ms. Var 350 10 11.

schaft in Berlin, an dessen Leitung Buber großes Interesse hatte, oder eines Schocken-Lehrstuhls für jüdische Religionsgeschichte. In diesem Zusammenhang schrieb er an Schocken, die Denomination seiner Honorarprofessur sei für ihn das, „was man mit Fug ein Sprungbrett nennen darf".[80]

Die Geschichte der Wirksamkeit Bubers – sowie jene Glatzers – an der Frankfurter Universität nahm 1933 ein jähes Ende. Am 25. April 1933 erhielt Buber ein Schreiben des Dekans der Philosophischen Fakultät, des Romanisten Erhard Lommatzsch, der ihm im Auftrag des Senats schrieb, man lege den Kollegen, „die auf Grund der heutigen Gesamtlage eine Störung ihrer Vorlesungen und Übungen zu befürchten haben", nahe, „im Interesse eines ruhigen Lehrbetriebs von einer Abhaltung ihrer Vorlesungen und Übungen im Sommersemester 1933 absehen zu wollen".[81] Ein „in geradezu ehrerbietiger Form vorgetragener Rat", so Buber an Ernst Simon – und nahm ihn an.[82] Wenige Tage später wurde er – weniger ehrerbietig – durch ein hektographiertes Rundschreiben Ernst Kriecks, der einige Monate zuvor noch mit ihm über das Völkische hatte diskutieren wollen, offiziell zur Teilnahme an der Bücherverbrennung am Abend des 10. Mai 1933 auf dem Frankfurter Römerberg eingeladen.[83] Auch für das Wintersemester 1933/34 wurden Bubers Veranstaltungen aus dem Vorlesungsverzeichnis herausgenommen. Am 4. Oktober 1933 wurde ihm aufgrund des „Gesetzes zur Wiederherstellung des Berufsbeamtentums" die Lehrbefugnis an der Universität Frankfurt entzogen.

Noch erhielt Buber Briefe von Kollegen in Deutschland, mit denen er im Austausch stand, wie dem Theologen Emil Brunner, der ihm seine Verbundenheit ausdrückte und fragte, ob ihn der „Arierparagraph" treffe, um dann selbst zu antworten, wohlmeinend, aber wenig tröstlich: „Nun, Sie waren ja nie ‚Professor', noch weniger ‚Beamter'. Sie sind und bleiben, so Gott will, ein ‚Beauftragter'. Die Zeit der Wüstenwanderung, die jetzt für Sie begonnen hat, kann ja auch eine Zeit großer Offenbarung sein. Gott gebe es."[84] In diesem Sinne tröstete sich Buber selbst, wenn er im Juni 1933 an Hugo Bergmann in Jerusalem schrieb, er habe sich ja doch eigentlich nie um eine akademische Laufbahn bemüht, vielmehr ein lukratives Ordinariat 1918/19 in Gießen abgelehnt und die Frankfurter Honorarprofessur seinerzeit nur angenommen, weil das Fach „bis dahin den christlichen

---

[80] Brief Martin Buber an Salman Schocken vom 11. November 1930, in: Buber, Briefwechsel aus sieben Jahrzehnten, Bd. II, S. 384–385.
[81] The National Library of Israel, Martin Buber Archive, Ms Var 350/9.
[82] Brief von Martin Buber an Ernst Simon vom 30. Mai 1933, in: Buber, Briefwechsel aus sieben Jahrzehnten, Bd. II, S. 483–484.
[83] Vgl. dazu Gerda Stuchlik, Goethe im Braunhemd. Universität Frankfurt 1933–1945, Frankfurt am Main 1984, S. 112–116.
[84] Brief von Emil Brunner an Martin Buber vom 10. April 1933, in: Buber, Briefwechsel aus sieben Jahrzehnten, Bd. II, S. 477.

Theologen vorbehalten" gewesen war „und der Position daher eine grundsätzliche Bedeutung zukam" – also um ein Zeichen zu setzen.[85] Im April 1936, wieder an Bergmann, klingt es noch anders: Er sei ohnehin kein Universitätsmensch, und dass er den Ruf damals überhaupt angenommen habe, hänge mit seinem Verhältnis zu Rosenzweig „auf eine Weise zusammen, die ich als tragisch empfinden muß": „Es hatte den Charakter des Opfers und die Entlassung daher den der Lösung".[86] So gewiss seine Ausgrenzung aus dem deutschen akademischen Leben für Buber eine tiefgreifende Zäsur seines jahrzehntelangen Wirkens in der deutschen Kultur bedeutete, so sehr zeigte er sich in den folgenden Jahren bis zu seiner Emigration nach Palästina im März 1938 und seiner Übernahme einer Professur für Sozialphilosophie an der Hebräischen Universität Jerusalem entschlossen, seine Tätigkeit auf anderem Gebiet – der Stärkung jüdischer Bildung in der Zeit der Verfolgung – zu intensivieren. Im November 1933 wurde unter seiner Leitung das zwischenzeitlich geschlossene Freie Jüdische Lehrhaus neu eröffnet, und seit 1934 widmete er sich der Arbeit in der „Mittelstelle für jüdische Erwachsenenbildung", deren Aktivität sein Schüler Ernst Simon so treffend als „Aufbau im Untergang" und Ausdruck des geistigen Widerstands gegen die Austreibung des Jüdischen aus der deutschen Gesellschaft und Kultur beschrieben hat.[87]

4

Die Geschichte des über neun Jahre währenden Wirkens Martin Bubers an der Frankfurter Universität und ihr Ende im Jahr 1933 bedürfte einer weit ausführlicheren Darstellung und Interpretation. Eine Bewertung der Umstände, Chancen und Grenzen dieses Wirkens muss unter dem Aspekt des Traums von der Gleichberechtigung jüdischer Gelehrsamkeit an den deutschen Universitäten letztlich zwiespältig bleiben. Die symbolische Bedeutung seiner Berufung nach Frankfurt als Ausdruck einer behutsamen Öffnung der neu gegründeten Universität in den Weimarer Jahren gegenüber dem Judentum und als Zeichen einer veränderten wissenschaftspolitischen Konstellation ist gewiss nicht zu unterschätzen. Im Vergleich zu der kühnen Idee einer hochkarätig besetzten jüdisch-theologischen Fakultät war dies jedoch allenfalls ein kleiner Schritt: Ein Lehrauftrag wie der Bu-

---
85 Brief von Martin Buber an Hugo Bergmann vom 29. Juni 1933, in: Buber, Briefwechsel aus sieben Jahrzehnten, Bd. II, S. 497–498, Zitat S. 497.
86 Brief von Martin Buber an Hugo Bergmann vom 16. April 1936, in: Buber, Briefwechsel aus sieben Jahrzehnten, Bd. II, S. 588–591, Zitat S. 589.
87 Ernst Simon, Aufbau im Untergang. Jüdische Erwachsenenbildung im nationalsozialistischen Deutschland als geistiger Widerstand, Tübingen 1959.

bers – und andere solche Lehraufträge in Gießen, Leipzig, Halle, Königsberg, Marburg, Hamburg und Berlin[88] – stellte im hierarchischen Gefüge der Universität zweifellos die schwächste und instabilste Form der Repräsentation eines akademischen Faches dar und war von der Vertretung der Wissenschaft des Judentums, wie sie zu dieser Zeit in England, Frankreich oder in Amerika bereits möglich war, meilenweit entfernt. Gleichwohl gilt es zu bedenken, dass Rosenzweig und Buber selbst diese Episode als bedeutsamen, wenn auch noch so kleinen Beginn einer neuen Tradition der Teilhabe betrachteten, sei es als Chance für jüdische Gelehrte, der christlichen Theologie die Deutungshoheit über das Judentum zu bestreiten (so Rosenzweigs Akzent), sei es als Anerkennung der vollgültigen Kompetenz jüdischer Forscher auf dem Gebiet der allgemeinen Religionswissenschaft im Gegensatz zu ihrer Festlegung auf die Grenzen jüdischen Wissens (so Buber).

Wie furchtbar zerbrechlich der zwiespältige Traum von Frankfurt als einem Zentrum der Wissenschaft des Judentums war, wird im Schicksal der Wirksamkeit Bubers in Frankfurt unübersehbar deutlich. Die kurze hoffnungsvolle Phase der gleichberechtigten Partizipation jüdischer Wissenschaftler oder von Wissenschaftlern jüdischer Herkunft in allen Forschungsdisziplinen, welche die Geschichte der Frankfurter Universität seit ihrer Gründung ausgezeichnet hatte,[89] fand 1933 ein jähes, unwiderrufliches Ende, so wie auch alle Hoffnungen auf die lang ersehnte Integration der Wissenschaft des Judentums als gleichberechtigte Disziplin an den deutschen Universitäten, die in den Weimarer Jahren jedenfalls langfristig nicht ganz unberechtigt schien, in kürzester Zeit zerbrachen. Schienen die Bedingungen in Frankfurt mit Bubers Honorarprofessur und der einzigartigen Bibliothek noch zu Beginn der 1930er Jahre sehr vielversprechend, so fiel das Erreichte dem zerstörerischen Willen des Nationalsozialismus zum Opfer, dem, wie die sofortige Implosion der demokratischen akademischen Kultur der Universität zeigt, keine wirksame Tradition der Anerkennung der kulturellen Präsenz des Judentums und der Gleichberechtigung der Juden überhaupt in der deutschen Gesellschaft gegenüberstand.

Das gilt selbstverständlich nicht für Frankfurt allein. Während jüdische Gelehrten im nationalsozialistischen Deutschland alle Hoffnungen begraben mussten und im besten Falle in die Emigration getrieben wurden, widmeten sich nichtjüdische Historiker und Theologen einer antisemitisch motivierten Forschung zur sogenannten „Judenfrage". Als die Hochschule für die Wissenschaft des Juden-

---

88 Vgl. Henry Wassermann, False Start: Jewish Studies at German Universities during the Weimar Republic, Amherst 2003; Henry Wassermann, Fehlstart: Die „Wissenschaft vom späteren Judentum" an der Universität Leipzig (1912–1941), in: Stefan Wendehorst (Hrsg.), Die ersten Bausteine einer jüdischen Geschichte der Universität Leipzig, Leipzig 2006, S. 321–343.
89 Vgl. die Beiträge in Epple/Fried/Gross/Gudian, Politisierung der Wissenschaft, passim.

tums in Berlin als letzte jüdische Ausbildungsstätte am 19. Juli 1942 endgültig geschlossen wurde,[90] waren an ihre Stelle längst völkisch orientierte Institutionen getreten – das „Institut zum Studium der Judenfrage" (1934) in Berlin, die Forschungsabteilung „Judenfrage" am Reichsinstitut für Geschichte des neuen Deutschland in München (1936), das von namhaften protestantischen Theologen begründete Eisenacher „Institut zur Erforschung und Beseitigung des jüdischen Einflusses auf das deutsche kirchliche Leben" (1939) und das von Alfred Rosenberg forcierte „Institut zur Erforschung der Judenfrage" in Frankfurt am Main (1941) an der Bockenheimer Landstraße.[91] Dieses „Institut" und das perfide Ansinnen der städtischen Behörden in Frankfurt, die Bestände der Judaica- und Hebraica-Abteilung der Frankfurter Bibliothek dafür zu instrumentalisieren,[92] sollten dem Zweck dienen, den Ruf der Stadt als einen Ort jüdischer Gelehrsamkeit und Kultur in den Weimarer Jahren für alle Zeit auszulöschen und sie zum Zentrum einer völkisch-antisemitischen Pseudowissenschaft zu machen. Der durch die Vertreibung und Zerstörung der deutschen Tradition der Wissenschaft des Judentums erlittene Verlust während der Nazi-Zeit wird durch die Verkehrung des seit dem Ersten Weltkrieg gehegten Traums in den Albtraum der Austreibung und Vernichtung jüdischer Gelehrsamkeit gerade auch in Frankfurt in seiner ganzen Abgründigkeit sichtbar.

---

90 Vgl. Herbert A. Strauss, Die letzten Jahre der Hochschule (Lehranstalt) für die Wissenschaft des Judentums, Berlin: 1936–1942, in: Carlebach, Chochmat Israel, S. 36–58.
91 Zur antisemitischen Erforschung der „Judenfrage" vgl. Dirk Rupnow, Judenforschung im Dritten Reich. Wissenschaft zwischen Politik, Propaganda und Ideologie, Baden-Baden 2011; und den von Nicolas Berg und Dirk Rupnow herausgegebenen Schwerpunkt „Judenforschung" – Zwischen Wissenschaft und Ideologie, in: Jahrbuch des Simon-Dubnow-Instituts/Simon Dubnow Institute Yearbook 5 (2006), S. 303–598; vgl. auch Werner Schochow, Deutsch-Jüdische Geschichtswissenschaft. Eine Geschichte ihrer Organisationsformen unter besonderer Berücksichtigung der Fachbibliographie, Berlin 1969, S. 131–195; Dieter Schiefelbein, Das „Institut zur Erforschung der Judenfrage Frankfurt am Main". Antisemitismus als Karrieresprungbrett im NS-Staat, in: Fritz-Bauer-Institut (Hrsg.), „Beseitigung des jüdischen Einflusses...". Antisemitische Forschung, Eliten und Karrieren im Nationalsozialismus, Frankfurt am Main usw. 1999, S. 43–71; Patricia von Papen-Bodek, Anti-Jewish Research of the Institut zur Erforschung der Judenfrage or Außenstelle of the High School of the NSDAP in Frankfurt am Main, in: Jeffrey M. Diefendorf (Hrsg.), Lessons and Legacies, Bd. 6: New Currents in Holocaust Research, Evanston 2004, S. 155–189; zum Eisenacher Institut und zur deutsch-christlichen Judentumsforschung vgl. Susannah Heschel, The Aryan Jesus. Christian Theologians and the Bible in Nazi Germany, Princeton 2008, S. 67–164; Harry Oelke/Christopher Spehr (Hrsg.), Das Eisenacher „Entjudungsinstitut". Kirche und Antisemitismus in der NS-Zeit, Göttingen 2021, S. 119–154.
92 Vgl. dazu die Dokumentation von Heuberger, Bibliothek des Judentums, S. 85–118.

Rachel Heuberger
Die Renaissance des Judentums

Nehemias Anton Nobel und das Freie Jüdische Lehrhaus

> Rabbiner Nehemia Nobel ..., dieser seltene Mann, dessen Wesen in Worte kaum zu fassen ist, der sich selber nicht kannte und vor dem jeder sich beugte. Er hatte, was wir uns wünschen, in ihm war Judentum, kein orthodoxes und kein liberales, keins aus Frankfurt und keins aus dem Anfang des zwanzigsten Jahrhunderts, keins von dem man erst Rost abhämmern oder Farbe hätte wegätzen müssen.[1]

Diese Charakterisierung von Richard Koch, Arzt und Professor für die Geschichte der Medizin an der Goethe-Universität in Frankfurt am Main sowie Dozent am Freien Jüdischen Lehrhaus, steht stellvertretend für die zahlreichen Beschreibungen, die vor allem die immense Bewunderung für Rabbiner Nobel ausdrücken. Koch gehörte wie auch Franz Rosenzweig, Leo Löwenthal, Erich Fromm, Ernst Simon, Siegfried Kracauer, Nahum Glatzer und andere zum Kreis der jungen Intellektuellen, die bei ihrer Suche nach den eigenen Wurzeln im Judentum in den Jahren nach dem Ersten Weltkrieg von dem Frankfurter Rabbiner Nehemias Anton Nobel geradezu „wie mit magischer Kraft" angezogen wurden.[2] Nobel erschien diesen jungen jüdischen Männern aus überwiegend liberal-assimilierten Familien als die Verkörperung eines authentischen und ursprünglichen Judentums, das sie sich sehnlichst erhofften und wiederfinden wollten. Der langwierige und mühselige Emanzipationsprozess der Juden in Deutschland hatte zwar zu einer erfolgreichen politischen und wirtschaftlichen Gleichstellung geführt, doch gleichzeitig einen Assimilationsprozess der deutschen Juden in Gang gesetzt, der die Aufgabe jüdischer Inhalte und Werte und den Verlust religiöser Traditionen als auch eines sozialen jüdischen Alltags mit sich brachte.

Diese Abkehr von einem lebendigen Judentum hatte auch nicht vor den Anhängern der orthodoxen Strömung Halt gemacht, die zwar am überlieferten Judentum sowie dessen Glaubenssätzen und Religionsgeboten festhalten wollten, doch gleichzeitig eine „innige Kultur- und Geistesgemeinschaft von Deutschtum und Judentum" anstrebten und mit der Übernahme der bürgerlichen und nationalen deutschen Kultur das Judentum seines Totalitätsanspruchs beraubten und

---

[1] Richard Koch, Das Freie Jüdische Lehrhaus in Frankfurt am Main, in: Der Jude 7 (1923), S. 116–120, Zitat S. 118.
[2] Wolfgang Schivelbusch, Intellektuellendämmerung. Zur Lage der Frankfurter Intelligenz in den zwanziger Jahren, Frankfurt am Main 1985, S. 37.

auf eine konventionelle Religion reduzierten.³ Mit beißender Kritik beschrieb Eugen Mayer, Syndikus der Israelitischen Gemeinde Frankfurt, das als große Enttäuschung empfundene Resultat dieser Entwicklung in seinem Beitrag in der von Schülern und Weggefährten zum 50. Geburtstag herausgegeben Festschrift für Rabbiner Nobel: „Wie sehen die Gerechten unserer Zeit aus? Am Morgen legen sie mit dem Gebetriemen die Religion in den Tefillin-Beutel und gehen an ihr Tagwerk, als ob nichts geschehen sei: Der Minhag verdrängt das Gesetz, das Unwissen formt sich zum Schema, die Religion wird Sport. Sie machen keine Konzessionen, aber sie sind bedacht, die Religion mit dem Komfort der Neuzeit zu umgeben."⁴ In diesem fortschreitenden Prozess schien Rabbiner Nobel, der auch von seinen schärfsten religiösen Gegnern als eine der „markantesten Persönlichkeiten des zeitgenössischen deutschen Judentums" geachtet wurde, die legitime Autorität zu sein, um die Erneuerung der jüdischen Tradition in Frankfurt in die Wege zu leiten.⁵

Die Biographie

Nehemias Anton Nobel, der am 8. November 1871 in Nagy-Atad, Ungarn, geboren und mit zehn Geschwistern in Halberstadt aufwuchs, war der Sohn des Klaus-Rabbiners Josef Nobel, der selbst große jüdische Gelehrsamkeit mit fundierter Allgemeinbildung verband.⁶ In Halberstadt, die eine der ältesten und bedeutendsten

---

3 Nahum Goldmann, Deutschtum und Judentum, in: Jüdische Presse, 31. März 1916, S. 145–148, und 7. April 1916, S. 158–161.
4 Eugen Mayer, „Räumet, räumt, macht Bahn!" In: Martin Buber u. a., Gabe Herrn Rabbiner Nobel zum 50. Geburtstag, Frankfurt am Main 1921/22, S. 85–87, Zitat S. 85.
5 Jakob Rosenheim, Ohale Jakob. Ausgewählte Aufsätze und Ansprachen, Bd. 2, Frankfurt am Main 1930, S. 478.
6 Diesen Geburtsort gibt Nobel in seiner Dissertation an. Vgl. Nehemias Anton Nobel, Schopenhauers Theorie des Schönen in ihren Beziehungen zu Kants Kritik der ästhetischen Urteilskraft, Phil. Diss., Köln 1897. Dagegen ist im Meldebogen des Hamburger Einwohnermeldeamtes als Geburtsort Nagy-Stad angegeben. In den Publikationen variiert der Name des Geburtsortes und wird mit Nagy-Med oder mit Totu angegeben. Auch das Geburtsdatum wird in einigen Schriften abweichend mit dem 6. November angegeben. Vgl. Eugen E. Mayer, Nehemias Anton Nobel, in: Misrachi. Festschrift herausgegeben anläßlich des 25jährigen Jubiläums der Misrachi-Welt-Organisation vom Zentralbüro des Misrachi für Deutschland, Berlin 1927, S. 167–171; Eugen E. Mayer, Nehemia Anton Nobel, in: Leo Jung (Hrsg.), Guardians of our Heritage, New York 1958, S. 565–580; Ernst Simon, N. A. Nobel als Prediger, in: Ernst Simon, Brücken. Gesammelte Aufsätze, Heidelberg 1965, S. 375–380; Oskar Wolfsberg, Nehemias Anton Nobel 1871–1922. Versuch einer Würdigung, Frankfurt am Main 1922; Oskar Wolfsberg als Jeschajahu Wolfsberg, Der Rabbiner Nechemija Zwi Nobel. Persönlichkeiten des Zionismus und der Geschichte der jüdischen Ansiedlung in Palästina

jüdischen Gemeinden Deutschlands war und sich gegen Ende des 19. Jahrhunderts zu einer Hochburg des orthodoxen Judentums und zu einem anerkannten Zentrum der jüdischen Gelehrsamkeit entwickelt hatte, erhielt Nobel eine traditionell-jüdische Erziehung, die geprägt war vom Geist des „Tora im Derech Erez", das heißt der Synthese von gesetzestreuem Judentum und weltlicher Bildung, wie sie von Rabbiner Samson Raphael Hirsch begründet worden war.

Nach seinem Abitur im Jahr 1892 studierte Nobel an der Universität in Berlin Philosophie und Literaturwissenschaften und besuchte wie alle seine orthodoxen Zeitgenossen, die eine Rabbinerkarriere anstrebten, gleichzeitig das orthodoxe Rabbinerseminar unter der Leitung von Rabbiner Esriel Hildesheimer. Dort galt er als Musterschüler und durfte Rabbiner Hildesheimer gelegentlich in seinen Talmudstunden vertreten, 1895 legte er das Rabbinerexamen ab. Nach Ableistung seines einjährigen Militärdienstes beim 27. Infanterieregiment in Halberstadt trat er seine erste Stelle als Rabbiner eines Vereins in Köln an. Die Wahl des Dissertationsthemas, eine philosophische Arbeit über *Schopenhauers Theorie des Schönen in ihren Beziehungen zu Kants Kritik der ästhetischen Urteilskraft*, weist bereits auf seine philosophischen Neigungen und seine unterschiedliche Einstellung im Vergleich zu seinen deutschen Rabbinerkollegen hin, deren Dissertationen in der Regel religionswissenschaftliche oder orientalistische Themen behandelten. Ein Jahr nach seiner Promotion an der Universität Köln im Jahr 1897 heiratete er Julie Weil aus Viersen, 1905 wurde die einzige Tochter Ruth geboren.

In den frühen Jahren seiner Rabbinerlaufbahn amtierte er in orthodoxen Privatvereinigungen und Separatgemeinden, zuerst bis 1900 als Lehrer und Prediger an der Chewrat Talmud Torah in Köln, einem Verein, der den Schwerpunkt auf das Studium der jüdischen Quellen und auf den Unterricht von Kindern und Erwachsenen legte; danach für einige Monate als Rabbiner an der orthodoxen Separatgemeinde Adass Israel in Königsberg und von 1902–1907 an einer orthodoxe Separatgemeinde in Leipzig. Seine Stelle in Königsberg gab er allerdings schon nach wenigen Monaten auf, um bei dem Philosophen Hermann Cohen in Marburg Philosophie zu studieren.

Das Zusammentreffen des religiös-liberalen Hermann Cohen, dem herausragenden Vertreter des Neukantianismus, und dem streng gesetzestreuen Rabbiner Nobel führte zur Entwicklung einer langjährigen und engen Freundschaft zwischen diesen beiden so unterschiedlichen Persönlichkeiten.[7] Beide teilten die philosophisch-idealistische Weltanschauung und ihre Verankerung in der Sozial-

---

(hebr.), Jerusalem 1943; Oskar Wolfsberg als Jeschajahu Wolfsberg-Aviad, Der Rabbiner Dr. Nechemija Zwi Nobel, in: Schimon Federbusch (Hrsg.), Die Weisheit Israels in Westeuropa (hebr.), Jerusalem/Tel-Aviv 1958, S. 353–360.
7 Ernst Simon, Persönliche Erinnerungen an Franz Rosenzweig, in: Zion 2 (1930), S. 5–7, hier S. 6.

ethik. Lange vor der posthumen Veröffentlichung von Cohens großem Werk *Die Religion der Vernunft aus den Quellen des Judentums* wies Nobel auf die Bedeutung von Cohens Auffassung des Judentums als Vernunftreligion hin. Gleichzeitig hob er jedoch stets die Unterschiede in ihrem Denken hervor und lehnte Cohens Standpunkt „jenseits des positiven Judentums, jenseits allen Offenbarungsglauben" ab:

> Niemals aber hätte nach unserer Meinung das Judentum eine weltgeschichtliche Religion werden können, wenn es sich darauf beschränkt hätte, ein System von abstrakten Gedanken zu sein. Die Propheten lehren nicht einen reinen abstrakten Ethicismus. Was sie bekämpfen ist nicht die Ausübung des Gesetzes, sondern die geistlose Ausübung desselben, den armseligen Glauben, der von jeher der Katechismus der Werkheiligkeit gewesen ist, daß der Mensch Religion haben könne, ohne Sittlichkeit zu haben. Die Propheten sind voller nationaler Tendenzen, gesättigt von jenem gesunden Nationalismus, der, wie Cohen selbst bemerkt, vereinbar ist mit dem weitausschauenden Weltbürgertum.[8]

Damit bezog Nobel klar Stellung für das gesetzestreue Judentum in seiner historisch gewachsenen Form und deutete gleichzeitig an, weshalb er sich dem Zionismus zuwandte, den er als ein weltoffenes, auf der Grundlage der Lehre der Propheten basierendes Selbstbewusstseins des jüdischen Volkes verstand.

Nobel bewunderte an Cohen vor allem dessen „persönliches muthvolles Einstehen für die Ehre und Fleckenlosigkeit des jüdischen Namens" und dass er mit „seiner ganzen gesellschaftlichen Existenz für die sittliche Hoheit des jüdischen Gesetzes eingetreten ist."[9] Cohen, der als einziger jüdischer Ordinarius an einer Universität im Deutschen Reich eine Sonderstellung innehatte, hatte stets seinen Protest gegen antijüdische Äußerungen erhoben und war vor allem den Angriffen einer von christlichen Theologen betriebenen antijüdischen Bibelexegese entgegengetreten. So hatte er u. a. auch Verfälschungen in Harnacks Standardwerk *Das Wesen des Christentums* aufgedeckt. Damit hatte er in Nobels Augen „so manchen jüdischen Studenten, der nach dem Taufbecken schielt", zum Judentum zurückgeführt und mit seinem engagierten Eintreten für die Rechte der Juden trotz seiner ausgesprochen religiös liberalen Einstellung zur Stärkung des Judentums beigetragen.

Als Cohen im Jahre 1916 mit der Veröffentlichung seiner Schrift *Deutschtum und Judentum* eine heftige Auseinandersetzung in der jüdischen Presse heraufbeschwor, stellte sich Nobel vorbehaltlos auf die Seite seines bewunderten Lehrers. Ohne Einschränkungen verteidigte er Cohens Harmonisierungstendenzen zwi-

---

8 Nehemias Anton Nobel, Hermann Cohen zu seinem 60. Geburtstage (4. Juli), in: Jüdische Presse 3. Juli 1902, S. 255–256, Zitat S. 255–256.
9 Nehemias Anton Nobel, Hermann Cohen zu seinem 60. Geburtstage (4. Juli), S. 256.

schen Deutschtum und Judentum und teilte die von ihm apostrophierte Wesensparallelität von Juden und Deutschen. Die enge persönliche Verbindung fand ihren Ausdruck auch in der Tatsache, dass Nobel nach Cohens Tod im Jahr 1918 dazu ausersehen wurde, die Grabsteininschrift zu verfassen, und so sind die mit dichterischer Gabe verfassten Zeilen ein bleibendes Zeugnis der tiefen Verbundenheit zweier so unterschiedlichen Persönlichkeiten. Die deutsche Inschrift lautet:

> Platons strahlende Welt und Kants erdunkelnde Tiefen
> strahlten Dir Großer, in Eins. Musisch erklangen sie Dir.
> An der prophetischen Glut entbrannte die lodernde Fackel.
> Sterbliches bargen wir hier. Lodere heller, o Glut.

Die abweichende hebräische Inschrift lautet:

> Der Priester [in Anspielung auf die Bedeutung des Namens Cohen im Hebräischen] Glanz! Nicht wirst du verstummen, denn Erhabenes hast Du erforscht. Um Israels Rest willen hast du mit dem Rest deiner Kraft dich gegürtet und warst ihnen zum Auge, lichtend den Nebel, wegzuschaffen Hürde und Anstoß, jeden Gebeugten zu erheben.[10]

In diesen offiziell-feierlichen, von noblem Pathos getragenen Inschriften stellt der deutsche Text die Bedeutung des jüdischen Denkers Cohen für die Entwicklung der Philosophie in der Neuzeit in den Mittelpunkt, während der hebräische Text das späte, intensive jüdische Wirken Cohens betont, der nach seiner Emeritierung in Marburg 1912 an die Hochschule für die Wissenschaft des Judentums nach Berlin wechselte und sich zum geistigen Führer der deutschen Juden entwickelte.

Im Laufe ihres Akkulturationsprozesses hatten auch die orthodoxen Juden gleich der überwiegenden Mehrheit der deutschen Bürger einen ausgeprägten Nationalismus entwickelt und identifizierten sich uneingeschränkt mit ihrem deutschen Vaterland. Auch Nobel bildete hierin, trotz seiner zionistischen Weltanschauung, keine Ausnahme. So ist es nicht verwunderlich, dass er zu Beginn des Ersten Weltkriegs die deutsche Kriegsführung und ihre Ziele glorifizierte und in emphatischen Reden in der Synagoge seine Begeisterung für den deutschen Kriegseinsatz zum Ausdruck brachte.

Mit seiner Berufung als zweiter Rabbiner des Synagogenverbandes in Hamburg 1907 gelang es Nobel zum ersten Mal, ein offizielles Rabbineramt in einer Großgemeinde anzutreten, ein Schritt, der sich gleichzeitig als der Beginn einer

---

10 Michael Brocke/Eckehart Ruthenberg/Kai Uwe Schulenburg, Stein und Name. Die jüdischen Friedhöfe in Ostdeutschland, Berlin 1994, S. 179. Dort diese Übersetzung der hebräischen Inschrift. Eine abweichende Übersetzung bei Paul Mendes-Flohr, Jüdische Identität. Die zwei Seelen der deutschen Juden, München 2004, S. 89.

viel versprechenden Rabbinerlaufbahn erweisen sollte. Zehn Jahre zuvor hatte er sich noch vergeblich um die Stelle des zweiten Rabbiners der Israelitischen Gemeinde Köln beworben. Drei Jahre später, 1910, wurde er als Nachfolger des verstorbenen Rabbiners Markus Horovitz nach Frankfurt an die Börneplatzsynagoge berufen, die den Mittelpunkt der Gemeindeorthodoxie innerhalb der Israelitischen Gemeinde darstellte, einer Einheitsgemeinde, deren Mitglieder in der großen Mehrzahl der Reformbewegung angehörten.[11] Als Vertreter eines orthodoxen Judentums, das weiterhin an seinem Selbstverständnis als einzig legitime Form des Judentums festhielt, musste Nobel nun in seinem Amt einerseits den Alleinvertretungsanspruch der Orthodoxie aufrechterhalten und andererseits mit den liberalen Rabbinerkollegen und Gemeindemitgliedern in vielfältigen allgemeinen Gemeindeangelegenheiten zusammenarbeiten. Nobel selbst lehnte allerdings unter Berufung auf seinen Vorgänger Markus Horovitz und seinen Lehrer Esriel Hildesheimer den Begriff „orthodox" als unzutreffend ab und sah darin die Übernahme christlich geprägter Glaubensvorstellungen, die auf das Judentum nicht zutrafen. Er erachtete die Bezeichnung „gesetzestreu" als adäquat, da die Definition der unterschiedlichen Strömungen des Judentums durch ihre Einstellung zur Einheit von schriftlicher und mündlicher Lehre bedingt war und davon abhing, „inwieweit das biblisch talmudische Religionsgesetz als bindend für das Leben des Einzelnen und der Gemeinde anerkannt werden soll."[12] In Frankfurt gelang es ihm in kurzer Zeit, hohes Ansehen innerhalb und außerhalb der Gemeinde zu erlangen.

Nobel verstand sich als geistiger Nachfolger von Rabbiner Samson Raphael Hirsch und folgte dessen Überzeugung von der Synthese von jüdischen und allgemein-gültigen ideellen Werten. Hirsch begriff das Judentum als eine geschichtliche Erscheinung, das auf der Einheit von biblischer wie mündlicher Lehre beruhte und legte es so aus, dass die Verwirklichung der göttlichen Lehre beim Juden als „Mensch" mit der Aufnahme der allgemeinen Bildung und des säkularen Kulturgutes einherging. Er war deshalb von der Vereinbarkeit von allgemeiner Bildung und überliefertem Judentum überzeugt und trat für eine Synthese von Gotteslehre, religiöser Praxis und moderner Bildung ein, die in der hebräischen Losung *„Tora im Derech Erez"* ihre Formel fand. Auch Nobel richtete seine Tätigkeit als Rabbiner stets darauf aus, dieses Vorhaben, nämlich die Durchdringung des

---

11 Die Gemeindeorthodoxie innerhalb der Israelitischen Gemeinde bezeichnete sich selbst als „konservativ", um sich von der Israelitischen Religionsgesellschaft, einer separaten orthodoxen Austrittsgemeinde, namentlich zu unterscheiden, hielt jedoch ebenso strikt am Religionsgesetz fest. Diese Einstellung hat nichts mit der modernen konservativen Bewegung gemein.
12 Nehemias Anton Nobel, Deutschtum und Judentum, in: Christliche Welt, 20. Januar 1916, S. 52–53, Zitat S. 53.

modernen Lebens im Geist des gesetzestreuen Judentums, in der Realität umzusetzen. Die *Halacha*, das jüdische Religionsgesetz, behielt für ihn oberste Priorität, und so war er der festen Überzeugung, dass das Lernen, das Wissen vom Gesetz, nicht durch ekstatische Erlebnisse ersetzt werden konnte. „Denn nicht die Rechtgläubigkeit ist es in erster Linie, die die Eigenart des geschichtlichen Judentums bedingt und schafft, sondern die heilige Überzeugung, daß neben dem Glauben das Gesetz stehen muß, seine Erfüllung, seine Verwirklichung, seine Kenntnis, seine Vertiefung und Belebung. Darum, wer den Bestand des Gesetzes angreift, der greift den Bestand des Judentums selber an. Und er wandelt, ob er es will oder nicht, auf Paulinischen Spuren."[13]

Im Gegensatz zu Samson Raphael Hirsch lehnte Nobel jedoch jeglichen gemeindepolitischen und religiösen Separatismus ab, war um Verständnis und Toleranz gegenüber religiös und politisch Andersdenkenden bemüht und ließ nicht zu, dass sich inhaltliche Differenzen ins Persönliche übertrugen. Sein Selbstverständnis vom Amt des Rabbiners hatte er bereits in seiner ersten, vergeblichen Bewerbung als junger Rabbiner an den Synagogenvorstand in Köln 1897 verfasst:

> Ich halte dafür, dass der Rabbiner gedeihlich nur dann zu wirken vermag, wenn er über alle Parteien innerhalb und außerhalb seiner Gemeinde erhaben ist. Er muss sich einen festen und unverrückbaren Standpunkt für die Beurteilung aller religiösen Zeit- und Streitfragen gewonnen haben. Für mich ist dieser Standpunkt derjenige, den das geschichtlich überlieferte Judentum darbietet. Dieser allein scheint mir eine feste Gewähr für gedeihliche Fortentwicklung, gesunde Weiterbildung zu bieten. Ich halte es aber für meine Pflicht, jede religiöse Richtung innerhalb des Judentums zu studieren, ihr mit sachlichen Gründen allein zu begegnen und den Vertretern entgegengesetzter Meinungen diejenige Hochachtung entgegenzubringen, die man dem überzeugten Gegner schuldet, sowie innerhalb meiner öffentlichen Wirksamkeit das mehr zu betonen, was die verschiedenen Richtungen eint, als das was sie trennt... Das ist mein Ideal eines Rabbiners, dem nachzustreben die Aufgabe meines Lebens ist.[14]

Der in dieser Aussage enthaltene Widerspruch zwischen der „Neutralität" des Rabbiners, der „über alle Parteien erhaben ist" einerseits und seiner inhaltlichen Festsetzung andererseits, nämlich als gesetzestreuer Rabbiner auf dem Boden des historischen Judentums zu stehen, markiert die Pole, die für sein Wirken als Rabbiner bestimmend wurden. Charakteristisch für Nobels Haltung ist seine äußerst zurückhaltende Formulierung, mit der er seiner Überzeugung „des geschichtlich überlieferten Judentums", also eine „bekenntnismäßige Höherbewertung des kon-

---

[13] Nehemias Anton Nobel, Die Richtlinien, Frankfurt am Main 1912, S. 12–13.
[14] Nehemias Anton Nobel, Bewerbung an den Vorstand der Synagogengemeinde Cöln, zit. in: Martin Buber u. a., Hochverehrter Herr Rabbiner! (Widmung), in: Gabe Herrn Rabbiner Dr. Nobel zum 50. Geburtstag, S. 6.

servativen Judentums" ausgesprochen hatte, um unter Wahrung des eigenen Standpunktes auch andere zu respektieren.[15]

Nobels Ziel war es, einen Erneuerungsprozess des Judentums einzuleiten, um dessen Erstarrung zum bloßen Ritual zu verhindern. Er war überzeugt, dass nur die Wiederbelebung des jüdischen Gemeinschaftsgefühls und die Stärkung der Solidarität für das jüdische Kollektiv zu einer Renaissance des Judentums führen würde. „Klal Israel", die Idee eines jüdischen Volkes als Gesamtheit aller Juden trotz der bestehenden unterschiedlichen religiösen und politischen Strömungen, wurde für Nobel das Leitmotiv seines Denkens und Handelns. Die Verpflichtung an „Klal Israel" war es auch, die ihn zu einem strikten Gegner separatistischer Gemeindepolitik und zum Verfechter der „Einheitsgemeinde" machte. Inhaltlich jedoch lehnte er die Grundsätze der Reformbewegung strikt ab und bekämpfte die „Richtlinien zu einem Programm für das liberale Judentum", die 1912 gefasst wurden und eine Art „liberaler *Schulchan Aruch*" darstellen sollten, mit aller Entschlossenheit. Er warf den liberalen Rabbinern die Nachahmung „nichtjüdischer oder gar unjüdischer Kulte" und damit einen Angriff auf den Bestand des Judentums vor.[16]

In der Fokussierung auf Nobel als begnadeter Prediger, mit einer Anziehungskraft für junge Intellektuelle, wird oft übersehen, dass er sich als „Raw in altem Sinne, Talmudist durch und durch, dem Inhalt und der Methode nach ... auf die Halacha gerichtet" verstand.[17] In seinem Selbstverständnis als halachischer Gesetzgeber fällte er in seiner Amtszeit in Frankfurt zwei grundsätzliche, für die or-

---

15 Franz Rosenzweig, Brief an Rudolf Hallo, Anfang Dezember 1922, in: Franz Rosenzweig, Briefe. Unter Mitw. von Ernst Simon, ausgew. und hg. von Edith Rosenzweig, Berlin 1935, S. 460. Als diese von Nobel formulierte Definition des Rabbineramtes in der Nobelfestschrift von den Mitwirkenden mit folgenden Worten unterzeichnet werden sollte: „Mit diesen vor fünfundzwanzig Jahren geschriebenen Worten haben Sie unser aller Ansicht über Wesen und Aufgabe des Rabbinerberufs formuliert", verweigerte Martin Buber seine Unterschrift. Daraufhin entdeckte Franz Rosenzweig, „daß streng genommen nicht bloß Buber, sondern mindestens dreiviertel aller Unterschriebenen, auch wir selbst, die Unterschrift in dieser Form nicht hätten geben können, da eine, wenn auch sehr duldsam formulierte, aber doch bekenntnismäßige Höherbewertung des konservativen Judentums darin ausgesprochen war, freilich eben so Nobelsch ...". Rosenzweig verfasste daraufhin den letztlich gedruckten und von allen, auch von Buber unterzeichneten, unpersönlichen Nachsatz: „Diese Auffassung von ‚Würde und Bürde des rabbinischen Berufes' haben Sie vor fünfundzwanzig Jahren niedergeschrieben." Buber u. a., Hochverehrter Herr Rabbiner, S. 6.
16 Nehemias Anton Nobel, Zwei Reden. Geh. beim Abschiede von der Chewrat Talmud Thora zu Köln a. Rh. und beim Antritt des Rabbinats der Gemeinde Adass Jisroel zu Königsberg i. Pr., Königsberg 1900, S. 22.
17 Fritz Gotein, in: Nachrufe auf Rabbiner N. A. Nobel. Hrsg. v. Vorstand der Israelitischen Gemeinde Frankfurt a. M., Frankfurt am Main 1923, S. 40–43, Zitat S. 40.

thodoxen Mitglieder der Israelitischen Gemeinde bedeutungsvolle, in der Austrittsorthodoxie dagegen nicht anerkannte religionsgesetzliche Entscheidungen, und zwar die Einführung eines *Eruws* in Frankfurt im Jahre 1914 – einer symbolischen Konstruktion, die das Tragen am Schabbat außerhalb des Hauses ermöglicht – sowie seine Zustimmung als erster orthodoxer Rabbiner zur Einführung des passiven und aktiven Frauenwahlrechts innerhalb der Israelitischen Gemeinde im Jahre 1919.[18] Kurz vor seinem Tode am 24. Januar 1922 wurde er als Professor für Jüdische Religionswissenschaften an die neu gegründete Universität Frankfurt am Main berufen, konnte die Stelle jedoch nicht mehr antreten. Sie wurde dann mit Martin Buber besetzt.

Nobel war einer der wenigen bekennenden Zionisten und nahm in dieser Frage eine Sonderstellung unter den deutschen Rabbinern ein, die in ihrer überwiegenden Mehrzahl ungeachtet ihrer religiösen Ausrichtung antizionistisch eingestellt waren.[19] Bereits 1899 war er in Köln in den Vorstand der Zionistischen Vereinigung für Deutschland gewählt worden und hatte 1903 als Delegierter am 6. Zionistischen Kongress in Basel teilgenommen. Er bewunderte Herzl und verstand sich wie dieser als Vertreter des politischen Zionismus. „Der Zionismus ist für mich wesentlich ein politischer und wirtschaftlicher Gedanke, zu dessen Verwirklichung religiös heterogen Gesinnte viel eher zusammenarbeiten können als im allgemeinen Rabbinerverband, wo notwendig auch religiöse Fragen zur Erledigung gelangen müssen."[20]

An der Gründung des Misrachi, dem Zusammenschluss der orthodoxen Zionisten, war er maßgeblich beteiligt so wie auch an der Formulierung des Programms, das die Doppelfunktion dieser Ausrichtung festlegte. Zum einen hatte der Misrachi innerhalb der zionistischen Organisation die religiösen Interessen seiner orthodoxen Mitglieder zu verfolgen und darauf zu achten, dass die Beschlüsse der zionistischen Organe nicht im Widerspruch zum gesetzestreuen Judentum standen, zum anderen wollte der Misrachi der antizionistischen Propaganda in den orthodoxen Kreisen entgegenwirken und diese davon überzeugen, dass die praktische Gegenwartsarbeit in Palästina und der Kampf für die Errichtung einer Heimstätte für das jüdische Volk nicht im Widerspruch zum traditionellen Glauben an das Kommen des Messias steht. Auf dem ersten internationalen Kongress des Misrachi in Preßburg im August 1904 wurde Nobel zum Präsidenten

---

18 Rachel Heuberger, Rabbiner Nehemias Anton Nobel. Die jüdische Renaissance in Frankfurt am Main, Frankfurt am Main 2005, S. 38–48.
19 Ernst Ludwig Ehrlich, Liberalismus und Zionismus, in: Ernst Ludwig Ehrlich, Von Hiob zu Horkheimer. Gesammelte Schriften zum Judentum und seiner Umwelt, Berlin 2009, 285–291.
20 Brief Nobel an Dr. Jeremias, undatiert [Anfang 1898], Central Zionist Archives Jerusalem, K 11/58.

des neu eingerichteten westeuropäischen Zentralkomitees mit Sitz in Frankfurt gewählt.[21]

Wie aus einem Brief hervorgeht, den Nobel vor seiner Bewerbung als Rabbiner in Frankfurt 1910 an den Vorstand der Frankfurter Israelitischen Gemeinde schrieb, war er allerdings bereits vor seiner Bewerbung in Hamburg drei Jahre zuvor aus der zionistischen Bewegung ausgetreten. „In Berufung auf meine mündliche Unterredung, die ich mit Ihnen, [Justizrat Dr. Blau] zu pflegen die Ehre hatte, wiederhole ich betreffs meiner Stellung zum Zionismus, was folgt: Ich gehöre seit 4 ½ Jahren der zionistischen Organisation nicht mehr an. Bei meiner Wahl zum Rabbiner in Hamburg gab ich meiner Gemeinde die obige Thatsache zu Protokoll und ...füge hinzu, daß meine religiöse Überzeugung mich aus dem Zionismus herausgedrängt hat."[22] Auch in Frankfurt musste er dasselbe Versprechen abgeben, bevor er am 30. September 1910 sein Amt antreten konnte.[23]

Nach Ende des Ersten Weltkriegs bekannte sich Nobel erneut zum Zionismus und war auch dem Misrachi wieder beigetreten, als dessen Delegierter er am 12. Zionistischen Kongress 1921 in Karlsbad teilnahm. Von seinen engen Freunden wurde Nobel in ihren Erinnerungen durchgängig als Zionist geschildert: „Innerlich hat er [Nobel] der Zionsbewegung angehört, seit er von ihr wußte, und ihr galt sein letztes Wort in der Todesstunde."[24] Somit spricht alles dafür, dass sein Austritt aus der zionistischen Bewegung und die Unterbrechung seiner zionistischen Aktivitäten lediglich ein Zugeständnis an die antizionistische Einstellung der Repräsentanten der jüdischen Gemeinden war, da auch die überwiegende Mehrzahl der orthodoxen Vertreter auf einer klaren Trennungslinie zwischen religiös-bedingter Zionsliebe und organisiertem Zionismus in Form des Misrachi bestand, die nicht ungestraft überschritten werden durfte. „Für einen jungen Rabbiner bedeutete es zu seiner Zeit kein kleines Wagnis, sich öffentlich zum Zionismus zu bekennen, er hat die Folgen dieses Wagnisses lange zu spüren bekommen..." erklärte Eugen Mayer, ein sehr guter Kenner der damaligen Gemeindeverhältnisse in Frankfurt, Nobels Verhalten.[25] Als Nobel 1921 zum Vorsit-

---

21 Neue jüdische Presse: Frankfurter Israelitisches Familienblatt, 2. September 1904, Beilage, S. 9–10.
22 NLI, Archives, Nachlass Nobel, MS Varia 299, Heft B.
23 Mayer, Nehemias Anton Nobel, S. 170.
24 Mayer, Nehemias Anton Nobel, S. 170.
25 Mayer, Nehemias Anton Nobel, S. 170. Sein Biograph Oskar (Jeschajahu) Wolfsberg-Aviad, selbst ein aktives Mitglied des Misrachi, erklärt diese widersprüchliche Haltung Nobels damit, dass er „nach innerem Kampf und tiefem Schmerz" notgedrungen vor den Forderungen der Hamburger Gemeinde „kapituliert hat", um das Rabbineramt zu erhalten. Für Wolfsberg stellt dieser Schritt, „den einzigen Fehltritt" dar, den Nobel in seinem Leben begangen hat. Wolfsberg, Der Rabbiner Dr. Nehemija Zwi Nobel, S. 24.

zenden des Allgemeinen Deutschen Rabbinerverbandes gewählt wurde, gelang es ihm, eine prozionistische Resolution durchzusetzen, in der Palästina als die zukünftige neue Heimat für große Teile des jüdischen Volkes bezeichnet wurde. Diese Wahl, mit der zum ersten Mal ein orthodoxer Rabbiner an die Spitze des Verbandes gewählt worden, war wiederum Ausdruck der allgemeinen Anerkennung seiner Autorität.

Das Freie Jüdische Lehrhaus

Mit seinem persönlichen Charisma und seinen rhetorischen Fähigkeiten zog Nobel in den Wirren nach dem Ende des Ersten Weltkriegs zahlreiche junge jüdische Intellektuelle aus gutbürgerlichem Hause in seinen Bann und wurde zum Mittelpunkt ihres Interesses an einem lebendigen, ganzheitlichen Judentum. Mit seinem unerschütterlichen Selbstvertrauen in das gesetzestreue Judentum, das er ihnen täglich vorlebte, verkörperte er für sie im kulturellen und religiösen Pluralismus der Gesellschaft unverrückbare Wahrheiten, an die sie in ihrem jugendlichen Idealismus glauben wollten. Der Totalitätsanspruch, den Nobel dem Judentum auf die gesamte Existenz des modernen Menschen einräumte, war für junge jüdische Intellektuelle besonders anziehend. In den aufgezeichneten Predigten ist kaum etwas von der Ausstrahlungskraft zu spüren, mit der Nobel seine Zuhörer in den Bann zog. Und doch war es genau die Faszination über sein gesprochenes Wort, das in den Erinnerungen seiner Schüler immer wieder im Vordergrund steht. Franz Rosenzweig hat dies in einem Brief an Gertrud Oppenheim folgendermaßen beschrieben:

> ... Nobel, der wieder über alle Maßen herrlich gesprochen hat; ... man kann es nicht beschreiben, auch seine Vorträge sind nicht entfernt das, was so eine Predigt (die keine Predigt ist) ist. Was ist es denn? dafür fehlen mir alle Vergleiche. Man könnte nur das allergrößte daneben nennen. Die Gedanken könnte schließlich ich auch haben, den Sprachstrom hat vielleicht mancher, aber es ist noch etwas Allerletztes, eine Hingerissenheit des ganzen Menschen, man würde sich nicht wundern, wenn er plötzlich aufflöge und nicht mehr da wäre, es gibt keine Kühnheit, die er in solchen Augenblicken nicht wagen könnte, und kein Wort, das aus diesem Mund dann nicht wahr wäre. Das mir Hasser und Verächter aller Predigten das noch passieren musste, daß ich nun um der Predigt willen in den Gottesdienst gehe, und daß es mir im konservativen Gottesdienst passieren muß, und von einem Zionisten und Mystiker und Idealisten ... und daß alles, der Zionismus, die Mystik und selbst der christliche Idealismus in einer einzigen Flamme zum Himmel lodern! Er betet, wie man denkt, daß nur vor Jahrtausenden als die großen Gebete entstanden die Menschen hätten beten können, er

spricht zum Volk, wie nur die Profeten – sollte man meinen – hätten sprechen dürfen, – es ist wirklich der Geist als „Platzregen".[26]

Symbolträchtiger Ausdruck der Wiederzuwendung der jugendlichen Intellektuellen zu ihrer jüdischen Tradition wurde das Freie Jüdische Lehrhaus in Frankfurt unter der Leitung von Franz Rosenzweig. Getragen von der Gesellschaft für jüdische Volksbildung e. V., die von dem liberalen Rabbiner Georg Salzberger, dem Syndikus der Israelitischen Gemeinde Eugen Mayer und Paula Nassauer, einer in der Sozialarbeit der Gemeinde aktiven Frau, initiiert wurde, wurde die jüdische Volkshochschule bereits im Januar 1920, noch vor der Bestimmung von Franz Rosenzweig als Leiter, mit einem ersten fünfwöchigen Lehrgang eröffnet.[27] Es war Nobel, der darauf drängte, dass Rosenzweig die Leitung übertragen wurde und dieser das Freie Jüdische Lehrhaus nach seinen Vorstellungen formen konnte. Für das zweite Lehrjahr, das im Oktober 1920 begann, zeichnete Rosenzweig verantwortlich.

Nobel hatte Franz Rosenzweig schon ein Jahr früher persönlich kennen- und schätzen gelernt, als dieser ihn zu Hause in Frankfurt besuchte und auch den Seder des Pessachfestes im Kreise der Familie Nobel verbrachte. Nobel wurde Rosenzweigs Lehrer und Mentor und von diesem wie von keinem anderen seiner Schüler verehrt, jedoch gleichzeitig auch sehr kritisch gesehen. Am stärksten beeindruckte Rosenzweig Nobels Kenntnis des jüdischen Religionsgesetzes, wie sie sich in seinen Talmudstunden offenbarte, ebenso war er von seiner Begabung als Prediger fasziniert. Die von ihm bereits in seinem Werk *Stern der Erlösung* konstatierte zentrale Bedeutung der öffentlichen Predigt für die Existenz einer lebendigen jüdischen Gemeinde ist durch die Erfahrungen, die er in den Predigten Nobels sammeln konnte, zusätzlich gestärkt worden. In seinen Briefen kommt er deshalb immer wieder auf den überragenden Eindruck zu sprechen, den Nobel als Prediger auf ihn ausgeübt hat:

> Er [Nobel] ist ein genialer Prediger. Er spricht frei, souverän, ganz schlicht; ohne auch nur ein Körnchen Salbung, schlicht auch wenn er in Feuer gerät, gedanklich für mich fesselnd, und ich stelle doch Ansprüche, reich und doch so konzentriert, daß alles ganz einfach bleibt. Ich habe so etwas noch nicht gehört. Ein freier Kopf, Cohensche Schule, Gefühl für die Gestalt der Worte, der deutschen wie der hebräischen – ich bin noch ganz weg, habe es ihm auch gesagt.[28]

---

26 Franz Rosenzweig in einem Brief an Gertrud Oppenheim vom 5. Oktober 1921, in: Rosenzweig, Briefe, S. 411.
27 Koch, Das Freie Jüdische Lehrhaus, S. 120.
28 Brief Rosenzweig an die Mutter vom 15. April 1919, in: Rosenzweig: Briefe, S. 357–358.

Am 17. Oktober 1920 eröffnete Rosenzweig das Lehrhaus feierlich mit seiner programmatischen Rede *Neues Lernen* und stellte seine Idee der Erwachsenenbildung, der Vermittlung jüdischen Wissens an in jüdischen Belangen Ungebildeten, „eine Art modernisiertes Beth ha Midrasch" vor. Das Lehrhaus sollte die Gelegenheit zu Gedankenaustausch und Gesprächen bieten und nicht vorrangig der Wissensvermittlung dienen. Das gemeinsame Lernen, der Dialog zwischen Lehrer und Schüler als gleichberechtigte Partner, war zentraler Bestandteil seines Lernens. Da Juden und Nichtjuden in der modernen Welt in unterschiedlichem Maß von dem kognitiven und geistigen Universum der Tora und des von Gott offenbarten Wissens entfremdet waren, musste das Lernen zur Überwindung dieser Kluft in eine umgekehrte Richtung stattfinden, oder wie es Rosenzweig formulierte: „Ein Lernen nicht mehr aus der Tora in das Leben hinein, sondern umgekehrt, aus dem Leben, aus einer Welt, die vom Gesetz nichts weiß oder sich nicht wissen macht, zurück in die Tora."[29]

Den Nukleus des Freien Jüdischen Lehrhauses bildeten Nobel und der Kreis seiner Schüler, zwischen denen ein ganz außergewöhnliches Vertrauensverhältnis herrschte. Eine besonders enge Verbindung, die zeitweise einer Vater-Sohn Beziehung glich, bestand zwischen Nobel und Leo Löwenthal, der als junger Student gegen sein liberales Elternhaus rebellierte und sich mit der Assimilation auseinandersetzte. Nobel gelang es, Löwenthal so sehr für die jüdischen Traditionen zu begeistern, dass dieser für einige Zeit beschloss, einen orthodoxen Lebenswandel zu führen und sich streng an die Halacha zu halten. Obwohl diese Phase nur kurze Zeit anhielt, war sie für Löwenthals weitere Entwicklung von großer Bedeutung und prägte seine lebenslange Identifizierung mit dem Judentum.[30]

Erich Fromm wiederum gelangte in den Bann der Ausstrahlung von Nobel, als er sich im Prozess der Loslösung von seinem streng religiös geprägten Elternhaus befand. Fromm wird der anonyme Nachruf auf Nobel in der *Neuen Jüdischen Presse* zugeschrieben, in der es heißt, Nobel habe es vermocht, in „die Seele des Judentums" zu schauen, und weiter:

> Aber nicht das war es, was uns zwang, daß er wusste, sondern dies: daß er lebte, was er sagte, und nur das sagte, was er lebte. Er lehrte, daß das Wissen um die Wirklichkeit des Absoluten der Urgrund jüdischen Volkstums ist, und man sah ihm an, daß er dieses Wissen lebte. Sein Strahlen war Gewissheit. Er war ein Dichter – und deshalb konnte er uns verstehen lassen, daß die Wege der Thora Wege der Schönheit sind. Er lehrte die Liebe als das

---

29 Franz Rosenzweig, Neues Lernen. Entwurf der Rede zur Eröffnung des Freien Jüdischen Lehrhauses (1920), in: Franz Rosenzweig, Kleinere Schriften, Berlin 1937, S. 94–99, hier S. 97.
30 Leo Löwenthal, Mitmachen wollte ich nie. Ein autobiographisches Gespräch mit Helmut Dubiel, Frankfurt am Mai 1980, S. 17–18.

> Band des Volkes – und wir verstanden – weil er uns liebte. In Demut rief er nach Propheten – und wir rufen in Trauer nach dem Führer.[31]

Über Erich Fromm kam Ernst Simon in den Kreis um Nobel und wurde nachhaltig von ihm beeinflusst, sodass er ein Leben lang am orthodoxen Judentum festhielt. Er schrieb:

> Wenn Nobel in der Synagoge am Börneplatz predigte, ... hatte man das Gefühl einer tiefen Wiedervereinigung mit der alten Lehre Israels. Immer wieder fühlten wir, daß jedes seiner Worte uns half, Wurzeln zu schlagen und uns mit der Tradition zu verbinden. Immer größer wurde die Anzahl seiner Schüler. Er hatte einen Kreis von etwa 25 akademisch gebildeten Männern, die er Talmud lehrte. Eine neue Escheinung, gerade die höheren Schichten begannen wieder, die Lehre zu studieren. Eine neue Form der Emanzipation, die sich freimachte vom dem klein-bürgerlichen Beigeschmack, der ihr in der letzten Generation angeheftet hatte.[32]

Auch für Siegfried Kracauer, der mit 30 Jahren älter war als die meisten im Nobelkreis, gewann Nobel eine besondere Bedeutung. So schrieb er an seinen jüngeren Freund Leo Löwenthal, um ihn über Nobels Tod im Januar 1922 zu informieren:

> Sie werden wohl schon erfahren haben, daß heute ganz früh Rabbiner Nobel gestorben ist. Ich weiß, wie tieftraurig Sie sein werden, wie viel Sie an ihm verlieren, und will Ihnen darum in herzlicher Freundschaft die Hand reichen. Auch mich erschüttert der plötzliche Tod dieses Mannes unbeschreiblich, denn ich habe ihn verehrt und geliebt, wiewohl ich ihm immer gleichsam nur aus der Ferne genaht bin. ... Er möchte sich wohl auch innerlich verzehrt haben, denn er war ja ganz Geist – was die andern lehren, das war er. Ich habe sein Wesen geliebt, diese wundervolle Milde und [anspruchslose] Güte, die ihn wie eine Atmosphäre [umfing], ja, der das ihm Zukommende schenkte und auf alle – Gerechte und Ungerechte – ausstrahlte. In einer Zeit äußerster Skepsis und Ungläubigkeit war er mir die Offenbarung der echten religiösen Persönlichkeit, ich liebte ihn um jener Ironie willen, die nur den höchsten Sterblichen an der Grenze von Wissen und Nichtwissen zusteht, ich lauschte nicht so sehr seinen Worten, sondern empfing mehr sein Wesen, nicht eigentlich seine Gedanken [suchte ich], sondern das Sein, das er verkörperte, bedeutet mir viel. Ob er zu den 30 Zaddikim gehörte, die in jeder Generation leben?[33]

---

[31] Achad ha talmidim (einer der Schüler), Rabbiner Nobel als Führer der Jugend, in: Neue Jüdische Presse, 2. Februar 1922, S. 3. Der Zeitungsausschnitt im Leo-Baeck-Institut New York ist nachträglich mit E. Fromm gezeichnet, vgl. Schivelbusch, Intellektuellendämmerung, S. 38.
[32] Ernst Simon, Kurzgefaßte Geschichte der Frankfurter Juden vom Mittelalter bis in die zwanziger Jahre. Aus dem Englischen übersetzt. Manuskript, Jüdisches Museum Frankfurt, Inventarnummer B 1986/0381, S. 22.
[33] Brief Siegfried Kracauer an Leo Löwenthal, 24. Januar 1922, in: Leo Löwenthal/Siegfried Kracauer, In steter Freundschaft. Briefwechsel 1921–1966, hrsg. v. Peter-Erwin Jansen und Christian Schmidt, Springe 2003, S. 35.

Dagegen hatte Rosenzweigs Verehrung für seinen Lehrer Nobel durchaus ambivalente Züge, die er kurz nach Nobels Tod Ende Januar in einem Brief an Joseph Prager beschrieb: „Sie wissen eben doch nicht, wie ich zu Nobel gestanden habe. Sie kennen vor allem die negativen Seiten des Verhältnisses nicht. Ich habe nur den Talmudjuden respektiert, nicht den Humanisten, nur den Dichter, nicht den Wissenschaftler, nur den Profeten, nicht den Philosophen." Aber er fährt dann fort: „Ich habe eben an Nobel gelernt, daß in der Seele eines großen Juden vieles Platz hat."[34]

Mit einem Festvortrag über die in der Kabbala definierten Sphären der Welt, die „*Sephirot*", leitete Nobel den ersten fünfwöchigen Lehrgang des Freien Jüdischen Lehrhaus im Januar 1921, noch vor der offiziellen Eröffnung, ein. Er gehörte zu den beliebtesten Vortragenden des Lehrhauses, und seine Vorlesungen über die *Halacha* zogen gleich im ersten Trimester ca. 200 Zuhörer an. Ähnlich gut besucht waren seine Vorträge über die *Kabbala*. Im Herbst 1921 kündigte Nobel eine Reihe von drei Vorträgen über Goethe an, von denen er jedoch wegen seines frühen Todes im Januar 1922 nur noch zwei halten konnte.

Das Programm des Lehrhauses bestand aus Vorlesungen, Arbeitsgemeinschaften und wissenschaftlichen Übungen, die in Trimestern angeboten wurden und die gesamte Bandbreite des Judentums umfassten. In den ersten sechs Jahren seines Bestehens bis 1926 veranstaltete das Lehrhaus insgesamt 90 Vortragsreihen und 180 Arbeitsgemeinschaften.[35] Thematisch lag der Schwerpunkt auf dem Klassischen Judentum (Bibel, Israel), dem Historischen Judentum und dem Jüdischen Gesetz (*Halacha*), weitere Themen waren Jüdische Philosophie und Mystik, Jüdische Geschichte, hebräische Literatur unterschiedlicher Epochen sowie die „Strömungen im Judentum der Gegenwart", die auch den Zionismus einschlossen.[36] Es gab jedoch auch Vorlesungen über das Verhältnis des Judentums zu anderen Religionen und zur Philosophie sowie zur Problematik des Antisemitismus. Als Dozenten wurden zusätzlich zu den bereits erwähnten auch der Soziologe Franz Oppenheimer und dessen Assistent Fritz Stern, Rudolf Hallo, Nahum Glatzer, Leo Strauss, Nathan Birnbaum, Gershom Scholem, Margarete Susman, Joseph Horowitz und der spätere Nobelpreisträger Samuel Joseph Agnon gewonnen, ebenso wie außer Nobel zwei weitere Frankfurter Rabbiner, Georg Salzberger und Caesar Seligmann, die sehr unterschiedliche religiöse Richtungen vertraten. Besonderer Wert wurde auf die Beteiligung von Laien als Lehrende gelegt, unter denen der

---

34 Brief Rosenzweig an Joseph Prager, [Ende Januar 1922], in: Rosenzweig, Briefe, S. 420.
35 Nahum N. Glatzer, The Frankfort Lehrhaus, in: Leo Baeck Institute Yearbook 1 (1956), S. 105–122, hier S. 109.
36 Die Programme des Lehrhauses, Anhang zu Koch, Das Frei Jüdische Lehrhaus, S. 120–125.

Chemiker Eduard Strauss und der Arzt Richard Koch neben Rosenzweig und Buber zum inneren Kreis des Lehrhauses zählten.[37]

Mit der Beteiligung von Persönlichkeiten, die durch ihre unterschiedliche Einstellung zum Judentum ein undogmatisches Verhältnis in der Frage der Bedeutung der Religion repräsentierten, wollte Rosenzweig Lehrer und Schüler gewinnen, die im Begriff waren, als Außenstehende wieder zu ihrer Zugehörigkeit zum Judentum zurückzufinden. Damit demonstrierte er die Möglichkeit des Gesprächs und die Einheit des Judentums in der Vielfalt. Das Lehrhaus wartete durchaus auch mit großen Namen auf, um ein breites Publikum anzuziehen, im Zentrum aber standen die Arbeitsgemeinschaften, in denen regelmäßig biblische und talmudische Texte studiert wurden, zuerst unter der Leitung von Franz Rosenzweig, ab Oktober 1922, dem Beginn des Vierten Lehrjahres, unter der Leitung von Rudolf Hallo.[38]

In den ersten Jahren seines Bestehens stieß das Freie Jüdische Lehrhaus auf großes Interesse besonders auch unter den liberalen Juden, die hier erfuhren, dass „Judentum nicht eine Sache der Rückständigen und der Obskurantisten" war, sondern sich durchaus mit dem modernen Leben vereinbaren ließ.[39] Zu einem wie von Nobel und Rosenzweig erhofften intensiven Lernen konnten allerdings nur wenige gewonnen werden. Selbst in den Jahren 1922/23, als das Lehrhaus mit 1.100 Teilnehmern die größte Zahl an Zuhörern gewinnen konnte, machten diese nicht mehr als vier Prozent der Jüdischen Gemeinde, eine ganz kleine Minderheit, aus.

Nobel charakterisierte den modernen Juden als „einen Menschen, dessen ganzes Leben eine sehnsuchtsvolle Synthese zwischen dem historischen Judentum und der modernen Kultur ist", und definierte damit am treffendsten zugleich nicht nur sich selbst, sondern auch die Sehnsüchte seiner engen Schüler und Vertrauten.[40] Den modernen deutschen Juden eine geistige Heimat im Judentum finden zu lassen, war auch das erklärte Ziel von Rosenzweig mit der Gründung des Freien Jüdischen Lehrhauses.[41] Der Zusammenhalt der jungen Intellektuellen und die Anziehungskraft des Lehrhauses hingen wesentlich von den charismatischen

---

37 Schivelbusch, Intellektuellendämmerung, S. 48.
38 Die Programme des Lehrhauses.
39 Glatzer, The Frankfort Lehrhaus, S. 115.
40 Nehemias Anton Nobel, Der Sabbat, in: Verband der deutschen Juden (Hrsg.), Soziale Ethik im Judentum. Zur fünften Hauptversammlung in Hamburg 1913, Frankfurt am Main 1913, S. 111–119, hier S 112.
41 Paul Mendes-Flohr, Freies Jüdisches Lehrhaus, in: Dan Diner (Hrsg.), Enzyklopädie jüdischer Geschichte und Kultur, Bd. 2, Stuttgart, Weimar 2012, S. 376–378, hier S. 376.

Fähigkeiten von Nobel und Rosenzweig ab.[42] Nobels Persönlichkeit hatte ein Gemeinschaftsgefühl auf einer als authentisch erachteten jüdischen Basis entstehen lassen, das die Mitglieder des Kreises auch intellektuell zusammenhielt. So war es nur natürlich, dass der Kreis nach Nobels Tod auseinanderbrach und die einzelnen Schüler ganz unterschiedliche Wege einschlugen. Auch das Freie Jüdische Lehrhaus verlor nach dem Tod von Nobel und der Erkrankung von Rosenzweig, der 1922 die Leitung an Rudolf Hallo übergab, an Bedeutung. Der große Erfolg blieb aus und mit schwindender Studentenzahl musste das Lehrhaus nach Ende des Schuljahrs 1926/27 seine Kurse einstellen, blieb jedoch bis zum Tode von Franz Rosenzweig 1929 noch offiziell bestehen.

Im November 1933 wurde das Lehrhaus unter der Leitung von Martin Buber wiederbelebt. In der Zeit der nationalsozialistischen Herrschaft wurde es nun zu einem Zufluchtsort, nicht als Resultat eines „Selbstfindungsprojekts", sondern als Folge der völlig veränderten politischen Umstände, durch die das Judentum von außen definiert wurde.[43] Erst jetzt erfüllte es, wie von Nobel und Rosenzweig beabsichtigt, notgedrungen seine Aufgabe als ein existentieller Ort der Begegnung, als geistiges Zentrum der deutschen Juden, die in diesem Rahmen ihr Jüdischsein nicht verdrängen und verbergen mussten, sondern es in den Mittelpunkt ihres Selbstverständnisses stellen konnten. Nach dem Novemberpogrom 1938 wurde das Lehrhaus endgültig geschlossen. Die Themen, mit denen sich Rosenzweig befasste, haben jedoch auch für die Gegenwart nichts von ihrer Bedeutung verloren, und die von ihm vorgeschlagenen Lösungen zur Bewältigung von Problemen bleiben weiterhin als Inspiration relevant.[44]

---

42 Martin Jay, 1920. The Free Jewish School is Founded in Frankfurt am Main under the Leadership of Franz Rosenzweig, in: Sander L. Gilman/Jack Zipes (Hrsg.), Yale Companion to Jewish Writing and Thought in German Culture 1096–1996, New Haven 1997, S. 395–400, hier S. 400.
43 Liliane Weissberg, Kann das Judentum erneuert werden? Franz Rosenzweig und das Freie Jüdische Lehrhaus, in: Zeitschrift für Religions- und Geistesgeschichte 73 (2021), S. 104–120, Zitat S. 119.
44 Ephraim Meir, Auf dem Weg zu einem Bet Midrasch im Geist von Franz Rosenzweig, in: Zeitschrift für christlich-jüdische Begegnung im Kontext 3/2017, S. 182–190, hier S. 183.

Kerstin von der Krone
Die Freimann-Sammlung der Universitätsbibliothek Frankfurt am Main

Eine „hebräische und jüdische Bücherei" in Frankfurt am Main

„[W]o immer in Deutschland irgendein Gelehrter oder Schriftsteller ein jüdisches oder hebräisches Buch braucht, das andernwärts gar nicht zu beschaffen ist, wendet er sich nach Frankfurt; hier muss es sein und hier ist es auch."[1] Mit diesen Worten beschrieb 1918 Oscar Lehmann (1858–1928), der Herausgeber der Mainzer orthodoxen Wochenzeitung *Der Israelit*, die Hebraica- und Judaica-Sammlung der Frankfurter Stadtbibliothek, deren wertvolle historischen Bestände heute an der Universitätsbibliothek Johann Christian Senckenberg verwahrt werden.

Die Geschichte dieser Sammlung ist untrennbar mit Aron Freimann (1871–1948) verbunden, einem der einflussreichsten jüdischen Bibliothekare und Bibliographen und zugleich einer der wichtigsten Vertreter der Wissenschaft des Judentums seiner Generation. Zwischen 1898 und 1933 lenkte er die Geschicke der Judaica-Abteilung der Frankfurter Stadtbibliothek und trug wesentlich dazu bei, die Sammlung zur größten ihrer Art auf dem europäischen Kontinent auszubauen und für Wissenschaft und Öffentlichkeit zugänglich zu machen.[2] Freimann war der „Bewahrer und Ordner" der Frankfurter Schätze, die er über Jahrzehnte erforschte und erschloss und die auch aus diesem Grund unter dem Namen Freimann-Sammlung bekannt ist.

Während die Anfänge der Sammlung auf die Mitte des 19. Jahrhunderts zurückgehen, ist ihr Ausbau zu einer der bedeutenden Hebraica- und Judaica-Sammlungen vor allem Freimanns Verdienst. Er spielte eine Schlüsselrolle bei der Anwerbung jüdischer Privatsammlungen für die Frankfurter Stadtbibliothek und war maßgeblich an der Organisation verschiedenster Spendensammlungen unter Frankfurter Jüdinnen und Juden beteiligt.[3] Die Geschichte dieser Sammlung ist somit auch eng mit der jüdischen Geschichte in Frankfurt am Main verbunden, ist Ausdruck der lokalen Verbundenheit und des emanzipatorischen Strebens des Frankfurter Judentums und steht exemplarisch für die *Zedaka*, die jüdische Wohl-

---
1 Oscar Lehmann, Die hebräische und jüdische Bücherei der Frankfurter Stadtbibliothek, in: Im deutschen Reich, 24 (1918), Nr. 5, S. 215–217.
2 Rachel Heuberger, Aron Freimann und die Wissenschaft des Judentums, Tübingen 2004.
3 Rachel Heuberger, Bibliothek des Judentums. Die Hebraica- und Judaica-Sammlung der Stadt- und Universitätsbibliothek Frankfurt am Main. Entstehung, Geschichte und heutige Aufgaben, Frankfurt am Main 1996, S. 11–44.

tätigkeit. Stiftungen, wie jene an die Frankfurter Stadtbibliothek, waren Ausdruck eines Bekenntnisses zur Stadtgesellschaft und dienten zugleich der Sicherung und Sichtbarmachung jüdischen Wissens und von Wissen um Judentum und jüdische Tradition.

Die Freimann-Sammlung vereinte rabbinische und biblische Literatur, philosophische und ethische Schriften, halachische (rechtliche) Traktate und *Haggadot* in Form prachtvoller Handschriften und historischer Drucke; darunter sind außerdem einzigartige Inkunabeln wie seltene frühneuzeitliche jiddische Drucke. Gerade letztere sind Ausweis einer frühneuzeitlichen jüdischen Alltagsliteratur in jiddischer Sprache, die gleichermaßen aus *Minhagim*-Büchern bestand, aus Erzählungen, Dramen und Lieder-Sammlungen sowie den *Ze'enah u-Re'enah*. Diese weithin verbreitete kommentierte Bibelparaphrase in jiddischer Sprache, von der die Freimann-Sammlung mehr als 20 Exemplare verzeichnet, richtete sich an Frauen und „nicht-studierte" Männer.[4] Einen weiteren Schwerpunkt der Sammlung bildete die moderne deutsch-jüdische Publizistik des 19. und frühen 20. Jahrhunderts, insbesondere aber die Literatur der Wissenschaft des Judentums, jener jüdischen Wissenschaftsbewegung, die in Folge der *Haskala*, der jüdischen Aufklärung, mit grundlegenden Prinzipien traditioneller jüdischer Gelehrsamkeit brach, und die diese zugleich mit den Mitteln der historischen Kritik im Sinne einer modernen Geisteswissenschaft fortzusetzen suchte.[5] Aron Freimann spielte innerhalb der Wissenschaft des Judentums eine wichtige Rolle, nicht nur als Leiter einer der wichtigsten Hebraica- und Judaica-Sammlungen seiner Zeit, sondern auch als Wissenschaftler und Herausgeber wissenschaftlicher Zeitschriften[6] sowie als Mitglied zahlreicher Institutionen und Mitwirkender an verschiedenen wissenschaftlichen Großprojekten. Rachel Heuberger hat das Zusammenwirken von Freimanns wissenschaftlichem Schaffen, seines Netzwerks in Wissenschaft und Gesellschaft so-

---

4 Ya'akov ben Yitshak Ashkenazis (1550–1628) Bibelparaphrase entstand vermutlich im ersten Drittel des 17. Jahrhunderts. Der vollständige Titel lautet *Ḥamishah ḥumshe Torah bi-leshon Ashkenaz: Tse'enah u-re'enah benot Tsiyon*. Das oft als ‚Weiberbibel' bezeichnete Werk wurde mehrfach nachgedruckt, allein 275 Ausgaben sind bekannt, mehr als 20 davon sind Teil der Freimann Sammlung. Morris M. Faierstein, A Guide to the Ze'enah U-Re'enah: Correcting Some Misconceptions, *In Geveb*, Februar 2019, https://ingeveb.org/articles/a-guide-to-the-zeenah-u-reenah, letzter Zugriff 27. Mai 2022.

5 Ismar Schorsch, From Text to Context. The Turn to History in Modern Judaism, Hanover 1994; Michael A. Meyer, Two Persistent Tensions within Wissenschaft des Judentums, in: Modern Judaism 24 (2004), S. 105–119; Kerstin von der Krone/Mirjam Thulin, Wissenschaft in Context: A Research Essay on the Wissenschaft des Judentums, in: The Leo Baeck Institute Yearbook 58 (2013), S. 249–280.

6 Zunächst als Mitherausgeber, später als alleiniger Herausgeber der *Zeitschrift für Hebräische Bibliographie* (1896–1921), Mitherausgeber der neuen Folge der *Zeitschrift für die Geschichte der Juden in Deutschland* (1929–1937).

wie sein organisatorisches Geschick zum Wohle der Wissenschaft des Judentums, noch mehr aber der Frankfurter Hebraica- und Judaica-Sammlung, eingehend beschrieben.[7]

Die Anfänge der Sammlung im 19. Jahrhundert

Die Frankfurter Stadtbibliothek entstand 1668 durch die Zusammenlegung der Rathsbibliothek und der Bibliothek des Barfüßerklosters und wurde bis ins frühe 19. Jahrhundert als wissenschaftliche Bibliothek ausgebaut. Öffentlich zugänglich war sie zunächst an zwei Tagen in der Woche, wobei „Ratsmitglieder, Pfarrherrn und sonstige Personen ‚von Condition'" auch darüber hinaus Zugang zu den Beständen erhalten sollten.[8] Bis zur Mitte des 19. Jahrhunderts gelangten nur wenige Hebraica in den Sammlungsbestand. Aus dem Barfüßerkloster stammte eine Soncino-Bibel, gedruckt 1494 in Brecia, die einst Johannes Reuchlin (1455–1522) gehörte.[9] Weitere Hebraica kamen aus dem Nachlass des christlichen Hebraisten Hiob Ludolf (1624–1704) oder gelangten durch säkularisierte Klosterbibliotheken in die Stadtbibliothek.

Die eigentliche Geschichte der Hebraica- und Judaica-Sammlung beginnt 1861 mit dem Legat Jost, der Schenkung von 868 Bänden aus dem Nachlass von Isaak Markus Jost (1793–1860). Jost war Historiker und Lehrer am Frankfurter Philanthropin, der jüdischen Freischule. Seine Privatbibliothek umfasste zahlreiche pädagogische Schriften, Lehrbücher, vor allem aber frühe Werke der Wissenschaft des Judentums.[10] Als Gründungsmitglied des Berliner *Vereins für Cultur und Wissenschaft der Juden* zählte Jost zu den Gründervätern der Wissenschaft des Judentums, welche im Sinne einer modernen Philologie den Anspruch erhob, jüdische Gelehrsamkeit neu zu denken und gerade in ihren Anfangsjahren eine dezidiert

---

7 Insbesondere in Heuberger, Aron Freimann und die Wissenschaft des Judentums; zudem Heuberger, Bibliothek des Judentums. Zuletzt Rachel Heuberger, Aron Freimann: Bibliograph, Historiker, Bibliothekar, Gemeindevorsitzender, Leipzig 2020.
8 Friedrich Clemens Ebrard, Die Stadtbibliothek in Frankfurt am Main. Im Auftrag der städtischen Behörden aus Anlass der Vollendung des Erweiterungsbaues, Frankfurt am Main 1896, S. 19.
9 Tanach [Biblia Hebraica] Brescia: Gershom ben Mosheh Soncino 1494 (Signatur: Inc. hebr. 56). Digital zugänglich unter http://nbn-resolving.org/urn:nbn:de:hebis:30:2-49176, letzter Zugriff 27. Mai 2022. Siehe Eintrag in der Datenbank *Footprints. Jewish Books through Time and Place*, https://footprints.ctl.columbia.edu/footprint/18712/, letzter Zugriff 27. Mai 2022.
10 Während ein separater Katalog der Sammlung Jost und zeitgenössische Quellen fehlen, lassen sich einzelne Bände dank eines Ex Libris bzw. eine entsprechende handschriftliche Notiz dem Legat Jost zuordnen.

aufklärerisch-emanzipatorische Ausrichtung hatte. Wissenschaftliche Erkenntnissuche auf Basis historischer Kritik diente dem Wissen über Judentum und jüdische Kultur und war gleichermaßen an die jüdische Gemeinschaft gerichtet wie an Staat und Gesellschaft. Wissenschaft wurde in den Dienst der Emanzipation gestellt, als Methode im Kampf für die eigenen Rechte und gegen antijüdische Vorstellungen und Vorurteile. Zugleich strebten Gelehrte wie Jost danach, der jüdischen Tradition und Kultur als selbstverständlichen Teil der deutschen und europäischen Kultur Anerkennung zuteil werden zu lassen.[11] Jost verfolgte diese Ziele nicht nur in seiner wissenschaftlichen und seit 1835 pädagogischen Arbeit. Er wirkte auch als Publizist, war Autor und Herausgeber.[12] Mit seiner Wochenzeitung, die *Israelitische Annalen: ein Centralblatt für Geschichte, Literatur und Cultur der Israeliten aller Zeiten und Länder* (1840–1843) verband er die tagespolitische Berichterstattung mit wissenschaftlichen Inhalten und Perspektiven.[13] Auch in Frankfurt setzte Jost sein breites gesellschaftliches Engagement fort und war unter anderem an der Diskussion zur Umgestaltung des Schulwesens im Nachgang der 1848er Revolution beteiligt.[14]

Die Schenkung der Sammlung Jost an die Stadtbibliothek steht letztlich im Kontext dieses aufklärerisch-emanzipatorischen Wissenschafts- und Bildungsverständnisses und eines neu gewonnenen staatsbürgerlichen Selbstbewusstseins deutscher Jüdinnen und Juden, das sich in der ersten Hälfte des 19. Jahrhunderts ausbildete. Sammlungen wie die Jost'sche waren ein Weg, jüdisches Wissen und Wissen um Judentum in die Gesellschaft zu tragen und zugleich jüdische Schrift- und Buchkultur als selbstverständlicher Teil deutscher Kultur zu würdigen.[15]

---

11 Leopold Zunz betonte 1845, dass „die Gleichstellung der Juden in Sitte und Leben ... aus der Gleichstellung der Wissenschaft des Judenthums hervorgehen" werde. Leopold Zunz, Die jüdische Literatur (1845), in: Leopold Zunz, Gesammelte Schriften, Berlin 1875, Bd. 1, S. 41–59, hier S. 59.
12 Jost veröffentlichte in zahlreichen jüdischen und nicht-jüdischen Zeitschriften. Mit Michael Creizenach (1789–1842) gab er zwischen 1841 und1842 zudem die hebräische Literaturzeitschrift *Zion* heraus.
13 Kerstin von der Krone, The Representation and Creation of Spaces through Print Media: Some Insights from the History of the Jewish Press, in: Simone Lässig/Miriam Rürup (Hrsg.), Space and Spatiality in Modern German-Jewish History, New York 2017, S. 125–139.
14 [Anonym], Vereinigung zur Reform des hiesigen Schulwesens, in: Der Freistädter 1 (1848), S. 53; I. M. Jost, Bemerkungen und Andeutungen zur Schulreform-Frage, in: Der Freistädter 2 (1849), S. 52–53, 61–62, 67–70, 81–82. Digital verfügbar unter http://nbn-resolving.org/urn:nbn:de:hebis:30:2-329986, letzter Zugriff 27. Mai 2022.
15 Dies stand auch im Gegensatz zu einer langen Geschichte der Zerstörung jüdischen Schrifttums durch Zensur, Konfiszierungen bis hin zu öffentlichen Verbrennungen des Talmuds. Vgl. exemplarisch Amnon Raz-Krakotzkin, The Censor, the Editor, and the Text. The Catholic Church and the Shaping of the Jewish Canon in the Sixteenth Century, Philadelphia 2007.

Die Geschichte der Hebraica- und Judaica-Sammlung der Frankfurter Stadtbibliothek, die seit Mitte des 19. Jahrhunderts dank jüdischer Schenkungen und Stiftungen entstand, ist im deutschsprachigen Raum einzigartig. Während wissenschaftliche Bibliotheken, vor allem Staatsbibliotheken, durchaus über bedeutende Hebraica-Sammlungen verfügen, gehen nur wenige auf jüdische Privatsammlungen zurück. Bedeutender waren hier die christlichen Sammlungskontexte, Klosterbibliotheken und theologischen Institutionen, darunter auch jene, die sich der „Judenmission" annahmen, oder die Privatbibliotheken christlicher Hebraisten. Das Judentum war hier das Andere im theologischen Sinne. Für einige hochherrschaftliche Sammlerinnen und Sammler repräsentierten hebräische Texte das Andere zugleich im Sinne der Faszination des „Exotischen". Dies fand seinen Ausdruck im Sammlungskontext vieler wissenschaftlichen Bibliotheken, die doch meist auf königliche respektive adlige Sammlungen oder kirchliche Institutionen zurückgingen. Hebräische Handschriften, Inkunabeln und wertvolle Drucke wurden hier meist dem „Orient" zugeordnet, ungeachtet der tatsächlichen geografischen Provenienz eines spezifischen Objekts. Hebraica wurden im Kontext der „orientalischen" Sammlungen als Objekte einer anderen, „fremden" Kultur konzeptionalisiert und präsentiert und somit in vielen Fällen ihres eigentlichen Ursprungs, nämlich deutscher oder europäischer Kultur, entrissen.

Während einige wenige Hebraica der Frankfurter Stadtbibliothek auf Bestände von Klosterbibliotheken bzw. Privatbibliotheken christlicher Theologen zurückgehen, gründet die Hebraica- und Judaica-Sammlung, wie sie zu Ende des 19. Jahrhunderts von Aron Freimann konsolidiert wurde, wesentlich auf jüdischen Gelehrten- und Mäzenatenbibliotheken. Vergleichbare Sammlungen gingen, so sie in öffentliche Institutionen übergingen, weitaus häufiger an die Bibliotheken von Rabbinerseminaren oder Gemeindebibliotheken. Eine zeitgenössische Analogie zur Jost'schen Schenkung findet sich aber durchaus und soll hier Erwähnung finden, auch wenn dieser keine vergleichbare Sammlungsgeschichte folgen sollte. Nur ein Jahr nach Jost vermachte der Dresdener Gemeindevorsteher und Gelehrte Bernhard Beer (1801–1861) der Leipziger Albertina einen Teil seiner Privatbibliothek, während die weiteren Bestände an die Bibliothek des Breslauer Rabbinerseminars gingen.[16] In Frankfurt am Main folgten auf das Legat Josts weitere Schenkungen und Stiftungen. Bereits 1867 stiftete Salomon Fuld (1825–1911), Frankfurter Justizrat, der Stadtbibliothek in Erinnerung an seine Eltern 694 hebräische Werke

---

16 Gerson Wolf (Hrsg.), Catalog der Bibliothek des sel. Herrn Dr. Bernhard Beer in Dresden, Berlin 1863. Zum Verbleib der Bibliothek siehe S. XLIX–L.

aus dem Nachlass seines Vaters, des Talmudgelehrten Aron Moses Fuld (1790–1847).[17]

Die Gelehrtenbibliotheken Jost und Fuld legten die ersten Grundlagen für einen neuen Sammlungsschwerpunkt, der 1892 eine herausragende Erweiterung erfuhr, als die Stadtbibliothek die 9.613 Bände umfassende Privatbibliothek des Frankfurter Rabbiners und Gelehrten Nehemias Brüll (1843–1891) erwerben konnte. Unter den mehrheitlich hebräischen Werken fanden sich zahlreiche Rabbinica und eine signifikante Anzahl der bereits genannten frühneuzeitlichen jiddischen Drucke.[18]

Nehemias Brüll stammte aus einer mährischen Rabbinerfamilie, hatte in Prag und Wien studiert und wurde in Leipzig promoviert. 1870 kam er als Rabbiner nach Frankfurt am Main und stand der Israelitischen Gemeinde vor. Brüll verfügte über eine tiefe Kenntnis der jüdischen Traditionsliteratur, verfolgte neben seinem Amt umfangreiche wissenschaftliche Studien und war auch publizistisch außerordentlich aktiv. Neben zahlreichen Publikationen gab er die *Jahrbücher für die Geschichte und Literatur des Judenthums* (1874–1890) und den *Central-Anzeiger für jüdische Litteratur* (1890–1891) heraus. Brüll war 1891 plötzlich verstorben und hatte eine einzigartige Bibliothek hinterlassen, deren Kauf für 10.000 Mark zur Hälfte durch eine private Spendensammlung unter Frankfurter Jüdinnen und Juden sowie eine Zuwendung der Israelitischen Gemeinde und zur Hälfte durch die Stadt ermöglicht worden war.[19]

Mit dem Erwerb der Brüll'schen Bibliothek besaß die Frankfurter Stadtbibliothek nun eine Hebraica- und Judaica-Sammlung von bedeutender Größe. Die Betreuung der ca. 11.000 Werke und ihr weiterer Ausbau erforderte ganz andere finanzielle und personelle Ressourcen. Weitere Spenden von Frankfurter Jüdinnen und Juden für die Erschließung der Sammlung Brüll finanzierten zwischen 1892 und 1896 das Honorar des Gelehrten Schabsi Chait, der mit der Erstellung eines Kataloges betraut wurde. Chaits Anstellung an der Stadtbibliothek wurde 1896/97 Gegenstand einer Debatte in der Frankfurter Lokalpresse, initiiert von Chait selbst, der seine vergleichsweise niedrige Bezahlung kritisierte, mit Blick auf eine Festanstellung eine Anpassung einforderte und im Zuge dessen auch antisemiti-

---

17 Heuberger, Bibliothek des Judentums, S. 16–17. Im Gegensatz zur Sammlung Jost liegt für die Sammlung Fuld ein handschriftlicher Katalog vor: Raphael Kirchheim, Katalog der Fuld'schen Bücher, Frankfurt am Main [nach 1867]; online verfügbar unter http://nbn-resolving.org/urn: nbn:de:hebis:30:2-387325, letzter Zugriff 27. Mai 2022.
18 1897 zählte die Signaturengruppe Judeo Germanica (Jud. Germ.) 395 Titel. Heuberger, Bibliothek des Judentums, S. 25. Im Rahmen des Forschungsprojekts *Footprints in Frankfurt: Provenance of Early Hebraica in the University Library Frankfurt am Main* konnte Lucia Raspe 302 heute noch vorhandene Titel dieser Teilsammlung der Provenienz Brüll zuordnen.
19 Heuberger, Bibliothek des Judentums, S. 17.

sche Vorfälle öffentlich machte.[20] Der Magistrat der Stadt und Friedrich Clemens Ebrard (1850–1935) als Direktor der Bibliothek lehnten Chaits Ansinnen im Herbst 1897 ab. Für die offene Personalfrage hatten sie bereits eine andere Lösung gefunden. Zum Jahresbeginn 1898 wurde Aron Freimann (1871–1948) als „außeretatmäßiger wissenschaftlicher Hülfsbibliothekar" eingestellt, zunächst zu einem vergleichbar niedrigen Gehalt, das jedoch in den Folgejahren steigen sollte.[21]

Der erhebliche Zuwachs an Hebraica und Judaica führte in den 1890er Jahren zu personellen und organisatorischen Veränderungen. Hierzu zählte auch die Etablierung einer „Judaica-Abteilung" analog zur neuen Systematik des Bibliotheksbestands, in dem sich Judaica als eines von fünfzehn Hauptfächern wiederfanden.[22] In der alten Systematik gab es zwei relevante Signaturgruppen – *Judaica* und *Collectio Fuldii* – die nun in der neuen Hauptabteilung aufgingen, welche aus sieben Untergruppen bestand.[23] Literatur zur jüdischen Geschichte in Frankfurt am Main wurde jedoch nicht der Judaica-Abteilung zugeordnet, sondern der Abteilung Francofurtana und bildete hier die Untergruppe Judaica Francofurtana.[24] Die Systematik priorisierte somit den lokalen Kontext, in dem Werke zur jüdischen Geschichte und Gegenwart Frankfurts standen, und konzeptionalisierte sie als integralen Bestandteil des lokalen Kulturerbes. Zugleich blieb die spezifische Bedeutung dieser Literatur durch Einrichtung einer eigenen Untergruppe erhalten.

Die 1890er Jahre legten mit der Schenkung Brüll und Freimanns Anstellung die Grundlagen für die erfolgreiche Weiterentwicklung der Frankfurter Hebraica- und Judaica-Sammlung, die in den folgenden Jahren und Jahrzehnten als größte Sammlung ihrer Art in Kontinentaleuropa weithin Bekanntheit erlangen sollte. Hierfür war neben den vorteilhaften Rahmenbedingungen an der Stadtbibliothek das Engagement der Frankfurter Jüdinnen und Juden ebenso ausschlaggebend wie die Person Aron Freimanns, der als Bibliothekar und Gelehrter die Geschicke der Sammlung weitreichend prägen sollte.

---

20 Heuberger, Bibliothek des Judentums, S. 21–30.
21 Heuberger, Bibliothek des Judentums, S. 29–30.
22 Friedrich Clemens Ebrard, Das Einteilungssystem der Stadtbibliothek, in: Friedrich Clemens Ebrard, Die Stadtbibliothek in Frankfurt am Main, S. 155–171, hier S. 169.
23 Ephemerides Judaicae (Eph. Jud.), Lingua Hebraica (L. Hebr.), Historia litteraria Hebraica (H. litt. Hebr.), Auctores Hebraici anonymi (Auct. Hebr. anon.), Auctores Hebraici nominati (Auct. Hebr.), Judaeo-Germanica (Jud. Germ.) und Judaica varii argumenti (Jud.). Friedrich Clemens Ebrard, Die Stadtbibliothek in Frankfurt am Main, S. 169.
24 Mit der Signatur Jud. Ff., Friedrich Clemens Ebrard, Die Stadtbibliothek in Frankfurt am Main,, S. 170.

Aron Freimann und die Judaica-Abteilung der Frankfurter Stadtbibliothek

Aron Freimann stammte aus Posen und ist nur einer von vielen bedeutenden Vertretern einer weit verzweigten Rabbiner- und Gelehrtenfamilie. Sein Großvater mütterlicherseits, Jakob Ettlinger (1798–1871), war einer der führenden Protagonisten der jüdischen Orthodoxie und wortmächtiger Kritiker der Reformbewegung. Ettlingers Position beruhte auf einer Verpflichtung auf die Tradition und ihrer Unantastbarkeit, nicht jedoch auf der Abwehr weltlichen Wissens und moderner Wissenschaft. Vielmehr propagierte er eine Öffnung gegenüber der nichtjüdischen Gesellschaft nach dem Prinzip *Torah im Derech Erez*.[25] Ettlinger gehörte zu den ersten jüdischen Studenten der Universität Würzburg und befasste sich im Laufe seines Lebens immer wieder mit textkritischen Methoden.[26] Er steht damit für die Anfänge einer modernen jüdischen Gelehrsamkeit, die die Grundlagen einer Wissenschaft des Judentums orthodoxer Prägung bildete und die mit Blick auf unser heutiges Verständnis der intellektuellen Auseinandersetzungen um das Verhältnis von Wissenschaft und Judentum im 19. Jahrhundert häufig zu wenig Beachtung findet.[27] Ettlinger war Lehrer Samson Raphael Hirschs (1808–1888), der der Wissenschaft des Judentums kritisch gegenüberstand, und Esriel Hildesheimers (1820–1899), der 1873 das Orthodoxe Rabbinerseminar zu Berlin und damit die wichtigste Institution einer orthodoxen Wissenschaft des Judentums im deutschsprachigen Raum gründete.[28] Aron Freimann verband als Student wie sein Großvater und sein Vater, der Rabbiner Israel Meir Freimann (1830–1884), weltliches und jüdisches Wissen, akademisches und rabbinisches Lernen und schöpfte als Wissenschaftler aus der tiefen Kenntnis der Tradition. Ab 1893 studierte er an der Friedrich-Wilhelm-Universität zu Berlin und zeitgleich am Orthodoxen Rabbinerseminar und promovierte 1896 in Orientalistik. Zu seinen akademischen Lehrern und engsten Vertrauten zählte Abraham Berliner (1833–1915), Professor am Orthodoxen Rabbinerseminar, für dessen Privatbibliothek Frei-

---

25 „Torah nach dem Wege des Landes". Samson Raphael Hirsch gilt gemeinhin als der wichtigste Vertreter dieses Ansatzes.
26 Heuberger, Aron Freimann und die Wissenschaft des Judentums, S. 41–44.
27 Zur orthodoxen Wissenschaft des Judentums siehe Asaf Yedidya, Orthodox Strategies in the Research of the *Wissenschaft des Judentums*, in: European Journal of Jewish Studies 5 (2011), S. 67–79. Zu den „Wissenschaften des Judentums" siehe von der Krone/Thulin, Wissenschaft in Context, S. 250–251.
28 Mordechai Eliav, Das orthodoxe Rabbinerseminar in Berlin, in: Julius Carlebach (Hrsg.), Wissenschaft des Judentums: Anfänge der Judaistik in Europa, Darmstadt 1992, S. 59–73.

mann 1895 einen handschriftlichen Katalog anfertigte.²⁹ Erste Erfahrungen als Bibliograph und Bibliothekar sammelte Freimann seit 1893 an der Bibliothek des Rabbinerseminars.³⁰ Sein wissenschaftliches Interesse an der Bibliographie zeigte sich ab 1896 in der von ihm mitherausgegebenen *Zeitschrift für Hebräische Bibliographie* (bis 1921), die er dezidiert als Fortsetzung der von Moritz Steinschneiders (1816–1907) von 1858 bis 1882 herausgegebenen *Hebräischen Bibliographie* verstand.

Im Januar 1898 trat Aron Freimann in den Dienst der Stadtbibliothek Frankfurt am Main ein. Maßgeblich wurde er mit der „Ordnung und Katalogisierung" der Hebraica- und Judaica-Bestände betraut. In den 35 Jahren, die Freimann der Sammlung vorstand, sollte sich ihr Bestand nahezu vervierfachen.³¹ Freimann gelang es, durch Anwerbung weiterer herausragender Schenkungen und Stiftungen eine bereits bedeutende Sammlung zur herausragenden „hebräischen und jüdischen Bücherei"³² mit überregionaler Strahlkraft auszubauen. Die enge Zusammenarbeit mit zentralen Akteuren der jüdischen Gemeinschaft, mit Gelehrten, Mäzenen und Gemeindevertretern, darunter Freimanns Onkel Markus Horovitz (1844–1910), war hierfür ebenso zentral wie die hervorragenden Rahmenbedingungen, welche sich Freimann an der Stadtbibliothek boten. Ihr Aus- und Umbau zu einer modernen wissenschaftlichen Bibliothek ermöglichte nicht nur die Anstellung Freimanns, seit 1904 als ordentlicher Bibliothekar, und damit eine fachliche adäquate Betreuung der Hebraica- und Judaica-Sammlung. Die finanzielle Ausstattung der Bibliothek ermöglichte es zudem, systematisch zeitgenössische Publikationen zu allen Themenbereichen jüdischer Geschichte und Gegenwart zu erwerben.³³ Freimann gelang es zudem, sich als Wissenschaftler und Netzwerker innerhalb und außerhalb jüdischer Kreise zu etablieren und pflegte Kontakte weit über den deutschsprachigen Raum hinaus. Dies war nicht allein im wachsen-

---

29 [Aron Freimann], Katalog der Dr. A. Berlinerschen Bibliothek Hebräische Titel, Katalog der Dr. A. Berlinerschen Bibliothek, 2 Bände, [Berlin 1895]. Handschrift, Universitätsbibliothek Johann Christian Senckenberg Frankfurt am Main, digital verfügbar unter http://nbn-resolving.org/urn:nbn:de:hebis:30:2-230117, letzter Zugriff 27. Mai 2022.
30 Heuberger, Aron Freimann und die Wissenschaft des Judentums, S. 72.
31 Rachel Heuberger nennt für 1898 einen Bestand von 11.118 Werken, überwiegend Hebraica. Heuberger, Bibliothek des Judentums, S. 25. Zu Beginn der 1930er Jahre ist von ca. 40.000 Titeln auszugehen. Heuberger, Bibliothek des Judentums, S. 115.
32 Lehmann, Die hebräische und jüdische Bücherei, S. 215–217.
33 Unter der Leitung Ebrards zwischen 1884 und 1913 hatte sich der Gesamtbestand dank eines kontinuierlich wachsenden „Vermehrungsetats" von ca. 150.000 Bänden auf 366.000 Bände erhöht. 1884 umfasste dieser Etat 10.000 Mark, 1913 hatte er sich auf ca. 45.000 Mark gesteigert. Hartmut Schaefer, Die Stadtbibliothek 1884–1913, in: Klaus-Dieter Lehmann (Hrsg.), Bibliotheca Publica Francofurtensis: 500 Jahre Stadt- und Universitätsbibliothek Frankfurt am Main, Textband, Frankfurt am Main 1985, S. 119–204, hier S. 122–123.

den Ruhm der Frankfurter Sammlung begründet, sondern gleichermaßen im wissenschaftlichen Werk Freimanns, der als Autor und Herausgeber weit mehr als 400 Texte veröffentlichte.[34] Wie Rachel Heuberger eindrücklich gezeigt hat, stand Freimanns Tätigkeit als Bibliothekar in einem untrennbarem Wechselverhältnis zu seinem wissenschaftlichen Werk, seiner Rolle als Herausgeber der *Zeitschrift für Hebräische Bibliographie*, als Mitherausgeber der *Zeitschrift für die Geschichte der Juden in Deutschland* und des historisch-topographischen Handbuchs *Germania Judaica* sowie als Netzwerker mit weitreichenden Kontakten zu Intellektuellen und Schriftstellern.[35] Dass Freimanns Blick dabei nicht auf deutsche Kreise beschränkt blieb, zeigt sein Engagement für den Verein Mekize Nirdamim, den er mit andere Wissenschaftlern 1909 wiederbelebte. Der ursprünglich 1864 gegründete Verein gab wissenschaftliche Editionen zentraler jüdischer Texte in hebräischer Sprache heraus und sprach damit vor allem zentral- und osteuropäische jüdische Gelehrte an.[36]

In den ersten Jahren seiner Tätigkeit gelang es Freimann, umfangreiche Bestände aus drei herausragenden Privatsammlungen für die Stadtbibliothek zu akquirieren. Jüdische Mäzene, die sich wie im Falle des Ankaufs der Sammlung Brüll abermals umfangreich finanziell beteiligten, traten nun auch als Sammler in Erscheinung. Neben der Sammlung Berliner, einer Gelehrtenbibliothek, die 1899 in die Stadtbibliothek Frankfurt am Main gelangte, sind hier die Stiftung Rothschild und die Sammlung Merzbacher von besonderer Bedeutung, die 1901 bzw. 1903 in die Hebraica- und Judaica-Sammlung eingingen.

Der Ankauf der Sammlung Berliner wurde vollständig durch Spenden jüdischer Mäzene finanziert, darunter Baron Wilhelm Carl von Rothschild (1828–1901) und seine Frau Mathilde (1832–1924), Jakob Heinrich Schiff (1847–1920), der aus Frankfurt am Main stammte und auch nach seiner Auswanderung nach New York seiner Geburtsstadt eng verbunden blieb,[37] und Charles L. Hallgarten (1838–1908), die je 5.000 Mark spendeten und damit den überwiegenden Teil des Kauf-

---

34 Eine detaillierte Aufstellung bietet Heuberger, Aron Freimann und die Wissenschaft des Judentums, S. 329–362.

35 Heuberger, Aron Freimann und die Wissenschaft des Judentums. Zu Freimanns Verbindungen zu hebräischen Schriftstellern siehe Heuberger, Aron Freimann: Bibliograph, Historiker, Bibliothekar, Gemeindevorsitzender, S. 25–32.

36 Zum Verein siehe Mirjam Thulin, Tradition und Edition: Der Verein Mekize Nirdamim als gelehrtes Netzwerk, in: Jahrbuch des Simon-Dubnow-Instituts 10 (2011), S. 36–67. Zu Freimanns Rolle siehe Heuberger, Aron Freimann und die Wissenschaft des Judentums, S. 303–309.

37 Schiff wirkte auf beiden Seiten des Atlantiks als Philantroph und förderte jüdische und öffentliche Institutionen. 1912 finanzierte er zu weiteren Teilen den Ankauf der Deinard Collection für die Library of Congress. Vgl. Myron Weinstein, The First Deinard Collection of the Library of Congress, in: Judaica Librarianship 12 (2006), S. 31–48.

preises von 21.000 Mark trugen.³⁸ Unter den 4.880 Titeln der Sammlung Berliner befanden sich mehrere hebräische Inkunabeln und eine signifikante Zahl hebräischer Gebetbücher. Nach Berliners Tod erhielt die Stadtbibliothek den restlichen Buchbestand aus dem Nachlass.³⁹

1901 verstarb Wilhelm Carl von Rothschild, woraufhin seine Witwe Mathilde von Rothschild der Stadtbibliothek wertvolle Hebraica schenkte. Aron Freimann erhielt die Möglichkeit, die Rothschild'sche Privatbibliothek persönlich zu sichten. Mit der Stiftung Rothschild gelangten insgesamt 3.754 Werke in die Sammlung, darunter außerordentlich seltene Werke wie zahlreiche Bibelausgaben, 23 Inkunabeln sowie wertvolle illuminierte Handschriften. Die Schenkung war an die Bedingung geknüpft, dass die einzelnen Werke im Katalog als Stiftung der Rothschilds ausgewiesen werden sollten⁴⁰ und weder vollständig noch in Teilen veräußert werden dürfen.⁴¹

Als letzte größere Sammlung wurde 1903 die Privatbibliothek des Münchener Bankiers und Münzhändlers Abraham Merzbacher (1812–1885), erneut mit erheblicher finanzieller Unterstützung der Frankfurter jüdischen Gemeinschaft, für 34.000 Mark erworben.⁴² Die ca. 6.000 Bände umfassende Merzbacher-Sammlung war in vielerlei Hinsicht außergewöhnlich. Sie bestand zu drei Vierteln aus Hebraica und umfasste 43 Inkunabeln, zentrale Werke der rabbinischen Literatur, darunter mehrere, teils unikale Talmud-Ausgaben sowie eine signifikante Anzahl karäischer Schriften. Des Weiteren gehörten zur Sammlung 156 Handschriften, darunter zum Beispiel eine reich verzierte Handschrift der *Mishneh Torah* von Maimonides⁴³ sowie eine Abschrift der Erinnerungen der Glikl bas Juda Leib

---

38 Weitere Spenden stammten von Georg Speyer, Theodor Stern, Wilhelm Bonn und Eduard Cohen. Heuberger, Bibliothek des Judentums, S. 31.
39 Heuberger, Bibliothek des Judentums, S. 32.
40 Gedruckte Werke sind mit dem Widmungsvermerk „Stiftung Wilhelm Carl v. Rothschild. Geschenk der Freifrau Mathilde v. Rothschild an die Frankfurter Stadtbibliothek. 1901." versehen.
41 Hierzu zählte auch der Rothschildsche Pentateuch, eine Handschrift aus dem 13. Jahrhundert aus Oberitalien, die heute als Ms. 116 zur Sammlung des Getty Museum, Los Angeles, gehört. Die Handschrift, ehemals Ausst. 5 der Stadtbibliothek Frankfurt am Main, wurde durch ein Tauschgeschäft im Rahmen eines Restitutionsverfahrens 1950 veräußert. Heuberger, Bibliothek des Judentums, S. 120–131.
42 Heuberger, Bibliothek des Judentums, S. 38–42.
43 Die Mishneh Torah umfasst die Bücher 7–14 und entstand in Norditalien ca. 1457. Der erste Teil dieser Handschrift wird im Vatikan verwahrt (Signatur: Ross. 498, https://www.nli.org.il/en/discover/manuscripts/hebrew-manuscripts/itempage?vid=MANUSCRIPTS&docId=PNX_MANUSCRIPTS990001003540205171#, letzter Zugriff 30. Mai 2022). Dieser zweite Teil gehörte als Ausst. 6 zur Dauerausstellung der Stadtbibliothek Frankfurt und war ebenfalls Gegenstand des Tauschgeschäfts von 1950. Sie ist heute im Besitz des Metropolitan Museums New York und des Israel-

(1647–1724), besser bekannt als Glückel von Hameln.[44] Als Eugen Merzbacher, der Sohn Abraham Merzbachers, 1903 verstarb, bot sich die Gelegenheit des Ankaufs, für den sich in Frankfurt das Merzbacher-Komitee bildete. Charles L. Hallgarten fungierte als Sprecher des Komitees, dessen weitere Mitglieder jedoch anonym bleiben wollten.[45]

Neben diesen umfangreichen Schenkungen und Stiftungen gelangten unter Freimanns Ägide immer wieder kleinere Sammlungsbestände in die Stadtbibliothek. Hierzu zählte etwa eine Schenkung des bereits erwähnten Charles L. Hallgarten, der neben weiteren finanziellen Zuwendungen der Stadtbibliothek auch 174 Musikdrucke stiftete, welche Einblick gewähren in die Entwicklung der synagogalen Musik des 19. Jahrhunderts. Auch Freimanns Onkel und Schwiegervater Markus Horovitz engagierte sich für die Sammlung; ihm gelang es, zur Jahrhundertwende mit Unterstützung privater Spenden 4.314 Handschriften-Fragmente aus der Kairoer *Geniza* anzukaufen. Die Handschriften umfassten zahlreiche liturgische und literarische Texte, darunter Gedichte von Jehuda ha-Levi. Während die Handschriftenfragmente im Zweiten Weltkrieg verbrannten, sind Kopien von etwa 220 Fragmenten mit hebräischer Poesie im Schocken-Institut in Jerusalem überliefert.[46]

Des Weiteren finden sich zahlreiche Schriften Frankfurter jüdischer Institutionen im Bestand der Stadtbibliothek, jedoch gelten diese wie bereits erwähnt nicht als Teil der Freimann-Sammlung, sondern gehören zum Bestand der Abteilung Frankfurt. Darunter finden sich nicht nur Bücher, sondern auch sogenannte unselbständige Schriften wie etwa Protokolle und Statuten, Einladungs- und Tischkarten, aber auch Flugschriften, die Einblick gewähren in den Alltag der jüdischen Gemeinden und jüdischen Vereine sowie wohltätiger Einrichtungen Frankfurts.[47] Die Stadtbibliothek übernahm, wenn auch nur in Teilen, die Aufgabe eines Archivs jüdischer Lokalgeschichte, wofür sowohl die enge Verbindung zur Hebraica- und Judaica-Sammlung zentral war als auch Freimanns tiefe Veranke-

---

Museums und wird in Jerusalem verwahrt. Vgl. www.metmuseum.org/art/collection/search/479794, letzter Zugriff 27. Mai 2022.

44 Ms. hebr. oct 2. Die Abschrift wurde von Glikls Sohn angefertigt, das Titelblatt vom Enkel. Die Handschrift gilt heute als einzig verbliebene zeitgenössische Fassung der *Zikhronot*. Sie ist digital zugänglich unter http://nbn-resolving.org/urn:nbn:de:hebis:30:2-598, letzter Zugriff 27. Mai 2022.
45 Heuberger, Bibliothek des Judentums, S. 40.
46 Heuberger, Bibliothek des Judentums, S. 143.
47 Arthur Richel (Hrsg.), Katalog der Abteilung Frankfurt, Bd. 1: Kirchenwesen – Bibliotheken – Wissenschaftliche Gesellschaften und Vereine – Wissenschaftliche Kongresse – Schulwesen – Die Juden in Frankfurt, Frankfurt am Main 1914.

rung in der Jüdischen Gemeinde, deren konservativem Flügel er angehörte und deren letzter Vorsitzender er im Jahr 1939 wurde.[48]

Der umfangreiche Ausbau der Sammlung verzögerte eine zentrale Aufgabe, mit der Freimann bereits bei seiner Einstellung betraut wurde: die Erstellung eines Katalogs der Hebraica- und Judaica-Bestände. Erst 1932 erschien der erste Teil eines auf zwei Bände angelegten Katalogs, der die ca. 18.000 selbständigen Werke der Judaica-Sammlung detailliert beschreibt. Den geplanten zweiten Teil, der den zu diesem Zeitpunkt ca. 17.000 Hebraica gewidmet sein sollte, konnte Freimann nicht mehr fertig stellen. Aron Freimann wurde am 30. März 1933, noch vor Inkrafttreten des Gesetzes zur Wiederherstellung des Berufsbeamtentums aus dem Dienst der Stadt Frankfurt entlassen. Er blieb in den folgenden Jahren, und solange dies möglich war, der Sammlung weiterhin verbunden. Erst im Frühjahr 1939 verließ Freimann gemeinsam mit seiner Frau Therese Frankfurt und siedelte in die USA über. Mit Unterstützung zahlreicher Kollegen und eines Stipendiums des Emergency Comittee in Aid of Displaced Foreign Scholars ließ er sich in New York nieder, wo er unter anderem an der New York Public Library tätig war.[49] Freimann starb am 6. Juni 1948 in New York.

Epilog – Die Geschichte der Sammlung nach 1933

Das Schicksal der Freimann-Sammlung nach 1933 kann hier nur angerissen werden; sie ist eine Geschichte von tiefen Brüchen und unwiederbringlichen Verlusten, aber auch von Neuanfang und Wiederentdeckungen. Wie erwähnt blieb Freimann auch nach seiner Entlassung der Sammlung verbunden. Unter anderem war er in Verhandlungen mit Salman Schocken (1877–1959) involviert, der Mitte der 1930er Jahre erwog, die Hebraica-Bestände zu Gunsten der Jüdischen Nationalbibliothek in Jerusalem zu erwerben. Das Vorhaben scheiterte auch am Widerstand der Jüdischen Gemeinde Frankfurts.[50] Im Zuge der Verhandlungen erhielt Schocken Kopien der Bestandsverzeichnisse der Hebraica fotokopiert, die einen

---

48 Heuberger, Aron Freimann und die Wissenschaft des Judentums, S. 103–110, 123–135.
49 Heuberger, Aron Freimann und die Wissenschaft des Judentums, S. 136–166. Die Unterstützung durch das Emergency Committee war eine Ausnahme, da Freimann die Altersgrenze bereits überschritten hatte.
50 Schocken kaufte aber zehn Inkunabeln. Zur ungeklärten Rolle Freimanns in den Verhandlungen siehe Heuberger, Aron Freimann und die Wissenschaft des Judentums, S. 86–91.

Einblick in den heute zu großen Teilen verlorenen Bestand gewähren und einem Katalog am nächsten kommen.⁵¹

Die Bibliotheksleitung und die Stadt Frankfurt warben wiederum mit Verweis auf die herausragenden Judaica-Bestände um die nationalsozialistische „Judenforschung" und um die Ansiedelung des Instituts zur Erforschung der Judenfrage in Frankfurt am Main, was letztlich auch gelang.⁵² Die Raubzüge der deutschen Behörden in ganz Europa brachten mehrere hunderttausend Bücher und Archivalien nach Frankfurt an das Institut, weswegen die Bestände der Stadtbibliothek letztlich keine Verwendung fanden.⁵³

Auch wenn die Hebraica- und Judaica- Sammlung von nationalsozialistischen Aneignungsbestrebungen verschont blieb, hatten das Kriegsgeschehen und die Bombardierung Frankfurts katastrophale Folgen. Die Judaica überstanden den Zweiten Weltkrieg zwar weitgehend unbeschadet, jedoch verbrannten große Teile der Hebraica-Sammlung. Erhalten blieben einzelne Teilbestände, darunter mehr als 400 hebräische Handschriften und Handschriftenfragmente, mehr als 70 hebräische Inkunabeln sowie die einzigartige Sammlung jiddischer Drucke. Verloren gingen Tausende von Bibelausgaben, Gebetbüchern und Rabbinica, aber auch Werke der hebräischen Literatur sowie die erwähnten 4.000 Handschriften-Fragmente aus der Kairoer *Genisa*.⁵⁴

Auch in der Nachkriegszeit blieb der Umgang mit der Sammlung zunächst ambivalent. Anfängliche Pläne, Bestände zu veräußern, um Neuankäufe für die neue gegründete Stadt- und Universitätsbibliothek zu finanzieren, wurden zwar nicht umgesetzt. Jedoch wurden acht besonders wertvolle hebräische Handschriften 1950 in einem Tauschgeschäft im Rahmen eines Restitutionsverfahrens mit einer aus Frankfurt vertriebenen jüdischen Familie durch die Stadt veräußert.⁵⁵ Mit Ausnahme einer kurzen Phase zwischen 1957 und 1964, in der Ernst Loewy (1920–2002) die Sammlung leitete und Teile der verloren geglaubten Hebraica im Bunker an der Friedberger Anlage entdeckte, blieb sie über Jahrzehnte ohne fachkundige Betreuung. Dennoch nahm sie im Forschungskontext eine erneut wichtige Rolle ein, seit 1949 als Ausgangspunkt des DFG-Sondersammelgebiets Judentum – zunächst unter der Bezeichnung „Wissenschaft vom Judentum"– und seit 1964 ergänzt um das Sondersammelgebiet Landeskunde Israel. Der damit verbundene

---

51 Die Kopien der Bestandsverzeichnisse liegen heute am Schocken-Institut in Jerusalem. Die Universitätsbibliothek JCS Frankfurt am Main verfügt über einen Mikrofilm (Signatur: MF 15413).
52 Allgemein dazu: Dirk Rupnow, Judenforschung im Dritten Reich. Wissenschaft zwischen Politik, Propaganda und Ideologie, Baden-Baden 2011.
53 Heuberger, Aron Freimann und die Wissenschaft des Judentums, S. 96–102.
54 Heuberger, Bibliothek des Judentums, S. 115–116.
55 Heuberger, Bibliothek des Judentums, S. 120–131.

nationale Sammlungsauftrag wird seit 2016 in veränderter Form im Rahmen des Fachinformationsdienstes Jüdische Studien weitergeführt.[56]

Dass die Sammlung seit den 1990er Jahren wieder jene Aufmerksamkeit und Sichtbarkeit erlangte, die sie auf Grund ihrer Bedeutung und ihrer Geschichte verdient, ist Rachel Heuberger zu verdanken, die von 1991 bis 2019 die Geschicke der Sammlung lenkte. Sie initiierte die wegweisende Digitalisierung eines Großteils der erhaltenen historischen Bestände, beginnend mit der Sammlung Jiddische Drucke, die 1999 online ging,[57] gefolgt von Compact Memory, das seit 2000 (deutsch-)jüdische Zeitungen und Zeitschriften des 18. bis 20. Jahrhunderts digital bereitstellt, mit heute mehr als 500 Titeln.[58] Seit 2008 wiederum ist ein Teil der Freimann-Sammlung als digitale Rekonstruktion für Forschung und Öffentlichkeit im virtuellen Raum zugänglich. Ausgehend vom 1932 veröffentlichten Katalog Aron Freimanns wurden in Kooperation mit dem Leo Baeck Institute New York/ Berlin mehr als 10.000 Titel digitalisiert.[59]

Heute ist die Freimann-Sammlung vor allem in ihrer virtuellen Form greifbar und setzt Aron Freimann und seinem für die Sammlung prägenden Wirken an der Stadtbibliothek Frankfurt am Main ein Denkmal. Für die heutige Hebraica- und Judaica-Sammlung der Universitätsbibliothek Frankfurt am Main ist die Geschichte der Freimann-Sammlung, als jüdische Sammlung in öffentlicher Hand, sowohl mit Blick auf die erhaltenen als auch mit Blick auf die verlorenen Bücher Geschenk und Verpflichtung zugleich.

---

56 https://www.jewishstudies.de, letzter Zugriff 28. Mai 2022. Neben der Bereitstellung einschlägiger Literatur aus allen Themenbereichen der Jüdischen Studien ist der Aufbau einer fachlichen Informationsinfrastruktur und die Unterstützung datenbasierter Forschungen heute eine wesentliche Aufgabe der Sammlung.
57 https://sammlungen.ub.uni-frankfurt.de/jd, letzter Zugriff 28. Mai 2022.
58 Ursprünglich im Rahmen zweier DFG-Projekte in Kooperation mit der RWTH Aachen und der Germania Judaica aufgebaut wird Compact Memory heute von der Universitätsbibliothek Frankfurt am Main in Zusammenarbeit mit anderen Sammlungen, insbesondere den Leo Baeck-Instituten, weiterhin ausgebaut. https://sammlungen.ub.uni-frankfurt.de/cm, letzter Zugriff 28. Mai 2022.
59 https://sammlungen.ub.uni-frankfurt.de/freimann, letzter Zugriff 28. Mai 2022. Sofern ein Band nicht mehr vorhanden war, wurde auf die New Yorker Bestände zurückgegriffen. Einige wenige Titel wurden aus Gründen des Urheberrechts zunächst nicht digitalisiert.

Matthias Morgenstern
Isaac Breuer – ein Frankfurter Religionsphilosoph und die Strategie des Verzichts auf orthodox-jüdische Apologetik

Kontext

Die Geschichte und Wirkungsgeschichte der unabhängigen Frankfurter jüdischen Orthodoxie, der von Rabbiner Samson Raphael Hirsch (1808–1888) geprägten *Neoorthodoxie* oder *Austrittsorthodoxie*, nimmt sich im historischen Rückblick als Erfolgsgeschichte aus.[1] Blühende Gemeinden in der Schweiz, im Elsass, in Nordamerika und in Israel sehen sich in der Tradition der 1850 zunächst als privatrechtliche Vereinigung gegründeten (erst später als Körperschaft des öffentlichen Rechts anerkannten) Frankfurter „Israelitische[n] Religionsgesellschaft" (IRG) und pflegen das Erbe ihres Gründungsrabbiners. Das Gebetbuch der IRG, der mehrfach nachgedruckte legendäre „Hirschsiddur", ist – in der Schweiz sogar in der Originalsprache – weiter im Gebrauch;[2] Hirschs ebenfalls neuverlegte Bibelkommentare, ins Englisch und Hebräische, teilweise auch ins Französische übersetzt, sind in gesetzestreuen Gemeinden Gegenstand des Torastudiums.[3] Die von Hirschs Schwiegersohn und Nachfolger im Rabbinat der IRG Salomon Breuer (1850–1926), dem „Frankfurter Raw", und seinem Enkel Isaak Breuer (1883–1946) als orthodoxe Antwort auf die Gründung der zionistischen Weltorganisation mitgegründete orthodoxe Weltbewegung *Agudat Israel* gehört zu den größten jüdischen Organisa-

---

[1] Zur Geschichte der Frankfurter Austrittsorthodoxie vgl. Robert Liberles, Religious Conflict in Social Context. The Resurgence of Orthodox Judaism in Frankfurt am Main, 1838–1877, Westport 1985; Matthias Morgenstern, Von Frankfurt nach Jerusalem. Isaac Breuer und die Geschichte des Austrittsstreits in der deutsch-jüdischen Orthodoxie, Tübingen 1995.
[2] Samson Raphael Hirsch, Israels Gebete übersetzt und erläutert, Frankfurt am Main 1895 (Nachdrucke Frankfurt am Main 1884, Basel 1992).
[3] Der Pentateuch übersetzt und erläutert, Band 1–5, Frankfurt am Main 1867–1878 (Nachdrucke Frankfurt am Main 1986; Basel 1996). Vgl. auch die Online-Ausgabe https://www.sefaria.org/Rav_Hirsch_on_Torah%2C_Genesis.1.1.1?ven=Der_Pentateuch._%C3%9Cbersetzt_und_erl%C3%A4utert_von_Samson_Raphael_Hirsch,_1903_[de]&lang=bi, letzter Zugriff 25. April 2022. Vgl. Samson Raphael Hirsch, The Pentateuch translated and explained. Rendered into English by Isaac Levy, Gateshead 1959 (zweite, revidierte Auflage 1973, siebenbändige Ausgabe Gateshead 1989); The Pentateuch. Trumath Tzvi. Translation of the Text and Excerpts from the Commentary of Samson Raphael Hirsch with all Haftoroth and the Five Megilloth, edited by Rabbi Ephraim Oratz, translated by Gertrude Hirschler, New York 1986; חומש הרש"ר הירש על התורה, Vol. 1–5, New York (o. J.); Marc Breuer. La Thora commentée, Paris 1954 (weitere Auflagen u. a. 1977 und 1982).

https://doi.org/10.1515/9783110792478-013

tionen auf Weltebene; die parlamentarische Vertretung der *Aguda* in der Knesset, unter dem Namen *Jahadut ha-Tora* (Torajudentum) mehrfach an Koalitionsregierungen beteiligt, stellte einflussreiche Ausschussvorsitzende in der Knesset und fungiert im parteipolitischen Spektrum Israels oft als „Zünglein an der Waage".

Zur Lebenszeit Isaac Breuers konnte man freilich eine andere Sicht auf die Geschichte der IRG und Hirschs Lebenswerk haben. Nach langem Bemühen hatte Hirsch mit dem vom Berliner Landtag verabschiedeten Gesetz über den Austritt aus der Synagogengemeinde vom 28. Juli 1876 (Austrittsgesetz) die gesetzlichen Voraussetzungen für die jüdisch-orthodoxe Austrittsbewegung erreicht; in den Folgejahren musste er aber erleben, dass die Mehrheit seiner eigenen Gemeindeglieder von dieser Möglichkeit keinen Gebrauch machte. Sie zogen es vor, nicht nur Mitglied der separatorthodoxen IRG zu sein, sondern auch der reformjüdisch geführten Frankfurter Großgemeinde anzugehören. Als Hirsch versuchte, den Austritt durch einen förmlichen religionsgesetzlichen *Psaq-Din* zu erzwingen, musste er erleben, dass ihm vom Würzburger Rabbiner, dem weithin als Fachmann für jüdisches Recht (Halacha) anerkannten Seligmann Bär Bamberger (1807–1878), widersprochen wurde.[4] Hirschs Gegner in der Frankfurter liberal geführten Großgemeinde richteten schließlich selbst einen orthodoxen Minjan ein und gründeten eigene orthodoxe Institutionen. Seine größte Niederlage erlebte Hirsch, als Markus Horowitz zum Rabbiner der orthodoxen Filiale innerhalb der Gesamtgemeinde (Gemeindeorthodoxie) bestellt wurde, die 1881/82 am Börneplatz auch ihre eigene Synagoge erhielt.[5] Horowitz erschien Hirsch besonders gefährlich. Als Schüler Esriel Hildesheimers, des Rabbiners der Berliner orthodoxen Austrittsgemeinde und Direktors am dortigen Rabbinerseminar, war er für viele Orthodoxe besonders attraktiv. Sein Wirken in Frankfurt war der lebendige Beweis dafür, dass Hirschs Weg nicht einmal innerhalb der orthodoxen Austrittsbewegung in Deutschland ungeteilten Beifall fand.

Als Konsequenz der für ihn bitteren Entwicklung gab Hirsch 1877 die Leitung der von ihm gegründeten neoorthodoxen Frankfurter Realschule zugunsten seines Sohnes Mendel Hirsch (1833–1900) auf. Nach Ansicht des Vaters, der sich allmählich aus dem öffentlichen Leben zurückziehen wollte, war Mendel Hirsch zugleich als Nachfolger im Rabbinat vorgesehen.[6] Doch auch dieser Plan ging nicht auf. Nach Hirschs Tod berief die Gemeinde im Jahre 1890 nicht Mendel Hirsch, sondern den in Ungarn gebürtigen Salomon Breuer als Nachfolger. Die Folge waren jahrzehntelange Spannungen zwischen beiden Flügeln der Familie. „Die deutsch-jüdische Orthodoxie, von ihrem genialen Gründer schier aus dem Boden

---

4 Vgl. Morgenstern, Von Frankfurt nach Jerusalem, S. 144–150.
5 Morgenstern, Von Frankfurt nach Jerusalem, S. 4–5.
6 Morgenstern, Von Frankfurt nach Jerusalem, S. 161.

gestampft", konstatierte 1917 Hirschs Enkel Isaac Breuer, „schien in der Tat schnell gealtert." Es war vor allem der Austrittskampf, der „ihre Flügel gebrochen" hatte.[7] Dabei standen, als Breuer dies schrieb, der Austrittsorthodoxie ihre größten Belastungsproben noch bevor. In der *Agudat Israel*, die 1912 unter Salomon Breuers Mitwirkung im damals noch preußischen Kattowitz gegründet worden war, hatten sich die Frankfurter Austritts-Orthodoxen schnell isoliert. Ihre Forderung, das Austrittsprinzip, das jede Zusammenarbeit mit reformjüdischen Organisationen verbot, sollte weltweit gelten, wurde von den Orthodoxen in Osteuropa nicht verstanden. Die orthodoxe Weltorganisation nahm daher auch Juden als Mitglieder auf, die zwar persönlich toratreu lebten, in ihren jeweiligen Heimatorten aber nicht aus reformjüdisch dominierten Gemeinden ausgetreten waren. Nicht einmal ihre Minimalforderung, im Aguda-Jargon als „ungarische Forderung" bezeichnet, den Gemeindeorthodoxen sollte in den Gremien der Weltorganisation das passive Wahlrecht entzogen werden, konnten Hirschs Nachfolger durchsetzen.[8]

Es ist nun interessant zu sehen, wie die Enkel Hirschs, die zu Beginn des 20. Jahrhunderts ihre Wirksamkeit begannen, auf die schwierige Situation ihrer Bewegung reagierten. Raphael Breuer (1881–1932), Isaac Breuers ältester Bruder, war der kämpferischste seiner Generation. In seinem Engagement für die von Hirsch inspirierte Orthodoxie ließ er sich häufig zu einem konfrontativen und völlig undialektischen Antimodernismus hinreißen. Aufgrund seines Radikalismus und seiner Unerschrockenheit beim Ansprechen heikler Themen – in seinen Texten spielt er höchst polemisch auf Rahel Hirsch (1870–1953) an, die Tochter Mendel Hirschs und Cousine der Breuer-Brüder, die inzwischen eine berühmte Medizinerin geworden war und das orthodoxe Leben verlassen hatte – galt er bald als *enfant terrible* der deutsch-jüdischen Orthodoxie.[9] Sein jüngerer Bruder Josef Breuer (1882–1980), bereits 1903 zum Rabbiner ordiniert, konzentrierte sich ganz auf die Gemeindearbeit. An den gemeindepolitischen Auseinandersetzungen seiner Zeit nahm er wenig teil und kümmerte sich stattdessen um die von seinem Vater in Frankfurt gegründete Jeschiwa. Nach seiner Flucht in die USA im Jahre 1939 wurde er Rabbiner einer deutsch-jüdischen Gemeinde im New Yorker Stadtteil Washington Heights, die noch jahrzehntelang Frankfurter Traditionen be-

---

7 Isaac Breuer, Schriften zum Zionismus und Agudismus (Isaac Breuer Werkausgabe, Bd. 2), Berlin 2017, S. 14.
8 Breuer, Schriften zum Zionismus und Agudismus, S. 28.
9 Vgl. Matthias Morgenstern, Von „jüdischer Züchtigkeit und sinnlichem Vergnügen". Die Kommentare zum Hohenlied von H. Graetz und R. Breuer, in: Frankfurter Judaistische Beiträge. 28 (2001), S. 121–148.

wahrte.[10] Samson Breuer (1891–1974), der zweitjüngste der Breuerbrüder, wurde nach dem Besuch der genannten Talmudhochschule zwar zum Rabbiner ordiniert, machte dann aber Karriere als Mathematiker.[11] Nach seiner Emigration nach Palästina war er im Versicherungswesen tätig und leitete nach der Gründung des Staates Israel eine Abteilung im israelischen Finanzministerium.

Das Werk Isaac Breuers – er war zweifellos der in literarischer Hinsicht produktivste, zugleich aber auch schillerndste in seiner Familie – erhält vor diesem Hintergrund ein besonderes Profil. Im Gegensatz zu seinem ältesten Bruder mied Isaac Breuer, der von den innovativen, geradezu modernen Elementen in der Lehre seines berühmten Großvaters wusste, jeden Anschein reaktionären Eifers. Anders als seine anderen Geschwister wich er auch nicht auf andere Gebiete geistiger Betätigung aus, sondern suchte, ausgehend vom Erbe Rabbiner Hirschs, die Auseinandersetzung mit den Problemen seiner Zeit. Sein facettenreiches Oeuvre lässt sich wohl am besten verstehen, wenn man in Rechnung stellt, dass er die von ihm für unfruchtbar erachteten, bloß polemischen antiliberalen Antithesen überwinden wollte. Der in seiner speziellen neoorthodoxen Perspektive wahrgenommenen Krise seiner Zeit und Situation suchte er mit einem philosophisch grundierten Zug aufs Grundsätzliche zu begegnen, um die oben geschilderte Krisensituation der deutsch-jüdischen Orthodoxie geschichtsphilosophisch zu deuten und jüdisch-theologisch zu verstehen. Die eigene Krise nahm er dabei als Symptom einer größeren, allgemeinen Krise wahr, die auf allen Gebieten Platz griff, wo die Welt der traditionell verstandenen Tora auf die Moderne stieß. In den Blick kommt so, und um diese Beispiele soll es im Folgenden gehen, die Konfrontation des jüdischen Rechts mit den Prinzipien des modernen Rechtsstaates (Abschnitt 3), die Begegnung des unter der Herrschaft der Tora stehenden jüdischen Soziallebens mit den Gegebenheiten moderner kapitalistischer Gesellschaften (Abschnitt 4), das Zusammentreffen von toragemäßer Weltanschauung und moderner Naturwissenschaft (Abschnitt 5) und die Auseinandersetzung der traditionellen jüdischen Lehre mit der kritischen Bibelwissenschaft (Abschnitt 6). In seiner Auseinandersetzung mit den in diesem Zusammenhang aufgeworfenen Fragen griff Breuer auf die grundlegenden Einsichten seines Großvaters zurück und scheute dabei weder Aporien noch orthodoxe Selbstkritik. Nach einer kurzen einführenden Reflexion zum Begriff der Apologetik im jüdischen Kontext (Abschnitt 2) soll im Folgenden versucht werden, Isaac Breuers philosophische Durchdrin-

---

10 Dovid Landesman/David Kranzler, Rav Breuer. His Life and His Legacy, Jerusalem/New York 1998.
11 Josef Walk (Hrsg.), Kurzbiographien zur Geschichte der Juden 1918–1945, München 1988; Werner Röder/Herbert A. Strauss (Hrsg.), Biographisches Handbuch der deutschsprachigen Emigration nach 1933, Bd. 1: Politik, Wirtschaft, Öffentliches Leben, München 1980, S. 94.

gung und Vergrundsätzlichung der Lehre Hirschs unter dem Gesichtspunkt seines Verzichts auf Apologetik darzustellen.

Apologetik

Als Apologetik wird die systematische und grundsätzliche Verteidigung einer Weltanschauung bezeichnet, im Bereich der christlichen Theologie insbesondere die wissenschaftliche Rechtfertigung von Lehrsätzen des Glaubens. Der bereits im Neuen Testament (1. Petrus 3,15) anzutreffende Begriff fand im frühen Christentum für Apologeten wie Justin den Märtyrer und Tertullian Verwendung, die ihren Glauben gegen Vorwürfe und Anklagen aus der griechisch-römischen Umwelt verteidigten. Wenngleich auch mit Bezug auf das antike Judentum gelegentlich von „Apologetik" gesprochen wird[12], hat dieser Begriff später unter Juden eher selten Fuß gefasst.[13] Wenn heute von „jüdischer Apologetik" die Rede ist, denkt man in der Regel an Aktivitäten zur Abwehr der christlichen Judenmission wie die 1985 von Rabbiner Bentzion Kravitz in Los Angeles gegründete Organisation *Jews for Judaism*.[14] Bei Isaac Breuer hatten der Begriff und die Sache der Apologetik einen entschieden abwertenden Klang. Diese Ablehnung – sie hatte prinzipielle Gründe – durchzieht sein Werk in allen Schaffensperioden und ist in nahezu allen bei ihm vorkommenden Genres (politische oder religionspolitische Streitschriften, philosophische Traktate, Romane, Rezensionen) anzutreffen. Eine Rolle spielte für ihn – in dieser Hinsicht war er sich überraschenderweise einig mit Gershom Scholem, mit dem er sonst nicht viel gemeinsam hatte – die ganz negative Beurteilung der *Wissenschaft des Judentums* im 19. Jahrhundert, die beide für ein apologetisch ausgerichtetes Unternehmen hielten, für den untauglichen Versuch, das Judentum Nichtjuden gegenüber irgendwie aufzupolieren und schmackhaft zu machen. Breuer, der ein großer Kritiker des Zionismus war, stand den unterschiedlichen Bestrebungen, die sich zu Beginn des 20. Jahrhunderts auf eine jüdische Renaissance und Unabhängigkeit richteten, aber nicht grundsätzlich ablehnend gegenüber, auch wenn seine eigenen Aspirationen zunächst eher geistig

---

12 Der hellenistisch-jüdische Philosoph Aristobul aus Alexandrien (gest. ca. 160 v. Chr.), dessen Werk aber verloren gegangen ist, wird als jüdischer „Apologet" bezeichnet; vgl. Martin Hengel, Judentum und Hellenismus. Studien zu ihrer Begegnung unter besonderer Berücksichtigung Palästinas bis zur Mitte des 2. Jahrhunderts v. Chr., Tübingen 1969, S. 295–307.
13 Zu den jüdischen Apologeten des Mittelalters vgl. Samuel Meisels, Apologeten des Judentums, in: Jüdisches Lexikon, Bd. 1, Berlin 1927, Sp. 391–396; Hugo Hahn, Apologetik, in: Jüdisches Lexikon, Sp. 396–397. Vgl. auch Encyclopaedia Judaic, Bd. 3, Jerusalem 1971, Sp. 188–201.
14 Vgl. die Webseite der Organisation: jewsforjudaism.org, letzter Zugriff 25. April 2022.

und philosophisch gemeint waren. Ähnlich wie der ihm in dieser Hinsicht geistesverwandte Gershom Scholem schien ihm die Vorstellung, die Lebensäußerungen des jüdischen Volkes gegenüber Nichtjuden gleichsam entschuldigend verteidigen zu müssen, als unvereinbar mit der dem Judentum eigenen Würde.

Jüdisches Recht (*Halacha*) und Rechtsphilosophie

In seinem 1910 publizierten Aufsatz *Die rechtsphilosophischen Grundlagen des jüdischen und des modernen Rechts* behandelt Breuer einen Fall, in dem ein deutsches Gericht in einer Ehescheidungssache die Anwendung der talmudischen Vorschriften mit der Begründung abgelehnt hatte, dass deren offensichtliche Benachteiligung der Frau für das gegenwärtige Rechtsempfinden „den guten Sitten zuwiderlaufe".[15] Diese Frage wurde in der zeitgenössischen Auseinandersetzung von Judenfeinden immer wieder genannt, um Juden religiöse und kulturelle Rückständigkeit und Engstirnigkeit vorzuwerfen. Als Reaktion auf solche und andere Vorwürfe entstand auf jüdischer Seite eine umfangreiche Apologetik, die es sich zum Ziel setzte, Missverständnisse zurechtzurücken, über Irrtümer und Fehlinterpretationen aufzuklären, Verleumdungen zurückzuweisen und die jüdische Traditionsliteratur der Öffentlichkeit gegenüber ins rechte Licht zu setzen. Besonders prominent waren die Schriften des Talmudgelehrten David Zwi Hoffmann (1843/44–1921), der seit 1873 Dozent am Berliner orthodoxen Rabbinerseminar war und 1899 als Nachfolger Esriel Hildesheimers dessen Rektor wurde. 1885 gab Hoffmann eine Studie heraus, in der er die judenfeindlichen Behauptungen minutiös untersuchte und anhand von umfangreichen historischen Belegen Punkt für Punkt widerlegte.[16]

Den von Hoffmann vertretenen Ansatz, der auch auf die Widerlegung von Beschuldigungen im Zusammenhang mit dem talmudischen Sklavenrecht und Frem-

---

15 Isaac Breuer, Frauenrecht, Sklavenrecht und Fremdenrecht [zuerst erschienen als „Die rechtsphilosophischen Grundlagen des jüdischen und modernen Rechts"], in: Isaac Breuer, Frühe religionsphilosophische Schriften (Isaac Breuer Werkausgabe, Bd. 1), Berlin 2017, S. 131–183, hier S. 133. Die Tatsache, dass das Gericht seine Stellungnahme in der Folge mit der Feststellung revidierte, der oben zitierten Äußerung habe eine Verwechslung prozessualer und materieller Bestimmungen des mosaischen Gesetzes zugrunde gelegen (die Ehefrau, die im vorliegenden Fall wegen des Ehebruchs ihres Mannes auf Scheidung geklagt hatte, hätte demnach auch nach den Bestimmungen der Tora Recht bekommen können!), spielt für die weiteren Ausführungen Breuers keine Rolle mehr.

16 Vgl. David Hoffmann, Der Schulchan Aruch und die Rabbinen über das Verhältnis der Juden zu Andersgläubigen, Berlin 1885.

denrecht gerichtet war, lehnte Breuer aber ab.[17] Zum einen würde ein solches Verfahren seiner Ansicht nach den durch den Talmud gegebenen Schwierigkeiten und Herausforderungen nicht gerecht; zum andern sträubte er sich dagegen, den Eindruck zuzulassen, als lasse sich die Tora als Angeklagte vor das Forum menschlich-weltlicher Vernunft ziehen: „Uns befindet das jüdische Recht sich nicht im Anklagezustand, und noch weniger halten wir uns für befugt, über es zu Gericht zu sitzen. Bei einer etwaigen Dissonanz zwischen unserem Recht und unserem in der Zeit geborenen Empfinden halten wir allein und ausschließlich uns selbst für angeklagt und ohne weiteres sträflicher Gesetzesentfremdung für überführt."[18] Mit Blick auf den genannten Rechtsfall machte Breuer darauf aufmerksam, dass das jüdische Eherecht, ungeachtet der Tatsache, dass im europäischen Judentum seit Rabbenu Gershom (ca. 960–1028/40 n.Chr.) nur noch Einehen gestattet sind, als Institution *im Grundsatz* weiterhin polygam konstruiert ist.[19] Der Problematik dieses für das moderne Bewusstsein gewiss verstörenden Sachverhalts, der letztlich in der Heteronomie des jüdischen Gesetzes als Gottesgesetz begründet ist, versucht Breuer mit einer doppelten Strategie zu begegnen: Einerseits bringt er sein Bedauern darüber zum Ausdruck, dass die in Formulierungen wie „Rechtsempfinden" und „Sittlichkeit" erkennbare Idee der Humanität im ersten Votum des Gerichts *gegen das Judentum* gerichtet worden sei. Denn Breuer war davon überzeugt, dass diese Idee eigentlich dem Judentum entstammte. Daher

---

17 Zum Thema des Sklavenrechts heißt es bei Breuer, dies sei „eines der beliebtesten Gebiete der Apologetik", die „hier ihre grössten Triumphe" feiere, in dem sie alle die „vom ‚Geist reinster Humanität' diktierten Vorschriften" hervorhebe, „die gerade das jüdische Sklavenrecht zieren." Mit „vollem Fug" könne gerade das jüdische Sklavenrecht als „das Hohe Lied ... von der unveräusserlichen Menschenwürde" bezeichnet werden, „die selbst die tiefste Erniedrigung, deren ein Mensch fähig ist, überdauert." Immerhin könne ein Satz im babylonischen Talmud wie der im Traktat über die eheliche Antrauung (Qiddushin), Folio 20a („Wer einen hebräischen Sklaven gekauft, ist wie einer, der sich einen Herrn gekauft hat / כל הקונה עבד עברי כקונה אדון לעצמו"), wiewohl er geeignet sei, „über den wahren Charakter des jüdischen Sklaventums Licht zu verbreiten", dies aber doch „nur komparativ, nur in Beziehung zu dem Sklavenrecht anderer Völker" leisten. Dieser Rechtssatz könne den „Begriff des Sklaventums als solchen" aber nicht ändern „und die Erscheinung des vom jüdischen Recht, wenn auch nur in gewisser Hinsicht, als *Sache* behandelten Menschen, zumal beim nichtibrischen Knecht" nicht abmildern, sodass Apologetik auch in dieser Hinsicht unangebracht sei. Breuer, Die rechtsphilosophischen Grundlagen, S. 141. 1923 erschien Breuers Text erneut unter der Überschrift *Frauenrecht, Sklavenrecht und Fremdenrecht*; zur Editionsgeschichte vgl. Breuer, Die rechtsphilosophischen Grundlagen, S. 131–132.
18 Breuer, Die rechtsphilosophischen Grundlagen, S. 139.
19 Das zeigt der von Breuer in seinem eigenen Tora-Unterricht immer wieder behandelte Talmudtraktat Qiddushin, der in Mischna 1,1 mit den „Arten und Weisen" beginnt, durch die „ein Mann eine Frau erwirbt". Vgl. die Edition der Qiddushin-Studien Breuers in dem von seinen Enkeln herausgegebenen Gedenkband Saveinu (hebr. „Unser Großvater"), Jerusalem 1996, S. 11–14.

sah er in der vom Gericht gegen das jüdische Recht angeführten Generalklausel („unsittlich") letztlich keinen antisemitischen Affront, sondern im Gegenteil paradoxerweise einen Beweis für die in jüdischer Hinsicht eigentlich positiv zu bewertende „fortschreitende Erkenntnis von dem innigen Zusammenhang, in dem … das Recht zur Ethik steht."[20]

Im Judentum, so Breuer, sei im Gegensatz zur modernen Rechtsentwicklung, in dessen Zentrum die Rechte der Menschen *gegeneinander* stünden, der Zusammenhang von Ethik und Recht nie verlorengegangen. Außerhalb des Volkes Israel habe der für die moderne Rechtsentwicklung grundlegende Vorgang der Trennung von Ethik und Recht nicht nur zur Autonomie der Ethik, sondern auch zur Unterwerfung des Rechtes unter den utilitaristischen „Standpunkt des Tagesnutzens" und der „öffentlichen Wohlfahrt" geführt. Demgegenüber habe das jüdische Recht den Zusammenhang mit der Ethik nie verloren. Die jüdische *Ethik* sei niemals autonom geworden. Sie habe sich – anders als Kant – nie mit der Aufstellung ethischer Formalprinzipien begnügt, sondern fordere inhaltlich bestimmte Handlungen. Das Judentum sehe nicht im Menschen den letzten Zweck, zugleich habe aber das jüdische *Recht* seine Freiheit von den Zwängen des Tagesnutzens bewahrt und bedürfe, anders als das Gericht anfangs meinte, keines begrenzenden, das Unsittliche eindämmenden Eingriffs einer Generalklausel („gute Sitten"). Breuers Gedankengang, der sich hier recht weit vom ursprünglichen Anliegen der scheidungswilligen Frau entfernt, kulminiert in grundsätzlichen Reflexionen zur Philosophie des Rechts:

> Es ist eine lange noch nicht hinlänglich gewürdigte Tatsache, dass, wie der Autonomie der modernen Ethik die Heteronomie des modernen Rechts, so der Heteronomie der jüdischen Ethik die *Autonomie des jüdischen Rechts* entspricht. Wie der erste grosse, das jüdische Recht beherrschende Grundsatz die Ungleichheit der Pflichtverteilung, so ist der zweite Grundsatz, dessen Tragweite der des ersten gleichkommt, die Freiheit der Rechtsgenossen. Und die Freiheit der Rechtsgenossen soll die Ungleichheit der Pflichtverteilung rektifizieren.[21]

Die Juden und das Wirtschaftsleben – Werner Sombart und die Juden

Ein weiterer Beleg für den immer wieder demonstrativ, geradezu provozierend vorgetragenen Verzicht auf Apologetik im Oeuvre Breuers steht am Anfang seiner

---

20 Vgl. Breuer, Die rechtsphilosophischen Grundlagen, S. 150.
21 Breuer, Die rechtsphilosophischen Grundlagen, S. 170.

1911 in der jüdisch-orthodoxen Zeitschrift *Israelit*, dem *Centralorgan für das orthodoxe Judenthum* veröffentlichten Rezension des bekannten (und umstrittenen) Buches *Die Juden und das Wirtschaftsleben* des Soziologen Werner Sombart (1863–1941):

> Zu allen Zeiten war es das Schicksal des jüdischen Volkes in der Zerstreuung, daß seine Eigenart ... die Gefühle der nichtjüdischen Beobachter polarisierte und jenes Maß wunschlosen Interesses nicht aufkommen ließ, das allein imstande ist, nicht nur die ästhetische, sondern auch die objektiv wissenschaftliche Erfassung eines Gegenstandes zu gewährleisten. Es ist bezeichnend genug, daß selbst diejenige Art wissenschaftlicher Behandlung des Judentums hiervon keine Ausnahme macht, die sonst so leicht geneigt ist, die Objektivität bis zur Spitze grauenhafter Langeweile zu treiben: ich meine natürlich die philologische. Jedem Kundigen ist es offenbar, daß selbst die philologisch-orientalistische Wissenschaft, soweit sie Juden betrifft, die Farben der Leidenschaft nicht ganz verschmäht .... All das hat leider wieder auf die jüdischen Gelehrten selbst zurückgewirkt, sodaß diese nicht selten sich veranlaßt gesehen haben, statt die Dinge zu schildern wie sie sind, von vornherein die Fernwirkung auf die nichtjüdische Welt mit großer Einseitigkeit ins Auge zu fassen und die selbstgerechte Wissenschaft in schwachmütige, ja würdelose, weil advokatorische Apologetik zu verwässern.[22]

Gegenstand dieser Besprechung war eine Schrift, die – je nach Standpunkt – judenfreundlich oder auch judenfeindlich zu lesen war. Sombarts Buch konnte als eine Art Nebenstück zu Max Webers epochemachender Abhandlung *Die protestantische Ethik und der Geist des Kapitalismus* der Jahre 1904 und 1905 verstanden werden, als positiv zu wertender Nachweis, in welchem Ausmaß in diesem Fall eben nicht Protestanten, sondern Juden an der Herausbildung moderner Gesellschaften beteiligt waren.[23] Vor dem Hintergrund seiner sozialistischen Ambitionen ließen sich die Thesen des Karl Marx-Rezipienten Sombart aber auch denunziatorisch interpretieren: Demnach waren die Juden als kapitalistische Hauptakteure und als Wandervolk, das keine originäre Bindung zum Boden entwickelt, dafür aber umso intensiver zweckrationale Beziehungen zum abstrakten Wert des Geldes entwickelt habe, letztlich verantwortlich für die Auswüchse der kapitalistischen Elendsgesellschaften. Breuer, der sich in gewisser Weise selbst als Sozia-

---

22 Isaac Breuer, Sombart und die Juden, in: Breuer, Frühe religionsphilosophische Schriften, S. 87–116, hier S. 89.
23 In diesem Sinne äußerte sich Moses Hoffmann (1873–1958), ein Sohn des Direktors des Berliner Rabbinerseminars David Zwi Hoffmann (1843–1921), in einer 1912 unter dem Titel *Judentum und Kapitalismus* veröffentlichten Schrift, in der er einleitend feststellte, Sombarts Werk werde „das Standardwerk des ganzen Zeitalters über Juden und Judentum bleiben". Zitiert nach: Friedrich Lenger, Werner Sombart 1863–1941. Eine Biographie, München 1994, S. 448. Positiv äußerte sich auch Ludwig Feuchtwanger, Die Juden und das Wirtschaftsleben, in: Schmollers Jahrbuch für Gesetzgebung, Verwaltung und Volkswirtschaft im Deutschen Reiche 35 (1911), S. 1433–1466.

list verstand[24], war sich beider Lesemöglichkeiten bewusst. In seiner Rezension attackierte er aber gerade die vom Autor in Anspruch genommene Wertfreiheit[25] – eine Attitüde, hinter der er Herablassung vermutete und unter dem Einfluss der antisemitischen Literatur stehende Vorurteile ausfindig machte.[26] Doch nicht dem Nachweis logischer und sachlicher Fehler Sombarts galt sein eigentliches Augenmerk. Bei seiner Nachzeichnung der religionssoziologisch intendierten Gedankengänge – Sombart hatte etwa versucht, Prinzipien des „jüdischen" Rationalismus, Voluntarismus und des Erwerbstriebes im jüdischen Eherecht nachzuweisen – legte Breuer es vielmehr darauf an, die im zu besprechenden Text aufgefundenen wirklichen oder vermeintlichen Anstößigkeiten noch zu steigern, um sich im Anschluss über das durch die Trouvaillen Sombarts gestörte ästhetische Empfinden lustig zu machen. Unter Anspielung auf die nach dem Toilettengang zu sprechende Benediktion[27] heißt es:

> Und was würde Sombart erst sagen, wenn er wüßte, … daß die seligen Weisen selbst an die schnödeste aller Situationen, in die ein Ästhet geraten kann, und die, wie bereits zartest angedeutet, täglich sich wiederholt, ein – Gebet geknüpft haben, dessen tiefe Andacht die durch derartige Naturereignisse im innersten Kern verwundete ästhetische Seele nimmer wird fassen können. Ja, ja, das Judentum ist eben eine komische Einrichtung.[28]

Diese und andere Provokationen Breuers dienten nicht nur dem Nachweis, im Hinblick auf die Beachtung und Anerkennung durch Nicht-Juden selbst von „schwachmütigen" und „würdelosen" Motiven vollkommen frei zu sein. Die Zumutung, das Judentum nach außen „verteidigen" zu müssen, lehnte Breuer auch deswegen ab, weil das Proprium des Judentums nach seiner Überzeugung durch den von außen kommenden „wertneutralen" Blick weder erkannt noch adäquat gewürdigt werden kann. Im Hinblick auf die den Juden durch das Judentum gestellten Aufgaben war Breuer im Übrigen der Meinung, „daß es auch noch so et-

---

24 Vgl. Morgenstern, Von Frankfurt nach Jerusalem, S. 294–297.
25 Moses Hoffmann würdigte demgegenüber Sombarts „seltene Unparteilichkeit" in der Behandlung seines Gegenstandes (zitiert nach: Lenger, Werner Sombart, S. 448).
26 David Landes, The Jewish Merchant. Typologie and Stereotypologie in Germany, Leo Baeck Institute Yearbook 19 (1974), S. 11–23, hat Sombarts Schrift in dieser Hinsicht ein „pseudo-scholarly hoax" genannt.
27 Der Segensspruch lautet: „Gesegnet seist Du Gott, unser Gott, König der Welt, der den Menschen mit Weisheit gebildet und ihm mannigfache Öffnungen und Höhlungen anerschaffen hat. Offenbar und bekannt ist es vor dem Throne deiner Herrlichkeit, daß, wenn eine von ihnen geöffnet oder geschlossen würde eine von ihnen, es nicht möglich wäre sich zu erhalten und vor Deinem Angesichte zu stehen. Gesegnet seist Du Gott, Arzt alles Fleisches und Wunder vollbringend." Samson Raphael Hirsch, Israels Gebete, Frankfurt am Main 1987, S. 7.
28 Breuer, Sombart und die Juden, S. 107–108

was wie *Probleme* im Judentum geben darf, und daß es … dem Judentum wohl ansteht, seinen Bekennern auch einige harte Nüsse zu knacken aufzugeben."[29]

Tora und Naturwissenschaft: Der Begriff des Wunders im Judentum

In seiner Schrift *Der Begriff des Wunders im Judentum* spricht Breuer mit Blick auf landläufige Versuche, die Spannungen zwischen den Erkenntnissen der modernen Naturwissenschaft und der traditionellen Vorstellung von Wundern zu überwinden, von einer „Durchbruchstheorie".[30] Unter dieser Theorie verstand er die Lehre, dass das Wunder eine von Gott bewirkte „Durchbrechung" der Regelmäßigkeit des Naturablaufs darstelle, durch die gezeigt werde, dass auch diese Regelmäßigkeit nichts anderes sei als Ergebnis göttlichen Willens. „Denn wer die Regel stören kann, ist Meister der Regel."[31] Neben dieser Durchbruchstheorie gebe es auch noch eine „relative Durchbruchstheorie". Nach den Vertretern dieser Theorie brauche beim Wunder eine eigentliche „Durchbrechung" der natürlichen Ordnung gar nicht vorzuliegen:

> … es genüge vielmehr vollkommen, wenn die wunderbare Erscheinung den Zeitgenossen als Durchbrechung der natürlichen Ordnung deshalb vorkommen müsse, weil die Mittel ihrer Naturerkenntnis weder zur Bewirkung dieser Erscheinung noch zu ihrer kausalen Erklärung ausreichten. Der Umstand, dass die wunderbare Erscheinung zu einer Zeit zu Tage trete, die zu ihrer naturalen Bewältigung schlechterdings ausser Stande sei, genüge vollkommen, um sie zum Wunder zu gestalten, selbst wenn es dann Späteren gelingen sollte, sie ganz harmlos in ihrer naturalen Gesetzlichkeit aufzudecken.[32]

Breuer entlarvte dieses Argument als durchsichtige apologetische Strategie, die darauf angelegt ist, Wunderberichte in Texten der jüdischen Traditionsliteratur mit modernen naturwissenschaftlichen Erkenntnissen zu vereinbaren.

---

29 Breuer, Sombart und die Juden, S. 111. Zu Breuers inhaltlicher Auseinandersetzung mit Sombart vgl. Isaac Breuer, Werner Sombart als zionistischer Apostel, in: Breuer, Frühe religionsphilosophische Schriften, S. 117–130, hier 126–128.
30 Isaac Breuer, Der Begriff des Wunders im Judentum, in: Breuer, Frühe religionsphilosophische Schriften, S. 186–208, hier S. 187. Zum Hintergrund der von Breuers sogenannten „Durchbruchstheorie" vgl. Ulrich Lehner, Kants Vorsehungskonzept auf dem Hintergrund der deutschen Schulphilosophie und -theologie, Leiden 2007, S. 176–180.
31 Breuer, Der Begriff des Wunders, S. 188.
32 Breuer, Der Begriff des Wunders, S. 189.

> Ich muss gestehen, dass ich die relative Durchbruchstheorie von geradezu abstossender Hässlichkeit finde. Wunder sind bestimmt, eine Ueberzeugung zu übermitteln. Wer das Wunder erlebt, glaubt an die Durchbrechung der Naturordnung und glaubt deshalb auch an die Göttlichkeit dieser Naturordnung selber – – : und nun stellt sich auf einmal heraus, dass er das Opfer eines frommen Betrugs geworden, dass der Bewirker des Wunders die Naturordnung gar nicht gestört, vielmehr nur auf Grund seiner überlegenen Naturkenntnis die Ordnung der Dinge in Lauf gesetzt hat! Eine relative Durchbrechung der Ordnung ist eben überhaupt keine Durchbrechung. Wer auch nur im Prinzip zugibt, dass ein Wunder sich, früher oder später, kausal erklären lasse, leugnet das Wunder überhaupt.[33]

Stattdessen wählte Breuer einen philosophischen und erkenntniskritischen Ansatz. Ausgangspunkt war für ihn die kritische Erkenntnistheorie, vor allem Kants Kritik der reinen Vernunft.[34] Eine Paraphrase der grundlegenden epistemologischen Erkenntnis Kants fand er im mit ויאמר beginnenden Abschnitt des *Schema-Israel* im täglichen Morgengebet: „Folgt nicht der Kundschaft eures Herzens und eurer Augen – kantisch gesprochen: folgt nicht der Kundschaft eurer inneren und eurer äußeren Erfahrung –, denn ihnen nachgehend werdet ihr mir untreu."[35] Die Einsicht in diesen Zusammenhang verhalf ihm dazu, Forderungen nach einer rationalistisch-apologetischen Rekonstruktion von Wundern – oder nach einem Gottesbeweis! – als unzulässige Grenzübertretung zu erkennen und abzuwehren. Zugleich ging es ihm darum, die Begrenzung des menschlichen Erkennens im Hinblick auf die Tora und die in ihr enthaltenen für das jüdische Volk geltenden Normen darzulegen und „das Judentum gegen die Ueberheblichkeit der Kundschafter unseres Zeitalters und gegen die Lahmheit voreiliger und darum schädlicher Kompromisse, die meist nur verkappte Kapitulationen sind, offensiv zu verteidigen".[36]

Der Umgang mit der Bibelkritik

Einen anti-apologetischen Ansatz verfolgte Breuer auch im Hinblick auf den Umgang mit der Bibelkritik. In seinem Roman *Kampf um Gott* (1920) trifft der Protagonist, der jüdisch-orthodoxe Medizinstudent Heinrich Thorning, eines Tages einen studentischen Kreis, in dem der Gedanke diskutiert wird, als Forum für die Propagierung des orthodoxen Gedankengutes einen „jüdisch-wissenschaftlich-ge-

---

33 Breuer, Der Begriff des Wunders, S. 190.
34 Vgl. dazu meinen Kommentar, Breuer, Der Begriff des Wunders, S. 205–208.
35 Isaac Breuer, Mein Weg, Jerusalem 1988, S. 55. Gemeint ist der Abschnitt Numeri 15,37–41, den Breuer religionsphilosophisch deutet.
36 Breuer, Mein Weg, S. 57.

selligen Verein" zu gründen. In der Diskussion über dieses Projekt gießt der Philosoph Berthold Rosner Wasser in den Wein der allgemeinen Begeisterung. Er stellt die Frage, was man sich von einer derartigen Organisation eigentlich versprechen könne. Dem Initiator des Projekts, dem redseligen Juristen Siegfried Levy, geht es darum, „die Irrtümer der Reform, des Zionismus, der Bibelkritik, der Naturwissenschaft, der Philosophie nachzuweisen und die Überlegenheit des gesetzestreuen Judentums ins rechte Licht zu rücken."[37] Die anschließende Debatte über die Grundlagen „der jüdischen Weltanschauung" endet aber mit einem Fiasko, weil die Kommilitonen zum einen „den Vater Kant" nicht widerlegen können – gemeint ist Kants Widerlegung der Gottesbeweise in der „Kritik der reinen Vernunft". Zum andern müssen sie zugeben, hinsichtlich der Abwehr der Bibelkritik auf das orthodoxe Rabbinerseminar in Berlin angewiesen zu sein. Dessen Aktivitäten aber sind, wie Rosner festhält, rein defensiver Natur: „… so oft die Bibelkritik etwas Neues findet, gerät die Gesetzestreue Deutschlands ins Wanken und man schickt schleunigst zu dem großen Seruminstitut in Berlin, damit man wieder eine Impfung vornehmen kann. Solche Impfungen sind ständig von nöten. Der Leib der deutsch-jüdischen Orthodoxie ist mählich ganz wund davon." Ob die Verteidiger der orthodoxen Sache nicht merkten, dass sie „alle lauter geflickte Juden" seien?[38] Jenseits des pragmatischen Arguments, dass der so entstandene Zustand das orthodoxe Judentum in die kompromittierende Lage bringe, sein eigenes Bibelverständnis vom Gelingen apologetischer Bemühungen abhängig machen zu müssen, waren Breuers Überlegungen auf die philosophischen Implikationen jeder bibelexegetischen Apologetik gerichtet.

Denn nach den für die menschliche Vernunft gültigen Erkenntnisbedingungen, so Breuer in seinem deutschsprachigen Hauptwerk *Der Neue Kusari* (1934), stützen sich Beweisverfahren auf den Schluss vom Bekannten auf das Unbekannte. Da es sich mit der „Göttlichkeit der Tora" aber nicht anders verhalte als mit Gott selbst, der als das „Unbedingte" zu denken sei, würde ein Torabeweis das befragte Objekt dem menschlichen Verstand unterwerfen. Demgegenüber gelte im Judentum: „Nicht beweisbar ist Gott, sondern beweisend. Quelle des Beweises ist Gott, nicht aber Mündung. Zwischen der Göttlichkeit der Tora und Gott selber hat unser Volk niemals einen Unterschied gemacht."[39] Die Tora, so Breuer, könne da-

---

37 Isaac Breuer, Ein Kampf um Gott, Frankfurt am Main 1920, S. 130–131.
38 Breuer, Ein Kampf um Gott, S. 136.
39 Isaac Breuer, Der Neue Kusari. Ein Weg zum Judentum (Isaac Breuer Werkausgabe, Bd. 4), Berlin 2020, S. 260 (zuerst Frankfurt am Main 1934).

her nicht Ergebnis eines Verstandesbeweises sein, da von ihr gerade umgekehrt der Anspruch ausgehe, den menschlichen Verstand zu beherrschen.[40]

Versuch eines Resümees

Bemerkenswert sind zunächst terminologische Überschneidungen von Breuers Anti-Apologetik mit der Kritik an der Wissenschaft des Judentums, wie sie zu Beginn des 20. Jahrhunderts im Umfeld des Zionismus üblich war. Breuers Rhetorik in seiner Schrift *Messiasspuren* (1918) – der Messianismus, „die einzige Apologetik, die des Judentums würdig ist", heißt es hier, bedeute „die Abschüttelung aller Kompromisse"[41] – erinnern an Äußerungen wie die Ahad Ha-Ams, der 1902 die Wissenschaft des Judentums als „Denkmal unserer geistigen Knechtschaft" bezeichnet hatte.[42] Die Kritik der Erneuerer des Judentums zu Beginn des 20. Jahrhunderts war freilich nicht auf die Auseinandersetzung mit der Naturwissenschaft bezogen, und auch an Fragen der Interpretation der *Halacha* waren die maßgeblichen Zionisten nur mäßig interessiert. Im Vergleich wird daher das besondere orthodoxe Profil der Anti-Apologetik Breuers deutlich, die auch mit internen Spannungen im Gesamtgefüge der deutsch-jüdischen Orthodoxie zu tun hat. Es handelte sich hier näherhin um einen besonderen Zug der Frankfurter Austrittsorthodoxie, mit der die Anhänger und Nachfolger Samson Raphael Hirschs sich namentlich von den Separatorthodoxen der Berliner Prägung (Esriel Hildesheimer, David Zwi Hoffmann) absetzten. In den Formulierungen Breuers wird somit ein Alleinstellungsmerkmal der Frankfurter unabhängigen Orthodoxie sichtbar, das die Unabhängigkeit des orthodox verstandenen Judentums nicht nur auf organisatorischem Gebiet reklamiert (Austrittsprinzip), sondern die Forderung der Unabhängigkeit auch auf den Gebieten der Wissenschaft und Erkenntnistheo-

---

40 Vgl. Matthias Morgenstern, Jüdisch-orthodoxe Wege zur Bibelkritik, in: Judaica 56 (2000), S. 178–192 (zu Breuer: S. 184–188).
41 Issac Breuer, Messiasspuren, in: Breuer, Frühe religionsphilosophische Schriften, S. 341–458, hier S. 434.
42 Michael A. Meyer, Jüdische Wissenschaft und jüdische Identität, in: Julius Carlebach (Hrsg.), Wissenschaft des Judentums. Anfänge der Judaistik in Europa, Darmstadt 1998, S. 3–20, hier S. 15. In diesem Sinne zitierte Gershom Scholem Moritz Steinschneider (1816–1907), einen Freund und jüngeren Kollegen von Leopold Zunz, die jüdische Wissenschaft habe heute „nur noch die Aufgabe, die Überreste des Judentums ehrenvoll zu bestatten". Gershom Scholem, Wissenschaft vom Judentum einst und jetzt (Judaica, Bd. 1), Frankfurt am Main 1963, S. 152–153.

rie geltend machen will.[43] Paradoxerweise greift Breuer, der sich in seinen Ausführungen philosophischer Argumentationsmuster (Kant) bedient, dabei aber zugleich auf eine Art Apologetik „höherer Ordnung" zurück. Weder formal[44] noch inhaltlich verzichtet er darauf, das von ihm Gemeinte nach innen und dann auch nach außen plausibel machen zu wollen. In diesem Sinne ist der Appell in seiner Schrift *Messiasspuren* zu verstehen:

> Nur Messianismus kann helfen. Messianismus bedeutet die Abschüttelung aller Kompromisse. Messianismus bedeutet die einzige Apologetik, die des Judentums würdig ist. Messianismus begibt sich nicht auf den Boden der Philosophie, der Naturwissenschaft, der Bibelkritik, um Hegel und Haeckel und Wellhausen in Grund zu „widerlegen", Messianismus führt nicht den nutzlosen, Kräfte vergeudenden Kampf wider die Hydra, deren Köpfe immer wieder nachwachsen, Messianismus gibt nicht den Hinkenden Krücken zum schleichenden Gang: Messianismus heilt die Hinkenden und füllt ihre Glieder mit frischer, fröhlicher Kraft. Messianismus enthüllt den Gegensatz zwischen der, dem Gott der Schöpfung zugewandten jüdischen Seele und dem Verstand und dem Herzen, zu denen Philosophie, Naturwissenschaft und Bibelkritik als ihren Quellen zurückführen. Messianismus zeigt, warum aus solchen Quellen Philosophie, Naturwissenschaft und Bibelkritik zu solchen Ergebnissen führen müssen oder können, und warum die jüdische Seele Gottes Buch und Gottes Welt und Gottes Natur so ganz und gar anders begreift. Dem Messianisten ist dieser Gegensatz kein Grund für schwankenden Zweifel, sondern Festigung seiner Eigenart, Impuls zu immer tieferer Lösung seiner Aufgabe, aus Gottes Buch, aus Gottes Recht seine Stellung in Welt und Natur zu erfassen und Verstand und Herz nur zu nützen, um sich und sie dienend Gott zu unterwerfen.[45]

---

43 Vgl. Breuer, Messiaspuren, S. 442: „Der Messianismus verlangt von jeder jüdischen Lehranstalt, dass sie den Gegensatz zwischen den Erkenntnisquellen des jüdischen Rechts und den Erkenntnisquellen der nichtjüdischen Wissenschaften begreift, mit dem Rechte Gottes sich nicht in die Arena der Bibelkritik begibt und göttliche Schöpfungstatsachen nicht durch Kompromisse mit den Verstandesdaten kompromittiert." Dieser Abschnitt ist offensichtlich kritisch auf das orthodoxe Berliner Rabbinerseminar bezogen. Diese innerjüdische Debatte hat gewisse strukturelle Ähnlichkeiten mit dem seit 1929 geführten Streit zwischen dem protestantischen Theologen Karl Barth und dem Philosophen Heinrich Scholz über die Wissenschaftlichkeit der christlichen Theologie. Vgl. Arie L. Molendijk, Aus dem Dunklen ins Helle. Wissenschaft und Theologie im Denken von Heinrich Scholz, Amsterdam 1991.
44 Sichtbar wird dies – abgesehen vom rhetorisch und intellektuell doch sehr anspruchsvollen Outfit seiner Texte – schon daran, dass Breuer sich (was im Gesamtkontext der Orthodoxie seiner Zeit nicht selbstverständlich war) mit Blick auf seine literarischen Genres und die Publikationsmethoden (Presse) der modernsten Formen seiner Zeit bediente.
45 Breuer, Messiaspuren, S. 434–435. Vgl. auch folgenden Absatz, der im Hinblick auf den Stundenplan an jüdischen Bildungseinrichtungen (wie viele Wochenstunden sollten dem Tora- und Talmudunterricht vorbehalten bleiben, wobei es – in Breuers Terminologie – um das „Sollen" ging? Wie viele Stunden mussten für die nichtjüdischen Fächer, die Welt des „Seins", freibleiben?) auf curriculare Diskussion anspielt, die in der IRG und anderen orthodoxen Gemeinden geführt wurden: „Messianismus spricht sich nicht darüber aus, *wieviel* von der Welt des Seins die Jugend

der messianischen Nation wissen und erfahren muß und darf; aber er spricht sich darüber aus, *wie* sie es zu erfahren und zu wissen hat: nicht etwa dem Wissen und der Erfahrung vom Rechte Gottes von der Welt des Sollens *koordiniert*, auf daß eine klägliche *Apologetik* schale Kompromisse fertige, sondern als ein Wissen und als eine Erfahrung, deren Quellen grundsätzlich geschieden sind von der Quelle, aus der die Schöpferwelt des Sollens sich erschließt, als ein Wissen und eine Erfahrung, die die Dinge in ihrer sabbatlichen Seinshülle dem *Menschen* zu Füßen legt, damit er sie in freier Tat dienend zu *Gott* bringe." Breuer, Messiasspuren, S. 431.

Yael Kupferberg
Max Horkheimer – Zur Präsenz des Judentums

„Ich bin ein Jude."[1] Mit diesen Worten leitete Max Horkheimer einige seine Vorträge und Reden nach seiner Rückkehr aus dem amerikanischen Exil ein. Sie trafen auf ein gesellschaftliches Bewusstsein, das von „Schuld", „Abwehr"[2] und von einer deutlich restaurativen Tendenz zur Geschichtsvergessenheit geprägt war. Horkheimers Worte betonen insbesondere die Bedeutung seiner jüdischen Existenz im Bezug zur gesellschaftlichen Wirklichkeit, in der er sich bewegte. Er verweist überdies auf seinen Bezugsrahmen: Judentum und jüdische Existenz sind für Horkheimer konstitutiv. Ersteres verweist auf die Idee, die sich in einer Ethik konkretisiert, letzteres auf die Wirklichkeit in der Welt und auf die Erfahrung, die er als Jude machte und machen musste. Während ersteres eine zumindest ideelle Entscheidung zulässt, so ist die historisch jüdische Erfahrung keine nur selbstbestimmte. Indem sich Horkheimer als Jude begreift und exponiert, verweist er auf beide Dimensionen; auf die Selbstbestimmung und die Fremdbestimmung. War die Entscheidung zum Jude-Sein bereits vor 1933 heteronom, so wurde sie mit und nach dem katastrophischen Bruch „Auschwitz" historisch ganz und gar. „Jude-Sein" wurde von der Geschichte bestimmt. Mit dieser Wirklichkeit hat sich Horkheimer insbesondere nach seiner Rückkehr in privaten Notizen, Gesprächen und kurzen Texten auseinandergesetzt. Der formal eher „disparate" literarische Ausdruck des Spätwerks entsprach mehr als die systematischen Abhandlungen und großen philosophischen Erzählungen seiner existentiellen und philosophischen Haltung.[3] Dieser formale Ausdruck korrespondiert zudem mit einer philosophischen Haltung zur Welt, die sowohl den großen politischen Entwürfen als auch

---

[1] Der Unversehrte, in: Der Spiegel, Nr. 6, 1968, http://magazin.spiegel.de/EpubDelivery/spiegel/pdf/46135584, letzter Zugriff 4. März 2019. Der vorliegende Artikel basiert auf Yael Kupferberg, Zum Bilderverbot. Studien zum Judentum im Spätwerk Max Horkheimers, Göttingen 2022.
[2] Theodor W. Adorno, Schuld und Abwehr. Eine qualitative Analyse zum Gruppenexperiment (1955), in: Theodor W. Adorno, Gesammelte Schriften in 20 Bänden, hrsg. v. Rolf Tiedemann, Bd. 9/2, Frankfurt am Main 1997, S. 121–326.
[3] Jürgen Habermas, Max Horkheimer: Zur Entwicklungsgeschichte seines Werkes, in: Jürgen Habermas, Texte und Kontexte, Frankfurt am Main 1992, S. 91–109, hier S. 165.

der positivistischen Wissenschaft in ihren Deutungsansprüchen eine Absage erteilt, wie Schmid Noerr konstatiert.[4]

Rückkehr

Als Horkheimer 1949 nach Frankfurt zurückkehrte und seine akademische Position erfolgreich aufbaute, musste er sich als Ausnahme wahrnehmen. Persönlichkeiten wie die seine waren entweder zur Emigration gezwungen oder ermordet worden.[5] Er selbst nahm sich – das notiert er – als dem Konzentrationslager und dem Tod „entronnen" wahr. Sein Denken, Empfinden und Schreiben ging, so betont er es, von dem Ereignis „Auschwitz" aus. Fortan betrachtete er seine Position als „Agent" der Ermordeten und jüdischen Exilierten im Nachkriegsdeutschland. „Auschwitz" galt ihm, wie auch Adorno, als Imperativ seines intellektuellen und akademischen Engagements.[6] Der „Entronnene" bezog sich auf die Erfahrung.[7] Ein Empfinden von Scham und Schuld, überlebt zu haben, und sein „Entsetzen" über das Geschehene übersetzte Horkheimer als akademischer Organisator, Redner und als Mentor der Kritischen Theorie in ein institutionelles, intellektuelles und insbesondere pädagogisches Programm.[8] Es war ihm ein Anliegen, gerade in der jungen Bundesrepublik an der Errichtung einer demokratischen Gesellschaft mitzuwirken.[9] Mit diesem Anliegen und dessen Intention prägte die Kritische Theorie eine Generation von Studentinnen und Studenten, die noch in den Diskussionen und Bezugnahmen der Rückkehrer den intellektuellen Geist der Weimarer

---

4 Gunzelin Schmid Noerr, Die Geste der Skepsis – Horkheimers späte Notizen, in: Max Horkheimer, Nachgelassene Schriften 1949–1972, Gesammelte Schriften, Bd. 14, hrsg. v. Gunzelin Schmid Noerr, Frankfurt am Main 1988, S. 551–555, hier S. 551–553.
5 Vgl. Rolf Wiggershaus, Die Frankfurter Schule. Geschichte, Theoretische Entwicklung, politische Bedeutung, München 1988, S. 479.
6 Theodor W. Adorno, Negative Dialektik, in: Theodor W. Adorno, Gesammelte Schriften in 20 Bänden, hrsg. v. Rolf Tiedemann, Bd. 6, Frankfurt am Main 2003, S. 7–410, hier S. 358.
7 Max Horkheimer, Der Entronnene (1966–1969), in: Max Horkheimer, Gesammelte Schriften, Bd. 6, hrsg. v. Gunzelin Schmid Noerr, Frankfurt am Main 1991, S. 405. Vgl. auch Dan Diner, Aporie der Vernunft. Horkheimers Überlegungen zu Antisemitismus und Massenvernichtung, in: Dan Diner (Hrsg.), Zivilisationsbruch. Denken nach Auschwitz, Frankfurt am Main 1988, S. 30–53, hier S. 53.
8 Vgl. dazu Clemens Albrecht, Die intellektuelle Gründung der Bundesrepublik. Eine Wirkungsgeschichte der Frankfurter Schule, Frankfurt am Main 1999, S. 131.
9 Max Horkheimer an Marie Jahoda, Paris, 5. Juli 1948, in: Max Horkheimer, Gesammelte Schriften, Bd. 17, hrsg. v. Gunzelin Schmid Noerr, Frankfurt am Main 1991, S. 1008–1010, hier S. 1008, vgl. auch Wiggershaus, Die Frankfurter Schule, S. 445–446.

Republik wahrnehmen konnten, so beschreibt es Jürgen Habermas.[10] Die jüdischen Erfahrungen der Zurückgekehrten jedoch, so ist den privaten Notizen Horkheimers auch zu entnehmen, wurden und konnten in deren umfassenden Bedeutung und Totalität intellektuell nur bedingt nachvollzogen werden.[11]

Während Horkheimer auf der politischen Ebene willkommen geheißen wurde, weil die Bundesrepublik ihn auch zur moralischen Rehabilitierung benötigte,[12] so zweifelten viele Juden daran, ob es überhaupt moralisch und existentiell möglich sei, nach Deutschland zurückkehren und hier, angesichts der jüngsten Geschichte, leben zu können.[13] Horkheimer hingegen müsse, so formuliert er es im Mai 1948 selbst, wirksam sein, um die Reste von „geistiger Existenz" zu erhalten.[14] Er erwartete und hoffte, dass metaphysisches, idealistisches Denken in Deutschland als ideelles Korrektiv und Bewusstsein zur total „verwalteten" Welt zu retten war: Hier in Deutschland, anders als er es in den Vereinigten Staaten wahrgenommen habe, sei die „Seele ... einfach nicht so abgekapselt, die Sprache, das Gesicht, die Gesten, ja das Dasein sind noch Ausdruck anstatt bloße Vehikel."[15] Als sich Felix Weil gegenüber der Rückkehr nach Deutschland reserviert zeigte, verwies Horkheimer auf seine politische Intention und seine philosophische Bindung: „Die Bestimmung, die wir zur konkreten geschichtlichen Entwicklung haben, verbindet uns vor allem mit Deutschland, das meiste, was wir denken, läßt sich ohne den Zusammenhang mit deutscher Tradition überhaupt nicht fassen."[16]

Diese hier artikulierte Affinität galt der idealistischen und linksliberalen philosophischen Literatur und Tradition, jedoch insbesondere dem deutschen Judentum, das, in der Wahrnehmung Horkheimers, Bestandteil dieses Denkens war. Diese philosophische Nähe artikulierte sich in den späten Aufzeichnungen und Schriften deutlich und bezog sich auch auf die Absicht, die Residuen der „Intelligi-

---

10 Jürgen Habermas, Die Zeit hatte einen doppelten Boden. Der Philosoph Theodor W. Adorno in den fünfziger Jahren. Eine persönliche Notiz, in: Die Zeit, 4. September 2003, https://www.zeit.de/2003/37/Habermas_2fAdorno, letzter Zugriff 27. Juli 2018.
11 Vgl. Max Horkheimer, Die rebellierenden Studenten (Januar 1969), in: Max Horkheimer, Gesammelte Schriften, Bd. 14, S. 512. Vgl. auch Wiebrecht Ries, „Die Rettung des Hoffnungslosen". Zur „theologia occulta" in der Spätphilosophie Horkheimers und Adornos, in: Zeitschrift für philosophische Forschung 30 (1976), S. 69–81, hier S. 70.
12 Albrecht, Die intellektuelle Gründung, S. 114.
13 Vgl. Monika Boll/Raphael Gross, Einleitung, in: „Ich staune, dass Sie in dieser Luft atmen können". Jüdische Intellektuelle in Deutschland nach 1945, hrsg. v. Monika Boll u. Raphael Gross, Frankfurt am Main 2013, S. 9–20; Maimon Maòr, Max Horkheimer, Berlin 1981, S. 75–76.
14 Vgl. Wiggershaus, Die Frankfurter Schule, S. 445–446.
15 Max Horkheimer an Leo Löwenthal, 20. Mai 1948, zit. n. Albrecht, Die intellektuelle Gründung, S. 127.
16 Max Horkheimer an Felix Weil, Brief vom 30. Mai 1949, zit. nach Albrecht, Die intellektuelle Gründung, S. 128.

bilität" zu retten, die Horkheimer als denkerisch-progressive Haltung begriff. Darin lag auch sein spezifischer Begriff von Aufklärung, der der jüdischen Lesart und Rezeption Kants folgte, und die insbesondere von Hermann Cohen geprägt und hier ihren idealistisch-jüdischen, d. h. symbiotischen und historisch noch ungebrochenen Ausdruck fand.[17]

Die akademische Anerkennung Horkheimers wurde nochmals bestätigt, als er 1951 zum Rektor der Universität Frankfurt gewählt wurde. Für Herbert Marcuse war diese Wahl Anlass der Freude, die sich sowohl auf die politische als auch auf die existentiell-jüdische Dimension bezog:

> Lassen Sie mich zuerst Ihnen noch einmal sagen, wie sehr ich mich über das Rektorat gefreut habe. Ich gebe zu, daß diese Freude zum Teil irrational ist: Freude darüber, daß die anderen mal nachgeben mußten, daß Sie jetzt mal oben und jene unten sind – ein Teil von Rache, meinetwegen. Aber dann wohl auch die (mehr oder weniger erzwungene) Anerkennung Ihrer Arbeit und Ihrer Wirkung.[18]

Damit ist ausgesprochen, was von einigen Juden und Jüdinnen und Intellektuellen nach dem Niedergang des Nationalsozialismus empfunden wurde; ein Triumph bei aller Beschädigung. Letztere übersetzte Horkheimer in eine intensive programmatische Arbeit. Die Vorbehalte gegenüber einer Rückkehr nach Deutschland wurden von dem Bewusstsein dominiert, mit dem Wiederaufbau des Instituts eine „große Aufgabe" erfüllen und überhaupt auf die Gesellschaft Einfluss nehmen zu können.[19] Der „theoretische Pessimismus" der Kritischen Theorie, der als Ton sehr deutlich im „Philosophischen Fragment" *Dialektik der Aufklärung* 1944/47 zum Ausdruck kam, stand einer politisch-gesellschaftlichen Praxis und Wirkung in der Bundesrepublik gegenüber. In zahlreichen Memoranden, die vom Institut für Sozialforschung in den 1940er und 1950er Jahren verfasst wurden, zeigte sich eine „erstaunliche politische Programmatik".[20] So galt es, dies fasst Albrecht zusammen, die reaktionäre Dominanz an den Universitäten zu schwächen und Lehrerinnen und Lehrer auszubilden, die eine demokratische Kultur an den Schulen zu fördern wussten. Es galt, die Sozialwissenschaften nach amerikanischem Vorbild auszubauen und sie politisch zu sensibilisieren. Insbesondere galt es, die Jugend für einen demokratischen Wandel zu gewinnen.[21] Dennoch: wie un-

---

17 Vgl. Joseph Maier, Jüdisches Erbe aus deutschem Geist, in: Alfred Schmidt/Norbert Altwicker (Hrsg.), Max Horkheimer heute. Werk und Wirkung, Frankfurt am Main 1986, S. 146–162.
18 Herbert Marcuse an Max Horkheimer, Brief vom 26. November 1951, zit. nach Albrecht, Die intellektuelle Gründung, S. 97.
19 Max Horkheimer an Maidon Horkheimer, 20. Juni 1948, zit. nach Albrecht, Die intellektuelle Gründung, S. 127.
20 Vgl. Albrecht, Die intellektuelle Gründung, S. 103.
21 Albrecht, Die intellektuelle Gründung, S. 131.

sicher Horkheimer seine Position als Jude trotz des akademischen Erfolgs und der politischen Stabilität in der Bundesrepublik empfand, zeigte sich auch darin, dass er seine amerikanische Staatsbürgerschaft und eine permanente Gastprofessur an der University of Chicago behielt und seinen Wohnsitz nach seiner Emeritierung nach Montagnola im Tessin verlegte.[22]

Gesellschaftlicher Auftrag und persönlicher Standpunkt

Die Erfahrungen, die Horkheimer als „Entronnener" und als Jude machte, wurden von ihm nicht allein programmatisch und objektivierend übersetzt. Vorzugsweise in den introvertierten Notizen und Aufzeichnungen der späteren Schriften reflektiert Horkheimer die Kontinuität und Spezifizität jüdischer Erfahrung und jüdischer Konstitution als exilierte Existenz. Die Permanenz des Exils prägte ihn selbst maßgeblich und unterschied die jüdischen Erfahrungen grundsätzlich von den der nichtjüdischen Emigranten:

> Die nicht-jüdischen Deutschen sind nicht losgelöst. ... Die Antifaschisten haben ihr Volk als Kämpfende verlassen, ihre Niederlage kann eines Tages sich in Sieg verwandeln. Sie waren nicht schon drüben Teile einer unfreiwilligen Minderheit, vorweg als die Anderen gezeichnet. Die Begriffe der Zulassung und Abweisung, der Heimat und Fremde, erinnern sie nicht an tausend Jahre Verfolgung; die Sorge um Aufnahme in die neue Gemeinschaft trägt nicht die krampfhaften Züge von altem Schmerz. Sie haben weniger Heimweh und weniger Haß gegen Deutschland und fügen unbewegter sich ein.[23]

Die relative Freiheit, als politisch Verfolgte sich in der Geschichte selbstbestimmt zu verhalten, bliebe den Juden verwehrt. Deren rezente Situation knüpfe nicht an die historische Exilerfahrung an. Hingegen sei Verfolgung, Ablehnung und Schmerz konstitutiver Bestandteil jüdischer Existenz und Geschichte. Die nichtjüdischen politischen Verfolgten werden in eine, in ihre und überhaupt in ‚Heimat' zurückkehren können, so ist Horkheimer zu verstehen. Für Juden indes sei dies keine Rückkehr, sondern lediglich eine Station innerhalb der Geschichte des Exils. Sie seien „losgelöst". In dieser Bezeichnung klingt ein jüdischer und religionsphilosophischer Diskurs des 20. Jahrhunderts an, in der jüdische Existenz und die jü-

---

22 Zvi Rosen, Max Horkheimer, München 1995, S. 51.
23 Max Horkheimer, Einige Betrachtungen zum Curfew, in: Max Horkheimer, Gesammelte Schriften, Bd. 5, hrsg. von Alfred Schmidt und Gunzelin Schmid Noerr, Frankfurt am Main 1991, S. 351–353, hier 351.

dische Aufgabe als über- oder ahistorisch, als metaphysisch, als ideell diskutiert wurde, und an den Horkheimer nach 1945 unter anderen historischen Bedingungen und mit einem idealistisch-materialistisch gebrochenen philosophischen Vokabular implizit anknüpfte.[24]

Im Kontrast zu dieser exilierten Existenz erweist sich die Programmatik und die Pragmatik Horkheimers. Den Auftrag, den er übernahm, deduziert er aus dem Leiden der „Gemarterten" – die Aufgabe der jüdischen Intellektuellen sah er darin,

> daran mitzuwirken, daß das Entsetzliche nicht wiederkehrt und nicht vergessen wird, die Einheit mit denen, die unter unsagbaren Qualen gestorben sind. Unser Denken, unsere Arbeit gehört ihnen; der Zufall, daß wir entkommen sind, soll die Einheit mit ihnen nicht fraglich, sondern gewisser machen. Was immer wir erfahren, hat unter dem Aspekt des Grauens zu stehen … Ihr Tod ist die Wahrheit unseres Lebens, ihre Verzweiflung und ihre Sehnsucht auszudrücken, sind wir da.[25]

Der von der Geschichte bestimmte Auftrag kann als eine selbstermächtigende und politische Geste begriffen werden, wirksam sein zu wollen. Dieser Anspruch konnte indes als partikulares und als universelles Angebot verstanden werden. Jedoch wurde die partikulare Dimension bisher wenig beachtet, mehr noch: Das ideell-jüdische Bewusstsein wurde kaum zur Kenntnis genommen bzw. wenig er- und anerkannt.[26] Stattdessen wurde das philosophische Angebot der universalen Rezeptionsmöglichkeit angenommen und beansprucht, das von der jüdischen Erfahrung geprägte Bewusstsein hingegen eher marginalisiert.[27] Auch dies erzeugte eine Trennung im philosophischen Sprechen und Schreiben Horkheimers. Private und öffentliche Aussagen trennte er tendenziell voneinander. Während die jüdi-

---

24 Vgl. u. a. Schriften von Georg Simmel, Hermann Cohen, Martin Buber, Franz Rosenzweig, Ernst Bloch und Margarete Susman.
25 Max Horkheimer, Nach Auschwitz (1966–1969), in: Horkheimer, Gesammelte Schriften, Bd. 6, S. 417.
26 Max Horkheimer, Die Menschen haben sich verändert (Juni 1969), in: Horkheimer,, Gesammelte Schriften, Bd. 14, S. 523. Vgl. dazu die Reaktionen auf das Interview mit Max Horkheimer, Die Sehnsucht nach dem ganz Anderen [Gespräch mit Helmut Gumnior] (1970), in: Max Korkheimer, Gesammelte Schriften, hg. v. Gunzelin Schmid Noerr, Bd. 7, Frankfurt am Main 1991, S. 385–404; die Leserbriefe in Der Spiegel, Nr. 6, 1970, https://www.spiegel.de/politik/vorsorge-a-4cd438a1-0002-0001-0000-000045225192, letzter Zugriff 10. Januar 2022; und Jürgen Habermas, Der deutsche Idealismus der jüdischen Philosophen, in: Thilo Koch (Hrsg.), Porträts zur deutsch-jüdischen Geistesgeschichte, Köln 1961, S. 107–137, hier S. 123.
27 Insbesondere jüdische Historiker und Philosophen verweisen auf die jüdischen Bezüge. Vgl. Monika Boll, Max Horkheimers zweite Karriere, in: Monika Boll/Raphael Gross (Hrsg.), „Ich staune, dass Sie in dieser Luft atmen können". Jüdische Intellektuelle in Deutschland nach 1945, Frankfurt am Main 2013, S. 345–374, hier S. 358.

sche Erfahrung in ihrer direkten und pointierten Artikulation in den privaten Notizen eher zum verdichteten, zugespitzten und fragmentarischen Ausdruck kam, galt das politische und pädagogische Ethos der Öffentlichkeit.[28] Das Subjektive kam hier objektiviert zum Ausdruck. Und diese Artikulation des Subjektiven verband Horkheimer mit der Partikularität der jüdischen Existenz und des Judentums, das, so ist zu betonen, wesentlicher Bestand seines Denkens und seiner Erfahrung war. Diese biografische und die intellektuelle Nähe zum Judentum und zur jüdischen Existenz spiegelt sich sowohl im frühen Werk Horkheimers unter dem Eindruck des Ersten Weltkriegs als auch, und vor allem, im späten Werk angesichts der katastrophischen Geschichte.[29] In der mit Adorno gemeinsam verfassten Schrift *Dialektik der Aufklärung* (1944) wird diese deutlichere Aufnahme jüdischer Existenz und jüdischen Bewusstseins im philosophischen Sinne nicht allein im Kapitel *Elemente des Antisemitismus* deutlich, sondern durchzieht intentional die Frage nach jüdischer Existenz innerhalb der von den beiden narrativ und philosophisch verdichteten Individuations- und Zivilisationsgeschichte. Das frühe schriftstellerische Werk Horkheimers, die *Schriften aus der Pubertät*, wie auch das spätere Werk,[30] finden in der Forschung weniger Resonanz. Es sind jene persönlich-privat gehaltenen Schriften, die sich dezidiert mit jüdischer Erfahrung auseinandersetzen und jüdisches Wissen voraussetzen.

Bilderverbot

Als Paradigma der Kritischen Theorie Horkheimers hat das Bilderverbot zu gelten. An diesem Verbot formt Horkheimer sowohl seinen existentiellen und philosophischen Begriff von Judentum als auch in dessen Bruch eine Theorie des Antisemitismus aus. Die Kohärenz von Bilderverbot, Judentum und Kritischer Theorie akzentuiert Horkheimer in einer Notiz mit dem Titel „[Die] Herkunft der kriti-

---

28 Vgl. Schmid Noerr, Die Geste der Skepsis – Horkheimers späte Notizen, S. 551.
29 Vgl. zum Frühwerk Horkheimers Yael Kupferberg, „Jetzt aber sollten die Menschen begreifen" – Max Horkheimer und der Erste Weltkrieg, in: Hans Richard Brittacher/Irmela von der Lühe (Hrsg.), Kriegstaumel und Pazifismus. Jüdische Intellektuelle im Ersten Weltkrieg, Frankfurt am Main 2016, S. 223–236.
30 Schmid Noerr datiert das Spätwerk auf das Jahr Horkheimers Emeritierung, vgl. Gunzelin Schmid Noerr, Die Stellung der *Dialektik der Aufklärung* in der Entwicklung der Kritischen Theorie. Bemerkungen zu Autorschaft, Entstehung, einigen theoretischen Implikationen und späterer Einschätzung durch die Autoren in: Max Horkheimer, Gesammelte Schriften, Bd. 5: „Dialektik der Aufklärung" und Schriften 1940–1950, hrsg. v. Alfred Schmidt u. Gunzelin Schmid Noerr, Frankfurt am Main 1987, S. 423–452, hier S. 452.

schen Theorie" vom August 1968: Geleitet wird sie [die Kritische Theorie, YK] aber von einem anderen entscheidenden jüdischen Gedanken: „Du sollst dir kein Bild machen ...."[31]

Dies ist für eine deutschsprachige Rezeption, die die Kritische Theorie überwiegend in der Tradition Hegels, Marx' und Freuds gelesen und gedeutet hat, zu exemplifizieren. Die genannte Kohärenz vollzieht sich insbesondere über die Philosophie Hermann Cohens, der die Brücke von Kant zur Kritischen Theorie jüdisch inklinierte und dessen Impetus bei Horkheimer implizit in der kritischen Aneignung Kants nachhallt.[32] Das im Judentum bedeutsame Bilderverbot erweist sich als ein die jüdische Traditionsliteratur und Philosophie durchziehendes und leitendes Motiv.[33] Es widersetzt sich kulturhistorisch und theologisch der anthropologischen und ikonischen Vermittlung und Vermittlungsmöglichkeit des Göttlichen. Im Grunde unterbindet das Bilderverbot die mimetische Aneignung der Umwelt und reagiert auf das affektiv-bindende Potenzial des Bildes.[34] Es verweist auf den projizierten Scheincharakter des Objekts. Das berühmte Postulat Horkheimers und Adornos von 1944 bezieht sich auf das Bilderverbot und artikuliert sich ihnen als „Verbot, das Falsche anzurufen, das Endliche als das Unendliche, die Lüge als Wahrheit".[35] Damit ist die Anbetung der vermittelten und veranschaulichten Göttlichkeit angezeigt, die darin habituell und kognitiv fehlgehe und so Gewalt nach sich ziehe, wie es sich in der Dialektik der Aufklärung katastrophisch verwirklicht habe. In eben diesem Verbot, das ein kritisches und im emphatischen Sinne aufgeklärtes Verhalten und Verhältnis zum Bild fordert, sahen sie indessen

---

31 Max Horkheimer, Die Herkunft der kritischen Theorie, in: Horkheimer, Gesammelte Schriften, Bd. 14, S. 491.
32 Vgl. Maier, Jüdisches Erbe aus deutschem Geist, S. 146–162.
33 Vgl. Hermann Cohen, Religion der Vernunft aus den Quellen des Judentums. Religion der Vernunft aus den Quellen des Judentums (1919), nach dem Manuskript des Verfassers neu durchgearbeitet und mit einem Nachwort versehen von Bruno Strauß, Berlin 1928, u. a. S. 58–67, und als Überblick Micha Brumlik, Bilderverbot, in: Dan Diner (Hrsg.), Enzyklopädie jüdischer Geschichte und Kultur, Bd. 1, Stuttgart u. Weimar 2011, S. 338–342. Vgl. zu Hermann Cohen u. a. Astrid Deuber-Mankowsky, Der frühe Walter Benjamin und Hermann Cohen. Jüdische Werte, Kritische Philosophie und vergängliche Erfahrung, Berlin 2000.
34 Vgl. Yael Kupferberg, Erfahrungen am Bild. Essayistische Überlegungen zur bildhaften Aneignung im sakralen Raum, in: Evangelische Akademie zu Berlin/Christian Staffa (Hrsg.), Bilderverbot? Zum Umgang mit antisemitischen Bildern an und in Kirchen, epd-Dokumentation, Nr. 27–28, Frankfurt am Main 2022, S. 49–51.
35 Max Horkheimer/Theodor W. Adorno, Begriff der Aufklärung, in: Max Horkheimer, Gesammelte Schriften, Bd. 5, S. 25–66, hier 46. Zu Adornos Begriff des Bilderverbots vgl. u. a. René Buchholz, Zwischen Mythos und Bilderverbot. Die Philosophie Adornos als Anstoß zu einer kritischen Fundamentaltheologie im Kontext der späten Moderne, Frankfurt am Main 1991.

„das Unterpfand der Rettung",[36] nämlich als eine mediale Entlassung des Menschen aus der selbsterzeugten Abhängigkeit.

Demgegenüber erweist sich die theologisch-religiöse Verehrung des Bildes, d. h. das Bild als ein Dokument und Zeugnis von „göttlicher Wahrheit" anzunehmen, als fatal. Denn in dieser Verehrung werde ein Modus eingeübt, der grundsätzlich das Bild als „wahr" affirmiere und damit verabsolutiere. Der affirmative und religiös sozialisierte Blick wird zum Gegenstand von Horkheimers und Adornos Reflexion zum Antisemitismus; gerade in diesem erweise sich der gläubige Blick als fatal, da er sich als Modus beliebig instrumentalisieren lassen könne. Der kritische und distanzierte Blick auf das Bild wird hier hingegen vor dem Hintergrund der katastrophischen Zivilisationsgeschichte gefordert. Neben der artikulierten dialektischen Zivilisationskritik, die sich erkenntnistheoretisch im Bilderverbot gründet, verteidigen Horkheimer und Adorno darüber hinaus das Bild vor dem instrumentellen Begehren und Zugriff einer affirmativen Perzeption und Rezeption. Damit stellen sie sich in die Tradition Kants, der prominent das „interesselose Wohlgefallen" am Kunstwerk betonte, die mit einer ästhetischen Erfahrung korrespondiere, die als eine freie bzw. autonome zu bestehen habe.[37]

Die von Horkheimer und Adorno vorgestellte verdichtete Zivilisationsgeschichte kann also im Kontext der bildhaften und affektiv-affirmativen Aneignung von Welt gelesen werden, die beide auch in der Veranschaulichung des Göttlichen – in Jesus – angelegt sehen. Im Gegensatz dazu insistiere das Bilderverbot, und das ist die Übersetzung Horkheimers, auf die „Grenze" zwischen „Glauben" und „Wissen", auf die bereits Kant bestanden hat.[38] In einem Gespräch von 1967 erläutert Horkheimer:

> Ich habe den Begriff der Grenze immer so verstanden, daß der Denkende, der philosophisch Denkende, die Wirklichkeit als eine relative sehen soll, das heißt, daß alle unsere Urteile, die wir über die Wirklichkeit fällen, nicht absolut sind, und daß die Welt, die relativ ist, ihrem Sinne nach ein Absolutes voraussetzt, das wir jedoch nicht zu erkennen vermögen ....[39]

---

36 Horkheimer/Adorno, Begriff der Aufklärung, S. 46. Vgl. auch Micha Brumlik, Schrift, Wort und Ikone, Frankfurt am Main 1994, S. 27–28
37 Immanuel Kant, Ästhetische und religionsgeschichtliche Werke, (Kritik der Urteilskraft § 2), in: Immanuel Kant, Sämtliche Werke, Bd. 6, hrsg. v. F. Gross, Leipzig 1924, S. 54–55. Vgl. dazu auch Reinhard Hoeps, Einleitung, in: Reinhard Hoeps (Hrsg.), Handbuch der Bildtheologie, Bd. 1, Paderborn 2007, S. 7–23, hier S. 8.
38 Vgl. Jürgen Habermas, Die Grenze zwischen Glauben und Wissen. Zur Wirkungsgeschichte und aktuellen Bedeutung von Kants Religionsphilosophie, in: Jürgen Habermas, Zwischen Naturalismus und Religion. Philosophische Aufsätze, Frankfurt am Main 2005, S. 216–257, und vgl. dazu Deuber-Mankowsky, Der frühe Walter Benjamin, S. 62–63 u. S. 96–105.
39 Max Horkheimer, Erinnerung an Paul Tillich, Gespräch mit Gerhard Rein (1967), in: Horkheimer, Gesammelte Schriften, Bd. 7, S. 276–283, hier S. 279.

Die Relativität der Welt und der Erkenntnisfähigkeit verbindet Horkheimer mit einem Bewusstsein, das seinem Begriff von Aufklärung und Judentum entspricht. Der Begriff der „Grenze" fundiere im Verhältnis zum Absoluten. Damit werden „Glauben" und „Wissen" zueinander bestimmt. In dieser dialektischen Bezüglichkeit bewahrten sie sich ihre Relativität und es entstehe ein kritisches Bewusstsein. Im Judentum, anders als im Christentum, sei diese Grenze gezogen und damit das „Absolute" aufrechterhalten. Das Judentum, das Horkheimer idealistisch bzw. kantianisch liest, fundiere diese Grenze im Bilderverbot. Überhaupt sei, und hier übersetzt Horkheimer das theologische Tabu ins säkulare und philosophische Judentum,

> das Absolute nicht darzustellen oder abzubilden .... Ja, es ist im Jüdischen üblich, selbst den Namen ‚Gott' nicht einfach auszuschreiben. ... Daher das kritische Verhalten in der Realität, denn in diesem kritischen Verhalten, in dem wir das bezeichnen, was nicht sein soll, was Gott entgegen ist, erscheint das Absolute, das Andere, das Gute.[40]

Das Bilderverbot erziele also die „Entmächtigung der Magie" und garantiere „Befreiung", weil es die sakrale Scheinhaftigkeit erkenne.[41] Wenn „Gott als Geist der Natur als das andere Prinzip" entgegentrete, so stehe dieser nicht für den blinden Kreislauf ein „wie alle mythischen Götter", sondern könne aus diesem befreien, in dem es als Bewusstsein das Diesseits gerade nicht mit dem „ganz Anderen" identifiziere.[42]

Vor diesem Hintergrund erweisen sich die philosophischen Reflexionen Horkheimers und Adornos als Referenzen auf das jüdische Paradigma. Während die Forschung berechtigt auf die Bedeutung von Hegel, Marx und Freud verweist, die die Kritischen Theoretiker insbesondere in ihrem Verständnis von Geschichte, Gesellschaft und Bewusstsein rezipierten, so zeigt sich hier die philosophische und kultursoziologische Inklination des Bilderverbots für eine Theorie des Antisemitismus als bedeutsam.[43] Die Verbindung stellt sich u. a. über die Aneignung des Objekts her. Wenn etwas Menschliches und Bildhaftes als absolut erscheinen und begriffen werden könne, dann sind ideologisiertes und affirmatives Denken, Glaube

---

40 Max Horkheimer, Erinnerung an Paul Tillich, Gespräch mit Gerhard Rein (1967), in: Horkheimer, Gesammelte Schriften, Bd. 7, S. 276–283, hier S. 279.
41 Max Horkheimer/Theodor W. Adorno, Elemente des Antisemitismus, in: Max Horkheimer, Gesammelte Schriften, Bd. 5, S. 197–238, hier S. 216.
42 Max Horkheimer/Theodor W. Adorno, Elemente des Antisemitismus, in: Max Horkheimer, Gesammelte Schriften, Bd. 5, S. 197–238, S. 206.
43 Vgl. Anson Rabinbach, Why Were the Jews Sacrificed? The Place of Anti-Semitism in Dialectic of Enlightenment, in: New German Critique 81 (2000), S. 49–64; Martin Jay/Ute Frevert, Frankfurter Schule und das Judentum. Die Antisemitismusanalyse der Kritischen Theorie, in: Geschichte und Gesellschaft 5 (1979), S. 439–454.

und Nachahmung ohne Korrektiv und die Projektion total. Das Absolute wäre nivelliert und fungibel, weil der kognitive Modus der Idolatrie das Korrektiv suspendiere. Der sozialisierte Blick auf das sakral Überhöhte unterbinde Kritik.

Ein Zweifel am Objekt bestehe dennoch, denn dass das Überhöhte weder erlösen noch versöhnen kann, werde von den Gläubigen erfahren. Der Betrug des scheinhaften Objekts werde wahrgenommen und an jenen aggressiv und gewaltvoll ausagiert, die auf die Lüge des Bildes hinweisen und in ihrer Existenz Zeugnis darüber ablegen: Es sind die Juden.[44] Damit ist Antisemitismus Bestandteil der ästhetischen Erfahrung und der Aneignung von Welt und hat seinen religiösen Ursprung in der Vermenschlichung Gottes. Der gläubige und identifikatorische Blick auf das sakralisierte Bild fördere insofern Fanatismus, Hass und Gewalt, da der Betrug und die Lüge zwar wahrgenommen, jedoch nicht eingestanden werden. Vielmehr entlade sich die Spannung von Wahrnehmung und Illusion im Antisemitismus. Der empfundene Betrug wird im Antisemitismus ausagiert und verschafft sozialen und lustvollen Mehrwert, er erzeugt Frustration und Lust gleichermaßen. Darin bestehe u. a. die fatale Attraktivität des Antisemitismus. Der Bruch mit dem Bilderverbot forciere also, so ist Horkheimer zu verstehen, ein „falsches" Bewusstsein, das sich gegen das eigene Selbstgefühl wende. Das „Ich", das sich des Selbstbetrugs halbbewusst ist, suche in der (legitimierten) Gewalttat gegen diejenigen Entlastung, die auf den Verrat und auf die Illoyalität zu sich selbst hinweisen und diesen aufdecken.[45]

Judentum

Das Bilderverbot umfasst jedoch insbesondere Horkheimers Begriff vom Judentum. Vor allem im diasporischen Judentum erkannte er das Potenzial des nun von ihm existentiell übersetzten Bilderverbots.[46] Die nationale Antwort auf die prekäre jüdische Existenz in der Welt erschien ihm, wenn auch politisch notwendig, dem Judentum fremd. Und so steht er auch dem Zionismus und dem Staat Israel

---

44 Vgl. Helmut König, Elemente des Antisemitismus. Kommentare und Interpretationen zu einem Kapitel der Dialektik der Aufklärung von Max Horkheimer und Theodor W. Adorno, Weilerswist 2016, bes. S. 11 u. S. 116–117.
45 Yael Kupferberg, Antisemitismus in Deutschland – Kontinuität oder Zeitenwende? In: Zentralrat der Juden (Hrsg.), „Du Jude" – Antisemitismus-Studien und ihre Konsequenzen, Leipzig 2020, S. 35–46, hier S. 43–44.
46 Vgl. dazu u. a. Anson Rabinbach, Israel, die Diaspora und das Bilderverbot in der Kritischen Theorie, in: Monika Boll/Raphael Gross (Hrsg.), Die Frankfurter Schule und Frankfurt. Eine Rückkehr nach Deutschland, Göttingen 2009, S. 252–263.

philosophisch kritisch, wenngleich politisch unbedingt loyal gegenüber. Bezugnehmend auf die politische und historische Wirklichkeit des Staates Israel schrieb er: „Kein Machtstaat, sondern die Hoffnung auf Gerechtigkeit am Ende der Welt hieß Judentum."[47] Das hier postulierte Judentum gründet sich darin, dass es an der Idee des Absoluten festhalte und damit die „Sehnsucht nach dem ganz Anderen" bewahre.[48] Dass es also eine Existenz verteidige, die nicht in der politisch notwendigen Repräsentation und im Nationalismus, der von der Ordnung der Welt gefordert sei, aufgehe und sich gänzlich assimiliere.[49] Horkheimer erkannte darin eine „Dialektik des Judentums":

> Bei den Juden brachte durch die Jahrtausende das Bekenntnis zu ihrem Gott und ihrem Volk Verfolgungen und Tod. Um sich zu retten, hatten sie die Alternative, ihren Gott zu verleugnen oder sich als Staat zu konstituieren. Beides bedeutet den Untergang des Judentums: das erste das Verschwinden aus der Welt, das zweite den Umschlag in den unvermeidlichen Nationalismus der anderen. Israel.[50]

Sowohl die diasporische als auch die staatlich-nationale Existenz führten zum Verschwinden des Judentums, das Horkheimer spezifisch bestimmte und erstere philosophisch favorisierte. Die diasporische Existenz halte zwar an der Idee des Judentums fest, könne aber aufgrund des gesellschaftlich Zwangs zur Objektivierung kaum die Subjektivität aufrechterhalten. Der Staat Israel hingegen rette jüdisches Leben, aber müsse sich darin dem Nationalismus verschreiben und mache sich so den anderen gleich. Beide jüdische Existenzformen unterlägen der Assimilation und zahlten für eine relative und ephemere Sicherheit den Preis der Selbstaufgabe. Allein die Kritische Theorie bewahre nach „Auschwitz" einen emphatischen Begriff von Judentum: im Bilderverbot.

---

47 Max Horkheimer, [Staat Israel] (1961–1962), in: Horkheimer, Gesammelte Schriften, Bd. 6, S. 369. Vgl. auch Jack Jacobs, The Frankfurt School, Jewish Lives and Antisemitism, New York 2015, bes. S. 132–142.
48 Max Horkheimer, Die Sehnsucht nach dem ganz Anderen (1970), in: Horkheimer, Gesammelte Schriften, Bd. 7, S. 385–404.
49 Vgl. Astrid Deuber-Mankowsky, Repräsentationskritik und Bilderverbot, in: Textual Reasoning (2000), [Mai], https://www.bu.edu/mzank/tr-deutsch/archiv/Bilderverbot.html, letzter Zugriff 6. Juni 2022.
50 Max Horkheimer, Dialektik des Judentums, in: Horkheimer, Gesammelte Schriften, Bd. 14, S. 314.

Philipp Lenhard
Friedrich Pollock und die jüdische Geschichte der Kritischen Theorie

In einem Band über das jüdische Frankfurt darf das Institut für Sozialforschung nicht fehlen.[1] Aber warum eigentlich? Anders als Franz Rosenzweigs Freies Jüdisches Lehrhaus oder der Jüdische Arbeiterkulturbund war das Institut für Sozialforschung eine konfessionell neutrale Einrichtung, an der sowohl jüdische als auch nichtjüdische Wissenschaftler, Hausangestellte und Studenten tätig waren.[2] Das Institut verstand sich selbst nicht als jüdische, sondern als wissenschaftliche Forschungsanstalt. Zwar waren die meisten seiner Mitarbeiterinnen und Mitarbeiter jüdischer Herkunft, aber sie beschäftigten sich in ihrer wissenschaftlichen Arbeit (von einigen Ausnahmen abgesehen) nicht mit der jüdischen Religion, Kultur oder Geschichte. Nach Ausbruch des Zweiten Weltkriegs wurde die Erforschung des Antisemitismus ein zentrales Forschungsobjekt des in die USA emigrierten Instituts, aber dass dies ein Beleg für den „jüdischen" Charakter der Kritischen Theorie sein soll, ist zumindest nicht unmittelbar einsichtig.[3]

Deshalb muss die Frage gestellt werden, inwiefern das Institut für Sozialforschung und die an ihm entwickelte „Kritische Theorie" der „Frankfurter Schule"

---

[1] Siehe bereits Rachel Heuberger/Helga Krohn (Hrsg.), Hinaus aus dem Ghetto. Juden in Frankfurt am Main, 1800–1950, Frankfurt am Main 1988, S. 158; Alfred Schmidt, Max Horkheimer und die „Zeitschrift für Sozialforschung", in: Karl E. Grözinger (Hrsg.), Jüdische Kultur in Frankfurt am Main von den Anfängen bis zur Gegenwart, Wiesbaden 1997, S. 355–372. Für die Nachkriegszeit siehe Monika Boll/Raphael Gross (Hrsg.), Die Frankfurter Schule und Frankfurt. Eine Rückkehr nach Deutschland, Göttingen 2009; Helga Krohn, „Es war richtig, wieder anzufangen". Juden in Frankfurt am Main seit 1945, Frankfurt am Main 2011, S. 69–73; Tobias Freimüller, Frankfurt und die Juden. Neuanfänge und Fremdheitserfahrungen 1945–1990, Göttingen 2020, S. 81–92.
[2] Zum Lehrhaus siehe Michael Brenner, Jüdische Kultur in der Weimarer Republik, München 2000, S. 81–113; zum Jüdischen Arbeiterkulturbund, der vor allem aus Osteuropa stammende jüdische Handwerker und Arbeiter anzog, vgl. Valentin Senger, Der beschnittene Engel oder Die vergessenen Juden in Frankfurt, in: Siegbert Wolf (Hrsg.), Frankfurt am Main. Jüdisches Städtebild, Frankfurt am Main 1996, S. 177–190.
[3] Vgl. Martin E. Jay, The Jews and the Frankfurt School. Critical Theory's Analysis of Anti-Semitism, in: New German Critique 19 (1980), S. 137–149; Jack Jacobs, The Frankfurt School, Jewish Lives, and Antisemitism, New York 2015; Eva-Maria Ziege, Antisemitismus und Gesellschaftstheorie. Die Frankfurter Schule im amerikanischen Exil, Frankfurt am Main 2009; Anson Rabinbach, The Cunning of Unreason. Mimesis and the Construction of Anti-Semitism in Horkheimer und Adorno's *Dialectic of Enlightenment*, in: Anson Rabinbach: In the Shadow of Catastrophe: German Intellectuals between Enlightenment and Apocalypse, Berkeley 1997, S. 166–198.

https://doi.org/10.1515/9783110792478-015

überhaupt Teil der jüdischen Geschichte Frankfurts sind.[4] Selbstverständlich hängt die Antwort nicht zuletzt davon ab, wie das Jüdische definiert und wie weit der Terminus „jüdische Geschichte" gefasst wird. In dem vorliegenden Beitrag soll dafür plädiert werden, jüdische Geschichte nicht als einen klar von der sogenannten allgemeinen Geschichte abgegrenzten Bereich zu betrachten, sondern im Sinne einer integrierten Geschichtsschreibung jüdische Perspektiven und Erfahrungen in die sogenannte Allgemeingeschichte einzubeziehen.[5] Verkompliziert wird dieser Ansatz jedoch durch die Ambiguität des Jüdischen selbst, das sich seit jeher einer eindeutigen Definition entzieht und überdies von einem Geflecht aus Fremd- und Selbstzuschreibungen durchzogen ist.[6]

Eine „jüdische Sekte"?

Nicht nur von christlicher, auch von jüdischer Seite gibt es solche Fremdzuschreibungen. Und so ist es kaum erstaunlich, dass auch die „Frankfurter Schule" immer wieder für die jüdische Geschichte reklamiert worden ist. Der Judaist Gershom Scholem beispielsweise hat den Horkheimer-Kreis in seiner Autobiographie einst als eine der „bemerkenswertesten jüdischen Sekten, die das deutsche Judentum hervorgebracht hat", bezeichnet.[7] Was zunächst wie bloße Polemik klingt, hat eine tiefere Bedeutungsschicht, die sich nur erschließt, wenn Scholems Aussage beim Wort genommen wird. Sie ist von einer rein geistesgeschichtlichen Ein-

---

4 Siehe dazu auch Philipp Lenhard, Kritische Theorie und Jüdische Studien, in: Mittelweg 36 3 (Juni/Juli 2021), S. 30–31. Die drei Begriffe „Institut für Sozialforschung", „Kritische Theorie" und „Frankfurter Schule" werden im vorliegenden Text bisweilen synonym verwendet, fokussieren im engeren Sinne aber unterschiedliche, miteinander verbundene Phänomene: Das Institut für Sozialforschung ist sowohl der institutionelle Rahmen als auch der physische Ort, an dem die Kritische Theorie entwickelt wurde. Die „Frankfurter Schule" ist ein anderer Name für „Kritische Theorie", der allerdings zunächst eine Fremdzuschreibung war und insofern problematisch ist, als er erstens (m. E. fälschlich) eine Schulbildung nahelegt und zweitens die über die Stadt Frankfurt weit hinausreichende Genese und Wirkkraft der Kritischen Theorie unterschlägt. Zur These der Schulbildung siehe Ziege, Antisemitismus und Gesellschaftstheorie, S. 34–42.
5 Siehe Shulamit Volkov, Deutschland aus jüdischer Sicht. Eine andere Geschichte. Vom 18. Jahrhundert bis zur Gegenwart, München 2022. Für konzeptionelle Überlegungen siehe Philipp Lenhard/Gregor Pelger/Mirjam Zadoff, Von der Sondergeschichte zur integrierten Geschichte. Jüdische Geschichte im Schulunterricht, in: Münchner Beiträge zur jüdischen Geschichte und Kultur 1 (2015), S. 11–26.
6 Vgl. Cynthia M. Baker, Jew, New Brunswick u. a. 2017; Leora Batnitzky, How Judaism Became a Religion. An Introduction to Modern Jewish Thought, Princeton/Oxford 2011.
7 Gershom Scholem, Von Berlin nach Jerusalem, Frankfurt am Main 1994, S. 162.

ordnung zu unterscheiden, wie sie etwa der Soziologe und ehemalige Institutsmitarbeiter Joseph Maier vorgenommen hat, der die Kritische Theorie einmal als „jüdisches Erbe aus deutschem Geist" definiert hat.[8]

Wie also hat Scholem seine Charakterisierung des Horkheimer-Kreises als eine jüdische Sekte genau gemeint? Das Wort „Sekte" impliziert einen religiösen Zusammenhang, der abseits der Orthodoxie steht, aber dennoch der Tradition auf bestimmte Weise verbunden bleibt. In seinem berühmten Aufsatz *Erlösung durch Sünde* formulierte Scholem bereits in den 1930er Jahren den dialektischen Gedanken, dass die jüdische Sekte eine „religiöse Bewegung im Innern des Judentums" sei.[9] Durch ihre Abgrenzung vom normativen Judentum seien die Sekten zwar einerseits „Stützen und Wegbereiter der Aufklärung" gewesen, andererseits aber gerade durch diese Absetzbewegung immer noch auf die Orthodoxie bezogen.[10] In letzter Instanz konnte Scholem deshalb auch Antinomismus, Nihilismus, ja sogar Anarchismus als Formen sektiererischer Religiosität begreifen.[11] „Jüdische Sekte" meint bei ihm in unserem Kontext folglich mehr als die bloße Tatsache, dass fast alle engeren Mitarbeiter des Instituts für Sozialforschung jüdischer Herkunft waren. Religionsgeschichtlich gefasst, betrachtete er die Kritische Theorie implizit als eine auf die jüdische Tradition bezogene Häresie und ordnete sie damit in eine lange zurückreichende Geschichte ein.[12] Seine politischen und persönlichen Differenzen geschuldete Abneigung speziell Horkheimer gegenüber, dem er anlässlich der Veröffentlichung des Aufsatzes *Die Juden und Europa* Anfang 1940 bitterböse attestierte, „weder einen Begriff vom jüdischen Problem noch ein Interesse dafür" zu haben, tat dieser Einschätzung keinen Abbruch.[13] Schließlich äußerte er sich auch über historische „Sektenführer" kaum freundlicher, etwa über den Pseudomessias Jakob Frank (1726–1791), dem er bescheinigte, eine „Mischung aus

---

8 Joseph Maier, Jüdisches Erbe aus deutschem Geist, in: Alfred Schmidt/Norbert Altwicker (Hrsg.), Max Horkheimer heute. Werk und Wirkung, Frankfurt am Main 1986, S. 146–162.
9 Gershom Scholem, Erlösung durch Sünde, in: Gershom Scholem Judaica 5, Frankfurt am Main 1992, S. 7–116, hier S. 18. Der Aufsatz erschien ursprünglich 1936/37 auf Hebräisch unter dem Titel *Mitzwah ha-ba'ah be-Averah*.
10 Scholem, Erlösung durch Sünde, S. 19.
11 Vgl. David Biale, Gershom Scholem on Nihilism and Anarchism, in: The Journal of Theory and Practice 19 (2015), S. 61–71.
12 Zu dieser Tradition siehe jüngst Jonathan I. Israel, Revolutionary Jews from Spinoza to Marx. The Fight for a Secular World of Universal and Equal Rights, Seattle 2021.
13 Brief von Gershom Scholem an Walter Benjamin, [Februar 1940], in: Gershom Scholem, Walter Benjamin: Briefwechsel 1933–1940, Frankfurt am Main 1985, S. 319.

despotischem Herrscher, populärem Propheten und listigem Betrüger" gewesen zu sein.[14]

Liest man die genannte Stelle in Scholems Autobiographie, dann ergibt sich aus dem Kontext, dass das Wort „Sekte" jedoch auch eine soziologische Bedeutung hat. Der Kreis um Horkheimer war eine durchaus elitäre, verschworene Gemeinschaft, die sich um ihren Guru und Anführer gruppierte – analog etwa zum überaus obskuren Goldbergkreis,[15] den Scholem als weiteres eindrückliches Beispiel einer „jüdischen Sekte" nennt, oder eben auch analog zu den jüdischen Sekten, denen er einen beträchtlichen Teil seiner Forschungen gewidmet hat.[16] War Horkheimer für Scholem also ein neuer Jakob Frank, gar ein neuer Shabtai Zvi? War die Frankfurter Schule am Ende nur ein neuer Aufguss des Offenbacher Hofes?[17] War Horkheimer in Scholems Augen ein Betrüger, ein marxistischer „Pseudo-Messias"? Oder machte er sich doch nur über den Horkheimer-Kreis lustig und verwendete den Begriff „jüdische Sekte" ausschließlich ironisierend?

Diese Fragen können an dieser Stelle nicht abschließend beantwortet werden, aber Scholems Einordnung der Frankfurter Schule bringt in aller Deutlichkeit die Frage nach dem jüdischen Charakter der Kritischen Theorie aufs Tableau. Dieser Frage geht der vorliegende Aufsatz im Folgenden, ausgehend von der Biographie Friedrich Pollocks, nach.

Friedrich Pollock und das deutsch-jüdische Bürgertum

Friedrich Pollock, 1894 in Freiburg geboren, stand lange Zeit im Schatten der großen öffentlichen Intellektuellen Max Horkheimer, Theodor Adorno, Walter Benja-

---

14 Gershom Scholem, Frank, Jacob, and the Frankists, in: Fred Skolnik/Michael Berenbaum (Hrsg.), Encyclopaedia Judaica, Detroit 2007, S. 182–192 (meine Übersetzung, PL).
15 Vgl. Manfred Voigts, Oskar Goldberg: Der mythische Experimentalwissenschaftler. Ein verdrängtes Kapitel jüdischer Geschichte, Berlin 1992.
16 Vgl. Gershom Scholem, Sabbatai Zwi. Der mystische Messias, Frankfurt am Main 1992; Gershom Scholem, Die krypto-jüdische Sekte der Dönme (Sabbatianer) in der Türkei, in: Numen 7 (1960), S. 93–122; Scholem: Frank, Jacob, and the Frankists.
17 1787 bezog Jakob Frank mit 50 bis 80 seiner Anhänger unter dem Schutz des Fürsten Wolfgang Ernst II. zu Isenburg und Büdingen das Isenburger Schloss in Offenbach und herrschte dort unter dem ihm verliehenen Adelstitel Baron von Frank-Borucki bis zu seinem Tod 1791 über einen zeitweise mehrere hundert Personen umfassenden Hofstaat. Vgl. Paweł Maciejko, The Mixed Multitude. Jacob Frank and the Frankist Movement, 1755–1816, Philadelphia 2011.

min und Herbert Marcuse.[18] Und das, obwohl er nicht nur 1923 maßgeblich an der Gründung des Instituts für Sozialforschung beteiligt war und es von den ersten Anfängen bis in die 1950er Jahre hinein administrativ am Laufen hielt, sondern sein wissenschaftliches Werk auch konstitutiv in das eingegangen ist, was heute „Kritische Theorie" genannt wird.[19] Seine Auseinandersetzung mit der Marxschen Kritik der politischen Ökonomie, seine Theorie des Staatskapitalismus, seine Untersuchungen der Automation bilden gleichsam das ökonomietheoretische Fundament, auf dem die sozialphilosophischen Studien seiner Kolleginnen und Kollegen aufruhen. Das bedeutet nicht, dass diese sämtliche Schlussfolgerungen Pollocks geteilt hätten. Im Gegenteil: Es wurde am Institut für Sozialforschung heftig über

---

18 Zur Biographie siehe ausführlich Philipp Lenhard, Friedrich Pollock – die graue Eminenz der Frankfurter Schule, Berlin 2019. Vgl. außerdem Rolf Wiggershaus, Friedrich Pollock – der letzte Unbekannte der Frankfurter Schule, in: Die Neue Gesellschaft/Frankfurter Hefte 8 (1994), S. 750–756; Nicola Emery, Per il non conformismo. Max Horkheimer e Friedrich Pollock: l'altra Scuola di Francoforte, Rom 2015; Carlo Campani, Pianificazione e teoria critica. L'opera di Friedrich Pollock dal 1923 al 1943, Neapel 1992.
19 Vgl. John D. Abromeit, Max Horkheimer and the Foundations of the Frankfurt School, Cambridge 2011; Dirk Braunstein, Adornos Kritik der politischen Ökonomie, Bielefeld 2011; Manfred Gangl, Politische Ökonomie und Kritische Theorie. Ein Beitrag zur theoretischen Entwicklung der Frankfurter Schule, Frankfurt am Main 1987; Martin Jay, Dialektische Phantasie. Die Geschichte der Frankfurter Schule und des Instituts für Sozialforschung 1923–1950, Frankfurt am Main 1976; Rolf Wiggershaus, Die Frankfurter Schule. Geschichte, Theoretische Entwicklung, Politische Bedeutung, München u. a. 1986; Rolf Wiggershaus, Max Horkheimer. Unternehmer in Sachen „kritische Theorie", Frankfurt am Main 2013; Michael Buckmiller, Die Marxistische Arbeitswoche 1923 und die Gründung des Instituts für Sozialforschung, in: Gunzelin Schmid Noerr/Willem van Reijen (Hrsg.), Grand Hotel Abgrund. Eine Photobiographie der Kritischen Theorie, Hamburg 1988, S. 141–173; Harry F. Dahms, The Early Frankfurt School Critique of Capitalism. Critical Theory between Pollock's „State Capitalism" and the Critique of Instrumental Reason, in: Peter Koslowski (Hrsg.), The Theory of Capitalism in the German Economic Tradition. Historism, Ordo-Liberalism, Critical Theory, Solidarism, Berlin/Heidelberg 2000, S. 309–361; Helmut Dubiel/Alfons Söllner, Die Nationalsozialismusforschung des Instituts für Sozialforschung – ihre wissenschaftliche Stellung und ihre gegenwärtige Bedeutung, in: Helmut Dubiel/Alfons Söllner (Hrsg.), Wirtschaft, Recht und Staat im Nationalsozialismus, Frankfurt am Main 1984, S. 7–32; Thomas Heerich, Autologische Spiegelung der Verwalteten Welt. Friedrich Pollock (1894–1970), in: Richard Faber/Eva-Maria Ziege (Hrsg.), Das Feld der Frankfurter Kultur- und Sozialwissenschaften vor 1945, Würzburg 2007, S. 107–120; Philipp Lenhard, „An Institution of Nazi Statesmanship". Friedrich Pollock's Theoretical Contribution to the Study of Anti-Semitism, in: New German Critique 43 (2016), S. 195–214; Philipp Lenhard, Staatskapitalismus und Automation. Einblicke in die Kritik der politischen Ökonomie im Spätwerk Herbert Marcuses und Friedrich Pollocks, in: Zeitschrift für kritische Theorie 42/43 (2016), S. 9–39; Tobias ten Brink, Staatskapitalismus und die Theorie der verwalteten Welt. Friedrich Pollock und die Folgen, in: Westend. Neue Zeitschrift für Sozialforschung, 10 (2013), S. 128–136.

jede seiner Thesen diskutiert und gestritten.[20] Aber alle Mitarbeiter waren sich darin einig, dass der Versuch, die Marxsche Kritik zu aktualisieren und auf die Gegenwart anzuwenden, die erste Aufgabe materialistischer Gesellschaftstheorie auf der Höhe der Zeit zu sein habe. „Kritische Theorie" heißt somit letztlich nichts anderes als kritische Revision und damit zugleich Aktualisierung des Marxismus vor dem Hintergrund geschichtlicher Erfahrung.[21] Und unter allen Mitarbeiterinnen und Mitarbeitern des Instituts für Sozialforschung – vielleicht mit Ausnahme Henryk Grossmanns – war Pollock sicherlich der luzideste Kenner des Marxschen Werkes.[22] Insofern bilden Friedrich Pollocks Versuche zunächst einer Rekonstruktion, dann einer Aktualisierung des Marxismus die Grundlagen der Kritischen Theorie.[23]

Inwiefern aber ist nun Pollocks Marxlektüre mit seiner jüdischen Herkunft, seiner jüdischen Identität vermittelt? Keineswegs ist es so, dass Pollock den jüdischen Messianismus einfach durch eine kommunistische Erlösungserwartung ersetzt hätte, wie es oft etwas leichtfertig über jüdische Revolutionäre behauptet

---

20 Siehe Manfred Gangl, The Controversy over Friedrich Pollock's State Capitalism, in: History of the Human Sciences 29 (2016), Nr. 2, S. 23–41; Joachim Hirsch, Staatskapitalismus? Zur Kontroverse zwischen Friedrich Pollock, Max Horkheimer und Franz Neumann in Bezug auf den Charakter des nationalsozialistischen Systems, in: Ulrich Ruschig/Hans-Ernst Schiller (Hrsg.), Staat und Politik bei Horkheimer und Adorno, Baden-Baden 2014, S. 63–76; Philipp Lenhard, Abschied vom Marxismus? Friedrich Pollock, Franz L. Neumann und die Entstehung der kritischen Theorie des Antisemitismus im amerikanischen Exil, 1939–1945, in: Bettina Bannasch/Helga Schreckenberger/Alan E. Steinweis (Hrsg.): Exilforschung. Ein internationales Jahrbuch, München 2016, S. 148–170.
21 Vgl. Giacomo Marramao, Political Economy and Critical Theory, in: Telos 24 (Sommer 1974), S. 56–80; Moishe Postone/Barbara Brick, Friedrich Pollock and the Primacy of the Political. A Critical Reexamination, in: International Journal of Politics 6 (1976), Nr. 3, S. 3–28; Philipp Lenhard: „In den Marxschen Begriffen stimmt etwas nicht". Friedrich Pollock und der Anfang der Kritischen Theorie, in: Sans Phrase. Zeitschrift für Ideologiekritik 5 (2014), S. 5–16.
22 Vgl. Rick Kuhn, Henryk Grossman and the Recovery of Marxism, Urbana u. a. 2007.
23 In der Forschung wird zumeist Horkheimers Aufsatz *Traditionelle und kritische Theorie* als ideengeschichtlicher Anfang der Kritischen Theorie gesehen, was in vielerlei Hinsicht zu kurz greift. Zum einen erschien der Text erst 1937, als bereits zahlreiche wichtige Aufsätze erschienen waren, zum zweiten machte Horkheimer selbst in einer Fußnote klar, dass das Adjektiv „kritisch" „nicht so sehr im Sinne der idealistischen Kritik der reinen Vernunft als in dem der dialektischen Kritik der politischen Ökonomie gemeint" sei, sich also auf Marx beziehe. Max Horkheimer, Traditionelle und kritische Theorie, in: Max Horkheimer, Gesammelte Schriften, Bd. 4: Schriften 1936–1941, Frankfurt am Main 1988, S. 162–216, hier S. 180, Anm. 14. Siehe dazu auch Emil Walter-Busch, Geschichte der Frankfurter Schule. Kritische Theorie und Politik, München 2010, S. 52–54.

wird.²⁴ Pollock kam nicht aus einer religiösen Familie und hatte nur wenig Kenntnis vom Inhalt der jüdischen Religion und ihrer Riten. Zwar hatten seine Großeltern väterlicherseits, die noch klassische Landjuden gewesen waren, zu den ersten Juden gehört, die sich in der Neuzeit wieder in der Stadt Freiburg angesiedelt und dann auch die dortige jüdische Gemeinde mitgegründet hatten. Pollocks Eltern jedoch hatten sich schon so weit vom Judentum entfernt, dass sie nicht einmal an den hohen Feiertagen in die Synagoge gingen. Auf den Stellenwert des Judentums in seiner Familie angesprochen, fiel Pollock rückblickend nur ein, sein Vater sei „Antisemit" gewesen, was wohl vor allem eine Abgrenzung vom orthodoxen Judentum markierte.²⁵ Umso bemerkenswerter, dass Pollocks Eltern formal Mitglieder der liberalen jüdischen Gemeinde blieben und – anders als etwa Friedrich Pollocks Onkel – nicht zum Christentum übertraten. Sie behielten sich eine Art von „Trotzjudentum",²⁶ das sich auch noch in Friedrich Pollocks ambivalenter Haltung als Erwachsener widerspiegeln sollte: Er bekannte sich zu seiner jüdischen Herkunft, wenn er danach gefragt wurde, bestritt aber energisch, dass das Judentum irgendeinen Einfluss auf sein Denken habe.

Besonders verdichtet kommt diese Einstellung in einem Kommentar zum Ausdruck, den Pollock 1970 anfertigte, als er das Manuskript von Martin Jays Dissertation über die Geschichte des Instituts für Sozialforschung zu Gesicht bekam.²⁷ Jay hatte an verschiedenen Stellen die jüdische Herkunft Pollocks und anderer Institutsmitglieder erwähnt. Pollock reagierte darauf mit folgenden Worten:

> Why do you underline the Jewish origin of the Weil's and myself while you do not mention it in the case of Horkheimer or Grünberg. Not that Weil or myself ever tried to hide our Jewish descent but it so happened that both our families had completely severed all relations with the Jewish community and became typically assimilated Germans. Grossmann ... had in my opinion a Talmudian mind but no connections whatsoever with the Jewish religion. I am aware of your ideas on the correlations between the Jewish origin of a majority of the Institute's members and their affinity to radical criticism. I certainly will not interfere

---

24 Diese Denkfigur geht auf Max Weber zurück: Max Weber, Wirtschaft und Gesellschaft, Tübingen 1922, S. 295. Differenzierter ist Löwys Begriff der „Wahlverwandtschaft". Vgl. Michael Löwy, Erlösung und Utopie. Jüdischer Messianismus und libertäres Denken, Berlin 1997. Siehe auch Anson Rabinbach, Between Apocalypse and Enlightenment. Benjamin, Bloch, and Modern German-Jewish Messianism, in: Anson Rabinbach, In the Shadow of Catastrophe. German Intellectuals between Enlightenment and Apocalypse, Berkeley 1997, S. 27–65.
25 Vgl. dazu Lenhard, Friedrich Pollock, S. 17–22.
26 Zum weit verbreiteten „Trotzjudentum" im Kaiserreich siehe Shulamit Volkov, Die Juden in Deutschland 1780–1918, München 2000, S. 57.
27 Zum Hintergrund vgl. Martin Jay, „Die Hoffnung, irdisches Grauen möge nicht das letzte Wort haben". Max Horkheimer und die Dialektische Phantasie, in: WestEnd. Neue Zeitschrift für Sozialforschung 12 (2015), S. 133–146.

with this interpretation which I do not share. All of us, up to the last years before Hitler, had no feeling of insecurity, originating from our ethnic de[s]cent. Unless we were ready to undergo baptism, certain positions in public service and business were closed to us, but that never bothered us. And under the Weimar Republic many of these barriers had been moved away.²⁸

Zahlreiche Facetten der deutsch-jüdischen Geschichte des 19. und 20. Jahrhunderts spiegeln sich in diesem Kommentar. Pollock verwendete das Wort „jüdisch" in mindestens vier Bedeutungen: Erstens betonte er, seine jüdische *Herkunft* (descent) niemals verleugnet zu haben; zweitens wendete er ein, dass seine Familie alle Verbindungen zur jüdischen *Religionsgemeinde* (community) abgebrochen habe; drittens räumte er ein, dass es bei Grossmann, anders als bei ihm, eine jüdische *Geisteshaltung* (Talmudian mind) gegeben habe; und viertens schließlich nannte er noch die *Diskriminierung als Jude* (barriers), die allerdings nicht besonders gravierend gewesen sei. Sich selbst sah Pollock nur im Sinne der Abstammung (ethnic descent) als jüdisch an.

Diese Selbsteinschätzung muss ernst genommen werden, ist aber zugleich auch zu hinterfragen. Es wäre sicherlich vermessen, irgendwelche versteckten religiösen Inhalte in Pollocks Denken hineinzulesen. Es wäre aber ebenso falsch, die jüdische Dimension seiner Biographie zu ignorieren. Wenn Pollock schreibt, seine Eltern seien „typically assimilated Germans" gewesen, so ist dies eine vielsagende Formulierung. Denn dass die Pollocks nicht einfach „Deutsche" waren, sondern „typisch assimilierte Deutsche", verweist darauf, dass sie – wie die meisten anderen jüdischen Familien im Reich – unabhängig von ihrer Selbstwahrnehmung und Identität weiterhin von vielen Nichtjuden als Fremde und Nicht-ganz-Dazugehörige betrachtet wurden. Gerade das – und nicht etwa überkommene religiöse Überzeugungen – machte es ja erst erforderlich, sich zu „assimilieren". Diese Assimilation, die bewusste Angleichung an ein konstruiertes Idealbild des Deutschen, war tatsächlich „typisch" für das deutsch-jüdische Bürgertum, dem auch Pollock entstammte.²⁹ Ja, es kann kein Zweifel daran bestehen, dass das „assimilierte Deutschtum" geradezu der Inbegriff deutsch-jüdischer Bürgerlichkeit wurde.

Auf den ersten Blick paradox mutet an, dass gerade die Assimilation nicht nur zu einer Annäherung zwischen Juden und Nichtjuden führte, sondern auch eine neue „Eigenart" des Jüdischen hervorbrachte, wie die Historikerin Shulamit Volkov betont: „Während jüdische Traditionen und Gebräuche aus den Häusern verschwanden, entstand fast unbemerkt eine neue ‚Tradition', eine gemeinsame

---

28 Privatarchiv Martin Jay, Berkeley (ich danke Martin Jay für die Erlaubnis zum Abdruck).
29 Zum Begriff der „jüdischen Assimilation" siehe Peter Haber, Integration und Assimilation, in: Peter Haber/Erik Petry/Daniel Wildmann (Hrsg.), Jüdische Identität und Nation. Fallbeispiele aus Mitteleuropa, Köln u. a. 2006, S. 119–129.

Art der Wahrnehmung der Umwelt und der Reaktion auf sie."[30] Nimmt man diese neue, modernisierte Form des Jüdischen in den Blick, so enthüllt sich vor allem dessen sozialer Aspekt. So „assimiliert" das deutsche Judentum auch gewesen sein mag und so weitreichend sich die Kontakte mit nichtjüdischen Kollegen, Kameraden, Geschäftspartnern im Alltag auch gestalteten: Im Hinblick auf die Familie und den engsten Freundeskreis blieben Jüdinnen und Juden häufig weitgehend unter sich.[31] Auch Pollock kam aus einer jüdischen Familie, er verkehrte in einem weitgehend jüdischen Milieu, er hatte fast ausnahmslos jüdische Freunde und seine beiden späteren Ehefrauen waren ebenfalls jüdisch. Vor etlichen Jahren hat Marion Kaplan diesen sozialen Aspekt der deutsch-jüdischen Geschichte mit dem Schlagwort „Unter uns" auf den Punkt gebracht.[32] Sie verglich den sozialen Umgang der Juden im Deutschen Kaiserreich mit dem der Katholiken und Protestanten und kam zu dem Schluss, dass genau wie bei den christlichen Konfessionen auch Juden im Alltag häufig unter sich blieben. „[D]ie Beziehungen zu anderen Juden", so Kaplan, machten „den Großteil [ihres] gesellschaftlichen Lebens" aus.[33]

Die Gründe für dieses „Unter uns"-Phänomen sind durchaus vielfältig und reichen von Ausgrenzungserfahrungen über eine durch tradierte Werte und Normen gestiftete Affinität bis hin zur materiellen Ebene der Unterstützung durch den Familienverband. Selbstverständlich gab es innerjüdische Spannungen und Konflikte, und zweifellos verkehrten Juden nicht *nur* mit Juden, wie sich schon an der steigenden Zahl der Mischehen nach der Einführung der Zivilehe zeigen lässt.[34] Dennoch: Wenn man das deutsche Judentum des späten Kaiserreiches und auch noch in der Weimarer Republik über alle innerjüdischen Konflikte und Spaltungen hinweg als Einheit fassen möchte, dann geht das nicht durch religiöse Zuschreibungen, sondern nur, indem man es als soziales Phänomen in den Blick nimmt. Die deutschen Juden bildeten ein spezifisches Milieu des deutschen Bür-

---

30 Shulamit Volkov, Jüdische Assimilation und Eigenart im Kaiserreich, in: Shulamit Volkov, Antisemitismus als kultureller Code. Zehn Essays, München 2000, S. 145.
31 Siehe dazu ausführlich Philipp Lenhard, Wahlverwandtschaften. Kulturgeschichte der Freundschaft im deutschen Judentum, 1888–1938, Göttingen 2023.
32 Marion Kaplan, Unter uns. Jews Socializing with other Jews in Imperial Germany, in: Leo Baeck Institute Yearbook 48 (2003), S. 41–65.
33 Marion Kaplan, Konsolidierung eines bürgerlichen Lebens im kaiserlichen Deutschland 1871–1918, in: Marion Kaplan (Hrsg.), Geschichte des jüdischen Alltags in Deutschland. Vom 17. Jahrhundert bis 1945, München 2003, S. 226–344, hier S. 323.
34 Vgl. Monika Richarz, Die Entwicklung der jüdischen Bevölkerung, in: Monika Richarz/Steven M. Lowenstein/Paul Mendes-Flohr/Peter Pulzer, Deutsch-jüdische Geschichte in der Neuzeit, Bd. 3: 1871–1918, München 2000, S. 13–38, hier S. 19–20. Der Anteil an Mischehen stieg unter den Juden in Preußen von 4,4 Prozent in den Jahren 1876–1880 auf 20,8 Prozent im Zeitraum 1916–1920. In der Weimarer Republik stieg der Anteil reichsweit auf bis zu 37 Prozent.

gertums, das ungeachtet seiner inneren Vielfalt und der Verflechtungen mit dem deutschen Bürgertum insgesamt durch verwandtschaftliche und freundschaftliche Beziehungen, durch ökonomische Netzwerke, durch religiöse und ethische Traditionen, durch Ausgrenzungserfahrungen und nicht zuletzt durch ähnliche Lebenswege zusammengehalten wurde. Genau in diesem Sinne kann man das Institut für Sozialforschung als einen Ort beschreiben, an dem vornehmlich, wenn auch nicht ausschließlich, jüdische Intellektuelle zusammenkamen, um zu forschen, zu lehren, zu streiten und als Kollegen und Freunde Zeit miteinander zu verbringen. Und in diesem Sinne war das Institut vor 1933 auch ein jüdischer Ort in Frankfurt.

Marxismus ohne Proletariat

Friedrich Pollock war ein typischer Spross dieses deutsch-jüdischen Bürgertums. Sein Vater besaß eine Kofferfabrik in Stuttgart, die er später übernehmen und damit die Familientradition fortführen sollte. Er wurde zum Kaufmann ausgebildet, d. h. er arbeitete im väterlichen Betrieb, machte Praktika bei Geschäftsfreunden in Belgien und England, erwarb vielfältige Fremdsprachenkenntnisse und tat alles, um einmal das väterliche Erbe anzutreten. Der entscheidende Bruch in dieser relativ langweiligen, vorhersehbaren Biographie war der Erste Weltkrieg. Eine ganze Generation zog die Sinnhaftigkeit der bürgerlichen Ordnung und ihrer Ideale – Wohlstand, Autoritätshörigkeit, Triebverzicht – grundlegend in Zweifel.[35] Für Pollock bedeutete das, eben nicht Fabrikant, Kaufmann, Kapitalist werden zu wollen, sondern sich der linken Politik zuzuwenden. Er las in München, wo die Kämpfe um die Räterepublik tobten, erstmals Marx, Lenin und Luxemburg. Er begann ein Studium der Nationalökonomie und Philosophie und versuchte herauszufinden, was das für eine Gesellschaft war, in der er da lebte. Wieso brachten sich die Menschen gegenseitig um? Warum gab es Hass und Niedertracht? Warum Herrschaft und Unterdrückung?

Antworten lieferte besonders das Werk von Karl Marx, dessen Gehalt ihm an der Frankfurter Universität vor allem durch den leider in Vergessenheit geratenen jüdischen Nationalökonomen Siegfried Budge vermittelt wurde. In Frankfurt entwickelte Pollock einen damals neuen Zugang zu Marx, nämlich die philolo-

---

35 Zum jüdischen Generationenkonflikt vgl. auch Hans Dieter Hellige, Generationskonflikt, Selbsthaß und die Entstehung antikapitalistischer Positionen im Judentum. Der Einfluß des Antisemitismus auf das Sozialverhalten jüdischer Kaufmanns- und Unternehmersöhne im Deutschen Kaiserreich und in der k. u. k.-Monarchie, in: Geschichte und Gesellschaft 5 (1979), S. 476–518.

gisch akkurate Rekonstruktion des Marxschen Spätwerks, um dieses in einem zweiten Schritt für aktuelle Fragen fruchtbar zu machen.[36] Das war nichts anderes als eine Herauslösung der Marxschen Theorie aus dem dogmatischen Korsett des Parteimarxismus, wie sie zeitgleich in ähnlicher Weise auch Georg Lukács, Karl Korsch und Isaak Rubin vorangetrieben haben.[37] Bemerkenswert am Pollockschen Marxismus ist jedoch im Vergleich zu den Genannten dreierlei: Erstens war Pollock nie Mitglied einer politischen Partei und ging auf Distanz zur Geschichtsphilosophie der zweiten und dritten Internationale; zweitens beschäftigte er sich fast überhaupt nicht mit der Rolle des Proletariats und des Klassenkampfes; und drittens ging er das Problem, wie der Sozialismus aufgebaut werden könnte, ganz praktisch an, weshalb er intensiv und kritisch die sowjetischen Erfahrungen mit der Planwirtschaft untersuchte.[38] Sein Marxismus war also undogmatisch, nichtproletarisch und positiv-praxisorientiert. Pollock passt mithin überhaupt nicht in das häufig bemühte Schema eines säkularisierten Judentums, das durch das Festhalten am Bilderverbot oder durch eine materialistische Geschichtsphilosophie dem jüdischen Messianismus die Treue hält.[39]

Pollock steht vielmehr für eine bürgerliche Selbstkritik, die die Ideale der bürgerlichen Gesellschaft ernst nimmt und die Wirklichkeit so umgestalten will, dass sie diesen Idealen genügt. Er orientiert sich am emanzipatorischen Versprechen der Französischen Revolution, das kein messianisches, auf die Zukunft gerichtetes ist, sondern auf die Jetztzeit, die unmittelbare Gegenwart bezogen ist. Pollock gehörte einer Generation von Juden an, die in den Genuss der Früchte der Emanzipation gekommen waren, aber auch die Dialektik der Emanzipation erkannten. Die bürgerliche Gleichstellung ermöglichte den deutschen Juden im Kaiserreich einen rasanten sozialen Aufstieg, wofür die Geschichte der Familie Pollock exemplarisch steht. Zugleich aber war der Kapitalismus mit neuen Formen von Ausbeutung, Unterdrückung und Herrschaft verbunden, die, so die spätere

---

36 Friedrich Pollock, Zur Geldtheorie von Karl Marx [1923], in: Karl Marx, Gesammelte Schriften, Bd. 1: Marxistische Schriften, Freiburg/Wien 2018, S. 23–127.
37 Zu den Anfängen des sogenannten „westlichen Marxismus" siehe Ingo Elbe, Marx im Westen. Die neue Marx-Lektüre in der Bundesrepublik seit 1965, Berlin 2010, S. 25–28. Zu Pollock siehe auch Elbe, Marx im Westen, S. 37, Anm. 40.
38 Friedrich Pollock, Die planwirtschaftlichen Versuche in der Sowjetunion 1917–1927 [1929], in: Friedrich Pollock, Gesammelte Schriften, Bd. 2: Schriften zu Planwirtschaft und Krise, Freiburg/Wien 2021, S. 25–468; Friedrich Pollock, Die gegenwärtige Lage des Kapitalismus und die Aussichten einer planwirtschaftlichen Neuordnung [1932], Pollock, Die gegenwärtige Lage des Kapitalismus, S. 469–492.
39 Dies gilt etwa für Horkheimer oder auch für Adorno. Vgl. Ansgar Martins, Adorno und die Kabbala, Potsdam 2016 sowie den Beitrag von Yael Kupferberg in diesem Band.

Analyse der Kritischen Theorie, auch den modernen Antisemitismus hervorbrachten.[40]

Mit anderen Worten: Folgt man dem Lebensweg und Werk Pollocks, so waren es nicht so sehr säkularisierte religiöse Traditionsbestände, die das Jüdische *seiner* Kritischen Theorie bestimmten, sondern vielmehr eine Auseinandersetzung mit dem eigenen bürgerlichen Milieu und dessen Ideologie. Der soziale Hintergrund erhält damit selbst einen explanativen Stellenwert.

Vielfalt jüdischer Erfahrungen

Diese Einsicht führt dazu, die heterogenen Lebenswege und vielfältigen jüdischen Erfahrungen zu rekonstruieren, die mit den Hauptvertretern der Kritischen Theorie verbunden sind. Wer das tut, erhält ein durchaus repräsentatives Bild des deutsch-jüdischen Bürgertums, wie man es im Frankfurt der 1920er Jahre in all seinen unterschiedlichen Schattierungen vorfand. Es ist hier nicht der Ort, auf jeden einzelnen Mitarbeiter und jede einzelne Mitarbeiterin einzugehen. Stattdessen seien einzelne Lebenswege herausgegriffen, die die Mannigfaltigkeit jüdischer Erfahrungen exemplarisch verkörpern.[41] Es zeigt sich dann, dass in den Biografien der Institutsmitarbeiter eigentlich alle bedeutenden Strömungen im deutschen Judentum vertreten sind und das Institut für Sozialforschung somit einen Ort darstellte, an dem diese verschiedenen Lebenswege aufeinander trafen.

Während Pollock, wie gezeigt, exemplarisch für ein Judentum steht, das sich vor allem sozialgeschichtlich begreifen lässt, das aber als Religionsgemeinschaft für die Akteure keine besondere Rolle spielte, liegt der Fall bei *Max Horkheimer* anders.[42] Er kam aus einem politisch gemäßigt sozialdemokratisch eingestellten, aber großbürgerlichen Elternhaus, das im religiösen Sinne vielleicht am ehesten

---

40 Theodor W. Adorno/Max Horkheimer, Dialektik der Aufklärung. Philosophische Fragmente [1944/47], 25. Aufl., Frankfurt am Main 2020, S. 177–217. Das Buch ist Friedrich Pollock gewidmet.
41 Im Folgenden werden ausschließlich männliche Akteure vorgestellt, die auch die große Mehrheit des wissenschaftlichen Personals stellten. Die Geschichte der Theoretikerinnen am Institut ist leider noch weithin ungeschrieben. Siehe immerhin die noch zu wenig beachtete Pionierarbeit von Staci Lynn von Boeckmann, The Life and Work of Gretel Karplus/Adorno. Her Contributions to Frankfurt School Theory, Phil. Diss., University of Oklahoma 2004 sowie die Autobiographie von Hilde Weiss: Detlef Garz (Hrsg.), Hilda Weiss – Soziologin, Sozialistin, Emigrantin. Ihre Autobiographie aus dem Jahr 1940, Hamburg 2006.
42 Vgl. dazu auch den Beitrag von Yael Kupferberg in diesem Band sowie das Porträt der Zeitgenossin Eva G. Reichmann, Max Horkheimer the Jew. Critical Theory and Beyond, in: Leo Baeck Institute Yearbook 19 (1974), S. 181–195.

als reformjüdisch oder liberal eingeordnet werden könnte.[43] Der Shabbat und die Speisegesetze wurden im Wesentlichen, aber nicht streng eingehalten. Als der kleine Max Horkheimer einmal krank wurde, so eine von Horkheimer erinnerte Geschichte, empfahl der Arzt, ihm ein Schinkenbrot zur Kräftigung zu geben. Die Eltern gaben es dem Sohn – aber erst nach Rücksprache mit dem Rabbiner, der es in dieser „Notsituation" erlaubte.[44] Diese Szene ist vielleicht charakteristisch für das Verhältnis der Eltern zur *Halacha*, das sich in späteren Jahren laut Horkheimer noch weiter lockerte, wenn auch gewisse emotionale Hemmungen bei Übertretungen fortwirkten.

Ganz anders war es im Hause *Erich Fromm*s, der, anders als Pollock und Horkheimer, wirklich aus Frankfurt stammte, und zwar aus der Liebigstraße in unmittelbarer Nähe der 1910 eingeweihten liberalen Westendsynagoge, in die die Familie aber nicht ging, weil sie die kleine, konservative Horovitz-Synagoge in der Unterlindau 23 bevorzugte.[45] Fromm wurde 1900 in Frankfurt als einziger Sohn des Obstweinhändlers Naphtali Fromm und seiner Frau Rosa geboren.[46] Die Fromms entstammten einem ganz anderen Lebensbereich als die Pollocks und die Horkheimers, nämlich einem eher kleinbürgerlichen und streng orthodoxen Milieu, das Fromm einmal selbst so beschrieb: „Ich wurde geboren als einziges Kind – was schon ganz schlimm ist – von zwei sehr neurotischen Eltern, überängstlichen Eltern aus einer sehr orthodox jüdischen Familie auf beiden Seiten mit Tradition von Rabbinern."[47] Tatsächlich war Seligmann Bär Bamberger, der Würzburger Rav, sein Urgroßvater. Und sein Großvater väterlicherseits war Pinchas Seligmann Fromm, Oberrabbiner von Bad Homburg. Fromm selbst war sich dieser Tradition immer sehr bewusst.[48]

Auch *Theodor Ludwig Wiesengrund*, der sich im amerikanischen Exil Adorno nennen sollte, nach dem Mädchennamen seiner Mutter, war bekanntlich der Sohn eines Frankfurter Weinhändlers, aber die Familie war durchaus wohlhabend.[49] Adorno wuchs zunächst in einem Haus direkt am Mainufer auf, in der

---

43 Vgl. Wiggershaus, Max Horkheimer, S. 9–11; Zvi Rosen, Max Horkheimer, München 1995, S. 13.
44 Diese Anekdote erzählte Horkheimer im Interview mit Gerhard Rein (Hrsg.), Dienstagsgespräche mit Zeitgenossen, Stuttgart 1976, S. 151–152.
45 In der Horovitz-Synagoge feierte Fromm auch seine Bar Mitzwa. Vgl. Frankfurter Israelitisches Familienblatt, 4. April 1913, S. 6. Fromms Vater Naphtali war im Vorstand der Gemeinde. Vgl. den Bericht „Jubiläum der Synagoge Unterlindau und 25-jähriges Kantoren-Jubiläum" in: Frankfurter Israelitisches Familienblatt, 6. September 1918, S. 4.
46 Vgl. Alfred Lévy, Erich Fromm – Humanist zwischen Tradition und Utopie, Würzburg 2001.
47 Das Zusichkommen des Menschen. Fernseh-Interview mit Micaela Lämmle und Jürgen Lodemann, in: Basler Magazin 47 (24. Dezember 1977), S. 3.
48 Vgl. Lawrence J. Friedman, The Lives of Erich Fromm. Love's Prophet, New York 2013, S. 4–8.
49 Vgl. Detlev Claussen, Theodor W. Adorno. Ein letztes Genie, Frankfurt am Main 2005, S. 27–85.

Schönen Aussicht Nr. 9 nahe der Alten Brücke. Adornos Vater Oskar Wiesengrund war bei der Geburt seines Sohnes noch Mitglied der jüdischen Gemeinde, trat aber später zum Protestantismus über. Die Mutter, ehemalige Sängerin und Sohn eines korsischen Fechtmeisters, war katholisch. Adorno war also, in heutigen Termini gefasst, ein „Vaterjude", d. h. halachisch eindeutig nichtjüdisch. Er wurde im Frankfurter Dom römisch-katholisch getauft und erhielt auch die Erstkommunion, wurde jedoch im Mai 1918 in der Katharinenkirche protestantisch konfirmiert.[50] Den Nationalsozialisten war dieser multikonfessionelle Adorno offenbar dennoch jüdisch genug, um ihn als Jude zu verfolgen und ins Exil zu treiben. Ihrem Rassewahn folgend machten sie einfach einen Juden aus ihm. Es wäre sicher falsch, Adornos komplizierte Beziehung zum Judentum auf die Verfolgungserfahrung zu reduzieren, aber sie scheint doch für seine spätere Identifikation mit dem jüdischen Volk ganz zentral gewesen zu sein.

Im äußersten Kontrast dazu war für *Henryk Grossmann*, der aus einer akkulturierten bürgerlichen Familie in Galizien stammte, seine Jüdischkeit etwas ganz selbstverständliches, ein Teil seiner Identität. Er feierte seine Brith Mila genauso wie seine Bar Mitzwa und war noch als junger Erwachsener eingetragenes Mitglied der jüdischen Gemeinde.[51] Seine Muttersprache war Polnisch, aber fast ebenso gut sprach er Deutsch; Jiddisch lernte er erst, als er vor dem Ersten Weltkrieg seine ersten politischen Aktivitäten in Polen entfaltete.[52] Er war Mitbegründer der Bund-nahen Jüdischen Sozialdemokratischen Partei in Galizien und setzte sich gegen die Forderung der Polnischen Sozialdemokratie zur Wehr, die forderte, die jüdischen Arbeiter müssten sich erst „assimilieren", bevor sie Teil der polnischen Arbeiterbewegung sein könnten.[53] Über viele Umwege kam Grossmann 1925 als Assistent von Carl Grünberg – dem „Vater des Austromarxismus" und Lehrer Otto Bauers, Max Adlers und Karl Renners – nach Frankfurt ans Institut für Sozialfor-

---

50 Siehe dazu Stefan Müller-Doohm, Adorno. Eine Biographie, Frankfurt am Main 2003, S. 33–43 und besonders S. 747–748, Anm. 26, 30 und 34. Zur Konfirmation siehe auch Theodor W. Adorno, Tagebuch der großen Reise, Oktober 1949. Aufzeichnungen bei der Rückkehr aus dem Exil, in: Rolf Tiedemann (Hrsg.), Frankfurter Adorno Blätter VIII, München 2003, S. 95–110, hier S. 107.
51 Jacobs, The Frankfurt School, S. 37.
52 Siehe etwa Henryk Grossmann, Der bundizm in Galitsien (jiddisch) [Der Bundismus in Galizien], Krakau 1907.
53 Vgl. Henryk Grossmann, Proletariat wobec kwestii żydowskiej. Z powodu niedyskutowanej dyskusji w ‚Krytyce' (polnisch) [Das Proletariat und die jüdische Frage. Aus Anlass der nicht geführten Diskussion in der ‚Kritik'], Krakau 1905. Vgl. Rick Kuhn, The Jewish Social Democratic Party of Galicia and the Bund, in: Jack Jacobs (Hrsg.), Jewish Politics in Eastern Europe. The Bund at 100, Basingstoke 2001, S. 133–154.

schung.⁵⁴ Er hatte am Institut immer eine Sonderstellung inne und man kann durchaus fragen, inwiefern diese nicht nur auf inhaltlichen Differenzen gründete, sondern auch mit Aversionen gegen seinen galizischen Hintergrund zu tun hatte.

Solche Abneigungen gegen die sogenannten „Ostjuden" waren im Frankfurter jüdischen Bürgertum weit verbreitet, wie wir etwa von *Leo Löwenthal* wissen, dem letzten Mitglied der „Frankfurter Schule", das an dieser Stelle genannt sei. Als Löwenthal 1923 seine erste Frau Golde Ginsburg heiratete, die aus einer observanten Familie aus Königsberg kam, war der Vater strikt dagegen.⁵⁵ Für ihn waren alle östlich der Elbe lebenden Juden Ostjuden, und mit Ostjuden wollte er sich als assimilierter jüdischer Deutscher nicht abgeben. Noch schlimmer wurde es, als Leo und Golde Löwenthal beschlossen, einen koscheren Haushalt zu führen und der geliebte Sohn dann auch noch zionistischer Aktivist wurde. Wie sein Freund Siegfried Kracauer wurde auch Löwenthal Mitglied des berühmten Nobel-Kreises und beteiligte sich aktiv am Frankfurter Lehrhaus.⁵⁶ Damit kann er exemplarisch für das von Michael Brenner so umfassend rekonstruierte Phänomen der „Jüdischen Renaissance" stehen.⁵⁷

Kurzum: Am Institut für Sozialforschung trafen die verschiedenen Strömungen und Segmente des jüdischen Bürgertums der Stadt aufeinander: Söhne und auch einige Töchter aus liberalen und orthodoxen Elternhäusern, gänzlich säkularisierte und vom Zionismus Faszinierte, Kinder aus Mischehen und Zugezogene aus Osteuropa. Dieses Kaleidoskop wäre zweifellos unvollständig ohne die nichtjüdischen Mitarbeiter und Studenten am Institut, aber wie eingangs bereits festgestellt: Jüdische Geschichte überlappt sich mit der nichtjüdischen Geschichte, ist nicht eindeutig von ihr abzugrenzen. Festzuhalten ist: Die Mehrheit der Institutsmitarbeiter hatte einen jüdischen Hintergrund, das Institut wurde maßgeblich

---

54 Zu Grünberg vgl. Günther Nenning, Biographie Carl Grünberg, in: Archiv für die Geschichte des Sozialismus und der sozialen Bewegung. Indexband, Graz 1973, S. 3–224. Zum Austromarxismus insgesamt siehe Andreas Fisahn/Thilo Scholle/Ridvan Ciftci (Hrsg.), Marxismus als Sozialwissenschaft. Rechts- und Staatsverständnisse im Austromarxismus, Baden-Baden 2018.
55 Vgl. Leo Löwenthal, Mitmachen wollte ich nie. Ein autobiographisches Gespräch mit Helmut Dubiel, Frankfurt am Main 1980, S. 17–18.
56 Vgl. Rachel Heuberger, Rabbiner Nehemias Anton Nobel. Die jüdische Renaissance in Frankfurt am Main, Frankfurt am Main 2005. Siehe auch die Beiträge von Rachel Heuberger und Jörg Später in diesem Band.
57 Brenner, Jüdische Kultur. Siehe dazu Martin Jay, Leo Löwenthal and the Jewish Renaissance, in: Martin Jay, Splinters in the Eye. Frankfurt School Provocations, London/New York 2020, S. 66–79 sowie Doris Maja Krüger, Leo Löwenthal und die Jüdische Renaissance in der Weimarer Republik, in: Elke-Vera Kotowski (Hrsg.), Das Kulturerbe deutschsprachiger Juden. Eine Spurensuche in den Ursprungs-, Transit- und Emigrationsländern, Berlin 2015, S. 249–262.

von jüdischen Intellektuellen gegründet und bis zu Adornos Tod auch von jüdischen Intellektuellen geleitet.

Ein nichtjüdischer Jude?

Um auf Friedrich Pollock zurückzukommen: Er steht in dieser Reihe in gewissem Sinne auch paradigmatisch für einen „nichtjüdischen Juden", wie ihn Isaac Deutscher skizziert hat: „Der jüdische Abtrünnige, der über das Judentum hinausgelangt, steht in einer jüdischen Tradition."[58] Deutschers Ahnenreihe umfasst ausschließlich Denker, mit denen sich auch Pollock mehr oder weniger intensiv beschäftigt hat und mit denen er sich identifizieren konnte: Spinoza, Heine, Marx, Luxemburg, Trotzki, Freud. Deutscher hält fest, was sie alle miteinander gemein haben:

> Sie alle haben die Grenzen des Judentums gesprengt. Sie alle hielten das Judentum für zu beschränkt, zu archaisch und einengend. Sie alle suchten jenseits von ihm nach Idealen und Zielen, und sie sind der Inbegriff für viele der bedeutendsten Leistungen des neuzeitlichen Denkens, sie verkörpern die tiefgreifendsten Umwälzungen, die in der Philosophie, der Ökonomie und der Politik in den letzten drei Jahrhunderten stattgefunden haben.[59]

Auch auf Pollock trifft diese Beschreibung zu.[60] Er glaubte, über das Judentum als Religion „hinaus" zu sein, hielt jegliches jüdisches „Stammesbewusstsein" für einen überkommenen Archaismus.[61] Der Literaturwissenschaftler Hans Mayer, der zeitweise ebenfalls an der Genfer Zweigstelle des Instituts arbeitete, schrieb einmal über Ernst Bloch: „Dem Juden Ernst Bloch wurde sein Judentum nie zum Denkanstoß. Darin sah er, wie Karl Marx oder Leo Trotzki, höchstens ein akzidentelles Moment der Herkunft."[62] Das lässt sich auch auf das Selbstbild Pollocks übertragen. Beschäftigt man sich mit der Geschichte der Linken in der Weimarer Republik, so wird man feststellen, dass diese Haltung unter jüdischen Sozialisten äußerst verbreitet war. Pollock stellt hier keine Ausnahme dar, sondern bestätigt

---

58 Isaac Deutscher, Der nichtjüdische Jude [1958], in: Isaac Deutscher, Der nichtjüdische Jude. Essays, Berlin 1988. S. 60.
59 Deutscher, Der nichtjüdische Jude.
60 Pollock war mit dem Werk Deutschers vertraut, wie ein Brief an Paul Fröhlich vom 2. Januar 1950 zeigt (Archiv der sozialen Demokratie, Nachlass Paul Fröhlich). Ich danke Riccardo Altieri für den Hinweis.
61 Vgl. Lenhard, Friedrich Pollock, S. 299–300. Zur Identifikation mit Marx siehe Lenhard, Friedrich Pollock, S. 109–112, zur Identifikation mit Spinoza siehe Lenhard, Friedrich Pollock, S. 315.
62 Hans Mayer, Außenseiter, Frankfurt am Main 2016, S. 10–11.

eher die Regel. Es waren der Holocaust und die Erfahrung, *als Jude* verfolgt zu werden, die ihn und viele andere darüber reflektieren ließen, wie sie selbst zur jüdischen Tradition und zu den Juden als Kollektiv standen.[63]

Als Pollock 1949 das erste Mal wieder nach Deutschland, ins Land der Mörder reiste, die auch enge Angehörige aus seiner eigenen Familie auf dem Gewissen hatten, wurde ihm schlagartig bewusst, dass er hier, mitten im Frankfurter Börsenkeller, Jude war – ob er wollte oder nicht:

> Ich schaute mir die Gäste an. Sie sahen alle überaus harmlos aus, die Kleider waren etwas ärmlich, aber peinlich ordentlich und sauber, und dann stellte ich mir einen Moment vor, wie dieselbe Scene mit denselben Menschen vor 5 Jahren gewesen wäre, wie viele davon in Parteiuniform und mit Parteiabzeichen ausgesehen, und was sie mir getan hätten, wenn sie gewußt hätten, daß ich hier als Jude unter ihnen sitze.[64]

Es gibt in Pollocks Nachlass wenige solcher Äußerungen, in denen er sich selbst als Jude bezeichnet, und allen ist anzumerken, dass sie eine Reaktion auf Zuschreibungen von Nichtjuden sind. Deshalb bleibt die Aussage, Pollock sei ein *jüdischer* Intellektueller gewesen, immer problematisch. Doch die jüdischen Aspekte seiner Biographie auszublenden, würde seiner Persönlichkeit dennoch nicht gerecht. Die Brüchigkeit des Jüdischen festzuhalten, das nicht in einer eindeutigen Definition aufgeht, kommt seiner Bedeutung am nahesten.

Resultate

Inwiefern ist nun also das Institut für Sozialforschung, die „Frankfurter Schule", die Kritische Theorie Teil der jüdischen Geschichte Frankfurts? Wie dargestellt, umfasst das Jüdische der Kritischen Theorie vier Aspekte: *Erstens* bildete der Horkheimer-Kreis im Sinne Scholems eine „Sekte", die gerade durch ihre Abgrenzung vom normativen Judentum auf dieses bezogen blieb; *zweitens* war das Institut für Sozialforschung ein Ort, an dem Juden als Freunde und Kollegen zusammenkamen, was zugleich bedeutete, dass unterschiedliche jüdische Erfahrungen aufeinander trafen; *drittens* war die Theorie, also die wissenschaftliche Arbeit,

---

63 Noch immer ist die persönliche Betroffenheit der Institutsmitglieder und ihrer Familien vom Holocaust viel zu wenig erforscht. Diesem Thema widmet sich das Schwerpunktheft „Die Frankfurter Schule und der Holocaust" der *Münchner Beiträge zur Jüdischen Geschichte und Kultur* 16 (2022), Heft 2.
64 Friedrich Pollock, Eindrücke aus Frankreich und Deutschland. Frankfurt vom 19.5.1949 bis 17.6.1949, Università degli Studi di Firenze, Archivi Umanistica, Fondo Friedrich Pollock, 2.1.3, S. 8–9.

auch eine Reaktion auf Fragen, die das eigene soziale Milieu des jüdischen Bürgertums in besonderem Maße betrafen; und *viertens* schließlich wurden die Mitarbeiterinnen und Mitarbeiter des Instituts für Sozialforschung von außen als Juden verfolgt, d. h. unabhängig von ihrer Selbstdefinition zu Juden gemacht. Wird das Jüdische der Kritischen Theorie auf diese Weise bestimmt, so kann eine Essentialisierung vermieden werden und die Unterscheidung jüdisch/nichtjüdisch wird als bisweilen brüchige Grenzziehung, als fließender Übergang relativiert.

Jörg Später
Der Nichtdazugehörige

Das jüdische Frankfurt, die Frankfurter Schule und Siegfried Kracauer

Siegfried Kracauer war ein blinder Passagier der Geistes- und Ideengeschichte, kein Kapitän oder Steuermann.[1] Seine Unsichtbarkeit hatte sicherlich damit zu tun, dass dieser Intellektuelle so vielseitig und damit schwer zu verorten war. Freischwebender konnte ein Angehöriger der Intelligenz kaum sein. Aber dieses Wort spielte auch darauf an, dass er im Schatten von anderen segelte, allen voran im Schatten der Großen, Sichtbaren, Markanten aus der sogenannten „Frankfurter Schule".

Wenn an Siegfried Kracauer (1889–1966) heute als einen jüdischen Frankfurter erinnert wird, ist auch zu erwähnen, dass er sich selbst einen „exterritorialen Intellektuellen" genannt hat – einen Fremden, der nicht dazugehört.[2] Der Neffe von Isidor Kracauer, der die *Geschichte der Frankfurter Juden* (publiziert 1925–1927) geschrieben hatte, war ja tatsächlich bloß ein skeptischer Zaungast bei der „jüdischen Renaissance", die um die charismatische Figur des modern-orthodoxen Rabbiners Nehemias Anton Nobel und das Freie Jüdische Lehrhaus unter dem Religionsphilosophen Franz Rosenzweig Anfang der 1920er Jahre den Börneplatz belebte.[3] Zur „Frankfurter Schule" gehörte Kracauer auch nicht: Zwar war er der

---
[1] Wolfgang Matz, „Bitte nennen Sie mich Krac!", in: Frankfurter Allgemeine Zeitung, 25. November 2016.
[2] Diese Figur entfaltet Siegfried Kracauer in: Geschichte – Vor den letzten Dingen. Werke Bd. 4, Frankfurt am Main 2009, S. 7–262, hier S. 95–96, um den idealen Historiker zu konstruieren. Dass er sich selbst so sieht, ist angesichts seiner Biographie und zahlreicher ähnlicher Ego-Dokumente evident. Vgl. auch Inka Mülder-Bach, Schlupflöcher. Die Diskontinuität des Diskontinuierlichen im Werk Siegfried Kracauers, in: Michael Kessler/Thomas Y. Levin (Hrsg.), Siegfried Kracauer. Neue Interpretationen, Tübingen 1990, S. 249–266, hier S. 262.
[3] Vgl. Rachel Heuberger, Rabbiner Nehemias Anto Nobel. Die jüdische Renaissance in Frankfurt am Main, Frankfurt am Main 2005; Wolfgang Schivelbusch, Intellektuellendämmerung. Zur Lage der Frankfurter Intelligenz in den zwanziger Jahren, Frankfurt am Main 1982, S. 44–51; zudem die Erinnerungen von Ernst Simon, Brücken. Gesammelte Aufsätze, Heidelberg 1965, S. 375–380; Ernst Simon, Sechzig Jahre gegen den Strom. Briefe von 1917–1984, Tübingen 1998, S. 24–25; Leo Löwenthal, Mitmachen wollte ich nie. Ein autobiographisches Gespräch mit Helmut Dubiel, Frankfurt am Main 1980, S. 18; Nahum N. Glatzer, Das Frankfurter Lehrhaus, in: Wolfdietrich Schmid-Kowarzik (Hrsg.), Der Philosoph Franz Rosenzweig (1886–1929), Bd. 1: Die Herausforderung jüdischen Lernens, München 1988, S. 303–326. Im größeren Kontext: Michael Brenner, Jüdische Kultur in der Weimarer Republik, München 2000, S. 83; Paul Arnsberg, Geschichte der Frankfurter Juden

Mentor des jungen Theodor Wiesengrund (ab 1938: Adorno) und in manchen Dingen sogar ein Vordenker des später als „Kritische Theorie" bezeichneten Denkstils. Zum Kreis um Horkheimer zählte er gleichwohl nie – im Gegenteil, die Beziehungsgeschichte zwischen dem Institut für Sozialforschung und dem Einzelgänger ist eine eher traurige. Zuletzt gehörte Kracauer noch nicht einmal zu seinem Vornamen – spätestens, als er 1933 das Land fluchtartig verlassen musste, wollte er von dem urdeutschen Siegfried nichts mehr wissen. Dennoch ist ein Buch über das „jüdische Frankfurt" undenkbar, ohne auch an Kracauer zu erinnern. Und wenn man an Kracauer erinnert, muss über Frankfurt, das Judentum und die Kritische Theorie gesprochen werden – natürlich aus der exterritorialen Perspektive eines Nichtdazugehörigen.

„Sagen Sie einfach Krac zu mir!"

Beginnen wir mit seinem Vornamen, Siegfried. Als Ernst Bloch, mit dem er sich in der zweiten Hälfte der 1920er Jahre anfreundete, ihm seinen Vornamen Ernst anbot, erwiderte Kracauer, dass er sich darüber sehr freue, allein, er könne das nicht erwidern, denn er habe keinen Vornamen. Seinen Rufnamen aus der Kinder- und Jugendzeit, Friedel, mochte der Mittdreißiger nicht mehr führen. Und der Siegfried verbot sich von selbst – das begründete Kracauer nicht weiter, so eindeutig war die Distanzierung von diesem ultradeutschen Namen. Kracauer war kein Drachentöter, kein Volksstammangehöriger der Nibelungen, kein Freund deutscher imperialer und militaristischer Konzepte und Kriegsziele. Darum beschied er gegenüber Bloch: „Sagen Sie einfach Krac zu mir!"[4] Das war ein vorübergehendes Stimmungsbild, denn später dominierte dann doch wieder der Friedel in Kracauers Freundes- und Bekanntenkreis, vor allem nachdem er nach gelungener Flucht in letzter Minute aus dem von einem Nazisiegfrieden beherrschten Europa nach New York entkommen war und dort nach zwölf furchtbaren Jahren eine neue Chance erhielt. Nie wieder aber ließ er sich im Alltagsleben Siegfried rufen.

---

seit der Französischen Revolution, Bd. 3, Frankfurt am Main 1983, S. 910. Zum Messianismus: Michael Löwy, Erlösung und Utopie. Jüdischer Messianismus und libertäres Denken. Eine Wahlverwandtschaft, Berlin 1997, S. 55; Elke Dubbels, Figuren des Messianischen in Schriften deutsch-jüdischer Intellektueller 1900–1933, Berlin 2011. Vgl. auch den Aufsatz von Rachel Heuberger in diesem Band.

4 Kracauer an Bloch, Anfang Januar 1928, in: Ernst Bloch, Briefe 1903–1975, Bd. 1, Frankfurt am Main 1985, S. 288–289.

Kracauer gehörte also nicht zu seinem Vornamen Siegfried. Dass seine Eltern 1889 genau diesen für ihren einzigen Sohn auswählten, drückt die Selbstverständlichkeit aus, mit dem diese kleinbürgerlichen jüdischen Leute, der Vater noch dazu mit niederschlesischem Migrationshintergrund, sich als Deutsche betrachteten. Wie glühend deutsch sie etwa während des Ersten Weltkriegs fühlten, kann man in Kracauers Roman *Ginster* von 1928 in dem unnachahmlich ironischen Ton des Autors nachlesen. Nicht nur die ansonsten eher depressive Mutter glühte vor Zorn auf die Feinde, auch der gebildete Onkel hätte gegen einen deutschen Siegfrieden keine Einwände gehabt.[5] Nebenbei: Kracauer hatte auch die falschen Eltern, denn Adolf und Rosette waren gänzlich unintellektuell, während die kinderlosen Onkel und Tante (Isidor und Hedwig Kracauer) gebildete und studierte Leute waren, die passender für den neugierigen und belesenen Eigenbrötler gewesen wären. Das Grundgefühl, irgendwie aus dem falschen Ei geschlüpft zu sein, war ins Nest gelegt – ein ohnehin seltsames Nest: Vater und Onkel waren Brüder, Mutter und Tante Schwestern der Familie Oppenheim. Diese Kracauers waren keine glückliche Familie. Eine Aura der Schwermut – sinnbildlich im erdrückenden Havelock des Vaters im *Ginster* – lag über ihr. Vater und Onkel starben gegen und kurz nach Ende des Krieges, der für die Deutschen noch nicht einmal mit einem Verständigungsfrieden endete. Fortan lebten Mutter und Tante zusammen – bis zu ihrem Ende, als sie 1942 mit den anderen Frankfurter Jüdinnen und Juden zunächst nach Theresienstadt und dann weiter nach Polen deportiert wurden, vermutlich nach Auschwitz, eine Autostunde von Krakau entfernt. Dort wurden die beiden Frauen, 75 und 80 Jahre alt, ermordet.[6] Der Name Siegfried Kracauer ist wie ein Signum für die unfassbar schmerzhafte Familienbiographie der Kracauers in Frankfurt – und generell für die jüdische Existenz in Deutschland vom Kaiserreich bis zum Nationalsozialismus.

Judentum aus Erfahrung

Wie sah es mit der Zugehörigkeit zur jüdischen Gemeinschaft aus? Diese war eher lose; man war mit dem Judentum verbunden, nichts weiter. Friedel, ein Frankfurter „Bubb", der Mundart konnte, ging ans Philanthropin, die Schule der israelitischen Gemeinde, an der sein Onkel Lehrer war und der gleichzeitig mit seiner Frau (oder besser: seine tatkräftige Frau mit ihm) die Flesheim'sche Stiftung für jüdische Waisen leitete. Aber so wie das Philanthropin offen war für nichtjüdi-

---
5 Vgl. Siegfried Kracauer, Ginster, Frankfurt am Main 1973, S. 40–44, 51.
6 Vgl. Jörg Später, Siegfried Kracauer. Eine Biographie, Berlin 2016, S. 440–447.

sche Lehrer und Schüler, so wird auch das Judentum im Hause Kracauer zwar etwas Selbstverständliches – beim Onkel zudem ein Gegenstand seiner Forschung –, aber nichts intensiv Gelebtes gewesen sein. Der junge Kracauer war jedenfalls nicht fromm und offenbar auch nicht so erzogen worden.[7]

Doch in Frankfurt in der Synagoge am Börneplatz geschah in der unmittelbaren Nachkriegszeit etwas, was die Neugier des jungen wissbegierigen Mannes weckte, der nach seinem Studium beschloss, nicht den Brotberuf eines Architekten auszuüben, sondern einen Wortberuf anzustreben, sich also in die Öffentlichkeit zu begeben, am besten als Schriftsteller und Journalist.[8] Es war die Zeit nach der großen Kriegskatastrophe, in der das Bedürfnis nach Sinnstiftung und Sinnstiftern, nach alternativen Lebens- und Wissensformen sehr stark ausgeprägt war. Religiöse Erneuerungsbewegungen entstanden innerhalb und außerhalb der Konfessionen, lebensreformerisch inspirierte Wald- und Wiesenreligionen wie die Anthroposophie sprossen aus dem Boden, Kreise bildeten sich um querdenkende Meister. Expressionistisch war nicht nur die Kunst, sondern irgendwie die ganze Gesellschaft, und kommunistische Ideen fanden nicht bloß in der Politik und der Fabrik zunehmend Anhänger. In dieser aufgewühlten Zeit war auch Kracauer auf der Suche nach Sinn und nach Auswegen aus der „transzendentalen Obdachlosigkeit", die Georg Lukács diagnostiziert hatte.[9] Niemand wusste mehr, was man wissen könne und zu tun sei, woher man kam, wohin man ging und welchen Sinn das alles haben sollte. Kracauer beschrieb seinen Standpunkt in diesem Tohuwabohu mit dem des „Wartenden" – einem, der aus dem himmlischen Paradies vertrieben ist, aber außen vor dem Tor sitzt, wie Kafkas Mann „vor dem Gesetz", in der Hoffnung, sie würde sich wieder öffnen.[10]

Mit dieser Haltung beobachtete Kracauer, was in der Synagoge am Börneplatz geschah, wo sein junger Freund Leo Löwenthal Teil einer jüdischen, nach – heute würde man sagen – Identität suchenden Gemeinschaft junger Männer war, die weltoffen und modern, tendenziell links und demokratisch, philosophisch fragend und nach der *Halacha* lebend den Anforderungen der Zeit entsprechen wollten. Dieses Angebot „echten" jüdischen Lebens, mithin von Authentizität und Gemeinschaft, die nicht hinterwäldlerisch sein sollte, unterbreitete der Rabbiner Nehemi-

---

7 Vgl. Später, Siegfried Kracauer, S. 31.
8 Vgl. die in Anmerkung 3 genannte Literatur sowie die literarische Verarbeitung seiner Entscheidung für den Wortberuf in: Siegfried Kracauer, Georg, Frankfurt am Main 1973, S. 11.
9 In der *Theorie des Romans* von 1916, die Kracauer für die *Neuen Blätter für Kunst und Literatur* und für die *Weltbühne* besprach. Vgl. Siegfried Kracauer, Georg von Lukács Romantheorie, in: Werke Bd. 5.1: Essays, Feuilletons, Rezensionen 1906–1923, Berlin 2011, S. 282–288.
10 Vgl. Siegfried Kracauer, Die Wartenden, in: Werke Bd. 5.1: Essays, Feuilletons, Rezensionen 1906–1923, S. 383–394; dazu Später, Kracauer, S. 100–101.

as Anton Nobel, eine charismatische Figur, orthodox und up-to-date, ein chassidischer Ostjude und philosophisch gebildeter goethianischer Westjude in einer Person, der sich den jungen Heißspornen aus assimilierten und langweilig-bürgerlichen Elternhäusern als Ersatzvater anbot. Nobel starb 1921 völlig unerwartet und viel zu früh im Alter von nur fünfzig Jahren. Kracauer gehörte nicht zu seinen Jüngern, sondern beobachtete das Treiben mit Abstand. Aber auch ihn berührte Nobels Tod – anders übrigens als seinen Freund Theodor Wiesengrund, der die jüdischen „Eigentlichen" als „Religionstiroler" verspottete. Nobels Tod bedeutet allerdings noch nicht das Ende der jüdischen Renaissance in Frankfurt.[11]

Der Rabbiner hatte nämlich noch zusammen mit Franz Rosenzweig 1920 das Freie Jüdische Lehrhaus eröffnet, eine demokratische freiheitliche Schule für Erwachsene, vorwiegend aus der Jüdischen Gemeinde, also eine Art jüdische Volkshochschule. Auch hier ging es um die Synthese von traditionellem Judentum und moderner Existenz. Kracauer gehörte zu ihren Dozenten, wenngleich er vor Zuhörern anfing zu stottern und ihn mit Rosenzweig eine gegenseitige Antipathie verband. Diese Vorbehalte und Affekte sollten offen zutage treten, als Kracauer – mittlerweile als Redakteur der *Frankfurter Zeitung* schon ein wenig etabliert – mit dem jüdischen Aufbruch und ihren Granden, Rosenzweig und Buber, Mitte der 1920er in einem Artikel öffentlich abrechnete. Es ging um die Übersetzung der Bibel ins Deutsche, welche die beiden Religionsphilosophen betrieben, die möglichst authentisch sein sollte – weder aktualisierend noch historisch-kritisch. Kracauer fand dies ein unzeitgemäßes, ja reaktionäres Projekt, ähnlich dem Barte Bubers, der, wie Kracauer in seiner unwiderstehlichen Art einmal sagte, auch nach innen gewachsen sei. Kracauer stellte dem kurz und bündig entgegen: „Die Wahrheit liegt jetzt im Profanen", vor allem in der politischen Ökonomie, und wandte der Szene den Rücken zu. Vielleicht fiel der Bruch auch deshalb so schroff aus, weil Kracauer zuvor eben mit ihr verbunden gewesen war.[12] Etwa zur selben Zeit begann Kracauer sich für den frühen Karl Marx zu interessieren. Auch die Freundschaft mit Ernst Bloch begann nun, und zwar über das Bindeglied Walter Benjamin. Alle drei waren jüdische Linksintellektuelle, die 1933 aus Deutschland flüchteten und ausgebürgert wurden.[13]

Das führt zum zentralen Argument in der Frage der jüdischen Zugehörigkeit. Im subjektiven Empfinden war diese Zugehörigkeit sicherlich unterschiedlich ausgeprägt. In Frankfurt und auch anderswo, wo der Antisemitismus auch nach der

---

11 Vgl. die in Anmerkung 3 genannte Literatur.
12 Kracauer, Ein Dokument der Zeit, in: Siegfries Kracauer, Werke Bd. 5.2: Essays, Feuilletons, Rezensionen, 1924–1927, Berlin 2011, S. 521–524; vgl. auch Momme Brodersen, Siegfried Kracauer, Reinbek bei Hamburg 2001, S. 50.
13 Vgl. Später, Kracauer, S. 238–256.

Emanzipation ausgeprägt war, ist das Ghetto mental nie abgerissen worden. Der Bekanntenkreis noch der assimiliertesten und unjüdischsten Jüdinnen und Juden bestand im Wesentlichen aus anderen Jüdinnen und Juden. Selbst wer sich nicht als Jude verstand oder gar definierte, wurde fortwährend von der Gesellschaft daran erinnert, dass letztlich die Zugehörigkeit zum Judentum mehr als alles andere zählte. Wer Jude war, bestimmte in letzter Instanz der Antisemit, spätestens 1933. Dass sie eher jüdische als deutsche Schriftsteller waren empfanden Intellektuelle wie Benjamin, Bloch und Kracauer schon vor 1933. Vom empirischen Judentum ahnten sie allerdings mehr als sie wussten.[14] Eine Idee wie der Messianismus war anziehend vor allem wegen seiner sozialrevolutionären Potenziale und nicht, weil sie aus dem Judentum kam. Die jüdische Tradition war nicht fortsetzbar, aber die jüdische Herkunft war immer gegenwärtig. Es war ein Judentum aus Erfahrung, statt aus Überzeugung, könnte man daher sagen.[15]

Dafür spricht auch, dass Kracauer erst nach seiner Flucht zum ersten (und möglicherweise auch einzigen Mal) in einem Text das Wort „Wir Juden" benutzte – nämlich hinsichtlich der Frage: Warum ist das *uns* geschehen? Eine typische Frage aus der Opferperspektive: Warum wir?[16] Kracauer hatte sich mit ihr in ein jüdisches Kollektiv eingereiht – nach der physischen, politischen, intellektuellen Trennung von Deutschland. Ohne die Erfahrung des antisemitischen Nationalsozialismus hätte er das wohl nicht gemacht. Aber es ist eben eine spezifisch jüdische Erfahrung – und daher gehört Kracauers Nichtzugehörigkeit zur jüdischen Gemeinde eben doch zur jüdischen Existenz in Frankfurt und Deutschland.

Vor-Denker der Kritischen Theorie

Damit kommen wir zur dritten Nichtzugehörigkeit. Es ist irreführend, Kracauer der Frankfurter Schule zuzuordnen. Das kann man schon deshalb so sagen, weil dieser Begriff überhaupt erst um 1960 entstand und auch erst für diese Zeit einen Sinn hat. Denn eine Schule braucht Schüler – und die gab es erst nach der Rückkehr nach Frankfurt aus dem amerikanischen Exil.[17] Nachdem um 1930 Max

---

14 Ich danke Dan Diner für diesen Hinweis.
15 Vgl. Detlev Claussen, Theodor W. Adorno. Ein letztes Genie, Frankfurt am Main 2003, S. 105–106.
16 Kracauer, Conclusions [Bestandsaufnahme], in: Kracauer, Werke Bd. 5.4: Essays, Feuilletons, Rezensionen, 1932–1965, S. 467–472.
17 Vgl. u. a. Clemens Albrecht, Schüler machen Schulen. Zur Dynamik generationenübergreifender Forschungsgruppen am Beispiel der „Frankfurter Schule", in: Joachim Fischer/Stephan Moebius (Hrsg.), Soziologische Denkschulen in der Bundesrepublik Deutschland, Wiesbaden 2019, S. 15–

Horkheimer die Leitung des Instituts für Sozialforschung übernommen hatte, konnte man bestenfalls von einem Horkheimer-Kreis von Mitarbeitern sprechen.[18] Allerdings hatte der Frankfurter Sozialphilosoph einige programmatische Leitlinien festgelegt, die man als einen Denkstil bezeichnen kann und die dann auch schulbildend wurden. So in seiner Antrittsvorlesung von 1931, als er dem Institut ein Nebeneinander von Denken und Beobachten in der Gesellschaftslehre zur Aufgabe stellte, und zwar in der Art, „indem die Philosophie als aufs Allgemeine, ‚Wesentliche' gerichtete theoretische Intention den besonderen Forschungen beseelende Impulse zu geben vermag und zugleich weltoffen genug ist, um sich selbst von dem Fortgang der konkreten Studien beeindrucken und verändern zu lassen". Die Aktualität der Philosophie bestand für Horkheimer darin, „der Frage nach dem Zusammenhang zwischen dem wirtschaftlichen Leben der Gesellschaft, der psychischen Entwicklung der Individuen und den Veränderungen auf den Kulturgebieten im engeren Sinne" nachzugehen.[19] Mit solchen Fundierungen kann man Kracauers Studien vergleichen.

In der Tat gibt es Berührungen, Ähnlichkeiten, Korrespondenzen. Die Kritische Theorie interessierte von Beginn an, was die bürgerliche Gesellschaft trotz aller Krisen des Kapitalismus zusammenhält. Kracauer wiederum war ein Pionier der sozialphilosophischen Beschäftigung mit der Massenkultur, der für die Systemintegration eine wichtige Rolle zugesprochen wurde. Hier ist etwa an das spätere Stichwort „Kulturindustrie" zu denken.[20] Für so profane und vulgäre Phänomene wie Kino, Radio oder Schlagermusik interessierte sich die akademische Philosophie damals nicht, noch nicht einmal die Soziologie. Aber der philosophische Journalist und Schriftsteller Kracauer. Er versuchte, mittels der unscheinbaren und unbewussten Oberflächenäußerungen des gesellschaftlichen Lebens wie dem Film oder dem Stadtleben auf der Straße die Zeichen der Zeit zu lesen.[21] Er sah

---

38; Magnus Klaue, Das Ende der Nuancen. Von der Kritischen Theorie zur Frankfurter Schule, in: Weimarer Beiträge 66 (2020), S. 585–599.
18 Vgl. Thomas Wheatland, The Frankfurt School in Exile, Minneapolis, London 2009; Günther C. Behrmann, Charisma und Vergemeinschaftung im George- und Horkheimer-Kreis, in: Gert Mattenklott/Michael Philipp/Julius H. Schoeps (Hrsg.), „Verkannte Brüder?" Stefan George und das deutsch-jüdische Bürgertum zwischen Jahrhundertwende und Emigration, Hildesheim 2001, S. 247–264.
19 Vgl. Max Horkheimer, Die gegenwärtige Lage der Sozialphilosophie und die Aufgaben eines Instituts für Sozialforschung, in: Max Horkheimer, Gesammelte Schriften, Bd 3: Schriften 1931–1936, Frankfurt am Main 1988, 20–35, Zitate S. 29 und 32.
20 Vgl. Max Horkheimer/Theodor W. Adorno, Dialektik der Aufklärung. Philosophische Fragmente, Frankfurt am Main 1988, S. 128–176 (Kapitel „Kulturindustrie, Aufklärung als Massenbetrug").
21 Vgl. Siegfried Kracauer, Straßen in Berlin und anderswo, Berlin 1987; dazu: Helmut Stalder, Hieroglyphen-Entzifferung und Traumdeutung der Großstadt, in: Andreas Volk (Hrsg.), Siegfried Kracauer. Zum Werk des Romanciers, Feuilletonisten, Architekten, Filmwissenschaftlers und So-

sich zum Beispiel eine Revue der Tiller-Girls an und deutete sie als Ausdruck und Gestalt gesellschaftlichen Seins. Kracauer interpretierte die Tanzshow als ein „Ornament der Massengesellschaft", weil hier eine Ästhetik anzuschauen war, die sowohl in ihrer perfekten Gleichförmigkeit und Präzision als auch in ihrer massenhaften Reproduzierbarkeit der tayloristischen Produktionsweise in den Fabriken entsprach. Das Wort der „Kulturindustrie" fiel in dem Artikel „Ornament der Masse" zwar nicht, aber im Grunde hatte Kracauer bereits den Inhalt vorgegeben.[22]

Solche unterirdischen Kommunikationskanäle entdeckt man auch in anderen Texten Kracauers, allen voran in der literarisch-soziologischen Studie *Die Angestellten*.[23] Wenn man aber von einer Nähe zur Frankfurter Sozialphilosophie spricht, sollte man das so präzisieren, dass Kracauer ein Vor-Denker der Kritischen Theorie war, ähnlich wie Walter Benjamin, und kein Kritischer Theoretiker – sofern man das „k" großschreibt.

Im wirklichen Leben war das Verhältnis zwischen Kracauer und dem Institut ohnehin gestört. Lili Kracauer war vor der Heirat 1929 Angestellte der Bibliothek gewesen, in untergeordneter Stellung also, wie überhaupt Frauen nur als nichtwissenschaftliches Personal dort beschäftigt waren (Ausnahme: Hilde Weiss).[24] Vor allem aber konnten Kracauer und Horkheimer sich nicht ausstehen. Als der Redakteur Kracauer eine Besprechung von Horkheimers *Anfänge der bürgerlichen Geschichtsphilosophie* versäumte, kam es zu offener Missstimmung. Schon deshalb konnte der Solitär niemals ein enger Mitarbeiter des Instituts werden. Auch die Freundschaft mit Adorno war prekär und belastet von Aggressionen und Schuldgefühlen. Das Verhältnis zum Institut für Sozialforschung war nicht gut. Kracauer nannte es „Institut für Sozialfälschung".[25]

Nach der Flucht verschärfte sich die Abneigung noch. Wenn Kracauer, der in Paris ein unsicheres Dasein am Existenzminimum fristete, gefragt wurde, ob er – aufgrund seiner intellektuellen und politischen Nähe zum Horkheimer-Kreis und infolge der Frankfurter Bekanntschaft – nicht dort unterkommen könne, antwortete er, dass „dieses Institut" das einzige sei, an das er sich mit Sicherheit *nicht*

---

ziologen, Zürich 1996, S. 131–155; Gerwin Zohlen, Schmugglerpfad. Siegfried Kracauer, Architekt und Schriftsteller, in: Kessler/Levin, Siegfried Kracauer, S. 325–344.
22 Siegfried Kracauer, Das Ornament der Masse, in: Siegfried Kracauer,. Ornament der Masse. Essays, Frankfurt am Main 1963, S. 50–63.
23 Vgl. Siegfried Kracauer, Die Angestellten. Aus dem neuesten Deutschland, Frankfurt am Main 1971.
24 Vgl. Philipp Lenhard, Friedrich Pollock. Die graue Eminenz der Frankfurter Schule, Berlin 2019, S. 85–86.
25 Wer das Copyright für das Bonmot hatte, Bloch oder Kracauer, darüber kursieren verschiedene Gerüchte.

wenden werde: „nicht mit diesen Leuten".[26] Er fühlte sich schlecht behandelt, war gekränkt, vor allem von seinem narzisstischen Freund Adorno, seine Nerven lagen blank und er verfolgte alles, was die Frankfurter in New York machten, mit bösem Blick: Er fand, dass Horkheimer und Pollock nur noch im Sinne hätten, das von Hermann Weil gestiftete Goldschiff behutsam an allen Klippen vorbeizusteuern. Mit dem einstigen „kämpferischen Marxismus" habe das nichts mehr zu tun.[27]

Mit diesem hatte nach dem biographischen Bruch 1933 aber auch Kracauer selbst nichts mehr zu tun. Und nichts wäre ihm lieber gewesen, als selbst auf einem Goldschiff nach Amerika segeln zu können, vor allem als die unmittelbare Gefahr eines Krieges und einer Naziherrschaft in Europa immer größer wurde. Nach dem weiteren Fiasko einer gescheiterten Kooperation – Kracauer hatte für das Institut eine Studie über die NS-Massenpropaganda verfasst, die Adorno derart umgeschrieben hatte, dass der Autor seinen Imprimatur verweigerte – waren es dann aber doch „diese Leute" vom Institut, die mit daran beteiligt waren, das den Kracauers, anders als Benjamin, in wirklich letztem Moment die Flucht von Frankreich über die Pyrenäen nach Lissabon und von da aus nach New York gelang.[28]

Dort begann, natürlich nicht ohne Schwierigkeiten, der dritte Frühling Kracauers. Anders als Horkheimer, Pollock und Adorno kehrte er nicht nach Deutschland zurück. Er begründet dies damit, dass man damit ja alles entwerten würde, was man nach der Flucht sich mühsam aufgebaut habe. Zudem wisse man nicht, wem man im ehemaligen Naziland die Hand schüttele.[29] Heimweh hatte er trotzdem, und so besuchten Lili und er ab 1958, als sie sich das wieder leisten konnten, regelmäßig den alten Kontinent. Auch nach Deutschland kamen sie, wo Kracauers Bücher nun auch wieder gefragt waren. Und auch nach Frankfurt, dessen „Bubb" er doch gewesen war.[30]

In einem Traum Adornos im Oktober 1960 war er es immer noch. Kracauer erschien dem fleißigen Autor, dessen unwahrscheinliche Karriere in der Bundesrepublik auch davon geprägt war, dass er fast im Jahrestakt ein Buch veröffentlichte, und ermahnte ihn: „Mein Lieber, ob wir Bücher schreiben, ob sie gut oder schlecht sind, ist doch ganz gleichgültig. Gelesen werden sie ein Jahr. Dann kom-

---

26 Brief von Kracauer an Gertrud und Richard Krautheimer vom 16. Mai 1936, Deutsches Literaturarchiv Marbach, Nachlass Kracauer, Korrespondenzen.
27 Brief von Kracauer an Gertrud und Richard Krautheimer vom 16. Mai 1936.
28 Vgl. Später, Siegfried Kracauer, S. 384–418.
29 Siegfried und Elisabeth Kracauer an Annemarie und Fritz Wahl, 10. September 1950, Deutsches Literaturarchiv Marbach, Nachlass Kracauer, Korrespondenzen.
30 Vgl. Später, Siegfried Kracauer, S. 518–526.

men sie in die Bibliothek. Dann kommt der Rektor und verteilt sie an die *Kinner*."³¹ An die Kinner – im breiten Frankfurter Slang sagte das traumwandlerisch der alte Kracauer. Aber Kracauer wohnte hier nicht mehr hier.

Schluss

Nachdem Kracauer im November 1966 in New York plötzlich gestorben war, schrieb Ernst Bloch, der einst gebeten worden war, statt Siegfried doch bitte Krac zu sagen, an die Witwe Lili: „Das Wort ‚Krac' selber ist schon onomatopoetisch für Knackendes-knurriges gut, und so wollte er auch verstanden werden. ... ‚Ginsters Nachthemd hatte einen Riß' – wer sonst konnte dermaßen ein Romankapitel abschließen und nicht zumachen?"³²

Wie schön, dass Siegfried Kracauer, dieser vertriebene, exterritoriale Außenseiter, in einem Buch zum jüdischen Frankfurt eine Rolle spielt. Gerade weil er nicht dazugehörte: weder zu seinem Namen noch zur jüdischen Gemeinde noch zur Frankfurter Schule. Aber er gehört zur Geschichte der gescheiterten jüdischen Emanzipation in Deutschland und zum Versuch, diese Erfahrungen zu verarbeiten; und er gehört zur Geschichte sozialphilosophischer Kritik in Deutschland, und zwar als Leuchtturm, auch wenn er zu Lebzeiten sich als blinder Passagier fühlen musste. Der Nichtdazugehörige gehört also unbedingt dazu!

---

31 Zitiert nach Jochen Schimmang, Adorno wohnt hier nicht mehr, Hamburg 2019, S. 66.
32 Zitiert nach einem Brief von Adolph Lowe an Elisabeth Kracauer, 6. Mai 1967, in: Deutsches Literaturarchiv Marbach, Nachlass Kracauer, Korrespondenzen.

Micha Brumlik
Frankfurt und seine Juden – ein Fall von Zugehörigkeit

Anders als vielfach kolportiert, war die Stadt Frankfurt am Main keineswegs – jedenfalls was die Jüdinnen und Juden betrifft – ein Fall von unbedingter Liberalität, was nicht zuletzt die Wahlergebnisse am Ende der Weimarer Republik beweisen. Gleichwohl ist die Rede vom engen Verhältnis der Frankfurter Jüdischen Gemeinde zum liberalen Geist der Stadt nicht aus der Luft gegriffen – was ich im Folgenden anhand zweier Persönlichkeiten zeigen will, die allerengste Zeitgenossen waren.

So wurde der eine, der Jude, im Jahre 1808 geboren, während der andere, von der Herkunft jedenfalls Protestant, 1816 geboren wurde. Dieser starb im Jahre 1891, während der jüdische Zeitgenosse drei Jahre zuvor, 1888 das Zeitliche segnete. Bei dem jüdischen Zeitgenossen handelte es sich um den Begründer der deutschen Neoorthodoxie, um Samson Raphael Hirsch, während es sich bei seinem Gegenpart, bei Friedrich Stoltze, um den bekannten Frankfurter Mundartdichter handelte, einen Mundartdichter, der zugleich ein entschiedener Vertreter der 1848er Generation deutscher Republikaner und Demokraten war. Während Friedrich Stoltze sein ganzes Leben in Frankfurt verbrachte, kam Hirsch, auf dessen Vita sogleich einzugehen ist, erst im Alter von 43 Jahren, also 1851 – drei Jahre nach dem Paulskirchenparlament – in die Stadt am Main.[1]

Hirsch wurde in Hamburg geboren und erhielt seine ersten rabbinischen Instruktionen noch als Schüler von Isaak Bernays, der ein entschiedener Gegner des Hamburger Reformjudentums war. Nach einem Studium an der orthodoxen Jeschiwa von Jakob Ettlinger in Mannheim wurde Hirsch bereits 1830, also mit 22 Jahren, Landesrabbiner von Oldenburg, um – nach seiner Heirat mit Johanna Jüdel – bereits 1841 erst hannoverscher Landesrabbiner zu werden und schließlich von 1847 zum Oberlandesrabbiner von Schlesien und Mähren in Nikolsburg berufen zu werden. Von dort ging er nur vier Jahre später, 1851 nach Frankfurt, wo er geistiger Führer der dort gegründeten, zunächst sehr kleinen israelitischen Religionsgesellschaft wurde. Dabei handelt es sich um eine der ersten Gemeinden der sogenannten „Austrittsorthodoxie", also von Juden, die sich weigerten, Mitglieder in den in aller Mehrzahl liturgisch-liberalen Einheitsgemeinden zu sein – eine in-

---

[1] Wolfgang Klötzer/Pertra Breitkreuz, Stoltze, Friedrich, in: Frankfurter Personenlexikon (Onlineausgabe), https://frankfurter-personenlexikon.de/node/1354, letzter Zugriff 23. März 2022.

stitutionelle Form, die erst 1876 aufgrund der Bemühungen des liberalen jüdischen Parlamentariers Eduard Lasker auch gemäß den Gesetzen des Deutschen Reiches legal war.

Paul Arnsberg, dem wir eine große, dreibändige Geschichte der Frankfurter Juden verdanken, fasste das Wirken Hirschs so zusammen:

> Er war der Ideologe einer selbständigen Austritts-Orthodoxie und vergeistigte das Judentum zur reinen Konfession auf strikter Gesetzesgrundlage der heiligen Lehre. Dabei akzeptierte er die völlige Integrierung in die deutsche Staats-, Volks- und Kulturgemeinschaft. ... Das Judentum wurde durch S. R. Hirsch nicht reformiert, aber alles an Lehrgehalt des Judentums (Messias, Heiliges Land, Orthopraxie) wurde von ihm vergeistigt. ‚Volk' war bei ihm: ‚Gottes Volk' sui generis.[2]

Die von ihm gegründeten Schulen, auch das kann Arnsberg nachweisen, hatten die meisten jüdischen Schülerinnen und Schüler – auch und gerade im Vergleich mit dem liberalen Philanthropin. An seiner Bestattung Anfang Januar 1889 nahmen zwischen 12.000 und 15.000 Menschen teil.

Sein Zeitgenosse Friedrich Stoltze erblickte 1816 in Frankfurt, im Haus am Rebstock 4, das Licht der Welt, wurde von einem aufklärerischen Pfarrer in der Katharinenkirche getauft und konfirmiert, sodann von einem Cousin Goethes, Friedrich Karl Ludwig Textor erzogen und bereits 1830 von den demokratischen Bewegungen des Vormärz geprägt. Tatsächlich nahm ihn sein Vater 1832 zum Hambacher Fest mit, wo er Ludwig Börne kennen lernte. Nach einer kaufmännischen Lehre in Frankfurt, aber auch in Paris und Lyon, publizierte er 1841 einen ersten Gedichtband, woraufhin er bei einem Frankfurter Kaufmann Hauslehrer wurde. Aus Sicht der die Erziehungswissenschaft ist von Belang, dass Stoltzes Arbeitgeber in Frankfurt den Kindergarten einführen wollte und daher Stoltze für zwei Jahre nach Bad Blankenburg zu Friedrich Fröbel schickte.

1845 dann, nach seiner Rückkehr nach Frankfurt, wurde Friedrich Stoltze Vorleser in der Familie des Frankfurter Bankiers Amschel Mayer von Rothschild. Dort, in gehobenen Frankfurter Kreisen, lernte Stoltze die deutschkatholische Steindeckertochter Marie Messenzehl kennen, die er 1849 in der Katharinenkirche heiratete. Stoltze selbst nahm aktiv an der Aufstandsbewegung von 1848 teil, auch an ihren Kämpfen, bevor er 1848/49 als Kriegsberichterstatter in der Pfalz tätig war. Da in den Jahren nach der niedergeschlagenen 1848er Revolution eine liberale Publizistik nicht mehr möglich war, verlegte sich der ehemalige Revolutionär Friedrich Stoltze fortan auf humoristische und mundartliche Literatur: Anfang 1852 erschien die erste Ausgabe der *Frankfurter Krebbel und Warme Broedscher*

---

[2] Paul Arnsberg, Die Geschichte der Frankfurter Juden seit der Französischen Revolution, Bd. 3, Darmstadt 1983, S. 201.

Zeitung, die bis 1897 in 44 Ausgaben erschien. 1860 gründete Stoltze nach dem Vorbild des Berliner Kladderadatsch die freiheitlich orientierte Wochenzeitung *Frankfurter Latern*, die indes aufgrund ihrer antipreußischen Haltung immer wieder von der Zensur verfolgt wurde. Nach der preußischen Annexion der Freien und Reichstadt floh Stoltze in die Schweiz und nach Stuttgart und gab dort eine neue Zeitung *Der wahre Jacob* heraus. Ab 1871 verbesserte sich Stoltzes Situation, obwohl er mehrfach wegen Majestätsbeleidigung verurteilt wurde. Politisch unterstützte Stoltze stets den Frankfurter Abgeordneten Leopold Sonnemann sowie die liberale Deutsche Volkspartei. Leopold Sonnemann, der Begründer der *Frankfurter Zeitung*, war Jude.

Wie hingen nun diese beiden Leben, das Leben von Samson Raphael Hirsch und das Leben Friedrich Stoltzes, miteinander zusammen? Dass sie sich jemals persönlich getroffen haben, dürfen wir zwar vermuten, können es aber nicht beweisen; dass sie voneinander wussten, darf hingegen als sicher gelten. Aber da es hier auch um einen Rabbiner geht, sei mit dem Zitat eines rabbinischen Textes begonnen:

> Einer der ältesten jüdischen Schriftsteller im Talmud (alte Baraitha) behauptet, nicht der Genuß der verbotenen Apfelfrucht, sondern der verbotene Genuß der Anekdote vom Löb Hirsch von Posen habe den Sündenfall herbeigeführt. Vorbehaltlich unserer richtigen Übersetzung lautet die betreffende Stelle in der Baraitha so: Aber es geschah an einem Regentage, daß Adam mit Lilith, seinem ersten Weibe, in einem hohlen Baum hockte. Adam aber mopsete sich. Und er sprach zu Lilith seinem Weibe: ‚Weib, erzähle mich Etwelches, denn es mopset mir ...'[3]

Sollten jetzt Fragen bezüglich der Merkwürdigkeit dieses Textes aufgekommen sein, so bestehen diese Zweifel zu Recht, handelt es sich doch nicht um eine Auslegung von Samson Raphael Hirsch, sondern um einen Text von Friedrich Stoltze, der folgendermaßen weitergeht:

> Und Lilith, sein Weib, hub also an zu sprechen: ‚Es war einmal ein Mann im Lande Posen, so Löb Hirsch hieß. Und er sollte Zeugniß ablegen vor dem Richter gegen ein Mitglied des Rockford-Comités. Denn Löb Hirsch war seines Zeichens Altkleiderhändler.' – Und der Richter, so ein Gojim war, frug ihn also: ‚Löb Hirsch, wie heißen Sie?' – ‚Löb Hersch.' – ‚Ihr Geburtsort?' –‚Posen.' – ‚Stand und Gewerbe?' – ‚Altkleiderhändler.' – ‚Religion?' – ‚Wie heißt Religion? Wenn ich ihnen doch sage, ich heiße Löb Hersch, bin von Posen und handle mit alten Kleidern, könn' ich doch nicht sein ein Herrnhuter!'[4]

---

3 Friedrich Stoltze, Löb Hersch, in: Gedichte in Frankfurter Mundart, 2. Bd, Frankfurt am Main 1899, S. 285–286.
4 Stoltze, Löb Hersch, in: Gedichte in Frankfurter Mundart, S. 286.

In der Folge dessen wird erzählt, dass und wie Lilith dem Adam 500 weißhaarige Dämonen gebar, denen Adam die Namen satirischer Zeitschriften gab, Neugeborene, die bald über ihre Mutter, über Lilith herfielen, die daraufhin entfloh. Gott aber sprach zu Adam, dass die Anekdote der Lilith über Löb Hersch aus Posen einem humanen Zeitalter nicht mehr angemessen sei, weshalb Gott nun Adam aus seiner Rippe ein zweites Weib, die Havva schaffen werde, der Adam erzählen dürfe, was er wolle: Anekdoten vom Alten Fritz, vom Kaiser Joseph sowie vom Förster Friedrich… Als Adam schließlich wieder erwachte saß, so erzählt es Stoltze, „Havva neben ihm, sein neues Weib, im ausgeschnittenen Ballanzug, ähnlich dem des zukünftigen neunzehnten Jahrhunderts christlicher Zeitrechnung …"[5] Im folgenden Gespräch berichtet Adam der Havva, dass er eine Anekdote kenne, die er aber nicht erzählen dürfe – ein Verbot, das Adam nach verführerischen Liebkosungen seiner Frau schließlich aufgab, um die Geschichte von Löb Hersch zu erzählen.

> Da aber trat Gott der Herr, mit Baumwolle in den Ohren, hinter dem hohlen Baume hervor und rief: ‚Unterstehe dich! – Mache, daß du hinaus kommst aus dem Paradiese! Im Schweiße deines Angesichts sollst du deinen Acker bestellen und den Hirsch Löb von Posen ausgraben und dein Weib Havva soll mit Schmerzen alte Anekdoten gebären! – Cardinal mit dem feurigen Schwerte, ich habe meine Schuldigkeit getan, thun sie die Ihrige!'[6]

Dieser „Baraitha" – und es ist erstaunlich genug, dass der Frankfurter Demokrat und Mundartdichter diesen aramäischen Ausdruck überhaupt kannte – hatte Stoltze ein in Frankfurter Mundart verfasstes Gedicht vorangestellt, dessen beide erste Strophen so lauteten:

> So hat Ääm Niemand noch gequeelt
> Als wie der alte Bienedahl:
> Dieselwig Anekdod verzehl,
> Die hat err ääm fünfdausendmal.
> Und war merr noch so grobb und werrsch
> Un dhat mit Hänn un Fieß sich wehrn,
> Sei Anekdod vom „Löbche Hersch"
> Die kraag merr widder doch zu heern.[7]

Analysiert man diese Anekdote genau, so geht es systematisch um die Frage, ob sich aus dem Beruf – Altkleiderhändler – und dem Lande der Herkunft – Posen –

---

5 Stoltze, Löb Hersch, in: Gedichte in Frankfurter Mundart, S. 287.
6 Stoltze, Löb Hersch, in: Gedichte in Frankfurter Mundart, S. 287.
7 Stoltze, Löb Hersch, in: Gedichte in Frankfurter Mundart, S. 284.

die Frage nach der Religion gleichsam von selbst erledigt, könnte so ein Mensch doch gewiss nicht der Angehörige einer pietistischen Glaubensgemeinschaft, eben der „Herrnhuter" sein. An dieser Stelle mag dahingestellt sein, ob der Autor dieses Gedichts, der 1848er Friedrich Stoltze, selbst noch in irgendeiner Hinsicht an Gott glaubte. Auf jeden Fall deutete er die Zurechnung auf Beruf und Herkunft als eine Art von Sünde, die endlich zur Vertreibung aus dem Paradies führt. Gleichzeitig klingt es blasphemisch, wenn Stoltze Gott den Herrn als eine Person mit Baumwolle in den Ohren zeichnet – einen Gott, der im Unterschied zum Erzähler des Gedichts und den anderen dort auftretenden Gestalten Hochdeutsch spricht.

Samson Raphael Hirschs Wechsel nach Frankfurt aber war auch ein Ausdruck der demokratischen Revolution von 1848. So jedenfalls Mordechai Breuer:

> Es war das Jahr 1848 mit seinen umwälzenden Erneuerungen, das für die traditionellen Juden Frankfurts die Wende brachte. Endlich fanden sie Gehör bei der Regierung. Sie erhoben Protest gegen die Unterdrückung durch den staatlich ernannten Vorstand und gegen die systematische Zersetzung ihrer Gemeinde. Nachdem Rabbiner Hirsch nach Frankfurt übersiedelt hatte, fasste er ihre Beschwerden zusammen: ‚Man sagt, wir seien die Minderheit. Doch wer hat bestimmt, dass die Mehrheit immer im Recht sei? Diese Mehrheit hat sich von der Lehre ihrer Väter abgewandt, und nun will sie die Minderheit zwingen, ihren Willen auszuführen? Der hinterletzte Bettler soll ihrem Beispiel folgen und hochmütig der Tradition den Rücken wenden?!'[8]

Mit anderen Worten, die institutionelle Ausdifferenzierung der u. a. von Hirsch begründeten Neoorthodoxie war Ausdruck eines Erfolges der Revolution von 1848, während die liberal, bzw. reformorientierte Einheitsgemeinde Ausdruck und Wille der nachrevolutionären Restauration war.

Das von Hirsch geprägte Programm *„Tora im Derech Eretz"* zielte darauf, Jüdinnen und Juden zu bewussten, patriotischen deutschen Bildungsbürgern zu machen, die aber zugleich in penibler Weise der *Halacha* folgten. All dies fand in Frankfurt am Main seinen Ausdruck in der Gründung einer nach Hirsch benannten Realschule sowie dem Bau einer eigenen Synagoge in den Jahren 1881 bis 1882. Ein lexikalischer Eintrag schildert sie so:

> Der im Stil der italienischen Renaissance gehaltene Bau aus rotem Main-Sandstein, dem für repräsentative Bauten in Frankfurt typischen Material, bot im Innern der einschiffigen Halle 520 Plätze für Männer und auf der umlaufenden Empore 360 Plätze für Frauen. Unter der zum Börneplatz gelegenen kupfergedeckten Kuppel befand sich eine Apsis mit dem Tora-

---

[8] Mordechai Breuer, Wichtige Abschnitte aus dem Leben Rabbiner Hirschs, in: Jeschurun. Samson Raphael Hirsch. Aufsätze zu seinem Leben und zu seinen Werken, Red. Edouard Selig, Basel 2014, S. 202.

schrein. Anders als bei der nahe gelegenen Hauptsynagoge fehlten liturgische Elemente, die dem orthodoxen Judentum fremd sind, zum Beispiel eine Orgel.[9]

In dieser Tradition und in diesen Räumen fand denn auch jenes bildungsbürgerlich-jüdische Ideal seinen Ausdruck, das Samson Raphael Hirsch als „Ideal der Wirklichkeit" bezeichnete, etwa in einer Festrede anlässlich einer Feier zu Friedrich Schillers einhundertstem Geburtstag:

> Was eine jüdische Schule zur jüdischen macht, das sind eben die ideellen Seiten und Beziehungen des Lebens, das sind diejenigen Wahrheiten, in welchen, wenn Schiller sie begriffen hätte, er das Ideal verwirklicht gefunden hätte, das er in seinen Göttern Griechenlands so schmerzlich vermißt. Hätte er das Judentum nicht nur durch den Schleier seiner Geburt gekannt, wäre Schiller Jude gewesen, er würde es nicht beklagt haben, daß die schöne Griechenzeit geschwunden und das Alltägliche schal und reizlos, poesielos geworden; er würde mit seinem Geist eben im jüdischen Leben, in dem ganz gewöhnlichen jüdischen Leben die Poesie des Daseins, das Ideal der Wirklichkeit, das göttlich Schöne in jedem Atemzug gefunden haben, und er würde dreimal seliger und dreimal glücklicher auf Erden gewandelt sein.[10]

Die bisherigen Ausführungen haben sich vor allem mit dem deutsch-jüdischen Geist der Stadt Frankfurt am Main befasst und – so könnte ein berechtigter materialistischer Einwand lauten – die Lebenswirklichkeit von Jüdinnen und Juden in der Mitte des 19. Jahrhunderts weitgehend übergangen. Tatsächlich lebten im Jahre 1858 etwa 6.000 Juden in Frankfurt am Main – 50 Jahre zuvor waren es noch etwa 4.500.[11] Damit stellten die Juden in Frankfurt einen der höchsten entsprechenden Bevölkerungsanteile dar, nämlich 8 Prozent. Zum Vergleich: Zur selben Zeit waren es in Berlin 2,24 Prozent und in München 0,73 Prozent.

Der wirtschaftliche Aufstieg der Frankfurter Juden schlug sich nicht nur in Form von Kapitalakkumulation nieder: Juden waren „Handelsmänner", Buchhändler, Juweliere, Handwerker sowie Ärzte und Anwälte. 1854 waren mehr als 70 Prozent im Bereich von Handel und Finanzen tätig, vier Prozent in Industrie und Handwerk, etwa fünf Prozent in freien Berufen. Für 22 Prozent gibt es keine Angaben.[12] Arnim Otto schildert die Lage der Juden Mitte des 19. Jahrhunderts höchst anschaulich:

---

9 Börneplatzsynagoge, https://de.wikipedia.org/wiki/B%C3%B6rneplatzsynagoge, letzter Zugriff 17. Februar 2022.
10 Zit. n. Paul Arnsberg, Die Geschichte der Frankfurter Juden seit der Französischen Revolution, Bd. 1, Darmstadt 1983, S. 610.
11 Andrea Hopp, Jüdisches Bürgertum in Frankfurt am Main im 19. Jahrhundert, Stuttgart 1997, S. 33.
12 Hopp, Jüdisches Bürgertum, S. 96.

> Die größere Gruppe der mehr oder weniger wohlhabenden Juden, zu denen der Mittelstand von Handel und Handwerk sowie Lehrer, Beamte und Angestellte gehörten, verteilte sich über die ganze Stadt, vor allem über das Ostend. Viele Unternehmer des Klein- und Mittelgewerbes lebten dort ... und die Angestellten der Unternehmen: z. B. Handwerker: Schneider, Schuster, Maler, Tapezierer, Polsterer, Bäcker, Metzger und andere. Ferner ungezählte Klein- und Großhändler mit Neu- und Gebrauchtwaren sowie mit Abfällen; mit Rauch – und Pelzwaren, mit Putz- und Moderwaren, mit Tapeten und Weinen, mit Kolonialwaren und Spezereien, mit Silberwaren und Uhren ... Geldwechsler und Händler, zu denen auch die typisch jüdischen Altkleiderhändler gehörten, Lotteriehändler, Händler mit fliegenden Ständen (im Ostend vor den hohen Feiertagen auch mit Ritualien im Angebot), ... die bekannten Hausierer, die Schirmflicker und Hühneraugenschneider, die ‚Fußärzte', ferner ‚Luftmenschen' ... die ihre Armut mit Gelassenheit, Humor und Frömmigkeit bewältigten, sowie Witwen und Witwer – kurzum die Masse der Besitzlosen, die mehr oder weniger ‚von der Hand in den Mund lebten'.[13]

Ottos Aufzählung lässt erkennen, dass auch die jüdische Gemeinschaft in Frankfurt am Main in sozialer Hinsicht gespalten war: Wenngleich – marxistisch gesprochen – die meisten in der „Zirkulationssphäre" tätig waren, so waren doch die Einkommensunterschiede so erheblich, dass auch von einer sozialen Spaltung, wenn nicht gar von einer Klassenspaltung die Rede sein kann. Auch sie ist von niemandem genauer registriert worden als von Friedrich Stoltze, der immerhin einige Jahre als Vorleser im Hause des Bankiers Meyer Amschel Rothschild tätig war. Aus seiner Feder stammt das Gedicht *Er kann net*.[14]

> Der Gedallje als Schmarotzer war err iwwerall bekannt,
> Wo's was Gutes gab ze achle, war err immer bei der Hand.
> Un der Nathan hat geärjert zwar sich iwwer so en Wanst,
> Und doch segt err'm: „Komm zum Esse morje Middag, wann de kannst"
> Der Gedallje hat zum Esse sich ääch pinktlich eingestellt,
> Doch die Hausdhir war verschlosse. Der Gedallje hat geschellt;
> Hat geschellt un hat gerisse, hat gezoge und gezoppt,
> Hat Baradämärsch getrommelt uff der Dhir und Storm gekloppt.
> Guck, da öffent sich e Fenster, un der Nathan guckt eraus,
> Un err rieft annab: „Wer trummelt, schellt un lärmt so an mei Haus?"
> Und Gedallje segt: „Herr Nathan, ich bin's doch, Herr Nathan, ich!"
> „No, was gibt's dann, Herr Gedallje?" segt der Nathan ärjerlich.
> „Was es gibt? Wie känn ich's wisse? Ebbes Gutes werrd's doch sei, –
> Hast de mich doch eingelade; awwer känn ich dann erei?
> Hast gesacht doch, komm zum Esse, komm zum Esse, wenn de kannst,
> Un jetz bin ich da, Herr Nathan, doch des Hausdhor is verschanzt."

---

13 Arnim Otto, Juden im Frankfurter Osten, 1796 – 1945, Offenbach 1997, S. 126–127.
14 Friedrich Stoltze, Er kann net, in: Gedichte in Frankfurter Mundart, 1. Bd., Frankfurt am Main 1907, S. 312–313.

> Un der Nathan rieft erunner: „So, verschlosseis der Dhor?
> Is verschlosse, Freind Gedallje? – Werklich? – Doch wer känn derrfor?
> Ja, ich habb derr eingelade, awwer was haww' ich gereddt?
> ,Wann de kannst, so komm zum Esse' – Kannst de? Nää – Du kannst ja net!"

Tatsächlich waren einige Hörerinnen und Hörer dieses Gedichts, wie auch vor allem nicht in Deutschland lebende Beobachter, spontan der Meinung, dass es antisemitisch sei, immerhin werden zwei auf den ersten Blick besonders unsympathische jüdische Männer gezeigt: Einem offensichtlich in jeder Hinsicht ungenügsamen Schnorrer – er trägt den Namen Gedalja – steht ein geradezu hämischer und sadistischer wohlhabender Mann, ein Hausbesitzer namens Nathan gegenüber, ein reicher Mann, der sich eine sadistische Freude daraus macht, den von ihm offensichtlich verachteten Schnorrer – einen besseren Ausdruck weiß ich nicht – zu demütigen oder, wenn man so will, zu belehren. Eine zeitgenössische Illustration des Gedichts zeigt Nathan im ersten Stock seines Hauses am Fenster stehend, mit vorgewölbtem Bauch, gekleidet in feines Tuch, während sich über seiner Weste eine Uhrenkette wölbt. Dagegen steht Gedalja, erstaunlicherweise durchaus bürgerlich gekleidet, mit Melone, Anzug und einer krawattenähnlichen Halsbekleidung. Jüdisch wirkt an ihm allenfalls die Art und Weise, wie er seine beiden Arme in die Richtung von Herrn Nathan hebt.

Auffällig ist immerhin, dass die Nationalsozialisten Stoltzes mit jüdischen Personen befasste Gedichte nicht nutzten, sie überhaupt seine politischen Positionen ausklammerten und ihn als harmlosen Heimatdichter behandelten. Gleichwohl ist nicht zu verkennen, das Stoltze einem abgründigen Humor anhing, wie auch aus seinem Gedicht *Levi un Rebekkche* deutlich wird.[15]

> Es lag Rebekkche uff der Bahr,
> Sie war des Dods verbliche
> Un hat seit fünfundzwanzig Jahr
> Zum ehrschtemal geschwiche
>
> Ihr Mann, der Isak Feidel Stern,
> Sitzt da im Schawes-Fräckche
> Un Thräne, dick wie Kummernkern,
> Die flennt err um's Rebekkche.
>
> Un wie err flennt, un wie err greint
> So in seim Schmerz seim größte,
> Kimmt Mayer Herrsch zu geh, sei Freind,
> Err kimmt un will en tröste.

---

15 Friedrich Stoltze, Levi un Rebekkche, in: Gedichte in Frankfurter Mundart, 1. Bd., S. 77.

Der Isak in seim Schmerzgefihl
Dhut em entgegerenne, –
Doch Mayer segt: „Was e Schlemihl!
Wie kann merr nor so flenne!

Was greinst de derr die Ääge roth
Un heulst derr so unbändig?
Was Stuß! Gebb merr die Frää, dei dodt,
Ich gebb der mei lewendig."

Aus heutiger Sicht erweist sich dieses Gedicht als ein zweifelsohne frauenfeindliches Machwerk, das mit dem jahrtausendealten Bild der Xanthippe, der zänkischen und geschwätzigen Frau des Sokrates spielt – frauenfeindlich ja, aber antisemitisch? Ich lasse diese Frage zunächst unbeantwortet, um mich noch einmal dem Verhältnis von Samson Raphael Hirsch und Friedrich Stoltze zuzuwenden.

Auffällig ist zunächst eine gegenläufige Richtung: Während sich Hirsch vom streng religiösen, in gewisser Weise vormodernen Judentum auf die gehobene deutsche, vor allem klassische Kultur hinbewegt, bewegt sich Stoltze von der Alltagswelt, der Alltagskultur von Frankfurter Bürgerinnen und Bürger aller Schichten mitsamt ihrer Sprache hin zu real existierenden Jüdinnen und Juden. So werden wir in beiden Fällen Zeugen dessen, was noch im frühen 20. Jahrhundert als „Assimilation" bezeichnet wurde. Dieser Begriff entstammt bekanntlich der Botanik und bezeichnet den Vorgang, mit dem Pflanzen mit Hilfe des Chlorophylls Kohlenstoff umwandeln. Überträgt man diese Metaphorik auf kulturelle Prozesse, so bedeutet das – anders als es der herkömmliche zionistische Sprachgebrauch will – dass „Assimilation" ein aktiver Vorgang ist und eben nicht ein Geschehen war, das Juden passiv über sich ergehen lassen mussten. Man assimilierte, wurde aber nicht assimiliert. Das ist im Falle der Aneignung der deutschen Klassik durch die Neoorthodoxie zweifelsohne der Fall. Gleiches dürfte für die von Friedrich Stoltze in seinen Gedichten geschilderte Übernahme der Frankfurter Alltagskultur durch die jüdischen Bürgerinnen und Bürger von Frankfurt am Main gelten. Vor allem aber – und das ist für die nicht in jedem Fall stimmige Rede vom liberalen Frankfurt der Fall – war es tatsächlich die liberale Revolution von 1848, die das Frankfurter Judentum, zu dem die Neoorthodoxie sehr wesentlich dazu gehörte, geprägt hat. Eine Revolution, in der der Mundartdichter Friedrich Stoltze wie anfangs erwähnt eine wesentliche Rolle spiele.

Aber Samson Raphael Hirsch? Er kam, wie bereits berichtet, 1851 nach Frankfurt am Main Im Jahr 1848 war er noch Oberlandesrabbiner von Mähren und residierte in Nikolsburg. Im März 1848 richtete er ein Sendschreiben an die „ehrsamen israelitischen Gemeinden in der Provinz Mähren."[16] In diesem, sich immer wieder auf den Kaiser berufenden Schreiben ruft Hirsch zur Besonnenheit auf und warnt vor Verstößen gegen die öffentliche Ordnung. Immerhin: Paul Arnsberg berichtet, dass Samson Raphael Hirsch gewählter Vertreter im Kremsierer Landtag von Mähren war, wo er wirkungsvoll für die Freiheit und Gleichheit der Juden eintrat.[17] Seiner Energie und seinem Wirken war es schließlich auch zu verdanken, dass im Jahre 1876, also drei Jahrzehnte später, ausgerechnet der liberale jüdischen Abgeordnete Eduard Lasker im Preußischen Abgeordnetenhaus am 28. Juli erwirkte, dass Juden im Deutschen Reich nicht mehr Mitglieder einer Einheitsgemeinde sein mussten, Religionszugehörigkeit also frei wählbar wurde.[18] Darüber hinaus kann Hirsch als einer der – wenn auch sehr zaghaften – Vorläufer der Emanzipation jüdischer Frauen gelten, war er es doch, der an der von ihm gegründeten Schule, die auch als Lyzeum galt, jüdische Mädchen und damit deren Studium der heiligen Schriften zuließ. Was ihn aber nicht daran hinderte, beharrlich gegen jedes Wahlrecht für jüdische Frauen zu sein.

Ich schließe mit einem Gedankenexperiment: Was wäre gewesen, wenn sich Samson Raphael Hirsch und Friedrich Stoltze tatsächlich einmal in Frankfurt getroffen hätten? Hätten sie sich etwas zu sagen gehabt? Und wenn ja, in welcher Mundart? Dass Friedrich Stoltze sich nicht nur mit dem Talmud beschäftigt hat, sondern auch an synagogalen Gottesdiensten teilgenommen hat, dürfen wir jedenfalls annehmen. Davon zeugt Stoltzes Gedicht *Aus Vilbel*, das von dem jüdischen Brauch bezahlter männlicher Gottesdienstteilnehmer, vom – wie es spöttisch im Volksmund heißt – Brauch von „Minjonären" handelt. Offensichtlich war es im Frankfurt vorgelagerten Kurort Bad Vilbel so, dass jüdische Beter nicht immer das religionsgesetzlich vorgeschriebene Minimum von zehn männlichen Betern aufbieten konnten. Daher: liebenswerter Spott als Bekenntnis zur Zusammengehörigkeit.

> Unner Israel in Vilwel
> Mache Zwää jetz große Bilwel,
> Wolle net, aus Eigesinn,
> In die Synagog enin
>
> Doch der Vorstand läßt en sage:
> „Dhut err deß so weiter wage

---

16 Samson Raphael Hirsch, Sendschreiben an die ehrsamen israelitischen Gemeinden in der Provinz Mähren, in: Jeschurun, S. 77–80.
17 Arnsberg, Geschichte der Frankfurter Juden, Bd. 3, S. 201.
18 Arnsberg, Geschichte der Frankfurter Juden, Bd. 1, S. 847–848.

Sollt err gucke, was geschieht
Un wie bald errsch Ores krieht

O ihr Gäscht un Chalderapes,
Wann derr widder fehlt uff Schabbes,
Wern von uns, for euer Geld,
Zehe Mann for euch gestellt.

Un die mißt ihr ääch noch fittern,
Dann merr wolle's euch verbittern.
Dhut errsch awwer weigern, – dann
No, dann komme zwanzig Mann.

Drei-, sechs-, siwe, acht-, nei-, zehe-,
Elfmal komme die ze gehe,
Zwanzigmal! Bis ihr'sch am End
Gar net mehr bezahle kennt!"[19]

---

[19] Friedrich Stoltze, Aus Vilbel, in: Gedichte in Frankfurter Mundart, 2. Bd., S. 347–348.

Teil III: **Kunst- und Architekturgeschichte**

Susan Nashman Fraiman
Moritz Daniel Oppenheim – Citizen of Frankfurt and *Artiste Engagé*

Moritz Daniel Oppenheim was born in Hanau, but from 1824 until his death in 1882 he lived and worked in Frankfurt. As likely the first Jew to study at a European art academy and remain Jewish, he is thus considered the first modern Jewish artist. While his work is not noteworthy for its stylistic innovation, Oppenheim was nonetheless a remarkable historical figure. As an artist, he left a rich body of work: portraits, biblical scenes, literary scenes, allegories and histories; as a citizen of Frankfurt and later Imperial Germany, Oppenheim followed political events avidly, and was closely associated with some of the most important figures of his era. He was a man not only of the political struggles of his time, but of its culture as well: he was well read and painted many literary themes;[1] met Goethe, and corresponded with writers, art historians and other artists.[2] Lastly, as a Jewish citizen of Frankfurt, Oppenheim was a trailblazer.

In this article, I will discuss how Oppenheim's Jewish identity and interest in civil equality find expression in several of his significant works, some well-known, others less so. Notably, some of Oppenheim's works reveal opposition to the Catholic Church and its hegemony over civil life in Germany, a position that characterized liberal German Jewry of the time. As we will see, Oppenheim had a strong German identity, a strong Jewish identity, and a deep commitment to and support for those fighting for Jewish equality under the law of Germany.

---

[1] On his works relating to Goethe, see Liliane Weissberg and Georg Heuberger, "Der Rothschild der Maler und der Dichterfürst," in *Moritz Daniel Oppenheim: Die Entdeckung des jüdischen Selbstbewußtseins in der Kunst*, ed. Georg Heuberger and Anton Merk (Frankfurt am Main: Wienand, 1999), 131–152; Liliane Weissberg, "Moritz Daniel Oppenheim, Johann Wolfgang Goethe und die Erfindung des jüdischen Bürgertums" *Trumah* 22 (2014): 69–91.
[2] In his archives at the National Library of Israel in Jerusalem (henceforth: NLI) are letters from Berthold Auerbach and Fanny Lewald, among others: ARC. Ms. Var. 388 02 4 and ARC. Ms. Var. 388 02 51, respectively.

Oppenheim as a Supporter of Civil Equality in Germany for the Jews

Oppenheim is the first Jew to study at a European art academy and remain Jewish, a remarkable achievement. He received early encouragement in Hanau from Conrad Westermayr, head of the local art academy, and from there went to Munich, Paris and Rome, where he spent close to five years.[3] By then, Oppenheim already had a strong sense of self and self-fashioning. In the background of an early self-portrait, one can see a "drawing" of both his father and his teacher Westermayr.[4] Oppenheim did what many of the young artists of that time did— view and copy the masterpieces, and experience Italy and the artists' lives there.[5] His interest in the Renaissance works and his friendship with the Danish neo-classical sculptor Bertel Thorwaldsen had a strong influence on his art. In addition, he was in contact with the German and German-speaking artists who were in Rome at the time, among them Hieronymus Hess and Julius Schnorr von Carolsfeld, who mentioned Oppenheim in one of his letters and bought a drawing from him in 1827.[6]

Oppenheim's works from the early years are characterized by the clean lines of the Nazarenes, local color and the use of the Italian landscape for background. Many are biblically themed, but not all. Upon his return to Frankfurt in 1825, Oppenheim became actively involved in the cultural life of the city, while supporting himself by commissions and work for the Rothschild family, which included portraits, art purchases for their collections and art instruction.

Oppenheim's associations and works reveal a deep connection with the cultural and political life of his time. He was a member of the Masonic lodge *Zur aufgehenden Morgenröthe* (The Rising Dawn) in Frankfurt.[7] This was the first

---

[3] Anton Merk, "Die künstlerische Entwicklung von Moritz Daniel Oppenheim," in Heuberger and Merk, *Oppenheim*, 16–63, here 17.
[4] Ibid., 18. The self-portrait is now in the collection of the Jewish Museum in New York City and available to view online at https://thejewishmuseum.org/collection/30994-self-portrait, accessed February 2, 2022.
[5] An early copy he did of a Raphael's Madonna della Tenda is now in the collection of the Jüdisches Museum Frankfurt, https://www.juedischesmuseum.de/sammlung/bildende-kunst/detail/moritz-daniel-oppenheim-1800-1882/#&gid=1&pid=1, accessed January 28, 2022.
[6] Julius Schnorr von Carolsfeld, *Briefe aus Italien* (Gotha: Berthes, 1886), 408. Oppenheim mentions his friendship in Moritz Oppenheim, *Erinnerungen*, ed. Alfred Oppenheim (Frankfurt am Main: Frankfurter Verlagsanstalt, 1924), 64; Moritz Oppenheim, *Zikhronot*, trans. J. Tolkes (Jerusalem: Mossad Bialik, 1951), 49; the bill of sale is in the archive of the NLI, Arc. Ms. Var. 388/84.
[7] Erik Riedel, "Moritz Daniel Oppenheim and the Masonic Lodge Zur aufgehenden Morgenröthe," in Heuberger and Merk, *Oppenheim*, 153–169.

lodge to admit Jews; the German lodges did not admit them at that time.[8] His membership in this lodge brought him into contact not only with other Jewish members, like Gabriel Riesser (1806–1863), but also with some famous compatriots who had converted to Protestantism, such as Ludwig Börne (1786–1837) and Heinrich Heine (1797–1856), who were also members.[9]

Oppenheim's concern with political affairs, particularly the cause of equality for the Jews, is reflected in his portraiture. Oppenheim painted five portraits of Ludwig Börne, two of Heinrich Heine and three of Gabriel Riesser. All three were politically active in different ways. Börne, born Loeb Baruch in the Frankfurt Ghetto, was a journalist and some of his more radical writings were banned in different parts of Germany.[10] Heine, the well-known writer and essayist, like Börne, wound up living in exile in Paris. Riesser, a lawyer forbidden from practicing in Hamburg, his city of birth, because he didn't repudiate his Judaism, later became Vice President of the National Assembly in Frankfurt in 1848, and ultimately a district judge there.

Börne's and Riesser's ideas resonated with Oppenheim, including their support for religious freedom and universal rights, and their call for a united Germany under a democratic regime and against a collection of independent states ruled by inherited leaders.[11] Oppenheim and Riesser became friends and corre-

---

[8] In fact, and perhaps because of this, Oppenheim joined the Freemasons in Paris, who clearly adhered more to the values of universal brotherhood. His membership document is in the collection of the National Library of Israel, ARC. Ms. Var. 388 01 1.1

[9] Riedel, "Moritz Daniel Oppenheim," 155–157.

[10] Börne's writings "are dominated, however, by the main object of preaching the doctrine of human liberty, the theory of human equality before the law, and the divine right of the republican form of government. In these letters, though they bristle with wit and teem with humorous touches, his powers of invective, of pathos, of persuasion, are at their very highest. He lays bare with unsparing skill the manifold stupidities and tyrannies of the governing classes in the German fatherland that is so dear to him, and revels in the delights of the freedom to be enjoyed in France. The ideal that he strives for is a united Germany, freed from the bonds and shackles of medieval kingships, princeships, and lordships, living in close bonds of amity with France; and he vindicates violent revolution to secure the rights of the people." Isidor Singer/Max Cohen, Börne, Karl Ludwig, in *Jewish Encyclopedia*, vol. 3 (New York: Funk and Wagnalls, 1906), 323–325, here 325, http://www.jewishencyclopedia.com/articles/3577-borne-karl-ludwig, accessed February 28, 2020.

[11] Gabriel Riesser, "An Open Letter concerning the Position of the Adherents of the Mosaic Faith in Germany," 1831, in *Source Book of Jewish History and Literature*, ed. Julius Hoexter and Moses Jung (London: Shapiro, Vallentine and Co., 1938), 238. Börne felt that the Jewish problem would be solved when Germany moved to a democratic liberalism. Hans Liebeschütz, "German Radicalism and the Formation of Jewish Political Attitudes during the Earlier Part of the Nineteenth Century," in *Studies in Nineteenth-Century Jewish Intellectual History*, ed. Alexander Altman (Cambridge: Harvard University Press, 1964), 141–170, here 144.

sponded.¹² Riesser even wrote of Oppenheim: "Oppenheim too shared the fleeting hopes of 1848 intensely."¹³ Börne's personal significance for Oppenheim is reflected in a late (and subsequently lost) self-portrait in which there is a sketch of Börne hanging behind him on his studio wall.¹⁴

In contrast to his portraits of the Rothschilds and of Heine, which frame their subjects on solid backgrounds, three of his portraits of Börne include salient features.¹⁵ Although Oppenheim made several versions of some of his works, he never copied them exactly, but always introduced some changes. Indeed, from what remains of three of the portraits, we see that they are not identical.¹⁶ The details in Oppenheim's portraits of Börne, which in some cases were decided on in conjunction with Börne, are significant indicators of the degree of Oppenheim's sympathy with his subject's ideas. In one of the portraits, now lost, Oppenheim ironically depicted Börne holding *Der Staatsman*, a reactionary, pro-Catholic political magazine founded and edited by Johann Babtist Pfeilschifter.¹⁷ In the portrait of 1831, at Börne's suggestion, he depicted the July 26, 1830 page of *Le Moniteur Universel*, in which freedom of the press was rescinded and a change in voting laws was announced by the government of Charles X, events which led to the July Revolution and Börne's resettling in Paris.¹⁸ This version has only survived in a lithograph.¹⁹ The most intriguing version of the portrait is likely the last, and now in the collection of the Israel Museum (Figure 1).

---

12 Excerpts from the correspondence were published in Elisheva Cohen, *Moritz Daniel Oppenheim The First Jewish Painter* (Jerusalem: Israel Museum, 1983), 66–77, 90.
13 Quoted by Anton Merk, "Die künstlerische Entwicklung," in Heuberger and Merk, *Oppenheim*, 51.
14 Annette Weber, "Moritz Oppenheim als Künstler, Bürger und Jude im Spiegel seines Bildnisschaffens," in Heuberger and Merk, *Oppenheim*, 187–199, here 190; reproduced on the frontispiece of Heuberger and Merk.
15 None of the oil portraits of Riesser have survived, only lithograph copies. Heuberger and Merk, *Oppenheim*, 358, cat nos. II.69–71. The lithograph reproduced in Heuberger and Merk, *Oppenheim*, 195, also has interesting detail worth investigating.
16 Two other portraits of Börne on plain backgrounds exist: one is in the collection of the Historisches Museum Frankfurt and the other in the Israel Museum Jerusalem. Heuberger and Merk, *Oppenheim*, 356, cat nos. II.44–45.
17 Weber, "Moritz Oppenheim als Künstler," 191; Heuberger and Merk, *Oppenheim*, 355, cat. II.43. For a discussion of all of the depictions of Börne, see Alfred Estermann, "Unsere Freunde finden das Bild ähnlich und doch schön," in *Ludwig Börne 1786–1837*, ed. Alfred Estermann (Frankfurt am Main: Buchhändler-Vereinigung, 1986), 279–290.
18 Merk, "Die künstlerische Entwicklung," 40.
19 This lithograph can be seen online at https://objekte.jmberlin.de/object/jmb-obj-91417/Portr%C3%A4t+Ludwig+B%C3%B6rne+%281786-1837%29, accessed January 31, 2022.

Fig. 1: Moritz Oppenheim, *Portrait of Ludwig Börne in his study*, oil on canvas, 1827/1840, From the Jewish Museum Berlin via the Jewish Restitution Successor Organization, Israel Museum, Jerusalem

Here Oppenheim depicts Börne, ill with tuberculosis, with a dog at his feet and shelves of books and two statues in the background. The circumstances of its commissioning are not known. In this version, the journal *La Nation* appears on the table. One of the statues is a bust of Rousseau, and the other sculpture in the background is based on the figures of the Tyrannides in Rome.[20] On the wall is a black and white image of Jeannette Wohl, Börne's close confidant and later his literary

---

[20] Estermann, "Unsere Freunde," 282. On copies of antique sculpture in Oppenheim's works, see Anja Klöckner "Antikenrezeption bei Moritz Daniel Oppenheim," *Antike Welt* 32 (2001): 147–154. The sculpture here is not mentioned.

executor.²¹ This image of her was based on a print by the artist Fritz l'Allemand, whom Oppenheim likely knew from Hanau.²²

It is not clear when Oppenheim painted this portrait of Börne. In both the memoir published by Oppenheim's grandson and in the catalog of the Jüdisches Museum Berlin of 1937, the date of this Börne portrait, now in the Israel Museum, is given as 1827.²³ However, in the catalog raisonné of Oppenheim's work, the portrait is dated to 1840.²⁴ In this instance, Oppenheim's visual citation of another artist's work (namely, l'Allemand's aforementioned print of Wohl) – a conceit employed by Oppenheim in other paintings – may be the key to dating the Börne portrait, since the original print portrait of Wohl was made only in 1832. The elements in the painting, such as the portrait of Wohl and the French newspaper *La Nation* open on the desk, would indicate that this portrait of Börne was done well after the July Revolution of 1830 in France, giving credence to the 1840 dating.²⁵

Oppenheim's civic involvement and hope for a brighter future were also reflected in his commission to paint two murals in the Kaisersaal in the Römer, which was undoubtedly a great honor for him at the time. Two of the other artists chosen to paint some of the fifty-two murals there (along with other leading artists of the time), were Eduard Bendemann (1811–1889) and Philippe Veit (1793–

---

21 On the figure of Wohl, see, for example, Inge Rippmann, "Jeanette Strauß-Wohl (1783–1861) 'Die bekannte Freyheitsgöttinn,' Versuch eines Porträts der Freundin Ludwig Börnes," in *Vom Salon zur Barrikade: Frauen der Heinezeit*, ed. Irina Hundt (Stuttgart: J. B. Metzlar, 2002), 75–90.
22 Confirmed in an email by Annika Friedman, Jüdisches Museum Frankfurt, December 30, 2021. Fritz l'Allemand (1812–1866) was born in Hanau and active in Frankfurt. "L'Allemand, Fritz," in *Benezit Dictionary of Artists* accessed through *Oxford Art Online*, published October 31, 2011, https://www.oxfordartonline.com/benezit/search?siteToSearch=benezit&q=L%27Allemand&searchBtn=Search&isQuickSearch=true, accessed March 31, 2022. His brother Conrad made a print based on Oppenheim's lost painting, *Die Rückkehr des verlorenen Sohnes*, 1824. Heuberger and Merk, *Oppenheim*, 400, cat. no. XIII.6.
23 There is a lack of clarity about the dating and identification of the works. This painting was reproduced in Alfred Oppenheim's publication of his grandfather's memoirs *Erinnerungen*, facing page 92 and listed as being from 1827 and at the time of publication in the collection of the Frankfurter Bürgerverein. Oppenheim, *Erinnerungen*, 123. The work was acquired from Frankfurt by the Jewish Museum of Berlin in 1932, and in fact, in their 1937 catalog of the exhibit, *Hundert Jahre Jüdische Kunst aus Berliner Besitz*, this work is listed on page 11 as being in their collection. See also Inka Bertz, "Porträts im Jüdischen Museum," in *Auf der Suche nach einer verlorenen Sammlung: Das Berliner Jüdische Museum 1933–1938*, ed. Chana Schutz and Hermann Simon (Berlin: Hentrich und Hentrich, 2011), 137–152, here 141.
24 Weber, "Moritz Oppenheim als Künstler," 192; Heuberger and Merk, *Oppenheim*, 356, cat. No. II.47. In Heuberger and Merk, *Oppenheim*, the 1827 work is listed as missing; and the 1840 work is identified with this one.
25 Erik Riedel has suggested that it was done after Börne's death – a kind of paean and summation of his life by Oppenheim. Oral communication, October 2021.

1877), both born to Jewish families that converted to Christianity.²⁶ Veit was the grandson of Moses Mendelssohn and a friend of Oppenheim who later headed the Städelsche Institut in Frankfurt. It is likely not coincidental that one of the Emperors depicted by Oppenheim was Josef II, who issued the Edict of Tolerance in 1782, which granted the Jews religious freedom for the first time. The word "Toleranz" is clearly visible on the scroll in front of the figure.²⁷

Perhaps the strongest work in this vein is the painting *Lavater and Lessing Visit Moses Mendelssohn*.²⁸ (Figure 2)

Oppenheim's good friend, Riesser, wrote about the relationship between Lessing and Mendelssohn and declared that friendship a model of social relations between Jews and non-Jews: "Where are we to find a purer and more sublime model than in Lessing's and Mendelssohn's friendship?"²⁹ Perhaps this was one of the sources of inspiration for Oppenheim. This well-known and oft-reproduced painting conflates and contrasts two things: the friendship of Moses Mendelssohn (1729–1786) and Gotthold Ephraim Lessing (1729–1781), about which much has been written, and the actual visit of the then twenty-two-year-old preacher Johann Caspar Lavater (1741–1801) to Mendelssohn in 1763.³⁰ During this visit, Lavater was impressed by the respectful and intellectual way Mendelssohn talked about Jesus, and felt that Mendelssohn was ripe for conversion.³¹ Several years

---

26 For a complete list, see https://www.wikiwand.com/de/R%C3%B6mer_(Frankfurt_am_Main), accessed March 31, 2022.
27 Heuberger and Merk, *Oppenheim*, 367, cat. no. III.3.
28 This painting was in the collection of the banker Meier Abraham Straus in Karlsruhe, probably purchased by his father from the Kunstverein in Karlsruhe. The bill of sale by Oppenheim to the Kunstverein is in the collection of the National Library of Israel, ARC. Ms. Var. 388 02 45, and mentioned by Alfred Oppenheim, "Nachwort," in Oppenheim, *Erinnerungen*, 122. From there it passed down through Straus' family, who emigrated to the United States in 1938. See the website of the Jewish Museum in Berlin for more information about this family and related documents, https://objekte.jmberlin.de/Suche?f.personId=461166::Meier%20Abraham%20Straus, accessed March 31, 2022. The painting was donated to the Magnes Museum in Berkeley by his descendants. Correspondence with the Magnes Museum, September 2020.
29 Quoted in David Sorkin, *Moses Mendelssohn and the Religious Enlightenment* (Berkeley: University of California Press, 1996), 151.
30 On the friendship of Mendelssohn and Lessing, see for instance, Peter Svare Valeur, "Notes On Friendship: Moses Mendelssohn and Gotthold Ephraim Lessing," *Oxford German Studies* 45 (2016): 142–156.
31 Edward S. Flajole, "Lessing's Attitude in the Lavater-Mendelssohn Controversy," *Publications of the Modern Language Association* 73 (1958): 201–214, here 202. Mendelssohn was not the only one Lavater tried to convert to his particular brand of Messianism – he also tried to "convert" Goethe. See Sorkin, *Moses Mendelssohn*, 29.

after this encounter, in 1769, Lavater translated Charles Bonnet's *La palingénésie philosophique ou Idées sur l'état passé et sur l'état futur des êtres vivants* into German, a refutation of the Enlightenment which included a demonstration of the historical truth of the Christian religion.[32] Without consulting him, Lavater dedicated his translation to Mendelssohn, which put him in a difficult position, as he was loathe to enter into a public debate with Lavater. However, after encouragement from both the Duke of Braunschweig and Lessing, Mendelssohn published a reply, a watershed for him, as he had previously refrained from writing about Judaism for non-Jews.[33]

This painting is perhaps one of Oppenheim's most reproduced works. Painted in 1856, it was already reproduced in 1857,[34] and written about in 1860 in *Archives Israelites*. The article, entitled *Mendelsohn [sic], Lessing et Lavater ou Une partie d'échecs* (Mendelsohn [sic], Lessing and Lavater or A Chess Game) was then translated into German in *Die Deborah*.[35]

---

32 *Herrn C. Bonnets, verschiedener Akademieen Mitglieds, Philosophische Palingenesie. Oder Gedanken über den vergangenen und künftigen Zustand lebender Wesen: Als ein Anhang zu den letztern Schriften des Verfassers; und welcher insonderheit das Wesentliche seiner Untersuchungen über das Christenthum enthält. Aus dem Französischen übersetzt, und mit Anmerkungen herausgegeben von Johann Caspar Lavater* (Zürich: Orell, Gessner, Füeßli und Compagnie, 1769/1770), from the Magnes Museum website: https://www.flickr.com/photos/magnesmuseum/5487456274, accessed March 31, 2022. See Flajole, "Lessing's Attitude," 202; Sorkin, *Moses Mendelssohn*, 25–26.
33 Shmuel Feiner and Natalie Naimark-Goldberg, *Cultural Revolution in Berlin: Jews in the Age of Enlightenment* (Oxford: Bodleian Library, 2011), 35.
34 Printed in Paris by Le Mercier, engraved by J. Velten, dated after 1856. https://objekte.jmberlin.de/object/jmb-obj-106136/Lavater+und+Lessing+bei+Moses+Mendelssohn?se=Suche&qps=q%3DLavater, accessed March 31, 2022.
35 The French article, written by Isidore Cahen, the editor of the *Archives Israelites*, appeared in June 1861, volume 22, 319–326, available online: https://babel.hathitrust.org/cgi/pt?id=hvd.32044105345565&view=1up&seq=327, accessed June 24, 2022. The version in *Die Deborah* was serialized into three parts, appeared in the issues of June 28, July 5 and July 12 of 1861, and was entitled, "Eine Schachpartie." See Jeffrey Smith "The Image of Lessing and Mendelssohn in Die Deborah, Allgemeine Zeitung des amerikanischen Judenthums," *Lessing Yearbook* 13 (1981): 93–112. I have been unable to obtain a copy of these issues of *Die Deborah*. The title in both cases, with its emphasis on the chess game, places the confrontation between Lavater and Mendelssohn at the forefront.

Fig. 2: Moritz Oppenheim, *Lavater and Lessing Visit Moses Mendelssohn*, oil on canvas, 1856, gift of Vernon Stroud, Eva Linker, Gerda Mathan, Ilse Feiger and Irwin Straus in memory of Frederick and Edith Straus, Magnes Collection of Jewish Art and Life, Bancroft Library, UC Berkeley

While working on this painting, Oppenheim had a conversation with Philippe Veit in Frankfurt over coffee, as recounted by Oppenheim in his memoirs and translated into English by Alfred Werner:

> Veit talked to me neither about his Jewish origin nor of his later Catholic faith. Except once when we met at the Roeder confectionery, and I made the remark that when I ate ice cream I often thought of his grandfather: he was said to have liked sugar so much that he was sorry he "could not eat sugar with sugar"; at this, Veit started to talk about a picture I was then working on, which represented the famous episode, "Lavater's Visit to Moses Mendelssohn." Lavater tries to convert Mendelssohn, and demands, in fact, that Mendelssohn either yield and be baptized or publicly set forth his objections. Veit admitted that he was not familiar with this episode from his grandfather's life, and I told him how ... embarrassing the situa-

tion had been for Mendelssohn, and how he had grieved about the fact that he could not speak up. ... Only to the Duke of Braunschweig, who pleaded with him, did he reveal his objections. Veit sighed and said: "Who knows how much he has to suffer for it now!" [i. e., in Hell]. Apart from this, Veit was a rather clever man.[36]

Depicted in this painting is a meeting that in fact did not happen: while Mendelssohn and the writer Lessing were indeed friends, when Lavater visited Mendelssohn, Lessing was not in attendance.[37] The details in the painting are deliberately chosen – and all refer in some way to one or another of the three aforementioned figures. Here, Oppenheim brings together elements that were not contemporaneous to convey his point and enrich the painting.[38] The central detail is the chessboard, which symbolizes the first meeting and ensuing friendship of Lessing and Mendelssohn and, at the same time, the game of wits between Mendelssohn and Lavater.[39] It has even been suggested that the pieces on the chess board show that Mendelssohn has the upper hand.[40] Mendelssohn and Lavater do not appear to be engaged in the game, however, but rather discussing the book on the table: Bonnet's book, which had not yet been written at the time of their encounter. The composition suggests a triangle, with the standing Lessing (Mendelssohn's friend and supporter) as the key point above the seated Mendelssohn and Lavater (Mendelssohn's challenger). Oppenheim must have based his depictions of Lessing and Lavater on known works.[41] In this work too,

---

[36] Moritz Oppenheim, "Cedars of Lebanon: The Rothschild of the Painters. From the Memoirs of Moritz Daniel Oppenheim," trans. Alfred Werner, *Commentary* 19, no. 2 (February 1955): 171–172; Oppenheim, *Erinnerungen*, 89–90; Oppenheim, *Zikhronot*, 67–68. Werner translated an earlier section in the October edition of *Commentary*: Moritz Oppenheim, "Cedars of Lebanon: Young Artist's Rosh Hashanah: Rome, 1821. From the Memoirs of Moritz Daniel Oppenheim," trans. Alfred Werner, *Commentary* 18, no. 4 (October 1954): 353–355. Oppenheim's memoirs have been translated into Hebrew, but not entirely into English. Another excerpt in English was published in *Memoirs of My People Through a Thousand Years*, selected and edited by Leo Schwarz (New York: Farrar & Rinehart, 1943), 356–366. This excerpt covers the early years and goes up to page 80 in *Erinnerungen*, but is abridged.
[37] While Lavater did really meet Mendelssohn, Lessing was not present at that historic moment. Cyril Reade, *Mendelssohn to Mendelsohn: Visual Case Studies of Jewish Life in Berlin* (Oxford: Peter Lang, 2007), 94.
[38] For an entire article devoted to this painting see ibid., 67–96; for another discussion see also Richard Cohen, *Jewish Icons* (Berkeley: University of California Press, 1998), 163–166.
[39] Shmuel Feiner, *Moses Mendelssohn Sage of Modernity*, trans. Anthony Berris (New Haven: Yale University Press, 2010), 36–37.
[40] Reade, *Mendelssohn to Mendelsohn*, 78. See also the Magnes Museum website: http://magnesalm.org/notebook_fext.asp?site=magnes&book=3024, accessed March 31, 2022.
[41] On depictions of Lavater, see Joan K. Stemmler, "The Physiognomical Portraits of Johann Caspar Lavater," *The Art Bulletin* 75 (1993): 151–168.

Oppenheim brings images of both Jewish life and local fealty. The hanging Sabbath lamp, the Hebrew inscription over the door ברוך אתה בבאך וברוך אתה בצאתך (Blessed shall you be in your comings and blessed shall you be in your goings, Deuteronomy 28:6) and the *Mizrach* on the wall are elements that reappear in various interiors depicted in his magnum opus, *Bilder aus dem altjüdischen Familienleben*. On the other hand, one also sees on the wall a print of Friedrich II by Johann Bause, an additional example of Oppenheim's visual citation of the work of another artist.[42] This is a significant detail, as it shows Mendelssohn's loyalty to the leader of Prussia (of which Berlin was the capital), despite their complex relationship.[43]

Oppenheim the Anti-clericalist

The vignette of Oppenheim's discussion with Veit not only sheds light on Veit's true belief as a converted Catholic, but also reveals Oppenheim's skepticism and, to some extent, disdain for Catholicism. Oppenheim's support for the parliamentary and legal battles for equality under law was not the only example of current affairs given prominence in his art. He also created at least two works relating to the influence of the Catholic Church in Germany. In this, too, he was not unique in his generation. Jews of the liberal persuasion in both Germany and France expressed anti-Catholic feelings at the time, an extension of the general anti-ultramontanism of their surrounding societies.[44] Unsurprisingly, Orthodox Jewry in both countries stayed out of this controversy.[45]

Oppenheim's active assertion of his Jewish identity starts at the very beginning of his career. In his memoirs, he mentions his attempts to meet with the Jewish community of Rome, their suspicion of him and his need to be with his fellow Jews in the wake of his mother's death. But in his diaries he also writes of the Nazarenes' attempts to convert him and of his disdain for the Catholic rite:

---

[42] https://www.britishmuseum.org/collection/object/P_1879-0614-698, accessed March 31, 2022.
[43] Mendelssohn was invited to Sanssouci Palace in 1771, a visit which involved quite a bit of halachic maneuvering on Mendelssohn's part, because the visit was on the last day of the Feast of Tabernacles, which is a holiday; after all that the Kaiser did not summon him. In addition, Kaiser Friedrich that year had refused to approve Mendelssohn's election to the Academy of Science. Feiner, *Moses Mendelssohn Sage of Modernity*, 105.
[44] See Ari Joskowicz, *The Modernity of Others: Jewish Anti-Catholicism in Germany and France* (Stanford: Stanford University Press, 2013).
[45] Joskowicz, *The Modernity of Others*, 239.

> Es fehlte keineswegs an Bekehrungsversuchen auch an mir; sie blieben natürlich erfolglos; sie machten mich im Gegenteil eher zu einem frömmeren Juden, indem sie mich veranlaßten, Vergleiche anzustellen, welche zugunsten meines angestammten Glaubens ausfielen ... Die Abstufungen in der Klerisei, der die hochgestellten Priester umgebende äußerliche Glanz, die würdelose Demütigung der niedrigen Klassen der Geistlichkeit, die Pracht und der Reichtum in St Peter usw., dies alles kam mir wie eine auf Effekt berechnete Schaustellung vor.[46]

Oppenheim felt strongly about his Jewish identity and upon settling in Frankfurt he associated with Liberal Judaism, as can be seen from both artistic and documentary evidence. In this, Oppenheim followed the mainstream of Frankfurt Jewry, the fourth largest Jewish community in Germany at the time. By 1842, less than ten percent of the community identified as Orthodox.[47] In 1840/41, Oppenheim drew a frontispiece (engraved by Carl Kappes, 1821–57) for a prayer book entitled *Tefillat Bnot Israel*, published by the Frankfurt Jewish publisher Yehuda Adler in 1840/1841 and compiled by the Hungarian-Jewish Reformer Moses Brück.[48] (Figure 3)

The frontispiece, previously unpublished, depicts the biblical figure of Hannah entering the Tabernacle in the presence of the High Priest and the Menorah. A sketch for this work appears in the sketchbook from 1840, and apparently was later developed into an oil painting that has subsequently been lost.[49] We can identify the High Priest by both the *Ephod* he is wearing and the word קדש (Holy) blazoned on his headpiece. The choice of Hannah is not coincidental. Besides her association with prayer in general, her name in Hebrew is taken to be an acronym for the three *mitzvoth* required of women: *hallah, niddah, hadlakat ner shabbat* (the taking of Hallah, observing the laws of family purity and lighting the sabbath candles).[50] The prayer she recites in the biblical account was often recited

---

46 Oppenheim, *Erinnerungen*, 55–56; Oppenheim, *Zikhronot*, 42–43; For more on this period in his life, see Susan Nashman Fraiman, "The Expressive Hostility of Moritz Oppenheim," *Leo Baeck Institute Yearbook* 61 (2016): 137–161.
47 Eleanor Sterling-Oppenheimer, "Frankfort [sic] on the Main," in *Encyclopedia Judaica*, vol. 7 (Jerusalem: Keter, 1973), cols. 83–91, here col. 88. Oppenheim's patrons, the Frankfurt Rothschilds, were identified with the Orthodox faction.
48 *Andachtsbuch für fromme Israelitinnen* / סדר תפילת בנות ישראל (Frankfurt am Main: Adler, 1840/1841). Moses Bruck was an early member of the Reform Movement, and this *siddur* added special penitential prayers for modern women. He died fighting in the Revolution of 1848. See Isidore Singer/Ludwig Ventianer, "Bruck, Moses," in *Jewish Encyclopedia*, 401, https://www.jewishencyclopedia.com/articles/3758-bruck-moses, accessed September 26, 2021; on his later years in Hungary, see Michael Meyer, *Response to Modernity: A History of the Reform Movement in Judaism* (Detroit: Wayne State University Press, 1995), 160–161.
49 Heuberger and Merk, *Oppenheim*, 397 cat. no. XII.10, and 351, cat. no. I. 47.
50 These three are associated in *Mishna Shabbat* in a negative sense – lack of performance leads to the death of women in childbirth. For a discussion of these three commandments in the lives of

by women after candle-lighting.⁵¹ This bilingual prayer book was designed especially for women, with special new prayers (in German) included for different occasions in a woman's life. Oppenheim's depiction is clearly based on the traditional sources with which he was familiar, and this engraving shows also that even a liberal text of the time drew heavily on existing tradition.

Fig. 3: *Hannah at the Tabernacle*, 1840 print by C. Kappes after a drawing by Moritz Oppenheim (Public Domain)

Jewish women, see Yemima Hovav, *Maidens Love Thee: The Religious and Spiritual Life of Jewish Ashkenazic Women in the Early Modern Period* (Jerusalem: Carmel, 2009), 295–297 (in Hebrew).
51 The text is from I Samuel 2: 1–10. The custom is mentioned in the *Kitzur Shulchan Aruch*, 75 paragraph 2.

A lost painting of Oppenheim's (titled *Cyrus gibt den Juden die Freiheit* in a 1900 list and sold at auction in 2012) depicts Cyrus giving the Jews the right to rebuild their Temple.[52] This episode is told both in the book of Ezra and the Second Book of Chronicles:

> In the first year of King Cyrus of Persia, when the word of the LORD spoken by Jeremiah was fulfilled, the LORD roused the spirit of King Cyrus of Persia to issue a proclamation throughout his realm by word of mouth and in writing as follows: 'Thus said King Cyrus of Persia: The LORD God of Heaven has given me all the kingdoms of the earth and has charged me with building Him a house in Jerusalem, which is in Judah. Anyone of you of all His people – may his God be with him, and let him go up to Jerusalem that is in Judah and build the House of the LORD God of Israel, the God that is in Jerusalem; and all who stay behind, wherever he may be living, let the people of his place assist him with silver, gold, goods, and livestock, besides the freewill offering to the House of God that is in Jerusalem.' (Ezra 1:1–4).[53]

The work harkens back to a historical period in which Jews were granted religious autonomy and even encouraged to rebuild their Temple. Oppenheim chose to paint this subject in 1842, at a time when Jews in Frankfurt and greater Germany still did not enjoy equal rights. While it would be a stretch to say that Oppenheim was a proto-Zionist, this choice of subject in the 1840s is clearly related to the political struggles of German Jewry.[54]

It is interesting to note that the rabbis of Oppenheim's period were politically active in the battle for equal rights, partially because they were the ones who had to administer the *More Judaico*.[55] This included the Rabbi of Frankfurt, Leopold Stein (1810–1882), a moderate reformer.[56] Oppenheim's active association with the liberal branch of Judaism in Frankfurt is also evidenced by his service on the

---

[52] Heuberger and Merk, *Oppenheim*, 367, cat. nos. III.6 and III.7. For the auction, see https://www.christies.com/lot/moritz-daniel-oppenheim-german-1800-1882-a-merciful-5566933/?intObjectID=5566933&lid=1, accessed January 30, 2022. The painting is mistitled there and called *A Merciful King*.

[53] A cylinder with Cyrus' actual text is in the British Museum: https://www.britishmuseum.org/collection/object/W_1880-0617-1941, accessed January 30, 2022.

[54] It has been suggested that it was a gift to Moses Montefiore to thank him for his role in the Damascus Affair. Heuberger and Merk, *Oppenheim*, 367.

[55] The *More Judaico*, or Jewry Oath, was a form of oath by which Jews, since the Middle Ages, were compelled to take in lawsuits with non-Jews and was designed to be demeaning. Prussia only abolished this oath in 1869. Gotthard Deutsch, "Oath More Judaico, Jewish Encyclopedia" (New York: Funk and Wagnalls, 1906), vol. 9, 367–368, here 368, https://www.jewishencyclopedia.com/articles/11640-oath-more-judaico, accessed June 24, 2022. "The More Judaico was based on the assumption that the Jew was basically deceitful." Robert Lieberles, "Was There a Jewish Movement for Emancipation in Germany?" *Leo Baeck Institute Yearbook* 31 (1986): 35–49, here 38.

[56] Ibid.

committee advising Rabbi Leopold Stein on the revision of the prayerbook used by the Frankfurt community.[57] Stein introduced sermons in German and the singing of hymns in German, as well as other liturgical reforms.[58] Even after Stein left the synagogue because of a conflict with members of his congregation who were seeking to diminish the Rabbi's role,[59] Oppenheim continued his association with Stein, having him write the texts that accompany *Familienleben*.[60]

At least two of Oppenheim's paintings from the later years of his career reveal an anti-clerical stance. The first is *The Kidnapping of the Edgardo Mortara*, from 1862, which has recently come to light after disappearing from the public eye by 1900.[61] The incident: at eight in the evening, Thursday, June 24, 1858, Edgardo Mortara, one of seven children, was forcibly taken away from his family by a marshal of the papal police at the order of the Inquisitor General, and taken to a convent. The reason for the action, which came to light only later, was that little Edgardo had supposedly been secretly baptized by one of the servant girls when he was ill as a baby, and her confession of this to her priest some six years later led to the priest's informing the papal authorities. The Mortara family lived in Bologna, in the Papal States, during a time of unrest and revolution in Italy against the temporal rule of the Church. The Church, feeling embattled, took a very conservative stance during this period. According to Canon law, once Edgardo had been baptized, even in a makeshift fashion, he was a Christian, and as such, was forbidden to be raised by Jews – hence the abduction.[62] The poor Mortara family was unable to obtain any information or even to see the child be-

---

57 Jakov J. Petuchowski, *Prayerbook Reform in Europe* (New York: World Union for Progressive Judaism, 1969), 157; *Gebetbuch für Israelitische Gemeinden*, ed. Leopold Stein (Frankfurt am Main, 1860), IV. The publication of the prayerbook coincided with the dedication of the new synagogue in 1860.
58 Among one of Stein's forward-thinking reforms was the elimination of the morning blessing for men, "that I was not made a woman" – שלא עשני אישה. David Philipson, *The Reform Movement in Judaism*. Reissue of the new and revised edition, 1930 (New York: Ktav, 1967), 138.
59 See Isidore Cahen's lament in *Archives Israelites* 23 (1862): 551–552, https://babel.hathitrust.org/cgi/pt?id=hvd.32044011012135&view=1up&seq=595&skin=2021, accessed June 24, 2022. For more on Stein and the disagreements with his board which led to the end of his contract, see Harry W. Ettelson, "Leopold Stein: A Paper read before the Central Conference of American Rabbis, July 5, 1911 at St. Paul, Minn," *Yearbook of the Central Conference of American Rabbis* 21 (1911): 319–321;" Robert Liberles, "Leopold Stein and the Paradox of Reform Clericalism, 1844–1862," *Leo Baeck Institute Yearbook* 27 (1982): 261–279.
60 Stein's texts appear in some of the editions, but not all.
61 Sotheby's sale of 2013, see https://www.sothebys.com/en/auctions/ecatalogue/2013/judaica-n09060/lot.60.html, accessed March 31, 2022.
62 Walter Cahn, "Moritz Oppenheim: Jewish Painting and Jewish History," *Orim. A Jewish Journal at Yale* 1, no. 1 (1985): 77–85, here 81–82.

fore he was whisked away in secrecy to Rome. The Pope, Pius IX, took him under his wing and treated him as a son. Raised in church institutions in Rome, Edgardo added the name "Pio" to his own at age 13, in honor of his adopted "father".

The incident caused an uproar, not only among Jewish communities, but also among European heads of state. By September of that same year, forty of Germany's most prominent rabbis had sent a collective protest to the Pope on behalf of the Mortara family.[63] But all of the protests by both Jews and prominent non-Jews were in vain, and despite the international uproar, he was never returned to his Jewish family. Edgardo Mortara grew up to become a monk and a noted orator, and lived in Belgium at the time of his death. He died two months before the Nazis invaded Belgium, and was thus "spared the historical irony of being persecuted as a Jew."[64]

The Mortara case solidified Jewish public opinion against the excesses of the Catholic Church and "made clear that increasing numbers of politically engaged Jews considered opposition to the temporal rule of the papacy an obvious position."[65] The subject of the Mortara abduction, which was forgotten over time, has received new interest in light of discussion regarding the canonization of Pope Pius IX in 2000.[66]

When Oppenheim painted this image, the public battle for Mortara's return had abated.[67] Oppenheim added more figures to the scene to increase its pathos – at the actual time Edgardo was taken, his mother and siblings were not present, but only his father, Momolo. The fainting and emotionally wrought women in the painting are additions by Oppenheim. More significantly, Oppenheim also includes Jewish semiotics, as in the Mendelssohn painting: a *mezuzah* on the front door, the *tzizit*, ritual fringes, worn by little Edgardo, and a hanging Sabbath lamp in the recesses of the home.

---

[63] David Kertzer, *The Kidnapping of Edgardo Mortara* (New York: Vintage Books, 1997), 92.
[64] Ibid., 175.
[65] Joskowicz, *The Modernity of Others*, 180.
[66] See for instance Anna Momigliano, "Why Some Catholics Defend the Kidnapping of a Jewish Boy," *The Atlantic*, January 24, 2018, https://www.theatlantic.com/international/archive/2018/01/some-catholics-are-defending-the-kidnapping-of-a-jewish-boy/551240/, accessed March 31, 2022; Maya Benton, "The Story Behind the Painting That Is the Basis for Steven Spielberg's Next Film," *Tablet*, December 18, 2013, https://www.tabletmag.com/sections/arts-letters/articles/sothebys-edgardo-mortara, accessed January 27, 2022.
[67] See for instance Raphael Langham, "The reaction in England to the kidnapping of Edgardo Mortara," *Jewish Historical Studies* 39 (2004): 79–101; February 1861 was the last time the Jewish Board of Deputies discussed the affair, see ibid., 86–87.

Walter Cahn has claimed that Oppenheim sought to create a historical painting of the type and dimensions popular at the time.[68] The fact is, none of Oppenheim's paintings are that large – the multi-figured *Moses Handing the Leadership to Joshua* is perhaps one of the largest: 101 x 121.5 cm. The Mortara painting is approximately half that size, at 54.8 x 69.2 cm, so it can hardly make a claim to be in the nineteenth century tradition of large historical canvases.[69] It is more likely that Oppenheim was following his passion of exploring personalities and subjects that expressed at least one aspect of his underlying agenda: equal rights for Jews and the end of harassment by the Catholic Church. Already in 1858, Rabbi Stein called for the establishment of a pan-German Jewish organization that would be called the Mortara-Verein in response to the incident, much in the way that the formation of the *Alliance Israélite* started at that time in response to the lack of one, united Jewish voice.[70] Moreover, in 1859, Rabbi Stein published a play that related obliquely to the incident and gave a dramatic reading of it in Frankfurt in 1862. It is entirely possible that this, too, inspired Oppenheim to deal with the subject.[71]

The second work that addresses the theme of the hegemony of the Catholic Church is not expressly based on Jewish history. The work is a little-known, incomplete oil painting in the Israel Museum collection: *Otto von Bismarck and Giuseppe Garibaldi Visiting St. Peter's in Rome* dated from near the end of Oppenheim's life – 1878.[72] (Figure 4)

This lesser-known oil sketch by Oppenheim was donated by his grandson to the Israel Museum. In it, we see Bismarck and Garibaldi in St. Peter's Basilica in the Vatican, surrounded by a group of admirers paying them tribute, next to a well-known medieval bronze statue of St. Peter.[73] Oppenheim visited St. Peter's as an art student in Rome,[74] and as such, the view toward the *Baldecchino* by Bernini is visually accurate.

---

[68] Cahn, "Moritz Oppenheim," 77–85.
[69] One of the most famous paintings to which he makes a comparison is Théodore Géricault's *Raft of the Medusa*, which measures 490 cm × 716 cm; https://www.louvre.fr/en/explore/the-palace/think-big, accessed January 30, 2022.
[70] Jonathan M. Hess, "The Mortara Case and the Literary Imagination: Jewish Melodrama and the Pleasures of Victimhood," *The Jewish Quarterly Review* 108 (2018): 60–84, here 83.
[71] Ibid., 71–75.
[72] While the title was given as *Bismarck visits the Vatican* in the Merk and Heuberger catalog, the title has been correctly revised by the Israel Museum. See https://www.imj.org.il/en/collections/350551?itemNum=350551, accessed June 24, 2022.
[73] The statue is attributed to Arnolfo di Cambio, c. 1300.
[74] Entry ticket "Sacri Palazzi Apostolici Musei e Gallerie Pontificie," June 1824, NLI, Arc MS Var 388/1.

Fig. 4: *Otto von Bismarck and Giuseppe Garibaldi Visiting St. Peter's in Rome*, oil on canvas, ca. 1878, Bequest of Alfred Nethaniel Oppenheim via Arthur Kaufman, London, Israel Museum, Jerusalem

Garibaldi, wearing his famous "red shirt," looks at Bismarck. Among the group of people paying respects is a papal functionary, possibly even Pope Pius IX, himself. Above and to the right of this group, a statue reaches out its hand in benediction. While the interior of St. Peter's is indeed replete with niches graced with statues of saints and past popes, this particular statue appears to be an invention of Oppenheim's, and may be a depiction of Pius IX giving his blessing to the reunification of both Italy and Germany. Both Bismarck and Garibaldi were key in the fight against the political power of the Papacy; the Pope's rule over the Papal States ended with the unification of Italy, for which Garibaldi fought, while under Bismarck, the government led the *Kulturkampf* aimed to "liberate religion from the domination of the church and secular life from the domination of religion."[75] The ratification of the Imperial Constitution in May 1871 finally extended full civil emancipation to all the Jews of Germany.[76]

As in the painting of Lavater and Mendelssohn, the meeting between Garibaldi and Bismarck at the Vatican is purely imaginary. But unlike the earlier work portraying the meeting between Mendelssohn and Lavater, which was a confrontation, here there is resolution—as the papal figure in the work pays homage to both the new Italy and Germany, represented by the charismatic leaders Garibaldi and Bismarck. No longer could Jewish children be kidnapped, as in the Mortara case, by Papal authorities. In particular, from where Oppenheim sat, the unification of Germany was seen as a hopeful sign for the Jews.[77] In this sentiment, Oppenheim was not alone: "the Jewish bourgeoisie saw Bismarck as the guarantor of their legal equality in the unified German nation-state."[78]

Conclusion

Oppenheim was significant for many reasons, and many of these are connected to the fact that he lived in Frankfurt. Oppenheim was the painter and all-around art factotum of the Rothschilds. Oppenheim followed political events closely and was associated with some of the most important figures of his period: Ludwig Börne, Heinrich Heine and Gabriel Riesser to name a few, all connected to Frankfurt, all of whom he painted. With Riesser, who was an active campaigner for equal rights for the Jews, and a delegate and later Vice-President of the National Assembly at the Paulskirche in 1848, Oppenheim formed a friendship based on a common interest in the struggle for legal equality. He was deeply involved in the civic life of the city as evidenced by the fact that two of his works adorn the Römer, the town hall of Frankfurt. Oppenheim's unique position in Frankfurt made all this possi-

---

75 Uriel Tal, *Christians and Jews in Germany Religion, Politics and Ideology in the Second Reich, 1870–1914* (Ithaca: Cornell University Press, 1975), 82.
76 Gordon T. Mork, "German Nationalism and Jewish Assimilation The Bismarck Period," *Leo Baeck Institute Yearbook* 81 (1977): 81–90.
77 Robert Gerwarth and Lucy Riall, "Fathers of the Nation? Bismarck, Garibaldi and the Cult of Memory in Germany and Italy," *European History Quarterly* 39 (2009): 388–413, here 393.
78 Ibid. The changes in the relationship between religion and state during this period caused other issues for the Jewish community. See Tal, *Christians and Jews*, 81–120.

ble. His grandson Alfred Oppenheim continued the family tradition as a Frankfurt artist, painting many scenes of the city.[79]

Moreover, Oppenheim has a place of honor in the firmament of Jewish art and, indeed, even German art. His rich oeuvre enables both German researchers to see him as being in dialog with German culture, and, at the same time, Jewish researchers to see evidence of a strong Jewish identity. This is not a paradox. Oppenheim was truly a person of his time: his works reflect not only the political struggles of the Jews and their ongoing battle with antisemitism, but also the political conflicts of his fellow Germans. These aspects of Oppenheim's life and work add yet another dimension to the figure of the "First Jewish Painter."

---

79 See for example Manfred Großkinsky, *Kunstlandschaft Rhein-Main: Malerei im 19. Jahrhundert, 1867–1918* (Frankfurt: Giersch, 2001), 194–195. Alfred Oppenheim was forced to emigrate in 1939. See Andreas Hansert, "Zum Schicksal der Sammlung Alfred Oppenheim während und nach der NS-Zeit," in Heuberger and Merk, *Oppenheim*, 304–325, here 308.

Eva Atlan
Von modebewussten Silberwaren und Zeremonialkunst

Die Frankfurter Firmen Lazarus Posen Witwe und Gebrüder Horovitz

In ihrem Aufsatz *Heilige Gerätschaften* aus der *Mutter aller Gemeinden* von 2006 stellt Annette Weber fest, „… die Kultgeräte für Synagoge und Haus aus der Frankfurter jüdischen Gemeinde stellen einzigartige Dokumente eines der berühmtesten und ältesten Orte europäisch-jüdischer Geschichte dar."[1] Ich möchte im Folgenden auf eine Auswahl an Zeremonialobjekten aus der Sammlung des Jüdischen Museums Frankfurt näher eingehen, die Anfang des 20. Jahrhunderts von zwei herausragenden Frankfurter Firmen hergestellt wurden.[2] Zum einen den Brüdern Leo (1876–1964) und Felix Horovitz (1877–1924), Söhne des bekannten Frankfurter Rabbiners Marcus Horovitz, die vorwiegend individuelle Auftragsarbeiten (meist Synagogenausstattung) herstellten. Zum anderen das Familienunternehmen der Firma Lazarus Posen Witwe, die sich auf die Silberwarenproduktion und dessen Handel spezialisierte, darunter auch Judaica für Synagogen und den Hausgebrauch.[3] Während die Firma Lazarus Posen Witwe künstlerisch vom Historismus des ausgehenden 19. Jahrhundert beeinflusst wurde, ließen sich die Brüder Horovitz vom Jugendstil der Bezalel Akademie in Jerusalem (gegr. 1903) und der Künstlervereinigung auf der Mathildenhöhe Darmstadt (gegr. 1899) inspirieren.

---

[1] Annette Weber, „Heilige Gerätschaften" aus der „Mutter aller Gemeinden". Vier Jahrhunderte Frankfurter jüdische Kultgegenstände, in: Georg Heuberger (Hrsg,), Pracht der Gebote. Die Judaica Sammlung des Jüdischen Museums Frankfurt am Main, Köln 2006. S. 40–55

[2] In dieser Zeit gab es noch eine weitere jüdische Silberfirma in Frankfurt: Siegfried Löwenthal (1855–1920) im Steinweg 3.

[3] Lazarus Posen (1803–1865) war seit 1837 in der Judengasse 110, anschl. ab 1850 im Fischerfeld 2 mit seinem „Manufakturwaren, Kommission und Spedition" gemeldet. Lazarus Posen war auch als Rabbiner ordiniert. 1865 hinterlässt er eine junge Witwe, Brendina Posen (1803–1901) und acht Kinder. (zur Geschichte der Familie Posen vgl. Naftali Bar-Giora Bamberger, The Posen Family, London 1985 und Jenny Michael Die Silberwarenfirma Lazarus Posen Witwe Frankfurt am Main 1869–1938, in: Heuberger, Pracht der Gebote, S. 64–73. Eine Studie hierzu wird momentan in Form einer Dissertation von Hannah Wasserfuhr, Heidelberg, erstellt.

Felix und Leo Horovitz

Leo Horovitz, der in Gnesen geboren wurde, kam 1878 mit seinen Eltern nach Frankfurt, nachdem sein Vater Marcus Horovitz als Rabbiner von der Israelitischen Gemeinde berufen wurde. In den 1890er Jahren absolvierte er zunächst eine zweijährige Lehre als Ziseleur in einer Silberwarenfabrik und besuchte die Frankfurter Kunstgewerbeschule. Neben dem Privatunterricht in Frankfurt ging Leo Horovitz zur weiteren künstlerischen Ausbildung nach Paris an die Académie Julian und nach München.[4] 1901 kehrte er nach Frankfurt zurück. Hier führte er mit seinem Bruder Felix ein Silberwarengeschäft in der Schillerstraße und führte kunstgewerbliche Silberarbeiten und Kleinplastiken aus.[5] Wenn Horovitz auch einige wichtige profane Silberarbeiten, meist Auftragsporträts herstellte, so waren es vorwiegend Zeremonialobjekte im Auftrag für die beiden Synagogen der Israelitischen Gemeinde am Börneplatz und der neuen Synagogen Friedberger Anlage (eingeweiht 1907).

Schon zu Lebzeiten wurden seine Arbeiten hochgelobt, da sie nicht nur originell waren und den Zeitgeist widerspiegelten, sondern auch die traditionellen Inhalte des jüdischen Ritus aufnahmen. So beschreibt ein Artikel aus dem Jahre 1904 in der Zeitschrift *Ost und West* die Kunst von Horovitz wie folgt:

> Auf die Arbeiten eines jungen vielverheissenden Künstlers möchten wir heute die Aufmerksamkeit der weiteren Öffentlichkeit lenken. Die hier im Bilde vorgeführten Schöpfungen von Leo Horovitz in Frankfurt a. M. (einem Sohne des dortigen Rabbiners Dr. M. Horovitz) lassen auf eine weit über das Mittelmass hinausragende Begabung schliessen, die, wenn ihr ein weites Feld der Betätigung eröffnet wird, herrliche Früchte tragen.[6]

Erfreulicherweise werden in dem Artikel Objekte erwähnt und beschrieben, von denen einige den Zerstörungen der NS-Zeit nicht zum Opfer gefallen sind und sich heute im Museum befinden, sodass sie als Werke von Horovitz identifiziert werden können. So etwa eine Zedaka-Büchse. Es handelt sich um eine Spendenbüchse in zylindrischer Form mit zwei an den Seiten angebrachten Holzgriffen. Oben, im Deckel, befindet sich der Schlitz für Münzen und Geldscheine. Die Büch-

---

4 Die Akademie Julian war eine angesehene, im Jahr 1868 von dem Maler Rodolphe Julian (1839–1907) in der Galerie Montmartre 27 (Paris, 2.Arrondissement) gegründete private Kunstakademie. Sie unterhielt mehrere Ateliers in Paris und ermöglichte Maler*innen und Bildhauer*innen bis 1939, in teilweise nach Geschlechtern getrennten Klassen eine künstlerische Ausbildung.

5 Zu seiner weiteren Biografie vgl. Sabine Hock/Gudrun Jäger, Horovitz, Leo, in: Frankfurter Personenlexikon (Onlineausgabe), https://frankfurter-personenlexikon.de/node/2786, letzter Zugriff 28. März 2022.

6 B. Samuel, Synagogale Kunst – Leo Horovitz, in: Ost und West – Illustrierte Monatsschrift für modernes Judentum 4 (1904), S. 49–66, Zitat S. 49.

se trägt zweierlei Dekore auf der Vorder- und Rückseite. Auf der Vorderseite ist die Funktion als Sammelbüchse für Geldspenden in der Gestaltung verdeutlicht: Auf dem oberen Teil des Korpus befinden sich gravierte Kreise, die Münzen andeuten sollen. Auf den Zweck der Sammelbüchse wird im unteren Teil des Korpus durch die Andeutung von Ährenfeldern und durch eine hebräische Inschrift hingewiesen. Diese lautet übersetzt: „Um Zions Willen will ich nicht schweigen", ein Zitat aus Jesaja 62:1, das auf die Wohltätigkeitsorganisation *„Lema'an Zion"* zur Unterstützung der Wiederbesiedlung Palästinas durch aschkenasische Gemeinden verweist. Diese Wohltätigkeitsorganisation wurde von Marcus Horovitz, dem Vater des Künstlers, 1886 ins Leben gerufen. Auf der Rückseite der Büchse befindet sich ebenfalls eine hebräische Inschrift: „Geschenk zum Gedenken an unseren ehrenwerten Lehrer und Rabbiner, Rabbi Chaim, Sohn des Tora-Gelehrten Rabbi Abraham Heinemann, das Andenken an einen Gerechten gereiche zum Segen, von seiner Frau, seinen Söhnen und seiner Tochter, (5)662 [1901/1902], nach der kleinen Zählung."[7]

Abb. 1: Zedaka-Büchse Frankfurt am Main, 1901/1902 (laut Inschrift), Silber, getrieben, graviert, Holz, schwarz gebeizt (Griffe), Marke: LH; 800, (Reichssilberstempel) Halbmond und Krone; H 19 cm D 18 cm). Jüdisches Museum Frankfurt, Dauerleihgabe I. Bubis (Nr. 1). Foto: Herbert Fischer

---

7 Zur Person Dr. Heinemann siehe Heuberger, Pracht der Gebote, S. 456.

Die Funktion der Spendenbüchse und ihr Dekor sind speziell auf den jüdischen Gebrauch abgestimmt, wie aber steht es mit der Form? Ist hier auch der Einfluss des Jugendstils zu erkennen? Bei der Betrachtung des Details der beiden geschwungenen Holzgriffe wäre auf ein Beispiel von Gebrauchskeramik hinzuweisen, zu dem die Spendenbüchse deutliche gestalterische Bezüge aufweist: ein Kaffeegedeck, das nach einem Entwurf von Peter Behrens durch die Firma Gebr. Bauscher, Weiden, ausgeführt wurde und Teil der Innenausstattung des Hauses Behrens auf der Mathildenhöhe ist.[8]

In dem oben genannten Artikel aus *Ost und West* wird auch ein Tora-Schmuck-Set erwähnt, das ursprünglich aus einem Tora-Schild, einem Anhänger zum Tora-Schild und zwei Tora-Aufsätze bestand. Überliefert sind die Tora-Aufsätze und der Anhänger des Tora-Schilds, beide heute im Jüdischen Museum Frankfurt. Interessant ist der Anhänger, der mittels Ösen am unteren Teil des Tora-Schilds befestigt wurde und eine Stiftungsinschrift trägt. Diese verweist auf den Stifter Marcus Horovitz, der das Tora-Set zum 25jährigen Bestehen der Orthodoxen Gemeinde Frankfurt gestiftet hat. Die Inschrift lautet: „Diese heiligen Gerätschaften wurden für unsere Gemeinde gestiftet zum 25jährigen Bestehen – da ich unter meinem Volke Sitz genommen hatte – und sie wurden der neuen Synagoge gestiftet zum Gedenken der Frommen. Mordechai Halevi Horovitz, Rabbiner hier in der heiligen Gemeinde Frankfurt ... im Jahr (5)664 [1903/04]". Marcus Horovitz war 1878 nach Frankfurt berufen worden, als die Auseinandersetzungen zwischen den Liberalen und den Orthodoxen ihren Höhepunkt erreicht hatten. Die Orthodoxen drohten, aus der Gemeinde auszutreten und eine eigene Gemeinde zu gründen. Marcus Horovitz bestand darauf, dass eine neue, orthodoxe Gemeindesynagoge errichtet würde, da die Hauptsynagoge dem liberalen Ritus folgte. 1882 wurde dann die Börneplatz-Synagoge eingeweiht. Leo Horovitz hat sich in der Gestaltung des gesamten Tora-Sets nicht nur auf die geschwungenen, organisch wirkenden Linien des Jugendstils bezogen, sondern wählt eine Bildsprache, die sich auf die Texte der Tora selbst bezieht: So liest man auf dem Tora-Schild die hebräische Inschrift „die Tora ist der Baum des Lebens", gleichzeitig sieht man die Dar-

---

8 Vgl. Kaffeetasse, um 1901, in: Ein Dokument deutscher Kunst. Darmstadt 1901–1976. Bd. 4: Die Künstler der Mathildenhöhe, Darmstadt 1977, S. 9. Peter Behrens (1868–1940) war in München Mitbegründer der Secession. 1899 wurde er an die Künstlerkolonie in Darmstadt berufen und nahm 1901 an der Künstlerkolonie-Ausstellung teil, anlässlich derer er ein Wohnhaus in Form eines Gesamtkunstwerks anlegte (d. h. mit von ihm ebenfalls entworfener Innenausstattung). Es ist davon auszugehen, dass Leo Horovitz dieses Ereignis zur Kenntnis nahm und zahlreiche Inspirationen aus diesem naheliegenden künstlerischen Ort in seine Arbeit einfließen ließ.

stellung eines Früchte tragenden Baumes. Die Tora-Aufsätze sind als Bäume gestaltet.⁹

Abb. 2: Tora-Schild-Anhänger, Frankfurt am Main 1903/1904 (laut Inschrift) Silber, getrieben, graviert Feingehaltsmarke: 800, Meistermarke: HOROVITZ, 7,2 x 21 cm. Jüdisches Museum Frankfurt / Leihgabe Jüdische Gemeinde Frankfurt a. M. K. d. ö. R. Foto: Herbert Fischer

Abb. 3: Tora-Schild, Frankfurt am Main, 1903/1904, Silber, getrieben, graviert, Horovitz, verschollen. Foto: B. Samuel, Synagogale Kunst – Leo Horovitz, in: Ost und West – Illustrierte Monatsschrift für modernes Judentum, IV, 1904, S. 54.

---

9 Die hebräische Bezeichnung für Tora-Aufsätze ist *Rimonim*, wörtlich übersetzt „Granatäpfel".

Abb. 4: Tora-Aufsätze, Frankfurt am Main, 1903/1904, Silber, getrieben, teilweise vergoldet, Reichssilberstempel, Meisterpunze HOROVITZ (auf dem Schaft), 33,4 x10 cm. Jüdisches Museum Frankfurt, Inv. Nr. JMF1989-0120. Foto: Herbert Fischer

Bei einem Weinkelch für den Kiddusch, ebenfalls von 1903, wählt Horovitz eine Bildsprache, die auf die Nutzung des Gefäßes hinweist: Weinblätter und Weintrauben, die gleichzeitig aber auch typisch für die Bildsprache des floralen Jugendstils sind.[10] Auch gestaltet er den Aufbau des Kelches ganz im Sinn des Jugendstils, der Kelch wirkt schon fast organisch: Aus den gravierten Weinranken im Fuß des Kelches erwachsen vollplastisch anmutende einzelne Stile, die die

---

10 Die genaue Datierung kann aus der hebräischen Inschriften gefolgert werden: „Zum Andenken an die Seele des ehrenwerten Jehuda, Sohn des Isaak aus der Familie Eppertshausen, gesegnet sei sein Andenken, verstorben im Jahr (5)663 der kl. Zahl [1902/03]." Es könnte sich um einen Kiddusch-Kelch handeln, der am Schabbat für den Kiddusch in der Börneplatz-Synagoge genutzt wurde.

Kuppa mit dem Fuß verbinden. Bei einem Tora-Schmuck-Set, das sich vollständig aus der Börneplatz-Synagoge erhalten hat, sind die Gestaltung und die Wahl der Motive zunächst nicht mit dem europäischen Jugendstil und westlichen idealisierten Design in Verbindung zu bringen, sondern scheinen weitaus mehr inspiriert von Bildern und Motiven der Landschaft in Palästina, die von Künstlern der Bezalel Akademie in Jerusalem (gegr. 1906), wie Ephraim Moses Lilien umgesetzt wurden.[11] Wie bei Lilien verbinden sich bei Horovitz organische Linienführung des Jugendstils und orientalische Motivik.

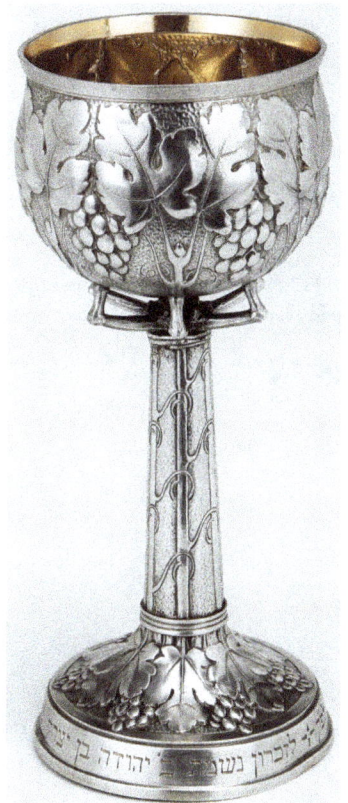

Abb. 5: Kiddusch-Kelch Frankfurt am Main, 1903, Silber, gegossen, getrieben, gestanzt, Innenseite vergoldet, Reichssilberstempel: 800, Mondsichel, Krone; Meistermarke: Felix Horovitz, 20x8,7 cm. Jüdisches Museum Frankfurt / Leihgabe Jüdische Gemeinde Frankfurt am Main K.d.ö.R. Foto: Herbert Fischer

---

11 Ephraim Moses Lilien (1874–1925) hat in seinen Radierungen, Zeichnungen und Photographien Landschaftsmotive Palästinas mit Elementen des Jugendstils verbunden und damit eine eigene zionistische Ikonographie entwickelt.

Abb. 6: Tora-Krone und Tora-Schild (Set) Frankfurt am Main, 1913, Silber, getrieben, teilweise vergoldet, Glocken und Palmenspitze gegossen, Reichssilberstempel: Mondsichel, Krone; Meistermarke: FELIX HOROVITZ, Krone: 41,5 (H) 29 cm (D); Schild: 37x24 cm

Abb. 7: Ephraim Moses Lilien, Psalm 42, 1914

Horovitz kombiniert sie in seiner Ausführung mit den Inhalten aus der Tora. So ist die Krone, die auch an die Kuppel der Börneplatz Synagoge erinnert, mit einem naturgetreu geformten kleinen Palmzweig an der Spitze geschmückt. Das Motiv der Palme setzt sich auf der Krone selbst und dem dazugehörigen Tora-Schild fort. Die Krone, deren Korpus durch bogenförmige Öffnungen durchbrochen wird, ist mit aufgesetzten fein gearbeiteten und naturalistisch wirkenden, Früchte tragenden Palmen dekoriert. Diese Palmen tauchen im Tora-Schild wieder auf und stehen hier in einem durch Wellen gekennzeichnetes Gewässer. Wenn auch die Motivwahl sich an einen Psalm anlehnen könnte, der auf die Bedeutung des Palmenbaumes eingeht, „Der Rechtliche sprosst wie die Palme, wächst wie die Zeder auf dem Libanon." (Psalm 92:13), und auch auf die Dekorationen im Jerusalemer Tempel anspielen könnte, so erinnert das stilisierte Wellenmuster auf dem Tora-Schild doch auch an ein ähnlich abstrahiertes Wellenmotiv bei einem Textilentwurf des Jugendstilkünstlers Albin Müller.[12] Dass Horovitz sich bei diesem Tora-Schmuck-Set für eine Formensprache entschied, die sich an die von Künstlern wie Lilien orientiert, könnte auch ein Hinweis auf den Stifter sein, der möglicherweise auch seine Vorstellungen und Wünsche einbrachte. Die Stifter waren Abraham ben Elieser und seine Frau Rivka aus der Familie Arnsberg, die dieses Tora-Ensemble anlässlich der Bar-Mitzwa ihres Sohnes Isaak (Paul) am 4. Januar 1913 der Synagoge am Börneplatz stifteten. Paul Arnsberg (1899–1978) studierte nach dem Ersten Weltkrieg Rechtswissenschaften. Er engagierte sich in der Zionistischen Vereinigung für Deutschland und in der Israelitischen Gemeinde Frankfurt. Nach seiner Entlassung aus dem Justizdienst 1933 emigrierte er nach Palästina und kehrte 1958 nach Deutschland zurück. In Frankfurt arbeitete er als Journalist und Publizist. Er veröffentlichte zahlreiche Beiträge zur Geschichte der Juden in Frankfurt und Hessen.[13]

Die Silberwarenhandlung Lazarus Posen Witwe (gegr. 1869)

Die Geschichte der bekannten Silberwarenhandlung und des Hoflieferanten Lazarus Posen Witwe nahm ihren Anfang 1837 mit einer Handlung für „Manufakturen-

---

[12] Vgl. Sandra König, Albinmüller (1871–1941). Raumkunst zwischen Jugendstil, Neoklassizismus und Werkbund, Heidelberg 2018, S. 70, Abb. 12, https://books.ub.uni-heidelberg.de/arthistoricum/catalog/book/360, letzter Zugriff 28. März 2022.
[13] Paul Arnsberg, Die Geschichte der Frankfurter Juden seit der Französischen Revolution, 3 Bde., Darmstadt 1983.

waaren, Commission und Spedition" in der Judengasse 110, wo er auch wohnte. 1840 verlegte er zunächst das Geschäft in die Schnurgasse 112 und 1855 in die Fischerfeldstraße 2. 1865, nach dem Tod von Lazarus Posen, wurde es zunächst von dessen Frau Brendina (1833–1901, geb. Wetzlar) übernommen. Während Brendina Posen noch in einem angemieteten Raum im Hotel Schwan im Steinweg vorwiegend Kerzenhalter, Becher und andere Gebrauchsgegenstände verkaufte, führten ihre Söhne Jakob Lazarus Posen (1851–1909) und Salomon Jekutiel Posen (1855–1938) das Geschäft in der Kaiserstraße 23, eine der besten Adressen Frankfurts, weiter. 1890 eröffnete der sechste Sohn, Hermann Naftali Posen (1860–1925), in Berlin eine Zweigstelle von Lazarus Posen Witwe. Das Berliner Geschäft befand sich bis zu seiner Zerstörung im Jahr 1938 in einem der Läden im Hotel Bristol, Unter den Linden 5.

Von den 1880er bis in die 1910er Jahre entstanden hier die künstlerisch hochwertigsten Silberarbeiten. Dies liegt zum einen an dem künstlerischen Talent von Jakob Lazarus Posen, zum anderen an den Aufträgen wohlhabender Kunden. Weil Lazarus Posen Witwe außergewöhnliche Silber-Kreationen entwerfen und herstellen konnte, wurde die Firma zum offiziellen Lieferanten verschiedener Höfe ernannt. Ein Schreiben im Namen von Herzog Ernst II. von Sachsen-Coburg-Gotha vom 21. Juni 1893 erlaubte ihr die Verwendung des herzoglichen Wappens auf dem Briefpapier und ernannte sie zugleich zum Hoflieferanten für Silberwaren. Auch scheint das Sammlerinteresse der Rothschilds an altem europäischen Silber die Gestaltung neuer Judaica beeinflusst zu haben, zumal die Familie Posen diese Sammlung gekannt haben musste: Lazarus Jacob Posen stammte aus der Familie des Rothschildschen Hausrabbiners. Aus dem Verkaufskatalog, den die Firma Posen um 1900 publizierte, kann man zum Beispiel Nachahmungen von Zeremonialsilber aus der Frankfurter Judengasse finden, aber auch neuere Formen, die sich eher an den Historismus des 19. Jahrhunderts anlehnen.[14] Die Objekte aus diesem Katalog wurden nach dem Modellgussverfahren angefertigt und konnten so auch in verschiedenen Variationen ausgeführt werden. Das Ensemble von Miniatur-Tora-Krone, Schild und Zeiger, entstanden um 1880, ist ein Beispiel für diese Variationen: Die Elemente sind als Sandmodelguss hergestellt, graviert und vergoldet. Der Zeiger findet sich in dieser Ausführung nicht im Katalog, er ist zusätzlich oben an den Ösen für die Kette mit einem kleinen Schildchen versehen.

---

14 Katalog der Silberwarenfirma Lazarus Posen Wwe., Hofsilberschmied, Frankfurt und Berlin, um 1897.

Abb. 8: Miniatur-Tora-Schmuck, Frankfurt am Main, um 1888-1897, Lazarus Posen Wwe. Silber, getrieben (Krone); Sandmodelguss, graviert, vergoldet (Schild und Zeiger), Reichssilberstempel, Meistermarken P im Schild und POSEN. Jüdisches Museum Frankfurt, Inv. Nr. JMF1988-0032a-c. Foto: Herbert Fischer.

Die Silberwarenfirma hat jedoch bis in die späten 1910er Jahren auch Einzelanfertigungen ausgeführt, so zum Beispiel die *Zedaka*-Büchse aus der Hauptsynagoge in der Börnestraße in Frankfurt von 1888. Die *Zedaka*-Büchse ist im Sinne des Historismus gestaltet und verbindet Formen der klassischen Antike mit barocken Blumenmustern. Der trichterförmige obere Teil der Büchse hat in der Mitte einen Schlitz für den Einwurf von Münzen. Die gravierte Inschrift ist in drei Teile untergliedert, oberhalb und unterhalb des Zierbandes auf dem Korpus der Büchse sowie auf deren Fuß. Der erste Teil im oberen Bereich ist in Blockbuchstaben gehalten, dort steht: „GEDENKET DER ARMEN". Jeder Buchstabe der Inschrift ist von einem filigranen Zweigmotiv umgeben. Unterhalb des ersten Teils der Inschrift, unter dem Band, lautet die Fortsetzung in Fraktur: „Der / Hauptsynagoge in Frankfurt a/M / gewidmet / von Consul Adolph Baer-Goldschmidt."[15] Auf dem Fuß des Behälters ist das Datum der Widmung 1888 vermerkt.

---

15 Der Stifter Adolph Baer (1833–1908), verheiratet mit Henriette geb. Goldschmidt, war Inhaber einer Großhandels- und Importfirma für Kolonialwaren, danach Königlich Preußischer Lotterieeinnehmer; außerdem war er Konsul der Vereinigten Staaten von Kolumbien und Venezuela.

Abb. 9: Zedaka-Büchse, Frankfurt am Main, 1888 (laut Inschrift), Lazarus Posen Wwe. Silber, Sandmodelguss, graviert und patiniert, teilweise vergoldet, Stadtbeschau: Frankfurter Adler, Reichssilberstempel: 800, Mondsichel, Krone; Meistermarke: POSEN (Scheffler, Nr. 360). Jüdisches Museum Frankfurt / Leihgabe Jüdische Gemeinde Frankfurt am Main K. d. ö. R. Foto: Herbert Fischer.

Aber auch noch weitaus verspieltere Gestaltungen mit neuen Materialkombinationen aus Emaille-Technik, vergoldetem Silber, Lapislazuli und Halbedelsteinen entstanden um die Jahrhundertwende, wie zum Beispiel das Miniatur-Tora-Schmuck Ensemble aus Tora-Aufsätzen, Schild und Zeiger, das Bertha Pappenheim 1904 in Auftrag gegeben hatte und ihrem Bruder zur Hochzeit schenkte.[16] Jacob Lazarus Posen, der wohl an diesem Set und vielleicht auch an dem Tora-Schmuck des Tempels Emanu-El beteiligt war, steht für die Designer der ersten Generation.[17]

---

[16] Siehe: The Israel Museum Jerusalem, Inv. Nr. B90.0138-40.
[17] Tora-Silber, gestiftet im Mai 1890 von Jacob und Therese Schiff zur Erinnerung an die Bat Mizwa ihrer Tochter, heute im Tempel Emanu'El, New York.

Abb. 10: Tora-Schild, Frankfurt am Main, 1935/1936, Lazarus Posen Wwe. Silber, Sandmodelguss, graviert, Feingehaltsmarke: 800; Meistermarke: POSEN, oben links auf der Vorderseite es fehlt die Krone und der Halbmond, 37,5 x 22 cm. Jüdisches Museum Frankfurt, Inv. Nr. 1989-0100. Foto: Herbert Fischer.

1929 ging die Frankfurter Firma an Moritz Mosche Posen (1893–1973) über, einen ausgebildeten Silberschmied. Moritz Posen, der auch nach dem Ende der Firma Lazarus Posen Witwe Repräsentationsstücke aus Silber entwarf und anfertigte, war der Silberschmiedemeister der letzten Generation. Eli Posen gründete eine neue Firma, die er unweit der alten Geschäftsräume in der Kaiserstraße 5 bezog. Da sein Bruder Philipp sich entschloss, in die Firma einzutreten, nannten sie sich „Posen & Posen". Dieses Geschäft existierte von Ende 1929 bis zum November-Pogrom 1938.[18] Ein Beispiel aus dieser letzten Phase befindet sich ebenfalls in der Sammlung des Jüdischen Museums Frankfurt. Hier handelt es sich um ein Tora-Schild, das gestalterisch von zwei gedrehten, flammenden Säulen gefasst ist. Ihr unterer Abschluss bildet eine geschweifte, reliefierte Kartusche, während der obere Abschluss in einer mit Blattvoluten gerafften Draperie endet, die aus der zentralen Laubkrone herabhängt. Das Zentrum des Feldes bilden die Gesetzestafeln mit den darin eingravierten Zehn Geboten. Darunter befindet sich ein Rahmen mit einer Inschrift, die das Wochenfest *Schawuot* als Anlass angibt und somit den zu lesenden Abschnitt in der Tora. Über der Draperie befindet sich auf Hebräisch folgende Inschrift: „Zum ewigen Gedenken" und über den Gesetzestafeln „(5)696 [1935/36]". Zwischen den von den Gesetzestafeln ausgehenden Strahlen beiderseits der Festbezeichnung auf Hebräisch: „Mosche Avraham ben Jehuda, der verstarb am 7. Aw (5)671 [1. August 1911] von seinem Sohn Jaakow Jitzchak ben Mosche Rosenblum".

Zusammenfassung

Die Firma Lazarus Posen Witwe bewegte sich stilistisch in einer großen Bandbreite von der Mode des ausgehenden 19. Jahrhunderts des ornamentalen Historismus und Neorokoko bis hin zu einem Jugendstil und Art Deco. Ihre Produktionen waren meist durch Modellgussverfahren auf Serienproduktion angelegt, mit Ausnahme der Auftragsarbeiten für den synagogalen Gebrauch, bei denen auch neue Techniken und die Kombination von Materialien wie Halbedelsteine und Emailletechnik angewendet wurden. Im Gegensatz hierzu haben sich die Brüder Horovitz auf ihre zeitgenössischen Künstlerkollegen bezogen, sowohl auf die von der Bezalel entwickelten Bildsprache als auch auf die Kunst des in Deutschland entstehenden Jugendstils, die Leo Horovitz sicher schon bei seinem Studienaufenthalt in München und später in der damals neuen Künstlerkolonie Mathildenhöhe kennen lernte.

---

18 Michael, Die Silberwarenfirma Lazarus Posen Witwe.

Mit dem Machtantritt der Nationalsozialisten sollte die weitere Entwicklung und Herstellung von Judaica in Deutschland jäh enden. Nach seiner Emigration nach London 1935 konnte Leo Horovitz nicht mehr an seine beruflichen Erfolge anknüpfen. Die Brüder Leo und Felix Horovitz hatten mit den herausragenden Werken, der synagogalen Ausstattungen der Synagoge am Börneplatz und Friedberger Anlage, dazu beigetragen, dass Frankfurt auch in den 1910er bis 1930er Jahren im Bereich der jüdischen Ritualobjekte als wichtiges Zentrum wahrgenommen wurde.[19] Sie hatten als innovative Goldschmiede gewirkt und eine eigenständige jüdische Ikonografie entwickelt, die einerseits geprägt war durch das Wissen und die Vertrautheit mit den jüdischen Schriften, andererseits ihre ideellen Inspirationen aus der von Buber verbreiteten Idee der „jüdischen Renaissance" schöpften und sich formal an den Künstlern der Bezalel und des europäischen Jugendstils orientierte.

Die Firma Lazarus Posen Witwe hatte Ritualobjekte in einer großen stilistischen Bandbreite entwickelt und dabei ein internationales, hochrangiges Publikum angesprochen. Frankfurt konnte sich damit einreihen in die Liste der Designmetropolen New York (Louis Comfort Tiffany, 1848–1933), Paris (Jean Puiforcat, 1897–1945) und Kopenhagen (Georg Jensen, 1866–1935).

---

19 Die Frankfurter Judaica aus der Zeit der Frankfurter Judengasse vom 17. bis 19. Jahrhundert zählen zu den bedeutendsten. Hierbei stammen zwar die Silberschmiede aus der christlichen Mehrheitsgesellschaft, die Bedeutung der Objekte zeichnet sich aber durch das spezifische Erscheinungsbild aus, das größtenteils durch die jüdischen Auftraggeber geprägt wurde.

Cornelia Berger-Dittscheid
Die Frankfurter Synagogen des 19. Jahrhunderts

Ringen um religiöse Identität und Integration in die großstädtische Gesellschaft

Gestalt und Wirkung von Architektur im öffentlichen Raum einer Stadt sind parallel zu den jeweiligen politischen und gesellschaftlichen Veränderungsprozessen einem ständigen Wandel unterworfen.[1] Dies gilt auch für die Architektur der Synagoge, die im Barock im Sinne der feudalen Gesellschaftsordnung und der vorherrschenden hierarchischen Strukturen den Dominanten Kirche und Schloss untergeordnet war und – bis auf wenige Ausnahmen – als Bauwerk einer diskriminierten Minderheit in Hinterhöfen ein Schattendasein führte. Die gesellschaftlichen Veränderungen des 19. Jahrhunderts ließen demgegenüber Charakter und Zweck eines Gebäudes stärker in den Fokus geraten. Komplex strukturierte Verwaltungen, vielfältige Sozial-, Bildungs- und Kultureinrichtungen und letztlich ein erstarkendes Bürgertum erforderten neue Bauaufgaben und relativierten die bis dahin festgelegte Rangordnung der Gebäudetypen.[2] Die Funktion von Gebäuden wurde hauptsächlich durch den verwendeten Baustil nach außen sichtbar gemacht. So eroberten im Verlaufe des 19. Jahrhunderts auch die jüdischen Gotteshäuser den öffentlichen Raum und ab den 1860er Jahren als Objekte städtebaulicher Gestaltung die Stadtsilhouetten. Im Jahr 1904 wird selbst in der christlich dominierten Stadt Rom eine monumentale Synagoge erbaut, deren ungewöhnliche Kuppel bis heute fester Bestandteil des Stadtbildes ist. An den neuen Stadtsynagogen wird sichtbar, dass die zahlenmäßig stark gewachsenen jüdischen Gemeinden aller religiösen Ausrichtungen die sich ihnen bietende Chance, Teil der städtischen Gesellschaft zu werden, selbstbewusst ergreifen.

---

1 Der Raum einer Stadt ist im Sinne von Lampugnani und Schützeichel einerseits als „ein architektonisch-formaler, andererseits aber auch [als] ein psychologisch wirksamer sowie ein gesellschaftlich geprägter und gleichsam prägender Raum zu verstehen". Vittorio Magnago Lampugnani/Rainer Schützeichel (Hrsg.), Die Stadt als Raumentwurf. Theorien und Projekte im Städtebau seit dem Ende des 19. Jahrhunderts, Berlin 2017, S. 10.
2 Vgl. Klaus Jan Philipp, Die Anfänge der Stildiskussion in Deutschland, in: Zwischen Glaspalast und Maximilianeum. Architektur zur Zeit Maximilians II., 1848–1864 (Ausstellung des Architekturmuseums der TU München und des Stadtmuseums München 7. März – 1. Juni 1997), München 1997, S. 52–63.

In diesem Beitrag wird die Außenwirkung der großen Frankfurter Synagogen des 19. Jahrhunderts innerhalb des öffentlichen Raums einer Großstadt beleuchtet. Aufbauend auf den grundlegenden Darstellungen von Salomon Korn[3] und Harold Hammer-Schenk[4] wird untersucht, inwieweit sich die Emanzipation, die gesellschaftliche Anerkennung und Integration der Juden in der Architektur der Frankfurter Synagogen spiegelten und in der Öffentlichkeit wahrgenommen wurden. Die besondere, von tiefen innerjüdischen Konflikten geprägte Konstellation der jüdischen Gemeinde von Frankfurt, in der neben dem traditionellen Judentum schon sehr früh auch die Reformbewegung ihren Platz beanspruchte, durchdringt die gesamte Geschichte der Frankfurter Judenheit vom frühen 19. bis zum Anfang des 20. Jahrhunderts. Indem vor allem die Inneneinrichtung den liturgischen Regeln der jeweiligen religiösen Ausrichtung folgen sollte, brachte der auf dieser Grundlage entfachte „Kampf um die Synagoge"[5] letztlich eine erstaunliche architektonische Vielfalt und Qualität der jüdischen Gotteshäuser in der Großstadt hervor.

---

[3] Salomon Korn, Synagogen und Betstuben in Frankfurt am Main, in: Hans-Peter Schwarz (Hrsg.), Die Architektur der Synagoge (Ausstellung vom 11. November 1988 – 12. Februar 1989, Deutsches Architekturmuseum Frankfurt am Main), Frankfurt am Main 1988, S. 347–395.
[4] Harold Hammer-Schenk, Die Synagogen in Deutschland. Geschichte einer Baugattung im 19. und 20. Jahrhundert, 2 Bde., Hamburg 1981, S. 58–61, 116–118, 297–300, 389–393.
[5] Georg Heuberger, Frankfurt am Main: Der Kampf um die Synagoge, in: Schwarz, Die Architektur der Synagoge, S. 397–403.

Die Hauptsynagoge in der Judengasse (1711–1854)

Abb. 1: Hauptsynagoge in der Judengasse von Westen, Stahlstich Wilhelm Lang, 1845. Jakob Fürchtegott Dielmann, Frankfurt am Main, Album der interessantesten und schönsten Ansichten alter und neuer Zeit. 2. Aufl., Frankfurt am Main 1848

Bei den ersten Frankfurter Synagogen handelte es sich um einfache, zweckmäßige Saalbauten oder um Betsäle in privaten Wohnhäusern, die ab 1464 im geschlossenen Bereich der Judengasse eingerichtet wurden. Auch der 1711/12 von Maurermeister Daniel Kayser mitten in der Judengasse über den Fundamenten des am 14. Januar 1711 abgebrannten mittelalterlichen Vorgängerbaus innerhalb kürzester Zeit wieder errichtete Synagogenkomplex mit ‚grosser Synagog', ‚Jeschiwa', ‚Weiber Schul', ‚kleiner Männerschul' bzw. ‚neuer Schul'[6], einer Mikwe und der sogenannten Baumeisterstube für die Gemeindeversammlungen war von außen eher schlicht zu nennen. (Abb. 1) Der traufseitig zur Judengasse gelegene hohe Saalbau der großen Synagoge stand als verputzter Massivbau mit Rundbogenfenstern im oberen Geschoss zwar im Kontrast zu den schmalen Fachwerkhäusern der jüdischen Bewohner, überragte diese jedoch nicht an Höhe. Ungewöhnlich

---

6 Johann Jakob Schudt, Jüdische Merckwürdigkeiten. Was sich curieuses und denckwürdiges in den neuern Zeiten bey einigen Jahr=hunderten mit denen in alle IV. Theile der Welt / sonderlich durch Teutschland / zerstreuten Juden zugetragen. Sammt einer vollständigen Franckfurter Juden=Chronik ..., Teil 2, Frankfurt/Leipzig 1714, S. 117–123. Der Name ‚neue Schul' für die kleine Synagoge bezieht sich auf den Vorgängerbau, der im Jahr 1603 im Südosten an die alte Synagoge von 1463/1464 angefügt worden war.

waren lediglich die flach geneigten, mediterran anmutenden Dächer. Form und Ausrichtung des sich von der Fassade in das Grundstück hinein erstreckenden, innen reich in Formen der Nachgotik ausgestatteten Synagogensaals sind von außen nur zu erahnen. So umfasste der an die Judengasse grenzende zweigeschossige Bauteil mit vier kleinen quadratischen Fenstern im Erdgeschoss die durch eine Bretterwand vom Betsaal abgetrennte Jeschiwa, während sich im durch die rundbogigen Fenster besonders akzentuierten Obergeschoss eine Empore mit zusätzlichen Männerplätzen befand.[7] Der gesamte Komplex wirkte mit den in verschiedenen Höhen angebauten Gebets- und Lehrsälen, der wohnturmartigen dreigeschossigen Frauensynagoge und dem Gemeindegebäude von außen unübersichtlich und verschachtelt. Er glich darin den Synagogen im venezianischen Ghetto oder den „Cinque Scole" in Rom.

Der – wie viele seiner Zeitgenossen – judenfeindliche Vorurteile kolportierende evangelische Theologe Johann Jakob Schudt wundert sich in seinen *Jüdischen Merckwürdigkeiten* von 1714 angesichts der neu erbauten Frankfurter Synagoge über „der Juden Hochmuth und Pracht zum höchsten", wie sie der Vorgängerbau nicht aufgewiesen habe.[8] Schudt bedient sich dabei eines antijüdischen Stereotyps, das im 18. Jahrhundert vielerorts von katholischen und evangelischen Geistlichen bemüht wurde, um den Bau einer Synagoge zu vereiteln. Die viel zitierte angebliche Pracht bezog sich meist auf den Einbau kirchenähnlicher Fenster oder eine besondere Fassadengestaltung, die daraufhin von der Obrigkeit verboten wurden. Im unterfränkischen Kitzingen vereitelte der katholische Stadtpfarrer sogar die angeblich zu prächtige Gestaltung der Innenausstattung.[9] Peinlich genau wurde auch darauf geachtet, dass der Neubau nicht größer als der Vorgängerbau werde.[10] Selbst im separaten Bereich der Judengasse wollte der Rat der Stadt Frankfurt den Juden keine Häuser mit einer schönen Fassade und „andere[r] gar

---

7 Vgl. die Beschreibung bei Schudt, Jüdische Merckwürdigkeiten, S. 117–123.
8 Vgl. Schudt, Jüdische Merckwürdigkeiten, S. 124, zit. n. Hammer-Schenk, Die Synagogen in Deutschland, S. 549 (Fn. 33). Entgegen der Meinung von Hammer-Schenk (Die Synagogen in Deutschland, S. 31) kann jedoch das Äußere des in Eile erbauten kleinteiligen Synagogenkomplexes nicht als Ausdruck eines besonderen Repräsentationsbedürfnisses angesehen werden.
9 Zahlreiche Beispiele aus dem 18. Jahrhundert für judenfeindliche Diskussionen im Vorfeld eines Synagogenneubaus finden sich in Wolfgang Kraus/Gury Schneider-Ludorff/Hans-Christoph Dittscheid, Mehr als Steine ... Synagogen-Gedenkband Bayern, Bde. III/1 u. III/2, Lindenberg im Allgäu 2015 u. 2021 (Artikel Heidingsfeld, Kitzingen, Kleinsteinach u. a.).
10 So schreibt auch Schudt, Jüdische Merckwürdigkeiten, S. 117, § 35: „Der Werckmeister versicherte mich / daß die neue Schul keinen Fußbreit grösser oder länger als vorhero worden / man habe aber etwas gegen der Weiber=Schul hinein gerückt / dahero der Irrthum entstanden / ob wäre die neuerbaute Schul länger / als die vorige gewesen." Vgl. Carl Wolff/Rudolf Jung, Die Baudenkmäler in Frankfurt am Main, Bd. 1: Kirchenbauten, Frankfurt am Main 1896, S. 363–364.

sehr in die Augen fallende[r] Zier" erlauben.[11] Deshalb ist davon auszugehen, dass der Magistrat den Juden auch eine auffällige Synagoge nach dem Vorbild der zeitgenössischen „Residenzsynagogen" von Berlin, Halberstadt oder Ansbach verwehrt hatte.[12] Schudts ausführliche Beschreibung des Synagogenkomplexes verdeutlicht zudem, wie genau die christliche Umwelt im 18. Jahrhundert Neubauten selbst im abgeschlossenen, geschützten Bereich der Frankfurter Judengasse wahrnahm und kontrollierte. Obwohl die Synagoge bei der Belagerung durch die Franzosen 1796 gravierende Schäden davongetragen hatte[13] und sich die baulichen Mängel in den folgenden Jahrzehnten intensivierten, diente der barocke Komplex der jüdischen Gemeinde bis zur Mitte des 19. Jahrhunderts als Hauptsynagoge. Im 19. Jahrhundert, vielleicht zu Beginn der Amtszeit des gemäßigt liberalen Rabbiners Leopold Stein (ab 1843), wurden auf der Fassade der Hauptsynagoge zwei schlanke Säulen als Zitate der Säulen Jachin und Boas des Salomonischen Tempels angebracht.[14] Erst 1854 brach man die alten Gebäude ab, um der neuen Hauptsynagoge Platz zu machen.

---

11 Isidor Kracauer, Die Geschichte der Judengasse in Frankfurt a. M., in: Festschrift zur Jahrhundertfeier der Realschule der israelitischen Gemeinde (Philanthropin) zu Frankfurt am Main 1804–1904, Frankfurt am Main 1904, S. 303–451, hier S. 357–358, 379, 383–384, Zitat S. 357. Vgl. Hans-Otto Schembs, Der Börneplatz in Frankfurt am Main. Ein Spiegelbild jüdischer Geschichte, Frankfurt am Main 1987, S. 34–35.
12 Vgl. Korn, Synagogen und Betstuben, S. 359.
13 Vgl. Korn, Synagogen und Betstuben, S. 363, Abb. 398, nach einer im Jüdischen Museum Frankfurt aufbewahrten Ansicht.
14 Vgl. Korn, Synagogen und Betstuben, S. 359.

Der „israelitische Tempel" im Kompostellhof – Zentrum reformorientierter Andachten

Abb. 2: Andachtssaal im Kompostellhof, Innenraum, 1828 von Rudolf Burnitz, Lithographie um 1845. Historisches Museum Frankfurt am Main, Inv.-Nr. C 8618

In Frankfurt lebten die Juden nicht freiwillig in dem abgetrennten Bereich der Judengasse. Erst mit der durch den Brand von 1796 ausgelösten Aufhebung des Ghettolebens wurden auch die Grundlagen für eine Öffnung in den bis dahin nur von Nichtjuden gestalteten öffentlichen Raum geschaffen. Die Einrichtung eines Schulsaals für das 1804 als Schul- und Erziehungsanstalt für arme jüdische Kinder gegründete Philanthropin auf dem Wollgraben und bald darauf in der Schäfergasse waren erste Schritte. Mit der Verstaatlichung des Schulwesens erwuchs aus dem Philanthropin die jüdische Bürger- und Realschule für Mädchen und Knaben, die in das dafür eigens umgebaute Kompostell, eine ehemalige Herberge für Jakobspilger, einzog. Die Eröffnung der neuen Schule, die Großherzog von Dalberg mit 2.000 Gulden jährlich bezuschusste, erfolgte am 13. August 1813.[15] Die Grundgedanken des unter dem Einfluss der Aufklärung entstandenen Philanthropin,

---

15 Vgl. Hermann Baerwald, Geschichte der Schule von 1804 bis 1868, in: Festschrift zur Jahrhundertfeier der Realschule der israelitischen Gemeinde (Philanthropin) zu Frankfurt am Main 1804–1904, Frankfurt am Main 1904, S. 7–39. Vgl. auch Paul Arnsberg, Die Geschichte der Frankfurter

alle sozialen Schichten der Frankfurter Judenheit an eine umfassende weltliche Bildung heranzuführen und ihnen dadurch den Zugang zur deutschen Sprache, zu einem Beruf und letztlich die Eingliederung in die Gesellschaft zu ermöglichen, veränderten viele junge Menschen und entfremdeten sie dem traditionellen Gottesdienst. Um diesem Defizit zu begegnen, versammelte die Schulleitung ihre Schülerinnen und Schüler sowie die Lehrer zu sonntäglichen Andachten in einem Schulsaal. Die Schulandachten mit zur Orgelbegleitung gesungenen Gebeten und Predigten in deutscher Sprache zogen verstärkt auch externe erwachsene Jüdinnen und Juden an. Da die Andachten im Philanthropin mit der Berufung von Dr. Michael Creizenach als begnadetem Prediger und Lehrer im Jahr 1825 als eine Alternative zum traditionellen Gemeindegottesdienst zunehmend an Bedeutung gewannen, stellte die israelitische Gemeinde dafür einen würdigeren Rahmen bereit. An der Stelle eines Küchenbaus an der nördlichen Schmalseite des Kompostellhofs errichtete der bedeutende Frankfurter Architekt Rudolf Burnitz (1788–1849) einen Andachts- und Prüfungssaal, der am 13. Dezember 1828 eröffnet wurde.[16] Die Einweihung erfolgte in Anwesenheit von Vertretern der obersten Behörden Frankfurts, des Gemeindevorstands, christlicher Geistlicher und weiterer Gäste aller Konfessionen.[17] 14 Tage nach der Eröffnung erhielten neun Mädchen und sieben Knaben des Philanthropin in dem Saal ihre „jüdische Konfirmation", wie es in liberalen Kreisen damals hieß.[18] Junge Theologen, die sich später als Rabbiner und Lehrer einen Namen machen sollten, waren zu Gastpredigten in dem neuen Saal eingeladen. Nach Aufhebung des Schulgottesdienstes im Andachtssaal blieb dieser nach einer Umgestaltung des Innenraums als zweite Gemeindesynagoge für die konservativen Gemeindeglieder bis zur Einweihung der Synagoge am Börneplatz im Jahr 1882 weiter in Benutzung.[19]

Juden seit der Französischen Revolution, Bd. 1: Der Gang der Ereignisse, Darmstadt 1983, S. 225–231.
16 Rudolf Burnitz erbaute zwischen 1829 und 1831 das israelitische Krankenhaus in der Rechneigrabenstraße. Vgl. dazu Korn, Synagogen und Bethäuser, S. 366 f.
17 Artikel in der Rubrik Korrespondenz-Nachrichten, in: Morgenblatt für gebildete Stände, Nr. 21, 24. Januar 1829, S. 83–84.
18 Artikel in der Rubrik Korrespondenz-Nachrichten, S. 84.
19 Baerwald, Geschichte der Schule, S. 50–54. Vgl. Arnsberg, Geschichte der Frankfurter Juden.

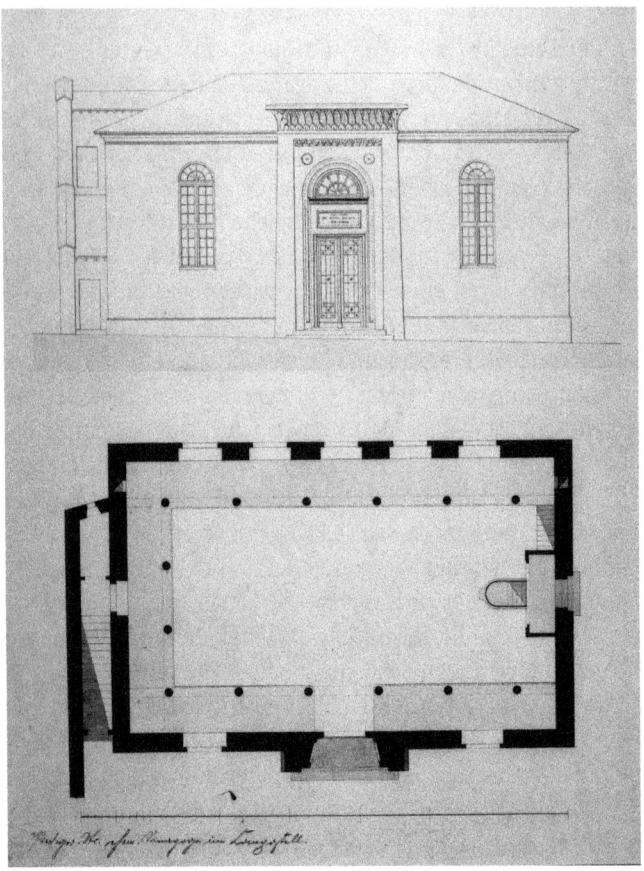

Abb. 3: Rudolf Burnitz, Andachtssaal im Kompostellhof von 1828, Aufriss der Südseite und Grundriss. Historisches Museum Frankfurt am Main, Inv.-Nr. C 22863a, b

Das in Formen des Empire ausgestattete Innere des Emporensaals spiegelte den jüdischen Reformgeist dieser Zeit wider. (Abb. 2) In Abkehr von der traditionellen Disposition mit zentral im Raum aufgestelltem Almemor stand das Predigerpult – wie bei einem protestantischen Kanzelaltar – unmittelbar vor der Ostwand. Der Zugang zur Kanzel erfolgte von Osten; für einen Toraschrein war dort anfänglich kein Platz vorgesehen.[20] (Abb. 3) Lediglich die Gebotetafeln bekrönten die kleine Orgel, die wie ein Aufsatz über dem mit einem Vorhang verhängten Durchgang

---

20 Ein Grundriss von 1874 im Stadtarchiv Frankfurt am Main zeigt eine veränderte Disposition mit Toraschrein und Bima zur Nutzung als Synagoge für den konservativen Teil der Gemeinde bis zum Bau der Synagoge am Börneplatz. Vgl. Korn, Synagogen und Betsäle, S. 365, Abb. 401.

platziert war.²¹ An drei Seiten des flach gedeckten Saals verliefen unvergitterte Emporen, die die langen Rundbogenfenster überschnitten. Die Raumwirkung und Disposition erinnerte an evangelische Saalkirchen des Barock.²² So entwarf Rudolf Burnitz für die französisch-reformierte Gemeinde in Friedrichsdorf im Taunus einen „Temple", der am 28. Juni 1837 eingeweiht wurde. Dieser flachgedeckte Emporensaal mit ähnlich langen, überschnittenen Rundbogenfenstern und kräftigen Säulen mit Blattkapitellen gleicht dem Andachtssaal im Kompostellhof auch hinsichtlich seiner Schlichtheit. Einen analogen Raumeindruck erzeugte auch der 1818 vom Neuen Israelitischen Tempelverein in Hamburg eingerichtete Reformtempel in der dortigen Brunnengasse, der zusammen mit dem 1810 eröffneten Jacobstempel in Seesen richtungweisend für den synagogalen Gottesdienst des Reformjudentums wurde.²³

Das von einem Walmdach bedeckte Gebäude bildete den nördlichen Abschluss des langgestreckten, trapezförmigen Kompostellhofs, dessen östliche Flanke ganz vom Philanthropin eingenommen war. Die zum Hof orientierte Haupt- und Eingangsseite des Emporensaals bildete mit ihrem monumentalen Portalrisalit einen auffälligen Blickpunkt. (Abb. 3) Die ungewöhnliche Form mit den leicht geneigten Außenkanten, der von Palmetten besetzten Hohlkehle als waagrechtem Abschluss und dem hohen rundbogigen Portaltrichter stand im Zeichen der Ägyptenfaszination der Aufklärung und als Folge von Napoleons Ägyptenfeldzug (1798–1801). So fiel Burnitz' Wirken in eine Zeit, in der die Architekten den Salomonischen Tempel in ägyptischen Formen rekonstruierten.²⁴ Darüber hinaus hatte Burnitz gewiss den Neubau der von seinem Lehrmeister Friedrich Weinbrenner im ägyptischen Stil gestalteten Synagoge in Karlsruhe (ab 1798) genau verfolgt. Wessen Idee es war, mit den ägyptisierenden Elementen des „Israelitischen Tem-

---

21 Einen Kanzelaltar in Kombination mit der Orgel für eine protestantische Kirche zeigt ein Kupferstich des Augsburger Architekten Joseph Furttenbach (1632–1655) aus dem Jahr 1649. Vgl. Aliza Cohen-Mushlin/Harmen H. Thies (Hrsg.), Synagoge und Tempel. 200 Jahre jüdische Reformbewegung und ihre Architektur, Petersberg 2012, S. 86.
22 Vgl. Kathrin Ellwardt, Kirchenbau zwischen evangelischen Idealen und absolutistischer Herrschaft: Die Querkirchen im hessischen Raum vom Reformationsjahrhundert bis zum Siebenjährigen Krieg, Petersberg 2004.
23 Zum Jacobstempel in Seesen und den Synagogen der Reformbewegung vgl. Joachim Frassl, Die Jacobson-Schule in Seesen mit Tempel und Alumnat, Hildesheim 2009; Ulrich Knufinke, Seesen Jacobstempel (Synagoge der Jacobsonschule), in: Aliza Cohen-Mushlin/Harmen H. Thies (Hrsg.), Synagogenarchitektur in Deutschland. Dokumentation zur Ausstellung, Petersberg 2008, S. 155–158; Hammer-Schenk, Synagogen in Deutschland, S. 146–164. Zum ersten Hamburger Tempel in der Brunnenstraße vgl. Cohen-Mushlin/Thies, Synagoge und Tempel, S. 73 (mit Abb.).
24 Vgl. Hammer-Schenk, Synagogen in Deutschland, S. 75–79. Erst in den 1830er Jahren wurde Kritik an den Tempelrekonstruktionen in ägyptischen Formen laut (siehe Hammer-Schenk, Synagogen in Deutschland, S. 75–79).

pels in Frankfurt", zu denen auch die Palmettenkapitelle der kannelierten Emporensäulen passten, den Bezug zum Tempel in Jerusalem herzustellen, ist nicht bekannt.[25] Die Errichtung eines neuen Tempels in der deutschen Heimat außerhalb von Palästina entsprach zweifellos der Auffassung der Frankfurter Reformer und ihrem Bedürfnis nach Akkulturation. Dieser Wunsch fand auch im reformierten Gottesdienst seinen Niederschlag, in dem die Gebete für die Rückkehr nach Palästina oder für die Wiedererrichtung des Tempels in Jerusalem nach dem Vorbild des Hamburger Tempelgebetbuchs von 1819 wegfielen.[26] Die bis auf das monumentale Portal schlichte Fassade des Saalbaus entfaltete ihre Wirkung folglich nicht in den öffentlichen Raum hinein, sondern bildete einen originellen Akzent innerhalb des geschlossenen Innenhofs. Von außen – von der Dominikanergasse aus – erkannte man lediglich an den fünf langen Rundbogenfenstern der nördlichen Längsseite des Saals, dass es sich hier um ein besonderes Gebäude gehandelt haben musste.

---

25 Der Saal erhielt schon einige Jahre nach seiner Erbauung den Namen „Israelitischer Tempel". So zu sehen auf der Lithographie des Innenraums von 1845 (Abb. 2) und bei D. Ring, Neue Chronik von der freien Stadt Frankfurt am Main, Frankfurt am Main 1834, Teil 2, S. 12. Vgl. Korn, Synagogen und Betsäle, S. 364.
26 Vgl. Korn, Synagogen und Betsäle, S. 364–365; Cohen-Mushlin/Thies, Synagoge und Tempel, S. 72.

Die Synagoge in der Schützenstraße – Beth Tefilah Jeschurun

Abb. 4: Schul- und Gemeindehaus der Israelitischen Religionsgesellschaft Ecke Rechneigrabenstraße/Schützenstraße mit Synagoge, um 1900. Institut für Stadtgeschichte Frankfurt am Main S7A2009/148

Wegen des schlechten baulichen Zustands der nach dem Brand nur unzureichend und schnell wieder aufgebauten Hauptsynagoge wurden bereits in den 1830er Jahren die Rufe nach einem Neubau laut. Die Realisierung scheiterte jedoch am Abrissverbot des Rabbiners Salomon Abraham Trier. 1843 gelang es der israelitischen Gemeinde, Baron Wilhelm Carl von Rothschild für eine namhafte Spende zu gewinnen. Als jedoch mit Rabbiner Leopold Stein (1810–1882) der liberale Ritus in der Hauptsynagoge Einzug hielt, zog der Baron sein großzügiges Angebot zurück. Für die streng religiösen Gemeindeglieder waren von da an die Gottesdienste in der Hauptsynagoge inakzeptabel und sie besuchten sogenannte Winkelbetstuben. Mit dem neuorthodoxen Rabbiner Samson Raphael Hirsch (1808–1888) als Triebkraft gründeten sie 1851 die „Israelitische Religionsgesellschaft" als selbständigen Verein und konnten mit finanzieller Unterstützung des Hauses Rothschild 1852/53 sogar eine eigene Synagoge mit jüdischer Schule und Mikwe an der Ecke Schützenstraße/Rechneigrabenstraße (Schützenstraße 14) südöstlich des jüdischen Friedhofs aufbauen.[27] In dem bestehenden Eckhaus wurde am 1. April 1853 die jü-

---

27 Vgl. Korn, Synagogen und Betsäle, S. 368–369.

dische Schule mit sechs Klassen für Mädchen und Knaben eröffnet. Der um drei Achsen erweiterte Teil des Gebäudes an der Rechneigrabenstraße umfasste im Erdgeschoss eine Mikwe und im ersten Stock eine provisorische Synagoge. Auf dem benachbarten Platz einer ehemaligen Steinmetzwerkstatt begannen im Frühjahr 1852 die Bauarbeiten für den Synagogenneubau nach den Plänen des Bau- und Zimmermeisters J. W. Renk. Anlässlich der Grundsteinlegung am 21. April 1852, an der auch die beiden Bürgermeister der Stadt Frankfurt teilnahmen, ließ der Verein eine Gedenkmünze[28] prägen. Nach der Fertigstellung im Sommer 1853 erfolgte am 29. September die Eröffnung des neuen jüdischen Gotteshauses. Anwesend waren wieder die beiden Bürgermeister der Stadt Frankfurt, fast alle Mitglieder des Senats, die Geistlichen der beiden christlichen Konfessionen sowie „viele besonders Eingeladene aus allen Ständen".[29]

Die über quadratischem Grundriss angelegte Synagoge stand frei zwischen dem jüdischen Schulgebäude links und einem Wohngebäude rechts. (Abb. 4) Ihre nach Westen zur Schützenstraße ausgerichtete Giebelseite verlief in der Flucht der bestehenden Häuserfront. Allerdings überragte die Fassade mit der über den Fenstern aufsteigenden Attika und mit dem flachgeneigten Dreiecksgiebel über dem Mittelfeld nicht nur die Wohnbebauung, sondern auch den Synagogensaal. Der dadurch entstandene Eindruck einer Scheinfassade wurde noch durch die an den Seiten überstehenden Pilaster verstärkt. Vier Pilaster mit stilisierten Kapitellen über hohen Postamentvorlagen gliederten die Fassade in drei Teile, deren Fenster durch ihre Größe und Form inmitten der dreigeschossigen Wohngebäude der Straße auffielen. Erstmals in der Frankfurter Architekturgeschichte wirkte eine Synagogenfassade in den öffentlichen Raum. Wohlwollend beurteilte ein Berichterstatter der Illustrirten Zeitung das in einem „einfach würdigen Stil" errichtete jüdische Gotteshaus und reihte es unter die „Zierden der Stadt" ein.[30] Als Vorbild für die Fassadengliederung hatte der Baumeister das Frontispiz der 1839 eröffneten Synagoge in Kassel genommen, auf ein Geschoss reduziert und in die Fläche projiziert.[31] Wie in Kassel überwog der Rundbogenstil. In Frankfurt über-

---

28 Leo Baeck Institute, Art and Objects 61.149/4532704.
29 Emanuel Schwarzschild, Die Gründung der Israelitischen Religionsgesellschaft zu Frankfurt am Main und ihre Weiterentwicklung bis zum Jahre 1876, Frankfurt am Main 1896, S. 30–31 u. S. 35; Artikel in: Frankfurter Journal, Nr. 233, 30. September 1853, S. 2 (daraus das Zitat); Die Synagoge der israelitischen Religionsgesellschaft zu Frankfurt a. M., in: Illustrirte Zeitung, Nr. 588, 7. Oktober 1854, S. 231. Vgl. Hammer-Schenk, Synagogen in Deutschland, S. 116–117 u. S. 577, Anm. 282.
30 Vgl. Die Synagoge der israelitischen Religionsgesellschaft zu Frankfurt a. M.
31 Zur Planung und Baugeschichte der Synagoge von Kassel siehe ausführlich Esther Haß/Alexander Link/Karl-Hermann Wegner, Synagogen in Kassel (Ausstellung im Stadtmuseum Kassel anlässlich der Einweihung der neuen Synagoge im Jahr 2000), Marburg 2000.

raschte jedoch das Mittelfeld mit einem hohen, in einem tiefen profilierten Gewände sitzenden dreibahnigen Rundbogenfenster. Im Couronnement des aufwendigen Fensters umspielten die verschlungenen Maßwerkformen einen Davidstern.[32] Die unter dem Fenster im Mittelfeld in den Putz eingeritzte Werksteingliederung sollte einen stabilen Sockel suggerieren; die Wandfelder unter den niedrigeren seitlichen Fenstern waren ursprünglich glatt verputzt.[33] Die ungewöhnliche Gestaltung dieser Seitenfenster wird dem Betrachter sofort ins Auge gefallen sein: Da sie von einem rechteckigen Blendrahmen zu einer Dreiergruppe mit Brüstungszone eingefasst waren, wiesen die von je einer runden Öffnung bekrönten Fensterbahnen alle die gleiche Höhe auf. Den oberen Abschluss der gesamten Fassade bildete ein romanischer Bogenfries mit Konsolen. Für die Außenwirkung der Synagoge in der Schützenstraße wurde nicht der in dieser Zeit im Kirchenbau bevorzugte gotische oder der exotische orientalisierende Baustil gewählt. Indem er romanische Formen in eine klassizistische Gliederung einfügte, entschied sich der Architekt für den damals so genannten arabisch-byzantinischen Stil. Mit der Verwendung neuromanischer Formen folgte Renk einer Tendenz der zeitgenössischen Synagogenarchitektur, die ihre Anfänge mit Sempers Synagoge von 1838/40 in Dresden genommen und sich in den 1850er Jahren weiter verbreitet hatte.[34] Die damit beabsichtigte Anspielung auf eine beständige deutsche architektonische Tradition lässt sich leicht von den Bauformen auf die Situation der Israelitischen Religionsgesellschaft in Frankfurt und die von ihnen praktizierte Neuorthodoxie übertragen. Indem sie völlig auf Portale verzichtete, strahlte die Fassade zudem eine gewisse Zurückhaltung und Verschlossenheit aus und signalisierte damit, dass sich die in der Synagoge versammelnde Gemeinschaft nicht um jeden Preis nach außen öffnen wollte. Die an den Seiten des Gebäudes angebrachten neuromanischen Portale führten jeweils zu einem parallel zur Synagoge verlaufenden, langgestreckten Innenhof und von dort in den Emporensaal. Bei der Erweiterung des Gebäudes im Jahr 1872/73 blieb die Fassade erhalten, jedoch wurde der Innenraum in orientalisierenden Formen modernisiert.[35] Bis zur Errichtung der Synagoge Friedberger Anlage im Jahr 1907 war die Synagoge in der Schützenstraße das Gotteshaus für die neuorthodoxe Gemeinde, die sich offiziell im Jahr 1876 von der Hauptgemeinde abspaltete.

---

32 Vgl. Korn, Synagogen und Betsäle, S. 370, Abb. 409.
33 Vermutlich erst im Zusammenhang mit der Restaurierung und Erweiterung der Synagoge 1873/74 erhielten alle Wände unter den Fassadenfenstern einen Verputz mit Hausteingliederung.
34 Vgl. dazu umfassend Hammer-Schenk, Synagogen in Deutschland, S. 133–141 u. S. 172–180.
35 Zur Erweiterung der Synagoge vgl. Der Israelit, Nr. 3, 19. Januar 1870, S. 40, sowie Korn, Synagogen und Betsäle, S. 369–370. Siehe auch Zur Erinnerung an die alte Synagoge in der Schützenstraße, in: Der Israelit, Nr. 23, 9. Juni 1921, S. 6, mit Abb.

Die neue Hauptsynagoge in der Bornheimerstraße (ab 1885 Börnestraße) für den liberalen Ritus

Abb. 5: Hauptsynagoge in der Börnestraße von Johann Georg Kayser, eingeweiht 1860, Ansicht von Südosten, ca. 1870. Institut für Stadtgeschichte Frankfurt am Main, S7A2005/866

Abb. 6: Hauptsynagoge in der Börnestraße, Architekt Johann Georg Kayser, eingeweiht 1860, Repro eines Photochromes von 1885.
commons.wikimedia.org/wiki/File:Frankfurt_Hauptsynagoge_1885.jpg

Bald nach Eröffnung der neuen Synagoge in der Schützenstraße konnte auf der Grundlage eines vom Senat der Stadt Frankfurt gewährten Darlehens in Höhe von 80.000 Gulden am 28. Juni 1855 der Grundstein für eine neue Hauptsynagoge gelegt werden. Auf dem Standort der Vorgängerbauten wuchs zwischen Bornheimer Straße und Allerheiligengasse zwischen den alten Fachwerkhäusern der Judengasse die erste monumentale Synagoge Frankfurts als Gotteshaus für die liberale Judenheit wie Phönix aus der Asche empor (Abb. 5). Der „Reformtempel", wie die Neuorthodoxen die neue Synagoge spöttisch nannten, verfügte über eine Orgel und mit 594 Männer- und 506 Frauenplätzen mehr als die vierfache Zahl an Plätzen im Vergleich zur Synagoge in der Schützenstraße. Die Einweihung des von dem bedeutenden Frankfurter Architekten Johann Georg Kayser (1817–1875) geplanten Bauwerks feierte die Gemeinde am 23. März 1860 im Beisein der zwei Bürgermeister, des Senats, der Mitglieder des Bürgerkollegiums, des Büros der konstituierenden Versammlung, der Geistlichen aller Konfessionen sowie der Bürger der Stadt.[36] Die Ansprüche an das Gebäude waren hoch: Es sollte eine repräsentative, vollkommene Architektur entstehen, die mit den Sehenswürdigkeiten der Stadt konkurrieren konnte.[37] Die Lage war zur Bauzeit noch wenig attraktiv zu nennen, erinnerten doch die eng gedrängten Fachwerkhäuser der Judengasse an die finstere Ghetto-Zeit. (Abb. 6) Umso mehr setzte der rote Sandsteinbau mit seiner Doppelturmfassade ein bedeutungsvolles Zeichen des Neuanfangs. Dass der Einweihungstag auf den Frühlingsanfang und den Neumond des Monats Nissan fiel, wusste Rabbiner Leopold Stein in seiner Einweihungspredigt als Symbol für eine freundlichere Zukunft zu deuten.[38] Sein Wunsch, die beengten und ungesunden Häuser der einstigen Judengasse abzureißen, damit der Weg zur Synagoge nicht „mehr durch eine finstere Höhle" führte, „sondern dieses Haus durch einen lichten Weg mit den heiteren Straßen am lebendigen Strom" verbunden werde,[39] erfüllte sich 1874 mit dem Abbruch der Häuser an der westlichen Straßenseite. Erst damit öffnete sich der Blick auf die nördliche Längsseite der Synagoge und

---

36 Vgl. Artikel in der Rubrik Zeitungsnachrichten, in: Allgemeine Zeitung des Judenthums, Nr. 18, 1. Mai 1860, S. 268. Zur neuen Hauptsynagoge in der Börnestraße siehe auch Schembs, Der Börneplatz, S. 73–80.
37 Vgl. Reiseskizzen von Lewisohn in Fulda, in: Allgemeine Zeitung des Judenthums, Nr. 48, 24. November 1856, S. 648–651, hier S. 649: „Die im Bau begriffene Hauptsynagoge (der Stein'schen Gemeinde) wird in einem prachtvollen Style und in sehr großen Dimensionen ausgeführt, nur schade, daß das Hauptportal in keiner schönen Straße liegt, dagegen steht die Ostseite an einem schönern Platze."
38 Leopold Stein, Die Bedeutung unseres Synagogen-Weihefestes, dargestellt in zwei Predigten über 2. B. M. 12,2, gehalten bei der Einweihung der neuen Hauptsynagoge zu Frankfurt a. M., am 23./24. März 1860, in: Der Volkslehrer, Nr. 10, H. 4, 4. April 1860, S. 121–148.
39 Zitat nach Stein, Die Bedeutung unseres Synagogen-Weihefestes, S. 136.

ließ auch den Bautypus erkennen. (Abb. 6) Da es sich um eine Kombination aus Basilika und Emporenhalle handelte, kann das Bauwerk als eine Pseudobasilika bezeichnet werden. An der Geschossteilung der Längsseiten spiegelte sich von außen die doppelgeschossige Frauenempore; die Erhöhung über dem fensterlosen Mittelschiff barg die Gewölbe- und Dachkonstruktion. Den Autor eines Artikels in der orthodoxen Zeitschrift *Der Israelit* irritierte bei seinem Besuch im Jahr 1866 die zu große Ähnlichkeit der Synagoge mit einer Kirche.[40] Dazu trugen erst recht die gotischen Bauformen bei; diese kulminierten in der Doppelturmfassade, die den Kathedralbau der Gotik auszeichnete. Das Erdgeschoss der Fassade war von drei Säulenportalen mit reich profilierten Archivolten eingenommen, deren „frühgotische" Elemente einen soliden Sockel bildeten. Das größere Hauptportal kragte als Vorbau leicht vor die Fassade. Darüber öffnete sich ein überdimensionales Mittelfenster. Mit dem von einem Kielbogen eingefassten Maßwerk erinnerte es an Fenster der elisabethanischen Zeit des 16. Jahrhunderts in England. Schlanke Säulchen unterteilten die breite Öffnung des Fensters in vier Bahnen und gestalteten zudem das tief einschneidende Gewände. Nach oben schloss das Mittelfeld mit einem Staffelgiebel ab, wie er für mittelalterliche Profanbauten üblich war. An den Giebelstufen wechselten sich kurze feingliedrige Stäbe mit kleinen Blendöffnungen ab. Diese für Sakralbauten ungewöhnliche Giebelform ist vielleicht als eine Anspielung auf die gehobene Frankfurter Bebauung des Mittelalters zu verstehen. Die bekannten steinernen Giebel Frankfurts waren allerdings ursprünglich eher schlicht. So ergänzten und bereicherten die Architekten des Historismus häufig den vorgefundenen originalen Bestand durch zusätzlichen Dekor – in der Vorstellung, es handele sich um einen verlorenen Ursprungszustand. Auch Dombaumeister Franz Josef Denzinger (1821–1894), der das neue Stadtarchiv in Frankfurt 1877 in neugotischen Formen errichtete, gehörte zu dieser Architektengeneration, die meinte, ihre wahre Vollendung habe die Gotik erst im 19. Jahrhundert gefunden. Die Treppengiebel des nicht mehr erhaltenen Archivgebäudes glichen in ihrem Dekor verblüffend dem Synagogengiebel. Vergleichbar ist schließlich auch die berühmte, erst 2005 rekonstruierte Dreigiebelfassade des Frankfurter Römers, die der neugotischen Fassung des Max Meckel von 1897 folgt.[41] So repräsentierte auch der steinerne Synagogengiebel nicht das historisch genaue Abbild der mittelalterlichen Bürgerhäuser Frankfurts, sondern eine ganz im Sinne des Historismus gleichsam perfektionierte Fassung.

---

40 Aus Württemberg, in: Der Israelit, Nr. 22, 30. Mai 1866, S. 386.
41 Zu Max Meckels (1847–1910) Entwurf und Neubau der Dreigiebelfassade des Römers siehe Carl Wolff/Rudolf Jung, Die Baudenkmäler in Frankfurt am Main. Bd. 2: Weltliche Bauten, Frankfurt am Main 1898, S. 226–235.

Aufgrund ihrer christlichen Konnotation gab es im Synagogenbau vor 1860 nur wenige Doppelturmfassaden, bei denen die Türme als eigenständige Bauteile mit von der Fassadengliederung unabhängiger Geschossteilung und Turmhelmen emporragten. Ausnahmen stellten Gottfried Sempers Synagoge in Dresden von 1840 und deren Nachfolgebauten dar.[42] Die aufwendigen Planungen für die Berliner Synagoge in der Oranienburger Straße, deren Doppelturmfassade mit zentraler Kuppel für zahlreiche jüdische Gotteshäuser prägend werden sollte, hatte Eduard Knoblauch 1859 begonnen. Ihre Einweihung erfolgte erst im September 1866. Etwa gleichzeitig mit Berlin und Frankfurt entstand die Budapester Synagoge (1859) des österreichischen Architekten Ludwig Förster. Somit gehörte die Frankfurter Synagoge nicht nur zu den ersten, die die Doppelturmfassade vom Kirchenbau adaptierten, sondern sie verband diese auch noch mit dem gotischen Baustil. Der zwiebelförmige Turmhelm, der die vier Turmgeschosse abschloss, sowie die kleineren Helme über den vier polygonalen Ecktürmchen im vierten Geschoss setzten dabei orientalisierende Akzente in dem ansonsten eher mittelalterlichen Erscheinungsbild der Fassade. So singulär das von vier Ecktürmen umstandene Turmobergeschoss für den Synagogenbau anmutet, fühlt man sich dabei doch auch an die spätmittelalterliche Wehrarchitektur Frankfurts erinnert. Dazu gehören einerseits die Stadttürme, wie der Sachsenhäuser Brückenturm, der Eschenheimer Turm oder der Rententurm, aber auch Bauwerke wie das Leinwandhaus, das ebenfalls über polygonale Ecktürme verfügt.

Nach der Einweihung war die Resonanz in den Frankfurter Tageszeitungen über das gelungene, angeblich im schönsten maurischen Baustil errichtete Bauwerk groß. Dieser „für Synagogen so glücklich und passend gewählt[e]" Stil sei nach dem Vorbild der Entwürfe „eines Semper, Förster und anderer in Dresden, Wien, Pesth [Budapest] und anderen Städten" gewählt worden, so ein Artikel in der *Zeitschrift für praktische Baukunst*.[43] Genau genommen zeigte sich der maurische Baustil am Außenbau lediglich an den hufeneisenförmigen Fenstern der Turmgeschosse und der Längsseiten. Sie wurden entweder von Kielbögen überfangen oder waren wie im Emporengeschoss oben angespitzt. Dabei ordneten

---

42 Im Unterschied zu Hammer-Schenk, der die Turmaufbauten in Frankfurt lediglich als Stümpfe und ihre Fassadenansicht als Risalite ansieht, wird hier die Synagoge in der Börnestraße nicht in der Nachfolge der Kasseler Synagoge gesehen. Vgl. Hammer-Schenk, Synagogen in Deutschland, S. 297–300. Bei der Synagoge im schlesischen Liegnitz, die ebenfalls eine Doppelturmfassade besitzt, ist es unklar, ob die Fassade dem Kernbau von 1846/1847 oder der Vergrößerung von 1879 zuzuschreiben ist. Vgl. Hammer-Schenk, Synagogen in Deutschland, S. 114–115 und Abb. 89.
43 Die neue Hauptsynagoge in Frankfurt a. d. O. [sic], in: Zeitschrift für praktische Baukunst 20 (1860), S. 155–156.

sich die orientalisierenden Formen dem überwiegend gotisch-mittelalterlichen Habitus des Bauwerks unter.

Der Gemeinderabbiner Leopold Stein erinnerte in seiner Predigt zur Grundsteinlegung an die unermesslichen Leiden der Vorfahren und Väter, die sie im Laufe der Jahrhunderte erdulden mussten. Doch rief er dazu auf, die „Klagelieder über mittelalterlichen Druck und blutige Verfolgung" durch „Gesänge der Hoffnung und des Vertrauens" abzulösen. Die in den Grundstein eingelegten, in Hebräisch und Deutsch abgefassten Denkschriften bezeugten, so der Rabbiner, „daß hier einst ertönen soll, die heilige Sprache der Schrift, die begeisterte Sprache unserer Vergangenheit, und mit ihr innig verschwistert, unsere Muttersprache, die theure und vertraute, die Sprache unserer Gegenwart und Zukunft. Auf dem Grunde beider Sprachen erhebe sich das Heiligthum, welches wir auf dem Urgrunde der Vergangenheit bauen wollen in die Zukunft hinein."[44]

---

[44] Leopold Stein, Jakob zu Bethel. Predigt nebst Gebeten gehalten bei der feierlichen Grundsteinlegung der Hauptsynagoge zu Frankfurt a. M., Donnerstag, den 28ten Juni 1855, Frankfurt am Main 1855, S. 5–16, hier S. 8 u. 12.

Die konservative Gemeindesynagoge am Börneplatz – die „Horovitz-Synagoge"

Abb. 7: Synagoge am Börneplatz, von Architekt Siegfried Kuznitzky 1881/1882 erbaut, vor der Erweiterung von 1901 um zwei Achsen nach rechts (Osten). Institut für Stadtgeschichte Frankfurt am Main S7A2006/239

Mit der parallel zum amtierenden Rabbiner Leopold Stein erfolgten Anstellung von Markus Horovitz für die konservativen Mitglieder der israelitischen Hauptgemeinde im Jahre 1878 verbanden sich die Forderungen nach einer eigenen Synagoge für die gesetzestreue Judenheit und den traditionellen Ritus. Nach ersten Gottesdiensten in der Synagoge im Kompostellhof und einer kurzen Planungsphase ab dem 31. Januar 1881 wurde am 10. September 1882 die Synagoge am Börneplatz eröffnet.[45] (Abb. 7) Die exponierte Lage der neuen Synagoge an einer Ecke

---

45 Zur Vorgeschichte sowie zur Bau- und Planungsgeschichte vgl. Paul Arnsberg, Bilder aus dem jüdischen Leben im alten Frankfurt, Frankfurt am Main 1978, S. 78–81; Schembs, Der Börneplatz,

des Judenmarktes am Rande des jüdischen Friedhofs inspirierte den Architekten Siegfried Kuznitzky zu einer städtebaulich sehr interessanten Lösung. Geschickt platzierte er an der Straßenecke einen im Grundriss halbrund gestalteten Bauteil, den eine hohe Zwiebelkuppel mit glänzender Kupferdeckung über niedrigem Tambour überragte. Dem Straßenverlauf folgend, schlossen sich an diesen überkuppelten Rundbau rechtwinklig die Fassaden der beiden Flügel an, die nach der Erweiterung von 1901 sogar symmetrisch jeweils fünf Wandachsen aufwiesen. Anders als man vermuten möchte, war in dem imposanten Kuppelbau lediglich eine bequeme Wendeltreppe untergebracht, die zu den Verwaltungsräumen im Obergeschoss des rechten Flügels führte. Die Türen im Erdgeschoss des Treppenturmes waren folglich nur Attrappen. Ebenerdig war in dem rechten Bauteil ein Trausaal eingerichtet, der auch als Wochentagssynagoge genutzt werden konnte. Der Flügel links des Kuppelbaus war mit der nach Westen weisenden Synagogenfassade identisch. Geradezu unauffällig war hier in der Fassadenmitte das Hauptportal eingefügt, welches die männlichen Gottesdienstbesucher ohne Zwischenhalt in einer Vorhalle direkt in den Betsaal geleitete. Der Eintretende stand in dem querrechteckigen Emporensaal in einer Achse mit dem mittig angeordneten Almemor und dem Toraschrein. Die in den öffentlichen Raum weisenden Fassaden spiegelten folglich nicht die tatsächliche Funktion und Aufteilung der dahinter befindlichen Räume wider, sondern verbargen diese hinter einer gleichmäßig gegliederten, repräsentativen zweigeschossigen Wand aus rotem Mainsandstein. Das niedrige Erdgeschoss mit rustizierten Pilastern und kleinteiligen Öffnungen bildete den Unterbau und Sockel für das reich durchfensterte, sehr viel höhere Hauptgeschoss. Pilaster an den Straßenfassaden und Vollsäulen am Kuppelbau mit korinthischen Kapitellen rahmten rundbogige Fenster. Die Fenstergewände waren wiederum von Pilastern mit ionischen Kapitellen eingenommen. Einzelne Motive wie das Nebenportal an der Südseite mit dem eingestellten Säulenpaar sowie die rahmenden Pilaster des Obergeschosses erinnern an Michelangelos Kapitolsfassaden in Rom.

Der Akzent der Architektur lag auf dem durch die Vollsäulen als Monopteros instrumentierten Kuppelbau, einem von der Funktion her untergeordneten Bauteil. Der repräsentative Charakter dieser homogenen spätklassizistischen Architektur weckte kaum Assoziationen an einen Sakralbau, sondern eher an einen vornehmen Profanbau. Das im Stil der Neu-Renaissance errichtete einstige Bankhaus „Villa Seligmann" von 1870 im Westend von Frankfurt mit der ebenfalls städ-

---

S. 85–93; Rachel Heuberger/Salomon Korn, Die Synagoge am Frankfurter Börneplatz, Frankfurt am Main 1996. Dem 50jährigen Jubiläum der Synagoge am Börneplatz ist die Ausgabe des Frankfurter Israelitischen Gemeindeblatts Nr. 1 vom September 1932 gewidmet, u. a. mit einem Beitrag von Aron Freimann, Der Bau der Synagoge am Börneplatz, S. 5–6.

tebaulich markanten polygonalen Ecklösung kann typologisch zum Vergleich herangezogen werden. Augenfällig sind überdies Parallelen zum 1768/69 von Carl Christoph Fleischer erbauten Lustschloss Richmond in Braunschweig. Das in den feinen Formen des französischen Klassizismus aufgeführte kleine Bauwerk ist in einen englischen Landschaftspark eingebettet. Wie bei der Architektur der Frankfurter Synagoge bildet ein halbrund auskragender, tempelartiger Rundbau den Hauptakzent der Fassade, die ebenfalls von symmetrischen seitlichen Fassaden flankiert wird. Die Pilastergliederung umfasst an dem gerundeten Bauteil hohe rundbogige Öffnungen, die bis zum Boden reichen. Beide Gebäude vereinen zudem die klaren schnörkellosen klassizistischen Formen.

Kurz vor Fertigstellung der Synagoge am Börneplatz war im Oktober 1880 nach langer Planungs- und Bauzeit die Frankfurter Oper eröffnet worden. Nach Entwürfen des Berliner Architekten und Direktors der dortigen Bauakademie Richard Lucae entstand mit finanzieller Beteiligung wohlhabender Bürger Frankfurts ab 1873 ein anspruchsvolles repräsentatives Gebäude in spätklassizistischen Formen. Wie die Synagoge besitzt der komplexe monumentale Bau ein rustiziertes Sockelgeschoss mit darüber aufragender Beletage. Doch weitere architektonische Merkmale verbinden die beiden Bauten: So sind zur Eingangsseite in die Gebäudeecken der Oper konkave Bauteile eingefügt. Ihre Wandgliederung im Hauptgeschoss besteht in Analogie zu den übrigen Fassaden aus Dreiviertelsäulen mit horizontalem Gebälk, die gleichfalls rundbogige Öffnungen mit Gewändepilastern umfassen. Sie erheben sich über einer umlaufenden Brüstungszone. Auch wenn die baulichen Akzente bei der Architektur der Frankfurter Oper nicht auf den gerundeten Bauteilen, sondern auf der Tempelfassade liegen, sind in ihrer Architektur bereits die wesentlichen Elemente der Synagoge vorgegeben.

Nicht zufällig diente die repräsentative klassizistische Profanarchitektur als Vorbild für die neue Synagoge am Börneplatz, denn damit wurde ganz bewusst der Gegensatz zur „Kirchenfassade" der Hauptsynagoge in der Börnestraße gesucht. Entsprechend verstand auch Rabbiner Markus Horovitz in seiner Einweihungsrede 1882 die „frisch aufstrebenden Formen [der neuen Synagoge] als Zeugen der Gegenwart". Er sah ihre „Würde und Einfachheit als Sinnbild, daß auch ohne den Glanz des Träumerischen die helle lichtumflossene Gegenwart schaffensfähige frische Glaubensfreudigkeit besitzt ...".[46] Die konservativen Gemeindeglieder sahen ihr Gotteshaus ganz im traditionellen Sinne als Stätte des Gebets, der Belehrung und der Versammlung, was sie in der Architektur widergespiegelt fanden. Dagegen beantwortete der Gemeinderabbiner Dr. Jakob Hoffmann seine eigene anlässlich des 50jährigen Synagogenjubiläums von 1932 gestellte rhetori-

---

46 Markus Horovitz, Rede, gehalten zur Einweihung der neuen Synagoge der israelitischen Gemeinde in Frankfurt a. M. den 10. September 1882 (26. Elul 5642), Frankfurt am Main 1882, S. 6.

sche Frage „Worin besteht eigentlich die Anziehungskraft dieses Bethauses, worin liegt seine Eigenheit und Besonderheit?" folgendermaßen: „Was diese Synagoge vor allem kennzeichnet, ist die treue Ausprägung des geschichtlich Überlieferten und religionsgesetzlich Gebotenen. Wie die Inneneinrichtung und Ausstattung, ist auch die ganze Gestaltung des Gottesdienstes betont traditionell. Man wird nur wenige Synagogen in Deutschland finden, in denen alles dergestalt altjüdischen Geist atmet und alle einschlägigen religionsgesetzlichen Bestimmungen so gewissenhaft innegehalten werden wie in dieser Synagoge."[47] Der traditionelle altjüdische Geist zeichnete sich allerdings nicht an der Außenarchitektur ab, sondern gab sich dem Besucher erst nach Betreten der Synagoge an der Inneneinrichtung zu erkennen.[48]

Fazit

Die Synagogen des 19. Jahrhunderts befanden sich alle in der Nähe des ehemaligen jüdischen Wohngebiets und des jüdischen Friedhofs im Frankfurter Ostend. Nur die Hauptsynagoge von 1860 besaß außen eine kirchenähnliche Gestalt mit gotischen Formen; sie dominierte zwar nicht die Stadtsilhouette, war aber durchaus an ihren zwiebelförmigen Turmhelmen von weitem erkennbar. Obwohl jede dieser Synagogen in ihrer Umsetzung einzigartig war, fehlte ihnen der Vorbildcharakter, den später die beiden großen Anlagen an der Friedberger Straße und im Frankfurter Westend besaßen. Angesichts der Bedeutung und Größe der jüdischen Gemeinde von Frankfurt ist das verwunderlich. So rezipierte die repräsentative Architektur weniger den zeitgenössischen Synagogenbau, sondern orientierte sich an der Kirchen- und Profanbaukunst in Deutschland und insbesondere in Frankfurt. Dies verrieten auch die verwendeten Baustile. Nur motivisch und zitathaft fanden sich ägyptisierende oder orientalisierende Elemente. Jüdische Symbole wurden kaum nach außen getragen.[49] Lediglich die Hauptsynagoge in der Börnestraße verriet von außen ihre Raumstruktur. Die Fassaden der übrigen Synagogen ließen die Anordnung ihrer Betsäle nicht erkennen. Alle Synagogen waren in dem Bedürfnis errichtet worden, der Vaterstadt Frankfurt eine Zierde zu sein. Auch wenn diese Aussage ein Topos in den Reden zu Grundsteinlegungen

---

47 Jakob Hoffmann, Jubiläum der Synagoge am Börneplatz, in: Frankfurter Israelitisches Gemeindeblatt, Nr. 1, September 1932, S. 2.
48 Vgl. Heuberger/Korn, Die Synagoge am Frankfurter Börneplatz, S. 10–12.
49 An der Synagoge in der Schützenstraße war der Davidstern beispielsweise in der runden Bekrönung des zentralen Maßwerkfensters versteckt. Der Andachtssaal im Kompostellhof besaß außen am Portal eine hebräische Inschrift, die jedoch nur die Besucher des Hofs sehen konnten.

und Synagogeneinweihungen darstellt, sprechen aus ihr der Stolz und das Bedürfnis, Teil der städtischen Gesellschaft zu sein. Die Verwurzelung der jüdischen Gemeinschaft in der bis ins Mittelalter reichenden Geschichte spiegelt sich in der Synagogenarchitektur.

Das abschließende Zitat aus dem Munde des der Reform zugewandten Rabbiners Mendel Heß aus Eisenach (1807–1871) soll nicht die Leistung der Synagogenbaumeister schmälern, aber zeigen, dass die jüdischen Gotteshäuser mit ihren architektonischen Formen und Baustilen für die Gemeinden vor allem repräsentativen Charakter besaßen, jedoch ihre dringenden Fragen nach der Gestaltung der Gottesdienste angesichts der sich verändernden Zeiten und Umstände nicht lösen konnten:

> Ich halte eine durchgreifende Umwandlung des Gottesdienstes für ein viel schwierigeres, weit mehr Zeitaufwand erforderndes Werk, als die Construktion einer neuen Synagoge. Ich halte es überhaupt für verfehlt, etwas so Geistig-Innerliches, wie die Einrichtung eines neuen Gottesdienstes, mit etwas so Körperlich-Aeußerlichem, wie die Erbauung einer neuen Synagoge irgend zu verknüpfen. Es sind ganz andere Bausteine, die zur Erbauung des Gemüthes, und die zur Erbauung eines Hauses verwendet werden. Ein Haus kann in einer gegebenen Zeit fertig sein. Kann man dasselbe von einem Gottesdienste sagen? – Läutert Euern Gottesdienst, macht ihn für jedermann verständlich, so daß jedermann sich darin erbaue und das Bedürfniß darnach empfinde, das neue Haus wird nicht auf sich warten lassen.[50]

---

50 Rabbiner Stein, in: Der Israelit des neunzehnten Jahrhunderts, Nr. 7 vom 15.02.1846, S. 54–56, hier S. 56.

Anhang

Bibliographie

Abromeit, John D.: Max Horkheimer and the Foundations of the Frankfurt School, Cambridge 2011.

Achinger, Christine: Bilder von Geschlecht, Judentum und Nation als Konstellation. Intersektionalität und Kritische Theorie, in: Karin Stögner/Alexandra Colligs (Hrsg.), Kritische Theorie und Feminismus, Frankfurt am Main 2022, S. 75–96.

Achinger, Hans: Wilhelm Merton in seiner Zeit, Frankfurt am Main 1965, S. 208–209.

Adorno, Theodor W.: Gesammelte Schriften in 20 Bänden, hrsg. v. Rolf Tiedemann, Frankfurt am Main 1997.

Albrecht, Clemens: Die intellektuelle Gründung der Bundesrepublik. Eine Wirkungsgeschichte der Frankfurter Schule, Frankfurt am Main 1999.

Albrecht, Clemens: Schüler machen Schulen. Zur Dynamik generationenübergreifender Forschungsgruppen am Beispiel der „Frankfurter Schule", in: Joachim Fischer/Stephan Moebius (Hrsg.), Soziologische Denkschulen in der Bundesrepublik Deutschland, Wiesbaden 2019, S. 15–38.

Arnsberg, Paul: Jakob H. Schiff. Von der Frankfurter Judengasse zur Wallstreet, Frankfurt am Main 1969.

Arnsberg, Paul: Bilder aus dem jüdischen Leben im alten Frankfurt, Frankfurt am Main 1978.

Arnsberg, Paul: Die Geschichte der Frankfurter Juden seit der Französischen Revolution, 3 Bde., Darmstadt 1983.

Backhaus, Fritz: The Last of the Court Jews – Mayer Amschel Rothschild and His Sons, in: Vivian B. Mann/Richard I. Cohen (Hrsg.), From Court Jews to the Rothschilds. Art, Patronage, and Power, 1600–1800 München, New York, 1996, S. 79–95.

Backhaus, Fritz/Alfons Arns/Liliane Weissberg (Hrsg.): Juden. Geld. Eine Vorstellung. Eine Ausstellung des Jüdischen Museums Frankfurt am Main, 25. April bis 6. Oktober 2013, Frankfurt am Main 2013.

Backhaus, Fritz/Raphael Gross/Sabine Kößling/Mirjam Wenzel (Hrsg.): Die Frankfurter Judengasse. Geschichte, Politik, Kultur. Katalog zur Dauerausstellung des Jüdischen Museum Frankfurt, München 2016.

Baddiel, David: Jews Don't Count, London 2021.

Baker, Cynthia M.: Jew, New Brunswick u. a. 2017.

Bar-Giora Bamberger, Naftali: The Posen Family, London 1985.

Baron, Rüdiger: Die Entwicklung der Armenpflege in Deutschland vom Beginn des 19. Jahrhunderts bis zum Ersten Weltkrieg, in: Rolf Landwehr/Rüdiger Baron (Hrsg.), Geschichte der Sozialarbeit. Hauptlinien ihrer Entwicklung im 19. und 20. Jahrhundert, Weinheim 1991, S. 11–71.

Barta, Johannes: Jüdische Familienerziehung. Das jüdische Erziehungswesen im 19. und 20. Jahrhundert, Zürich 1974.

Batnitzky, Leora: How Judaism Became a Religion. An Introduction to Modern Jewish Thought, Princeton 2011.

Battenberg, Friedrich: Das Europäische Zeitalter der Juden. Zur Entwicklung einer Minderheit in der nichtjüdischen Umwelt Europas. Bd. 2: Von 1650 bis 1945, Darmstadt 2000.

Baumann, Ursula: Religion und Emanzipation. Konfessionelle Frauenbewegung in Deutschland 1900–1933, in: Tel Aviver Jahrbuch für deutsche Geschichte, Sondernummer: Neuere Frauengeschichte (1992), S. 171–206.

Behrmann, Günther C.: Charisma und Vergemeinschaftung im George- und Horkheimer-Kreis, in: Gert Mattenklott/Michael Philipp/Julius H. Schoeps (Hrsg.), „Verkannte Brüder?" Stefan George und das deutsch-jüdische Bürgertum zwischen Jahrhundertwende und Emigration, Hildesheim 2001, S. 247–264.

Benton, Maya: The Story Behind the Painting That Is the Basis for Steven Spielberg's Next Film, in: Tablet, December 18, 2013, https://www.tabletmag.com/sections/arts-letters/articles/sothebys-edgardo-mortara, letzter Zugriff 27. Januar 2022.

Berg, Nicolas/Dirk Rupnow (Hrsg.): Schwerpunkt „Judenforschung" – Zwischen Wissenschaft und Ideologie, in: Jahrbuch des Simon-Dubnow-Instituts/Simon Dubnow Institute Yearbook 5 (2006), S. 303–598.

Berkovits, Balázs: What Color Are the Jews? Part I, 16. Juni 2021, https://k-larevue.com/en/what-color-are-the-jews-part-i/..., letzter Zugriff 14. März 2022.

Berkovits, Balázs: What Color Are the Jews? Part II, 23. Juni 2021, https://k-larevue.com/en/what-color-are-the-jews-part-ii/..., letzter Zugriff 14. März 2022.

Bertz, Inka: Porträts im Jüdischen Museum, in: Chana Schutz/Hermann Simon (Hrsg.), Auf der Suche nach einer verlorenen Sammlung. Das Berliner Jüdische Museum 1933–1938, Berlin 2011, S. 137–152.

Best, Heinrich/Wilhelm Weege: Biographisches Handbuch der Abgeordneten der Frankfurter Nationalversammlung 1848/49, Düsseldorf 1998.

Biale, David: Gershom Scholem on Nihilism and Anarchism, in: The Journal of Theory and Practice 19 (2015), S. 61–71.

Billeter, Erika: Malerei und Photographie im Dialog. Von 1840 bis heute, Bern 1979.

Boehlich, Walter (Hrsg.): Der Berliner Antisemitismusstreit, Frankfurt am Main 1965.

Boes, Maria: Crime and Punishment in Early Modern Germany. Courts and Adjudicatory Practices in Frankfurt am Main, 1562–1696, Farnham 2013.

Boll, Monika: Max Horkheimers zweite Karriere, in: Monika Boll/Raphael Gross (Hrsg.), „Ich staune, dass Sie in dieser Luft atmen können". Jüdische Intellektuelle in Deutschland nach 1945, Frankfurt am Main 2013, S. 345–374.

Boll, Monika/Raphael Gross (Hrsg.): Die Frankfurter Schule und Frankfurt. Eine Rückkehr nach Deutschland, Göttingen 2009.

Boll, Monika/Raphael Gross: Einleitung, in: Monika Boll/Raphael Gross (Hrsg.), „Ich staune, dass Sie in dieser Luft atmen können". Jüdische Intellektuelle in Deutschland nach 1945, Frankfurt am Main 2013, S. 9–20.

Braunstein, Dirk: Adornos Kritik der politischen Ökonomie, Bielefeld 2011.

Brenner, Michael: The Renaissance of Jewish Culture in Weimar Germany, New Haven 1996.

Brenner, Michael: Jüdische Geschichte an deutschen Universitäten – Bilanz und Perspektiven, in: Historische Zeitschrift 266 (1998), S. 1–21.

Brenner, Michael: Jüdische Kultur in der Weimarer Republik, München 2000.

Brenner, Michael/Stefi Jersch-Wenzel/Michael A. Meyer: Deutsch-jüdische Geschichte in der Neuzeit. Bd. 2: Emanzipation und Akkulturation 1780–1871, München 1996.

Brenner, Michael/Vicki Caron/Uri R. Kaufmann (Hrsg.): Jewish Emancipation Reconsidered. The French and German Models, Tübingen 2003.

Brettschneider, Marla: Jewish Feminism and Intersectionality, New York 2016.

Breuer, Mordechai: Jüdische Orthodoxie im Deutschen Reich 1871–1918. Sozialgeschichte einer religiösen Minderheit, Frankfurt am Main 1986.

Breuer, Mordechai/Michael Graetz (Hrsg.): Deutsch-jüdische Geschichte in der Neuzeit, Bd. 1, München 1996.

Brocke, Michael/Eckehart Ruthenberg/Kai Uwe Schulenburg: Stein und Name. Die jüdischen Friedhöfe in Ostdeutschland, Berlin 1994.

Brodersen, Momme: Siegfried Kracauer, Reinbek bei Hamburg 2001.
Brumlik, Micha: Schrift, Wort und Ikone, Frankfurt am Main 1994.
Brumlik, Micha: Bilderverbot, in: Dan Diner (Hrsg.), Enzyklopädie jüdischer Geschichte und Kultur, Bd. 1, Stuttgart u. Weimar 2011, S. 338–342.
Buchholz, René: Zwischen Mythos und Bilderverbot. Die Philosophie Adornos als Anstoß zu einer kritischen Fundamentaltheologie im Kontext der späten Moderne, Frankfurt am Main 1991.
Buckmiller, Michael: Die Marxistische Arbeitswoche 1923 und die Gründung des Instituts für Sozialforschung, in: Gunzelin Schmid Noerr/Willem van Reijen (Hrsg.), Grand Hotel Abgrund. Eine Photobiographie der Kritischen Theorie, Hamburg 1988, S. 141–173.
Budde, Gunilla: Auf dem Weg ins Bürgerleben. Kindheit und Erziehung in deutschen und englischen Bürgerfamilien 1840–1914, Göttingen 1994.
Burger, Thorsten: Frankfurt am Main als jüdisches Migrationsziel zu Beginn der Frühen Neuzeit. Rechtliche, wirtschaftliche und soziale Bedingungen für das Leben in der Judengasse, Wiesbaden 2013.
Cahn, Walter: Moritz Oppenheim. Jewish Painting and Jewish History, in: Orim. A Jewish Journal at Yale 1 (1985), Nr. 1, S. 81–82.
Campani, Carlo: Pianificazione e teoria critica. L'opera di Friedrich Pollock dal 1923 al 1943, Neapel 1992.
Carlebach, Julius (Hrsg.): Chochmat Jisrael – Wissenschaft des Judentums. Anfänge der Judaistik in Europa, Darmstadt 1992.
Claussen, Detlev: Frankfurt – die eingebildete Metropole, in: Henner Drescher (Hrsg.), Es muss anders werden. Frankfurter Bilder- und Lesebuch zu 1848, Frankfurt am Main 1998, S. 35–41.
Claussen, Detlev: Theodor W. Adorno. Ein letztes Genie, Frankfurt am Main 2003.
Cohen, Elisheva: Moritz Daniel Oppenheim The First Jewish Painter, Jerusalem 1983.
Cohen, Naomi W.: Jacob H. Schiff. A Study in American Jewish Leadership, Hanover, NH 1999.
Cohen, Richard: Jewish Icons, Berkeley 1998.
Cohen-Mushlin, Aliza/Harmen H. Thies (Hrsg.): Synagoge und Tempel. 200 Jahre jüdische Reformbewegung und ihre Architektur, Petersberg 2012.
Dahms, Harry F.: The Early Frankfurt School Critique of Capitalism. Critical Theory between Pollock's „State Capitalism" and the Critique of Instrumental Reason, in: Peter Koslowski (Hrsg.), The Theory of Capitalism in the German Economic Tradition. Historism, Ordo-Liberalism, Critical Theory, Solidarism, Berlin/Heidelberg 2000, S. 309–361.
Davis, Natalie Zemon: Decentering History. Local Stories and Cultural Crossing in a Global World, in: History and Theory 50 (2011), S. 188–202.
Deuber-Mankowsky, Astrid: Der frühe Walter Benjamin und Hermann Cohen. Jüdische Werte, Kritische Philosophie und vergängliche Erfahrung, Berlin 2000.
Deuber-Mankowsky, Astrid: Repräsentationskritik und Bilderverbot, in: Textual Reasoning (2000), [Mai], http://www.bu.edu/mzank/tr-deutsch/archiv/Bilderverbot.html, letzter Zugriff 6. Juni 2022.
Deutscher, Isaac: Der nichtjüdische Jude [1958], in: Isaac Deutscher, Der nichtjüdische Jude. Essays, Berlin 1988.
Diner, Dan: Aporie der Vernunft. Horkheimers Überlegungen zu Antisemitismus und Massenvernichtung, in: Dan Diner (Hrsg.), Zivilisationsbruch. Denken nach Auschwitz, Frankfurt am Main 1988, S. 30–53.
Diner, Dan (Hrsg.): Enzyklopädie jüdischer Geschichte und Kultur, 7 Bde. Stuttgart 2011–2017.
Dowe, Dieter/Heinz-Gerhard Haupt/Dieter Langewiesche (Hrsg.): Europa 1848. Revolution und Reform, Bonn 1998.

Drescher, Henner (Hrsg.): Es muss anders werden. Frankfurter Bilder- und Lesebuch zu 1848, Frankfurt am Main 1998.

Dubbels, Elke: Figuren des Messianischen in Schriften deutsch-jüdischer Intellektueller 1900–1933, Berlin 2011.

Dubiel, Helmut/Alfons Söllner: Die Nationalsozialismusforschung des Instituts für Sozialforschung – ihre wissenschaftliche Stellung und ihre gegenwärtige Bedeutung, in: Helmut Dubiel/Afons Söllner (Hrsg.), Wirtschaft, Recht und Staat im Nationalsozialismus, Frankfurt am Main 1984, S. 7–32.

Edinger, Dora (Hrsg.): Bertha Pappenheim. Leben und Schriften, Frankfurt am Main 1963.

Eggemann, Maike/Sabine Hering (Hrsg.): Wegbereiterinnen der modernen Sozialarbeit. Texte und Biographien zur Entwicklung der Wohlfahrtspflege, Weinheim 1999.

Ehmer, Josef: Heiratsverhalten, Sozialstruktur, ökonomischer Wandel: England und Mitteleuropa in der Formationsperiode des Kapitalismus, Göttingen 1991.

Eibach, Joachim: Stigma Betrug. Delinquenz und Ökonomie im jüdischen Ghetto, in: Helmut Berding (Hrsg.), Kriminalität und abweichendes Verhalten, Göttingen 1999, S. 15–38.

Eibach, Joachim: Frankfurter Verhöre. Städtische Lebenswelten und Kriminalität im 18. Jahrhundert, Paderborn 2003.

Ein Dokument deutscher Kunst. Darmstadt 1901–1976. Bd. 4: Die Künstler der Mathildenhöhe, Darmstadt 1977.

Elbe, Ingo: Marx im Westen. Die neue Marx-Lektüre in der Bundesrepublik seit 1965, Berlin 2010, S. 25–28.

Eliav, Mordechai: Das orthodoxe Rabbinerseminar in Berlin, in: Julius Carlebach (Hrsg.), Wissenschaft des Judentums: Anfänge der Judaistik in Europa, Darmstadt 1992, S. 59–73.

Ellwardt, Kathrin: Kirchenbau zwischen evangelischen Idealen und absolutistischer Herrschaft: Die Querkirchen im hessischen Raum vom Reformationsjahrhundert bis zum Siebenjährigen Krieg, Petersberg 2004.

Emery, Nicola: Per il non conformismo. Max Horkheimer e Friedrich Pollock: l'altra Scuola di Francoforte, Rom 2015.

Endelman, Todd M.: Assimilation, in: YIVO Encyclopedia of Jews in Eastern Europe, https://yivoencyclopedia.org/article.aspx/Assimilation, letzter Zugriff 14. Juli 2022.

Epple, Moritz/Johannes Fried/ Raphael Gross/Janus Gudian (Hrsg.): „Politisierung der Wissenschaft". Jüdische Wissenschaftler und ihre Gegner an der Universität Frankfurt am Main vor und nach 1933, Göttingen 2016.

Estermann, Alfred: Unsere Freunde finden das Bild ähnlich und doch schön, in: Alfred Estermann (Hrsg.), Ludwig Börne 1786–1837, Frankfurt am Main 1986, S. 279–290.

Ettelson, Harry W.: Leopold Stein. A Paper read before the Central Conference of American Rabbis, July 5, 1911 at St. Paul, Minn, in: Yearbook of the Central Conference of American Rabbis 21 (1911), S. 319–321.

Fassmann, Irmgard Maya: Jüdinnen in der deutschen Frauenbewegung 1865–1919, Hildesheim 1996.

Feiner, Shmuel/Natalie Naimark-Goldberg: Cultural Revolution in Berlin. Jews in the Age of Enlightenment, Oxford 2011.

Feiner, Shmuel: Moses Mendelssohn. Sage of Modernity, New Haven 2010.

Ferguson, Niall: Die Geschichte der Rothschilds. Propheten des Geldes, Bd. 1, Stuttgart/München 2002.

Fisahn, Andreas/Thilo Scholle/Ridvan Ciftci (Hrsg.): Marxismus als Sozialwissenschaft. Rechts- und Staatsverständnisse im Austromarxismus, Baden-Baden 2018.

Flajole, Edward S.: Lessing's Attitude in the Lavater-Mendelssohn Controversy, in: Publications of the Modern Language Association 73 (1958), S. 201–214.

Fram, Edward/Verena Kasper-Marienberg: Jewish Martyrdom without Persecution. The Murder of Gumpert May, Frankfurt am Main, 1781, in: AJS Review 39 (2015), S. 267–301.

Frankel, Jonathan: The Damascus Affair. Ritual Murder, Politics, and the Jews in 1840, Cambridge 1997.

Frassl, Joachim: Die Jacobson-Schule in Seesen mit Tempel und Alumnat, Hildesheim 2009.

Freimüller, Tobias: Frankfurt und die Juden. Neuanfänge und Fremdheitserfahrungen 1945–1990, Göttingen 2020.

Frevert, Ute: Frauen-Geschichte: zwischen bürgerlicher Verbesserung und neuer Weiblichkeit, Frankfurt am Main 1986.

Freyh, Antje: Verdacht auf Kindsmord. Frauen aus der Frankfurter Judengasse vor Gericht, in: Ursula Kern (Hrsg.), Blickwechsel. Frankfurter Frauenzimmer um 1800, Frankfurt am Main 2007, S. 85–97.

Friedman, Lawrence J.: The Lives of Erich Fromm. Love's Prophet, New York 2013.

Gall, Lothar: Liberalismus und „bürgerliche Gesellschaft". Zu Charakter und Entwicklung der liberalen Bewegung in Deutschland, in: Historische Zeitschrift 220 (1975), S. 324–356.

Gall, Lothar: „ ... ich wünschte ein Bürger zu sein". Zum Selbstverständnis des deutschen Bürgertums im 19. Jahrhundert, in: Historische Zeitschrift 245 (1987), S. 601–623.

Gall, Lothar: Vorwort, in: Frankfurter Historische Kommission (Hrsg.), Frankfurt am Main. Die Geschichte der Stadt in neun Beiträgen, Frankfurt am Main 1991, S. 7.

Gall, Lothar (Hrsg.): Stadt und Bürgertum im Übergang von der traditionellen zur modernen Gesellschaft, München 1993.

Gall, Lothar (Hrsg.): 1848. Aufbruch zur Freiheit, Berlin 1998.

Galliner, Arthur: Sigismund Stern, der Reformator und der Pädagoge, Frankfurt am Main 1930.

Gangl, Manfred: Politische Ökonomie und Kritische Theorie. Ein Beitrag zur theoretischen Entwicklung der Frankfurter Schule, Frankfurt am Main 1987.

Gangl, Manfred: The Controversy over Friedrich Pollock's State Capitalism, in: History of the Human Sciences 29 (2016), Nr. 2, S. 23–41.

Gebhardt, Miriam: Das Familiengedächtnis. Erinnerung im deutsch-jüdischen Bürgertum 1890 bis 1932, Stuttgart 1999.

Gerdmar, Anders: Roots of Theological Anti-Semitism. German Biblical Interpretation and the Jews, from Herder and Semler to Kittel and Bultmann, Leiden/Boston 2009.

Gerson, Judith M.: Gender Theory, Intersectionality, and New Understandings of Jewishness, in: Journal of Jewish Identities 11 (2018), S. 5–16.

Gerwarth, Robert/Lucy Riall: Fathers of the Nation? Bismarck, Garibaldi and the Cult of Memory in Germany and Italy, in: European History Quarterly 39 (2009), S. 388–413.

Glatzer, Nahum N.: The Frankfort Lehrhaus, in: Leo Baeck Institute Yearbook 1 (1956), S. 105–122.

Göttsch, Silke: „Sommerfrische". Zur Etablierung einer Gegenwelt am Ende des 19. Jahrhunderts, in: Schweizerisches Archiv für Volkskunde 98 (2002), S. 9–15.

Gotzmann, Andreas: Jüdisches Recht im kulturellen Prozeß. Die Wahrnehmung der Halacha im Deutschland des 19. Jahrhunderts, Tübingen 1997.

Gotzmann, Andreas: Eigenheit und Einheit. Modernisierungsdiskurse des deutschen Judentums der Emanzipationszeit, Leiden 2002.

Gotzmann, Andreas: Im Zentrum der Selbstverortung? Das Ghetto als jüdischer Raum, in: Fritz Backhaus (Hrsg.), Frühneuzeitliche Ghettos in Europa im Vergleich, Berlin 2012, S. 333–367.

Grab, Walter/Julius H. Schoeps (Hrsg.): Juden im Vormärz und in der Revolution von 1848, Stuttgart/Bonn 1983.
Grab, Walter: Der deutsch-jüdische Freiheitskämpfer Johann Jacoby, in: Walter Grab/Julius H. Schoeps (Hrsg.), Juden im Vormärz und in der Revolution von 1848, Stuttgart/Bonn 1983, S. 352-374.
Grab, Walter: Zwei Seiten einer Medaille. Demokratische Revolution und Judenemanzipation, Köln 2000.
Greenebaum, Jessica: Placing Jewish Women into the Intersectionality of Race, Class, and Gender, in: Race, Gender and Class 6 (1999), Nr. 4, S. 41-80.
Greve, Ylva: Verbrechen und Krankheit. Die Entdeckung der „Criminalpsychologie" im 19. Jahrhundert, Köln 2004.
Greven-Aschoff, Barbara: Die bürgerliche Frauenbewegung in Deutschland 1894-1933, Göttingen 1981.
Griemert, André: Bürgerliche Bildung für Frankfurter Juden? Das frühe Philanthropin in der Kontroverse um die jüdische Emanzipation, Marburg 2010.
Griesebner, Andrea: Geschlecht als mehrfach relationale Kategorie. Methodologische Anmerkungen aus der Perspektive der Frühen Neuzeit, in: Veronika Aegerter (Hrsg.), Geschlecht hat Methode. Ansätze und Perspektiven in der Frauen- und Geschlechtergeschichte, Zürich 1999, S. 129-137.
Großkinsky, Manfred: Kunstlandschaft Rhein-Main: Malerei im 19. Jahrhundert, 1867-1918, Frankfurt 2001.
Grözinger, Karl Erich (Hrsg.): Jüdische Kultur in Frankfurt am Main von den Anfängen bis zur Gegenwart. Ein internationales Symposium der Johann-Wolfgang-Goethe-Universität Frankfurt am Main und des Franz Rosenzweig Research Center for German Jewish Literature and Cultural History, Wiesbaden 1997.
Haber, Peter: Integration und Assimilation, in: Peter Haber/Erik Petry/Daniel Wildmann (Hrsg.), Jüdische Identität und Nation. Fallbeispiele aus Mitteleuropa, Köln u. a. 2006, S. 119-129.
Habermas, Jürgen: Der deutsche Idealismus der jüdischen Philosophen, in: Thilo Koch (Hrsg.), Porträts zur deutsch-jüdischen Geistesgeschichte, Köln 1961, S. 107-137.
Habermas, Jürgen: Max Horkheimer: Zur Entwicklungsgeschichte seines Werkes, in: Habermas Jürgen, Texte und Kontexte, Frankfurt am Main 1992, S. 91-109.
Habermas, Jürgen: Die Grenze zwischen Glauben und Wissen. Zur Wirkungsgeschichte und aktuellen Bedeutung von Kants Religionsphilosophie, in: Jürgen Habermas, Zwischen Naturalismus und Religion. Philosophische Aufsätze, Frankfurt am Main 2005, S. 216-257.
Habermas, Rebekka: Frauen und Männer des Bürgertums. Eine Familiengeschichte (1750-1850), Göttingen 2000.
Habermas, Rebekka: Diebe vor Gericht. Die Entstehung der modernen Rechtsordnung im 19. Jahrhundert, Frankfurt am Main 2008.
Hahn, Hugo: Apologetik, in: Jüdisches Lexikon, Bd. 1, Berlin 1927, Sp. 396-397.
Hammer-Schenk, Harold: Die Synagogen in Deutschland. Geschichte einer Baugattung im 19. und 20. Jahrhundert, 2 Bde., Hamburg 1981.
Hammerstein, Notker: Die Johann Wolfgang Goethe Universität Frankfurt a. M. Von der Stiftungsuniversität zur staatlichen Hochschule, Bd. 1: 1914-1950, Frankfurt am Main 1989.
Hancock, Ange-Marie: Intersectionality. An Intellectual History, New York 2016.
Härter, Karl: Kontinuität und Reform der Strafjustiz zwischen Reichsverfassung und Rheinbund, in: Heinz Duchardt (Hrsg.), Reich oder Nation? Mainz 1998, S. 219-278.
Härter, Karl: Policey und Strafjustiz in Kurmainz. Gesetzgebung, Normdurchsetzung und Sozialkontrolle im frühneuzeitlichen Territorialstaat, Bd. 1, Frankfurt am Main 2005.

Härter, Karl: Zur Stellung der Juden im frühneuzeitlichen Strafrecht: Gesetzgebung, Rechtswissenschaft und Justizpraxis, in: Andreas Gotzmann/Stephan Wendehorst (Hrsg.), Juden im Recht. Neue Zugänge zur Rechtsgeschichte im Alten Reich (Zeitschrift für Historische Forschung, Beihefte Bd. 39), Berlin 2007, S. 347–379.

Härter, Karl: Praxis, Formen, Zwecke und Intentionen des Strafens zwischen Aufklärung und Rheinbundreformen (1770–1815). Das Beispiel Kurmainz / Großherzogtum Frankfurt, in: Reiner Schulze (Hrsg.), Strafzweck und Strafform zwischen religiöser und weltlicher Wertevermittlung, Münster 2008, S. 213–231.

Haß, Esther/Alexander Link/Karl-Hermann Wegner: Synagogen in Kassel (Ausstellung im Stadtmuseum Kassel anlässlich der Einweihung der neuen Synagoge im Jahr 2000), Marburg 2000.

Hausen, Karin: Die Polarisierung der „Geschlechtscharaktere". Eine Spiegelung der Dissoziation von Erwerbs- und Familienleben, in: Werner Conze (Hrsg.), Sozialgeschichte der Familie in der Neuzeit Europas. Neue Forschungen, Stuttgart 1976, S. 363–393.

Heerich, Thomas: Autologische Spiegelung der Verwalteten Welt. Friedrich Pollock (1894–1970), in: Richard Faber/Eva-Maria Ziege (Hrsg.), Das Feld der Frankfurter Kultur- und Sozialwissenschaften vor 1945, Würzburg 2007, S. 107–120.

Heilbrunn, Ludwig: Die Gründung der Universität Frankfurt a. M., Frankfurt am Main 1915.

Hein, Dieter: Soziale Konstituierungsfaktoren des Bürgertums, in: Lothar Gall (Hrsg.), Stadt und Bürgertum im Übergang von der traditionalen zur modernen Gesellschaft, München 1993, S. 153–183.

Hein, Nils: Der Staat Karl Theodor von Dalberg's (sic). Theoretischer Führungsanspruch und politische Ohnmacht im Alten Reich und im Rheinbund (1802 bis 1813), Dissertation, Frankfurt am Main 1995.

Hellige, Hans Dieter: Generationskonflikt, Selbsthaß und die Entstehung antikapitalistischer Positionen im Judentum. Der Einfluß des Antisemitismus auf das Sozialverhalten jüdischer Kaufmanns- und Unternehmersöhne im Deutschen Kaiserreich und in der k. u. k.-Monarchie, in: Geschichte und Gesellschaft 5 (1979), S. 476–518.

Helmerichs, Jutta: Krankenpflege im Wandel (1890–1933), Phil. Diss., Universität Göttingen 1992.

Hengel, Martin: Judentum und Hellenismus. Studien zu ihrer Begegnung unter besonderer Berücksichtigung Palästinas bis zur Mitte des 2. Jahrhunderts v. Chr., Tübingen 1969.

Hertz, Deborah: Familienliebe und öffentliches Judentum. Die Konversionsproblematik im Deutschland des 19. Jahrhunderts, in: Regina Laudage-Kleeberg/Hannes Sulzenbacher (Hrsg.), Treten Sie ein! Treten Sie aus! Warum Menschen ihre Religion wechseln, Berlin 2012, S. 176–183.

Herweg, Rachel Monika: Die jüdische Mutter. Das verborgene Matriarchat, Darmstadt 1994.

Herzig, Arno: Politische Zielvorstellungen jüdischer Intellektueller aus dem Rheinland und aus Westfalen im Vormärz und in der Revolution 1848, in: Walter Grab/Julius H. Schoeps (Hrsg.), Juden im Vormärz und in der Revolution von 1848, Stuttgart/Bonn 1983, S. 272–311.

Heschel, Susannah: Revolt of the Colonized. Abraham Geiger's Wissenschaft des Judentums as a Challenge to Christian Hegemony in the Academy, in: New German Critique 77 (1999), S. 61–85.

Heschel, Susannah: Der jüdische Jesus und das Christentum. Abraham Geigers Herausforderung an die christliche Theologie, Berlin 2001.

Heschel, Susannah: The Aryan Jesus. Christian Theologians and the Bible in Nazi Germany, Princeton 2008.

Hess, Jonathan M.: The Mortara Case and the Literary Imagination. Jewish Melodrama and the Pleasures of Victimhood, in: The Jewish Quarterly Review 108 (2018). S. 60–84.

Heuberger, Georg (Hrsg.): Die Rothschilds. Beiträge zur Geschichte einer europäischen Familie, Sigmaringen 1994.

Heuberger, Georg (Hrsg.): Pracht der Gebote. Die Judaica Sammlung des Jüdischen Museums Frankfurt am Main, Köln 2006.

Heuberger, Rachel/Helga Krohn: Hinaus aus dem Ghetto. Juden in Frankfurt am Main 1800–1950, Frankfurt am Main 1988.

Heuberger, Rachel/Helga Krohn: Siebenhundert Tage Gleichstellung, in: Rachel Heuberger/Helga Krohn, Hinaus aus dem Ghetto... Juden in Frankfurt am Main, Frankfurt am Main 1988.

Heuberger, Rachel/Salomon Korn: Die Synagoge am Frankfurter Börneplatz, Frankfurt am Main 1996.

Heuberger, Rachel: Aron Freimann und die Wissenschaft des Judentums, Tübingen 2004.

Heuberger, Rachel: Bibliothek des Judentums. Die Hebraica- und Judaica-Sammlung der Stadt und Universitätsbibliothek Frankfurt am Main – Entstehung, Geschichte und heutige Aufgaben, Frankfurt am Main 1996.

Heuberger, Rachel: Rabbiner Nehemias Anton Nobel. Die jüdische Renaissance in Frankfurt am Main, Frankfurt am Main 2005.

Heuberger, Rachel: Aron Freimann: Bibliograph, Historiker, Bibliothekar, Gemeindevorsitzender, Leipzig 2020.

Hirsch, Joachim: Staatskapitalismus? Zur Kontroverse zwischen Friedrich Pollock, Max Horkheimer und Franz Neumann in Bezug auf den Charakter des nationalsozialistischen Systems, in: Ulrich Ruschig/Hans-Ernst Schiller (Hrsg.), Staat und Politik bei Horkheimer und Adorno, Baden-Baden 2014, S. 63–76.

Hirschmüller, Albrecht (Hrsg.): Physiologie und Psychoanalyse in Leben und Werk Josef Breuers (Jahrbuch der Psychoanalyse, Beiheft 4), Tübingen 1987.

Hock, Sabine/Gudrun Jäger: Horovitz, Leo, in: Frankfurter Personenlexikon (Onlineausgabe), https://frankfurter-personenlexikon.de/node/2786, letzter Zugriff 28. März 2022.

Hoeps, Reinhard: Einleitung, in: Reinhard Hoeps (Hrsg.), Handbuch der Bildtheologie, Bd. 1, Paderborn 2007, S. 7–23.

Hoffmann, Christhard: Jüdisches Lernen oder judaistische Spezialwissenschaft? Die Konzeptionen Franz Rosenzweigs und Eugen Täublers zur Gründung der „Akademie füt die Wissenschaft des Judentums" (mit drei unveröffentlichten Briefen Rosenzweigs), in: Zeitschrift für Religions- und Geistesgeschichte 45 (1993), S. 18–32.

Hoffmann, David: Der Schulchan Aruch und die Rabbinen über das Verhältnis der Juden zu Andersgläubigen, Berlin 1885.

Holste, Karsten/Dietlind Hüchtker/Michael G. Müller: Aufsteigen und Obenbleiben in europäischen Gesellschaften des 19. Jahrhunderts. Akteure – Arenen – Aushandlungsprozesse, in: Karsten Holste/Dietlind Hüchtker/Michael G. Müller (Hrsg.), Aufsteigen und Obenbleiben in europäischen Gesellschaften des 19. Jahrhunderts. Akteure – Arenen – Aushandlungsprozesse, Berlin 2009, S. 9–19.

Hopp, Andrea: Jüdisches Bürgertum in Frankfurt am Main im 19. Jahrhundert, Stuttgart 1997.

Horkheimer, Max: Gesammelte Schriften, hrsg. von Alfred Schmidt und Gunzelin Schmid Noerr, Frankfurt am Main 1985–1996.

Hovav, Yemima: Maidens Love Thee. The Religious and Spiritual Life of Jewish Ashkenazic Women in the Early Modern Period, Jerusalem 2009 (Hebräisch).

Israel, Jonathan I.: Revolutionary Jews from Spinoza to Marx. The Fight for a Secular World of Universal and Equal Rights, Seattle 2021.

Jacobs, Jack: The Frankfurt School, Jewish Lives and Antisemitism, New York 2015.

Jäger, Gudrun: Der jüdische Islamwissenschaftler Josef Horovitz und der Lehrstuhl für semitische Philologie an der Universität Frankfurt am Main 1915–1949, in: Jörn Kobes/Jan-Ottmar Hesse (Hrsg.), Frankfurter Wissenschaftler zwischen 1933 und 1945, Göttingen 2008, S. 61–79.

Jay, Martin/Ute Frevert: Frankfurter Schule und das Judentum. Die Antisemitismusanalyse der Kritischen Theorie, in: Geschichte und Gesellschaft 5 (1979), S. 439–454.

Jay, Martin: Dialektische Phantasie. Die Geschichte der Frankfurter Schule und des Instituts für Sozialforschung 1923–1950, Frankfurt am Main 1976.

Jay, Martin: The Jews and the Frankfurt School. Critical Theory's Analysis of Anti-Semitism, in: New German Critique 19 (1980), S. 137–149.

Jay, Martin: 1920. The Free Jewish School is Founded in Frankfurt am Main under the Leadership of Franz Rosenzweig, in: Sander L. Gilman/Jack Zipes (Hrsg.), Yale Companion to Jewish Writing and Thought in German Culture 1096–1996, New Haven 1997, S. 395–400.

Jay, Martin: „Die Hoffnung, irdisches Grauen möge nicht das letzte Wort haben". Max Horkheimer und die Dialektische Phantasie, in: WestEnd. Neue Zeitschrift für Sozialforschung 12 (2015), S. 133–146.

Jay, Martin: Leo Löwenthal and the Jewish Renaissance, in: Martin Jay: Splinters in the Eye. Frankfurt School Provocations, London/New York 2020, S. 66–79.

Joskowicz, Ari: The Modernity of Others. Jewish Anti-Catholicism in Germany and France, Stanford 2013.

Kahn, Arnold: Die berufliche, soziale und wirtschaftliche Entwicklung der Juden in Frankfurt a. M. während der Emanzipationszeit (1806–1866). Phil. Diss., Frankfurt am Main 1923.

Kaiser, Daniel: Die elterliche Eheeinwilligung. Rechtsgeschichte der familialen Heiratskontrolle in Mitteleuropa, Münster 2007.

Kallenberg, Vera/Johanna M. Müller: Introduction. Intersectionality as a Critical Perspective for the Humanities, in: Vera Kallenberg (Hrsg.), Intersectionality und Kritik. Neue Persepektiven für alte Fragen, Wiesbaden 2013, S. 15–38.

Kallenberg, Vera: „und würde auch sonst gesehen haben, wie sie sich durchbrächte." – Migration und „Intersektionalität" in Frankfurter Kriminalakten über jüdische Dienstmägde um 1800, in: Edeltraud Aubele (Hrsg.), Femina migrans: Frauen in Migrationsprozessen, Sulzbach im Taunus 2011, S. 39–67.

Kallenberg, Vera: Intersektionalität als „Histoire croisée". Zum Verhältnis von Intersektionalität, Geschlechterforschung und Geschichtswissenschaften, in: Marita Günther-Saeed (Hrsg.), Zwischenbestimmungen. Identität und Geschlecht jenseits der Fixierbarkeit? Würzburg 2012, S. 75–120.

Kallenberg, Vera: „... den historischen Boden zu begreifen, auf dem man sich bewegt". Verflechtung, Struktur, Geschichte, in: Erwägen, Wissen, Ethik (EWE), 3 (2013), Sp. 407–409.

Kallenberg, Vera: Jüdinnen und Juden in der Frankfurter Strafjustiz 1780–1814. Die Nicht-Einheit der jüdischen Geschichte, Göttingen 2018.

Kallenberg, Vera: Sexualisierte Gewalt, Judenfeindschaft und marginalisierte jüdische Männlichkeit – eine intersektionale Analyse des Kriminalprozesses gegen den ‚Schutzjudensohn' Heyum Windmühl (Frankfurt a. M. 1808), in: Matthias Bähr/Florian Kühnel (Hrsg.), Verschränkte Ungleichheit. Praktiken der Intersektionalität in der Frühen Neuzeit (Beiheft Zeitschrift für historische Forschung 56), Berlin 2018, S. 205–241.

Kallenberg, Vera: Jewishness, Gender, and Sexual Violence Before the Penal Court in the City Frankfurt am Main at the Turn of the 19th Century, in: Jewish Social Studies 26 (2020), S. 93–125.

Kaplan, Marion: Die jüdische Frauenbewegung in Deutschland. Organisation und Ziele des Jüdischen Frauenbundes 1904–1938, Hamburg 1981.

Kaplan, Marion: Jüdisches Bürgertum. Frau, Familie und Identität im Kaiserreich, Hamburg 1997.

Kaplan, Marion: Konsolidierung eines bürgerlichen Lebens im kaiserlichen Deutschland 1871–1918, in: Marion Kaplan (Hrsg.), Geschichte des jüdischen Alltags in Deutschland. Vom 17. Jahrhundert bis 1945, München 2003, S. 226–346.

Kaplan, Marion: Unter uns. Jews Socializing with other Jews in Imperial Germany, in: Leo Baeck Institute Yearbook 48 (2003), S. 41–65.

Kasper-Holtkotte, Cilli: Die jüdische Gemeinde von Frankfurt/Main in der Frühen Neuzeit. Familien, Netzwerke und Konflikte eines jüdischen Zentrums, Berlin 2010.

Katz, Jacob: Jews and Freemasons in Europe 1723–1939, Cambridge, MA 1970.

Katz, Jacob: Aus dem Ghetto in die bürgerliche Gesellschaft: Jüdische Emanzipation 1770–1870, Frankfurt am Main 1986.

Kertzer, David: The Kidnapping of Edgardo Mortara, New York 1997.

Kisch, Guido: Das Breslauer Seminar (Jüdisch-Theologisches Seminar (Fraenckel'scher Stiftung) in Breslau 1854–1938. Gedächtnisschrift, Tübingen 1963.

Klaue, Magnus: Das Ende der Nuancen. Von der Kritischen Theorie zur Frankfurter Schule, in: Weimarer Beiträge 66 (2020), S. 585–599.

Klausmann, Christina: Politik und Kultur der Frauenbewegung im Kaiserreich. Das Beispiel Frankfurt am Main, Frankfurt am Main 1997.

Klausmann, Christina: Grund- und Bürgerrechte – Ausblick, in: Lothar Gall (Hrsg.), 1848. Aufbruch zur Freiheit, Berlin 1998, S. 233–253.

Klöckner, Anja: Antikenrezeption bei Moritz Daniel Oppenheim, in: Antike Welt 32 (2001), S. 147–154.

Klötzer, Wolfgang/Pertra Breitkreuz: Stoltze, Friedrich, in: Frankfurter Personenlexikon (Onlineausgabe), https://frankfurter-personenlexikon.de/node/1354, letzter Zugriff 23. März 2022.

Klötzer, Wolfgang: Frankfurt am Main von der Französischen Revolution bis zur preußischen Okkupation 1789–1866, in: Frankfurter Historische Kommission (Hrsg.), Frankfurt am Main. Die Geschichte der Stadt in neuen Beiträgen (Veröffentlichungen der Frankfurter Historischen Kommission, Bd. XVII), Sigmaringen 1991, S. 303–348.

Kluke, Paul: Die Stiftungsuniversität Frankfurt/M 1914–1932, Frankfurt am Main 1972.

Knufinke, Ulrich: Seesen Jacobstempel (Synagoge der Jacobsonschule), in: Aliza Cohen-Mushlin/Harmen H. Thies (Hrsg.), Synagogenarchitektur in Deutschland. Dokumentation zur Ausstellung, Petersberg 2008, S. 155–158.

Koch, Rainer: Grundlagen bürgerlicher Herrschaft. Verfassungs- und sozialgeschichtliche Studien zur bürgerlichen Gesellschaft in Frankfurt am Main (1612–1866), Wiesbaden 1983.

Kocka, Jürgen: Bürgertum und Bürgerlichkeit als Probleme der deutschen Geschichte vom späten 18. zum frühen 19. Jahrhundert, in: Jürgen Kocka (Hrsg.), Bürger und Bürgerlichkeit im 19. Jahrhundert, Göttingen 1987, S. 21–62.

König, Helmut: Elemente des Antisemitismus. Kommentare und Interpretationen zu einem Kapitel der Dialektik der Aufklärung von Max Horkheimer und Theodor W. Adorno, Weilerswist 2016.

König, Sandra: Albinmüller (1871–1941). Raumkunst zwischen Jugendstil, Neoklassizismus und Werkbund, Heidelberg 2018.

Konz, Britta: Bertha Pappenheim (1859–1936): Ein Leben für weibliche Emanzipation und jüdische Tradition, Frankfurt am Main 2005.

Kracauer, Isidor: Die Geschichte der Judengasse in Frankfurt am Main, in: Festschrift zur Jahrhundertfeier der Realschule der israelitischen Gemeinde (Philanthropin) zu Frankfurt am Main 1804–1904, Frankfurt am Main 1904, S. 307–464.

Kracauer, Isidor: Geschichte der Juden in Frankfurt a. M. (1150–1824), Bd. 1. Frankfurt am Main 1925.

Krah, Franziska/Ann-Kathrin Rahlwes: Die Familie Frank, in: Mirjam Wenzel/Sabine Kößling/Fritz Backhaus (Hrsg.), Jüdisches Frankfurt. Von der Aufklärung bis zur Gegenwart (Katalog zur Dauerausstellung des Jüdischen Museums Frankfurt), München 2020, S. 236–251.

Kraus, Wolfgang/Gury Schneider-Ludorff/Hans-Christoph Dittscheid: Mehr als Steine ... Synagogen-Gedenkband Bayern, Bde. III/1 u. III/2, Lindenberg im Allgäu 2007–2010.

Krohn, Helga: „Dem Streiter für Recht und Freiheit". Gabriel Riesser zum 200. Geburtstag. Begleitbuch zur gemeinsamen Ausstellung des Jüdisches Museum Frankfurt, der Universitätsbibliothek Frankfurt am Main und der Frankfurt Loge B'nai B'rith in der Paulskirche, Frankfurt am Main 2006.
Krohn, Helga: „Es war richtig, wieder anzufangen". Juden in Frankfurt am Main seit 1945, Frankfurt am Main 2011.
Krone, Kerstin von der/Mirjam Thulin: Wissenschaft in Context. A Research Essay on the Wissenschaft des Judentums, in: The Leo Baeck Institute Yearbook 58 (2013), S. 249–280.
Krone, Kerstin von der: The Representation and Creation of Spaces through Print Media: Some Insights from the History of the Jewish Press, in: Simone Lässig/Miriam Rürup (Hrsg.), Space and Spatiality in Modern German-Jewish History, New York 2017, S. 125–139.
Krüger, Doris Maja: Leo Löwenthal und die Jüdische Renaissance in der Weimarer Republik, in: Elke-Vera Kotowski (Hrsg.), Das Kulturerbe deutschsprachiger Juden. Eine Spurensuche in den Ursprungs-, Transit- und Emigrationsländern, Berlin 2015, S. 249–262.
Kuhn, Rick: The Jewish Social Democratic Party of Galicia and the Bund, in: Jack Jacobs (Hrsg.), Jewish Politics in Eastern Europe. The Bund at 100, Basingstoke 2001, S. 133–154.
Kuhn, Rick: Henryk Grossman and the Recovery of Marxism, Urbana u. a. 2007.
Kupferberg, Yael: „Jetzt aber sollten die Menschen begreifen" – Max Horkheimer und der Erste Weltkrieg, in: Hans Richard Brittacher/Irmela von der Lühe (Hrsg.), Kriegstaumel und Pazifismus. Jüdische Intellektuelle im Ersten Weltkrieg, Frankfurt am Main 2016, S. 223–236.
Kupferberg, Yael: Antisemitismus in Deutschland – Kontinuität oder Zeitenwende? In: Zentralrat der Juden (Hrsg.), „Du Jude" – Antisemitismus-Studien und ihre Konsequenzen, Leipzig 2020, S. 35–46.
Kupferberg, Yael: Erfahrungen am Bild. Essayistische Überlegungen zur bildhaften Aneignung im sakralen Raum, in: Evangelische Akademie zu Berlin/Christian Staffa (Hrsg.), Bilderverbot? Zum Umgang mit antisemitischen Bildern an und in Kirchen, epd-Dokumentation, Nr. 27–28, Frankfurt am Main 2022, S. 49–51.
Lambrecht, Lars (Hrsg.): Osteuropa in den Revolutionen von 1848. Frankfurt am Main 2006.
Lambrecht, Lars: „Antisemitismus" und „Demokratie" im Frankfurter Parlament, in: Lambrecht, Lars (Hrsg.): Osteuropa in den Revolutionen von 1848. Frankfurt am Main 2006, S. 133–153.
Lampugnani, Vittorio Magnago/Rainer Schützeichel (Hrsg.): Die Stadt als Raumentwurf. Theorien und Projekte im Städtebau seit dem Ende des 19. Jahrhunderts, Berlin 2017.
Landes, David: The Jewish Merchant. Typologie and Stereotypologie in Germany, Leo Baeck Institute Yearbook 19 (1974), S. 11–23.
Landesman, Dovid/David Kranzler: Rav Breuer. His Life and His Legacy, Jerusalem/New York 1998.
Langewiesche, Dieter: Revolution in Deutschland. Verfassungsstaat – Nationalstaat – Gesellschaftsreform, in: Dieter Dowe/Heinz-Gerhard Haupt/Dieter Langewiesche (Hrsg.), Europa 1848. Revolution und Reform (Reihe: Politik und Gesellschaftsgeschichte, Bd. 48), Bonn 1998, S. 167–195.
Langham, Raphael: The Reaction in England to the Kidnapping of Edgardo Mortara, in: Jewish Historical Studies 39 (2004), S. 79–101.
Laudage-Kleeberg, Regina/Hannes Sulzenbacher (Hrsg.): Treten Sie ein! Treten Sie aus! Warum Menschen ihre Religion wechseln, Berlin 2012.
Lee, Carol Ann: Otto Franks Geheimnis. Der Vater von Otto Frank und sein verborgenes Leben, München/Zürich 2005.
Lehner, Ulrich: Kants Vorsehungskonzept auf dem Hintergrund der deutschen Schulphilosophie und -theologie, Leiden 2007.
Lenger, Friedrich: Werner Sombart 1863–1941. Eine Biographie, München 1994.

Lenhard, Philipp/Gregor Pelger/Mirjam Zadoff: Von der Sondergeschichte zur integrierten Geschichte. Jüdische Geschichte im Schulunterricht, in: Münchner Beiträge zur jüdischen Geschichte und Kultur 1 (2015), S. 11–26.
Lenhard, Philipp: „In den Marxschen Begriffen stimmt etwas nicht". Friedrich Pollock und der Anfang der Kritischen Theorie, in: Sans Phrase. Zeitschrift für Ideologiekritik 5 (2014), S. 5–16.
Lenhard, Philipp: Volk oder Religion? Die Entstehung moderner jüdischer Ethnizität in Frankreich und Deutschland 1782–1848, München 2014.
Lenhard, Philipp: „An Institution of Nazi Statesmanship". Friedrich Pollock's Theoretical Contribution to the Study of Anti-Semitism, in: New German Critique 43 (2016), S. 195–214.
Lenhard, Philipp: Staatskapitalismus und Automation. Einblicke in die Kritik der politischen Ökonomie im Spätwerk Herbert Marcuses und Friedrich Pollocks, in: Zeitschrift für kritische Theorie 42/43 (2016), S. 9–39.
Lenhard, Philipp: Abschied vom Marxismus? Friedrich Pollock, Franz L. Neumann und die Entstehung der kritischen Theorie des Antisemitismus im amerikanischen Exil, 1939–1945, in: Bettina Bannasch/Helga Schreckenberger/Alan E. Steinweis (Hrsg.): Exilforschung. Ein internationales Jahrbuch, München 2016, S. 148–170.
Lenhard, Philipp: Friedrich Pollock. Die graue Eminenz der Frankfurter Schule, Berlin 2019.
Lenhard, Philipp: Kritische Theorie und Jüdische Studien, in: Mittelweg 36 3 (Juni/Juli 2021), S. 30–31.
Lenhard, Philipp: Wahlverwandtschaften. Eine Kulturgeschichte der Freundschaft im deutschen Judentum, 1888–1938. Habilitationsschrift, München 2021.
Lévy, Alfred: Erich Fromm – Humanist zwischen Tradition und Utopie, Würzburg 2001.
Liberles, Robert: Leopold Stein and the Paradox of Reform Clericalism, 1844–1862, in: Leo Baeck Institute Yearbook 27 (1982), S. 261–279.
Liberles, Robert: Religious Conflict in Social Context. The Resurgence of Orthodox Judaism in Frankfurt am Main, 1838–1877, Westport 1985
Lieberles, Robert: Was There a Jewish Movement for Emancipation in Germany? In: Leo Baeck Institute Yearbook 31 (1986), S. 35–49.
Liberles, Robert: Religious Trends and Tensions – Orthodoxy and Reform in Frankfurt in the 19th and 20th Centuries, in: Karl E. Grözinger (Hrsg.), Jüdische Kultur in Frankfurt am Main von den Anfängen bis zur Gegenwart. Ein internationales Symposium der Johann-Wolfgang-Goethe-Universität Frankfurt am Main und des Franz Rosenzweig Research Center for German Jewish Literature and Cultural History, Wiesbaden 1997, S. 207–216.
Libson, Gideon: Hidden Worlds and Open Shutters. S. D. Goitein Between Judaism and Islam, in: David N. Myers/David Ruderman (Hrsg.), The Jewish Past Revisited. Reflections on Modern Jewish Historians, New Haven 1998, S. 163–198.
Liebeschütz, Hans: German Radicalism and the Formation of Jewish Political Attitudes during the Earlier Part of the Nineteenth Century, in: Alexander Altman (Hrsg.), Studies in Nineteenth-Century Jewish Intellectual History, Cambridge 1964, S. 141–170.
Lischka, Marion: Liebe als Ritual. Eheanbahnung und Brautwerbung in der frühneuzeitlichen Grafschaft Lippe, Paderborn 2006.
Lowenstein, Steven M./Paul Mendes-Flohr/Peter Pulzer/Monika Richarz: Deutsch-jüdische Geschichte in der Neuzeit, Bd. 3 1871–1918, München 2000.
Löwy, Michael: Erlösung und Utopie. Jüdischer Messianismus und libertäres Denken. Eine Wahlverwandtschaft, Berlin 1997.
Lustiger, Arno (Hrsg.): Jüdische Stiftungen in Frankfurt am Main, Frankfurt am Main 1988, S. 73–94.
Lynn von Boeckmann, Staci: The Life and Work of Gretel Karplus/Adorno. Her Contributions to Frankfurt School Theory, Phil. Diss., University of Oklahoma 2004.

Maier, Joseph: Jüdisches Erbe aus deutschem Geist, in: Alfred Schmidt/Norbert Altwicker (Hrsg.), Max Horkheimer heute. Werk und Wirkung, Frankfurt am Main 1986, S. 146–162.

Maierhof, Gudrun: Die „vielen Leben" der Bertha Pappenheim – von der „Anna O." zur Schriftstellerin, Frauenrechtlerin und Sozialreformerin, in: Evelyn Brockhoff/Ursula Kern (Hrsg.), Frankfurter Frauengeschichten, Frankfurt am Main 2017, S. 148–161.

Maihofer, Andrea: Geschlecht als Existenzweise. Macht, Moral, Recht und Geschlechterdifferenz, Frankfurt am Main 1995.

Mairbäurl, Gunda: Die Familie als Werkstatt der Erziehung. Rollenbilder des Kindertheaters und soziale Realität im späten 18. Jahrhundert, München 1983.

Mangold-Will, Sabine: Der Islamwissenschaftler Josef Horovitz und seine islamische Welt in der Zwischenkriegszeit, in: Münchner Beiträge zur Jüdischen Geschichte und Kultur 2 (2020), S. 27–37.

Maòr, Maimon: Max Horkheimer, Berlin 1981.

Marcuse, Ludwig: Revolutionär und Patriot. Das Leben Ludwig Börnes, Leipzig 1929.

Marramao, Giacomo: Political Economy and Critical Theory, in: Telos 24 (Sommer 1974), S. 56–80.

Martins, Ansgar: Adorno und die Kabbala, Potsdam 2016.

Matsuda, Mari: Beside my Sister. Facing the Enemy. Legal Theory out of Coalition, in: Stanford Law Review 43 (1991), S. 1183–1192.

Mayer, Eugen E.: Nehemia Anton Nobel, in: Leo Jung (Hrsg.), Guardians of our Heritage, New York 1958, S. 565–580.

Mayer, Hans: Außenseiter, Frankfurt am Main 2016.

Meir, Ephraim: Auf dem Weg zu einem Bet Midrasch im Geist von Franz Rosenzweig, in: Zeitschrift für christlich-jüdische Begegnung im Kontext 3/2017, S. 182–190.

Meiring, Kerstin: Die christlich-jüdische Mischehe in Deutschland: 1840–1933, Hamburg 1998.

Meisels, Samuel: Apologeten des Judentums, in: Jüdisches Lexikon, Bd. 1, Berlin 1927, Sp. 391–396.

Mendes-Flohr, Paul: Jüdische Identität. Die zwei Seelen der deutschen Juden, München 2004.

Mendes-Flohr, Paul: Freies Jüdisches Lehrhaus, in: Dan Diner (Hrsg.), Enzyklopädie jüdischer Geschichte und Kultur, Bd. 2, Stuttgart, Weimar 2012, S. 376.

Meyer, Michael A.: Alienated Intellectuals in the Camp of Religious Reform: The Frankfurt Reformfreunde, 1842–1845, in: AJS Review 6 (1984), S. 61–86.

Meyer, Michael A.: Response to Modernity. A History of the Reform Movement in Judaism, Detroit 1995.

Meyer, Michael A.: Jüdische Wissenschaft und jüdische Identität, in: Julius Carlebach (Hrsg.), Wissenschaft des Judentums. Anfänge der Judaistik in Europa, Darmstadt 1998, S. 3–20.

Meyer, Michael A.: Antwort auf die Moderne. Geschichte der Reformbewegung im Judentum, Wien/Köln/Weimar 2000.

Meyer, Michael A.: Two Persistent Tensions within Wissenschaft des Judentums, in: Modern Judaism 24 (2004), S. 105–119.

Michael, Reuven: I. M. Jost und sein Werk, in: Bulletin des Leo Baeck Instituts 3 (1960), S. 239–258.

Molendijk, Arie L.: Aus dem Dunklen ins Helle. Wissenschaft und Theologie im Denken von Heinrich Scholz, Amsterdam 1991.

Momigliano, Anna: Why Some Catholics Defend the Kidnapping of a Jewish Boy, in: The Atlantic, 24. Januar 2018, https://www.theatlantic.com/international/archive/2018/01/some-catholics-are-defending-the-kidnapping-of-a-jewish-boy/551240/, letzter Zugriff 31. März 2022.

Morgenstern, Matthias: Von Frankfurt nach Jerusalem. Isaac Breuer und die Geschichte des Austrittsstreits in der deutsch-jüdischen Orthodoxie, Tübingen 1995.

Morgenstern, Matthias: Jüdisch-orthodoxe Wege zur Bibelkritik, in: Judaica 56 (2000), S. 178–192.

Morgenstern, Matthias: Von „jüdischer Züchtigkeit und sinnlichem Vergnügen". Die Kommentare zum Hohenlied von H. Graetz und R. Breuer, in: Frankfurter Judaistische Beiträge 28 (2001), S. 121–148.

Mork, Gordon T.: German Nationalism and Jewish Assimilation. The Bismarck Period, in: Leo Baeck Institute Yearbook 81 (1977), S. 81–90.

Mosse, George L.: The Crisis of German Ideology, New York 1964.

Mülder-Bach, Inka: Schlupflöcher. Die Diskontinuität des Diskontinuierlichen im Werk Siegfried Kracauers, in: Michael Kessler/Thomas Y. Levin (Hrsg.), Siegfried Kracauer. Neue Interpretationen, Tübingen 1990, S. 249–266.

Müller-Doohm, Stefan: Adorno. Eine Biographie, Frankfurt am Main 2003.

Myers, David N.: The Fall and Rise of Jewish Historicism: The Evolution of the Akademie für die Wissenschaft des Judentums (1919–1934), in: Hebrew Union College Annual 63 (1992), S. 107–144.

Nash, Jennifer: Black Feminism Reimagined. After Intersectionality, Durham 2019.

Nashman Fraiman, Susan: The Expressive Hostility of Moritz Oppenheim, in: Leo Baeck Institute Yearbook 61 (2016), S. 137–161.

Nelson, Cary: The Devil's Intersectionality. Contemporary Cloaked Academic Antisemitism, in: Journal of Contemporary Antisemitism 2 (2019), Nr. 2, S. 1–10.

Nenning, Günther: Biographie Carl Grünberg, in: Archiv für die Geschichte des Sozialismus und der sozialen Bewegung. Indexband, Graz 1973, S. 3–224.

Niebergall, Alfred: Die Geschichte der evangelischen Trauung in Hessen, Göttingen 1972.

Niethammer, Lutz: Anmerkungen zur Alltagsgeschichte, in: Geschichtsdidaktik 4 (1980), S. 231–242.

Nipperdey, Thomas: Verein als soziale Struktur in Deutschland im späten 18. und frühen 19. Jahrhundert, in: Hartmut Boockmann u. a. (Hrsg.), Geschichtswissenschaft und Vereinswesen im 19. Jahrhundert. Beiträge zur Geschichte historischer Forschung in Deutschland, Göttingen 1972, S. 1–44.

Nipperdey, Thomas: Deutsche Geschichte 1866–1918. Bd. 1: Arbeitswelt und Bürgergeist, München 1990.

Nonn, Christoph: 12 Tage und ein halbes Jahrhundert. Eine Geschichte des deutschen Kaiserreichs 1871–1918, München 2020.

Nubola, Cecilia/Andreas Würgler (Hrsg.): Bittschriften und Gravamina, Berlin 2005.

Oelke, Harry/Christopher Spehr (Hrsg.): Das Eisenacher „Entjudungsinstitut". Kirche und Antisemitismus in der NS-Zeit, Göttingen 2021.

Ott, Monty: Übersetzungsfehler oder Ausdruck deutscher Erinnerungsabwehr? (Queere) Jüd:innen als lebende Widersprüche zu intersektionaler Analyse in Deutschland, in: Jahrbuch Sexualitäten 2021, Göttingen 2021, S. 108–128.

Otto, Arnim: Juden im Frankfurter Osten, 1796–1945, Offenbach 1997.

Papen-Bodek, Patricia von: Anti-Jewish Research of the Institut zur Erforschung der Judenfrage or Außenstelle of the High School of the NSDAP in Frankfurt am Main, in: Jeffrey M. Diefendorf (Hrsg.), Lessons and Legacies, Bd. 6: New Currents in Holocaust Research, Evanston 2004, S. 155–189.

Paupié, Kurt: Die Frankfurter Zeitung, in: Heinz-Dietrich Fischer (Hrsg.), Deutsche Zeitungen des 17. bis 20. Jahrhunderts, Pullach 1972, S. 241–256.

Pazi, Margarita: Fanny Lewald – Das Echo der Revolution von 1848 in ihren Schriften, in: Walter Grab/Julius H. Schoeps (Hrsg.), Juden im Vormärz und in der Revolution von 1848, Stuttgart/Bonn 1983, S. 233–271.

Petuchowski, Jakob J.: Frankfurt Jewry. A Model of Transition to Modernity, in: Leo Baeck Institute Yearbook 29 (1984), S. 405–417.

Petuchowski, Jakob J.: Prayerbook Reform in Europe, New York 1969.
Philipp, Klaus Jan: Die Anfänge der Stildiskussion in Deutschland, in: Zwischen Glaspalast und Maximilianeum. Architektur zur Zeit Maximilians II., 1848–1864 (Ausstellung des Architekturmuseums der TU München und des Stadtmuseums München 7. März – 1. Juni 1997), München 1997, S. 52–63.
Philipson, David: The Reform Movement, New York 1931.
Pine, Lisa (Hrsg.): The Family in Modern Germany, London 2020.
Post, Bernhard: Judentoleranz und Judenemanzipation in Kurmainz: 1774–1813, Wiesbaden 1985.
Postone, Moishe/Barbara Brick: Friedrich Pollock and the Primacy of the Political. A Critical Reexamination, in: International Journal of Politics 6 (1976), Nr. 3, S. 3–28.
Pressler, Mirjam (unter Mitarbeit von Gerti Elias): „Grüße und Küsse an alle". Die Geschichte der Familie von Anne Frank, Frankfurt am Main 2009.
Pressler, Mirjam: Anne Franks Leben, in: Anne Frank, Gesamtausgabe. Tagebücher – Geschichten und Ereignisse aus dem Hinterhaus – Erzählungen – Briefe – Fotos und Dokumente, hrsg. v. Anne Frank Fonds, Frankfurt am Main 2013, S. 505–515.
Pressler, Mirjam: Die Geschichte der Familie von Anne Frank, in: Anne Frank, Gesamtausgabe. Tagebücher – Geschichten und Ereignisse aus dem Hinterhaus – Erzählungen – Briefe – Fotos und Dokumente, hrsg. v. Anne Frank Fonds, Frankfurt am Main 2013, S. 516–526.
Pulzer, Peter: The Rise of Political Antisemitism in Germany and Austria. Überarb. Aufl., London 1987.
Rabinbach, Anson: Between Apocalypse and Enlightenment. Benjamin, Bloch, and Modern German-Jewish Messianism, in: Anson Rabinbach: In the Shadow of Catastrophe. German Intellectuals between Enlightenment and Apocalypse, Berkeley 1997, S. 27–65.
Rabinbach, Anson: The Cunning of Unreason. Mimesis and the Construction of Anti-Semitism in Horkheimer und Adorno's *Dialectic of Enlightenment*, in: Anson Rabinbach: In the Shadow of Catastrophe: German Intellectuals between Enlightenment and Apocalypse, Berkeley 1997, S. 166–198.
Rabinbach, Anson: Why Were the Jews Sacrificed? The Place of Anti-Semitism in Dialectic of Enlightenment, in: New German Critique 81 (2000), S. 49–64.
Rabinbach, Anson: Israel, die Diaspora und das Bilderverbot in der Kritischen Theorie, in: Monika Boll/Raphael Gross (Hrsg.), Die Frankfurter Schule und Frankfurt. Eine Rückkehr nach Deutschland, Göttingen 2009, S. 252–263.
Rahden, Till van/Michael Stolleis (Hrsg.), Emanzipation und Recht. Zur Geschichte der Rechtswissenschaft und der jüdischen Gleichberechtigung, Frankfurt am Main 2021.
Raz-Krakotzkin, Amnon: The Censor, the Editor, and the Text. The Catholic Church and the Shaping of the Jewish Canon in the Sixteenth Century, Philadelphia 2007.
Reade, Cyril: Mendelssohn to Mendelsohn. Visual Case Studies of Jewish Life in Berlin, Oxford 2007.
Reichmann, Eva G.: Max Horkheimer the Jew. Critical Theory and Beyond, in: Leo Baeck Institute Yearbook 19 (1974), S. 181–195.
Rengstorf, Karl Heinrich: Das Institutum Judaicum Delitzschianum 1886–1961, Münster 1963.
Richarz, Monika: Die Entwicklung der jüdischen Bevölkerung, in: Monika Richarz/Steven M. Lowenstein/Paul Mendes-Flohr/Peter Pulzer, Deutsch-jüdische Geschichte in der Neuzeit, Bd. 3: 1871–1918, München 2000, S. 13–38.
Richarz, Monika: Eine weibliche Unterschicht aus der „Hefe des Pöbels"? Nachrichten über jüdische Mägde, in: Institut für die Geschichte der Juden Österreichs (Hrsg.), Juden in Mitteleuropa, gestern, heute, St. Pölten 2002, S. 56–63.
Richarz, Monika: Weihnukka. Das Weihnachtsfest im jüdischen Bürgertum, in: Weihnukka. Geschichten von Weihnachten und Chanukka, Jüdisches Museum Berlin, (Katalog zur Ausstellung vom 28. Oktober 2005 – 29. Januar 2006), Berlin 2005, S. 86–99.

Richarz, Monika: Mägde, Migration und Mutterschaft. Jüdische Frauen der Unterschicht im 18. Jahrhundert, in: Aschkenas 28 (2018), S. 39–69.

Ries, Wiebrecht: „Die Rettung des Hoffnungslosen". Zur „theologia occulta" in der Spätphilosophie Horkheimers und Adornos, in: Zeitschrift für philosophische Forschung 30 (1976), S. 69–81.

Rippmann, Inge: Jeanette Strauß-Wohl (1783–1861). „Die bekannte Freyheitsgöttinn". Versuch eines Porträts der Freundin Ludwig Börnes, in: Irina Hundt (Hrsg.), Vom Salon zur Barrikade. Frauen der Heinezeit, Stuttgart 2002, S. 75–90.

Röder, Werner/Herbert A. Strauss (Hrsg.), Biographisches Handbuch der deutschsprachigen Emigration nach 1933, Bd. 1: Politik, Wirtschaft, Öffentliches Leben, München 1980.

Rosen, Zvi: Max Horkheimer, München 1995.

Rosenbloom, Noah H.: Tradition in an Age of Reform. The Religious Philosophy of Samson Raphael Hirsch, Philadelphia 1976.

Roth, Cecil: Illustrierte Geschichte der jüdischen Kunst. Neuberab. von Abraham Melzer, Neu Isenburg 2005.

Roth, Ralf: „Der Toten Nachruhm". Aspekte des Mäzenatentums in Frankfurt am Main (1750–1914), in: Jürgen Kocka/Manuel Frey (Hrsg.), Bürgerkultur und Mäzenatentum im 19. Jahrhundert, Berlin 1998, S. 99–127.

Rupnow, Dirk: Judenforschung im Dritten Reich. Wissenschaft zwischen Politik, Propaganda und Ideologie, Baden-Baden 2011.

Rürup, Reinhard: Der Fortschritt und seine Grenzen. Die Revolution von 1848 und die europäischen Juden, in: Dieter Dowe/Heinz-Gerhard Haupt/Dieter Langewiesche (Hrsg.), Europa 1848. Revolution und Reform (Reihe: Politik und Gesellschaftsgeschichte, Bd. 48), Bonn 1998, S. 985–1005.

Ruttmann, Ulrike: Die Nationalversammlung in der Paulskirche, in: Lothar Gall (Hrsg.), 1848. Aufbruch zur Freiheit, Berlin 1998, S. 185–231.

Sachße, Christoph/Florian Tennstedt: Geschichte der Armenfürsorge in Deutschland, Bd. 2: Fürsorge und Wohlfahrtspflege 1871 bis 1929, Stuttgart 1988.

Sachße, Christoph: Mütterlichkeit als Beruf. Sozialarbeit, Sozialreform und Frauenbewegung 1871–1929, Frankfurt am Main 1986.

Schaefer, Hartmut: Die Stadtbibliothek 1884–1913, in: Klaus-Dieter Lehmann (Hrsg.), Bibliotheca Publica Francofurtensis: 500 Jahre Stadt- und Universitätsbibliothek Frankfurt am Main, Textband, Frankfurt am Main 1985, S. 119–204.

Schäfer, Dietrich (Hrsg.): Fanny Lewald, Erinnerungen aus dem Jahre 1848, Frankfurt am Main 1969.

Schambach, Karin: Wetterleuchten der Revolution, in: Lothar Gall (Hrsg.), 1848. Aufbruch zur Freiheit, Berlin 1998, S. 39–83.

Schembs, Hans-Otto: Der Börneplatz in Frankfurt am Main. Ein Spiegelbild jüdischer Geschichte, Frankfurt am Main 1987, S. 34–35.

Schembs, Hans-Otto: Jüdische Mäzene und Stifter in Frankfurt am Main, Frankfurt am Main 2007.

Schiefelbein, Dieter: Das „Institut zur Erforschung der Judenfrage Frankfurt am Main". Antisemitismus als Karrieresprungbrett im NS-Staat, in: Fritz-Bauer-Institut (Hrsg.), „Beseitigung des jüdischen Einflusses...". Antisemitische Forschung, Eliten und Karrieren im Nationalsozialismus, Frankfurt am Main usw. 1999, S. 43–71.

Schimmang, Jochen: Adorno wohnt hier nicht mehr, Hamburg 2019.

Schivelbusch, Wolfgang: Intellektuellendämmerung. Zur Lage der Frankfurter Intelligenz in den zwanziger Jahren, Frankfurt am Main 1982.

Schlotzhauer, Inge: Das Philanthropin 1804–1942. Die Schule der Israelitischen Gemeinde in Frankfurt am Main, Frankfurt am Main 1990.

Schmid Noerr, Gunzelin: Die Stellung der Dialektik der Aufklärung in der Entwicklung der Kritischen Theorie. Bemerkungen zu Autorschaft, Entstehung, einigen theoretischen Implikationen und späterer Einschätzung durch die Autoren in: Max Horkheimer, Gesammelte Schriften, Bd. 5: „Dialektik der Aufklärung" und Schriften 1940–1950, hrsg. v. Alfred Schmidt u. Gunzelin Schmid Noerr, Frankfurt am Main 1987, S. 423–452.

Schmid Noerr, Gunzelin: Die Geste der Skepsis – Horkheimers späte Notizen, in: Max Horkheimer, Nachgelassene Schriften 1949–1972, Gesammelte Schriften, Bd. 14, hrsg. v. Gunzelin Schmid Noerr, Frankfurt am Main 1988, S. 551–555.

Schmid, Pia: Bürgerlicher Kindheitsentwurf und Kinderliteratur der Aufklärung, in: Bettina Bannasch/Eva Matthes (Hrsg.), Kinder- und Jugendliteratur. Historische, erzähl- und medientheoretische, pädagogische und therapeutische Perspektiven, Münster 2018, S. 17–32.

Schmidt, Alfred: Max Horkheimer und die „Zeitschrift für Sozialforschung", in: Karl E. Grözinger (Hrsg.), Jüdische Kultur in Frankfurt am Main von den Anfängen bis zur Gegenwart. Ein internationales Symposium der Johann-Wolfgang-Goethe-Universität Frankfurt am Main und des Franz Rosenzweig Research Center for German Jewish Literature and Cultural History, Wiesbaden 1997, S. 355–372.

Schnädelbach, Anna/Michael Lennarz/Jürgen Steen (Hrsg.): Frankfurts demokratische Moderne und Leopold Sonnemann. Jude – Verleger – Politiker – Mäzen, Frankfurt am Main 2009.

Schochow, Werner: Deutsch-Jüdische Geschichtswissenschaft. Eine Geschichte ihrer Organisationsformen unter besonderer Berücksichtigung der Fachbibliographie, Berlin 1969.

Schoeps, Julius H.: An der Seite der Unterdrückten. Ludwig Kalisch (1814–1882) im Vormärz, in der Revolution von 1848 und im französischen Exil, in: Walter Grab/Julius H. Schoeps (Hrsg.), Juden im Vormärz und in der Revolution von 1848, Stuttgart/Bonn 1983, S. 331–351.

Schoeps, Julius H.: Deutsch-jüdische Symbiose oder Die mißglückte Emanzipation, Darmstadt 1996.

Schoeps, Julius H.: Gabriel Riesser. Demokrat – Freiheitskämpfer – Vordenker, Leipzig 2020.

Schoeps, Julius H.: Im Kampf um die Freiheit. Preußens Juden im Vormärz und in der Revolution von 1848, Hamburg 2022.

Schorsch, Ismar: From Text to Context. The Turn to History in Modern Judaism, Hanover 1994.

Schottroff, Willy: Martin Buber an der Universität Frankfurt am Main, in: Dieter Stoodt (Hrsg.), Martin Buber – Erich Foerster – Paul Tillich. Evangelische Theologie und Religionsphilosophie an der Universität Frankfurt a. M. 1914 bis 1933, Frankfurt am Main usw. 1990, S. 69–131.

Schottroff, Willy: Nur ein Lehrauftrag. Zur Geschichte der jüdischen Religionswissenschaft an der deutschen Universität, in: Willy Schottroff, Das Reich Gottes und der Menschen. Studien über das Verhältnis der christlichen Theologie zum Judentum, München 1991, S. 9–30.

Schraub, David: White Jews. An Intersectional Approach, in: AJS Review 43 (2019), S. 379–407.

Schröder, Iris: Arbeiten für eine bessere Welt. Frauenbewegung und Sozialreform 1890–1914, Frankfurt am Main 2001.

Schulz, Andreas: Herrschaft durch Verwaltung. Die Rheinbundreformen in Hessen-Darmstadt unter Napoleon (1803–1815), Stuttgart 1991.

Schütz, Chana C. (Hrsg.): Das Berliner Rabbinerseminar 1873–1938, Berlin 2008.

Schwarz, Hans-Peter (Hrsg.): Die Architektur der Synagoge (Ausstellung vom 11. November 1988 – 12. Februar 1989, Deutsches Architekturmuseum Frankfurt am Main), Frankfurt am Main 1988.

Schweikardt, Christoph: Die Auseinandersetzung um die Einführung des Preußischen Krankenpflegeexamens von 1907 bei den katholischen Orden und der evangelischen Mutterhausdiakonie, in: Pflege 20 (2007), S 372–380.

Schwemer, Richard: Geschichte der Freien Stadt Frankfurt a. M. (1814–1866), Bd. 2., Frankfurt am Main 1912.

Schwöbel, Christoph: Martin Rade. Das Verhältnis von Geschichte, Religion und Moral als Grundproblem seiner Theologie, Gütersloh 1980.
Seemann, Birgit/Edgar Bönisch: Das Gumpertz'sche Siechenhaus – ein „Jewish Place" in Frankfurt am Main, Frankfurt am Main 2019.
Seidler, Eduard: Geschichte der Medizin und Krankenpflege, Stuttgart 1993.
Senger, Valentin: Der beschnittene Engel oder Die vergessenen Juden in Frankfurt, in: Siegbert Wolf (Hrsg), Frankfurt am Main. Jüdisches Städtebild, Frankfurt am Main 1996, S. 177–190.
Siegmann, Thomas: ...er heftete seine Seele an den lebendigen Gott. Spuren und Zeugnisse jüdischen Lebens in der Landgemeinde Hüffenhardt zwischen Odenwald, Kraichgau und Neckartal, Norderstedt 2018.
Silberner, Edmund (Hrsg.): Johann Jacoby. Briefwechsel 1816–1849, Hannover 1974.
Simon, Ernst: Aufbau im Untergang. Jüdische Erwachsenenbildung im nationalsozialistischen Deutschland als geistiger Widerstand, Tübingen 1959.
Smith, Jeffrey: The Image of Lessing and Mendelssohn in Die Deborah, Allgemeine Zeitung des amerikanischen Judenthums', in: Lessing Yearbook 13 (1981), S. 93–112.
Sorkin, David: The Transformation of German Jewry, 1780–1840, New York 1987.
Sorkin, David: Moses Mendelssohn and the Religious Enlightenment, Berkeley 1996.
Sorkin, David: Jewish Emancipation. A History Across Five Centuries, Princeton 2019.
Später, Jörg: Siegfried Kracauer. Eine Biographie, Berlin 2016.
Specht, Agnete von: Die Freie Stadt, in: Lothar Gall (Hrsg.), FFM 1200. Traditionen und Perspektiven einer Stadt, Sigmaringen 1994, S. 183–238.
Stahl, Patricia: Die Tradition jüdischer Wohlfahrtspflege in Frankfurt am Main vom 15. bis zum 19. Jahrhundert, in: Heuberger, Georg (Hrsg.), Zedaka. Jüdische Sozialarbeit im Wandel der Zeit. 75 Jahre Zentralwohlfahrtsstelle der Juden in Deutschland 1917–1992. Katalog zur gleichnamigen Ausstellung des Jüdischen Museums Frankfurt, Frankfurt am Main 1992, S. 58–70.
Stalder, Helmut: Hieroglyphen-Entzifferung und Traumdeutung der Großstadt, in: Andreas Volk (Hrsg.), Siegfried Kracauer. Zum Werk des Romanciers, Feuilletonisten, Architekten, Filmwissenschaftlers und Soziologen, Zürich 1996.
Stemmler, Joan K.: The Physiognomical Portraits of Johann Caspar Lavater, in: The Art Bulletin 75 (1993), S. 151–168.
Steppe, Hilde: „...Den Kranken zum Troste und dem Judenthum zur Ehre..." Zur Geschichte der jüdischen Krankenpflege in Deutschland, Frankfurt am Main 1997.
Stern, Fritz: The Integration of Jews in Nineteenth-Century Germany. Comments on the Papers of Lamar Cecil, Reinhard Rürup and Monika Richarz, in: Leo Baeck Institute Yearbook 20 (1975), S. 79–83.
Stern, Fritz: Gold und Eisen. Bismarck und sein Bankier Bleichröder, Reinbek 1980.
Stern, Fritz: Fünf Deutschland und ein Leben. Erinnerungen, München 2015.
Sticker, Anna: Die Entstehung der neuzeitlichen Krankenpflege, Stuttgart 1960.
Sticker, Anna: Theodor und Friederike Fliedner, Wuppertal/Zürich 1989.
Stögner, Karin: Intersectionality and Antisemitism – A New Approach, in: Fathom, May 2020, https://fathomjournal.org/intersectionality-and-antisemitism-a-new-approach/#_ftn1, letzter Zugriff 14. März 2022.
Stögner, Karin: New Challenges in Feminism. Intersectionality, Critical Theory, and anti-Zionism, in: Alan Rosenfeld (Hrsg.), Anti-Zionism and Antisemitism. The Dynamics of Delegitimization, Bloomington 2019, S. 84–111.

Stögner, Karin: Wie inklusiv ist Intersektionalität? Neue Soziale Bewegungen, Identitätspolitik und Antisemitismus, in: Samuel Salzborn (Hrsg.), Antisemitismus seit 9/11. Ereignisse, Debatten, Kontroversen, Baden-Baden 2019, S. 385–402.
Stuchlik, Gerda: Goethe im Braunhemd. Universität Frankfurt 1933–1945, Frankfurt am Main 1984.
Tal, Uriel: Christians and Jews in Germany Religion, Politics and Ideology in the Second Reich, 1870–1914, Ithaca 1975.
Tal, Uriel: Theologische Debatte um das „Wesen" des Judentums, in: Werner E. Mosse/Arnold Paucker (Hrsg.), Juden im Wilhelminischen Deutschland 1890–1914, Tübingen 1976, S. 599–632.
Tasch, Roland: Samson Raphael Hirsch. Jüdische Erfahrungswelten im historischen Kontext, Berlin 2011.
ten Brink, Tobias: Staatskapitalismus und die Theorie der verwalteten Welt. Friedrich Pollock und die Folgen, in: Westend. Neue Zeitschrift für Sozialforschung, 10 (2013), S. 128–136.
Tenfelde, Klaus: Die Entfaltung des Vereinswesens während der Industriellen Revolution in Deutschland (1850–1873), in: Otto Dann (Hrsg.), Vereinswesen und bürgerliche Gesellschaft in Deutschland, S. 55–114.
Thulin, Mirjam: Tradition und Edition: Der Verein Mekize Nirdamim als gelehrtes Netzwerk, in: Jahrbuch des Simon-Dubnow-Instituts 10 (2011), S. 36–67.
Toury, Jacob: Soziale und politische Geschichte der Juden in Deutschland 1847–1871, Düsseldorf 1977.
Ulbrich, Claudia: Shulamit und Margarete. Macht, Geschlecht, und Religion in einer ländlichen Gesellschaft des 18. Jahrhunderts, Wien 1999.
Ulbricht, Otto: Criminality and Punishment of the Jews in Early Modern Period, in: R. Po-Chia Hsia/Hartmut Lemann (Hrsg.), In and out of the Ghetto. Jewish-Gentile Relations in Late Medieval and Early Modern Germany, New York 1995, S. 49–70.
Valeur, Peter Svare: Notes On Friendship. Moses Mendelssohn and Gotthold Ephraim Lessing, in: Oxford German Studies 45 (2016), S. 142–156.
Voigts, Manfred: Oskar Goldberg: Der mythische Experimentalwissenschaftler. Ein verdrängtes Kapitel jüdischer Geschichte, Berlin 1992.
Volkov, Shulamit: Die Erfindung einer Tradition. Zur Entstehung des modernen Judentums in Deutschland, München 1992.
Volkov, Shulamit: Die Juden in Deutschland 1780–1918, München 2000.
Volkov, Shulamit: Jüdische Assimilation und Eigenart im Kaiserreich, in: Shulamit Volkov, Antisemitismus als kultureller Code. Zehn Essays, München 2000.
Volkov, Shulamit: Das jüdische Projekt der Moderne. Zehn Essays, München 2001.
Volkov, Shulamit: Deutschland aus jüdischer Sicht. Eine andere Geschichte. Vom 18. Jahrhundert bis zur Gegenwart, München 2022.
Walk, Josef (Hrsg.): Kurzbiographien zur Geschichte der Juden 1918–1945, München 1988.
Walter, Hans-Albert: Deutsche Exilliteratur 1933–1950, Bd. 1.1: Die Mentalität der Weimardeutschen, Die „Politisierung" der Intellektuellen, Stuttgart/Weimar 2003.
Walter-Busch, Emil: Geschichte der Frankfurter Schule. Kritische Theorie und Politik, München 2010.
Wassermann, Henry: False Start: Jewish Studies at German Universities during the Weimar Republic, Amherst 2003.
Wassermann, Henry: Fehlstart: Die „Wissenschaft vom späteren Judentum" an der Universität Leipzig (1912–1941), in: Stefan Wendehorst (Hrsg.), Die ersten Bausteine einer jüdischen Geschichte der Universität Leipzig, Leipzig 2006, S. 321–343.
Weber, Matthias: Die Revolution im Stadtstaat: die Freie Stadt Frankfurt am Main 1848–1850, in: Archiv für Frankfurts Geschichte und Kunst 64 (1998), S. 247–265.

Weinstein, Myron: The First Deinard Collection of the Library of Congress, in: Judaica Librarianship 12 (2006), S. 31–48.
Weissberg, Liliane: Kann das Judentum erneuert werden? Franz Rosenzweig und das Freie Jüdische Lehrhaus, in: Zeitschrift für Religions- und Geistesgeschichte 73 (2021), S. 104–120.
Weissberg, Liliane: Moritz Daniel Oppenheim, Johann Wolfgang Goethe und die Erfindung des jüdischen Bürgertums, in: Trumah 22 (2014), S. 69–91.
Weissberg, Liliane: Moritz Daniel Oppenheimer, Johann Wolfgang Goethe, and the Invention of the Jewish Bourgeoisie, in: Ezra Mendelsohn/Eli Lederhandler (Hrsg.), Picturing the Past. Essays in Honor of Richard I. Cohen, Jerusalem 2017, S. 183–209 (Hebräisch).
Wenzel, Mirjam/Sabine Kößling/Fritz Backhaus (Hrsg.), Jüdisches Frankfurt. Von der Aufklärung bis zur Gegenwart. Katalog zur Dauerausstellung des Jüdischen Museums Frankfurt, München 2020.
Westphal, Siegrid/Imken Schmidt-Voges/Anette Baumann (Hrsg.): Venus und Vulcanus. Ehen und ihre Konflikte in der Frühen Neuzeit, München 2011.
Wheatland, Thomas: The Frankfurt School in Exile, Minneapolis, London 2009.
Wiefel, Wolfgang: Von Strack zu Jeremias. Der Anteil der neutestamentlichen Wissenschaft an der Vorgeschichte der evangelischen Judaistik, in: Kurt Nowak/Gerhard Raulet (Hrsg.), Protestantismus und Antisemitismus in der Weimarer Republik, Frankfurt am Main/New York 1994, S. 95–125.
Wiener, Max: Jüdische Religion im Zeitalter der Emanzipation, Berlin 1933.
Wierling, Dorothee: Alltagsgeschichte und Geschichte der Geschlechterbeziehungen, in: Alf Lüdtke (Hrsg.), Alltagsgeschichte. Zur Rekonstruktion historischer Erfahrungen und Lebensweisen, Frankfurt am Main 1989, S. 160–190.
Wiese, Christian: Wissenschaft des Judentums und protestantische Theologie im wilhelminischen Deutschland. Ein „Schrei ins Leere"? Tübingen 1999.
Wiese, Christian: Ein unerhörtes Gesprächsangebot. Leo Baeck, die Wissenschaft des Judentums und das Judentumsbild des liberalen Protestantismus, in: Georg Heuberger/Fritz Backhaus (Hrsg.), Leo Baeck 1873–1956. „Mi gesa rabbanim" – Aus dem Stamme von Rabbinern, Frankfurt am Main 2001, S. 147–171.
Wiese, Christian: Struggling for Normality. The Apologetics of Wissenschaft des Judentums in Wilhelmine Germany as an Anti-Colonial Intellectual Revolt against the Protestant Construction of Judaism, in: Rainer Liedtke/David Rechter (Hrsg.), Towards Normality. Patterns of Assimilation and Acculturation in German Speaking Jewry, Tübingen 2003, S. 77–101.
Wiese, Christian: „The Best Antidote against Anti-Semitism"? Judaism, Biblical Criticism, and Anti-Semitism prior to the Holocaust, in: Andreas Gotzmann/Christian Wiese (Hrsg.), Modern Judaism and Historical Consciousness: Identities – Encounters – Perspectives, Leiden/Boston 2007, S. 145–192.
Wiese, Christian: Hochschule für die Wissenschaft des Judentums, in: Dan Diner (Hrsg.), Enzyklopädie jüdischer Geschichte und Kultur, Bd. 1, Stuttgart/Weimar 2012, S. 75–81.
Wiese, Christian: Biblischer Humanismus in dunkler Zeit: Martin Bubers Kommentare im Kontext jüdischer Auseinandersetzungen mit Bibelkritik und Antisemitismus, in: Martin Buber, Schriften zur biblischen Religion (Martin Buber-Werkausgabe Bd. 13), hrsg. von Christian Wiese unter Mitarbeit von Heike Breitenbach, Teilband 2, Gütersloh 2019, S. 1207–1260.
Wiese, Christian/Walter Homolka/Thomas Brechenmacher (Hrsg.): Jüdische Existenz in der Moderne. Abraham Geiger und die Wissenschaft des Judentums, Berlin 2012.
Wiese, Christian/Stefan Vogt/Mirjam Wenzel/Doron Kiesel/Gury Schneider Ludorff (Hrsg.): Das jüdische Frankfurt. Zerstörung und fragiler Neuanfang, 1933–1990, Berlin 2024.

Wiggershaus, Rolf: Die Frankfurter Schule. Geschichte, Theoretische Entwicklung, politische Bedeutung, München 1988.
Wiggershaus, Rolf: Friedrich Pollock – der letzte Unbekannte der Frankfurter Schule, in: Die Neue Gesellschaft/Frankfurter Hefte 8 (1994), S. 750–756.
Wiggershaus, Rolf: Max Horkheimer. Unternehmer in Sachen „kritische Theorie", Frankfurt am Main 2013.
Wolff, Carl/Rudolf Jung: Die Baudenkmäler in Frankfurt am Main, 2 Bde., Frankfurt am Main 1896–1898.
Wolfsberg, Oskar: Nehemias Anton Nobel 1871–1922. Versuch einer Würdigung, Frankfurt am Main 1922.
Wolfsberg, Oskar: als Jeschajahu Wolfsberg, Der Rabbiner Nechemija Zwi Nobel. Persönlichkeiten des Zionismus und der Geschichte der jüdischen Ansiedlung in Palästina (hebr.), Jerusalem 1943.
Wolfsberg, Oskar, als Jeschajahu Wolfsberg-Aviad: Der Rabbiner Dr. Nechemija Zwi Nobel, in: Schimon Federbusch (Hrsg.), Die Weisheit Israels in Westeuropa, Jerusalem/Tel-Aviv 1958, S. 353–360 (Hebräisch).
Wörner, Birgit: Reisen bildet. Bürgerliche Werte und individuelle Reisepraxis Ende des 19. und Anfang des 20. Jahrhunderts, in: Werner Plumpe/Jörg Lesczenski (Hrsg.), Bürgertum und Bürgerlichkeit zwischen Kaiserreich und Nationalsozialismus, Mainz 2009, S. 107–119.
Yedidya, Asaf: Orthodox Strategies in the Research of the *Wissenschaft des Judentums*, in: European Journal of Jewish Studies 5 (2011), S. 67–79.
Ziege, Eva-Maria: Antisemitismus und Gesellschaftstheorie. Die Frankfurter Schule im amerikanischen Exil, Frankfurt am Main 2009.
Zohlen, Gerwin: Schmugglerpfad. Siegfried Kracauer, Architekt und Schriftsteller, in: Michael Kessler/Thomas Y. Levin (Hrsg.), Siegfried Kracauer. Neue Interpretationen, Tübingen 1990, S. 325–344.

Herausgeberinnen und Herausgeber, Autorinnen und Autoren

Eva Sabrina Atlan ist stellvertretende Direktorin des Jüdischen Museums Frankfurt. Sie war von 2005 bis 2018 Kuratorin für Kunst und Judaica, anschließend Sammlungsleiterin. Nach dem Studium der Kunstgeschichte, Klassischen Archäologie und Romanistik in Frankfurt am Main, Forschungsaufenthalt in Boston/USA und Abschluss der Promotion an der Johann-Wolfgang-Goethe Universität 1997 über Samuel Bak. Neben dem neuen Dauerausstellungsbereich Pracht der Gebote zahlreiche Ausstellungen und Publikationen, darunter als Mitherausgeberin *Ewiges Licht. Samuel Bak. Eine Kindheit im Schatten des Holocaust* (Thorbecke, 1996), *Access to Israel* (2 Bde., König, 2008) und *1938. Kunst. Künstler. Politik* (Wallstein, 2013) und als Autorin und Mitherausgeberin *Die weibliche Seite Gottes. Kunst und Ritual* (Kerber Verlag, 2020). Sie ist Kuratorin der Ausstellung „Zurück ins Licht. Vier Künstlerinnen – Ihre Werke, ihre Wege" (Eröffnung November 2022) und Mitherausgeberin des gleichnamigen Kataloges (Kerber Verlag, 2022).

Cornelia Berger-Dittscheid ist selbständige Kunsthistorikerin und freie wissenschaftliche Mitarbeiterin am Synagogengedenkbuch Hessen. Sie hat an der Hochschule Mainz ein Architekturstudium mit dem Abschluss Dipl. Ing. absolviert. Nach dem Studium der Kunstgeschichte, der Klassischen Archäologie und Kirchengeschichte in Mainz, Erlangen und am kunsthistorischen Forschungsinstitut Bibliotheca Hertziana in Rom erfolgte die Promotion an der FAU Erlangen-Nürnberg. Die interdisziplinär angelegte Doktorarbeit behandelt das italienische Zisterzienserkloster Fossanova. Der Schwerpunkt ihrer Tätigkeit liegt auf dem Feld der Architektur- und Baugeschichte des Mittelalters sowie der jüdischen Geschichte und Architektur in Deutschland. Sie war von 2005 bis 2021 wissenschaftliche Mitarbeiterin am Synagogen-Gedenkband Bayern *Mehr als Steine*. Zuletzt konzipierte sie die im November 2021 im Staatsarchiv Würzburg eröffnete Wanderausstellung „Mehr als Steine" zur Synagogenarchitektur in Bayern.

Edgar Bönisch forscht als Historiker seit 2007 im Projekt Jüdische Pflegegeschichte an der Frankfurt University of Applied Sciences. Als promovierter Ethnologe liegen seine Themenschwerpunkte bei Organisationsstrukturen und in der Oral History. Er ist Verleger des Kula Verlags in Frankfurt am Main.

Micha Brumlik ist emeritierter Professor am Institut für Allgemeine Erziehungswissenschaft der Goethe-Universität Frankfurt am Main. Er studierte nach Ulpan und dem Studium an der Hebräischen Universität Jerusalem von 1969 bis 1977 Pädagogik und Philosophie an der Goethe-Universität Frankfurt am Main. Nach diversen Assistentenstellen übernahm er 1977 seine erste Professur an der Universität Hamburg und war von 1981–2000 Professor an der Universität Heidelberg. Bis 2013 war er dann Professor an der Goethe Universität und von 2000 bis 2005 Leiter des Fritz-Bauer-Institut zur Geschichte des Holocaust und seiner Wirkung. 2013 war Brumlik Distinguished Harris Visiting Professor am Dartmouth College. 2011 übersiedelte er nach Berlin, wo er seit 2013 Senior Professor am Selma Stern Zentrum Jüdische Studien Berlin-Brandenburg ist. Er ist Mitglied in der Jüdischen Gemeinde Berlin und war im Sommersemester 2016 Inhaber der Franz Rosenzweig Gastprofessur an der Universität Kassel.

Heike Drummer ist Historikerin und Diplom-Archivarin. Sie studierte Mittlere und Neuere Geschichte, Theater-, Film- und Fernsehwissenschaften sowie französische Sprache, Literatur und Kultur an der Goethe-Universität. Sie ist Mitgesellschafterin des Büros Drummer und Arns Historiker GbR. Seit 2014 ist sie Kuratorin für Zeitgeschichte am Jüdischen Museum Frankfurt. Ausstellungen u. a.: Gegen den Strom. Hilfe für verfolgte Juden aus Frankfurt und Hessen (Museum Judengasse, 2012), Jüdisches Frankfurt (Jüdisches Museum Frankfurt, 2020, Co-Kuratorin). Publikationen u. a.: *„… dem Wahren, Schönen und Guten zu dienen". Friedrich Krebs – Frankfurter Oberbürgermeister in der NS-Zeit*, in: Archiv für Frankfurts Geschichte und Kunst 73 (2012); *„Da verschiedene meiner Apparate […] reparaturbedürftig geworden sind". Zum Schicksal von Nini und Lina Hess nach dem Novemberpogrom 1938*, in: Eckhardt Köhn/Susanne Wartenberg (Hrsg.), Die Fotografinnen Nini und Carry Hess, München 2021.

Rachel Heuberger ist Historikerin und wissenschaftliche Bibliothekarin, gründete die Jüdische Volkshochschule in Frankfurt am Main und war Lehrbeauftragte am Seminar für Judaistik der Goethe-Universität. Von 1991 bis 2019 leitete sie die Hebraica- und Judaica Abteilung der Universitätsbibliothek der Goethe-Universität. Sie war für die Digitalisierung der historischen Hebraica und Judaica Bestände verantwortlich und koordinierte als Vorsitzende des Judaica Europeana Consortiums ebenfalls die Digitalisierung des jüdischen Kulturguts in der von der Europäischen Kommission erstellten Digitalen Bibliothek „Europeana". Rachel Heuberger hat zahlreiche Veröffentlichungen zur deutsch-jüdischen Geschichte in der Neuzeit, der Wissenschaft des Judentums, des hebräischen Buchdrucks sowie der Stellung der Frau im orthodoxen Judentum verfasst. Sie ist Vorsitzende des Gemeinderates der Jüdischen Gemeinde Frankfurt am Main sowie Vorsitzende der Schulkommission, Mitglied des wissenschaftlichen Beirats der Stiftung Neue Synagoge Berlin – Centrum Judaicum sowie im Vorstand diverser Stiftungen und Vereine.

Andrea Hopp ist Fellow am Zentrum für Antisemitismusforschung der Technischen Universität Berlin und Leiterin der Otto-von-Bismarck-Stiftung Schönhausen. Ihre Forschungsschwerpunkte sind die deutsch-jüdische und die deutsche Geschichte des 19. und 20. Jahrhunderts, insbesondere Emotionsgeschichte des Antisemitismus, Geschichtspolitik und Erinnerungskultur sowie Adels- und Bürgertumsgeschichte. Publikationen u. a.: *Jüdisches Bürgertum in Frankfurt am Main im 19. Jahrhundert* (Steiner, 1997); *„We were so bürgerlich!" Rekonstruktionen jüdischer Bürgerlichkeit am Beispiel Frankfurt am Main*, in: Stefan Gerber/Werner Greiling/Tobias Kaiser/Klaus Ries (Hrsg.), Zwischen Stadt, Staat und Nation. Bürgertum in Deutschland, Göttingen 2014; *„Der Sonē war uns oif dem Halz". Die Plünderung der Frankfurter Judengasse im Jahr 1614 während des Fettmilch-Aufstands (1612–1616)*, in: Michael Kohlstruck/Stefanie Schüler-Springorum/Ulrich Wyrwa (Hrsg.), Bilder kollektiver Gewalt – Kollektive Gewalt im Bild. Annäherungen an eine Ikonographie der Gewalt, Berlin 2015; *Die Flüchtlingskonferenz von Évian 1938 – Gemeinsam erzählte Geschichte. [Graphic Novel] nach dem Roman „Die Mission" von Hans Habe* (Hentrich & Hentrich, 2019, mit Katja Gosdek); *Im Scheinwerferlicht. Adeliger Antisemitismus und die Hohenzollern (1871–1945)*, in: Zeitschrift für Geschichtswissenschaft (2020); *Im Schatten des Staatsmanns. Johanna, Marie und Marguerite von Bismarck als adelige Akteurinnen (1824–1945)* (Brill, 2022)

Vera Kallenberg ist Historikerin und arbeitet an der Schnittstelle von Jüdischer Geschichte, Gender Studies, nordamerikanischer- und europäischer Geschichte. Derzeit ist sie wissenschaftliche Mitarbeiterin am Interdisziplinären Zentrum für Geschlechterstudien der Universität Bielefeld und Postdoktorandin im Graduiertenkolleg „Geschlecht als Erfahrung. Konstitution und Transformation gesellschaftlicher Existenzweisen". Sie promovierte in einem binationalen deutsch-französischen Rahmen (Cotutelle) in Darmstadt und Paris mit einer geschichtswissenschaftlichen Studie über Jüdinnen und

Juden in der Frankfurter Strafjustiz 1780–1814. Ihre Monografie wurde mit dem Arno-Lustiger-Preis im Rahmen des Rosl- und Paul-Arnsberg-Preises 2019 ausgezeichnet. Aktuell arbeitet sie an einer Habilitationsschrift zu Gerda Lerner (1920–2013), einer amerikanischen jüdischen feministischen Historikerin Wiener Herkunft und Pionierin der Women's History in den USA und darüber hinaus.

Doron Kiesel ist in Israel und Frankfurt am Main aufgewachsen. Nach dem Abitur studierte er Soziologie und Erziehungswissenschaften in Jerusalem, Frankfurt am Main und Heidelberg. 1998 wurde er zum Professor für Interkulturelle und Internationale Pädagogik in Erfurt berufen und ist seit 2016 Direktor der Bildungsabteilung des Zentralrats der Juden in Deutschland. Er publizierte zahlreiche Veröffentlichungen zu antisemitismuskritischer Bildung, Migration und Integration ethnisch-kultureller Minderheiten in Deutschland. Forschungsschwerpunkte sind: Verlauf und Muster der Integration der russischsprachigen jüdischen Zuwanderer und Zuwanderinnen in Deutschland; diversitätstheoretische Ansätze in der Migrationsforschung und Diskurse der deutschen und israelischen Erinnerungskultur.

Britta Konz studierte Theologie (Diplom) in Frankfurt am Main und Heidelberg sowie Master of Education (Kunst und Religion) in Oldenburg i. Oldb. Von 2001 bis 2017 war sie wissenschaftliche Mitarbeiterin an der Carl von Ossietzky Universität Oldenburg, von 2017 bis 2022 Professorin für Religionspädagogik an der Technischen Universität Dortmund. Seit 2022 ist sie Professorin für Praktische Theologie mit dem Schwerpunkt Religionspädagogik an der Johannes Gutenberg Universität Mainz. Sie hat an der Ruprecht-Karls-Universität Heidelberg promoviert mit einer Arbeit über Bertha Pappenheim und den Jüdischen Frauenbund und an der Universität Kassel habilitiert mit einer Arbeit über den Umgang mit Geschichte und Erinnerung im Religionsunterricht. Aktuell liegen ihre Forschungsschwerpunkte im Bereich von Flucht/Migration und Religion, Interreligiöses Lernen (mit Kunst), heterogenitätssensible und postkoloniale religiöse Bildung sowie DisAbility in der Migrationsgesellschaft

Salomon Korn, geboren 1943 in Lublin (Polen), ist seit 1999 Vorsitzender des Vorstands der Jüdischen Gemeinde Frankfurt am Main. Von 2003 bis 2014 war er Vizepräsident des Zentralrats der Juden in Deutschland und von 2003 bis 2015 Vorsitzender des Zentralarchivs zur Erforschung der Geschichte der Juden in Deutschland sowie Kuratoriumsvorsitzender der Hochschule für Jüdische Studien Heidelberg. Er ist Architekt, hat unter anderem das Jüdische Gemeindezentrum in Frankfurt am Main entworfen sowie zu architekturgeschichtlichen Themen, zur Strafvollzugsreform, zur Synagogenarchitektur, zur Mahnmalskultur und zur Geschichte der Juden in Deutschland nach 1945 publiziert.

Franziska Krah ist wissenschaftliche Mitarbeiterin am Jüdischen Museum Frankfurt und ist als solche verantwortlich für Archiv, Bibliothek und Familie Frank Zentrum. Darüber hinaus ist sie an der konzeptionellen Ausstellungsarbeit beteiligt. Sie studierte Geschichte, Gender Studies und Europäische Ethnologie in Freiburg, promovierte in Potsdam über die Geschichte der Antisemitismusforschung in Deutschland von 1900–1933 und arbeitete am Selma Stern Zentrum für Jüdische Studien Berlin-Brandenburg, am Leibniz-Institut für Europäische Geschichte Mainz sowie in verschiedenen Archiven. Sie publizierte vornehmlich zu jüdischen Autoren wie Binjamin Segel, Constantin Brunner, Arnold Zweig und Franz Werfel sowie zur Antisemitismusforschung.

Yael Kupferberg ist wissenschaftliche Mitarbeiterin und Projektleiterin am Zentrum für Antisemitismusforschung (ZfA)/Forschungsinstitut für Gesellschaftlichen Zusammenhalt an der Technischen Universität Berlin. Im Sommersemester 2022 vertrat sie die Martin-Buber-Professur an der Goethe-Universität Frankfurt am Main, von Oktober 2018 bis September 2020 war Yael Kupferberg Gast- bzw. Vertretungsprofessorin am ZfA, davor war sie als wissenschaftliche Mitarbeiterin am Lehrstuhl für Jüdische Religion und Philosophie, Universität Potsdam, tätig. Sie studierte neuere deutsche Literatur in Berlin (Freie Universität Berlin) und Jüdische Studien in Potsdam (Universität Potsdam), Tel Aviv (Tel Aviv University) und Philadelphia (University of Pennsylvania). Ihre Forschungsschwerpunkte sind die deutsch-jüdische Geistes- Literatur- und Beziehungsgeschichte, Kritische Theorie, Antisemitismustheorie und Jüdische Religionsphilosophie.

Philipp Lenhard ist DAAD Professor of History and German an der University of California, Berkeley und Privatdozent am Lehrstuhl für Jüdische Geschichte und Kultur der Ludwig-Maximilians-Universität München. Forschungsschwerpunkt ist die deutsche und europäische jüdische Geschichte vom 18. bis 20. Jahrhundert. 2014 erschien die mit dem Max-Weber-Preis der Bayerischen Akademie der Wissenschaften ausgezeichnete Dissertationsschrift *Volk oder Religion? Die Entstehung moderner jüdischer Ethnizität in Frankreich und Deutschland, 1782–1848* (Vandenhoeck & Ruprecht), 2019 die Biographie *Friedrich Pollock – die graue Eminenz der Frankfurter Schule* (Suhrkamp). Zuletzt ist die Habilitationsschrift *Wahlverwandtschaften. Eine Kulturgeschichte der Freundschaft im deutschen Judentum, 1888–1938* in der Schriftenreihe wissenschaftlicher Abhandlungen des Leo Baeck Instituts (Mohr Siebeck, 2023) erschienen. Derzeit arbeitet Philipp Lenhard an einer Biographie des Instituts für Sozialforschung (C. H. Beck, 2023).

Matthias Morgenstern ist Professor für Judaistik und Religionswissenschaft am Seminar für Religionswissenschaft und Judaistik/Institutum Judaicum der Universität Tübingen. Studium der Evangelischen Theologie und Judaistik u. a. in Tübingen, Zürich, Paris und Berlin. Wissenschaftlicher Assistent (1988–1994, Altes Testament, Tübingen), Pfarramt (Vaihingen/Enz), Promotion (1995) und Habilitation (2000). Gastprofessuren in Lille (Frankreich) und Pavia (Italien). Johannes Gutenberg-Preis der Universität Strasbourg 2017. Veröffentlichungen zur Geschichte der christlich-jüdischen Beziehungen in der Reformationszeit (kommentierte Ausgabe der *Judenschriften* Martin Luthers), zum modernen hebräischen Theater (Joshua Sobol), zur deutsch-jüdischen Orthodoxie (Frankfurter „Austrittsorthodoxie") und zur rabbinischen Literatur (Übersetzungen aus dem Talmud Yerushalmi). Zuletzt erschien eine Studie zum jüdisch-christlichen Gespräch im 4. Jahrhundert im Midrasch Genesis Rabba: *Die große Genesis-Dichtung. Juden und Christen im Gespräch über das erste Buch der Bibel* (Brill, 2022).

Susan Nashman Fraiman studierte an der Hebräischen Universität Jerusalem. Sie war Collection Manager im Yad Vashem Art Museum und hat seither zur jüdischen und israelischen Kunst unterrichtet, geforscht und kuratiert. Derzeit lehrt sie an der Rothberg International School der Hebräischen Universität und am Pardes Institute of Jewish Studies. Links zu ihrem Blog und zu ihren Publikationen finden sich auf artinisrael.net.

Gury Schneider-Ludorff ist evangelische Theologin und lebt in Frankfurt am Main. Seit 2005 ist sie Lehrstuhlinhaberin für Kirchen- und Dogmengeschichte an der Augustana-Hochschule, Neuendettelsau. Sie ist Co-Direktorin des dortigen Instituts für Christlich-Jüdische Studien und Beziehungen. Von 2011 bis 2020 war sie in der Leitung des Forschungs- und Publikationsprojektes „Synagogen-Gedenkbände Bayern" tätig und Mitherausgeberin dieser Bände. Seit 2019 ist sie an der Leitung des Projekts „Synagogengedenkbuch Hessen" beteiligt.

Birgit Seemann ist Sozialwissenschaftlerin und Historikerin und war von 1997 bis 2004 wissenschaftliche Mitarbeiterin am „Lexikon deutsch-jüdischer Autoren" (Goethe-Universität Frankfurt am Main und Akademie der Wissenschaften und der Literatur, Mainz). 2005 war sie Gastprofessorin an der Lettischen Kulturakademie Riga. 2020/21 war sie Stipendiatin der Hessischen Kulturstiftung. Seit 2006 arbeitet sie im Forschungsprojekt Jüdische Pflegegeschichte.

Jörg Später ist selbständiger Historiker, Autor und Lektor. Er gehört zur Forschungsgruppe Zeitgeschichte an der Universität Freiburg. Dort hat er Politikwissenschaft, Islamwissenschaften und Geschichte studiert und ist mit einer Dissertation über Lord Vansittart und die britischen Debatten über Deutschland (Wallstein, 2003) promoviert worden. Seit 2008 managt er das Journal of Modern European History. 2016 erschien seine Biographie über Siegfried Kracauer (englisch 2020) im Suhrkamp Verlag, die für den Sachbuchpreis der Leipziger Buchmesse nominiert wurde. Er arbeitet zurzeit an einem Buch über Adornos Schüler, das 2024 im Suhrkamp Verlag erscheinen wird, und hat 2021 das Heft *Metamorphosen der Kritischen Theorie* des Mittelweg 36 herausgegeben.

Sonja Thäder, geb. Beyer, ist Kuratorin der Abteilung „Familie Rothschild" in der neuen Dauerausstellung des Jüdischen Museums Frankfurt. Sie leitet die Abteilung Sammlungen, war zuvor die kommissarische Leiterin der Abteilung Ausstellungen und betreut zudem die Museumsdokumentation. Innerhalb der Sammlungen verwaltet sie den Bereich Bildende Kunst im 19. Jahrhundert. Für das Digitale Museum verantwortet sie die Online-Sammlung und ist an der Weiterentwicklung der Projekte Digitale Strategie, Mediaguide und METAhub Frankfurt beteiligt. Sie studierte Jüdische Studien und europäische Kunstgeschichte in Heidelberg mit den Schwerpunkten Jüdische Kunst und Geschichte im 19. Jahrhundert sowie Architekturgeschichte. Im Anschluss an das Magisterstudium realisierte sie ein Ausstellungsprojekt am Stadtmuseum Oldenburg und wechselte anschließend zur Museumslandschaft Hessen Kassel. Seit 2013 arbeitet sie am Jüdischen Museum Frankfurt und betreut neben Ausstellungen PopUp Projekte und Veranstaltungen.

Eva-Maria Ulmer war nach ihrer Tätigkeit als Internistin ab 1993 bis 2015 als Professorin an der damaligen Fachhochschule Frankfurt am Main im Fachbereich 4: Soziale Arbeit und Gesundheit tätig. Seit 2006 Projektleitung des drittmittelgeförderten Forschungsprojektes Jüdische Pflegegeschichte.

Stefan Vogt ist wissenschaftlicher Mitarbeiter und Forschungskoordinator an der Martin-Buber-Professur für jüdische Religionsphilosophie der Goethe Universität in Frankfurt am Main. Er hat an der Freien Universität Berlin promoviert und danach an der Universität von Amsterdam, der New York University und der Ben-Gurion Universität in Beer-Sheva gearbeitet. Seine hauptsächlichen Forschungsgebiete sind die deutsch-jüdische Geschichte, die Geschichte des Nationalismus und die Geschichte des Kolonialismus. Er ist unter anderem Autor von *Subalterne Positionierungen: Der deutsche Zionismus im Feld des Nationalismus in Deutschland, 1890–1933* (Wallstein-Verlag, 2016) und Herausgeber des Sammelbandes *Colonialism and the Jews in German History* (Bloomsbury, 2022) sowie Mitherausgeber von *Die Zukunft der Erinnerung: Perspektiven des Gedenkens an die Verbrechen des Nationalsozialismus und die Shoah* (De Gruyter, 2021).

Kerstin von der Krone ist Judaistin und Historikerin und leitet die Hebraica- & Judaica-Sammlung der Universitätsbibliothek Frankfurt am Main. Sie ist zugleich assoziierte Wissenschaftlerin am Buber-Rosenzweig-Institut für jüdische Geistes- und Kulturgeschichte der Moderne und Gegenwart der Goethe Universität. Zu ihren Forschungsschwerpunkten zählen die moderne (deutsch-)jüdische Geschichte, die Geschichte der Wissenschaft des Judentums, die jüdische Bildungsgeschichte des 19. Jahrhunderts, der Geschichte der jüdischen Presse und Buchkultur, einschließlich der Geschichte jüdischer Buchsammlungen und Bibliotheken.

Mirjam Wenzel ist Direktorin des Jüdischen Museums Frankfurt, Honorarprofessorin für Jüdische Studien an der Goethe-Universität Frankfurt am Main und war 2020/21 zudem Bauhaus-Gastprofessorin in Weimar. Nach dem Studium der Allgemeinen und Vergleichenden Literaturwissenschaft, Politik- und Theaterwissenschaft in Berlin und Tel Aviv promovierte sie 2009 mit dem Buch *Gericht und Gedächtnis: Der deutschsprachige Holocaust-Diskurs der sechziger Jahre* (Wallstein, 2009). Sie war wissenschaftliche Mitarbeiterin am Institut für Deutsche Philologie der Universität München und übernahm 2007 die Leitung der Medienabteilung am Jüdischen Museum Berlin. Sie hat zahlreiche wissenschaftliche Publikationen zur deutsch-jüdischen Kulturgeschichte verfasst, u. a. *Jüdisches Frankfurt. Von der Aufklärung bis zur Gegenwart (*Beck, 2020, hrsg. zusammen mit Fritz Backhaus und Sabine Kößling); *Unser Mut. Juden in Europa 1945–48* (De Gruyter, 2020, hrsg. zusammen mit Kata Bohus, Werner Hanak und Atina Grossmann); *Ludwig Meidner: Expressionismus, Ekstase, Exil – Expressionism, Ecstasy, Exile* (Gebrüder Mann Verlag, 2018, hrsg. zusammen mit Erik Riedel); *Die Frankfurter Judengasse: Geschichte, Politik, Kultur* (Beck, 2016, hrsg. zusammen mit Fritz Backhaus, Raphael Gross, Sabine Kößling).

Christian Wiese ist Inhaber der Martin-Buber-Professur für Jüdische Religionsphilosophie sowie Direktor des Buber-Rosenzweig-Instituts für jüdische Geistes- und Kulturgeschichte der Moderne und Gegenwart an der Goethe-Universität Frankfurt am Main. Er studierte Evangelische Theologie und Judaistik in Tübingen, Bonn, Jerusalem und Heidelberg, nach Promotion in Frankfurt und Habilitation in Erfurt führte ihn sein Weg über Gastprofessuren in Montreal, am Dartmouth College und Dublin an die University of Sussex, wo er als Direktor des Centre for German-Jewish Studies wirkte (2007–2010). Weitere Gastaufenthalte verbrachte er an der University of Pennsylvania und an der ETH Zürich. Seine Forschungsschwerpunkte liegen im Bereich der deutsch-jüdischen Geschichte, der Geschichte des Zionismus, der jüdischen Religionsphilosophie der Moderne, der Geschichte jüdisch-christlicher Beziehungen und der Antisemitismusforschung. Zu seinen Publikationen zählen die Monographien *Challenging Colonial Discourse: Jewish Studies and Protestant Theology in Wilhelmine Germany* (Brill, 2005) und *The Life and Thought of Hans Jonas: Jewish Dimensions* (Brandeis University Press, 2007). 2019 erschien seine Edition der biblischen Schriften Martin Bubers in der Buber-Werkausgabe, 2021 seine Edition von Joseph Klausners *Jesus von Nazareth. Seine Zeit, sein Leben und seine Lehre*. 2023 erscheint seine gemeinsam mit Daniel Ristau herausgegebene Edition der Korrespondenzen des Breslauer Historikers Markus Brann.

Register

Abdülmecid I (Sultan). 58
Adickes, Franz 25, 162
Adler, Max 264
Adler, Yehuda 304
Adorno, Theodor W. 13, 239–240, 245–248, 254, 261, 263–264, 266, 270, 276–277
Agnon, Samuel Joseph 10, 203
Agnon, Shmuel J. 183
Amram, Frieda 115
Aristobul 227
Arnsberg, Abraham ben Elieser 321
Arnsberg, Isaak (Paul) 321
Arnsberg, Rivka 321
Asch, Bruno 29
Auerbach, Berthold 85

Baeck, Leo 10, 157, 165
Baer, Adolph 323
Bamberger, Seligmann Bär 224, 263
Baneth, Eduard 165
Baron von Frank-Borucki *siehe* Frank, Jakob 254
Barth, Karl 237
Baruch, Loeb *siehe* Börne, Ludwig 295
Bauer, Bruno 5
Bauer, Otto 264
Bause, Johann 303
Beer, Bernhard 211
Behrens, Peter 316
Bendemann, Eduard 298
Benjamin, Walter 255, 273–274, 276–277
Bergmann, Hugo 184–185
Berliner, Abraham 214
Bernays, Isaak 279
Berthold, P. (Pseudonym) *siehe* Pappenheim, Bertha 122
Binswanger, Ludwig 120
Birnbaum, Nathan 203
Bismarck, Otto von 56, 65, 95, 309, 311
Blau, Ludwig 164
Bleichröder, Gerson 61
Bloch, Ernst 244, 266, 270, 273–274, 278
Bloch, Philipp 165
Bonaparte, Napoleon 19, 38, 56, 82, 337

Bonn, Wilhelm 217
Börne, Ludwig 3, 19, 61, 79, 81–82, 93, 96, 280, 295–298, 311
Brann, Markus 165, 171
Braunfels, Ludwig 81
Breuer, Isaac 12, 224–237
Breuer, Isaac 223
Breuer, Josef 120, 225
Breuer, Raphael 225
Breuer, Salomon 223–225
Breuer, Samson 226
Broll, Friederike 122
Brück, Moses 304
Brüll, Frieda 105
Brüll, Nehemias 212, 216
Brunner, Emil 184
Buber, Martin 2, 9–10, 98, 126, 128, 178–186, 196–197, 204–205, 244, 273
Büchner, Georg 81–82
Budge, Siegfried 260
Burnitz, Rudolf 335, 337

Cassel, David Löb 69
Cauer, Minna 118
Chait, Schabsi 212–213
Charles X. 296
Cohen, Eduard 217
Cohen, Hermann 157, 159–160, 163, 165, 175, 178, 191–193, 242, 244, 246
Cohn, Leopold 165
Creizenach, Michael 210, 335
Creizenach, Theodor 4
Crémieux, Adolphe 58

Dalberg, Carl Theodor Anton Maria von 19, 37–39, 44, 50, 56, 334
de Rothschild, Bettina Caroline 55
de Rothschild, James 58
de Rothschild, James Mayer 57
de Rothschild, Lionel Nathan 59–60
de Rothschild, Nathaniel Mayer 55
Denzinger, Franz Josef 344
Detmold, Johann Hermann 87
Deutscher, Isaac 266

Dov Goitein, Shlomo 177
Dunant, Henry 100

Ebrard, Clemens 213
Edinger, Anna 119, 121–122
Edinger, Ludwig 74
Ehrenberg, Rudolf 178
Elbogen, Ismar 157, 159, 165, 169
Elias, Buddy 134, 152
Elias, Erich 145, 150
Elias, Löb Isaac *siehe* Ellissen, Leopold 44
Elias, Stephan 134, 145, 151
Elias-Frank, Leni 133–134, 138–139, 141–142, 144–145, 150–151
Ellissen, Leopold 37, 39, 41–42, 44, 49–50
Epstein, Hermann 69, 72
Epstein, Jacob 23, 65, 69–74
Epstein, Jacob Löb 72
Erlanger, Familie 16
Ernst II. von Sachsen-Coburg-Gotha (Herzog) 322
Eschelbacher, Joseph 157
Ettlinger, Jakob 214, 279

Feist, Louis 66
Feuchtwanger, Lion 142
Fiebig, Paul 164–165
Fleischer, Carl Christoph 349
Flersheim, Ernst 1–2
Flersheim, Martin 1–2
Flesch, Hella 119, 122
Flesch, Karl 73
Förster, Ludwig 345
Fould, Gebrüder 61
Frank, Alice 133–134, 136, 140, 142, 146–147
Frank, Anne 12, 133–135, 144–145, 150–151
Frank, Edith 149–150
Frank, Familie 133–136, 138–142, 144–146, 148–151
Frank, Fritzi 152
Frank, Herbert 133–134, 141–143, 151
Frank, Jakob 253–254
Frank, Jean-Michel 138, 146
Frank, Margot 134, 145, 150
Frank, Michael 133–136, 140, 142, 145–146
Frank, Otto 133–135, 138, 141–144, 148–152
Frank, Robert 133–134, 138, 141–144, 148–149, 151
Frankel, Zacharias 6
Franz I. (Kaiser) 54
Freimann, Aron 12, 156, 207–208, 211, 213–219, 221
Freimann, Israel Meir 214
Freimann, Therese 219
Freud, Sigmund 246, 248
Friedrich Wilhelm IV. (König von Preußen) 92
Fröbel, Friedrich 280
Fromm, Erich 10, 189, 201–202, 263
Fromm, Famile 263
Fromm, Naphtali 263
Fromm, Pinchas Seligmann 263
Fromm, Rosa 263
Fuld, Aron Moses 212
Fuld, Salomon 211
Fürst, Julius 85
Fürth, Henriette 119, 122–123, 125
Furttenbach, Joseph 337

Gagern, Heinrich von 86
Gans, Leo 23, 69
Garibaldi, Giuseppe 309, 311
Geiger, Abraham 2, 6–7, 155
Geiger, Ludwig 171, 173
Geisenheimer, Siegmund 18
Gentz, Friedrich von 54
Gershom, Rabbenu 229
Ginsburg, Golde (verh. Löwenthal) 265
Glatzer, Nahum Norbert 10, 183–184, 189, 203
Goethe, Johann Wolfgang von 15, 64, 90, 144, 203, 280, 293
Goldschmidt, Familie 121
Goldschmidt, Louise 121
Goldschmidt, Moses Benedikt 121
Goldschmidt, Salomon Benedict 121
Goldschmidt, Seligmann 121
Goldstein, Rosa (verh. Fleischer) 115
Gordon, Klara 106
Grizim, Tamar 130
Grombacher, Süsskind 149
Grossmann, Henryk 256–258, 264
Grünberg, Carl 264

Güdemann, Moritz 157, 165
Gunkel, Hermann 166–167
Guttmann, Julius 157, 165, 181
Gutzkow, Carl 81

Ha-Ams, Ahad 236
Halevi, Jehuda 178
Hallgarten, Charles 23, 73, 216, 218
Hallo, Rudolf 203–205
Hameln, Glückel von 218
Hammerschlag, Meta 122
Hardenberg, Karl August von 58
Harnack, Adolf von 157
Hartmann, Moritz 87
Hecker, Friedrich 94
Heckscher, Johann Gustav Wilhelm Moritz 87
Hegel, Georg Wilhelm Friedrich 178, 237, 246, 248
Heilbrunn, Ludwig 74–75
Heine, Heinrich 30, 61–62, 64, 81, 93, 295–296, 311
Herlitz, Georg 171, 173
Hersch, Löb *siehe* Hirsch, Löb 281–282
Herzl, Theodor 61, 197
Heß, Mendel 351
Hess, Lisette 106
Hess, Michael 4, 18
Heuberger, Rachel 221
Hildesheimer, Esriel 191, 194, 214, 224, 228, 236
Hirsch, Löb 281
Hirsch, Mendel 224–225
Hirsch, Minna 106, 110, 114
Hirsch, Rahel 225
Hirsch, Samson Raphael 2, 6–8, 12, 57, 125, 155, 191, 194–195, 214, 223–227, 236, 279–281, 283–284, 287–288, 339
Hoffmann, David Zwi 228, 231, 236
Hoffmann, Jakob 349
Hoffmann, Moses 231–232
Holdheim, Samuel 4
Horkheimer, Max 12–13, 239–250, 252–254, 256, 261–263, 270, 275–277
Horovitz, Felix 313–314, 327
Horovitz, Josef 169, 177

Horovitz, Leo 313–314, 316, 318, 321, 326–327
Horovitz, Marcus 313–316
Horovitz, Markus 71, 149, 194, 215, 218, 347, 349
Horowitz, Josef 10
Horowitz, Markus 224
Humboldt, Wilhelm von 58

Jacob, Benno 157–158
Jacobson, Jakob 85
Jacoby, Johann 85–87, 94
Jehuda ha-Levi 218
Jolowicz, Paul 99, 101–102, 104, 116
Josef II. (Kaiser) 299
Jost, Isaak Markus 8, 155, 209–211
Jucho, Friedrich Siegmund 82, 84
Jüdel, Johanna (verh. Hirsch) 279
Justin der Märtyrer 227

Kalisch, Ludwig 87
Kant, Immanuel 190, 193, 230, 234–235, 237, 242, 246–247
Kappes, Carl 304
Karl X. (König) 81
Kayser, Daniel 331
Kayser, Johann Georg 343
Kirchheim, Simon 102
Knoblauch, Eduard 345
Koch, Richard 72, 189, 204
Kohler, Kaufmann 165
Königswarter, Familie 16
Korsch, Karl 261
Kracauer, Adolf 271
Kracauer, Familie 271
Kracauer, Isidor 269
Kracauer, Lili 276–278
Kracauer, Rosette 271
Kracauer, Siegfried 10, 13, 189, 202, 265, 269–278
Kravitz, Bentzion 227
Krieck, Ernst 184
Kuranda, Ignaz 85, 87
Kuznitzky, Siegfried 348

l'Allemand, Fritz 298
Landmann, Ludwig 29
Lasker, Eduard 280, 288
Lavater, Johann Caspar 299–302, 311
Lehmann, Oscar 207
Lehren, Hirsch 57
Leib, Glikl bas Juda *siehe* Hameln, Glückel von 217
Lessing, Gotthold Ephraim 299–300, 302
Levinson, Helene 122
Levy, Siegfried 235
Levysohn, Friedrich Wilhelm 87
Lewald, Fanny 93–94
Lilien, Ephraim Moses 319, 321
Loewy, Ernst 220
Lommatzsch, Erhard 184
Louis-Philippe I. (König) 81–82
Löw Baruch, Juda *siehe* Börne, Ludwig 19
Löwenthal, Leo 10, 189, 201–202, 265, 272
Lucae, Richard 349
Ludolf, Hiob 209
Lukács, Georg 261, 272
Luther, Martin 90, 380

Maier, Joseph 253
Maimonides 217
Mandel, Thekla 106
Mannheim, Karl 10
Marcuse, Herbert 242, 255
Marx, Karl 231, 246, 248, 256, 260, 266, 273
Mayer, Eugen 181, 190, 198, 200
Mayer, Hans 266
Meckel, Max 344
Meinecke, Friedrich 178
Mendelssohn, Moses 18, 299–302, 311
Merton, Wilhelm 24–25, 74–75, 110
Merzbacher, Abraham 217–218
Merzbacher, Eugen 218
Messenzehl, Marie (verh. Stoltze) 280
Metternich, Clemens von *siehe* Metternich, Fürst von 54
Metternich, Fürst von 57–59
Miquel, Johannes 22
Mohl, Moriz 90
Molitor, Joseph Franz 18
Montifiore, Moses 58

Mortara, Edgardo 307–308
Müller, Albin 321

Nassauer, Paula 200
Nigthingale, Florence 100
Nobel, Familie 200
Nobel, Josef 190
Nobel, Nehemias Anton 10, 12, 178, 189–205, 269, 273
Nobel, Ruth 191
Nussbaum, Jakob 135

Oppenheim, Alfred 298, 312
Oppenheim, Familie 271
Oppenheim, Hannah 121
Oppenheim, Katharina 23, 120
Oppenheim, Moritz 13
Oppenheim, Moritz Daniel 293–301, 303–312
Oppenheim, Moritz N. 120
Oppenheim, Moritz Nathan 23
Oppenheimer, Familie 16
Oppenheimer, Franz 10, 203
Otto, Walter F. 182

Pappenheim, Bertha 9–10, 12, 114, 117, 119–132, 324
Pappenheim, Recha (geb. Goldschmidt) 119
Pappenheim, Sigmund 119
Pasha, Muhammad Ali 57–58
Paulus, Heinrich Eberhard Gottlob 89–90
Perles, Felix 165, 168–169
Perles, Fritz 169
Perles, Hans 169
Pfeilschifter, Johann Babtist 296
Pfungst, Marie 122
Philippson, Ludwig 165
Philippson, Martin 165
Pius IX. (Papst) 308
Plaut, Rudolf 71
Pollock, Familie 261, 263
Pollock, Friedrich 13, 254–263, 266–267, 277
Posen, Brendina 313, 322
Posen, Eli 326
Posen, Jacob Lazarus 324

Posen, Jakob Lazarus 322
Posen, Lazarus 313, 322
Posen, Lazarus Jacob 322
Posen, Moritz Mosche 326
Posen, Naftali 322
Posen, Philipp 326
Posen, Salomon Jekutiel 322
Prager, Joseph 203

Rade, Martin 163–167, 174
Raumer, Friedrich von 86
Reinganum, Maximilian 82–84, 96
Renk, J.W. 340
Renner, Karl 264
Reuchlin, Johannes 209
Riesser, Gabriel 85, 87–94, 295–296, 299, 311
Riezler, Kurt 182
Rosenberg, Alfred 187
Rosenheim, Jacob 173
Rosenthal, Heinrich Bernhard 1
Rosenzweig, Franz 2, 10, 13, 72, 172–176, 178–182, 185–186, 189, 196, 199–201, 203–205, 244, 251, 269, 273
Rosner, Berthold 235
Rothschild, Amschel Mayer 54–55, 280
Rothschild, Amschel von (Baron) 59
Rothschild, Anselm Salomon von 4, 55
Rothschild, Carl Mayer 55, 58
Rothschild, Caroline 58
Rothschild, Charlotte von 60
Rothschild, Familie 16, 22, 53–54, 56–57, 60–62, 69, 135–136, 217, 294, 296, 304, 311, 322
Rothschild, Gutle 56
Rothschild, Hannah Louise von 75
Rothschild, Hannah Mathilde von 75
Rothschild, Louise von 75
Rothschild, Mathilde von 23, 216–217
Rothschild, Mayer Amschel 4, 12, 15, 18, 53–54, 56, 67
Rothschild, Mayer Carl von 55–56, 75
Rothschild, Meyer Amschel 285
Rothschild, Nathan Mayer 54–55, 59–60
Rothschild, Salomon 60
Rothschild, Salomon Albert Anselm von 55

Rothschild, Salomon Mayer 54–55
Rothschild, Wilhelm Carl von 216–217, 339
Rubaschoff, Schneur Salman 171
Rubin, Isaak 261

Sachs, Louis 110
Salomon, Alice 126
Salzberger, Georg 200, 203
Schiff, Heinrich 216
Schiff, Jacob 324
Schiff, Jacob H. 177
Schiller, Friedrich 73, 284
Schnorr von Carolsfeld, Julius 294
Schocken, Salman 183–184, 219
Scholem, Gershom 10, 203, 227–228, 236, 252–254, 267
Scholems 254
Scholz, Heinrich 237
Schönewald, Ottilie 131
Schwarz, Adolf 165
Schwarzschild, Meier 105
Schwerin, Jeanette 118
Seligmann, Caesar 203
Semper, Gottfried 345
Senger, Familie 136
Simmel, Georg 244
Simon, Ernst 10, 184–185, 189, 202
Simson, Eduard 86, 92
Simson, Eduard von 87, 93
Simson, Georg Bernhard 87
Sombart, Werner 231–233
Sonnemann, Leopold 1, 56, 281
Speyer, Franziska 23, 74
Speyer, Georg 23, 74, 217
Spitzer, Olga 145
Staerk, Willy 168–171, 173
Stein, Leopold 8, 84, 87, 193, 306–307, 309, 333, 339, 343, 346–347
Steinschneider, Moritz 215, 236
Stern, Alice (verh. Frank) 135–136
Stern, Cornelia 149
Stern, Fritz 77, 203
Stern, Moritz Abraham 60
Stern, Sigismund 8
Stern, Theodor 74, 217
Stoecker, Adolph 65

Stoltze, Friedrich 13, 279–283, 285–288
Strack, Hermann L. 168
Strauss, Eduard 204
Strauss, Leo 10, 203
Sulzbach, Walter 23
Susman, Margarete 10, 203, 244

Täubler, Eugen 176
Tertullian 227
Textor, Friedrich Karl Ludwig 280
Theodor, Julius 165
Thorning, Heinrich 234
Thorwaldsen, Bertel 294
Trier, Salomon Abraham 339
Trotzki, Leo 266

Veit, Moritz 85, 87
Veit, Philippe 298, 301, 303

Weber, Max 231, 257
Weidig, Friedrich Ludwig 81
Weil, Felix 241
Weil, Gotthold 10
Weil, Hermann 277

Weil, Julie (verh. Nobel) 191
Weinberg, Arthur von 23
Weinberg, Carl von 23
Weinbrenner, Friedrich 337
Weiss, Hilde 276
Wertheimer, Julius 23
Westermayr, Conrad 294
Wiesengrund, Oskar 264
Wiesengrund, Theodor Ludwig *siehe* Adorno, Theodor W. 263
Wilhelm I. (Landgraf von Hessen-Kassel) 54
Wilhelm II. (Kaiser) 172
Wilhelm IX. von Hanau *siehe* Wilhelm I. (Landgraf von Hessen-Kassel) 54
Witt, Charlotte (verh. Frank) 148
Wohl, Jeannette 297
Wolfgang Ernst II. zu Isenburg und Büdingen (Fürst) 254
Wollmann, Moses 105

Zunz, David Adolph 84
Zunz, Leopold 236
Zvi, Shabtai 254
Zweig, Arnold 28

www.ingramcontent.com/pod-product-compliance
Lightning Source LLC
Chambersburg PA
CBHW061927220426

43662CB00012B/1832